RUC

Annual of Renmin University of China

中国人民大學年鉴 2021

《中国人民大学年鉴》编辑委员会

中国人民大学出版社
·北京·

▲ 2020 年 10 月 3 日，学校举办“中国人民大学命名组建七十周年”学术研讨会。

▲ 2020 年 11 月 13 日，中央宣讲团成员，教育部党组书记、部长陈宝生来学校调研。

▲ 坚决打赢疫情防控阻击战（一）：2020 年 2 月 2 日，校领导看望慰问校医院一线医护人员并检查疫情防控工作。

▲ 坚决打赢疫情防控阻击战（二）：2020 年 2 月 3 日，校领导赴清华东路医学观察点看望慰问师生并查看疫情防控工作。

▲ 坚决打赢疫情防控阻击战（三）：2020 年 2 月 17 日，校领导了解疫情防控工作开展情况并看望慰问一线教职工。

▲ 坚决打赢疫情防控阻击战（四）：2020 年 2 月 21 日，北京市学校思想政治理论课教师“同备一堂课”活动在学校举行。

▲ 抓好抓实对兰坪县的教育专项扶贫（一）：2020 年 6 月 18 日，学校召开协助兰坪脱贫攻坚工作对接视频会。

▲ 抓好抓实对兰坪县的教育专项扶贫（二）：2020 年 9 月 12、13 日，学校党委书记靳诺陪同教育部党组书记、部长陈宝生赴兰坪调研教育脱贫攻坚工作。

▲ 抓好抓实对兰坪县的教育专项扶贫（三）：2020 年 9 月 12 日，学校在兰坪召开对口帮扶兰坪县脱贫攻坚暨校友表彰座谈会。

▲ 抓好抓实对兰坪县的教育专项扶贫（四）：中国扶贫研究院获全国脱贫攻坚奖组织创新奖，宋彪同志获评全国脱贫攻坚先进个人。

▲ 2020 年 1 月 10 日，中共中央、国务院在北京举行国家科学技术奖励大会，学校卢仲毅教授团队项目获评 2019 年度国家自然科学奖二等奖，这也是学校首次获得国家自然科学奖。

▲ 2020 年 1 月 11 日，学校举行习近平总书记关于青年工作的重要思想研讨会暨新时代中国青年发展研究中心揭牌仪式。

▲ 2020 年 6 月 16 日，学校国际文化交流学院成立大会暨中文国际教育论坛举办。

▲ 2020 年 7 月 6 日，学校举行明德书院、明理书院成立揭牌仪式。

▲ 2020 年 10 月 28 日，学校举行习近平新时代中国特色社会主义思想研究院新时代中国特色社会主义教育研究中心成立仪式暨习近平总书记教育“九个坚持”重要论述学术研讨会。

▲ 2020 年 12 月 17 日，学校体育产业研究院（正定）成立仪式在河北体育学院正定新校区举行。

▲ 2020 年 1 月 15 日，学校召开 2019 年度科研与智库工作总结暨表彰大会。

▲ 2020 年 1 月 11 日，第二十四届（2020 年度）中国资本市场论坛在学校举办。

▲ 2020 年 7 月 31 日，“名师大家讲党史”系列网络公开课首场在学校开讲。原中央党史研究室主任欧阳淞应邀做首场报告。北京市委教育工委常务副书记郑吉春代表北京市委教育工委向欧阳淞颁发聘书。

▲ 2020年8月31日，由中联部当代世界研究中心和中国人民大学重阳金融研究院共同主办的“超越意识形态差异，共建人类命运共同体”国际高端智库论坛以网络视频连线形式召开，中共中央对外联络部部长宋涛在开幕式上致辞。论坛由“一带一路”智库合作联盟作为指导单位，来自20多个国家的30多位政要和智库学者围绕“消除意识形态偏见，共同应对全球性危机”“合作共赢是中美两国相处的正确选择”进行了深度交流。

▲ 2020年11月17日，“首都当代中国马克思主义论坛·2020”在学校举办。

▲ 2020 年 11 月 11 日至 12 月 2 日，由意大利路易斯大学和学校共同主办的世界人文社会科学高校联盟 2020 年会暨“人工智能＋”系列线上论坛召开。

▲ 2020 年 12 月 3 日，国际文化交流学术联盟成立大会暨新时代国际文化交流研讨会在学校举行。该联盟由学校发起，共 23 家高等院校、研究机构加入，学校党委书记靳诺当选联盟理事长。

▲ 2020 年 12 月 15 日，深化新时代学校思想政治理论课改革创新现场推进会在学校举行。

▲ 2020 年 9 月 9 日，学校与河南省人民政府签署战略合作框架协议。

▲ 2020 年 10 月 29 日，学校与四川省人民政府签署全面深化战略合作协议。

▲ 2020 年 10 月 30 日，学校与湖北省人民政府签署战略合作框架协议。

▲ 2020 年 12 月 12 日，学校党委书记靳诺赴西藏民族大学调研。

▲ 2020 年 1 月 12—19 日，学校党委书记靳诺率团出访韩国、日本，访问韩国崔钟贤学术院，并与院长朴仁国举行会见（上），出席《全球治理的中国担当》韩文版图书座谈会并致辞（左下），会见东京大学副校长白波濑佐和子（右下）。

▲ 2020 年 6 月 30 日，学校 2020 届毕业典礼以线上线下相结合的方式举办。

▲ 打造最美“毕业寄”（一）：校领导视察打包现场。

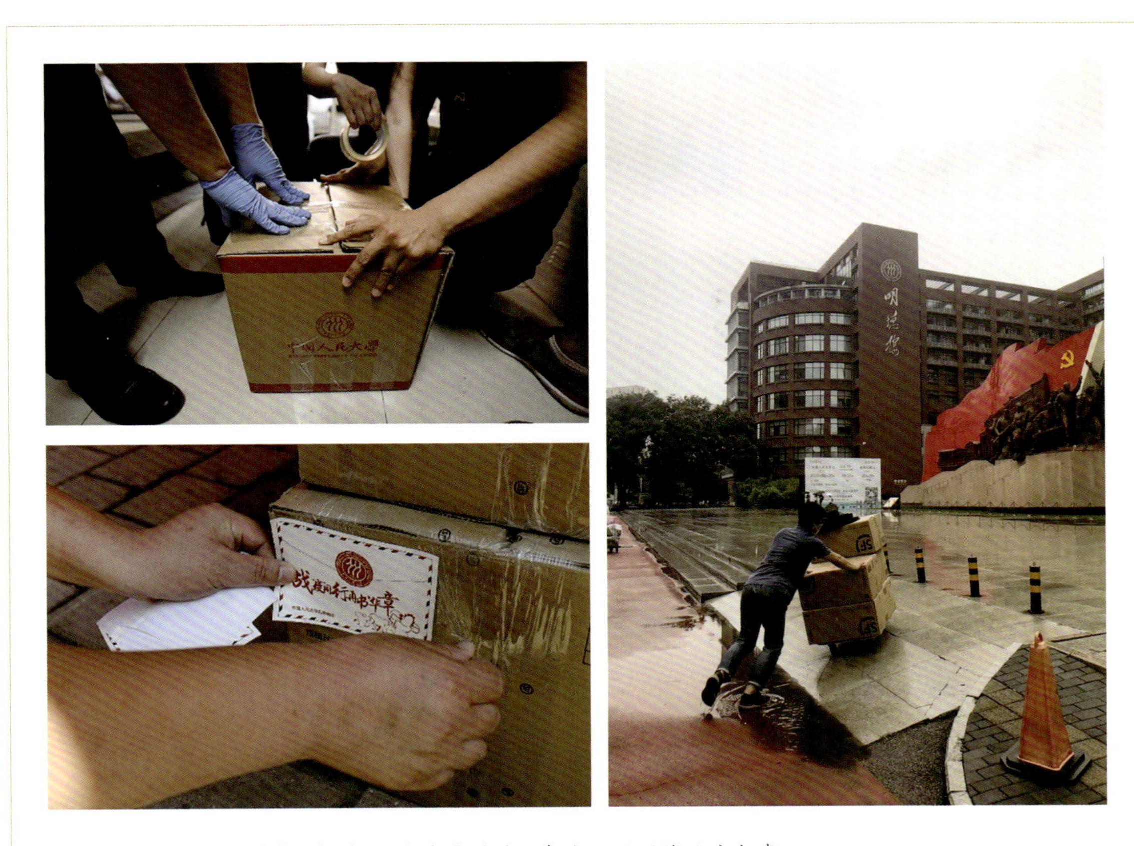

▲ 打造最美“毕业寄”（二）：大家齐动手，打包、运送毕业生行李。

在第三十六个教师节到来之际，马克思主义学院王易教授被中共中央宣传部、教育部授予2020年“最美教师”称号。

▲ 2020年10月30日，在第五届全国高校青年教师教学竞赛中，北京队参赛教师、马克思主义学院马慎萧副教授获得思想政治课专项组决赛一等奖第一名。

▲ 2020 年 11 月 4—8 日，学校举办“同心笃行”港澳台学生国情教育实践系列活动。

▲ 2020 年 11 月 23 日，新疆塔城市第四中学首届“人大班”开班。

▲ 2020 年 11 月 25 日，学校举办“薪火相传学四史，砥砺奋进奔小康”——中国人民大学第十五届国情知识竞赛决赛。

▲ 2020 年 10 月 23 日，学校举行第九届体育文化节开幕暨 2020 年新生田径运动会。

《中国人民大学年鉴（2021）》编辑委员会

顾　　问： 黄　达　李昭公　杜厚文　沈云锁　程天权

主　　任： 靳　诺　刘　伟

委　　员： 吴付来　郑水泉　刘元春　杜　鹏　朱信凯　齐鹏飞
顾　涛　王　轶　胡百精　杜小勇　翟小宁

《中国人民大学年鉴（2021）》编辑部

主　　编： 郑水泉　顾　涛　王　轶

副 主 编： 张　斌

编　　委（以姓氏笔画为序）：
丁　凯　王学军　邓　晖　邓中威　付春梅
任　兵　李　晶　李贞实　沃晓静　陈骊骊
苗　苗　周　石　钟兰芳　黄一顺　蒋香仙
曾丙健　滕文芳

编辑部主任： 楚艳红

编辑部副主任： 吕鹏军

英文编辑： 张予馨　刘光宇

编　　辑（以所在单位为序）

学校办公室：韦　桦　戴　羽　肖　梦　赵志辉
曲荣华　姚思宇　刘　婷　李　珣
马　飞　林翌甲　杨雪峥

党委组织部：田　野

党委宣传部：杨　鹏

党委统战部：蒋海媛

纪委办公室：罗昕桐

党委巡察工作领导小组办公室：褚瑞琪

党委教师工作部：吉昌华　许小成

研究生院：任　兵

发展规划处：孙　铭

新校区建设办公室：夏志鹏
教务处：李　迪
科研处：张佩芹
继续教育处：崔梦晗
人才工作领导小组办公室：陆怡彤
人事处：李　浩
党委学生工作部（处）：林　佳
招生就业处：李姗姗
国际交流处：徐星一
理工学科建设处：张　楠
财务处：张艳茹
保卫处：裴先忠
资产与后勤管理处：田若妍
实验室管理与教学条件保障处：马彦琪
采购与招标管理中心：郭晓瑜
校园建设管理处：徐　青
审计处：张岱珍
基础教育处：高　寒
离退休工作处：马小莉
校工会：郑淇允
校团委：许译文
校友工作办公室：孟繁颖
教育基金会：王　乔
哲学院：卫一帆
文学院：吴壹香
历史学院：李　静
国学院：何倩秀
经济学院：王誉潼
应用经济学院：吕媛媛
财政金融学院：张　浩
汉青经济与金融高级研究院：曾　妍
统计学院：陈　琳
统计与大数据研究院：李　倩
农业与农村发展学院：安　旭
法学院：路　磊
马克思主义学院：蔡立庆
社会与人口学院：李玉霞
国际关系学院：许　征

新闻学院：吴翼翔
艺术学院：吴　迪　范钰莹
外国语学院：夏　苗
环境学院：刘广昕
信息学院：杨　潇
数学科学研究院：王　钧
数学学院：李　慧
理学院：臧　虹
商学院：侯佳昱
公共管理学院：张世闯
劳动人事学院：张石磊　陈　思
信息资源管理学院：马　婵　梁继红
教育学院：王亚敏
高瓴人工智能学院：梁莉娜
国际文化交流学院：王　钰
明德书院：刘思佳
明理书院：安志伟
继续教育学院：李忆彤
苏州校区(国际学院、中法学院、丝路学院)：王华贝
深圳研究院：蔚晓帆
体育部：任　瑾
图书馆：焦　皎
公共艺术教育中心：成　瑶
信息技术中心：王斌斌
档案馆(博物馆)：陈姝婕
校医院：耿晓琛
后勤集团：罗舒雯　刘　璇
人大资产经营管理公司：曲　豪
文化科技园：刘忠彦
出版社：张锁平　刘　莉
书报资料中心：万　千
附属中学：庄云路
人大附中联合总校：徐华莹
附属小学：张宏光

(图片提供：党委宣传部　档案馆　图文编辑：吕鹏军　陈双志　张　珊)

《中国人民大学年鉴（2021）》编辑说明

《中国人民大学年鉴》（以下简称《年鉴》）是一部逐年编辑、出版的兼具中国人民大学工作公报和编年史料性质的工具书。2021 版《年鉴》主要记载 2020 年学校事业发展情况。

一、选编原则

（一）客观、准确，实事求是。

（二）详略适度，前后统一。

（三）大事不漏，小事不收。

二、内容

2021 版《年鉴》全面收录反映 2020 年学校各方面工作情况的资料，包括学校改革、建设和发展过程中的重要事件、重大活动、重要人物、基本数据等。除特别注明外，全部统计数据截至 2020 年 12 月 31 日。凡是前未加学校名称的学院（系）、机关各部处及直（附）属单位均为中国人民大学所属单位。

三、编写工作的组织

2021 版《年鉴》由年鉴编辑部（挂靠于学校办公室）组织编写。内容由各单位确定专人负责提供，并经本单位负责人审定。

对于编写过程中全校各单位给予的大力支持，在此谨表衷心感谢。

《中国人民大学年鉴》编辑部

2021 年 7 月

目 录

人大年鉴(2021)
RENDA NIANJIAN

机构与干部

学院（部）简介

教育教学和学科建设

Contents

中国人民大学简介

中国人民大学（Renmin University of China）是中国共产党创办的第一所新型正规大学，是一所以人文社会科学为主的综合性研究型全国重点大学，直属于教育部，由教育部与北京市共建。学校的前身是1937年诞生于抗日战争烽火中的陕北公学，以及后来的华北联合大学、北方大学和华北大学。1949年12月16日，中央人民政府政务院第十一次政务会议根据中共中央政治局的建议，通过了《关于成立中国人民大学的决定》。1950年10月3日，以华北大学为基础合并组建的中国人民大学隆重举行开学典礼，成为新中国创办的第一所新型正规大学。著名教育家吴玉章、成仿吾、袁宝华、黄达、李文海、纪宝成、陈雨露先后担任校长。现任党委书记为靳诺教授，校长为刘伟教授。

建校以来，中国人民大学始终坚持党的领导，坚持马克思主义指导地位，坚持为党和人民事业服务，形成了“人民共和国建设者”的摇篮、人文社会科学高等教育的重镇、马克思主义教学与研究的高地三大办学特色，被誉为“在我国人文社会科学领域独树一帜”，为我国哲学社会科学的发展和繁荣，为社会主义革命、建设和改革事业做出了重要的贡献。从1950年至今，国家历次确立重点大学，中国人民大学均位居其中。学校是国家首批“985工程”“211工程”重点建设大学，2017年首批入选国家“世界一流大学和一流学科”建设名单。

中国人民大学早已形成以本科教育为基础、研究生教育为重点、继续教育为辅助的全方位、多层次的办学格局，形成了“主干的文科、精干的理工科”的学科发展体系。学校是我国首批设立研究生院的高校之一，现有35个学院（书院）、32个跨学院研究机构，另设有体育部、继续教育学院、深圳研究院等。学校设有学士学位专业 83 个，硕士学位学科点 192 个，博士学位学科点 137 个。学校拥有硕士学位一级学科授权点 37 个，博士学位一级学科授权点 22 个，博士后流动站 21 个。

学校拥有 8 个国家重点一级学科，8 个国家重点二级学科，在人文社会科学领域均居全国第一；拥有 5 个北京市重点一级学科，1 个北京市重点交叉学科，4 个北京市重点二级学科；拥有 13 个教育部普通高等学校人文社会科学重点研究基地，名列全国高校第一；拥有 5 个国家文科基础学科人才培养和科学研究基地、1 个大学生文化素质教育基地；拥有 2 个教育部工程研究中心、1 个教育部重点实验室，4 个国家级实验教学示范中心，2 个北京市重点实验室，3 个北京市哲学社会科学研究基地。在连续十五届全国百篇优秀博士论文评选中，中国人民大学获选 29 篇，占全国已入选人文社会科学优秀博士论文总数的 12%，在所有高校和科研院所中位居第一 。

在教育部学位评估中心 2017 年公布的全国一级学科评估结果中，学校获评 A 类的学科总数为 14 个，其中理论经济学、应用经济学、法学、社会学、新闻传播学、统计学、工商管理、公共管理、马克思主义理论获评 A+，政治学、哲学获评 A，图书情报与档案管理、中国史、中国语言文学获评 A−，A+学科数量位列全国高校第四。

截至 2020 年底，学校有专任教师 1 915 人，其中教授 722 人，副教授 783 人。学校有 18 名第八届国务院学位委员会委员和学科评议组成员，有 14 名教授受聘为第二届教育部社会科学委员会委员，人数居全国高校前列；有 65 位专家入选中央“马克思主义理论研究和建设工程”课题组首席专家或主要成员，人数居全国高校首位；先后有 503 人享受国务院颁发的“政府特殊津贴”；有“万人计划”入选者 47 人，国家“有突出贡献中青年专家”24 人，教育部“跨世纪优秀人才培养计划”入选者 25 人，“百千万人才工程”国家级人选 37 人；有 6 人被评为国家级教学名师，10 人获得国家杰出青年科学基金，17 人获得国家优秀青年科学基金，10 人荣获教育部“高校青年教师奖”，192 人入选教育部“新世纪优秀人才支持计划”。

中国人民大学名师辈出，俊彦云集，已故名家大师吴玉章、成仿吾、范文澜、艾思奇、何思敬、何干之、何洛、胡华、尚钺、吴景超、李景汉、庞景仁、石峻、缪朗山、李秀林、徐禾、塞风、许孟雄、孟氧、佟柔、戴世光、刘铮、查瑞传、苗力田、吴大琨、萧前、林文益、阎达五、阎金锷、方生、高鸿业、钟契夫、吴宝康、彭明、彦奇、曾宪义、宋涛、萨师煊、王传纶、李文海、许崇德、刘佩弦、周诚、王思治、方立天、郑杭生、夏甄陶、周升业、罗国杰、蓝鸿文、甘惜分、黄顺基、庄福龄、孙国华、李占祥、高放、卫兴华、周新城等为学校的学科发展、学术繁荣和人才培养做出了奠基性、开创性的贡献。老一辈著名学者黄达、戴逸、胡钧、陈共、严瑞珍、高铭暄、王作富、许征帆、何沁、方汉奇、赵履宽、邬沧萍、陈先达、张立文、钟宇人、吴易风、胡乃武、赵中孚等成就卓著，耕耘不辍，为学校的学科建设、人才培养和科学研究奠定了坚实基础。

中国人民大学共有全日制在校生 28 501 人，其中本科生 11 354 人，硕士研究生 11 149 人，博士研究生 4 792 人，留学生 1 206 人。留学生人数在全国高校中位居前茅。学校以“国民表率、社会栋梁”为人才培养目标，充分发挥人文社会科学学科在全国高校数量多、门类全、综合水平高的优势，积极培养高素质、高层次的理论型、管理型优秀人才，培养“人民共和国建设者”。从陕北公学至今，学校培养的优秀建设者和各行各业、各个层面的领袖人才中，既有许多成就卓著的专家学者，又有许多闻名遐迩的企业家，政绩斐然的党政军高级领导干部，以及卓有建树的新闻、法律、文学艺术和科学技术工作者。

中国人民大学始终注重发挥人文社会科学认识世界、传承文明、创新理论、咨政育人、服务社会的作用，在不断发展学术、繁荣学术的同时，积极发挥“思想库”“智囊团”的作用，研究重大政治、经济、文化和社会问题，为国家经济建设和社会发展提供强大的理论保证和有力的智力支持。党的十六大以来，学校已有许崇德、王利明、曾湘泉、黄卫平、史际春、秦宣、李景治、翟振武、杨凤城、郭湛等教授 11 次为中央政治局集体学习做报告；自许崇德教授为第九届全国人大常委会首次法制讲座做报告以来，学校已有高铭暄、龙翼飞、郭寿康、王利明、林嘉、刘春田、朱信凯、吴晓球等教授10次为全国人大常委会做专题讲座。分别都是参加学者最多的高校。一大批教师为中央领导和中央国家机关提供决策咨询。学校先后承担或参与了“马克思主义理论研究和建设工程”“国家清史纂修工程”“北京2008年奥运会总体影响评估（OGGI）”“冷中子非弹性散射谱仪的研制”等特大、重大项目。2001年以来，学校共获得国家社会科学基金项目、国家自然科学基金项目、教育部人文社会科学规划项目、北京市社会科学规划项目等各级各类项目2.02万余项，共获得经费40.59亿余元，其中国家社会科学基金重大项目立项数居全国高校第一位，教育部人文社会科学重大攻关项目立项数位居全国前列。学校教师发表的学术论文数量持续增长，2004—2019年，中文社会科学引文索引（CSSCI）收录学校论文数量连续16年保持全国高校第一。自2010年起，学校共有32部学术专著入选“国家哲学社会科学成果文库”，位居全国高校第一。

中国人民大学是国内外学术文化交流的重要平台，先后同美国哈佛大学、耶鲁大学、哥伦比亚大学、密歇根大学，英国剑桥大学、牛津大学，日本早稻田大学，丹麦哥本哈根大学，瑞典斯德哥尔摩大学，奥地利维也纳大学，法国索邦大学等61个国家和地区的304所高校和机构建立了学术交流关系，其中包括国外高校276所，港澳台高校25所，国际组织3所。作为中方合作伙伴，学校共参与了海外9所孔子学院的建设，其中欧洲5所，美洲2所，非洲1所，亚洲1所。学校自2009年始，每年举办暑期学校（国际小学期）。学校还引进、翻译出版了大量适应我国改革开放需要的教科书和学术著作，开展了一系列重要的交流合作项目，主办或承办了包括“世界汉学大会”在内的一系列高水平的国际学术会议。授予哥斯达黎加总统索利斯，玻利维亚总统莫拉莱斯，世界知识产权组织总干事弗朗西斯·加利，诺贝尔奖获得者、著名经济学家约翰·海萨尼、罗伯特·蒙代尔，阿根廷前总统费尔南多·德拉鲁阿，日本前首相竹下登，巴拿马总统胡安·卡洛斯·巴雷拉·罗德里格斯等14位国际著名人士名誉博士称号，聘请诺贝尔奖获得者、著名经济学家约瑟夫·斯蒂格利茨、米切尔·斯宾思、约翰·纳什、莱因哈德·泽尔腾、托马斯·谢林，联合国全球化特别顾问、著名经济学家贾格迪什·巴格沃蒂，世界银行高级副行长尼古拉斯·斯特恩，著名思想家、教育家池田大作，台湾宗教界知名人士、佛光山开山宗长星云大师，著名国学大师饶宗颐，塞浦路斯总统尼科斯·阿纳斯塔夏季斯，阿塞拜疆总统伊尔哈姆·阿利耶夫，俄罗斯科学院院士齐赫文斯基，吉尔吉斯斯坦外长阿布德尔达耶夫等68位知名人士为名誉教授。

中国人民大学是我国重要的人文社会科学资料中心、信息中心和图书出版中心。学校图书馆收藏纸质图书433万余册（包括线装古籍41万余册），电子图书445万余种，并设有“教育部文科文献信息中心”。中国人民大学书报资料中心是新中国最早从事人文社会科学文献搜集、整理、编辑、发布的信息资料提供机构，公开出版发行人文社会科学领域148种期刊和6大系列数据库产品，编辑的年度报刊资料索引是中国四大文献检索索引之一。中国人民大学出版社是新中国成立以后建立的第一家大学出版社，是我国高等学校文科教材和人文社会科学学术、理论著作的重要出版基地。

近年来，中国人民大学先后获得“全国五一劳动奖状”、“全国模范职工之家”、“北京市高校党建与思想政治工作先进单位”、“首都劳动奖状”、“北京市教育创新先进单位”、“首都文明单位标兵”、北京高校“十佳美丽校园”、“首都城市环境建设样板单位”、教育部“国防教育特色学校”、“平安校园示范校”、“首都大学生思想政治教育工作实效奖特等奖”、“全国五四红旗团委”、“全国工人先锋号”等荣誉称号。

（除标注外，全部统计数据截至2020年12月31日）

特　载

扎实做好疫情防控各项工作，维护学校教学科研建设发展

2020年，面对突如其来的新冠肺炎疫情，以习近平同志为核心的党中央高瞻远瞩、审时度势，带领全党全军全国各族人民迎难而上、攻坚克难，交出了一份人民满意、世界瞩目、可以载入史册的答卷。中国人民大学3万多师生员工共同经历了这场惊心动魄的抗疫大战，经受了这次艰苦卓绝的历史大考。学校按照"高度重视、严格迅速、积极主动、科学有效、早做准备"的原则，坚持把师生生命安全和身体健康放在首位，以"高校防疫严于社会面防控"为标准，健全机制、周密部署，严密排查、联防联控，扎实做好疫情防控各项工作，坚决把疫情阻挡在校门之外。在大家的共同努力下，师生健康得到了充分保障，校园安宁得到了用心守护，全校师生干部职工保持"零疑似""零确诊"。在做好防控的前提下，结合学校教学科研特点，谋划好新一年疫情防控常态化条件下的各项工作，维护教学、科研、校园建设等工作正常秩序，不让疫情迟滞学校建设发展。

一、明确目标，强化政治担当

坚持把师生生命安全和身体健康放在首位。一是启动紧急预案，落实防控责任。靳诺书记、刘伟校长第一时间挂帅成立学校疫情防控工作领导小组，围绕习近平关于抗击新冠肺炎疫情的重要指示，在党委常委会上集体学习。建立健全“学校—单位—个人”三级防控体系，开通24小时联系电话。截至2020年底，共召开新冠肺炎疫情防控工作专班会议89次。二是领导率先垂范，党员冲锋在前。学校领导多次进入校园综合指挥中心、居委会、校医院、师生宿舍和医学观察点等校园疫情防控一线，看望慰问工作人员和学生，协调解决工作难题。广大党员干部不谈条件、不打折扣，充分发挥先锋模范作用。三是强化监督执纪，防控有序开展。学校成立新冠肺炎疫情防控监督工作小组，对各单位领导班子及党员干部履行疫情防控责任、落实防控任务等情况开展监督，严禁不作为、慢作为、乱作为和临危退缩等行为。

二、坚持标准，及时截源堵流

以“高校防疫严于社会面防控”为标准，坚决把疫情阻挡在校门之外。一是全面摸底排查，及时上报准确信息。发动基层党组织、班主任、辅导员等开展点对点、人盯人摸排。截至2020年底，学校向教育部、北京市报送疫情防控各类表格近500份，报送工作情况、简报及方案等600余份。二是加强外部管控，坚决防止病毒输入。第一时间实施校园管控，关闭部分校门，要求人员进出实名验证并检测体温，线上线下、点对点落实学校防控措施。三是严格内部管理，加强医疗防护。成立校园安全应急防护队伍，每日定时对校内公共区域实行1～3次消毒作业，在校内设置医学观察点、备用隔离观察点，年度累计隔离观察发热或具有风险人员383人次。

三、压实责任，整合保障动能

严格落实“保障教学科研秩序稳定”的责任。一是应对疫情常态化，切实做好工作预案。学校发布关于线上教学、新生报到、出入校管理和安全等近50份通知，确保学校教学科研正常运转、质量不降，确保校园安全稳定、和谐有序。二是加强后勤保障，切实解决后顾之忧。学校拨付专项资金用于支持疫情防控工作，做好人员、物资、医疗等方面的充足准备，确保校园餐饮供给、水电暖运行、物业服务、公寓管理等基本民生保障平稳运行。三是开展科学宣传，切实做好思想引导。学校积极利用校园网、“两微一端一抖”等新媒体及时发布信息公告、防疫指南和学校防控疫情的举措进展，广泛开展典型事迹宣传学习等活动，同时做好舆情监测。

四、安全有序，抗疫卓有成效

坚决克服厌战倦怠情绪，扎实做好校园常态化疫情防控工作。师生职工服从管理、科学防控，以切实行动助力首都疫情防控大局。截至2020年底，校园保持“零疑似”“零确诊”。学校始终坚守“立学为民、治学报国”的使命担当，积极发挥哲学社会科学学科优势，重点加强对疫情防控及对经济社会和国际形势产生的冲击和影响等主题的科研攻关。积极组织专家学者正向发声，据不完全统计，全年在《人民日报》《光明日报》等重要媒体发表与疫情相关的署名文章和采访报道1 300余篇，在科学防范疫情蔓延、中国经济如何积极应对疫情影响等领域发出了高校学者和智库专家的声音，为打赢疫情防控阻击战、维护经济稳定发展大局做出了积极贡献。

■ 中国人民大学举行明德书院、明理书院成立揭牌仪式

7月6日下午，中国人民大学举行明德书院、明理书院成立揭牌仪式，学校党委书记靳诺，

校长刘伟，常务副校长王利明，副校长贺耀敏、杜鹏，党委副书记齐鹏飞出席仪式。仪式由王利明主持。靳诺、贺耀敏、齐鹏飞、王子今为明德书院揭牌，刘伟、王利明、杜鹏、杜小勇为明理书院揭牌。杜鹏介绍了书院成立背景。贺耀敏宣读了书院成立决定。齐鹏飞宣读了书院干部任免决定。教务处处长龙永红介绍了中国人民大学强基计划、拔尖人才培养项目情况。明德书院院长、国学院教授王子今，明理书院院长、校长助理、理工学科建设处处长杜小勇先后发言。

刘伟在发言中表示，此次新成立、同时也是中国人民大学首次成立的两个书院——明德书院和明理书院，是学校“双一流”建设的重要举措，也是我校不断深化本科人才培养改革，推进世界一流本科教育建设的关键步骤。自 2009 年起，我校实施大类招生培养改革先行探索，强化了宽厚学科基础和核心能力培养，打通专业选修课，实施无时点自主选择的专业分流模式，学生基于自主选择专业和课程实现兴趣发展和个性化培养，十余年探索实践，取得了良好效果。总结我校和国内外高校通识教育、大类培养和书院制管理的经验和问题，在广泛调研、深入讨论的基础上，结合学校实际和大类培养改革目标、进程要求，学校决定实施大类培养的书院制管理与育人机制改革试点，在人文基础学科和理工基础支撑学科先行探索，打破院系边界、专业边界，构建与大类培养相适应的管理体系和机制。刘伟强调，大类培养的书院制改革是从学校实际出发的一项全新的人才培养改革探索，要有包容性、建设性、成长性的心态和理念，书院和相关学院师生、学校相关职能部门需要共同付出努力，敢于面对并积极解决困难和问题，不断解放思想，勇于开拓和创新，真正构建具有中国特色和人大风格的高水平人才培养体系。

据介绍，2009 年，中国人民大学打通数学和信息两大学科 6 个专业设立理科试验班（信息与数学），实施无时点自主分流模式。在此基础上，2015 年，学校全面推进大类招生培养改革，探索人文学部的哲学院、文学院、历史学院、国学院、马克思主义学院五个学院跨学院大类招生培养，设立人文科学试验班，全面打通人文学部 11 个专业的培养方案。2019 年，在人文五院三年的探索基础上，学校深化大类招生培养改革，推行以学部为基础的大类招生培养，设置理科试验班、人文科学试验班、社会科学试验班、经济学类等 4 个跨院系招生大类，涵盖了 17 个学院共 43 个专业。此次成立明德书院、明理书院，是学校进一步深入推进以学部为单位的跨学院大类培养改革、打破学院界限、建立大类培养统一管理平台和管理机制的重要举措。按照书院建设方案和职能定位，明德书院承担人文科学试验班第一年的教学管理和学生管理，同时承担强基计划的四年的教学与学生管理，明理书院承担理科试验班第一年的学生管理工作。

■ 中国人民大学举办命名组建七十周年学术研讨会

10 月 3 日，中国人文社会科学论坛 2020 暨中国人民大学命名组建七十周年学术研讨会在国学馆举办，此次研讨会的主题为“培养担当民族复兴大任的时代新人”，旨在全面贯彻落实习近平新时代中国特色社会主义思想，深入学习习近平总书记关于教育的重要论述，总结中国共产党创办新型高等教育的历史经验，弘扬党优良的办学传统，增强高校师生继续建设世界一流高校的动力和使命感。北京师范大学原校长、中国教育学会原会长钟秉林，北京理工大学党委书记赵长禄，中央民族大学校长郭广生，首都师范大学校长孟繁华，中央音乐学院党委书记赵旻，延安大学党委书记张金锁，北京外国语大学副校长贾文键，中央美术学院党委副书记王晓琳，中央戏剧学院党委副书记、纪委书记葛秀珍，北京航空航天大学党委副书记程波，延安大学副校长杨伟宏，教育部高等教育教学评估中心原副主任、北京理工大学研究生教育研究中心主任王战军等校外嘉宾与会。校领导靳诺、刘伟、吴付来、刘元春、杜鹏、朱信凯、齐鹏飞、顾涛、王轶、胡百精等出席会议。兄弟高校教育学院负责人，相关领域专家学者，部分学术期刊编辑和专业媒体代表，我校相关学院师生代表、专家学者以及相关部门负责人参加会议。

开幕式上，中国人民大学党委书记靳诺、北京理工大学党委书记赵长禄、中央民族大学校长郭广生、首都师范大学校长孟繁华、中央音乐学院党委书记赵旻、延安大学党委书记张金锁分别致辞。开幕式由中国人民大学校长刘伟主持。

靳诺在致辞中表示，2020 年对中国人民大学具有重要历史意义，70 年前的今天，以华北大学为基础的中国人民大学正式命名组建。70 年来，中国人民大学不负党中央的期望，始终坚持党的领导，始终不忘“为党育人、为国育才”的初心使命，始终秉持“立学为民、治学报国”的办学宗旨，以培养“国民表率、社会栋梁”为己任，作为人民共和国建设者的摇篮、马克思主义教学与研究的高地、人文社会科学高等教育领域的旗帜，为党和国家的事业发展培养了优秀人才，为我国高等教育的发展做出了贡献。今天我们举办以“培养担当民族复兴大任的时代新人”为主题的论坛，对于深入学习贯彻习近平总书记关于教育的重要论述，切实增强全体教育工作者的责任感、使命感具有非常重要的意义。今后，要始终坚持党的领导，传承红色基因，进一步夯实中国特色社会主义高等教育发展壮大的事业根基；要始终坚持立德树人，擦亮初心底色，进一步把握扎根中国大地办大学的事业关键；要始终坚持守正创新，奋进在时代前列，进一步凝聚应对新时代风险挑战的事业动力。希望各位专家学者能够在论坛中畅所欲言，共同为中国特色社会主义教育事业建设发展做出新的更大贡献。

中国人民大学党委副书记、纪委书记吴付来主持主论坛，与会专家依次发言。

当天下午，举行了“中国共产党创办新型高等教育的红色基因”“拔尖创新人才培养”“高等教育发展为人民服务”“教师、学生与学术”四个分论坛。

■ 抓好抓实对兰坪县的教育专项扶贫

2020 年是决胜全面建成小康社会、决战脱贫攻坚之年，中国人民大学坚决学习贯彻落实党和国家打赢脱贫攻坚战的重大部署，高度重视抓好抓实对兰坪县的教育专项扶贫这一教育部交办的重大政治任务，咬定目标，稳步提升对口支援力度，坚决完成决胜脱贫攻坚战的任务使命，高质超量完成教育扶贫各项任务指标，帮助兰坪县顺利脱贫摘帽。

一是统筹谋划，紧抓细作。制定了年度总体方案、“6 个 200”任务分解方案及 6 个专项工作方案，为此，学校党委常委会每两周研讨一次专项扶贫工作，分管校领导每周召开一次专项扶贫工作协调会。5 位班子成员赴兰坪县调研，全方位压实教育脱贫攻坚主体责任，解决扶贫工作中遇到的重点、难点问题，进一步推动兰坪县专项扶贫工作常态化。

二是按时超量，圆满完成专项扶贫任务指标。“6 个 200”指标超额完成：直接投入帮扶资金 265 余万元，完成率 132.58%；帮助引进帮扶资金 219 余万元，完成率 109.8%；培训基层干部 438 人，完成率 219%；培训专技人员 790 人，完成率达 395%；购买农副产品 310 余万元，完成率 155.33%；帮助销售农副产品 290 余万元，完成率 145.35%。

三是精准发力，因地制宜发挥学校特长。一年里，以挂职干部、支教团等派往当地力量为支点，以扶贫扶“智”为重点，不断将学术科研等智力资源输送兰坪，高质超量完成教育扶贫各项任务，帮助兰坪县顺利脱贫摘帽。学校挂职干部宋彪被教育部部长陈宝生评价为“决战关头不换将”的典型；中国扶贫研究院获 2020 年脱贫攻坚奖组织创新奖，系教育部系统获该奖唯一单位。

专 文

坚守初心使命必须坚定制度自信

中国人民大学党委书记　靳诺
(《人民日报》，2020 年 1 月 8 日第 9 版)

习近平同志指出："不忘初心，方得始终。中国共产党人的初心和使命，就是为中国人民谋幸福，为中华民族谋复兴。"在全党深入开展"不忘初心、牢记使命"主题教育之际，我们党召开了具有里程碑意义的十九届四中全会。全会对坚持和完善中国特色社会主义制度、推进国家治理体系和治理能力现代化做出战略部署，全面回答了在我国国家制度和国家治理体系上应该"坚持和巩固什么，完善和发展什么"这个重大政治问题，强调建立不忘初心、牢记使命的制度，这对于推进和深化主题教育具有重要指导意义。

建立先进的社会主义制度是中国共产党人坚守初心使命的题中应有之义

中国共产党是在近代以后中华民族陷入内忧外患的危难情况下、在中国人民反抗封建统治和外来侵略的激烈斗争中应运而生并走上历史舞台的。在历史悠久、饱经磨难的中华大地建立起先进的社会主义制度，带领中国人民创造美好新生活，是中国共产党人坚守初心使命的题中应有之义。

习近平同志指出："理想信念是共产党人的政治灵魂，是共产党人初心的本质要求。"中国共产党是马克思主义同中国工人运动相结合的产物。

中国共产党人的初心和使命，是在马克思主义指导下形成和确立的。马克思主义坚持人民主体地位、追求共产主义理想，中国共产党人的初心和使命是这一基本立场和价值取向的生动体现。为中国人民谋幸福、为中华民族谋复兴，集中体现了马克思主义的人民主体思想，因为中国人民和中华民族是中国社会发展的主体；集中体现了共产主义理想追求，因为中国人民的幸福生活和中华民族伟大复兴是社会主义和共产主义理想在中国的具体体现。

在革命战争的艰难岁月中，社会主义和共产主义理想始终是中国共产党人的强大精神支柱。我们党之所以能在艰苦卓绝的严峻形势和考验下坚持下来、不断发展壮大，战胜千难万险，取得革命的胜利，就是因为中国共产党人有坚定的社会主义和共产主义理想。这一崇高理想激励着中国共产党人和中国人民经过 28 年的浴血奋战，取得了新民主主义革命伟大胜利，建立了中华人民共和国，并创造性地完成社会主义改造，确立起社会主义基本制度，从而完成了中华民族有史以来最为广泛而深刻的社会变革，为当代中国一切发展进步奠定了根本政治前提和制度基础。

坚定制度自信是中国共产党人坚守初心使命的必然要求

习近平同志指出：“制度优势是一个国家的最大优势，制度竞争是国家间最根本的竞争。制度稳则国家稳。”社会主义制度的建立，为中国共产党人践行初心使命提供了基础和前提。先进的社会主义制度使古老的中国焕发出旺盛生机活力，人民群众的生活日益改善、幸福感不断增强；中华民族伟大复兴进入快车道，展现出光明前景。

改革开放是我们党在新的历史时期进行的新的伟大革命。改革开放 40 多年的历史表明，我们不仅找到了正确的中国特色社会主义道路，而且形成了具有显著优势的中国特色社会主义制度。中国特色社会主义制度，既坚持了科学社会主义基本原则，又具有鲜明的中国特色和时代特征。其中许多内容，马克思主义经典作家没有论述过，以往社会主义国家没有实践过，是中国共产党人探索形成的原创性制度成果。这些制度成果为显著提高我国综合国力和人民生活水平提供了根本制度保障，是中国共产党人在改革开放中践行初心使命的伟大创造。新时代坚守初心使命，必须进一步坚定制度自信，坚信我国国家制度和国家治理体系具有强大生命力和巨大优越性，坚信我国国家制度和国家治理体系是以马克思主义为指导、植根中国大地、具有深厚中华文化根基、深得人民拥护的制度和治理体系，是能够持续推动拥有近十四亿人口大国进步和发展、确保拥有五千多年文明史的中华民族实现“两个一百年”奋斗目标进而实现伟大复兴的制度和治理体系。

在坚定制度自信的同时，我们也要清醒地认识到：一个国家建立起一套成熟定型的制度，不可能一蹴而就，要在实践中不断探索完善。1992 年，邓小平同志指出：“恐怕再有三十年的时间，我们才会在各方面形成一整套更加成熟、更加定型的制度。”改革开放以来，我们不仅形成和发展了党的领导和经济、政治、文化、社会、生态文明、军事、外事等各方面制度，还不断加强和完善国家治理，取得历史性成就。同时也要看到，我国国家制度和国家治理体系与不断发展的党和国家事业相比、与人民对美好生活的新期待相比、与实现中华民族伟大复兴的目标相比，仍有一些亟须破除的体制机制弊端。这就要求我们把坚定制度自信与推进改革创新统一起来，在坚持和完善中国特色社会主义制度、推进国家治理体系和治理能力现代化上下更大功夫。

坚持和完善中国特色社会主义制度是新时代中国共产党人坚守初心使命的重要体现

当前，我们党站在中国特色社会主义新时代的历史方位上，处在实现“两个一百年”奋斗目标的历史交汇期。习近平同志强调：“当今世界正经历百年未有之大变局，国内外形势正在发生深刻复杂变化，来自各方面的风险挑战明显增多，迫切需要我们在加强国家制度建设和治理能力建设上下更大功夫，使我们的制度优势充分发挥出来，更好转化为治理效能。”新时代，中国共产党人必须坚守初心使命，带领全体人民攻坚克难，大踏步走向光明未来。

党的十八大以来，以习近平同志为核心的党中央秉持我们党的初心和使命，把制度建设摆在更加突出的位置，以巨大的政治勇气和政治智慧全面深化改革。党的十八届三中全会把“完善和发展中国特色社会主义制度、推进国家治理体系和治理能力现代化”确定为全面深化改革的总目标，推出一系列重大改革举措。为了让这些改革举措落实落地，我们党带领全国人民迎难而上、开拓进取。党的十九大做出中国特色社会主义进入新时代的重要判断，系统阐述了习近平新时代中国特色社会主义思想，实现了党的指导思想与时俱进，为坚持和完善中国特色社会主义制度提供了科学理论指导。党的十九届二中、三中全会分别就修改宪法与深化党和国家机构改革做出部署，推进了国家治理体系和治理能力现代化。

所有这些改革和成就，是新时代中国共产党人坚守初心使命的重要体现，凝结为一系列制度成果。比如，坚定维护党中央权威和集中统一领导的各项制度、党的全面领导制度、全面从严治党制度进一步健全；社会主义协商民主制度日趋完善；中国特色社会主义法治体系日臻完善，保证宪法全面实施的体制机制进一步健全，国家司法体制改革成效显著；基本经济制度进一步完善，充分发挥市场在资源配置中的决定性作用，更好发挥政府作用；国家基层治理体系日趋完善；生态文明制度体系建设显著加强；人民军队组织架构和力量体系实现革命性重塑；党和国家监督体系显著完善；等等。上述制度成果的形成，是因为党的十八大以来我们紧密团结在以习近平同志为核心的党中央周围，将坚持和完善中国特色社会主义制度、推进国家治理体系和治理能力现代化作为坚守初心使命的关键途径。

新时代坚持和完善中国特色社会主义制度，必须坚持以习近平新时代中国特色社会主义思想为指导。习近平新时代中国特色社会主义思想是马克思主义中国化最新成果，是当代中国马克思主义、21世纪马克思主义。为人民谋幸福、为民族谋复兴、为世界谋大同，是深刻理解和全面把握习近平新时代中国特色社会主义思想的金钥匙。坚持以习近平新时代中国特色社会主义思想为指导，是新时代坚持和完善中国特色社会主义制度的必然要求，也是新时代中国共产党人坚守初心使命的必然要求。我们要把习近平新时代中国特色社会主义思想作为新时代坚守初心使命的强大思想武器，用以武装头脑、指导实践、推动工作，着眼于为人民谋幸福、为民族谋复兴、为世界谋大同，进一步坚持和完善中国特色社会主义制度、推进国家治理体系和治理能力现代化。

新时代坚持和完善中国特色社会主义制度，必须深入贯彻落实党的十九届四中全会精神。党的十九届四中全会系统总结了我国国家制度和国家治理体系的显著优势，明确了坚持和完善中国特色社会主义制度、推进国家治理体系和治理能力现代化的总体目标：到我们党成立一百年时，在各方面制度更加成熟更加定型上取得明显成效；到二〇三五年，各方面制度更加完善，基本实现国家治理体系和治理能力现代化；到新中国成立一百年时，全面实现国家治理体系和治理能力现代化，使中国特色社会主义制度更加巩固、优越性充分展现。这明确了新时代坚持和完善中国特色社会主义制度、推进国家治理体系和治理能力现代化的时间表和路线图，为新时代中国共产党人坚守初心使命进一步指明了方向。我们要围绕这一总体目标践行初心使命，把我国制度优势更好转化为国家治理效能，为满足人民对美好生活的新期待、为实现中华民族伟大复兴提供根本制度保障。

为经济高质量发展奠定坚实制度基础

中国人民大学校长　刘伟
（《人民日报》，2020 年 4 月 17 日第 9 版）

改革开放以来，我国经济以世所罕见的速度发展壮大，人民生活水平快速提升。1979—2018 年，我国国内生产总值年均增长 9.4%，远高于世界同期年均 2.9%左右的增速。我国已经成为世界第二大经济体、制造业第一大国、货物贸易第一大国、商品消费第二大国、外资流入第二大国。经济快速发展奇迹的背后，是不断巩固和完善的社会主义基本经济制度的坚强保障，是社会主义基本经济制度优势的不断彰显。党的十九届四中全会《决定》将公有制为主体、多种所有制经济共同发展，按劳分配为主体、多种分配方式并存，社会主义市场经济体制等作为社会主义基本经济制度，强调坚持和完善社会主义基本经济制度，推动经济高质量发展。这标志着我们党对社会主义经济建设规律和社会主义基本经济制度的认识达到新的历史高度，我国社会主义基本经济制度的显著优势必将在推动经济高质量发展中得到更加充分的发挥。

我国社会主义基本经济制度具有显著优势

社会主义基本经济制度包括所有制、分配制度、经济体制等。正是它们所具有的巨大优越性，使我国国家制度和国家治理体系具有坚持公有制为主体、多种所有制经济共同发展和按劳分配为主体、多种分配方式并存，把社会主义制度和市场经济有机结合起来，不断解放和发展社会生产力的显著优势。

社会主义基本经济制度坚持公有制为主体、多种所有制经济共同发展，坚持“两个毫不动摇”，通过不断深化改革开放，营造各种所有制主体依法平等使用资源要素、公开公平公正参与竞争、同等受到法律保护的市场环境，既巩固和发展公有制经济，又激发非公有制经济的活力和创造力。公有制经济、非公有制经济相辅相成、相得益彰，既保证国家战略有效实施，又促进社会生产力快速发展。

社会主义基本经济制度坚持按劳分配为主体、多种分配方式并存，既维护公平，又提升效率，最大限度激发微观主体活力。坚持多劳多得，着重保护劳动所得，增加劳动者特别是一线劳动者劳动报酬，提高劳动报酬在初次分配中的比重，充分体现按劳分配的主体地位，保护劳动者合法权益。通过健全劳动、资本、土地、知识、技术、管理、数据等生产要素由市场评价贡献、按贡献决定报酬的机制，实现各种要素所有者的要素报酬合理化，极大调动各方面积极性。发挥好再分配和第三次分配调节作用，能够合理调节城乡、区域、不同群体间分配关系，有利于缩小收入差距，促进分配公平。

社会主义基本经济制度坚持完善社会主义市场经济体制，为充分发挥市场在资源配置中的决定性作用、更好发挥政府作用提供制度保障。社会主义基本经济制度把社会主义制度和市场经济有机结合起来，既充分发挥市场在资源配置中的决定性作用，又更好发挥政府作用；既有利于解放和发展社会生产力、改善人民生活，又有利于维护社会公平正义、实现共同富裕。

显著优势源于社会主义基本经济制度的本质特征

我国社会主义基本经济制度是经济制度体系中具有长期性和稳定性的部分，起着规范方向的作用，对经济制度属性和经济发展方式具有决定性影响，对国家治理体系和治理能力现代化具有系统性重要影响。我国社会主义基本经济制度之所以具有显著优势，能为我国经济持续健康发展提供坚强制度保障，是因为它具有以下本质特征：

坚持党的领导，确保我国经济始终沿着正确方向发展。中国共产党领导是中国特色社会主义最本质的特征，是中国特色社会主义制度的最大优势，党是最高政治领导力量。社会主义基本经济制度之所以具有不断解放和发展社会生产力、促进实现共同富裕的优越性，根本在于坚持党的领导，确保我国经济始终沿着正确方向发展。在党中央集中统一领导下，我们坚持社会主义基本经济制度，充分发挥市场在资源配置中的决定性作用，更好发挥政府作用，全面贯彻新发展理念，坚持以供给侧结构性改革为主线，加快建设现代化经济体系；充分发挥中央和地方两个积极性，充分调动市场主体和广大人民群众的积极性、主动性、创造性，提高各级干部的责任感、使命感和工作能力，形成推动经济高质量发展，为实现“两个一百年”奋斗目标、实现中华民族伟大复兴的中国梦而奋斗的强大合力。

坚持以人民为中心，汇聚强大发展合力。坚持以人民为中心，是新时代坚持和发展中国特色社会主义的根本立场。让广大人民群众共享改革发展成果，是社会主义的本质要求。社会主义基本经济制度，坚持以人民为中心的发展思想，坚持发展是硬道理、发展应该是科学发展和高质量发展的战略思想，依靠人民推进中国特色社会主义事业，不断把经济“蛋糕”做大；坚持发展成果由人民共享，把不断做大的“蛋糕”分好，让社会主义制度优越性更加充分体现出来，让实现全体人民共同富裕在广大人民现实生活中更加充分展现出来，因而能够增强经济发展活力，汇聚强大发展合力，为实现经济持续健康发展提供不竭动力。

坚持与时俱进，在实践中不断完善和发展。社会主义基本经济制度在实践中不断完善和发展，体现了继承性和发展性的统一。改革开放以来，我们打破“一大二公”的所有制结构，破除社会主义和市场经济对立的思想教条，探索形成公有制为主体、多种所有制经济共同发展的所有制结构，形成按劳分配为主体、多种分配方式并存的分配制度，建立并不断完善社会主义市场经济体制。社会主义基本经济制度的完善和发展，坚持基本经济制度的社会主义性质，顺应并支撑坚持和完善中国特色社会主义制度、推进国家治理体系和治理能力现代化的历史进程，在更好发挥社会主义制度优越性、不断解放和发展社会生产力、推动高质量发展方面发挥巨大作用。

发挥社会主义基本经济制度优势，推动经济高质量发展

今年是全面建成小康社会和“十三五”规划收官之年。新冠肺炎疫情的冲击没有改变我国经济稳中向好、长期向好的基本面。我们即将全面建成小康社会，并乘势而上开启全面建设社会主义现代化国家新征程。这对推动经济高质量发展提出新的更高要求。党的十九届四中全会《决定》对社会主义基本经济制度做出新概括，部署推动社会主义基本经济制度与时俱进、完善发展，必将为经济高质量发展奠定更为坚实的制度基础。我们要进一步发挥社会主义基本经济制度优势，努力实现经济高质量发展。

坚持党中央集中统一领导。中国经济是一艘巨轮，体量越大，风浪越大，掌舵领航越重要。越是形势复杂、挑战严峻，越要发挥党中央集中统一领导的定海神针作用。当前，国内外形势发生深刻复杂变化，新情况新问题层出不穷。形势越是复杂，越要听从党中央号令，增强“四个意识”、坚定“四个自信”、做到“两个维护”，认真贯彻党中央重大决策部署，做到令行禁止；在推动经济高质量发展中敢作为、善作为，注重激发和保护企业家精神，让更多社会主体投身创新创业，充分调动各方面的积极性。

坚持以人民为中心的发展思想。围绕解决好人民日益增长的美好生活需要和不平衡不充分的发展之间的矛盾这个社会主要矛盾，把推进供给侧结构性改革作为经济工作的主线，使供给体系更好适应需求结构变化，使供给能力更好满足人民日益增长的美好生活需要。坚持以人民为中心的发展思想，坚决贯彻创新、协调、绿色、开放、共享的新发展理念，推动新型工业化、信息化、城镇化、农业现代化同步发展，加快建设现代化经济体系，努力实现更高质量、更有效率、更加公平、更可持续的发展，不断增强人民的获得感、幸福感、安全感。

坚持不断解放和发展社会生产力。在重要领域继续深化改革，在更深层次、更广领域解放和发展社会生产力。探索公有制多种实现形式，鼓励发展混合所有制经济，实现各种所有制资本取长补短、相互促进、共同发展，使我国基本经济制度发挥出更大优越性。完善初次分配制度、健全再分配调节机制、规范收入分配秩序，弘扬勤劳致富精神，激励人们通过劳动创造美好生活。加快完善社会主义市场经济体制，建设高标准市场体系。构建社会主义市场经济条件下关键核心技术攻关新型举国体制，建立以企业为主体、市场为导向、产学研深度融合的技术创新体系，为高质量发展插上科技创新的翅膀。

在学习贯彻习近平总书记在决战决胜脱贫攻坚座谈会上重要讲话精神暨定点联系兰坪县脱贫攻坚工作调度会上的讲话

中国人民大学党委书记　靳诺
（2020年4月23日）

同志们：

今天这样的调度会，在接下来一个多月时间里，会是一个常态化形式。刚才鹏飞同志在传达教育部专项扶贫工作会议精神中也提到了，教育部明确要求学校分管对口支援和脱贫攻坚的校领导每周要召开一次专题协调会，学校党委常委会每两周研讨一次专项扶贫工作，目的是及时对接需求、进一步抓好落实，确保如期完成教育脱贫攻坚任务。刚才，国内合作办负责同志介绍了教育部“6 个 200”指标任务分解方案，部分单位也做了发言，沟通了思想，进一步明确了思路，谈得都很好。

决战决胜脱贫攻坚座谈会，是党中央在新冠肺炎疫情防控阻击战的关键时刻召开的，中西部 22 个省份一直开到县级，规模之大前所未有，体现了党中央的高度重视。总书记的讲话目标明确、信心坚定，既肯定已有成绩，又直面困难挑战，为我们做好下一步工作提供了遵循。总书记强调要继续聚焦“三区三州”等深度贫苦地区，落实脱贫攻坚方案，瞄准突出问题和薄弱环节狠抓政策落实，让我们感到我们所做的工作意义十分重大。作为我们党亲手创办的第一所新型正规大学，作为承担滇西专项扶贫的 11 所高校之一，中国人民大学要在坚定不移贯彻落实总书记重要讲话精神中干在实处、走在前列，按时保质保量地圆满完成中央交给我们的光荣任务。下面，我结合总书记重要讲话精神和教育部工作部署，就学校定点联系兰坪县脱贫攻坚工作，谈四点意见：

一是对照巡视问题抓整改，进一步压实责任。我们要继续深入学习贯彻习近平总书记关于扶贫工作的系列重要论述精神，贯彻落实教育部对脱贫攻坚工作的部署要求，进一步提高政治站位、统一思想行动。各单位要结合中央脱贫攻坚专项巡视及“回头看”发现的问题、“不忘初心、牢记使命”主题教育检视的问题和整改要求，对照自身查缺补漏，在落实中抓好问题整改，进一步推动学校脱贫攻坚工作取得实效。要把兰坪脱贫工作作为重大政治责任，充分发挥学校学科、科研、人才优势，优化完善教育脱贫攻坚政策供给，用心用情，全力以赴帮助兰坪县如期实现脱贫攻坚目标。

二是对照任务目标抓落实，进一步强化实效。六项考核指标，每一项都是一个硬骨头。去年，在全校广大师生员工和校友的支持下，我们超额完成了各项指标，成绩是很突出的，值得肯定。但是今年的任务从今天开始计算，到完成时限只剩下 38 天时间。时间更紧、要求更高，又遭遇疫情影响，给我们的工作带来了许多困难和挑战。因此，各单位要统筹考虑各方面因素，尽快拿出具体工作计划和方案，严格按照“6 个 200”要求，紧盯目标，挂图作战，确保在 5 月 31 日前完成指标任务。同时，对于定点联系的其他方面工作，也要力度不减、加压前进，把规定动作和自选动作都高质量地完成好。学校将把实施方案的落实情况作为督察督导的重点内容，定期对工作进展和成效进行考核评估，对工作突出的给予表彰，对工作进展缓慢的要加强督促指导。

三是坚持走人大特色扶贫道路。自 2013 年开展定点联系兰坪县扶贫工作以来，学校依靠挂职干部和研究生支教团两大抓手，聚焦“教育扶贫、智力扶贫、产业扶贫”三条主线，通过选派挂职干部、提升基础教育、消费和劳务扶贫、助推产业发展等方式，多措并举推进定点联系兰坪县扶贫工作，初步形成了人大品牌式的教育扶贫路径。下一步，还要继续科学规划扶贫工作，动员整合全校力量，上下联动、齐心协力。要更“精准”，坚持目标导向、问题导向、结果导向，按照“兰坪所需，人大所能”，啃下最后的“硬骨头”。同时，不断巩固现有工作体制机制，保持政策稳定，落实好摘帽不摘责任、不摘政策、不摘帮扶、不摘监管“四个不摘”的要求，巩固脱贫工作成果，激活兰坪县脱贫摘帽及致富的内生动力和长效机制，实现推进全面脱贫与乡村振兴的有效衔接。

四是加强工作宣传推广，讲好脱贫故事。我们要持续宣传党中央关于脱贫攻坚的决策部署和习近平总书记关于扶贫工作的系列重要论述，重点宣传学校加强定点联系兰坪县脱贫攻坚工作的好经验、好做法，深入挖掘在脱贫攻坚工作中涌现的典型事迹和感人故事，以身边事影响身边人，团结凝聚更大力量支持和参与学校脱贫攻坚工作，营造良好舆论氛围。

同志们！

始终与党和国家同呼吸、共命运，始终奋进在时代前列，是中国人民大学一以贯之的优良传统。在实现决战决胜脱贫攻坚与全面建成小康社会重要目标的关键之年，在学校即将迎来命名组建 70 周年的历史时刻，我们深感责任重大、使命崇高！全校上下要真正把脱贫攻坚的职责放在心上、扛在肩上、抓在手上，不忘初心、牢记使命，坚决克服新冠肺炎疫情影响，以更大决心、更强力度助力兰坪脱贫攻坚，奋力夺取学校“双一流”建设、助力兰坪脱贫攻坚和疫情防控三大战役全面胜利，以优异成绩完成好时代答卷！

拜托大家，谢谢大家！

用“心”推进“双一流”建设

中国人民大学校长　刘伟
(《学习时报》，2020 年 5 月 8 日第 6 版)

“双一流”建设，是以习近平同志为核心的党中央做出的关于高等教育事业发展的重大部署、战略决策，是为了推动立德树人这一根本任务真正得到落实，培养出具有家国情怀、创新能力和全球视野的“国民表率、社会栋梁”，用引领时代的一流人才成就世界一流大学，对于提升我国教育发展水平、增强国家核心竞争力具有十分重要的意义。

2020 年，“双一流”建设将进行第一个建设周期的总结评估，这既是我国高校全面推进“双一流”建设的奋进之年，也是迎接第一轮“双一流”建设终期验收之年。在扎根中国大地办好中国特色社会主义大学的征程中，如何提升学科建设水平？如何保持高校事业发展不断向前推进？如何以实际业绩为实现中华民族伟大复兴做出新的更大贡献？这些都是我们需要用“心”思考并做出回答的重大考题。

增强信心，保持战略定力，谋划高瞻远瞩的学科布局。新中国成立以来，特别是改革开放以来，我们在借鉴国外高等教育先进经验的基础上，扎根中国大地办大学，从中国国情出发，探索中国特色社会主义高等教育发展道路，取得了显著成就。中国共产党领导的一大批高等学校不断发展壮大，为我国社会主义革命、建设和改革事业做出了重要贡献，也为办好中国特色社会主义大学积累了宝贵经验。这充分证明，中国共产党的教育方针、中国高等教育的发展模式、中国大学创建世界一流的建设路径，在中国是行得通、很管用的。我们要对自己的办学历史和地位有信心，对建设好世界一流大学和一流学科有信心。既要对接国家重大战略需求，落实“三个面向”，聚焦“高精尖”，不断产出重大科研成果；又要尊重学科自身内涵和发展规律，重视基础理论研究，坚决克服和防止“五唯”。要增强战略布局、战略谋划能力，登高一层，远望三分，立足前沿布局交叉学科，进一步补充加强一流学科实力，掌握竞争和发展的主动权。

保持耐心，回归学科建设本位，厚植标志性成果的深厚土壤。学科建得好不好、学校建得好不好，都需要用成果来说话。标志性成果是学科建设的亮点，是“双一流”建设成效的重要得分点。标志性成果来源于扎实的学科积累和深厚的学科基础，来源于对学科建设规律的尊重和顺应，不能急功近利、揠苗助长。要围绕一流学科建设需要，认真对照“双一流”建设方案，全面推进各学科教学科研水平和人才培养质量提升。要抓好本科教学，人才培养是本，本科教育是根，教学工作是一流人才培养的重要保障，也是一流学科建设的重要支撑。建设一流本科教学是一流学科建设的题中应有之义。要提升科研创新水平，瞄准国家重大战略需求和世界科技发展前沿，产出一批引领性原创性成果，加强成果转化，把科研优势转化为育人优势。要进一步对标世界一流大学，深化国际合作交流，主动对接服务国家全面开放，不断加强与国外高水平大学和顶尖科研机构的实质性交流合作。

坚定决心，加强服务保障，形成支撑“双一流”建设的强大合力。“双一流”建设中，需要我们解决很多重点难点问题、历史遗留问题，涉及高校工作的方方面面，既有管理层面的体制机制问题，也有操作层面的技术问题；既有各个学科普遍存在的共性问题，又有部分学科存在的特殊问题；既有涉及学科发展的长远战略问题，又有学科当下面临的突出矛盾问题。我们高校的各职能部门必须统一认识、行动起来，切实提升管理工作水平，增强服务师生本领，形成支撑“双一流”建设的合力。要在完善人才引进配套制度上下功夫，进一步优化程序、开阔思路；要在加大资源投入上下功夫，统筹配置好各类专项资金，加强对一流学科建设经费的过程管理、绩效考核和动态调整，真正把经费管好用好；要在加快科研“放管服”上下功夫，充分释放制度红利，提升教师获得感，打通科研服务的“最后一公里”。

不忘初心，扎根中国大地，构建哲学社会科学的“中国学派”。当前，世界处于百年未有之大变局，中国也正经历着我国历史上最为广泛而深刻的社会变革，在进行着人类历史上最为宏大而独特的实践创新。这都呼唤着我们要以党的创新理论引领哲学社会科学学科发展，推动构建全方位、全领域、全要素的中国特色哲学社会科学的学术体系、学科体系和话语体系。要着眼于实现“两个一百年”奋斗目标和中华民族伟大复兴的中国梦，坚持以重大现实问题为主攻方向，立足中国特色社会主义伟大实践，紧紧围绕当前我国改革开放和现代化建设面临的重大问题进行新的理论创造，提出解决问题的思路办法。要增强服务国家意识，着重加强对中国特色社会主义实践经验的研究总结，为推进国家治理体系和治理能力现代化提供不可或缺的智力支持。只有用中国理论解读中国实践，用中国实践升华中国理论，为世界发展提供中国方案，才能真正建设起具有中国特色、中国风格、中国气派的哲学社会科学“中国学派”。

在学生返校工作动员大会上的讲话

中国人民大学校长　刘伟
(2020 年 6 月 5 日)

同志们：

今天我们召开学生返校工作动员大会，贯彻落实教育部、北京市关于学生返校复学工作的有关要求，并对做好下一阶段工作进行再部署、再动员。前期，学校综合研判当前疫情发展新态势，经过反复研究，制定了学生返校工作方案，从关键时间节点、重点人群、重点场所、重点方向等几个方面着手，建立了一套科学规范、易于操作的标准体系。刚才，信凯同志、付来同志做了具体工作部署，希望大家会后抓好落实。下面，我着重强调四个方面工作：

第一，坚持慎终如始，主动适应疫情防控常态化。

在习近平总书记的亲自指挥和党中央、国务院坚强领导下，国内经过联防联控、严防严控，疫情形势基本稳定，疫情防控阻击战取得重大战略成果。随着学生陆续返校，大规模人员跨区域流动、学生返校后相对聚集、毕业生外出求职、留学生回国等，给学校疫情防控带来潜在风险，也是对我们校园疫情防控工作成效的一次大考。进一步做好常态化疫情防控，必须坚持慎终如始，坚持底线思维、精准防控，认真执行学校疫情防控有关要求，管好校园入口，加强健康监测，科学佩戴口罩，减少人员聚集。关于常态化防控要求，学校已经有明确方案，有关单位近期也组织了多次演练，具体我就不展开了，希望大家始终绷紧疫情防控的弦，守住校园安全底线，不断巩固首都疫情防控良好态势。

第二，做好返校组织工作，抓实抓细返校工作各环节。

今年我们毕业年级有 8 000 多名学生，规模是比较庞大的。这么多同学从四面八方启程返校，涉及方方面面的工作。目前的方案上，设计了返校通知发布、学生信息统计、名单确认、返校审批、接机接站、报到住宿等多个环节，应该说考虑得比较周到、细致，我看主要要做好三件事。一是信息要准确。包括哪些学生需要返校，乘坐什么交通工具，返京抵京到校的时间安排，不回来的是什么原因，等等，每一名毕业生的返校情况都要摸清楚，确保心中有数。二是环节要完整。从学生离开家到进入校园，我们工作的环节要形成真正的闭环，行前教育、防护措施、入校流程、校园防疫要求等要提前告知大家，让大家有所准备，和我们一起做好返校工作。三是措施要到位。让工作闭环发挥出应有作用，关键在落实，关键在人。各个岗位上的教职员工都要用迎接大考的心态来迎接学生返校，以高度的责任心确保每一项措施落地落实。

第三，关注重点群体和关键节点，做好毕业服务和期末教学管理。

我们这次主要是毕业年级返校，让毕业生回到校园，一方面是办理毕业离校的手续，更重要的是让学生们在离校前，能在校园里留下美好的青春记忆。做好毕业生群体工作，一是提供优质毕业服务。目前，各学院通过线上方式开展毕业论文答辩，基本上完成了论文答辩工作。接下来，我们要进一步优化、简化各类毕业工作流程，认真倾听毕业生的诉求，用心解决毕业过程中的困难，做好毕业课程、实习实践、户籍档案等各项工作衔接，确保学生毕业工作顺利完成。二是高度重视毕业生就业创业工作。毕业生就业工作一头连着家庭幸福，一头连着社会稳定，中央再三强调，要把高校毕业生就业工作作为稳就业工作的重中之重。就业形势严峻，今年又叠加疫情影响，就业工作任务十分繁重。各学院要坚持把工作落实到人，对于还未落实就业单位的学生，要抢抓毕业离校前的宝贵时间，加强就业帮扶，按照“一人一策”的办法，鼓励学生到西部地区、基层单位就业，统筹运用好国内合作资源、校友资源、社会资源，千方百计帮助学生实现就业。三是做好毕业生心理辅导。最近，不少高校毕业生因为疫情、论文、就业等产生焦虑心理，进而做出过激行为，应该引起重视。学院领导班子、学工队伍要勇挑重担、冲到一线，准确掌握学生思想状况和动态，对于一些心理问题早发现、早介入，及时提供疏导，帮助同学们克服心理焦虑，引导大家以理性平和的心态面对疫情、迎接毕业就业。

另外，马上就到学期末，2 000 多个课堂的线上教学工作已进入尾声，根据课程教学计划，各院系 7 月 3 日前基本完成课程结课，期末考核以线上考核方式进行。实行线上教学以来，不少同学通过各种渠道对学校教学管理工作提出了一些意见建议，对于改进我们的工作是有益的，有关部门和学院也及时给予了回应。线上考核和线上教学一样，是一种全新的考核形式，老师们、同学们都有一个适应过程。特别是大三年级期末考核还关系到保送研究生工作，涉及学生的切身利益。教务部门和各院系要做好与学生的沟通，正确对待学生们的意见建议，切实组织好期末考核工作，确保期末阶段教学管理平稳有序。

第四，强化校园服务保障，营造温馨安全的校园环境。

经过几个月的等待，即将返校的同学们对校园增添了更多期待。如何回应好同学们的期待，把期待转化为学生对学校的热爱，这需要靠我们的服务保障工作。这段时间，为了迎接学生返校，后勤、保卫、物业等部门做了大量准备工作。比如，我们在校园教学生活区与社区之间加装了隔离带，守护校园安全；在东、西门入口重新安装了符合防疫要求的进出通道；后勤员工主动为学生宿舍清理垃圾、给宿舍里的植物浇水；这几天还看到不少老师和留校同学在微信朋友圈里为食堂餐桌上设置隔离板这一举动点赞；等等。这些暖人心的举动，很好地反映了我们人民大学“以人为本”的办学理念。学生返校以后，校内人员增多，对我们的后勤服务保障能力提出了更高要求。在做好“保运转”工作的基础上，各单位、各院系要更加突出“服务性”，以师生为本，加强协调配合，努力为师生提供更优质的餐饮服务、住宿服务、综合服务，把后勤保障这朵花绣得更好，让学生们真真切切感受到校园的温暖，为大家留下一段难忘的毕业回忆。

学生返校，标志着我国疫情防控取得了重大成果，彰显了我们强大的制度自信、道路自信。做好学生返校工作，意义十分重大，容不得半点马虎。全校上下要以更高站位、更实举措，坚决贯彻党中央、国务院工作部署和教育部、北京市关于返校复学工作安排，坚决克服麻痹思想、厌战情绪、侥幸心理、松劲心态，抓紧抓实抓细学生返校各项工作，确保学生有序返校、顺利就业、安心毕业。

我就讲这些，拜托大家！

在中国人民大学2020年教师思想政治工作部署会上的讲话

中国人民大学党委书记　靳诺
（2020年6月11日）

老师们、同志们：

大家好！

今天，我们第一次在全校范围召开中国人民大学教师思想政治工作部署会，同时对中国人民大学2019年“师德先进集体和师德标兵”与吴玉章课程思政名师工作室入选单位进行表彰、授牌，这是学校深入贯彻落实习近平总书记关于高校思政工作的相关论述精神、推进师德师风建设的重要举措，也是深化学校思政工作改革、完善教师思政工作体系的点睛之笔。在这里，我代表学校党委，再次向今天获奖的先进集体、个人和工作室表示衷心的祝贺！

党的十八大以来，习近平总书记高度重视高校教师思想政治建设工作，多次对教师思政工作提出要求，勉励广大教师做有理想信念、有道德情操、有扎实学识、有仁爱之心的“四有”好老师。近期，教育部等部门还联合下发了两份非常重要的文件：《关于加快构建高校思想政治工作体系的意见》《高等学校课程思政建设指导纲要》，提出要建设高水平教师队伍并全面推进所有学科课程思政建设，这为我们深化高校教师思政工作改革、加快构建高校教师思政工作体系进一步指明了前进方向。

今年是学校命名组建70周年，从陕北公学一路走来，人大凝结了深厚的红色基因，其中最重要的一点就是始终高度重视思政工作。刚才昌华同志在汇报中也提到，近年来学校在完善教师思政工作制度、健全教师思政工作指导体系、打造具有全国示范意义的教师思政工作品牌等方面，开展了许多卓有成效的工作。比如，召开全国教师工作部部长论坛、开展“读懂中国”青年教师社会调研计划和吴玉章课程思政名师工作室计划、启动中国人民大学师德表彰评选等等，设立高校教师思政专项课题，在人才引进、职称评聘、评奖评优、绩效考核等环节，坚持师德为先，把好政治关和师德关，全校教师思想政治工作得到明显加强。

但是，我们也要清醒地看到，面对当前国内外的复杂形势和学校“双一流”建设的重大任务，学校教师思政工作仍然存在一些短板。在6月2日召开的2020年学校警示教育大会上，我讲了很多发生在学校的案例，比如：部分学院思政工作虚化弱化，意识形态工作责任制不落实；有的领导干部和党员教师阵地意识不强，将学术研究与意识形态工作割裂开来。在今年的疫情防控工作中，个别学院没有落实主体责任，对信息迟报瞒报、对突发情况处置不力，个别教师政治意识不强，在微博、微信公众号等网络平台中公开发表不当言论，造成了不良影响。这些问题的出现，集中反映了我们教师思政工作基础仍需夯实，教师思政工作体系仍需完善。

下面，我就加强和推进学校教师思政工作和课程思政工作，再强调几点意见。

一是坚持政治引领，强化教育引导，进一步落实师德师风建设的主体责任。一方面，我们要切实提高政治站位，始终把师德师风作为评价教师队伍素质第一标准，进一步健全规章制度，采取有效措施加强教师师德教育培训和负面案例警示教育，引导广大教师时刻自重、自警、自励，做学生敬仰爱戴的品行之师、学问之师。另一方面，我们还要提高教育引导的精准度，加强教师理论学习常态化、制度化，多平台、多渠道、多形式引导教师以习近平新时代中国特色社会主义思想武装头脑、指导实践、推动工作。

二是深化制度建设，健全工作体系，进一步补齐教师思政工作的现存短板。学校各部门要认真落实教育部各项指导性文件要求，针对当前学校教师思政工作中存在的突出问题，制定清单和整改方案，加强顶层设计和组织领导，压实基层院系教师思政和师德建设主体责任，凝聚教师思政工作的主体力量，建立健全党委统一领导、党政齐抓共管、相关部门协同联动、院系落实推进的教师思政建设工作机制。

三是坚持以人为本，打造“暖心工程”，进一步营造立德树人的浓厚氛围。希望大家坚持教育引导与关怀帮助相结合，用心了解教师需求，创新方法载体，做好暖心工作，着力从情感上增进信任认同，为教师职业发展搭建平台，引导教师增进职业幸福感和忠诚度，让广大教师能够安心从教、静心从教、全心从教，为学校事业发展注入新的活力。

四是传承红色基因，打造思政品牌，进一步拓展教师思政工作的发展路径。我们学校有重视思想政治工作的传统，有一支优秀的教师队伍，全国仅有的三位“人民教育家”国家荣誉称号获得者，有两位就在咱们人民大学。今天评选出的师德标兵，也都是我们身边的先进典型，是全校教师学习的榜样。大家要充分发挥“人民教育家”和“师德标兵”的示范引领作用和传帮带作用，激励全校各个教学单位和每一名教师见贤思齐，不断提升学校教书育人实效。同时结合学校命名组建70周年的大背景，传承最值得我们珍视的红色基因，深入拓展教师思政工作的广度和深度，持续打造“读懂中国”社会实践项目、吴玉章课程思政名师工作室等思政品牌，构建全面覆盖、类型丰富、层次递进、相互支撑，具有“人大特色、人大风格”的教师思政工作体系。

同志们，教育者要先受教育，做好新时代学校教师的思想政治工作，任务艰巨、责任重大、使命光荣。希望大家能够以此次表彰为契机，进一步坚定教师思政工作的正确方向，切实把学校教师思政工作重点任务落实到实际工作中，把责任担当体现在工作成效上，不断创新新时期教师思政工作方式方法，奋力开创学校教师思政工作新局面，努力答好高校教师思政工作高质量发展的时代考卷！

建立不忘初心、牢记使命的制度　推进政党治理制度化、国家治理现代化

中国人民大学党委书记　靳诺
（《人民论坛》，2020年第16期）

党的十九届四中全会审议通过的《中共中央关于坚持和完善中国特色社会主义制度 推进国家治理体系和治理能力现代化若干重大问题的决定》（下文简称《决定》），明确了坚持和完善中国特色社会主义制度、推进国家治理体系和治理能力现代化的总体目标、重大任务，做出了一系列关于我国国家制度和国家治理体系建设的新论断、新部署。

《决定》在部署“坚持和完善党的领导制度体系，提高党科学执政、民主执政、依法执政水平”工作时，第一条就是“建立不忘初心、牢记使命的制度”。将建立不忘初心、牢记使命的制度作为政党治理制度化的首要选择，就是要充分发挥制度的规范和引领作用，推动全党尊崇党章，恪守党的性质和宗旨，确保我们党的政党治理制度化、现代化，确保党在新时代始终充满生机和旺盛活力，确保党和国家的一切工作顺应时代潮流、符合发展规律、体现人民愿望，确保党始终走在时代前列、永远得到人民的拥护和支持。

使命引领的制度化机制确保奋斗目标的统一

使命是一个组织的总的功能，是组织存在的理由，是组织成员行为选择和路径选择的方向。事业发展顺利时，使命促使人们关注现实与使命目标的差距，告诫人们不要陶醉于眼前的短期成就，必须目光远大，用历史的眼光理性看待当前的成就；事业发展遭遇挫折时，使命提醒人们从历史的角度看待问题，眼前的困难放在长河中，不过是一个小的暗礁，只要坚持下来，必会柳暗花明。使命确保人们方向正确，道路正确，自信奋进。忘记肩负的使命，人们就会在成绩面前飘然，在失败面前颓废，组织的发展也将摇摇欲坠。“不忘初心、牢记使命”主题教育通过“守初心、担使命，找差距、抓落实”，促使广大党员干部铭记共产党人的初心和使命。初心使命的学习常态化、制度化，使命的引领作用也将随之制度化。在统一的使命的引领下，可以更好地用核心价值观对党员干部的思维和行为方式进行价值方向的引导，对党员干部的行为准则和尺度、个人修养的高度进行明确合理的规范，从而确保党的事业长治久安的基石愈加坚实牢固。

锤炼政治品格的制度化机制设定能力素质的标准

不忘初心、牢记使命的制度的核心目标就是锤炼党员干部的政治品格。首先是思想政治的锤炼。通过“不忘初心、牢记使命”主题教育，使领导干部坚定对马克思主义的信仰、对中国特色社会主义制度的信念，增强“四个意识”，坚定“四个自信”，做到“两个维护”，自觉在思想上政治上行动上同以习近平同志为核心的党中央保持高度一致。其次是为民服务素养的锤炼。“为民服务解难题”是“不忘初心、牢记使命”的重要内容，党员干部只有把尊重民意、汇集民智、凝聚民力、改善民生贯穿全部工作始终，才能保持党同人民群众的血肉联系，厚植党执政的群众基础。再次是廉洁自律的锤炼。党的十八大以来，全面从严治党，铁腕反腐，为每一名党员干部敲响了警钟。“不忘初心、牢记使命”主题教育促使党员干部知敬畏、存戒惧、守底线，公私分明，“亲”“清”分开，廉洁自律。将“不忘初心、牢记使命”主题教育常态化、制度化，使之成为全体党员干部的终身课题，是锻炼队伍、化解风险的现代治理选择，也是培养训练有素干部队伍的关键之策。

成就激励的制度化机制提升干事创业的动力

激励是为了有效地实现组织的目标，通过设计适当的外部奖酬形式和工作环境，激发、引导、保持和规范组织成员的行为。金钱、名誉、权力、地位等因素与激励相关，但其激励作用时间偏短、力度不大。工作事业的成就感、社会认可、职业发展等因素的激励作用时间较长、力度较大。这种作用时间长、力度大的激励，就是成就激励。成就激励是超越利益的追求，是基业长青最强大的驱动力。只有充分发挥事业成就激励的作用，才能使党员干部迸发出强而有力的干劲。“不忘初心、牢记使命”主题教育，引导党员干部投入到实现中华民族伟大复兴的实践中，引导党员干部投身到国家治理体系和国家治理能力现代化的宏伟战略中。通过“不忘初心、牢记使命”的制度化，形塑党员干部的个人价值追求，形成党的事业优先、个人利益靠后的价值偏好，就能不断增强党员干部的公共服务动机。动机强，干劲大，才能实现事业兴。

训练有素的制度化机制树立起依规行事的约束

制度是硬规范，文化是软约束。文化的作用类似过滤器，影响着人们对世界的认知。同样一件事情，不同文化下的观点可能差异很大，甚至完全相反。通过文化路径达成治理的目标是高级阶段的治理模式。训练有素的文化恰恰可以确保组织成员在遵守制度的基础上具备事业责任感，按规则行事。训练有素的文化有两大特征：一是“造钟而非报时”，即党员干部自我管理能力强，对自己应该做什么、什么时间做，心中有谱，不待扬鞭自奋蹄，这类自觉自律的文化属于“造钟型的文化”。假如任何事情都等着组织安排、领导布置，领导的作用是“报时”，如此便是“报时型的文化”。“不忘初心、牢记使命”主题教育重在通过“照镜子、正衣冠、洗洗澡、治治病”等制度化训练，使党员干部的责任意识、自觉意识内化成文化基因，为组织治理制度化的实现提供源源不断的能量。二是坚持核心与刺激进步并重，即坚持党的核心理念与不断完善治理的方式方法并重。党的十九届四中全会提出了十三个方面的“坚持与完善”，正是训练有素文化的实践部署。既要坚持我们党传承近百年的核心思想、优良传统，又要不断创新、持续学习、追求至善。“不忘初心、牢记使命”的制度化，以问题导向开展主题教育，通过学习与反思，使广大党员干部更加清晰为何坚持、如何完善，使训练有素的文化不断成熟完善。

教育管理的制度化机制夯实党的建设的基础

党是国家治理现代化的领导者，党自身治理的现代化引领着国家治理的现代化。建立不忘初心、牢记使命的制度是政党治理现代化的重要标志。一方面，能够促进主题教育成果的转化，规范党的政治思想教育。党的十八大以来，党中央出台了一系列党员干部和党组织管理制度，在制度建设层面取得长足进步。2019 年 5 月颁布的《中国共产党党员教育管理工作条例》是党员干部教育管理的制度范本，为党员教育提供了规范蓝本。但是，还有一些管理措施是以“办法”和“意见”的形式发布执行的，制度化的程度仍需提升。此外，党员管理中的最佳实践、成熟做法，适合转化为制度的应及时转化。另一方面，能够促使政党治理尽快跳出“运动式”治理的窠臼。战争年代的“运动式”治理具有力量集中、声势浩大、快速见效的特征，一直有其存在和应用的基础，传承至今。但是，“运动式”治理具有随意性大、不可预期、不能根治等问题。现代国家治理追求依法依规、可预期、可持续。将“不忘初心、牢记使命”主题教育制度化，使之成为加强党的建设的永恒课题和全体党员干部的终身课题，就是治理的长效机制的完善。

习近平总书记说，“无论我们走得多远，都不能忘记来时的路”。今天，将不忘初心、牢记使命建立成为党内制度，是时代的呼唤，是党心使命的昭告。贯彻落实《决定》提出的要求，就必须不断巩固和拓展“不忘初心、牢记使命”主题教育成果。要持之以恒地强化理论武装，完善党员干部自学、党委（党组）理论学习中心组学习、干部教育培训、基层党组织集中学习、理论宣讲等制度；要健全查改问题的长效机制，完善推动习近平总书记指示批示和党中央重大决策落实机制，完善调动全党积极性主动性创造性的制度，严格落实“三会一课”、党内组织生活等制度；要健全激励干部担当作为机制，推动党员干部恪守党的性质宗旨，用初心使命锤炼忠诚干净担当的政治品格。

疫情防控成效彰显党的领导显著优势

中国人民大学党委书记　靳诺
（《中国高等教育》，2020 年第 12 期）

党的十九届四中全会指出，“中国共产党领导是中国特色社会主义最本质的特征，是中国特色社会主义制度的最大优势”。深刻理解党的领导显著优势，是科学认识我国国家制度和国家治理体系显著优势的“金钥匙”。党的领导显著优势不是抽象的，而是具体地、现实地体现在国家社会生活的方方面面。中国共产党领导全国各族人民正在进行的疫情防控人民战争、总体战、阻击战，为我们认识和理解这一显著优势打开了“观察窗口”。面对新中国成立以来在我国发生的传播速度最快、感染范围最广、防控难度最大的一次重大突发公共卫生事件，以习近平同志为核心的党中央高度重视、迅速部署，全面加强对疫情防控的集中统一领导，带领全国各族人民，用一个多月的时间初步遏制了疫情蔓延势头，用两个月左右的时间将本土每日新增病例控制在个位数以内，用三个月左右的时间取得了武汉保卫战、湖北保卫战的决定性成果。这些来之不易的成绩，从价值理念、制度体系、执政能力、组织路线等全方位展现了党的领导的显著优势。

价值优势：以人民为中心的执政理念

党的领导在价值理念层面的显著优势，集中表现为以人民为中心的执政理念。人民性是马克思主义的鲜明特征，是马克思主义政党与生俱来的先进品格。唯物史观将人民群众视为历史的创造者，认为人民群众是真正的英雄，是决定党和国家前途命运的根本力量。人民立场是中国共产党的根本政治立场，中国人民和中华民族的先锋队性质和全心全意为人民服务的宗旨，决定了中国共产党是“以人民为中心”价值理念最坚定的推崇者和践行者。中国共产党在任何时候都把群众利益放在第一位，以最广大人民根本利益为一切工作的根本出发点和落脚点，坚持把人民拥护不拥护、赞成不赞成、高兴不高兴作为制定政策的依据，同群众同甘共苦，保持最密切的联系，坚持权为民所用、情为民所系、利为民所谋。

以人民为中心，首先体现为一切为了人民，始终把实现好发展好维护好最广大人民的根本利益作为一切工作的出发点和落脚点。新冠肺炎疫情暴发之后，我们党秉承“要始终把人民群众生命安全和身体健康放在第一位”的人民立场，坚持“生命重于泰山、疫情就是命令、防控就是责任”的原则，调集全国最优秀的医生、最先进的设备、最急需的资源，全力以赴投入疫病救治，救治费用全部由国家承担，最大程度提高了检测率、治愈率，最大程度降低了感染率、病亡率。与此同时，积极调动物资解决疫情防控期间人民群众在衣食住行方面的困难，做好基本生活必需品的保障供应，纾民忧、解民怨，生动地诠释了立党为公、执政为民的价值追求。习近平总书记曾深刻指出：“人民对美好生活的向往，就是我们的奋斗目标。”我们党之所以如此不遗余力地推进疫情防控，其根本目的就是为了维护最广大人民的根本利益，保障人民群众的生命安全与身体健康，践行为中国人民谋幸福的初心和使命。

以人民为中心，还体现为紧紧依靠人民。习近平总书记指出，“人民是我们执政的最大底气。党和国家事业发展的一切成就，归功于人民。只要我们紧紧依靠人民，就没有战胜不了的艰难险阻，就没有成就不了的宏图大业”。在疫情防控过程中，我们党坚持群众路线，全国动员、全民参与，联防联控、群防群治，构筑起最严密的防控体系，全国各族人民都以不同方式积极参与了这场疫情防控斗争，凝聚起坚不可摧的强大力量。我们党始终保持同人民群众的血肉联系，把尊重民意、汇集民智、凝聚民力、改善民生贯彻到疫情防控的全部工作之中，不断巩固党执政的阶级基础，厚植党执政的群众基础。

制度优势：总揽全局、协调各方的领导制度体系

党的十九届四中全会提出，“必须坚持党政军民学、东西南北中，党是领导一切的，坚决维护党中央权威，健全总揽全局、协调各方的党的领导制度体系，把党的领导落实到国家治理各领域各方面各环节”。总揽全局、协调各方的党的领导制度体系是确保党的领导全覆盖、确保党的领导更加坚强有力的制度保障，也是打赢疫情防控人民战争、总体战、阻击战的“制度密码”。

首先，党中央对重大工作的领导体制机制，是推动各方面协调行动、增强合力，做到“全国一盘棋”的关键。事在四方，要在中央。党中央对重大工作的领导体制机制，在党的全面领导制度安排中具有纲举目张的统领作用。新冠肺炎疫情发生后，以习近平同志为核心的党中央高度重视，全面加强对疫情防控工作的集中统一领导。习近平总书记亲自指挥、亲自部署，多次听取汇报、做出重要指示，多次主持召开重要会议、及时制定疫情防控战略策略，多次深入一线调研，考察指导疫情防控工作。党中央决策议事协调机构，在中央政治局及其常委会领导下开展工作，负有对重大工作进行顶层设计、总体布局、统筹协调、整体推进的重要职责。党中央成立中央应对疫情工作领导小组，向湖北等疫情严重地区派出中央指导组，把全国疫情防控工作置于党中央的集中统一领导之下。在党中央的坚强领导下，国务院建立联防联控机制，加强协调调度。中央有关部门各司其职，迅速响应，军队积极行动，支援地方疫情防控，全国上下各党政军群机关和企事业单位紧急行动、全力奋战，广大医务人员无私奉献、英勇奋战，生动体现了党的集中统一领导的强大制度优势。

其次，党的集中统一的组织制度，是形成党的中央组织、地方组织、基层组织上下贯通、执行有力的严密体系的关键。在疫情防控中，各级党委把做到“两个维护”作为最根本的政治纪律挺在前面，坚决服从党中央统一指挥、统一协调、统一调度，做到令行禁止，从制度上维护党中央权威和集中统一领导，切实保证党中央政令畅通和工作高效。党的中央、地方、基层三级组织在疫情防控工作中思想统一、行动一致，在切实统筹做好本地区本领域疫情防控工作、确保党中央各项决策部署落实的同时，又坚决响应党中央号召，大力支援重点地区的疫情防控工作。各地300多支医疗救援队、4万多名医务人员驰援湖北，19个省份对口支援湖北各地市，武汉火神山医院、雷神山医院仅用10天左右时间就“神速”完工，平均每天建成一座方舱医院，城市乡村、工厂企业、机关学校全部参战，展现出党的领导制度下强大的组织动员力、执行力、战斗力。

能力优势：与时俱进的领导能力和执政本领

行动有力必须靠本领支撑，党的领导是否坚强有力，在很大程度上取决于党的领导能力和领导水平，取决于党的执政本领。在疫情防控过程中，我们党与时俱进的学习本领、政治领导本领、改革创新本领、科学发展本领、依法执政本领、群众工作本领、狠抓落实本领、驾驭风险本领得到了充分体现。

面对疫情，各级党员干部认真学习领会习近平总书记重要讲话精神以及党中央的各项决策部署，并努力钻研防疫抗疫的有关知识，丰富拓宽自己的知识面，为科学应对疫情储备知识和能力，彰显了党的学习本领。各级党组织在应对疫情时坚持战略思维、创新思维、辩证思维、法治思维、底线思维，科学制定和坚决执行党中央的路线方针政策，培育各种良好的思维品质与分析问题、解决问题的能力，把党在疫情防控中总揽全局、协调各方的政治领导作用落到实处，彰显了党的政治领导本领。

结合疫情发展的实际，我们党创造性推动疫情防控工作，特别注重运用互联网技术和信息化手段，如网络、微博、微信公众号等新媒体及时发布疫情防控最新进展及相关信息，使用大数据实时跟进更新确诊病例人数的动态变化，对疫情防控工作起了极大的推动作用，彰显了党的改革创新本领。随着国内抗击疫情的态势不断向好，我们党在继续推进疫情防控的同时积极组织复工复产，专门召开会议研究统筹推进疫情防控和经济社会协调发展的工作，彰显了党的科学发展本领。我们坚持依法防控，在法治轨道上统筹推进各项防控工作，全面提高依法防控、依法治理能力，彰显了党的依法执政本领。

党坚持群众路线这条生命线，积极发挥工会、共青团、妇联等群团组织联系群众的桥梁纽带作用，组织动员广大人民群众坚定不移听党话跟党走，使得每一位群众都能被积极动员起来响应党的号召，在全民战“疫”的特殊时期进一步增强党群之间的血肉联系，彰显了党的群众工作本领。在党中央的统一部署下，广大地方和基层党组织坚持说实话、谋实事、出实招、求实效，彰显了党的狠抓落实本领。在疫情防控最吃劲的时候，我们都基本上保持了社会大局稳定、保障人民群众的基本正常生活，这体现了我们党不断提高防范化解重大风险的能力，彰显了党的驾驭风险本领。

打铁必须自身硬，在疫情防控的关键时期，我们党毫不松懈地加强自身建设，坚定不移推进全面从严治党，大力纠治形式主义、官僚主义等问题，不断增强党自我净化、自我完善、自我革新、自我提高的能力，以自我革新的坚决行动使得党在战“疫”过程中更好地发挥领导作用。党要管党、从严治党的能力，是党的领导显著优势的重要体现。

组织优势：党组织战斗堡垒作用与党员先锋模范作用

习近平总书记强调，“党的力量来自组织，组织能使力量倍增”。发挥着坚强战斗堡垒作用的基层党组织和忠诚干净担当的党员干部队伍，锻造了中国共产党强大的组织动员力、行动力、战斗力，为坚持和加强党的全面领导、坚持和发展中国特色社会主义提供坚强组织保证。

党的基层组织是党的战斗堡垒，是确保党的路线方针政策和决策部署落实的基础。战“疫”期间各地基层党组织进一步明确了责任，充分发挥了战斗堡垒作用。在政治引领层面，基层党组织作为抗击疫情一线的组织者、领导者，做到把方向、定大局，把各方力量统一起来，调动各方积极参与防疫抗疫工作，形成应对疫情的团结合力。在宣传教育层面，积极向民众宣传党中央、上级组织和本组织关于疫情防控的决议、部署、路线、方针、政策，做好思想引领，加大舆论工作宣传力度，统一抗疫的正确思想。在力量动员层面，充分利用各种社会资源，凝聚人心，团结带动基层的广大民众，整合社会，动员一切力量参与到疫情防控阻击战当中来，形成抗击疫情的强大合力。在上下联通层面，充分发挥联系群众、宣传群众、组织群众、凝聚群众、团结群众、服务群众的桥梁纽带作用，深入了解群众的需求，拓宽群众反映情况的渠道，及时反映群众呼声，将基层民众的利益诉求反馈至上级党组织，为上级领导做出正确决策提供民情民意方面的依据。在矛盾化解层面，基层党组织整合各方利益，加强沟通联系，融洽社会关系，最大程度上减少显在的和潜在的社会矛盾，解决基层纠纷，切断社会矛盾源头，维护基层社会的稳定团结。

在疫情防控的严峻斗争当中，广大党员干部冲锋在前、顽强拼搏，坚决抗击疫情扩散的势头，充分发挥了共产党员的先锋模范作用。各级党组织领导班子和领导干部特别是主要负责同志坚守岗位、靠前指挥，广大党员特别是医疗领域的党员，不忘初心、牢记使命，勇当先锋，积极发挥先锋模范作用，奋战在工作一线。战“疫”期间涌现出了无数关键时刻冲得上去、危难关头豁得出来的共产党员和无数可歌可泣的先进模范事迹，优秀党员的无私奉献，激励着广大民众的斗志与决心，谱写了新时代党员的光辉形象，鲜红的党旗始终在疫情防控斗争的第一线高高飘扬。

“艰难困苦，玉汝于成”。疫情防控成效充分彰显了党的领导的显著优势，更加坚定了我们对中国共产党的领导和中国特色社会主义制度的自信。疫情对党的领导能力而言既是一次检验，更是一次淬炼。让我们继续坚持和完善党的领导制度体系，提高党科学执政、民主执政、依法执政水平，为进一步发挥出党的领导显著优势提供更加坚实的保障。

在2020届毕业典礼上的讲话

中国人民大学校长　刘伟
（2020年6月30日）

亲爱的同学们，尊敬的各位老师、各位朋友：

大家好！

今天，我们第一次以这样一种特殊的线上线下结合的方式，为2020届毕业生举行隆重的毕业典礼。这个特殊的典礼相信将是人民大学历史上，同时也会是你们人生记忆中最难忘的记忆。今天典礼的会场不大，但今天的典礼穿越时空，覆盖中国和世界。今天典礼出席的人数不多，但今天的典礼创造着从未有过的“一个都不能少”。中国人民大学今年共有7 758名学生毕业，虽然你们中的绝大多数不在今天的现场，但我知道，大家的心向往着这里。此刻，我听得见你们的心跳，看得见你们的目光。在这里，作为校长，我代表学校，向你们和你们的亲友表示最热烈的祝贺！向悉心指导你们的老师们表示最衷心的感谢！

每一届毕业生，都有各自难忘的大学经历，但2020届毕业生，无疑是具有特殊意义的一届！你们在学校的几年，赶上了国家和学校的一系列重大事件，党的十九大胜利召开、改革开放40周年、新中国成立70周年、校庆80周年等等。特别是今年，我国全面实现小康之年，又是学校命名组建70周年，年初又赶上突然暴发的疫情。我想，这几年一定给大家留下了深刻的记忆，也让每个人都经受了严峻的考验。正如恩格斯所说，一个聪明的民族，从灾难和错误中学到的东西会比平时多得多。让我感到欣慰的是，面对这场史无前例的疫情，同学们不仅全力服从国家疫情防控大局、配合学校的防控要求，更能够克服种种不适应、不习惯、不方便，自觉居家隔离、积极投入线上学习，主动适应“网络答辩”、“云端”求职等新的形势变化，为同学们的毕业季增添了独特的人生阅历。

突发的新冠肺炎疫情让大家离开校园已有半年，校园没有你们的欢声笑语，显得异常宁静，但在这宁静的背后，有着学校全体师生员工对你们浓烈的关爱。疫情防控期间，我们各学院各部门的老师始终与每一位同学保持着热线联系，我们没有让一个学生“失联”！在这宁静的背后，有着师生线上课堂热烈的讨论，疫情防控期间，我们开设了4 105门线上课程，1 734位老师的参与，教务部门、信息技术中心日以继夜的工作，搭建起全方位全天候无时差的空中课堂，我们没有让一个学生“失学”！在这宁静的背后，有着人大人对校园的精心守护，学校办公室、教工部、学工部、校团委、保卫处、后勤集团、校医院、明德物业等等，还有未离校的200多名同学，通过半年来的艰辛努力，我们没有让一个角落“失控”！在这里，我要向在疫情防控的特殊学期里，展现出“对学生关心、对教学精心、对校园尽心”精神的师生员工们致以崇高的敬意，谢谢大家！

今天，大家满怀留恋与不舍即将奔向人生的新阶段，临别之际，我有几句话与大家共勉。

第一，义不旋踵，做一个化危为机勇毅不惧的奋斗者。

我们所处的这个时代，既是中华民族最好的发展时代，也是实现中华民族伟大复兴的最关键时代。

今年是我们国家决胜全面小康、打赢脱贫攻坚战、实现第一个百年奋斗目标之年。这是一座里程碑，是一代又一代中华儿女接续奋斗的结晶，更是新一代穿越历史的集结。你们正是这一新的历史集结的中坚力量，站在第一个百年奋斗目标基础上，向着我们民族伟大复兴的第二个百年奋斗目标出发！

从现在起，到本世纪中叶我们将实现第二个百年奋斗目标的30年，恰是你们风华正茂的年华。这种个人命运与祖国强盛的紧密交织，是何等的幸运和荣光！当然，幸运与失落、荣光与苦难总是并行的，并且越是接近目标的实现，越是会遇到前所未有的挑战，相信大家已经深切体会到了，我们国家发展闯过“贫困陷阱”之后，前面面临的“中等收入陷阱”“修昔底德陷阱”等危机更为深刻，年轻的你们必须用稚嫩的肩膀扛起这份新时代的责任！

第二，饮水思源，做一个胸怀家国砥砺奋进的传承者。

越是危难时刻，越显家国情深，这是中华民族的文化底色和精神气质，更是人大人最值得珍视的红色基因。今年是人民大学命名组建70周年，70年来，从“中国不会亡，因为有陕公”，到“插在敌人心脏上的一把剑”，到“解放区最高学府”，再到“‘人民共和国建设者’的摇篮”“在我国人文社会科学领域独树一帜”，中国人民大学始终与党和国家同呼吸、共命运，一代代人大人牢记初心、勇担使命，从锐意进取的奋斗时代里来，往赓续奋进的现代化建设中去，从继承优良传统的初心里来，往走在时代前列的使命中去。

作为人民大学的毕业生，作为陕公精神的传承者，我希望你们无论走到哪里，都要有饮水思源、懂得回报的感恩之心，感恩党和国家，感恩社会和人民。我希望无论你们取得多大的成就，都要牢记以民族大义为念、以人民社稷为重，始终胸怀忧国忧民之心、爱国爱民之情，贯彻“立学为民、治学报国”的宗旨，把个人理想融入国家和民族的事业中。我更希望无论你们遇到多大的诱惑，都要学会明辨是非、保持定力、恪守正道，用勤劳的双手和诚实的劳动创造美好生活，在人生道路上走得更正、走得更远。

第三，不弃微末，做一个脚踏实地扎根奉献的担当者。

我们常讲，一代人有一代人的长征，一代人有一代人的担当。青年有理想、有担当，国家和民族就有希望。担当是什么？担当是解决时代所提出的问题。习近平同志说，时代是出卷人。马克思说，问题是时代的口号。理想是什么？理想是追求价值的实现。根植“青春梦”于“中国梦”，奔赴祖国最需要的地方，这就是你们用实际行动诠释的人大人的理想！

刚才大家听到了张建同学的演讲，他是从云南怒江州兰坪县大山里走出来的孩子。怒江州是脱贫攻坚战最难啃的“三区三州”之一，兰坪县又是其中深度贫困的县，今年将摘掉贫困县的帽子，告别贫困。这其中包含了全国各方面的支持，也包括我们人民大学的努力。作为教育部直属高校中对兰坪县进行教育专项扶贫的对口支援高校，我们由衷地祝福兰坪！但摆脱绝对贫困只是第一步，更困难的是克服相对贫困，脱贫不易，但建立长期脱贫机制更为重要，需要我们做出全方位的努力，尤其是增大贫困地区人力资本积累，发展当地教育事业。张建从云南兰坪县大山里考进人民大学，现在学成后又回到云南家乡，去那里从事基础教育，特别是在疫情防控期间，张建同学回到兰坪义务支教，这种情怀才是真正对家乡的爱，这才是有出息，才是真正的圆梦！在未来的生活中，不论从事哪一行业，我希望大家都要时刻提醒自己，脚踏实地、埋头苦干，从身边小事做起，从一点一滴做起，让自己成长为有更大格局和追求的人，在担当中历练，在尽责中成长，让青春在新时代的广阔天地中绽放！

第四，久久为功，做一个勇立潮头敢为人先的开创者。

当下，我们正在经历“百年未有之大变局”，这是一个竞争异常激烈的时代。这既为青年施展才华、竞展风采提供了广阔舞台，也对青年能力素质提出了新的更高要求。不论是成就自己的人生理想，还是担当时代的神圣使命，青年都要努力提高内在素质，锤炼过硬本领，勇立时代潮头，争做时代先锋。

毛泽东同志说：“世界是你们的，也是我们的，但是归根结底是你们的。你们青年人朝气蓬勃，正在兴旺时期，好像早晨八九点钟的太阳。希望寄托在你们身上。”习近平同志也指出：“青年最富有朝气、最富有梦想。……世界的未来属于年轻一代。”如果世界会变得更好，那将取决于你们。梦在前方，路在脚下。自胜者强，自强者胜。同学们要勇敢肩负起时代重任，让勤奋成为青春远航的动力，让增长本领成为青春搏击的能量，让自己在锲而不舍、驰而不息的奋斗中不断开辟事业发展的新天地，努力在实现中华民族伟大复兴的中国梦的生动实践中放飞青春梦想。

大约是从去年起，逢毕业季，明德广场上会树立起一张高铁车票的模型，上边写着：“始发站：延安；本站：中国人民大学；下站：前程似锦。”让我们乘上这新时代的列车，始终奋进在时代前列！

韶华易逝，毕业有期，但人大与你们的亲情无期！志合者，不以山海为远。无论天南海北，你们是学校永远的牵挂；无论岁月更迭，人大是你们永远的家！

谢谢大家！

在明德书院和明理书院揭牌仪式上的讲话

中国人民大学校长　刘伟
（2020 年 7 月 6 日）

老师们、同学们：

大家好！

今天，我们在这里举行一个简约而隆重的仪式，为学校首次成立的两个书院——明德书院和明理书院揭牌，并聘请王子今教授和杜小勇教授分别担任明德书院和明理书院的首任院长。首先，我代表学校，对书院的成立和两位院长表示热烈的祝贺！向为书院的筹备工作付出辛劳的各位同事表示衷心的感谢！

党的十八大以来，习近平总书记高度重视高等教育事业发展，提出了“走内涵式发展道路是我国高等教育发展的必由之路”“关键是要形成更高水平的人才培养体系”等重要论断，为我们推进高等教育领域的改革与建设指明了前进方向、提供了根本遵循。教育部也多次出台文件，强调要“坚持学生中心，全面发展”“围绕激发学生学习兴趣和潜能深化教学改革”，坚持培养学生宽厚基础、坚持激发学生兴趣和潜能是构建高水平人才培养体系的两个辩证统一的基本着力点。中国人民大学明德与明理书院的成立，正是落实习近平总书记关于高等教育建设重要指示精神的有力举措，正是对国家战略需求与时代发展趋势的有力回应，必将为学校本科教育体系的改革发展和“双一流”建设增添新能量、注入新动力，更能够为国家培养更多可堪大任的高端人才。

近年来，学校不断推进完善以通识教育为基础、通识教育与专业教育相融合的本科人才培养体系改革。

2009 年，学校启动了以数学和信息两大学科 6 个专业打通设立理科试验班（信息与数学）的改革试点，经过十余年的实践，效果良好，其理念与模式深受学生和家长欢迎，得到了社会的广泛关注和认同。2015 年，学校开始全面实施大类培养改革，在普遍实行按学院大类招生培养模式的同时设立了多个跨学院的招生培养大类。2019 年，全校 17 个学院共 43 个专业划分为 4 个跨学院大类进行大类招生培养，并按学部划分为五个大类制定培养方案，构建部类共同基础课和核心课，打通选修课，所有招生大类实行完全自主的学院和专业分流机制。

在推进大类培养改革的过程中和大类培养体系的建设实践中，我们充分认识到传统的院系封闭管理体制已成为大类培养理念和目标有效落实的关键制约因素。学校在总结我校和国内外高校通识教育、大类培养和书院制管理的经验和问题，在广泛调研、深入讨论的基础上，决定实施大类培养的书院制管理与育人机制改革试点，在人文基础学科和理工基础支撑学科先行探索，打破院系边界、专业边界，构建与大类培养相适应的管理体系和机制。这也是我们成立两个书院的初衷所在。

按照学校确定的书院职能定位，两家书院要认真落实和推动以下几个方面的工作：

第一，建立健全书院与学院协同育人的管理体系，做实书院的教学与学生管理职能，建立教学和学生管理统一平台，构建书院与学院分工协同、全面覆盖、无缝衔接、环环相扣的“三全育人、协同育人”教学与学生管理体系，以及“书院搭台、学院唱戏”的协作联动机制。

第二，以建设高水平人才培养体系为目标，学习国内外先进经验，结合学校“思想引领、通专结合、实践创新”的人才培养特色理念，落实“宽口径、厚基础、尊重兴趣、促进个性发展”的大类培养要求，创新完善课程体系、培养环节、培养模式、管理机制和服务体系，探索形成人大特色的书院模式。

第三，大力推进强基计划和基础学科拔尖学生培养计划的培养体系、培养模式和培养机制、培养条件建设。按照教育部关于两个计划的目标定位，对纳入书院管理的强基计划和拔尖计划项目实施统筹建设和管理，汇聚校内外、国内外一流资源，协调推进各项创新和建设，搭建“开放性、研究性、国际性、挑战性和个性化”的拔尖人才培养平台。

第四，按照职能定位加强相关教学资源和支撑条件建设，做好日常管理与服务工作，保障人才培养质量和服务质量。配合学校相关工作安排，在招生部门、教务部门、学工部门、团委等部门的指导下，积极组织学院力量和资源，共同做好招生、教学组织、学生管理等各项工作。

需要强调的是，书院所及相关专业所在学院与书院是一个人才培养共同体，学院应主动研究和规划人才培养工作，在书院协调组织下参与培养方案、培养计划研究制定，依托自身学科专业积极开展专业建设、师资队伍建设和课程建设，积极组织开展教学研究、教学改革，丰富课内课外教学资源，发挥学院在人才培养上的主体职责。学院接受学校和书院统筹安排的招生工作、教学任务、学生课外活动指导工作，配合书院做好辅导员、班主任的配备。

总之，学校大类培养的书院制改革是从学校实际出发的一项全新的人才培养改革探索，其建设与发展不是一朝一夕之功，这项任务光荣而又艰巨，要有包容性、建设性、成长性的心态和理念。希望书院和相关学院师生、学校相关职能部门共同努力，坚持正确办学方向，坚守立德树人初心，坚定为国育才信念，敢于面对并积极解决困难和问题，不断解放思想，勇于开拓和创新，继承和弘扬中国人民大学人才培养的成功经验，积极探索创新体制机制，高起点、高标准、高质量地全面开展书院建设各项工作，促进学生德智体美劳全面发展，培养文理基础扎实、创新本领突出的未来拔尖领军人才，真正构建具有中国特色和人大风格的高水平人才培养体系。在这里，我代表学校，欢迎大家继续关心支持人民大学的人才培养的改革发展，并对我们的工作提出宝贵的意见和建议！

谢谢大家！

任何困难都不能阻挡脱贫攻坚脚步

中国人民大学校长　刘伟
（《人民日报》，2020 年 7 月 24 日第 9 版）

今年 3 月，习近平总书记在统筹推进新冠肺炎疫情防控和经济社会发展工作的紧要关头，在脱贫攻坚倒计时 300 天的时间节点，出席决战决胜脱贫攻坚座谈会并发表重要讲话，进行再动员、再部署，体现了我们党打赢脱贫攻坚战的坚定意志和必胜决心。疫情增加了脱贫攻坚难度，但不能阻挡我们如期实现全面脱贫的伟大目标。

到 2020 年我国现行标准下农村贫困人口实现脱贫，是我们党的庄严承诺

消除贫困是当代世界发展面临的一个重要课题。无论是发达国家还是发展中国家，都存在不同类型、不同程度的贫困现象。对于二战后实现独立的发展中国家来说，如何实现发展、消除贫困，已经成为经济社会发展理论和实践的重要课题。我国坚持走中国特色社会主义道路，经济社会发展取得巨大成就，在扶贫脱贫方面的成绩得到国际社会高度认可。

新中国成立之初，人均国内生产总值（GDP）只有几十美元，工业制造业产值占国民经济的比重仅为10%左右。经过几十年建设，我国建立起独立的、比较完整的工业体系和国民经济体系，国民经济实现大幅增长。特别是改革开放以来，随着中国特色社会主义制度的完善发展和社会生产力水平快速提高，我国人均GDP到1999年跨过世界银行划分的低收入水平线，进入下中等收入阶段；2010年进入上中等收入阶段；2019年突破1万美元，接近目前世界平均水平。

在推动经济社会发展的同时，我国不懈探索脱贫之路。习近平总书记强调："消除贫困、改善民生、逐步实现共同富裕，是社会主义的本质要求，是我们党的重要使命"。从救济式扶贫到开发式扶贫，再到党的十八大以来实施精准扶贫精准脱贫基本方略，我们走出了一条脱贫攻坚的中国道路，创造了举世瞩目的减贫奇迹。党的十八大以来，我国累计减贫9 348万人，94%的贫困县实现摘帽，全国农村贫困人口从2012年末的9 899万人减至2019年末的551万人，贫困发生率从10.2%下降至0.6%；贫困群众"两不愁三保障"基本实现，脱贫内生动力得到加强，贫困家庭劳动收入明显提升，返贫人口逐年减少；贫困地区基础设施和基本生产生活条件显著改善；脱贫攻坚中积累的政策经验、人力物力等，为如期完成脱贫攻坚目标任务奠定了坚实基础。党的十九大报告强调："确保到二〇二〇年我国现行标准下农村贫困人口实现脱贫，贫困县全部摘帽，解决区域性整体贫困，做到脱真贫、真脱贫。"这体现了我们党在新时代的担当。坚决打赢脱贫攻坚战，确保到2020年我国现行标准下农村贫困人口实现脱贫，贫困县全部摘帽，让贫困人口和贫困地区同全国一道进入全面小康社会，是我们党的庄严承诺，是对中华民族、对人类都具有重大意义的伟业。任何困难都不能阻挡我们如期实现脱贫攻坚目标的脚步。

疫情没有改变我国如期完成脱贫攻坚目标任务的基本条件

突如其来的新冠肺炎疫情给世界经济带来巨大冲击，也对我国经济造成较大影响。当前，疫情仍在全球蔓延，对世界经济的巨大冲击将继续发展演变，我们面临的外部风险挑战明显增多。但是，疫情对脱贫攻坚总体进程的影响是局部的，不会影响脱贫攻坚全局。

今年以来，面对新冠肺炎疫情带来的严峻考验和复杂多变的国内外环境，在以习近平同志为核心的党中央坚强领导下，全党全军全国各族人民上下同心、全力以赴，采取最严格、最全面、最彻底的防控举措，全国疫情防控阻击战取得重大战略成果，统筹推进疫情防控和经济社会发展工作取得积极成效。上半年我国经济先降后升，二季度经济增长由负转正，主要指标恢复性增长，经济运行稳步复苏，基本民生保障有力，市场预期总体向好，社会发展大局稳定，为完成脱贫攻坚目标任务夯实了基础。全国大部分深度贫困地区，受此次疫情影响相对较轻，正逐步实现全面复工复产复商复市。从总体上看，贫困地区有条件有能力抓紧推进脱贫攻坚收官之年的各项工作。

还应看到，疫情主要影响的是部分贫困家庭的短期收入，对"两不愁三保障"的影响不大。数据显示，大多数已脱贫的贫困户平均收入高于贫困线，疫情冲击虽然会在一定程度上影响他们的收入，但不会带来大规模返贫。党的十八大以来，我国落实"三保障"的政策体系愈加完善，保障内容更加全面：义务教育保障政策的内容包括"两免一补"等；基本医疗保障政策的内容包括大病保险、医疗救助等；住房安全保障政策的内容包括危房改造、易地扶贫搬迁等。目前，我国已编织起较为系统牢固的义务教育、基本医疗、住房安全保障网，这些都不会因疫情冲击而受到影响。

确保脱贫攻坚战如期收官

今年是决胜全面建成小康社会、决战脱贫攻坚之年。党的集中统一领导为打赢脱贫攻坚战提供根本保证，雄厚的物质基础和精准扶贫政策为打赢脱贫攻坚战提供坚强支撑，将确保如期完成脱贫攻坚目标任务。

党的集中统一领导为打赢脱贫攻坚战提供根本保证。中国共产党领导是中国特色社会主义最本质的特征，是中国特色社会主义制度的最大优势。依靠我们党的坚强领导和中国特色社会主义制度的显著优势，我国能够实现全国一盘棋、集中力量办大事，凝聚起决战决胜脱贫攻坚的强大合力。党的十八大以来，以习近平同志为核心的党中央把脱贫攻坚作为全面建成小康社会的底线任务和标志性指标，做出一系列重大部署。脱贫攻坚任务期内，县级领导班子保持相对稳定，贫困县党政正职领导干部实行不脱贫不调整、不摘帽不调离。中央单位和各级政府有效落实帮扶责任，近300个中央单位参与定点扶贫，实现对592个贫困县全覆盖，示范带动省（区、市）层层组织开展定点扶贫工作。东部经济发达县结对帮扶西部贫困县“携手奔小康”行动和民营企业“万企帮万村”行动，有效调动了全社会扶贫资源。我们党总揽全局、协调各方的领导核心作用在脱贫攻坚战中得到集中体现，党的集中统一领导为打赢脱贫攻坚战提供根本保证。

我国经济长期向好的基本面为打赢脱贫攻坚战提供坚强物质基础。改革开放以来，我国积累了雄厚物质基础，2019年国内生产总值达到近百万亿元，拥有1亿多市场主体和1.7亿多受过高等教育或拥有各类专业技能的人才，还有包括4亿多中等收入群体在内的14亿人口所形成的超大规模内需市场，新产业、新业态、新模式发展迅速，高质量发展持续推进。近年来，面对经济下行压力，我国没有搞“大水漫灌”式的强刺激，而是采取大规模减税降费、优化营商环境等改革举措，使经济运行在合理区间，展现出强大韧性和深厚潜力。疫情发生后，我们迅速采取最严格、最全面、最彻底的防控举措，及早控制住疫情，为恢复经济社会发展创造了条件。在做好常态化疫情防控的前提下，加快恢复经济社会发展活力，推动企业复工复产，二季度全国规模以上工业增加值同比增长4.4%，服务业增加值同比增长1.9%，固定资产投资降幅收窄。实践证明，疫情没有改变我国经济稳中向好、长期向好的基本趋势，没有改变我国经济潜力足、韧性强、回旋空间大、政策工具多的基本特点。我国经济长期向好的基本面和经济社会发展活力加快恢复，为打赢脱贫攻坚战提供坚实物质基础。

精准扶贫政策为打赢脱贫攻坚战提供有力支撑。今年以来，党中央在产业扶贫、就业扶贫、兜底保障等多方面再出组合拳，确保如期完成脱贫攻坚目标任务。在企业复工复产和各类项目建设方面，优先安排贫困劳动力务工，继续实行点对点有效对接，特别是做好挂牌督战县贫困劳动力就业工作。在以工代赈带动就业增收方面，国家发改委分批下达了2020年以工代赈资金56亿元，重点投向“三区三州”等深度贫困地区和湖北等受疫情影响比较严重的地区，预计将吸纳30万受疫情影响无法外出的贫困劳动力在家门口实现就业增收。对低收入群体特别是困难群体加大保障力度，从3月到6月，将社会救助和保障标准与物价上涨挂钩联动机制的每月价格临时补贴标准提高1倍，并将孤儿、事实无人抚养儿童和符合条件的参保失业人员纳入政策范围，覆盖人群超过6 700万人。同时，将受疫情影响的困难群众纳入低保、特困人员供养和临时救助等政策保障和就业援助范围，兜牢民生底线。各项精准扶贫政策确保巩固脱贫攻坚成果，确保全面小康路上一个都不能少。

以新发展格局重塑我国经济新优势

中国人民大学校长　刘伟
（《经济日报》，2020年9月24日第1、3版）

今年以来，习近平总书记多次指出，要推动形成以国内大循环为主体、国内国际双循环相互促进的新发展格局。在最近召开的经济社会领域专家座谈会上，习近平总书记再次强调要“以畅通国民经济循环为主构建新发展格局”。我国已进入高质量发展阶段，站在发展的新起点上，如何以新发展格局重塑经济新优势、推动新发展，是需要我们深入思考并回答的重大课题。

构建新发展格局由我国经济发展的阶段性特征决定

新发展格局，是根据我国发展阶段、环境、条件变化提出来的。自改革开放以来，中国经济深度参与全球化进程，依靠对外开放、吸引外国投资和参与全球化贸易等方式迅速发展，并在短短几十年的时间里就成为世界第二大经济体、制造业第一大国。但是，这也使得我们对国内市场的开发不足，造成经济结构、收入分配等方面的问题，经济内在风险加大，对外部市场的依赖也过大。

今年以来，新冠肺炎疫情在全球蔓延，全球产业体系受到剧烈冲击，国际经济、金融与贸易流动更是一度出现双向中断，地缘政治风险上升。与此同时，西方经济体潜在增长率大幅下降，一些发达国家也通过本次疫情发现自身产业空洞化严重，开始着手重建本国制造业，纷纷试图将外迁海外的产业重新迁回国内。

所以，过去那种全球经济运行方式很难在当下继续维持，原先中国经济“两头在外，大进大出”的发展模式也难以持续。

就我国经济发展本身阶段性特征而言，经济发展进入新常态之后的突出特征，就在于要素成本全面大幅上升，依靠要素成本低形成的国际竞争优势明显减弱，要素禀赋发生深刻变化的同时，新动能和新优势仍在培育过程之中，在许多方面具有较强的不确定性。加之一些西方国家的限制和干扰，使得我们在国际大循环中面临更多的风险和困难，迫切需要一个能够重塑我国国际合作和竞争新优势的新格局。

回顾 2008 年爆发国际金融危机后一个时期的我国经济增长，客观上已经在向以国内大循环为主体转变，依靠出口拉动经济的动能明显减弱，国内需求的贡献率有 7 个年份超过 100%。打通国内大循环，促进国内外循环协同发展，构建双循环新格局，是大势所趋。面对更多逆风逆水的外部环境，我们要以主动调整做好应对一系列新的风险挑战的准备。

构建新发展格局需要坚持的基本原则

总的来看，构建新发展格局要坚持五个基本原则：

一是构建供求不断趋向均衡的国民经济循环。首先是总量均衡。经济高质量发展的一个重要特征，是宏观上经济增长的波动性低、周期性淡化、增长稳定。这既能有效克服经济短缺，抑制严重的通货膨胀，还可以有效缓解产能过剩，防止经济衰退和就业问题。其次是结构均衡。包括产业结构、区域结构、资源配置结构、国民收入分配结构等方面的均衡，尤其是在我国社会主要矛盾发生变化，发展的不平衡不充分成为矛盾主要方面的条件下，结构性均衡就更为重要。在总量和结构趋向均衡的基础上，形成供给与需求之间的良性互动：一方面以需求牵引供给，真正形成适应市场需求的有效供给；另一方面以供给创造需求，真正以高质量高效率的供给开拓市场需求。

二是构建以科技创新为动能推动的国民经济循环。增强经济竞争力的关键在于提升自主创新能力，不断突破关键核心技术，这既是形成国内大循环为主体的关键，也是摆脱西方国家“卡脖子”、提高国际竞争主动权、促进国内国际双循环的关键。这就需要充分发挥我国社会主义制度优势，打好关键核心技术攻坚战。在这一过程中，既要更好发挥政府顶层设计、统一布局、组织协调的作用，又要充分发挥企业在技术创新中的主体作用；既要夯实基础研究，又要加速科技成果向现实生产力转化；既要大力提升自主创新能力，又要坚持开放创新，加强国际科技交流合作。

三是构建以供给侧结构性改革为战略方向的国民经济循环。以供给侧为战略方向与以需求侧为战略方向的根本不同，就在于供给侧改革直接影响生产者，而从需求侧入手则直接影响消费者。提高效率和竞争力也好，提升自主创新能力也好，首要在于生产者，包括微观上企业的竞争力、企业集合而成的产业组织状况及产业结构的高级化、宏观经济体系的完备和协调性等。而供给侧结构性改革所推动的恰是增强企业竞争力、提升产业链水平、畅通国民经济循环。而且，我国国民经济供给与需求之间存在总量和结构性失衡，首先是供给方面的问题。所谓的不均衡，主要是供给侧的结构性问题；所谓的不充分，主要是供给水平，特别是质量问题。

四是构建以扩大内需为战略基点的国民经济循环。实现国内大循环为主，重点在于扩大内需，以扩大内需创造市场条件，形成战略基点。我们具有扩大和释放内需的基础。从投资需求来说，我国仍处于新型工业化、信息化、城镇化、农业现代化的加速发展时期，因而无论是基础设施建设、固定资产投资，还是生态环境投资及教育、健康等人力资本投资都有巨大的需求增长潜力，关键在于形成有效的投融资机制，使市场在资源配置中起决定性作用与更好发挥政府作用统一起来。从消费需求来说，我国拥有 14 亿多人口，4 亿多中等收入群体，人均可支配收入多年来以高于 GDP 的增速在提升，拥有规模庞大的国内消费品零售市场，并且消费需求的进一步扩张仍具有很大潜力。关键要改善国民收入宏观分配格局，提高政府、企业、居民、不同部门之间国民收入分配结构的合理性，保证持续提高人均可支配收入水平，在此基础上切实缩小收入差距，扩大中等收入群体；要提高社会保障水平，完善社会保障体系，稳定人们的消费预期；要抑制房地产泡沫导致过高房价对居民消费的挤出效应，降低过高的子女教育成本和养老成本；等等。在扩大内需的基础上，实现生产、分配、流通、消费等国民经济各环节之间的畅通循环、相互促进。

五是构建开放的国内国际双循环。新发展格局不是封闭的国内循环。当前中国 GDP 占世界的比重为 16%左右，中国经济增长对世界经济增长的贡献率达到 30%左右。早在 2013 年习近平总书记首次提出"一带一路"倡议时，一个新的国内国际双循环格局就已初见雏形。以中国为枢纽，中国与发达经济体之间形成了以进口最终产品、出口中间产品和初级产品为特征的环流，同时中国与发展中国家之间形成了以进口初级产品和原材料、出口最终产品为特征的环流。面临疫情冲击后一系列新的变化，构建以国内大循环为主体，同时促进开放的国内国际双循环，必须以"一带一路"为重要支撑。"一带一路"沿线国家经济互补性强，与以往国际产业转移不同。以往是由发达国家主导向发展中国家转移，形成发达国家主导并占据高端的全球价值链，转移过程本身也是发展差距拉大的过程；"一带一路"建设则是由作为发展中国家的我国倡议推动，共商共建共享，打造政治互信、经济融合、文化包容的利益共同体、责任共同体和命运共同体，进而构建新型互利互惠的国际循环体系，实现中国与国际经济双循环的优势互补。

构建新发展格局与建设现代化经济体系有机统一

从本质上来说，现代化经济体系体现新发展理念，是新时代改革、发展、开放的有机统一，是由社会经济活动的各个环节、各个层面、各个领域的相互关系和内在联系构成的一个有机整体。这种本质特征，也恰恰是国内大循环为主体，国内国际双循环相互促进的新发展格局的根本要求。

概括讲，现代化经济体系的内涵主要包括七个方面：

一是建设创新引领、协同发展的产业体系。新发展格局最坚实的基础在于完备的产业体系，最需要解决的是产业体系和产业链关键领域、环节的技术缺失。为此，要依托我国超大规模市场和完备产业体系，创造有利于新技术快速大规模应用和迭代升级的独特优势，加速科技成果向现实生产力转化，提升产业链水平，维护产业链安全。

二是建设统一开放、竞争有序的现代市场体系。能否实现资源配置和流动上的畅通，取决于市场化的水平。如果缺乏统一开放、竞争有序的市场体系，部门之间、地区之间、城乡之间相互割裂，就不可能形成国内大循环；如果与国际经济对接中缺乏以市场机制为基础的开放，就不可能形成国内国际双循环。必须拿出更大的勇气、更多的举措，破除深层次的体制机制障碍，以深化改革激发新发展活力，打造市场化、法治化、国际化营商环境。

三是建设体现效率、促进公平的收入分配体系。畅通的国民经济循环，体现在生产、分配、流通、消费各个环节的相互协调和有机统一。脱离有效、公平的收入分配体系，既会严重抑制和扭曲消费，又会严重削弱经济增长动力，不可能形成国内大循环。

四是建设彰显优势、协调互动的城乡区域发展体系。如果城乡之间、区域之间缺乏协调互动，城乡间二元经济差异显著，区域增长极缺乏优势进而对其他地区缺乏带动效应，那么无论是从供给侧还是从需求侧看，都难以形成国民经济循环，更不可能具备以国内大循环为主的发展能力。

五是建设资源节约、环境友好的绿色发展体系。脱离绿色发展体系，经济发展便不可持续，而国民经济畅通循环本身就要求可持续发展，否则便不可能形成国民经济循环。

六是建设多元平衡、安全有效的全面开放体系。没有开放，根本不可能形成双循环；没有竞争优势，根本不可能形成以国内大循环为主的格局。习近平总书记指出：“我们要全面提高对外开放水平，建设更高水平开放型经济新体制，形成国际合作和竞争新优势。”我们既要积极开展合作，形成全方位、多层次、多元化的开放合作，同时还要认识到，越开放越要重视安全，越要统筹好发展和安全，着力增强自身竞争能力、开放监管能力、风险防控能力。

七是要建设充分发挥市场作用、更好发挥政府作用的经济体制，实现市场机制有效、微观主体有活力、宏观调控有度。这就要坚持和完善社会主义基本经济制度，协调政府与市场的关系，脱离这种制度基础，国民经济的微观主体活力和宏观调控能力都难以保证，经济运行不可能畅通。

总之，现代化经济体系建设的这七个方面是统一整体，需要一体建设、一体推进。现代化经济体系是贯彻新发展理念、根本转变发展方式、推进经济高质量发展的迫切要求及实践路径，以畅通国民经济循环为主构建新发展格局则是新的历史条件下建设现代化经济体系的新方略，二者是有机统一的。

求真理　入主流　做贡献
——在中国人民大学 2020—2021 学年开学典礼上的讲话

中国人民大学党委书记　靳诺
（2020 年 9 月 25 日）

亲爱的 2020 级新生同学们，
各位老师、各位家长、各位来宾：

大家好！

在北京一年中最美好的金秋时节，同学们经历了特殊的疫情考验，通过了“迟到”的高考（研招考试）检验，终于从五湖四海而来，相逢在这方精致的人大校园。你们当中，有奋战在武汉抗疫报道一线、获得“全国抗击新冠肺炎疫情先进个人”的晋浩天同学；有在紧张备考的间隙，主动请缨担任疫情防控“战地记者”、为基层疾控中心持续提供信息报道的何欣桐等同学；有带头组织志愿者团队为援鄂医护人员子女提供在线学习辅导的白若辰等同学；有积极投身社区和校园防疫、用实际行动守护家园校园的王广智、邓怀聪、苏泽轩、令丽娜、于家梁、陈艺仁、戴静雯、黄毅、肖毓鑫、吾米提·阿不都海米提等同学；有联网上线、通过各种渠道为疫情较重地区筹措物资、募集善款的卢果、周思楠、丁思语、王霓霓、晁亚一等同学；还有在疫情与汛情交织关键当口，从陕西奔赴江西，参与一线抗洪抢险救援的党方圆同学……正如习近平总书记在全国抗击新冠肺炎疫情表彰大会上所说：“世上没有从天而降的英雄，只有挺身而出的凡人。青年一代不怕苦、不畏难、不惧牺牲，用臂膀扛起如山的责任，展现出青春激昂的风采，展现出中华民族的希望！”让我们为大家的奉献牺牲和使命担当点赞！也让我们对所有克服疫情影响、顺利迈入大学生活的新同学表示热烈的欢迎！

今年，是中国人民大学命名组建 70 周年。70 年前，同样是如此秋高气爽的好时节，中国人民大学的第一批学子，带着对刚刚成立的新中国无比期待和憧憬的蓬勃朝气，相聚在张自忠路 3 号，也就是人大人亲切称呼为“铁一号”的老校区，一同见证新中国第一所新型正规大学的首届开学典礼。跟大家相似的是，那一批人大人刚刚经受过无比艰辛的革命考验，有的直接从战场来到校园，有的是层层选拔出的“劳动英雄、生产模范和生产中的积极分子”，目的只有一个，就是为百废待兴的新中国“培养万千建国干部”。今天，当社会主义中国巍然屹立在世界东方，第一个百年奋斗目标即将成为现实，这份同样历经波折、来之不易，而又如约而至、一见倾心的“人大学缘”，穿越从建国、富国迈向强国的七十载光辉岁月，联结起一代代人大人薪火相传的初心使命，成为这个风云际会的大时代里弥足珍贵的精神力量。

刚才，方汉奇先生为大家送上了殷切希望，94 岁高龄的方先生将“读万卷书，行万里路，知天下事，做有心人”作为一生的信条，先生的谆谆教诲希望大家认真体会。檀少俊同学、罗浩楠同学、赵建明校长都做了很好的发言，感谢你们！正如他们所说，人大人是值得骄傲一生、奋斗一生、铭记一生的共同身份标识！今天，当大家以这个崭新的身份站在“人大时间”的开端、站上“青春主场”的起点，在大家的“开学第一课”，我就从“求真理、入主流、做贡献”三个方面，为大家即将展开的大学生活做一个领读，与大家分享应该如何成为一个合格的人大人。

第一，作为人大人要始终求真理，坚持“吾将上下而求索”，把“实事求是”作为一生的信念。

大家从东门迈进人大报到的第一眼，就能看到那块镌刻着“实事求是”四个大字的校训石，那是这所学校具有标志性意义的校园景观。中国人民大学以“实事求是”为校训，这四个字潜移默化成为一代代人大人最鲜明的印记。刚才，学校艺术团的同学们展示了追忆吴玉章老校长的情景剧，他们高声齐诵的那段话来源于毛泽东同志给陕北公学的亲笔题词，我们要造就的“不是狂妄分子，也不是风头主义者，而是脚踏实地富于实际精神的人们。中国要有一大群这样的先锋分子，中国革命的任务就能够顺利的解决”。可以说，读懂了这段话，就读懂了中国人民大学这所值得尊敬的大学，就读懂了人大人这个始终追求光明、追求进步、追求真理的群体。

我们总会想起，从陕北公学开始，学校就是中国共产党努力探索马克思主义中国化的“孵化器”，毛主席十次到学校亲自授课，用马克思主义的立场、观点和方法分析中国革命问题；我们总会想起，成仿吾老校长先后于 1929 年、1938 年、1945 年、1952 年、1975 年五次翻译《共产党宣言》，从青春年华到垂垂暮年，跨越半个多世纪，留下了为传播马克思主义奉献一生的感人故事；我们总会想起，在改革开放的重要关口，胡福明校友撰写的理论文章《实践是检验真理的唯一标准》、陈锡添校友撰写的长篇通讯《东方风来满眼春》，宛如投入湖面的巨石惊起滔天骇浪，成为实现党和国家历史性转折的思想先导……这些都向我们昭示：“实事求是”的校训精神蕴含着对真理严谨求实、对事业认真务实、对组织忠诚老实的人格力量，这种执着信仰、坚守真理、向往进步的精神气质是我们最宝贵的财富。

希望同学们从现在开始就学会用“实事求是”的校训精神锤炼自己，少为“碎片”低头、多为真理弯腰，真正以“扎根中国大地”的姿态，扑下身子在书本和实践中感受知识的温度、检验知识的精度、拓展知识的深度。特别在面对波诡云谲的形势、复杂棘手的状况、突如其来的风险时，学会运用马克思主义立场、观点和方法分析现实问题，坚持调查研究的态度和方法，深入了解当代中国的实际、当前阶段的实际、当今世界的实际，搞清楚“实事”这个基础；既善于探求和掌握事物发展的规律，又勤于运用和检验这些规律性认识，敢于坚持经过反复实践和比较得出的正确结论，锤炼脚力、眼力、脑力、笔力，运用好一整套“求是”的方法，用一生去追求知行合一、知行相长的境界，这是人大人在这个需要理论而且一定能够产生理论、需要思想而且一定能够产生思想的伟大时代，最值得传承的看家本领、最应当高举的品格作风。

第二，作为人大人要始终入主流，牢记“丹心从来系家国”，把“立学为民、治学报国”作为一生的理想。

中国人民大学最鲜明的特点、最鲜亮的底色，就来源于我们“出发”的地方。抗日烽火中，中国共产党人迎着敌军飞机的轰炸，在革命圣地延安创办陕北公学。80 多年前的宝塔山下、延水河畔到处都是像你们一样英姿勃勃的青年。从全国各地甚至从东亚、南洋赶来的热血青年怀着“抗日救亡”的朴素信念奔赴延安。那时“人大”的新生报到点很多就是分布在各地的八路军办事处，到延安不仅要跋山涉水、跨越天险，甚至还要突破敌人枪林弹雨的封锁线。来自印尼的华侨孔迈就是其中一员，19 岁的他和志同道合的伙伴们挥泪告别南洋回到祖国，几经辗转经由汉口北上西安，分配到陕北公学分校。孔迈途经香港时，满怀与父母不辞而别的歉疚，在随身携带的一张 7 寸黑白照片背面写下“妈妈，把我献给祖国吧！”，并托人把照片转交给尚在印尼苏岛的父母。这句感动了无数国人的话语，就是那一代人大人“丹心从来系家国”的真实写照。受命于危难之中的陕北公学和后来的华北联合大学，在不到8年的时间里培养出了2万多名抗战干部，他们从课堂到战场，直接开赴前线，用青春甚至生命谱写了“有陕公，中国不会亡”的壮丽篇章。

同学们，“陪伴是最长情的告白”。什么是人大人最心向往之的主流，我想最主要的就是“始终与党和国家同呼吸共命运”。今天大家所在的开学典礼主会场，去年此刻正在为盛大的国庆70周年庆祝活动做准备。1949年的开国大典上，华北大学的同学们通过金水桥向天安门致意，用青春向祖国报到。而在去年的盛大国庆庆典活动中，近3 000名人大师生就是从这里出发，再次代表全国大学生走上长安街，参与群众游行、广场合唱、晚会联欢、志愿服务等重大任务，站上全世界最大的舞台，聆听祖国母亲的心跳。对于这所以“中国人民”命名的大学，这样的陪伴与追随，既是一种穿越时空的致敬，更是一份初心不改的赤诚。

对大家而言，即将展开的大学生活同样有太多值得期待的“高光时刻”。明年，我们将迎来建党100周年，中国共产党立志于中华民族千秋伟业，百年恰是风华正茂，作为我们党创办的第一所新型正规大学，从苦难到辉煌，我们将共同见证这个百年大党带领全国各族人民实现全面小康的时代答卷；2022年，我们又将迎来北京冬奥会，北京将成为全世界首个“双奥”之城，不到500天后，同学们将以主人翁姿态，从“更快、更高、更强”的奋斗精神中汲取建设人类命运共同体的磅礴力量；对学校而言，再过几年，“世界一流、北京最美、独具风格”的通州新校区就要投入运行，这不仅是物理空间上的拓展，更意味着新时代的人大将以崭新面貌加速推进“双一流”建设，打造引领时代的“人大学派”。身处两个百年交汇、两大变局交织的关键时期，这些注定将共同见证和参与的“历史画面”，一定会成为值得你们用力去参与、用心去体会、用情去感受的青春记忆，也一定会孕育值得你们用一生去守护的家国情怀。

第三，作为人大人要始终做贡献，牢记“风雨无阻向前进”，把“始终奋进在时代前列”作为一生的姿态。

2017年，在校庆80周年之际，习近平总书记专门发来贺信，称赞中国人民大学“在我国人文社会科学领域独树一帜，为我国革命、建设、改革事业培养输送了一批又一批优秀人才”。从“战火中的大学”到“解放区最高学府”，从“新国家的新大学”到建设“人民满意、世界一流”大学；从建校初期的“八大系”到孕育孵化一大批与我国经济社会发展紧密相关的现代专业；从新中国法学、新闻学的第一位博士和第一位外籍文科博士，到收获“第一本中共党史教材”“第一部马克思主义思想通史”“第一套哲学专业教材”等在内的众多“第一”……中国人民大学为新中国一批高等学校的组建成立和发展壮大做出了奠基性的贡献，为发展繁荣人文社会科学，构建哲学社会科学中国特色、中国风格和中国气派做出了引领性的贡献，可以说中国人民大学80多年的发展历史，就是中国共产党和新中国创办新型高等教育的真实写照和生动缩影。

作为“人民共和国建设者”的摇篮，中国人民大学桃李芬芳、星驰天下，80多年来共培养了26万余名共和国的优秀建设者和各行各业领袖人才。去年国庆节前夕，卫兴华、高铭暄两位教授被授予“人民教育家”国家荣誉称号，成为中国高等教育界的唯二代表；2018年，党中央表彰100名为改革开放做出杰出贡献的个人，何载、胡福明、许崇德、杜润生、张月姣等7位人大人入选。这些站上共和国最高领奖台的人大人是所有“国民表率、社会栋梁”的杰出代表。还有更多的榜样就在我们身边：成仿吾老校长的夫人张琳老师，去世时已经105岁高龄，作为人民大学创办初期八大系主任之一，她生前专门叮嘱女儿“不举办任何仪式，把一切，包括遗体捐献给国家，对组织上没有任何要求”；自“一二·九”运动弃笔从戎投身革命的袁宝华老校长，直到去世前还在专门写信给中央领导，为学校发展和新校区建设奔走呼号；著名哲学家方立天先生一生坚持“板凳甘坐十年冷，文章不写半句空”的信条，每天拿着小水壶、背着黄书包在图书馆看书十几个小时，连续20多年不间断，终于写就了《中国佛教哲学要义》的皇皇巨著……可以说，中国人民大学的发展历史，也是一部中国共产党人和爱国知识分子风雨无阻、永久奋斗的奉献史，集中体现了人大人“始终奋进在时代前列”的独特气质。

今天，当历史的接力棒交到大家手中，你们面临的既是近代以来中华民族发展的最好时代，也是实现中华民族伟大复兴的最关键时期。大家进入人大，将以这方校园为起点与共和国一同迈向富强民主文明和谐美丽的社会主义现代化强国。这一跨越 30 多年的壮阔征程，和同学们的成长期和奋斗期是高度重合的，你们将成为实现中华民族伟大复兴的亲历者和见证者，可谓生逢其时、大有可为。但与此同时，“中华民族伟大复兴，绝不是轻轻松松、敲锣打鼓就能实现的”，比较和回顾历史上大国崛起的艰辛过程，前行的道路不可能一马平川。“海阔千江辏，风翻大浪随”，中国人民大学是在抗战烽火中诞生、在艰苦岁月中磨砺、在改革大潮中新生、在时代阔步中前行的大学，人大人要凭借“千磨万击还坚劲，任尔东西南北风”的强大定力，勇于到汪洋大海中经风雨、见世面，在呛水中学会呼吸、在旋涡中学会发力、在风浪中学会搏击，在时代发展的潮流中以“永不懈怠的精神状态和一往无前的奋斗姿态”奋进新时代。

同学们！

以今天开学典礼主会场所在的田径场为中心，北边的路叫作明志路，寓意“人贵有志”；西边的路叫作知行路，寓意“知行合一”；南边连接各个公共教学楼的路叫作春华路，寓意着同学们将体会“春华秋实”的耕耘与收获。衷心希望同学们在人大都能体会到明志修德、知行合一、春华秋实的快乐，收获温暖而明亮的大学时光！

最后，国庆节和中秋节就要到了。今年，“小家”的温馨巧遇“大家”的喜庆。同学们在人大度过的第一个节日，就是家与国的交汇，希望这份深藏其中的家国情怀，成为每一位新人大人心中的种子，让我们一起守护它成长为向上向善的参天大树。

祝福大家！谢谢大家！

传承红色基因 坚持立德树人 培养担当民族复兴大任的时代新人
——在中国人民大学命名组建七十周年学术研讨会上的讲话

中国人民大学党委书记　靳诺
（2020 年 10 月 3 日）

尊敬的各位领导、各位来宾：

大家上午好！

今天，由中国人民大学主办，中国人民大学教育学院承办的中国人文社会科学论坛 2020 暨中国人民大学命名组建七十周年学术研讨会在学校隆重召开。首先，我谨代表中国人民大学，对今天莅临参会的各位领导、专家学者、广大师生和新闻媒体的朋友们表示诚挚的欢迎和衷心的感谢！向论坛的召开致以热烈的祝贺！

2020 年，对中国人民大学这所从革命圣地延安走来，具有光荣革命传统的大学来说无疑是具有重要历史意义的一个时间节点。70 年前的今天，以华北大学为基础的中国人民大学在北京正式命名组建，这是“新中国的完全新式的高等教育的起点”。人民大学自建校起便被赋予了标杆地位，成为改造旧教育、发展新教育的典范。70 载栉风沐雨、薪火相传，中国人民大学始终坚持党的领导，始终不忘“为党育人、为国育才”的初心使命，始终秉持“立学为民、治学报国”的办学宗旨，以培养“国民表率、社会栋梁”为己任，作为人民共和国建设者的摇篮、马克思主义教学与研究的高地、人文社会科学高等教育领域的旗帜，为党和国家的事业发展培养了一批又一批担当民族复兴大任的优秀人才，为我国高等教育的改革发展做出了突出贡献。

党的十九大以来，习近平总书记站在新时代党和国家事业发展全局的战略高度，多次提出“培养担当民族复兴大任的时代新人”这一重大命题，并从理想信念、精神风貌、全球视野、品德修为、真才实学等五个方面为可担当民族复兴大任的时代新人“画像”，系统地回答了新时代“培养什么人”这一教育事业改革发展的根本性问题，为新时代中国特色社会主义的人才培养指明了目标方向，提供了根本遵循。在这个重要时间节点上，我们以“培养担当民族复兴大任的时代新人”为主题召开此次论坛，对于深入学习贯彻习近平总书记关于教育的重要论述，提升新时代教育系统加强和改进人才培养工作的理论自觉，切实增强全体教育工作者的责任感、使命感具有非常重要的意义。

在下午的分论坛中，我们还邀请了教育界的多位专家学者，分别就“中国共产党创办新型高等教育的红色基因”“拔尖创新人才培养”“高等教育发展为人民服务”“教师、学生与学术”等主题展开更为细致深入的研讨，共同回顾、总结党创办中国特色新型高等教育的光辉历史，研讨党创办中国特色新型高等教育的成功经验，希望能够进一步凝聚共识、提炼智慧，为培养担当民族复兴大任的时代新人、实现中华民族伟大复兴做出更大贡献。

借此机会，我也想就传承红色基因，坚持立德树人，勇于开拓创新，更好地扎根中国大地，培养担当民族复兴大任的时代新人，与各位分享以下几点看法：

一、始终坚持党的领导，传承红色基因，进一步夯实中国特色社会主义高等教育发展壮大的事业根基

在 1937 年 8 月抗日烽火之中，党中央成立陕北公学，加速培养抗日救国干部人才，这就是中国人民大学的前身。毛泽东对这所学校寄予厚望，他亲自物色学校的领导班子人选，勉励陕公教员“用笔和口继续战斗”，先后 10 次到陕北公学讲话，多次为陕北公学题词。在毛泽东和党中央的关怀下，陕北公学形成了坚持党的领导、坚持扎根中国大地办教育的红色基因，形成了艰苦奋斗的光荣传统和为党育才的办学目标，形成了党办大学的教育模式和教育方针。这种源自延安、始于陕公的光荣传统、精神底色和独特品质，为以后成立的华北联合大学、华北大学所继承和发展，与抗日军政大学、鲁迅艺术学院等一道构成了中国近现代高等教育史上的中国共产党红色教育基因谱系，为中国人民大学的命名组建奠定了前提和基础。

70 年风雨兼程，从陕北公学到命名组建，从革命历史时期到社会主义建设阶段，从改革开放到现代化建设，中国人民大学的人才培养工作始终服务于不同时期党治国理政的时代需要，承载了几代领导人的殷切期望和国家发展、民族复兴的历史责任。据不完全统计，中国人民大学共培养了近 30 万名优秀人才。无论身在何处、地处何方，全体人大人能够坚定理想、艰苦奋斗，在党和国最需要的岗位上挥洒汗水，书写着一篇篇矢志奋进、无悔奉献的绚丽华章。这正是全体人大人对红色基因最亮丽的传承，这样的精神也是中国特色社会主义高等教育持续发展进步的不竭动力。面对新时代的新挑战新任务，我们必须始终坚持党的领导，传承红色基因，履行为党育人、为国育才的使命，不断坚持和加强党的全面领导，夯实中国特色社会主义高等教育发展壮大的事业根基，不断满足人民群众对高等教育的新需要新期待。

二、始终坚持立德树人，擦亮初心底色，进一步把握扎根中国大地办大学的事业关键

习近平总书记指出：“高校立身之本在于立德树人。只有培养出一流人才的高校，才能够成为世界一流大学。”一所大学办得好不好，不是看它的条件何等优越、规模如何庞大，而是要以长远的眼光、历史的视野看它培养出什么样的人才，看它对国家对民族所做的贡献。以中国人民大学为代表的由中国共产党亲自领导创建的新型高等教育力量，始终不忘初心、牢记使命，在新中国建立建设和改革发展中自力更生、枝繁叶茂，在实现民族伟大复兴的征程中不懈奋斗、砥砺前行，走出了一条影响深远、独具特色、内涵丰富的“红色育人路”。如中国人民大学始终坚持把提高人才培养质量作为扎根中国大地办大学的出发点和落脚点，将党对学校思想政治工作和人才培养工作的领导摆在学校工作的突出位置，特别强调培育师生的理想信念与家国情怀，通过实施“红船领航”新生党员先进性熔铸计划、启动“读懂中国”青年教师社会调研活动、开展“千人百村”“街巷中国”社会调研等多种方式，成功探索出一套体现立德树人总体要求，特色鲜明、行之有效的红色育人模式，初步建立起一套“全过程、全方位育人”的执行体系。

当今时代，青年学生的成长成才环境发生了深刻的变化。高校学子作为最有朝气、最富有梦想的群体，其价值导向决定了未来整个中国社会的价值取向。面对处于“拔节孕穗期”的青年学生，我们更需要将立德树人放在人才培养的首位，充分发挥高校在哲学社会科学研究和教学上的优势，在青年学生中大力培育和弘扬社会主义核心价值观，让正确的世界观、人生观、价值观成为青年学生成长成才的基本支柱和精神底色，引导他们“扣好人生第一粒扣子”，培养有理想、有本领、有担当的合格人才，为实现中华民族伟大复兴的中国梦积聚力量。

三、始终坚持守正创新，奋进在时代前列，进一步凝聚应对新时期各项风险挑战的事业动力

当前世界正经历“百年未有之大变局”，党和国家事业发展正处于劈波斩浪的关键时期。国际上，大国战略博弈日渐加剧，国际体系和国际秩序深度调整，人类文明发展面临的新机遇、新挑战层出不穷，不确定、不稳定因素明显增多；在国内，国家治理体系和治理能力现代化征途漫漫，决胜全面建成小康社会，决战脱贫攻坚，建设现代化强国等艰巨任务对新时代我国高校人才培养工作提出了新的更高要求。虽然时代在变，但党创办新型高等教育的“红色基因”永不变，“始终奋进在时代前列”的创新精神永不变。这是我们事业发展永不枯竭的动力源泉，指引着高校新时期各项建设的正确方向。

面对新时期的新要求、新挑战，我们要在党中央的坚强领导下，始终坚持以改革为动力，以“双一流”建设要求为导向，着力破解在人才培养和学科建设方面的体制机制障碍，优化学科结构，找准优势和特色，突出建设重点，做到人无我有、人有我优、人优我新，建设国内领先、国际一流的优势学科和领域，充分释放改革创新的乘数效应和倍增效应。与此同时，也希望高校各位同仁能够继续加深交流互动，在充分挖掘自身学科优势的基础上，打造各领域、各层级相互协调、优势互补的学科体系，从而在思想政治建设、基础理论研究、教育模式更新、创新成果共享等方面形成强大合力，为高校“双一流”建设提供不懈动力，为建设现代化强国做出新的贡献。

各位领导、各位来宾，行者常至，为者常成。回首人民大学命名组建 70 年来的辉煌成就，我们满怀欣慰、壮心不已；站在新的历史起点上，我们守正创新、砥砺前行。真诚希望各位专家学者能够在本次论坛中畅所欲言，碰出思想的火花，结出智慧的硕果，共同在新的历史征程中开创高等教育的新辉煌，为中国特色社会主义教育事业建设发展做出新的更大的贡献。

谢谢大家！

培养担当民族复兴大任的时代新人

中国人民大学党委书记　靳诺
(《红旗文稿》，2020 年第 20 期)

教育是国之大计、党之大计。从党的十九大报告到全国宣传思想工作会议上的重要讲话，再到近期教育文化卫生体育领域专家代表座谈会上的重要讲话，习近平总书记从新时代党和国家事业发展全局的高度，反复强调我们的教育要坚守为党育人、为国育才，培养担当民族复兴大任的时代新人。我们必须全面贯彻党的教育方针，坚持社会主义办学方向，把立德树人作为根本任务，培养一代又一代拥护党的领导和社会主义制度、立志为中国特色社会主义奋斗终身、担当起民族复兴大任的有用人才。

培养担当民族复兴大任的时代新人的时代意义

事业兴衰，关键在人。建党之初，中国共产党人就清楚地知道，一切事业都必须找到干事之人，要有人才作为基础和支撑，才能确保党的事业兴旺发达。毛泽东曾说，中国共产党是在一个几万万人的大民族中领导伟大革命斗争的党，没有多数才德兼备的领导干部，是不能完成其历史任务的，还须广大地培养人才。教育作为塑造事业所需人才的现实条件和必要途径，得到中国共产党的一贯重视，也成为其重要工作领域和改变世界的最重要手段之一。

党的育人目标的与时俱进。我们党的初心使命，在教育领域具体表现为“为党育人、为国育才”。培养什么人，是教育的首要问题。教育的根本目的是培养社会发展所需要的人，任何政党、任何国家都是按照自己的政治要求来培养人。为中国人民谋幸福、为中华民族谋复兴是中国共产党人的初心和使命。在此指引和激励下，为不断把党的事业推向前进，中国共产党通过在学校开展有计划、有目的的教育活动，促进人的全面发展，帮助受教育者成为中国社会发展所需要的人才。为人民办教育，为中华民族的自立自强办教育，也便成为中国共产党始终秉承的教育理念和奋斗目标。在近百年的发展历程中，中国共产党始终把自己的初心使命印刻在教育方针中，走出了一条扎根中国大地、服务中国发展需要的人才培养道路。革命战争年代，为造就成千上万的革命干部，满足革命战争的需要，党探索创办了陕北公学等一批革命学校，培养了数万名堪称“革命的先锋队”的优秀人才。新中国成立伊始，党探索建立新的高等教育制度和模式，创办了第一所新型正规大学——中国人民大学，设八个本科系。1950 年 10 月 3 日，刘少奇在中国人民大学开学典礼上指出，成立这八个系是为新中国建设，特别是为经济建设服务。在这一目标指引下，建国初期的那段时间里，中国人民大学作为“新国家的大学”，实现了“培养万千建国干部”的人才培养目标。改革开放以来，党从国家发展战略需求出发，坚持优先发展教育，全面进行教育体制改革和教学改革，培养了一大批高素质专门人才，为社会主义现代化建设注入教育动力。党的十八大以来，以习近平同志为核心的党中央高度重视教育工作，提出了一系列富有创见的新理念新思想新观点，强调我国社会主义教育就是要培养社会主义建设者和接班人。习近平总书记提出“培养担当民族复兴大任的时代新人”的战略任务，这是我们党在新时代育人目标的凝练。尽管党的育人目标在不同历史时期有着不同的表述，或者是不同的内容侧重，但在本质上都坚持了教育的社会主义方向，揭示了社会主义教育的性质，反映了时代发展的要求。

实现“两个一百年”奋斗目标的迫切要求。习近平总书记在致中国人民大学建校 80 周年的贺信中指出，当前，党和国家事业正处在一个关键时期，我们对高等教育的需要比以往任何时候都更加迫切，对科学知识和卓越人才的渴求比以往任何时候都更加强烈。随着中国特色社会主义进入了新时代，中国也正处于近代以来最好的发展时期，更需要我们的教育肩负服务国家社会发展的神圣使命，高度关注世界发展和人类文明进步面对的共同挑战，不断输出高素质人才、高端科技成果和先进文化。所以说，培养出担当民族复兴大任的时代新人，对我们如期完成民族复兴大业具有长远战略意义。民族复兴事业对担此大任的时代新人在能力素质、精神面貌上的要求，都外化和表现为新时代教育的使命责任和功能作用。今天我们培养的时代新人，就是实现“两个一百年”奋斗目标的中坚力量。因此，能否为实现中华民族伟大复兴贡献自己最大的力量，便是衡量一个接受教育的中国青年是否是“时代新人”的根本标准。真正的时代新人，在实现“两个一百年”奋斗目标的实践中，将他们的思想道德素养和科学文化才能充分体现，将他们自信、奋进、担当的精神状态充分展现，不断推进中国特色社会主义事业发展，最终成长为民族复兴大任的担当者和实现者。

推进教育现代化的题中之义。新时代新形势，改革开放和社会主义现代化建设、促进人的全面发展和社会全面进步对教育提出了新的更高的要求。教育同我国发展的现实目标和未来方向紧密联系，加快推进教育现代化至关重要。习近平总书记提出的“发展具有中国特色、世界水平的现代教育”，是“两个一百年”奋斗目标和中华民族伟大复兴中国梦的重要组成部分，包含着我国教育发展应当具有中国特色、国际视野、时代特征等深刻内涵；既是对我国教育现代化内涵的丰富发展，也是对提高我国教育质量的新要求，为新时代我国实现教育现代化，建设教育强国指明了前进方向和奋斗目标。当今世界的竞争，关键在科技，基础在教育。教育是培养人才的根本途径，为党和国家事业发展提供强大的人力人才资源和知识技能支撑，是教育职责使命所在。只有实现教育现代化，才能培养一大批具有国际视野的现代化人才。这是社会主义现代化建设的需要，也是新时代对未来优秀人才提出的新要求。具有国际视野的中国现代化人才，必须是德智体美劳全面发展的社会主义建设者和接班人、在世界上具有核心竞争力的国际化人才、坚持终身学习全面发展的人才、有中国灵魂世界眼光的现代人才。为此，教育不仅要培育和践行社会主义核心价值观，促进学生德智体美劳全面发展，也要集中力量培养学生的创新能力、拓宽学生的国际视野。当前，我国正推动形成以国内大循环为主体、国内国际双循环相互促进的新发展格局。围绕新发展格局要求，持续推进教育现代化，需要我们改革调整教育结构、学科专业结构、人才培养结构，提升自主创新能力，尽快突破关键核心技术，有效解决“卡脖子”问题，这是我们向教育现代化迈进、向教育强国迈进的征程中，所必须经历的时代“大考”。

担当民族复兴大任的时代新人的内涵特征

习近平总书记对“时代新人”的要求和标准有过多次阐述，在教育文化卫生体育领域专家代表座谈会上，他又专门强调，要培养学生爱国情怀、社会责任感、创新精神、实践能力。习近平总书记的要求就是教育工作者的重要工作目标、教育评价的重要指标。

有爱国情怀，把报效祖国、服务人民当作一种理想。爱国情怀是人世间最深层、最持久的情感。无数事实证明，只有社会主义才能救中国、只有中国特色社会主义才能发展中国，只有坚持爱国和爱党、爱人民、爱社会主义相统一，爱国主义才是鲜活而真实的。作为能够担当民族复兴大任的时代新人，其理想信念只有同国家的前途、民族的命运相结合才有价值，其价值追求只有同社会的需要和人民的利益相一致才有意义，爱国之情应是他们最朴素的感情，报国之行则是他们最自然的选择。他们秉持着爱党爱国爱人民的毕生信念，自觉地将追逐个人梦融入实现中国梦的生动实践中，让青春跃动与爱国情怀同频共振。

有社会责任感，把崇德向善、奉献社会当作一种追求。“若无德，则虽体魄智力发达，适足助其为恶”。要担当民族复兴大任，就必须抓住价值观形成和确定的关键时期，努力从中华文明中汲取道德养分、从先进榜样中获取精神力量。明大德、守公德、严私德，崇德向善、见贤思齐，拥有足够的辨别力和自制力、奉献心和责任感，这样的新时代青年才会对社会和他人充满关怀和共情。他们抵制拜金主义、享乐主义和个人主义，是一个心灵纯洁、人格健全、品德高尚的人，是一个有文化修养、有社会关怀、有责任担当的人，是一个品行端正、素质优良的人，始终以实际行动奉献祖国、奉献社会。

有创新精神，把敢于开拓、勇于创新当作一种责任。习近平总书记指出：“创新是一个民族进步的灵魂，是一个国家兴旺发达的不竭动力，也是中华民族最深沉的民族禀赋。”我国改革开放和社会主义现代化建设的火热进程，为一切有志于创新创造、干一番事业的青年提供了广阔舞台，与此同时，我们也一定会遇到许多意想不到的“拦路虎”，会有许多亟待攻破的“娄山关”和“腊子口”。新时代青年要走出固有传统思想束缚、打破旧有条条框框，就必须具备强大创新精神和综合能力。他们在鼓励人才创新的良好氛围中茁壮成长，把时代新知和创新活力内化为自己的核心竞争力。他们积极响应时代召唤，真正解放思想、敢于求真、乐于探索、勇于开拓，用创新思维解决问题，用创新成果推动发展，用创新视野规划未来。

有实践能力，把顽强拼搏、艰苦奋斗当作一种锤炼。实现中华民族的伟大复兴是一项长期的历史任务，绝不是轻轻松松、敲锣打鼓就能实现的。历史只会眷顾坚定者、奋进者和搏击者。成为担当民族复兴大任的时代新人，就要自觉心怀民族复兴梦想，自觉担起历史重任，始终保持一股顽强拼搏的精气神，始终想干事、能吃苦、肯奋斗，争做走在时代前列的奋进者、开拓者和奉献者。这样的新时代青年明白，实践和奋斗不仅仅是实现人生目标的手段，更是一种对精神力量的锤炼、一种富有价值的生活方式、一种能够成就更好自己的人生选择。这样的新时代青年信仰坚定、本领过硬，在面对大是大非时敢于亮剑，在面对歪风邪气时敢于斗争，在面对矛盾时迎难而上，在面对危机时挺身而出。

他们“立鸿鹄志，做奋斗者”，自觉加强学习、努力开展实践，既志存高远又脚踏实地，既有过硬的专业知识又有过硬的实践能力，不断提高自己的工作本领和技能，用自己的奋斗身影展示最亮丽的风景，让自己的实干精神绽放最闪耀的青春光芒。

培养担当民族复兴大任的时代新人的着力点

十年树木，百年树人。培养担当民族复兴大任的时代新人，是党和人民赋予新时代中国特色社会主义教育的重大战略任务。做好时代新人的培养工作，全面提高时代新人的培养能力，是新时代中国特色社会主义教育面临的重要课题。我们要牢牢把握培养时代新人的具体要求，牢记教育使命，不忘育人初心，积极探索新时代育人方法，不断提升育人本领，切实回答好培养什么人、怎样培养人、为谁培养人这一根本性问题。

坚持社会主义办学方向，把稳时代新人培养之舵。坚持什么样的办学方向，关系着教育事业的兴衰成败。习近平总书记指出，加快推进教育现代化、建设教育强国、办好人民满意的教育，必须坚持社会主义办学方向。这是教育事业发展的前进方向和根本遵循。坚持社会主义办学方向是新时代中国特色社会主义教育发展的根本原则，只有在事关办学方向的问题上站稳立场，才能牢牢把握育人主线，办好中国特色、世界水平的现代教育。坚持社会主义办学方向，要始终坚持党的领导，牢牢掌握党对学校工作的领导权，使学校成为党的领导的坚强阵地。要始终坚持以马克思主义为指导，坚持不懈传播、学习、实践马克思主义，在教育过程中用马克思主义最新理论成果武装师生头脑，让中国特色社会主义教育永葆马克思主义的鲜亮底色。

落实立德树人根本任务，铸就时代新人培养之魂。习近平总书记指出，要把立德树人的成效作为检验学校一切工作的根本标准。立德树人，是对人才培养的根本要求，不仅符合人才成长的根本规律，也是人民满意教育的根本要求，更是实施素质教育的根本目的。只有切实落实立德树人根本任务，才能培养出担当民族复兴大任的时代新人。这就要求教育不仅要传授知识、培养能力，更要引导学生树立正确的世界观、人生观、价值观，忠于祖国、忠于人民，把自己的理想同祖国的前途、把自己的人生同民族的命运紧密联系在一起，将自己的成长成才始终置于民族复兴、国家富强的大舞台上，勇敢地肩负起时代赋予的光荣使命。落实立德树人根本任务，必须全面贯彻党的教育方针，涵育共产主义理想信念；将社会主义核心价值观融入教育全过程，深入开展理想信念教育、爱国主义教育、中华优秀传统文化教育和革命传统教育；坚持素质教育，促进学生德智体美劳全面发展，引导学生在实现中国梦的生动实践中放飞青春梦想。

打造德才兼备教师队伍，夯实时代新人培养之基。人才培养，关键在教师，教师队伍素质直接决定着人才培养水平。加强教师队伍建设，不仅事关教育发展的全局，更事关社会主义现代化强国的建设进程。要用“政治要强、情怀要深、思维要新、视野要广、自律要严、人格要正”的标准，建设一支政治素质过硬、业务能力精湛、育人水平高超的高素质教师队伍，使其充分发挥打造中华民族“梦之队”筑梦人的作用。要引导教师把教书育人和自我修养结合起来，做到以德立身、以德立学、以德施教，发挥教书育人的功能和作用。要加强教师思想政治工作，坚持育才由育师始，育人者先受教育，使他们坚持教书和育人相统一，言传和身教相统一，潜心问道和关注社会相统一，学术自由和学术规范相统一，做社会主义核心价值观的示范者、引领者、维护者，更好担当起学生健康成长指导者和引路人的责任。要将师德摆在教师考核、评价的首位，贯穿教师职业生涯全过程，既有严格的制度规定，又有日常的教育督导，还要进一步强化师德失范惩处，真正保证教师队伍的思想政治水平。

坚持扩大教育对外开放，敞开时代新人培养之门。习近平总书记始终从人类文明交融共鉴的高度看待教育领域的国际交流与合作，并从构建人类命运共同体出发对教育使命和青年成长提出希望和要求。他强调，通过更加密切的互动交流，促进对人类各种知识和文化的认知，对各民族现实奋斗和未来愿景的体认，以促进各国学生增进相互了解、树立世界眼光、激发创新灵感，确立为人类和平与发展贡献智慧和力量的远大志向。教育对外开放是培养国际化人才的重要举措，对培养具有中国情怀、世界眼光和开放格局的青年有积极意义。教育是文化传播的主阵地，教育对外开放是各国文化交流与合作的重要桥梁，扩大开放有助于不同文化间的互学互鉴。教育对外开放是增强我国国际影响力的重要途径，扩大开放也有助于我国进一步参与教育国际合作，为全球教育治理贡献中国智慧和中国方案。我们的希望在青年，教育开放的工作重点在青年。扩大教育开放，可以增进新时代青年对不同国家、不同文化的认识和理解，让他们在教育的深度合作与人文交流中，具有更广阔的国际视野，涵养更深厚的文化自信，打牢相互尊重、相互学习、热爱和平、维护正义、共同进步的思想根基，在世界舞台上展示当代中国青年的风采，并通过他们让世界看到中国的样子，看到中国的未来。

在新文科与一流经济学本科专业建设研讨会上的讲话

中国人民大学校长　刘伟
(2020年12月19日)

尊敬的各位领导、各位专家，
老师们、同学们：

大家上午好!

今天，我们在中国人民大学隆重举办新文科与一流经济学本科专业建设研讨会。首先，我谨代表学校，对会议的召开表示热烈的祝贺！对各位领导、各位专家、老师们、同学们的到来表示诚挚的欢迎和衷心的感谢!

2020年11月3日，教育部新文科建设工作组在山东威海举办了新文科建设工作会议，会议研究了新时代中国高等文科教育创新发展举措，发布了《新文科建设宣言》，对新文科建设做出了全面部署。会议宣布启动中国系列大讲堂等新文科建设重大工程，并把中国经济大讲堂明确为必须抓好的“四大关键突破”之一。作为“在我国人文社会领域独树一帜”的中国人民大学，理应认真思考如何在新时期全力推进新文科教育改革实践中走在前列。11月28日，学校正式启动中国经济大讲堂，提出要全面加强经济学教育教学，打造推动中国经济理论构建的“金课”，标志着高校经济学教育领域落实新文科建设工作会议精神迈出重要步伐。

从中国经济学科建设历程来看，20世纪初期开始，经济学作为一个科学学科在中国开始起步，基本按照西方大学经济学的教育体系模式建设。在中国经济学的教学和研究过程中，从最开始作为学科引进，全面偏向西方，到1949年新中国成立以后又偏向苏联。改革开放以后，中国经济学开始进入新的阶段，开始独立探索中国特色社会主义理论、中国特色社会主义经济学、中国特色社会主义政治经济学。进入新时代，中国特色社会主义建设的伟大实践不断推进，世界经济风云变幻，对经济学学科建设、人才培养等提出了新的要求。尤其是高等教育的立命之本、发展之本在于本科教育，在新文科建设背景下，如何坚持以本为本、推进“四个回归”，建设一流经济学本科专业，是摆在我们面前的一道“必答题”。

中国人民大学作为新中国成立之后的第一所新型正规大学，始终致力于经济学的教学与研究，是中国经济学的理论研究重镇，是新中国理论经济学的重要奠基者和开拓者，更是中国经济学人才培养的高地。近年来，中国人民大学在一流经济学本科专业建设方面开展的具体探索可以归结为“六个一”。第一，建立一个中心：将中宣部批准设立的“中国特色社会主义政治经济学研究中心”与教育部批准设立的“改革发展研究基地”合并成立研究中心，以高水平研究带动教学。第二，建设一个基地：教育部委托建立了“经济学教材基地”，系统地开展教材研究编写等方面工作。第三，设立一个专班：新设中国特色经济学方向，并建立相应的动态考核机制，实施学业跟踪分析，在经济学院设立“中国特色经济学”方向专业班(今年招收20名)，目标是培养理论人才，实行本硕博一贯制。第四，举办一个讲座：在经济学教学指导委员会指导下，邀请全国各高校老师开设“中国经济学”公开讲座

（今年开始，先推出50讲）。第五，建设一套教材：首要是“中国经济学”系列教材（第一批有九部），同时研究编写当代西方经济学和经济思想史等教材，梳理、重建工具类和方法类教材。第六，落实一个项目：推动卓越人才培养改革，设立应用经济学卓越人才培养项目，配套改革培养方案和模式，建立实验经济学与行为经济学大数据实验室。我们希望，这些探索和实践能够在一定程度上推动一流经济学本科专业建设，为中国经济学的发展奠定坚实基础。

2020年，突如其来的新冠肺炎疫情，给我们所有人带来了刻骨铭心的共同记忆，也给包括经济学专业教育教学在内的高等教育人才培养带来了前所未有的挑战。从中，我们深刻感受到社会环境的剧变对教育转型的巨大推动力，也深刻感受到经济发展新格局给人才培养带来的深刻影响。站在“两个一百年”奋斗目标历史交汇点上，面对党的十九届五中全会提出的新形势、新任务、新要求，中国人民大学经济学院举办新文科与一流经济学本科专业建设研讨会，恰逢其时，意义重大，将有助于我们共同理顺中国理论经济学学科发展与经济学本科专业建设中的具体问题，有助于进一步凝练新时代理论经济学学科发展方向，构建一流经济学本科生培养体系，有助于把中国经济学人才培养这项神圣的工作提升到高质量发展的新阶段。期待各位专家发挥理论专长和学术优势，充分发表真知灼见，在交流中碰撞出新的火花，为我们加快推进新文科建设、打造一流经济学本科专业贡献智慧和力量。

最后，再次感谢各位专家学者的参与和支持，预祝本次会议取得圆满成功！

谢谢大家！

2020年统计资料

表一 **教职员工人员构成一览表** 单位：人

项目	合计	专任教师	行政人员	教辅人员	工勤人员	科研机构人员	校办企业职工	其他附设机构人员
总计	3 430	1 915	723	374	77	201	10	130
其中：女性	1 569	691	425	268	4	92	5	84
正高级	774	722	7	27	0	0	0	18
副高级	1 022	783	55	130	0	0	2	52
中级	788	369	188	182	0	0	3	46
初级	37	4	7	23	0	0	0	3
未定职级	809	37	466	12	77	201	5	11

表二 **专任教师学历构成一览表** 单位：人

项目	合计	研究生毕业		本科毕业	专科毕业及以下
		博士	硕士		
总计	1 915	1 735	136	42	2
其中：女性	691	613	62	16	0
正高级	722	698	20	3	1
副高级	783	714	39	29	1
中级	369	313	50	6	0
初级	4	2	2	0	0
未定职级	37	8	25	4	0

表三 **本科生分学科学生数一览表** 单位：人

学科	毕业生数	招生数	在校生数
总计	2 754	2 835	11 354
哲学	35	152	456
经济学	912	725	3 143
法学	365	379	1 526
文学	319	301	1 265
历史学	56	17	137
理学	194	498	1 647
工学	135	0	114
管理学	616	659	2 639
艺术学	122	104	427

注：本表不含留学生。

表四 **研究生学生数一览表** 单位：人

项目	毕业生数	授予学位生数	招生数	在校研究生数					
				合计	一年级	二年级	三年级	四年级	五年级及以上
总计	4 902	4 902	5 574	15 941	5 574	5 792	3 251	1 292	32
其中：女生	2 991	2 991	3 351	9 471	3 351	3 622	1 826	659	13
博士生	700	700	1 005	4 792	1 005	943	1 520	1 292	32
硕士生	4 202	4 202	4 569	11 149	4 569	4 849	1 731	0	0
其中：学术型	1 977	1 977	2 161	5 311	2 161	2 146	1 004	0	0
其中：专业型	2 225	2 225	2 408	5 838	2 408	2 703	727	0	0

注：本表不含留学生，学校另有在职人员攻读硕士学位在校学生 334 人。

表五 **留学生情况一览表** 单位：人

项目	当年毕业生	授予学位数	当年招生数	在校学生数
总计	548	358	361	1 206
博士生	8	5	4	109
硕士生	197	195	134	453
本科生	168	158	218	637
培训生	175	—	5	7

表六 **成人教育、网络教育学生数一览表** 单位：人

项目	当年毕业生数			招生数			在校学生数		
	合计	本科	专科	合计	本科	专科	合计	本科	专科
总计	21 961	10 355	11 606	9 093	9 093	0	59 852	40 261	19 591
成人教育	1 498	1 266	232	820	820	0	2 574	2 558	16
其中：函授									
业余	1 498	1 266	232	820	820	0	2 574	2 558	16
脱产									
网络教育	20 463	9 089	11 374	8 273	8 273	0	57 278	37 703	19 575

表七 校园与校舍面积、固定资产一览表

全校占地面积（平方米）	901 382.18
校舍面积（平方米）	1 118 901.13
一、教学科研及辅助用房	293 491.88
教室	58 591.82
图书馆	39 735.66
实验室、实习场所	57 941.55
专用科研用房	102 509.78
体育馆	21 024.2
会堂	13 688.87
二、行政办公用房	129 791.25
三、生活用房	317 351.41
学生宿舍（公寓）	202 746.76
学生食堂	23 853.4
教工宿舍（公寓）	20 000
教工食堂	—
生活福利及附属用房	70 751.25
四、教工住宅	124 656.04
五、其他用房	253 610.55
固定资产总值（万元）	462 342.61
其中：教学、科研仪器设备	71 417.78

表八 学校基建投资状况表 单位：万元

项目	合计	其中		已完成投资中资金构成				竣工面积（平方米）	
		国家投资	自筹投资	建安工程		设备购置	其他	小计	其中：住宅
				小计	其中：住宅				
投资计划	8 112	3 356	4 756	8 112				102 590	
完成投资	8 112	3 356	4 756	8 112				102 590	

表九 经费收入状况表 单位：万元

总计	财政拨款	事业收入	其他收入
442 529.96	202 914.04	159 966.79	79 649.13

表十 经费支出状况表 单位：万元

总计	事业支出	基建支出
450 194.87	403 216.93	46 977.94

表十一 科学研究基本状况一览表——文科

科技活动人员情况			研究与发展课题数（项）				科研与发展成果情况		应用成果（项）		科研成果获奖情况（项）		研究与发展课题经费拨入（万元）
社科活动人员（人）	研究与发展人员（人）	研究与发展人员全时当量（人年）	合计	基础研究	试验发展	应用研究	出版著作（部）	发表论文（篇）	提交有关部门	鉴定成果	国家级	省部级	
1 565	1 987	656.5	6 872	2 073	56	4 743	406	3 554	144	0	89	1	28 214.56

表十二

科学研究基本状况一览表——理科

科技活动人员情况		研究与发展课题数（项）						科研与发展成果情况			科研成果获奖情况（项）		研究与发展课题经费拨入（万元）
理科活动人员（人）	研究与发展人员全时当量（人年）	合计	基础研究	应用研究	试验与发展	R&D成果应用	其他科技服务	出版著作（部）	发表论文（篇）	专利（项）	国家级	省部级	
271	148.3	623	397	193	13	6	14	7	648	43	0	0	9 160.7

注：

1. 表一至表七根据《中国人民大学高等教育基层统计报表（2020—2021 学年初）》填写，统计时期为 2019 年 9 月 1 日至 2020 年 8 月 31 日，统计时点为 2020 年 9 月 1 日。
2. 表八至表十二，统计时期为 2020 年 1 月 1 日至 2020 年 12 月 31 日，统计时点为 2021 年 1 月 1 日。
3. 表九、表十统计范围含附中、附小，不含幼儿园；其余表格无特殊说明统计范围均不含附中、附小、幼儿园。

机构与干部

中共中国人民大学第十四届委员会常委、委员和纪律检查委员会委员名单

党委常委（以姓氏笔画为序）

王　铁（2020.08 任）　王利明（2020.08 免）　朱信凯
刘　伟　刘元春　齐鹏飞　杜　鹏　吴付来　吴晓球（2020.08 免）
郑水泉　胡百精（2020.08 任）　贺耀敏（2020.08 免）
顾　涛（2020.08 任）　靳　诺

党委委员（以姓氏笔画为序）

王　铁　王利明　朱信凯　伊志宏　刘　伟　刘元春　刘凤良
齐鹏飞　纪红波　杜　鹏　杜小勇　吴付来　吴晓球　宋大我
张建明　陈　岳　郑水泉　郝立新　胡百精　贺耀敏　顾　涛
郭洪林　韩大元　靳　诺　翟小宁

注：2020 年 8 月 31 日中共教育部党组发文（教党任〔2020〕124 号），经与中共北京市委商得一致，2020 年 8 月 17 日研究决定：顾涛、王铁、胡百精同志任中共中国人民大学委员会委员、常委，免去王利明、贺耀敏、吴晓球同志的中共中国人民大学委员会常委职务。

纪委委员（以姓氏笔画为序）

王　铁　王　健　王小虎　孔祥智　孙　毅　杨伟国　吴付来
补利军　郑瑞芳　顾　涛　旋天颖　葛秀珍（2020.12 免）

■ 中国人民大学校级领导干部名单

党 委 书 记 靳 诺
校　　　长 刘 伟
常务副校长 王利明（2020.08 免）
党委副书记 刘 伟 吴付来 郑水泉 齐鹏飞
纪 委 书 记 吴付来
副　校　长 贺耀敏（2020.08 免） 吴晓球（2020.08 免） 刘元春 杜 鹏 朱信凯
顾 涛（2020.08 任） 王 轶（2020.08 任） 胡百精（2020.08 任）

■ 中国人民大学校长助理名单

顾 涛（2020.08 免） 杜小勇 翟小宁

■ 中国人民大学第十二届学术委员会名单

主　任： 刘 伟
副 主 任： 王利明 吴晓球 杨慧林 解思深 张雷声 韩大元
秘 书 长： 段成荣
副秘书长： 杜小勇 严金明 刘凤良 龙永红
委　员（以姓氏笔画为序）
王 易 王 轶 王子今 王化成 王国刚 毛基业 孔祥智 冯仕政 冯惠玲 朱信凯
庄毓敏 刘小枫 刘元春 刘守英 刘复兴 李 泉 李志平 李树旺 李桂荣 杨开峰
杨光斌 杨瑞龙 谷克鉴 陈 红 陈 岳 郑志勇 郑新业 孟秀祥 赵彦云 郝立新
胡百精 秦 宣 郭英剑 黄华三 黄兴涛 曾湘泉 靳 诺

■ 中国人民大学第四届校务委员会组成名单

名誉主任： 程天权
主　任： 靳 诺
副 主 任： 张建明 王利明 冯惠玲 杨瑞龙

委　　员（以姓氏笔画为序）
王　铁　王化成　王利明　冯惠玲　朱信凯　刘小枫　刘建军　齐鹏飞　汤维建　孙家洲
杨光斌　杨瑞龙　吴付来　何家弘　汪昌云　张建明　陈力丹　陈甬军　郑水泉　郑功成
赵彦云　顾　涛　郭海鹰　韩东晖　靳　诺　鲍　威　翟振武
团委书记　学生会主席　研究生会主席
校务委员会秘书：顾　涛

■ 中国人民大学第九届学位评定委员会名单

主　席：刘　伟
副主席：王利明　孙　郁　吴晓球
委　员（以姓氏笔画为序）
王利明　龙永红　冯惠玲　伊志宏　刘　伟　刘大椿　刘凤良　孙　郁　杜小勇
杨开峰　杨瑞龙　吴晓球　张志铭　陈　岳　郝立新　洪大用　姚新中　袁　卫
郭庆光　郭庆旺　黄兴涛　翟振武
秘书长：刘凤良

■ 中国人民大学第九届学位评定分委员会主席、副主席、委员名单
（委员以姓氏笔画为序）

一、哲学分会（9 人）
主　席：姚新中
副主席：韩东晖
委　员：丁　方　刘晓力　张　法　张风雷　张志伟　罗安宪　臧峰宇

二、理论经济学分会（9 人）
主　席：杨瑞龙
副主席：刘守英　翟振武
委　员：马　中　王晋斌　方福前　刘元春　刘凤良　高德步

三、应用经济学分会（10 人）
主　席：郭庆旺
副主席：杨伟国　赵彦云
委　员：孙久文　谷克鉴　张　杰　郑超愚　赵国庆　曾湘泉　瞿　强

四、法学分会（12 人）
主　席：张志铭

副主席：马小红　龙翼飞
委　员：丁相顺　叶　林　冯玉军　朱大旗　李　琛　李艳芳　邵　明　胡锦光　谢望原

五、政治学、社会学分会（10 人）
主　席：陈　岳
副主席：李路路
委　员：冯仕政　杨凤城　杨光斌　时殷弘　金灿荣　段成荣　黄嘉树　蒲国良

六、马克思主义理论分会（7 人）
主　席：郝立新
副主席：秦　宣　张雷声
委　员：刘建军　齐鹏飞　张　旭　郑吉伟

七、文学艺术学分会（11 人）
主　席：孙　郁
副主席：郭庆光
委　员：王建平　朱冠明　李铭敬　张清芳　陈奇佳　周　勇　徐唯辛　郭英剑　蔡　雯

八、历史学分会（8 人）
主　席：黄兴涛
副主席：沈卫荣
委　员：吕学明　华林甫　孙家洲　夏明方　徐兆仁　徐晓旭

九、理工分会（9 人）
主　席：杜小勇
副主席：张　波　孟小峰
委　员：文继荣　龙永红　李　涛　杨云雁　张建平　林　勇

十、工商管理、农林经济管理分会（9 人）
主　席：伊志宏
副主席：宋远方　唐　忠
委　员：王刊良　孔祥智　宋　华　张利庠　周文霞　荆　新

十一、公共管理、图情档、教育学分会（11 人）
主　席：杨开峰
副主席：周光礼　张　斌
委　员：卢小宾　叶剑平　安小米　孙柏瑛　张积家　郑功成　胡　平　崔　军

■ 中国人民大学第七届教职工代表大会常设主席团成员名单

主　席：郑水泉（兼）
副主席：齐鹏飞　洪　玫　张　翔
秘书长：宋莉芳
成　员（以姓氏笔画为序）
王　健　牛　彤　龙永红　刘　志　刘彧彧　齐鹏飞　安小米　李　晰　李军林
宋莉芳　张　威　张　翔　张伦传　张俊岩　张洁宇　武　雷　周　荣　周文霞
郑水泉　郑瑞芳　洪　玫　贺耀敏　顾　涛　葛秀珍　翟小宁

注：贺耀敏于 2020 年 9 月，因退出校领导岗位，不再担任常设主席团成员；葛秀珍于 2020 年 9 月，因调离不再担任常设主席团成员。

■ 中国人民大学工会第十六届委员会主席、副主席、委员名单

主　　　席：郑水泉（兼）
常务副主席：宋莉芳
专职副主席：金驰华　魏巍巍
兼职副主席（以姓氏笔画为序）
王　勇　宋大我　张江涛　陶　涛
委　　　员（以姓氏笔画为序）
马胜利　王　勇　牛宏宝　叶康涛　汤　欣　李　霞　李红宇　李艳丽
宋大我　宋莉芳　宋姬芳　补利军　张　雁　张江涛　张晓萌　金驰华
郑水泉　赵　方　陶　涛　韩玉军　魏巍巍

注：因退休，赵方（2020 年 3 月）、韩玉军（2020 年 2 月）不再担任工会委员会委员。

■ 中国人民大学工会第十六届经费审查委员会名单

主　任：张　雁
委　员（以姓氏笔画为序）
刘桂香　关　宇　张　雁　孟雁北

■ 校部机关、各学院（系、所）、直（附）属单位负责人名单

单位	职务	姓名
学校办公室（党委办公室、校长办公室）	主　　任	顾　涛（兼）
党委组织部	部　　长	齐鹏飞（兼）
	常务副部长	张　斌
党委宣传部	部　　长	郑水泉（兼）
	常务副部长	冯玉军（2020.03 任）
党委教师工作部	部　　长	郑水泉（兼）
	常务副部长	吉昌华（2020.04 任）
党委统战部	部　　长	郑水泉（兼）
	常务副部长	杨伟国
纪委办公室	主　　任	葛秀珍（纪委副书记，兼，2020.12 免）
监察处	处　　长	葛秀珍（纪委副书记，兼，2020.12 免）
纪委监督检查一室	主　　任	马　晴（2020.09 任，2020.12 免）
纪委监督检查二室	主　　任	邢　姝（2020.09 任）
纪委监督检查三室	主　　任	崔金鹏（2020.09 任）
巡察工作办公室	主　　任	石德才（2020.07 免）
		李臻云（2020.11 任）
研究生院	院　　长	王利明（兼，2020.09 免）
		刘元春（兼，2020.09 任）
	常务副院长	刘凤良
发展规划处	处　　长	朱信凯（兼，2020.04 免）
教务处	处　　长	龙永红（2020.12 免）
科研处	处　　长	严金明
人才工作领导小组办公室	主　　任	段成荣（兼）
人事处	处　　长	段成荣
学生工作部（处、武装部）	部（处）长	罗建晖
招生就业处	处　　长	田传锋
国际合作与交流处	处　　长	时延安
财务处	处　　长	叶康涛
继续教育处	处　　长	支晓强
保卫处（部）	处（部）长	补利军（2020.01 免）
		王小虎（2020.01 任）
资产与后勤管理处	处　　长	王小虎（2020.01 免）
		补利军（2020.01 任）
校园建设管理处	处　　长	王小虎（兼，2020.01 免）

		补利军（兼，2020.01任）
新校区建设办公室	主　任	李　明
	直属党支部书记	王甫银
国医学院筹建工作领导小组办公室	主　任	林建荣
宁夏国际学院筹建工作领导小组办公室	主　任	朱信凯（兼，2020.09免）
		杜　鹏（兼，2020.09任）
审计处	处　长	张　雁
实验室管理与教学条件保障处	处　长	王　建
理工学科建设处	处　长	杜小勇
基础教育处	处　长	翟小宁（2019.05任）
离退休工作处	处　长	纪红波（兼离退休党委书记）
校工会	主　席	郑水泉（兼）
	常务副主席	宋莉芳
校团委	书　记	（空缺）
机关党委	书　记	齐鹏飞（兼）
	常务副书记	顾　涛（兼）
校友工作办公室	主　任	周　荣
教育基金会	秘书长	郭海鹰
明德书院	院　长	王子今（聘，2020.06任）
	直属党支部书记	蒙　彬（2020.06任）
明理书院	院　长	杜小勇（兼，2020.06任）
	直属党支部书记	安志伟（2020.06任）
文学院	院　长	陈剑澜
	党委书记	颜　梅
历史学院	院　长	黄兴涛
	党委书记	黄兴涛
	党委常务副书记	吕学明
哲学院	院　长	郝立新（2020.03免）
		臧峰宇（2020.03任）
	党委书记	徐　飞
国学院	院　长	杨慧林
	常务副院长	乌云毕力格
	党委书记	汪永红
经济学院	院　长	刘守英
	党委书记	刘守英
应用经济学院	院　长	郑新业
	党委书记	宋东霞
国家发展与战略研究院	执行院长	严金明（聘）（兼）
财政金融学院	院　长	庄毓敏
	党委书记	孙华玲
汉青经济与金融高级研究院	院　长	汪昌云（聘）
统计学院	院　长	王晓军

农业与农村发展学院	党委书记	孟生旺
	名誉院长	陈锡文（聘）
	院长	唐忠
	党委书记	唐忠（2020.04免）
		吕捷（2020.04任）
法学院	院长	王轶（兼）
	党委书记	王轶（兼）
	党委常务副书记	杜焕芳
马克思主义学院	院长	齐鹏飞（兼，2020.01任）
	常务副院长	王易（兼）
	党委书记	王易
党史党建研究院	院长	靳诺（兼）
	执行院长	杨凤城（聘）
社会与人口学院	院长	冯仕政
	党委书记	宋健（2020.01免）
		高燕燕（2020.01任）
国际关系学院	名誉院长	陈健（聘）
	院长	杨光斌
	党委书记	杨光斌
	党委常务副书记	蒲国良
新闻学院	院长	赵启正（聘）
	执行院长	胡百精（2020.10免）
		周勇（2020.10任）
	党委书记	周勇（2020.10免）
		张辉锋（2020.12任）
艺术学院	院长	牛宏宝（2020.11免）
		张淳（2020.11任）
	党总支书记	张淳
	党总支常务副书记	别敏（2020.11任）
外国语学院	院长	郭英剑（2020.07免）
		杜鹏（兼，2020.07任）
	党委书记	李霞（2020.07免）
		阎芳（2020.07任）
环境学院	名誉院长	李文华（聘）
	院长	朱信凯（兼）
	党委书记	唐杰
信息学院	院长	文继荣
	党委书记	陈红
高瓴人工智能学院	执行院长	文继荣
数学学院	院长	郑志勇（聘）
	党总支书记	旋天颖
理学院	院长	解思深（聘）

	党委书记	臧　虹
物理学系	主　　任	卢仲毅（兼）
化学系	主　　任	张建平（兼，2020.04 免）
		王亚培（兼，2020.04 任）
心理学系	主　　任	胡　平（兼）
商学院	院　　长	毛基业（聘）
	党委书记	黄江明
公共管理学院	院　　长	杨开峰（聘，2020.11 免）
		刘元春（兼，2020.11 任）
	执行院长	杨开峰（聘，2020.11 任）
	党委书记	李家福（2020.07 免）
		孙柏瑛（2020.11 任）
劳动人事学院	院　　长	杨伟国（兼）
	党委书记	唐　鑛
信息资源管理学院	院　　长	刘越男（2020.07 任）
	党委书记	徐拥军（2020.07 任）
	党委常务副书记	蒙　彬（2020.06 免）
教育学院	院　　长	刘复兴（聘）
	党总支书记	张晓京
国际文化交流学院	院　　长	杜　鹏（兼）
	党总支书记	杨燕萍
继续教育学院	院　　长	丁　凯
	党委书记	刘　鹏
苏州校区管理委员会	主　　任	刘　伟（兼）
	党委书记	方蔚玮
国际学院（苏州研究院）	院　　长	黎玖高（兼）
中法学院	院　　长	黎玖高（兼）
丝路学院	院　　长	杜　鹏（兼）
	执行院长	朱信凯（兼）
深圳研究院	院　　长	王利明（兼，2020.09 免）
		朱信凯（兼，2020.09 任）
	常务副院长	关雪凌
体育部	主　　任	李树旺
	党总支书记	高燕燕（2020.01 免）
		伍　聪（2020.03 任）
公共艺术教育中心	主　　任	张　淳（兼，2020.04 任）
图书馆	馆　　长	刘后滨
	党委书记	刘春鸿（2020.04 免）
		牟　锋（2020.04 任）
信息技术中心	主　　任	李艳丽
采购与招标管理中心	主　　任	张　卯
综合服务中心	主　　任	顾　涛（兼）

大型科学仪器共享平台	主　　任	杜小勇（兼）
档案馆	馆　　长	贺耀敏（兼，2020.09免）
		王　铁（兼，2020.09任）
	常务副馆长	贾铁英
博物馆	馆　　长	贺耀敏（兼，2020.09免）
		王　铁（兼，2020.09任）
		方　鸣（兼）（聘）
	常务副馆长	贾铁英
校医院	院　　长	王大立
	党总支书记	李遵清
后勤集团	总 经 理	宋大我
	党委书记	冯诗松
学术期刊社（2020.07撤销）	社　　长	杨瑞龙（2020.07免）
《经济与政治研究》	主　　编	刘　伟（兼）
《经济理论与经济管理》	主　　编	郭庆旺
《中国人民大学学报》	主　　编	秦　宣
《教学与研究》	主　　编	邱海平
期刊管理中心	主　　任	刘元春（兼，2020.06任）
	执行主任	严金明（兼，2020.06任）
评价研究中心	主　　任	刘元春（兼，2020.09任）
	执行主任	周光礼（兼，2020.07任）
国家经济学教材建设重点研究基地	主　　任	林　岗（聘）
	执行主任	陈彦斌
附属中学	校　　长	刘小惠
	党委书记	（空缺）
人大附中联合总校	校　　长	王利明（兼，2020.10免）
		朱信凯（兼，2020.10任）
	党委书记	刘小惠
附属小学	校　　长	郑瑞芳
出版社	社　　长	李永强
	党委书记	刘　志
书报资料中心	主　　任	张可云（2020.04任）
	党委书记	李红宇
	总　　编	高自龙
文化科技园管委会办公室	主　　任	（空缺）
人大资产经营管理公司（人大世纪科技发展有限公司）	总 经 理	孔　然

学院（部）简介

■ 哲学院

哲学院的前身是创立于1956年的哲学系，同年哲学本科专业批准招生。1986年，教育部批准设置伦理学本科专业。1999年，教育部批准设置宗教学本科专业，同年宗教学系成立，与哲学系并称哲学系宗教学系。2005年，哲学院成立，下设哲学系和宗教学系。2016年，教育部批准设立政治学、经济学与哲学本科专业（PPE）。现任院长为臧峰宇教授。

中国人民大学哲学学科是国内哲学教学、科研、咨政和培养高级人才的重镇，包括马克思主义哲学、中国哲学、外国哲学、伦理学、宗教学、科学技术哲学、美学、逻辑学、管理哲学、政治哲学10个二级学科。在60余年的发展历程中，产生了新中国教育史上第一本马克思主义哲学教材、第一批哲学硕士点和第一批哲学博士点、第一批哲学博士后流动站，被评为首批国家重点学科、首批国家重点一级学科、首批一级学科授权点。

学院先后被批准为国家文科基础学科（哲学）人才培养和科学研究基地、教育部“211工程”重点基地、“985工程”哲学社会科学创新基地、高等学校特色专业建设点。哲学学科2017年入选国家首批“双一流”建设学科，拥有教育部人文社会科学重点研究基地伦理学与道德建设研究中心、佛教与宗教学理论研究所，形成了包括本科生、硕士生、博士生、博士后研究人员、港澳台学生及外国留学生教育在内的完善的人才培养体系。

2020年，学院引进吉林大学哲学系原系主任王立教授、深圳大学特聘教授朱锐，选留青年教师滕菲、孙晓雯、陈广思、魏犇群、陈辉。现有教师78人，其中教授43人，副教授24人，讲师11人，全职外籍教授4人。另有兼职外籍教授3人，博士后12人。共有学生876人，其中本科生239人，硕士生315人，博士生322人，留学生38人。

2020年，学院圆满完成“双一流”建设周期总结工作，以优异的成绩通过“双一流”哲学学科评估，同时以评促建，认真做好全国第五轮学科评估工作和两个教育部基地的评估工作。进一步完善“双一流”学科建设领导机制和管理体制，对各项章程、绩效方案与管理办法进行修订。完成哲学学科“十三五”总结报告，制定学科“十四五”规划。完成首批中国人民大学学科史编纂项目“哲学学科发展简史”撰写工作、《中国人民大学纪事（2007—2019）》学院组稿工作。成立中国人民大学国家治理现代化与应用伦理跨学科交叉平台。做好尼山世界儒学中心中国人民大学分中心建设，联合研究生院做好研究生专项招生与培养工作。成立中国人民大学茶道哲学研究所、中国人民大学国际哲学高等研究院、中国人民大学净土文化研究中心。率先申报应用伦理专业硕士学位。举办首届PPE专业论坛。召开“现代化进程中的哲学问题与道德治理”学术研讨会等重要学术会议。两大学术讲座系列“哲学的殿堂——中国人民大学名师系列讲座”“哲学的星空——中国人民大学哲学前沿系列讲座”，以线上线下相结合的方式开展30场。在英国QS全球教育集团第10年度世界大学学科排名中，中国人民大学哲学专业排名第32位，连续五年在大陆高校哲学专业中名列前茅。

学院在疫情防控期间圆满完成各项招生与教学工作，录取硕士研究生111人，博士研究生69人。举办2020全国优秀大学生夏令营和2020年全国哲学研究生学术创新论坛。伦理学专业入选“双万计划”国家级一流本科专业，宗教学专业入选“双万计划”北京市一流本科专业。聂敏里主讲的“西方哲学：传统、经典与方法”课程荣列首批国家级一流本科课程榜单，李茂森主讲的“人生哲学”课程被评为北京高校优质本科课程。

学院教师发表核心期刊论文193篇，其中A、B刊共85篇，出版著作23部。学院教师获批国家社科基金项目5项，教育部人文社科项目2项，北京市社科项目1项，校级项目13项，横向项目2项。21位教师获学院2020年青年教师科研立项资助。学院支持出版《古希腊哲学史》（全六卷）、《中国伦理学年鉴（2017）》、《中国伦理学年鉴（2018）》。与德国柏林自由大学合办、谢地坤教授等主编的英文年刊《东西方哲学年鉴》正式出版。《新编马克思主义哲学发展史》《管理哲学导论》入选校级优秀教材。

学院臧峰宇入选国家“万人计划”哲学社会科学领军人才、全国文化名家暨“四个一批”人才、北京市宣传思想文化系统“四个一批”人才。聂敏里入选“百千万人才工程”国家级人选。张文喜入选享受政府特殊津贴人员。教育部第八届高等学校科学研究优秀成果奖中，张立文获一等奖，何建明、姜守诚获二等奖，曹峰获三等奖。张文喜获评中国人民大学科研标兵，肖群忠、张霄和吴功青获中国人民大学优秀科研成果奖，欧阳谦获大华杰出教学贡献奖，杨伟清获评中国人民大学教学标兵，徐尚昆获中国人民大学教学创新奖，25位在职教师入选中国人民大学“杰出学者支持计划”。臧峰宇当选中国辩证唯物主义研究会副会长，姚新中、王宇洁当选国际儒联第六届理事会理事，王宇洁担任北京市宗教文化研究会常务理事，姜守诚担任北京市宗教文化研究会理事。

学院贯彻落实党的宗教工作方针，继续开展第十五期爱国宗教界人士研修班，为宗教界人才培养和党政咨询服务做出特殊贡献。

学院在国际疫情形势下，稳步推进国际交流合作。12位学生获批国家留学基金委公派项目。与比利时根特大学签署本科生“3+2”联合培养项目合作协议。继续落实与牛津大学赫特福德学院的访问学生合作项目。以线上会议的方式举办“预测处理、适应方向与因果推理”国际研讨会。

学院认真学习习近平新时代中国特色社会主义思想，落实基层党支部建设，加强学生思想政治教育工作，切实抓好共青团、工会工作。马克思主义哲学教研室党支部第一批全国党建工作“样板支部”的创建验收顺利通过。学院认真落实学校防疫工作部署，组建工作专班，稳步做好毕业年级学生宿舍行李打包工作。组织党员开展自愿捐款支持疫情防控工作，组织青年志愿者发起社区防疫志愿的倡议，多名学生主动投身一线，参加义务献血、疫情防控工作。伦理学教研室获评2020年中国人民大学先进集体。张鹏举荣获北京市优秀党务工作者称号。林美茂、范婷、杨澜洁获评2020年中国人民大学先进个人，范婷、杨澜洁获评2020年中国人民大学优秀工会工作者，刘玮、孙华丽获评2020年中国人民大学校级工会积极分子。

■ 文学院

文学院的前身是1939年由陕北公学、延安鲁迅艺术学院等合并成立的华北联合大学文艺学院，以及20世纪60年代成立的中国语言文学系、中国语言文字研究所。2005年，文学院成立。2008年，原文学院与原对外语言文化学院组建成立新的文学院。2020年对外汉语教学中心和汉语国际推广研究所分流至国际文化交流学院。现任院长为陈剑澜教授。

近年来，学院已发展成为学科体系完备、专业实力雄厚的语言文学研究和一流人才培养重镇，涵盖中国语言文学7个二级学科（文艺学、语言学及应用语言学、汉语言文字学、中国古典文献学、中国古代文学、中国现当代文学、比较文学与世界文学）、戏剧与影视学一级学科、汉语国际教育二级学科，以及2个自设二级学科古典学、创造性写作。

学院先后被批准为国家文科基础学科（中国语言文学）人才培养和科学研究基地、国家对外汉语教学基地、国家汉办汉语国际推广研究基地、高等学校国家级特色专业建设点，汉语言文学专业入选首批“双万计划”国家级一流本科专业，汉语言文学专业（古文字学方向）入选首批“强基计划”。设有中国语言文学一级学科博士学位授权点、博士后科研流动站，拥有国家二级重点学科文艺学、北京市一级重点学科中国语言文学。古典学与创造性写作专业均在国内首创本硕博全覆盖培养模式，分别是国内大学经典研究和作家培养模式的典范。在教育部第四轮学科评估中，中国语言文学跻身A类。

学院现有11个教学单位：文艺理论教研室，古典学教研室，中国古代文学、中国古典文献学教研室，中国现当代文学教研室，外国文学教研室，古代汉语教研室，现代汉语教研室，语言学及应用语言学教研室，创造性写作教研室，影视与多媒体艺术教研室，戏剧戏曲学教研室。此外，还设有8个院属研究单位：基督教文化研究所、文艺思潮研究所、文化产业研究中心、国际写作中心、古典文明研究中心、吴玉章中国语言文字研究所、古典文献研究中心、古代文本文化国际研究中心。

学院长期主编“人大复印报刊资料”《文艺理论》《中国古代、近代文学研究》《中国现代、当代文学研究》《语言文字学》《外国文学研究》《影视艺术》共6种刊物，主办《基督教文化学刊》《经典与解释》《世界汉学》《古代文学特色文献研究》《中国苏轼研究》《古典学研究》等学术期刊。

学院现有在职教师80人，其中教授35人（含全职外籍教授1人），副教授31人，讲师14人。拥有博士学位者76人，占教师总数的95%，其中60岁以下教师全部具有博士学位。“长江学者”特聘教授4人、青年学者1人，享受国务院特殊津贴专家7人，“万人计划”青年拔尖人才1人，教育部“新世纪优秀人才支持计划”入选者5人，海外名师2人，高端外国专家2人。

截至2020年底，学院共有学生997人，其中中国学生828人（本科生191人、学术型硕士研究生279人、专业型硕士研究生227人、博士研究生131人）、留学生169人（本科生147人、学术型硕士研究生3人、专业型硕士研究生12人、博士研究生7人）。

首届“强基计划”本科生已顺利入校学习。学院全力做好“双一流”建设周期总结工作，填好中国语言文学作为支撑学科的“双一流”建设监测数据，争取中国语言文学跻身“一流学科”。集全院之力，做好中国语言文学教育部第五轮学科评估工作，力争实现保A－争A的既定目标。

张永青教授入选“长江学者奖励计划”特聘教授，杨庆祥教授入选“万人计划”青年拔尖人才。23位教师入选中国人民大学“杰出学者支持计划”。3位1990年左右出生的优秀青年教师加盟学院。

牵头获立国家社科基金项目6项，其中重大项目2项、重点项目1项；牵头获立教育部人文社会科学研究一般项目2项。学院师生在学科优秀刊物《文学评论》《文艺研究》上分别发表论文9篇、7篇。

学院8项成果获教育部第八届高等学校科学研究优秀成果奖（人文社会科学），获奖总数居全校第2位。阎连科教授获得美国第七届纽曼华语文学奖，刘震云教授获新中国成立70周年全国十佳电影编剧奖。

率先举办“强基计划”（古文字学方向）学科建设暨学术基地建设研讨会，召开“中东欧的中国文学：可译与不可译”研讨会、“青年写作的问题”研讨会。

新增2门全英文课程“中国古代文学经典”“中国古代思想与文学理论”。陆贵山教授编著的《马克思主义文艺论著选讲（第六版）》获2020年中国人民大学优秀教材（本科类）特等奖，金元浦教授编著的《中国文化概论（第四版）》获一等奖。汪海副教授被评为2020年中国人民大学教学标兵。

与日本东京大学教养学部开展系列线上交流活动。美国普林斯顿大学东亚系主任、古代文本文化国际研究中心主任柯马丁（Martin Kern）教授在线讲授“诗经与出土文献”课程。

打造“互联网＋”思政育人平台。举办“第十五届谢无量学术论文、文学创作大赛”。学院10项成果获学校第22届“创新杯”学生课外学术科技作品竞赛奖，其中特等奖1项、创业计划类奖1项。

举行2020年青年教师教学基本功比赛。2002级本科校友彭敏获得央视《中国诗词大会》第五季总冠军。2010级汉语国际教育专业硕士研究生莫伶获“全国向上向善好青年——勤学上进好青年”称号。

学院党委把学习贯彻习近平新时代中国特色社会主义思想作为首要政治任务，不断提升党委思想引领力。召开“不忘初心、牢记使命”主题教育总结大会。完成校党委第六轮巡察第四巡察组对学院巡察反馈问题的整改工作。学院建章立制工作卓有成效，靠制度管人、管事的体制机制不断完善。

学院全体师生员工积极配合党中央、北京市和学校的疫情防控部署，经受住2020年整个春季学期在线教学的严峻考验，确诊病例与疑似病例“双零”，秋季学期实现学生顺利返校，教学回归正常轨道。郑梦娟副教授团队参与编制《疫情防控“简明汉语”》手册。

■ 历史学院

历史学院前身是1948年成立的华北大学中国历史教研室，1956年正式建系，1978年复校后重建历史系和清史研究所。2005年组建成立历史学院，下设历史系和清史研究所。2013年10月增设考古文博系。现任院长为黄兴涛教授。

学院系教育部国家文科基础学科（历史学）人才培养和科学研究基地，拥有中国史、世界史和考古学3个一级学科点。其中，中国史学科为北京市重点一级学科，涵盖了6个硕士点和6个博士点（中国古代史、中国近现代史、专门史、史学理论及史学史、历史文献学、历史地理学），中国古代史及中国近现代史为国家级重点学科。学院还设有教育部人文社会科学重点研究基地——清史研究所。

学院现有教职工 93 人，其中教师 81 人，包括教授 33 人、副教授 34 人、讲师 14 人，管理职员及教师外专业序列人员 8 人，编外聘用人员 4 人。其中含外籍及港澳台教师 5 人，海归人才 10 人。

学院教师入选海外高层次文教专家重点支持计划 2 人，高端外国专家 1 人，“长江学者”特聘教授 4 人，青年“长江学者”1 人，“万人计划”哲学社会科学领军人才 1 人，“马工程”主要成员 3 人，全国宣传文化系统“四个一批”人才 1 人，国务院学科评议组成员 2 人，“百千万人才工程”国家级人选 1 人，北京市社科理论人才“百人工程”4 人，“跨世纪优秀人才培养计划”1 人，“新世纪优秀人才支持计划”8 人，北京市高等学校教学名师 1 人，北京市青年英才计划 2 人，国务院政府特殊津贴专家 24 人，中国人民大学“杰出学者”特聘教授 12 人，“杰出学者”青年学者 17 人。

学院教师共出版各类著作 40 部，发表论文 128 篇，包括核心论文 87 篇。共获得各类项目立项 74 项，包括国家社科基金重大项目 4 项，居学校本年度重大项目立项数之首。学院有 3 项国家社科基金项目、6 项教育部基地重大项目、13 项学校项目提交结项。

学院科研成果获得教育部第八届高等学校科学研究优秀成果奖 4 项，其中黄兴涛《重塑中华：近代中国“中华民族”观念研究》、韩建业《早期中国——中国文化圈的形成和发展》荣获二等奖，姜萌《族群意识与历史书写——中国现代历史叙述模式的形成及其在清末的实践》、胡恒《皇权不下县？——清代县辖政区与基层社会治理》荣获青年奖。《戴逸文集》荣获北京市第十六届哲学社会科学优秀成果奖一等奖。学院被评为学校科研工作先进集体，黄兴涛被评为学校十大科研标兵，祁美琴、陈胜前获学校优秀科研成果奖。

学术交流方面，因受到新冠肺炎疫情影响，多数讲座和会议取消或改为线上模式，全年有 60 余人次参与了各类线上学术会议，开展线上学术讲座 16 场。

学院现有本科生 114 人，硕士生 306 人，博士生 144 人。其中，2020 级本科生已纳入明德书院进行培养管理。毕业本科生 33 人，学位硕士 77 人，专业硕士 18 人，博士 23 人。

2020 年春季学期，历史学专业入选教育部“强基计划”并首次进行招生。学院获批基础学科拔尖学生培养计划 2.0。2 篇本科毕业论文获评中国人民大学校级优秀毕业论文，1 篇本科毕业论文获评北京市高校优秀毕业论文。2020 年春季学期历史学院首批通识核心课正式开课，合计 8 门课程、18 个课堂。学院首次设立“尚钺”奖学金，成功举办第二届中国人民大学本科生写作大赛（历史文化类）。学院积极组织申报国家级一流本科课程，“《资治通鉴》精读——治国之道的史学表达”获批国家级线上一流课程，“中国近代史”获批国家级线下一流课程。

6 名博士获批国家留学基金委“国家建设高水平大学公派研究生”项目，3 名博士获批“中国人民大学境内外联合培养”项目。5 名学生入选研究生院“博士生拔尖创新人才培育资助计划”，9 名学生入选研究生院“科研基金项目”。

学院积极应对疫情防控形势下带来的新挑战，为学生提供口罩寄送、经济困难资助、心理疏导热线等多项暖心服务。毕业季时期，为毕业生打包邮寄行李总件数约 420 件。

在做好疫情防控工作的同时，学院积极承办“鉴往知来，同袍清疫”第二十六届“五四”文化艺术节文史知识竞赛暨第十二届人文知识竞赛，选送学生中 4 人获北京市人文知识竞赛一等奖、2 人获二等奖。学院以班团建设、学生组织建设为载体，开展“我为武汉加油”“第一封家书”“《我和我的家乡》观影”“抗美援朝胜利 70 周年知识竞赛”等形式多样的线上线下主题党日、团日活动百逾次。本科联合党支部入选学校首批“双创”样板支部；2018 级博士班获评学校“十佳班集体”；2019 级硕士 1 班团支部、2019 级硕士 2 班团支部、2018 级硕士 3 班团支部荣获学校“五星团支部”称号；2019 级硕士 1 班团支部获评北京市“先锋杯”团支部。

学院学生累计在第十二届全国“史学新秀奖”等大型赛事中获奖 20 余项。学院“明德薪火”历史文化遗产守护人计划学员赴多地开展文化遗产保护调研，超 30 人次参加“读懂中国”“千人百村”“街巷中国”“人大使者家乡行”等社会实践活动。学院辩论队包揽学校第二十八届辩论赛冠军在内全部奖项；学院联队在学校“一二·九”合唱比赛和第二十一届健美操大赛中获银奖与团队协作奖；桑仁青格里、张贺代表学校参加北京市第58届大学生运动会。多名学生获评学校“抗疫先锋”。

受新冠肺炎疫情影响，全年只有11名学生赴外联合培养，3名学生参加境外国际学术会议。3月，清史研究所与韩国朝鲜大学人文学院签订交流合作框架协议，与比利时根特大学签署本科—硕士培养项目，学院本科生将有机会赴比利时提前攻读东方语言与中国文化硕士学位。

■ 国学院

国学院成立于2005年，是新中国第一家以“国学”为名的教育科研机构，下设汉语古典学系和西域古典学系。自建院以来，以“究古今之际，通天人之变，育栋梁之材”为宗旨，致力于恢复“和合贯通”“求知致道”的学术传统，努力打造适应时代需求的国学学科体系。现任院长为杨慧林教授，常务副院长为乌云毕力格教授。

2020年，国学院引进“杰出学者”特聘教授2名、师资博士后1名、博士后2名，1名副教授破格晋升为教授。2名教授退休。现共有专任教师33人，其中教授13人（二级教授以上者7人），副教授13人，讲师7人；专职博士生导师16人；国务院学位办学科评议组成员1名，长江学者2名。教师取得博士学位的达到94%，中青年教师均获得博士学位。学院教师中既有黄克剑教授、王子今教授、乌云毕力格教授、诸葛忆兵教授、梁涛教授、袁济喜教授等国内知名学者，也有一批学术视野开阔、功底扎实的青年骨干教师。2020届共有毕业生76人，涉及中国古代文学、中国古代史、中国哲学、专门史四个专业，其中，本科25人，硕士38人，博士13人。本科大部分升学，就业以硕博为主，2020届就业率达到98.68%。

学院编辑出版《国学学刊》4期，《西域历史语言研究集刊》1辑，《卫拉特研究》2期。学院教师出版学术专著4本，编著1本，古籍整理著作2种，在《历史研究》《新华文摘》《中国人民大学学报》等报刊发表学术文章45篇，其中A类12篇，B类16篇。在研的各项国家级、省部级、校级项目，进展良好，部分项目已顺利结项。

学院成功举办15周年院庆典礼，院庆期间举办了“国学—古典学学科建设”研讨会、“首届古代知识与文明的产生与传播”学术研讨会、“首届中小学国学教育现状与未来高峰论坛”、“国学与数字人文”研讨会和第一届西夏学青年学者论坛等5场学术会议；邀请清华大学赵平安教授和沈卫荣教授、北京大学邓小南教授、复旦大学白彤东教授、兰州大学郑炳林教授、四川大学霍巍教授、中央美术学院郑岩教授和罗世平教授等众多专家学者举办“日知”系列讲座10期；举办“一勺·莫高”敦煌艺术展，通过数字复原、多媒体影片等技术，真实呈现了敦煌石窟艺术的面貌；举办首届“古代中国与丝路文明”学术研讨会，探讨古代中国与丝绸之路沿线各文明之间的互动与融合。

学院大幅修订原来的本科培养方案，重新制定了以“大国学根基、文史哲融合、古典学视野”为特点的“国学—古典学”本科培养方案。这是建院以来最大的也是最成功的一次人才培养方案修订工作。2020年本科“国学—古典学拔尖班”开始招生，选拔工作顺利完成。同时，学院继续推动并完善富有特色的学生科研和实践活动，并继续提升学生国际性。学院成功举办第9届学生学术活动季，开设各类经典研读读书班17个，本科建设了7门通识核心课，11门金课；申报研究生拔尖人才1名。同时，完成“大学生创新实验计划”1个新项目的申报工作。

在与海外高校的交流方面，学院共有2名本科生获批赴外交流，5名博士生获得联合培养国家公派项目的推荐资格。受疫情影响，海外学者邀访基本停滞，原定教师出访计划基本中止，仅吴洋老师一人完成了去欧洲的学术交流工作。

学院成功举办第13、14期学院党校，对37名申请入党的积极分子进行党史、党情、国情教育，学校党校通过率继续保持100%；加强基层党组织建设，组织召开2020年基层党支部述职考核会议，完成第35、36期学校党校发展对象推优和材料审核与发展工作，落实“三会一课”及主题党日工作，做好新生政审、毕业生党员组织关系转接与材料归档等工作。

在疫情防控工作方面，学院高度重视疫情防控工作落实情况，配备了一支强有力的疫情防控工作专班队伍。学工专职辅导员主要负责各类学生信息收集与上报，形成全覆盖的学生基本情况日报台账；针对延期毕业学生、国际学生和休学学生，由学工专职辅导员逐一对接联系；对湖北学生、浙黑豫粤重点省区学生、在京学生、在校学生建立单独微信群，高效、准确掌握各类学生实时情况。毕业季号召全院教师加入毕业行李打包工作，完成毕业季有关工作。9月新老生分批次返校，学院又迅速成立学生返校工作组，负责传达学校返校工作安排，了解汇总学生返校意愿，管理返校信息管理平台，核实审批学生信息，同时做好学生健康监测、个人卫生管理，关注学生心理状况，加强思想引导和心理疏导等，圆满完成返校工作。

■ 经济学院

经济学院成立于1998年，其前身最早可以溯源至1939年陕北公学设立的政治经济学研究室，后历经华北联合大学、华北大学的演进，经济学系为1950年中国人民大学成立时首设的“八大系”之一，是新中国经济学科的重要奠基者和开拓者之一。现任院长为刘守英。

学院下设经济学系、国际经济系、计量与数量经济学系、经济研究所，拥有理论经济学1个国家重点一级学科，政治经济学、西方经济学2个国家重点二级学科，世界经济为北京市重点二级学科。长期以来，学院是国家经济学基础人才培养基地、教育部人文社会科学重点研究基地、教育部“经济学拔尖学生培养计划2.0基地”、国家“2011”中国特色社会主义经济建设协同创新中心和全国中国特色社会主义政治经济学研究中心，理论经济学学科在教育部学科评估中连续4次为第一，并入选“双一流”建设学科和培优项目。设有政治经济学、西方经济学、经济史、经济思想史、世界经济、国际贸易学、企业经济学、网络经济学、数量经济学、发展经济学10个博士点，政治经济学、西方经济学、经济史、经济思想史、世界经济、国际贸易学、企业经济学、网络经济学、数量经济学、发展经济学、国际商务11个硕士点，理论经济学1个博士后科研流动站，经济学、国际经济与贸易2个本科专业，拥有“经济学—数学”双学位实验班、“中国特色经济学本硕博实验班”、“经济发展”全英文硕士班、中国人民大学—美国伊利诺伊大学香槟分校硕士双学位项目、中国人民大学—英国曼彻斯特大学硕士双学位项目、中国人民大学—九州大学联合培养硕士研究生项目、中国人民大学—蒙特雷国际研究院国际商务专业硕士联合培养项目等人才培养平台。

2020年，“双一流”学科建设与总结圆满收官，第五轮学科评估、国际商务水平评估和教育部基地中国经济改革与发展研究院评估材料填报工作顺利完成。

完成了中国经济改革与发展研究院换届及机构重组，未来研究院这一教育部重点研究基地适度地向理论经济学回归，按照新的模式运行。

学院人才队伍建设取得重大进展，先后从国外引进、调入高水平人才8人。学院现有在岗专任教师92人，其中教授50人，副教授28人，讲师14人。博士学位获得者90人，其中海外博士学位获得者33人。学院有马克思主义理论研究和建设工程首席专家9名；教育部“长江学者”创新团队1个；“长江学者”特聘教授6名、青年学者6名；国家级教学名师1名，北京市高等学校教学名师5名；国家级有突出贡献的中青年专家3名；“百千万人才工程”国家级人选3名；“万人计划”哲学社会科学领军人才 1 名、青年拔尖人才 2 名；中宣部文化名家暨“四个一批”人才 2 名；教育部“跨世纪优秀人才培养计划”人选 3 名、“新世纪优秀人才支持计划”人选 13 名。

学院着力培养“基础深厚、功底踏实、富有经济学思维和国际视野”的经济学学术领军人才和社会主义现代化强国的建设人才。现有在校学生 1 471 人，其中本科生 708 人，硕士研究生 470 人，博士研究生 293 人。在校海外学生 67 人，其中本科生 20 人，硕士研究生 41 人，博士研究生 6 人。

学院人才培养取得新突破。全国首创“中国特色经济学本硕博实验班”并正式开班。入选教育部“经济学拔尖学生培养计划 2.0 基地”名单。“国际经济与贸易专业”在已入选北京市级“双万计划”的基础上，再次申报国家级“双万计划”并以第一名次入选。“中级宏观经济学课程”成功获评“国家级一流本科课程”。“新时代经济学专业（中国特色经济学方向）建设：方案设计与改革探索”获评“北京市本科教学改革创新项目”。韩松教授荣获“宝钢优秀教师奖”。刘小鲁老师指导的本科生王泰茗的毕业论文《个人信息的产权——不同产权方案如何影响福利与信息结构》获评 2020 年“北京高校优秀本科毕业论文”。“适应数字经济时代的经济理论与人才培养模式创新”项目，获得学校“新工科研究与实践优秀成果”一等奖。卫兴华教授的《马克思主义政治经济学原理》、宋涛教授的《政治经济学教程》、高鸿业教授的《西方经济学》、刘伟教授的《新时代中国特色社会主义政治经济学探索》获评“中国人民大学优秀教材（本科类)”特等奖，姚开建教授的《经济学说史》获评“中国人民大学优秀教材（本科类)”一等奖，赵国庆教授的《计量经济学》获评“中国人民大学优秀教材(本科类)”二等奖。

学院教师在重要国际期刊上发表论文 21 篇，其中，在顶级英文期刊 *Journal of Development Economics* 上发文 3 篇，在 *Journal of Econometrics* 上发文 2 篇，在 *Games and Economic Behavior* 上发文 1 篇，在 *Cities* 上发文 1 篇。学院教师在顶级中文期刊上发文 21 篇，其中《经济研究》3 篇，《管理世界》6 篇，《马克思主义研究》3 篇，《世界经济》5 篇，《经济学（季刊）》1 篇，《中国工业经济》1 篇，《新华文摘》2 篇。学院教师在重要媒体上发表文章 34 篇，出版学术专著 13 部，获得 14 项省部级以上纵向项目立项。

重要科研获奖再创佳绩，在教育部第八届高等学校科学研究优秀成果奖评选中，13 项成果获奖，数量为历年之最。其中，著作论文奖一等奖 3 项，二等奖 5 项，三等奖 4 项；普及读物奖 1 项。在北京市第十六届哲学社会科学优秀成果奖评选中，共 5 项成果获奖。此外，谢富胜获“刘诗白经济学奖”，王孝松获第二十一届“安子介国际贸易研究奖”优秀论文三等奖，刘凯获商务发展研究成果奖论著类优秀奖，孙咏梅文章在 2020 年“学习习近平总书记关于扶贫工作的重要论述”主题征文活动中获奖。学院荣获 2020 年中国人民大学科研工作先进集体、2020 年中国人民大学国家高端智库建设先进集体奖。聂辉华荣获 2020 年中国人民大学科研标兵，谢富胜、李勇、陆方文荣获 2020 年中国人民大学优秀科研成果奖。

学院举办大型学术会议共计 14 场，举办小型学术研讨会、讲座共计 45 场。学院教师共上报重要内参 16 篇，其中 6 项成果获得省部级以上领导批示。刘伟教授、刘元春教授多次参加总书记、总理主持的座谈会，刘元春教授、刘守英教授受聘国家“十四五”规划专家。学院教师积极应对当前经济发展热点问题，为国家经济发展建言献策。面对疫情，学院积极参与科研处的疫情紧急课题申报等工作。学院教师获得“新冠病毒疫情对中国经济的影响”、“新冠病毒疫情应急暴露的体制问题与改革”和“新型肺炎疫情防控与国际组织协调问题”等 3 个校级项目专项课题立项。

学院继续推动与九州大学、伊利诺伊大学、威斯康星大学、曼彻斯特大学、鹿特丹大学、图卢兹大学等世界高校的既有联合培养、合作交流项目。专门邀请威斯康星大学远程开展招生推介相关工作；落实与图卢兹大学合作协议的续签事宜；协助九州大学双学位培养项目开设远程授课；与新加坡管理大学新签署合作培养协议，拓展学院国际合作新模式；为圣彼得堡国立大学经济学院远程开设中国经济系列讲座课程。

学院进一步加强新闻宣传工作在学院发展建设中的重要作用，内聚合力，外树形象，推动学院新闻宣传工作管理的制度化、科学化、规范化。充分调动全院教师积极性，教研工作与新闻宣传工作同步规划、同步部署、同步落实，全面展示学院改革发展成就。一年来，微信公众号共计推送 292 篇文章，公众号订阅量达到 16 067，同比增长一倍。

学院第一次党代会于 12 月 25 日圆满举行，党建工作迈上新台阶。选举产生第一届党委委员和纪委委员。学院党委以党代会召开为契机，凝心聚力，全面谋划和推动学院各项工作。

■ 应用经济学院

应用经济学院成立于 2019 年，在原经济学院国民经济管理系、能源经济系、区域与城市经济研究所的基础上组建成立。现任院长为郑新业教授。

学院下设国民经济管理系、能源经济系和区域与城市经济研究所。设有 2 个本科专业（国民经济管理、能源经济，先后入选国家一流本科专业），6 个硕士点（国民经济学、国防经济学、区域经济学、城市经济学、产业经济学、能源经济学），5 个博士点（国民经济学、区域经济学、城市经济学、产业经济学、能源经济学），1 个博士后流动站。

应用经济学科连续三轮在教育部组织的一级学科评估中排名全国第一，在 2017 年第四轮学科评估中获评 A＋，并入选国家“世界一流大学和一流学科”建设名单。

学院坚持传统学科现代化、新兴知识学科化，打造应用经济学学科“旗舰”。将国民经济学、产业经济学、区域经济学等传统优势学科和现代理论与方法结合，紧密结合国家发展战略，服务社会经济发展；将能源问题研究、国防问题研究与经济学理论紧密结合，交叉融通，推动了国际一流水平科学研究，服务产业发展。能源经济学专业获批国家级“一流本科”专业，学院实现了国家级“一流本科”专业的全覆盖。

2020 年学院在岗专任教师有 48 人，其中教授 19 人，副教授 19 人，讲师 9 人，研究员 1 人，2/3 的青年教师具有海外留学背景。学院拥有 2 位中国人民大学二级教授，4 位“杰出学者”特聘教授，22 位“杰出学者”青年学者，1 位国家“万人计划”哲学社会科学领军人才，2 位中央马克思主义理论研究和建设工程首席专家，1 位中宣部文化名家暨“四个一批”人才，1 位国家“万人计划”青年拔尖人才，4 位教师入选教育部“新世纪优秀人才支持计划”，1 位获得国家优秀青年科学基金资助，3 位入选北京市新世纪社科理论人才“百人工程”。有学生 547 人，其中本科生 248 人，硕士研究生 164 人，博士研究生 135 人。在校海外学生 14 人，其中本科生 1 人，硕士研究生 9 人，博士研究生 4 人。

学院以国民经济重大问题研究为导向，在“十四五”规划、精准扶贫、社会主义基本经济制度量化研究等领域，推进从 0 到 1 的基础性研究和重大标志性科研成果建设。高质量发文量显著提升，2020 年，学院新增发表论文 79 篇，其中近一半成果为 A 类及以上期刊，在《经济研究》、《管理世界》、*Nature Communications*、*Journal of Environmental Economics and Management*、*Energy Policy* 等国内外顶级期刊发表多篇论文；科研奖项有所斩获，郑新业教授的《经济结构变动与未来中国能源需求走势》获得北京市第十六届哲学社会科学优秀成果奖二等奖，魏楚教授的《能源效率提升的新视角——基于市场分割的检验》获得第八届高校科学研究优秀成果奖二等奖；科研项目上，学院获得各类项目 31 项，其中纵向项目 8 项，黄隽教授担任首席专家领衔申报的“中国艺术品市场发展研究”项目是中国人民大学首次获国家社科基金艺术学重大项目立项资助。

学院承接党和国家机关需要，提供多样化智力服务。郑新业教授参加由中国外文局当代中国与世界研究院和法国桥智库联合主办的“后疫情时代的中法合作与全球治理”云论坛、由中共中央宣传部等单位主办的2020金砖国家治国理政研讨会并发言，主持由国家开发银行举办的“人类减贫经验国际论坛线上专题分享会”圆桌论坛；邀请加州伯克利大学、剑桥大学等高校的知名教授参加中国电力市场年会。

面对新冠肺炎疫情，学院探索线上国际交流活动新模式。举办第二届可持续发展目标（SDG）论坛（线上会议）、第一届“宏观经济：供给侧改革和高质量的经济增长”国际学术研讨会（线上会议）。除此以外，学院还邀请爱思唯尔出版人、国际知名期刊主编和副主编举办多次线上、线下研讨会，着力提升学院国际发文质量。

2020年，学院以政治建设为中心，深入推进习近平新时代中国特色社会主义思想“五进”工作；遵守两项规则，共计召开党委会18次、党政联席会45次；开展制度“回头看”工作，制定或修订制度12项，完备制度框架；在原治理体系基础上，复活教研室，组建教学团队，完善学院治理体系。以思想建设为引领，学院党委启动“大家讲思政”“青椒讲思政”计划，学院学术大家、青年教师牵头，撰写思政课程教材，落实“立德树人”根本任务；高举旗帜，深度挖掘，开展有滋味、有回响的思政教育。以组织建设为重点，班子成员带头讲党课，开展支部书记培训、座谈、述职和表彰活动；开展多种形式联合主题党日、团日活动。完成学校党委巡察整改工作。

学院结合应用经济学学科特点，努力培养“有品格觉悟、有健康身心、有专业本领”的“三有”人才。“三全育人”工作得到学校和北京市肯定，在学校相关工作大会上做典型发言。本科生马欣怡作为“众志成城人大人，共战疫情心连心”倡议活动发起人之一，被《人民日报》报道。产业经济学博士生姬晨阳积极响应习近平总书记青年要“到基层去、到西部去、到祖国最需要的地方去”的号召，主动申请到河南省新县贫困发生率高达38%的深度贫困村挂职任驻村第一书记。

学院首次举办教师荣誉退休仪式，提升离退休教职工荣誉感和归属感。在学校校友会和学院党委的领导和支持下，12月，中国人民大学校友会应用经济学院分会正式成立，“人大应经院友会”微信公众号开通。

学院第一时间制定《应用经济学院疫情防控工作方案》，成立专班组，分层管理；创立纵横网格化工作体系和24小时沟通机制，实现交互数据100%吻合，被学校表扬推广；学院关心湖北籍在校家庭困难学生，支持湖北高校与革命老区疫情防控；建立疫情防控期间网络授课领导小组并制定教学方案、线上教学规范，督导课堂教学；学院成立志愿小队，协助毕业生打包行李。学院教师发表相关文章、接受访谈、提交资政报告，《构建条块联防机制设置合理容忍区间——首都功能核心区新冠肺炎防控思路与建议》获北京市委领导肯定性批示并报市委常委会讨论；学院疫情防控相关做法被学习强国、《人民日报》等媒体报道。

■ 财政金融学院

财政金融学院前身财政信用借贷系始建于1950年，是中国人民大学成立时的“八大系”之一，是新中国第一个培养财政金融领域高级人才的基地，为新中国财政金融学科的建立和发展做出了开拓性贡献。1997年，财政金融系与投资系合并，组建成立中国人民大学财政金融学院。现任院长为庄毓敏教授。

学院现拥有财政、金融两大二级学科，有财政系、货币金融系、应用金融系、保险系4个教学单位，财政学、税收学、金融学、保险学、金融工程、信用管理6个本科专业；有学士学位授权二级学科点2个、硕士学位授权二级学科点2个、专业硕士学位授权点3个、博士学位授权二级学科点2个。2011年和2013年，学院分别成为全国金融专业学位研究生教育指导委员会秘书处和教育部高等学校金融学专业教学指导委员会秘书处所在单位。2016年以来，围绕着“双一流”人才培养要求，学院全力打造极具特色的“实验班2.0版”，优化金融学—数学双学位双语实验班和财税—数学双学位双语实验班培养模式，设立金融学—数据科学与大数据技术（工学）双学位实验班项目。

金融学、财政学于1988年、2001年、2006年、2013年教育部组织的国家重点学科评审中蝉联国家级重点学科。2017年教育部公布国家第四轮一级学科评估结果，以学院金融学、财政学为骨干学科的应用经济学连续4次排名全国之首。1999年，以学院为依托的中国人民大学中国财政金融政策研究中心组建以来，在五年一度的教育部人文社会科学百所重点研究基地评审工作中，分别于2004年、2009年和2016年连续4次被评为优秀。

学院现有在岗专任教师76人，其中教授35人，副教授32人；有12位教育部“长江学者”、1位“万人计划”领军人才、1位“万人计划”教学名师、1位“万人计划”青年拔尖人才、2位国家杰出青年科学基金获得者、5位“百千万人才工程”国家级人选、13位教育部“新世纪优秀人才支持计划”入选者、10位北京市高等学校教学名师。

2020年，学院郭庆旺团队“财政学”课程入选首批国家级一流本科课程，贾俊雪主讲的“财政学”课程获评2020年北京高校“优质本科课程”。14本本科教材荣获校级优秀教材奖，其中特等奖6项、一等奖5项，并被推荐至北京市进行后续评选。1人获得吴玉章奖学金，2人荣获北京市普通高等学校优秀本科毕业论文。百余人次在“小创”“大创”“全国大学生数学竞赛”“全国大学生数学建模竞赛”“美国大学生数学建模竞赛”等国内外学科竞赛中获奖。

学院教师发表核心期刊论文总计121篇，其中SSCI收录41篇，国际英文A类（含A一）期刊发表论文16篇，国内中文A类期刊发表论文28篇。获批纵向项目10项，其中国家社会科学基金重大项目5项。横向项目新增32项。出版著作14部。成功召开中国应用经济学年会、第二十四届中国资本市场论坛、2020国际货币论坛、第二届金融高端国际论坛等重要国际学术论坛。先后举办黄达-蒙代尔讲座、中国人民大学命名组建70周年财政金融学院专硕系列讲座、“财政与国家治理”高端云讲堂、财税论坛、货币金融圆桌会议、大金融思想沙龙、全英文金融科技线上专题讲座等学术会议百余场。

学院持续推动重阳金融研究院、中国资本市场研究院、国际货币研究所、中国普惠金融研究院等重点新型高校智库建设，讲好中国故事，提高资政水平。财政金融学院和重阳金融研究院荣获2020年中国人民大学国家高端智库建设先进集体。在疫情防控中，发挥学科优势和智库优势，发布数十份研究报告、相关内参。多项成果获得省部级以上领导批示。

学院继续实施提升国际性行动三年计划，不断提高国际交流的规模与层次，国际知名度和学术影响力显著提升。克服疫情不利影响，学院召开海外专家座谈会，举办2020国际金融稳定与投资管理论坛、金融科技国际学术研讨会、金融专硕学术研讨会等国际重要学术会议。邀请国家高端外国专家项目入选者日本大阪大学敦贺贵之教授、芝加哥大学何治国教授、美国北卡罗来纳大学褚勇强教授等多位海外一流大学顶尖学者进行线上学术讲座与合作研究。

学院朱青教授、贾俊雪教授、吕冰洋教授、谢波峰副教授四位教师分别受聘为财政部财政政策研究、国际财经研究“专家工作室”专家。

学院持续巩固“不忘初心、牢记使命”主题教育成果，顺利通过“全国党建工作标杆院系”创建验收；荣获中国人民大学校友工作先进集体、就业创业工作先进集体、第二十一届健美操大赛特等奖、第三十四届“一二·九”合唱音乐节金奖等荣誉称号和奖项。

■ 汉青经济与金融高级研究院

汉青经济与金融高级研究院于2007年3月正式揭牌成立。研究院同时成立了由中国人民大学原校长黄达教授、普林斯顿大学邹至庄教授、全国人大财经委副主任吴晓灵教授、斯坦福大学洪瀚教授任主任的学术委员会。现任院长为汪昌云教授。

研究院现有专任教师18人，其中副教授6人，讲师11人，15人入选中国人民大学“杰出学者”青年学者计划。2020年，研究院积极开拓海外人才引进和招聘渠道。院长亲自带队赴美参加ASSA年会进行师资招聘，成功引进海外一流大学博士2人并推荐入选“杰出学者”计划，全院教师“杰出学者”占比83%。

研究院自2008年起开始招收和培养金融学、数量经济学专业的硕士研究生。2012年实行硕博连读项目。2015年开设金融专业硕士项目。现有学术型硕士48人、专业硕士180人、博士研究生21人。2020年，研究院多项举措并进革新人才培养方式。实施并完善“0年级计划”，将培养时段前延至入学前一年；打造ELS（拓展教学）体系，搭建与课堂教学互补的拓展教学内容。2020年，尽管有疫情冲击，但研究院第9年保持初次就业率100%的佳绩。

研究院教师全年发表论文共17篇，其中国际A＋类期刊2篇、A类期刊11篇，高水平国际发文占比87%，人均国际A类期刊发文0.72篇；获得学校科研优秀成果奖3项；新增国家自然科学基金项目1项；举办常设性学术论坛共计42次。2020年，学院通过联合国际测试委员会连续两年举办全球性金融科技大会，举办常设性金融科技论坛，开设金融科技云公开课等，大力发展金融科技交叉学科。

■ 统计学院

统计学系成立于1952年，是新中国统计学学科的奠基者和开拓者之一。在原有统计学系的基础上，统计学院于2003年正式组建成立，成为全国统计学教学和研究的重要基地。2017年入选国家“双一流”建设学科之列，在教育部第四轮学科评估中获评A＋。2019年和2020年统计学、应用统计学、经济统计学三个本科专业获评国家级一流本科专业建设点。现任院长为王晓军教授。

学院现有统计学、应用统计学（风险管理与精算）、经济统计学、数据科学与大数据技术4个本科专业，统计学、概率论与数理统计、风险管理与精算、流行病与卫生统计学4个学术型硕士学位点，应用统计1个专业学位硕士点，统计学、风险管理与精算2个博士学位点，统计学博士后科研流动站1个。

2020年经学校批准，学院将院属教研室变更为经济社会统计系、风险管理与精算系、数理统计系、生物统计与流行病学系，并新增数据科学与大数据统计系。

学院现有专任教师42人，其中教授17人，副教授15人。聘请各类兼职教授共7名，其中中国人民大学兼职教授1人，中国人民大学讲座教授4人，国家外专局高端外国专家1人，统计学学科学校“双一流”建设国际顾问委员会专家1人。学院有在校生951人，其中本科生583人（因2020年大类招生改革，统计学院无大一本科生），硕士研究生278人，博士研究生90人。

学院主办英文期刊*Journal of Data Science*并聘任国际主编，国家统计局—中国人民大学数据开发中心正式启动运行。2020年新立各类项目43项，其中国家社会科学基金项目2项，国家自然科学基金项目 4 项，教育部哲学社会科学研究重大课题攻关项目 1 项，北京市自然科学基金重点研究专题项目 1 项。学院教师在中英文各类专业期刊上发表论文约 200 篇，出版著作 2 部。

学院主办“统计大讲堂”系列学术讲座 33 讲，邀请国内外著名统计学者就国际前沿统计问题及统计方法开设讲座，新增“COVID-19 专题”“政府统计专题”“数据科学专题”“国民经济核算理论-实务-应用”“青椒说”五个系列讲座。

7 月 11 日，第二届青年统计学者论坛在学校举办，来自中国人民大学、国家统计局、中国科学院、《统计研究》编辑部、清华大学等多家单位的代表出席会议。受疫情影响，本次论坛采取云端连线、网络直播的方式开展。

10 月 24 日，“新中国统计教育 70 年：回顾与展望暨中国人民大学统计学科建设研讨会”在学校举行。国家统计局相关司局负责人、国内各兄弟高校统计学科专家、中国人民大学统计学院师生参加会议。此外，学院还组织主办了第 13 届中国 R 会（北京）、第六届全国高校研究生统计论坛、中国人民大学—比萨大学应用统计线上学术研讨会、第十四届临床医学研究中的统计方法学术研讨会等。

■ 统计与大数据研究院

中国人民大学统计与大数据研究院是中国人民大学为建设“人民满意、世界一流”大学，迎接大数据时代的挑战而成立的教学科研实体。研究院致力于构建世界一流水平的统计学与数据学科，开展学科前沿原创性研究，打造高水平多学科交叉的中外学术交流和人才培养平台，为政府和企业的决策提供高质量的智库服务。研究院于 2015 年 12 月正式挂牌成立。

研究院设有数理统计、卫生与生物统计、计算统计、金融统计、大数据统计、数据挖掘和机器学习、政府统计与咨询等相关研究领域。

截至 2020 年底，研究院已成功引进 12 位“长聘制”全职教师，包括 2 位教授、1 位副教授、9 位助理教授，其中 1 位国家特聘教授，1 位入选中组部“万人计划”哲学社会科学领军人才，1 位入选中宣部文化名家暨“四个一批”人才，1 位入选中组部“万人计划”青年拔尖人才，1 位获得国家自然科学基金优秀青年科学基金资助。

截至 2020 年底，研究院教师以中国人民大学为第一署名单位，已在统计学和数据科学国际一流期刊上发表论文近 70 篇，其中有相当数量的论文发表在国际权威期刊上。除高端研究外，研究院教师承担了国家自然科学基金、国家重点研发计划等国家级课题和其他部级课题 20 项。

研究院推动并与北美排名第十五名的美国德克萨斯 A&M 大学统计学系达成了联合培养统计学博士研究生的战略合作协议，研究院开设的 12 门核心课程获得美国南方高校联盟和美国德克萨斯 A&M 大学的学分认可。2020 年，继续实施“中美统计学双博士项目”，5 批博士研究生 49 人中已有 11 人获得国家留学基金委员会资助赴美国德克萨斯 A&M 大学继续攻读博士学位，该项目被国家留学基金委员会评为“创新型人才国际合作培养项目”，研究院为此获批科技部“创新人才培养示范基地”。另有 1 人获外方全额学费和生活费资助赴比利时鲁汶大学电子系攻读数据科学博士学位，1 人赴英国剑桥大学访问。此外，研究院在应用统计硕士专业学位类别下新开设了数据科学与人工智能方向的专业硕士培养计划，在借鉴国内外相关专业方向人才培养经验的基础上，设置了与国际接轨且具有人大特色的培养方案，并于 2020 年招收第一批硕士研究生 30 人。

在智力引进和学术交流方面，研究院获得“社会经济大数据技术与应用创新引智基地”和“生物医学统计创新引智教学与研究平台”的立项，并在“双一流”建设经费的支持下，开展了近 30 场常规性学术讲座，成功举办了“2020 年统计学与数据科学青年学者论坛”和“统计学与数据科学学科建设咨询会”。

■ 农业与农村发展学院

农业与农村发展学院成立于 2004 年，其前身是 1954 年成立的农业经济系。现任名誉院长为陈锡文教授，院长为唐忠教授。

学院农业经济学科点早在 1986 年获得博士学位授予权，该学科于 1988 年、2007 年两次被评为国家级重点学科，2000 年取得农林经济管理一级学科博士学位授予权，2017 年农林经济管理学科首批入选国家“世界一流大学和一流学科”建设名单。学院两个本科专业农林经济管理、农村区域发展 2014 年入选国家卓越农林人才培养计划，农林经济管理本科专业 2019 年成功入选国家级一流本科专业建设点，首批进入国家“双万”计划。

学院招收博士研究生和硕士研究生的专业有：农林经济管理一级学科下的 5 个二级学科农业经济管理、林业经济管理、农村发展、食品经济管理、自然资源管理，工商管理一级学科下的二级学科技术经济及管理。学院设有农业硕士专业学位，在农业管理、农村发展 2 个领域培养研究生；设有农林经济管理、农村区域发展 2 个本科专业，农林经济管理博士后科研流动站。

2020 年，因新冠肺炎疫情影响，春季学科的教学活动主要通过线上进行。学院进行了农林经济管理一级学科 2016—2020 年“双一流”建设周期总结。朱信凯教授被聘为国务院学位委员会新一届农林经济管理学科评议组第一召集人。唐忠教授牵头的“农业经济学”本科课程入选国家级一流线下课程。曾寅初教授当选中国国外农业经济研究会副会长、监事长。学院所属的中国人民大学中国扶贫研究院荣获全国脱贫攻坚组织创新奖。

学院现有专任教师 53 人，其中教授 23 人，副教授 21 人，讲师 9 人。入选学校“杰出学者支持计划”的教师 20 人，其中特聘教授 A 岗 4 人，特聘教授 B 岗 4 人，青年学者 A 岗 5 人，青年学者 B 岗 7 人。学生 571 人，其中本科生 154 人，硕士研究生 328 人，博士研究生 89 人。在校海外学生 3 人，其中硕士研究生 2 人，博士研究生 1 人。

学院教师共获得各级各类项目 69 项。获得国家级、省部级项目 14 项，校级科研项目 5 项，其他各类纵横向项目 50 项，其中国家自然科学基金项目 7 项、国家社会科学基金项目 2 项。马九杰、周立获批国家社会科学基金重大项目，汪三贵获批国家自然科学基金重点项目，朱信凯获批国家自然科学基金国际合作项目。学院教师出版各类著作 20 部、发表论文 184 篇，其中 28 篇发表在学校 A 级核心期刊上。汪三贵、孔祥智的 2 项成果分别获得教育部第八届高等学校科学研究优秀成果奖（人文社会科学）一等奖和二等奖。汪三贵的专著《脱贫攻坚与精准扶贫：理论与实践》荣获中宣部“2020 年主题出版重点出版物选题”，入选 2020 年 11 月“中国好书”榜单。

学院学生获得中国人民大学研究生科学研究基金项目 4 项；3 人入选学校拔尖创新人才计划，进入计划总人数达 6 人。专业学位教学案例支持计划结项 2 项，立项 3 项，其中包括 1 项中国专业学位案例中心主题案例立项。本科生申报“大学生创新实验计划”4 项（国家级 1 项、市级 2 项、校级 1 项）。“农业与农村发展学院学生科研训练项目”立项 9 项。

2020 年，学院举办学术会议 7 次，各类学术讲座 17 场，如北京农业经济学会 2020 学术年会暨中国青年农业经济学家论坛、2020 中国食物经济管理论坛暨中国农业经济学会食物经济专业委员会成立大会等；举办 2 次线上国际会议，主题分别为“森林、生物多样性和新冠肺炎大流行”“新冠肺炎大流行与反贫困”。学院师生参加了一些重要的线上国际学术会议并做报告，如美国经济学年会、北美中国经济学家年会等。

2020年，学院获评学校“一二·九”合唱音乐节银奖、观众互动奖和团队合作奖，获评健美操大赛银奖、最佳舞台效果奖、团队合作奖，学院女子篮球队夺得乙组冠军，学院杨心梅获评学校第二十二届“创新杯”竞赛特等奖。

■ 法学院

法学院成立于1988年，其前身是1950年成立的法律系，是学校成立之初的八大系之一，也是新中国诞生后党和政府创立的第一所正规的、新型的高等法学教育机构。现任院长为王轶教授。

学院是全国首批获准在法学一级学科拥有博士学位授予权的单位，博士点和硕士点覆盖了全部二级学科。学院拥有国家重点一级学科1个、国家重点二级学科4个，首批入选“双一流”建设名单，拥有“985工程”国家重点创新基地、国家“211工程”项目法制信息港、教育部人文社会科学研究基地（中国人民大学刑事法律科学研究中心、中国人民大学民商事法律科学研究中心）、国家人权教育与培训基地中国人民大学人权研究中心。设有全国第一个法学博士后科研流动站。成立了知识产权学院、律师学院、亚太法学研究院、未来法治研究院、智慧检务创新研究院和国际商事争端预防与解决研究院等，拥有67个研究中心（所）以及《法学家》杂志社等机构。

学院现有教师118人，其中教授62人，副教授44人，讲师10人，全职外教2人。另有博士后33人。学院本科共有4个年级，633人；全日制法律硕士（非法学）3个年级、全日制法律硕士（法学）2个年级，593人；非全日制法律硕士（非法学）3个年级、非全日制法律硕士（法学）2个年级，206人；法学硕士2个年级，429人；全日制博士生408人，非全日制博士生2人。

2020年，首轮一流学科建设圆满收官；“十三五”建设任务全面完成，“十四五”规划启动；教育部第五轮一级学科评估工作顺利完成。在全国综合性重点大学中率先成立习近平法治思想研究中心，在国内法学院校中率先成立市域社会治理研究院，作为会员单位发起成立国际商事争端预防与解决组织。科技革命与未来法治跨学科研究平台、国际商事争端预防与解决跨学科研究平台入选中国人民大学跨学科重大创新规划平台。

学院深入推动课程思政建设，不断深化教育改革创新，开设“习近平法治思想”思想政治理论课、“习近平全面依法治国思想”专题研讨课；着力推进本科生金课建设和法学前沿系列研习课建设；加强科技法治、国际商事争端预防与解决等交叉学科法律硕士特色方向建设。多项课程和教材建设获评各类重要奖项，“民法学”获评国家级一流课程，“国际经济法”“诊所式法律教育”获评北京市优质课程；莫于川教授荣获第十六届北京市高等学校教学名师奖；3项案例成果被收入中国专业学位教学案例中心案例库，1项案例获教育部学位中心2020年主题案例专项征集立项，3项教学改革项目结项获评优秀；“中国诊所式法律教育20周年评奖”中有5位教师、2项成果荣获表彰。

王利明教授获评CCTV十大年度法治人物；杜焕芳教授获评第九届全国杰出青年法学家，王旭、竺效教授获提名奖；张翔、竺效教授获批“万人计划”领军人才、文化名家暨“四个一批”人才；陈璇教授获评“万人计划”青年拔尖人才；王贵松教授获批青年“长江学者”；冯玉军教授入选“百千万人才工程”；高圣平教授获享国务院政府特殊津贴；刘春田教授获“中国版权事业终生成就奖”；刘素萍教授、邵景华教授荣获中共中央、国务院、中央军委颁授的“中国人民志愿军抗美援朝出国作战70周年”纪念章。

王利明教授获教育部第八届高等学校科学研究优秀成果奖一等奖，韩大元、陈卫东、张新宝、杨东教授获二等奖，杜焕芳、张翔教授获青年成果奖；杨东教授获北京市第十六届哲学社会科学优秀成果奖一等奖，王旭、程雷教授获二等奖；陈璇教授获中国法学会第八届董必武青年法学成果奖二等奖，朱腾教授，孟涛、熊丙万副教授获三等奖，邓矜婷副教授获提名奖。莫于川、时延安、石佳友、黄文艺教授获批国家社会科学基金重大项目，杨东教授获批重点项目；高圣平教授获批北京市社会科学基金重大项目，万勇教授获批重点项目。三大刊发文共 15 篇，CSSCI 发文共 201 篇，出版专著 43 部，发布《中国法律发展报告 2020》。

学院服务疫情防控重大部署，第一时间组织专家围绕疫情防控、应急处置、民生保障、涉疫国际诉讼等焦点法律问题开展研究，形成多份政策建议，为依法科学防控疫情提供有力的法学理论支持，10 篇报告获习近平总书记等中央主要领导批示；组织多位专家第一时间为公众提供专业分析；率先组织法学专家出版《依法战疫》学术专著；王利明、韩大元、陈卫东等 17 位法学名家面向全国高校开放“法学第壹课”公益讲座。全程深度参与《民法典》编纂工作和宣传工作：《民法典》表决通过当日，即与司法部普法与依法治理局联合推出公益系列讲座“民法典开讲”；出版《民法典开讲》专著，获评人民出版社 2020 年优秀学术著作；及时组织参与民法典编纂的专家推出《中国民法典释评》（十卷本）；受教育部委托举办“全国高校民商法师资《民法典》公益培训班”；为各级党政机关和企事业单位举办民法典讲座 720 余场。

面对新冠肺炎疫情的严峻考验，全院师生同心抗疫，近 500 名师生参与多种形式的抗疫工作，涌现了一大批具有时代担当的“战疫先锋”。与司法部继续联合开展“决胜新时代、法治家乡行”活动，引导青年学子通过社会实践和社会观察践行社会主义核心价值观；学院法律援助中心开通疫情线上法律援助通道，收集处理了共计 292 件案件。2020 年，法学院团委获评中国人民大学先进集体，法学院学子荣获第 18 届 Jessup（杰赛普）国际法模拟法庭大赛中国赛区选拔赛总成绩第一名、第九届北京大学辩论协会三人制辩论赛冠军、“本地生活杯”全国高校联合辩论赛冠军、第十八届“贸仲杯”国际商事仲裁模拟仲裁庭辩论赛全国季军、学校“一二·九”合唱音乐节金奖与优秀组织奖。

学院创新线上线下国际交流模式，举办第三届 21 世纪百所著名大学法学院院长论坛，主办比例原则在疫情防控中的人权保障作用国际研讨会、首届国际知识产权司法保护研讨会、法典化时代的中日民法学术研讨会、AI 与未来法治国际研讨会等系列国际学术会议。持续开展与世界各国法学院校和国际组织机构的交流合作，与意大利 LUISS 大学法学院、澳大利亚昆士兰大学法学院、西班牙 ESADE 法学院、美国东北大学法学院、法国里昂天主教大学法学院、芬兰赫尔辛基大学法学院、日本关西学院大学法学院等签署或续签硕士联合培养和学生交换合作协议；邀请耶鲁大学法学院、牛津大学法学院、卑尔根大学法学院等院校多位知名教授开设线上讲座或短期课程。

人民教育家高铭暄教授捐赠设立“高铭暄优秀法律援助案例奖”；不断加强院校合作、检校共建，与国家检察官学院共同主办第十六届国家高级检察官论坛，与北京市人民检察院第二分院、北京市海淀区人民检察院、浙江省丽水市中级人民法院、江苏省宿迁市中级人民法院等建立合作关系，构建社会参与机制。

■ 马克思主义学院

马克思主义学院成立于 1996 年，由马列主义发展史研究所（始建于 1964 年）、马克思主义理论教育研究所（始建于 1986 年）和中共党史系（始建于 1956 年）合并组建而成。学院下设 6 个教研部、11 个教研室作为基本教研单位。现任院长为齐鹏飞教授。

学院建立了国内最齐全的马克思主义学科体系：拥有全国唯一的国家级重点一级学科马克思主义理论（含 7 个二级学科：马克思主义基本原理、马克思主义发展史、国外马克思主义研究、马克思主义中国化研究、思想政治教育、中国近现代史基本问题研究、党的建设），还拥有马克思主义哲学、政治经济学、科学社会主义与国际共产主义运动、中共党史、中国特色社会主义理论、当代中国史等二级学科，二级学科均为国家级重点学科，其中，中共党史学科是全国普通高校党史学科中唯一的国家级重点二级学科。学院现有 2 个本科专业（中国共产党历史、马克思主义理论）、13 个博士学位点和硕士学位点。

学院现有教师 64 人，包括教授 29 人，副教授 23 人，讲师 11 人，助教 1 人。其中，国务院学位委员会马克思主义理论学科评议组召集人 1 人，享受国务院政府特殊津贴专家 7 人，国家“万人计划”入选者 7 人，全国宣传文化系统“四个一批”人才 5 人，中央“马克思主义理论研究和建设工程”首席专家和主要成员 16 人，“长江学者”特聘教授、青年学者 4 人，教育部教学指导委员会委员 6 人，教育部“跨世纪优秀人才培养计划”入选者 3 人，教育部“新世纪优秀人才支持计划”入选者 6 人，教育部大中小学思政课一体化建设指导委员会专家指导组组长 1 人，“最美教师”1 人，全国优秀教师 1 人，北京市高等学校教学名师 3 人，北京市“四个一批”人才 5 人，北京市“百人工程”入选者 5 人，北京高校思想政治理论课特级教授、特级教师入选者 11 人，中国人民大学“杰出学者”23 人。

学院现有学生 706 人，其中本科生 171 人，硕士研究生 242 人，博士研究生 293 人。此外，有在站博士后 15 人。学院继续实施教育部“马克思主义理论学科拔尖人才访问学者计划”“京津冀高校思想政治理论课骨干教师研究基地”“中西部青年骨干教师国内访问学者”等项目，招收访问学者多人。

学院充分发挥学科与师资优势，倾力打造中国人民大学习近平新时代中国特色社会主义思想研究院、北京高校思想政治理论课高精尖创新中心、中国特色社会主义理论体系研究中心、21 世纪中国马克思主义研究协同创新中心、马克思主义研究院、中共党史党建研究院等科研平台，并顺利完成迎接教育部“双一流”建设评估和学科评估工作。

学院在全国高校马院中率先形成层次最完备、方向最齐全的马理学科人才培养体系；继续通过大类招生、推免硕士生、直博生和“申请—考核制”等改革，探索了弹性选拔、贯通培养、研学结合的多渠道弹性化选拔培养模式，形成了宽口径、厚基础、多选择、强能力的培养特色，进一步提高了学生培养质量。

学院牵头起草学校思政课改革创新实施方案、思政课教师队伍建设方案等文件，打造“习近平新时代中国特色社会主义思想概论”课程一体化教学资源，依托北京高校思想政治理论课高精尖创新中心建设全国高校思政课教师网络集体备课平台，进一步打造高精尖水平的思政“金课”。为深入贯彻习近平总书记关于“四史”教育的重要讲话精神，开设“中国共产党 100 年”“社会主义 500 年”“中华优秀传统文化概论”等思政选修课。

学院教师发表论文 238 篇，实现近年来在《中国社会科学》上发文新突破；获评省部级以上课题 9 项；出版各类专著、教材 80 余本（部），《马克思主义发展史》（十卷本）完成出版；获得教育部高等学校科学研究优秀成果奖二等奖 4 项，获全国理论通俗读物奖 2 项，获得北京市哲学社会科学优秀成果一等奖 3 项、二等奖 2 项。

学院与中联部等上级单位积极接洽，积极宣介习近平新时代中国特色社会主义思想。受新冠肺炎疫情影响，学院积极通过网络渠道加强与国外相关高校、政党的学术交流，发出中国声音，讲好中国故事；响应中组部、教育部和学校要求，委派多名教师开展挂职援建工作，接收多名兄弟高校选派的挂职干部，支持全国 30 多所高校的马克思主义学院和学科建设；深入开展教育扶贫工作，学院教师赴云南兰坪、贵州沿河等地开展扶贫宣讲、承担相关课题研究，马理联合教研室捐赠师德先进集体奖金 10 万元助力兰坪脱贫攻坚。

学院克服新冠肺炎疫情带来的不利影响，举办“21 世纪马克思主义与世界政党——民间政党外交与人文交流”工作研讨会、第二届高校党的建设学科高端论坛、第二届“五四杯”全国马克思主义理论类本科生学术论文竞赛、马克思主义学院第 41 届博士生论坛等重要学术会议和竞赛，举办“周末理论大讲堂”23讲、马克思主义理论学科青年学者论坛2期、党史学科工作坊1期等讲座。围绕新冠肺炎疫情防控工作，制作“在经历中学习”“在比较中学习”两季疫情防控公开课。为迎接中国共产党成立100周年，学院联合北京高校思想政治理论课高精尖创新中心、中共党史党建研究院、习近平新时代中国特色社会主义思想研究院举办6讲“名师大家讲党史”系列网络公开课。

学院获评北京市抗击新冠肺炎疫情先进集体、北京高校先进基层党组织，北京高校思想政治理论课高精尖创新中心获中宣部全国基层理论宣讲先进集体等荣誉称号。王易教授获评“最美教师”，刘建军教授获评北京高校优秀共产党员，马慎萧副教授获第五届全国高校青年教师教学竞赛思政组决赛一等奖第一名；学院学生连续三年获全国高校大学生讲思政课公开课一等奖。

■ 社会与人口学院

社会与人口学院成立于2003年4月，下设社会学系、人口学系、社会工作与社会政策系3个系，另有人类学研究所、老年学研究所、社会政策研究院、法律社会学研究所、性社会学研究所、环境社会学研究所、健康科学研究所、女性研究中心、体育与社会发展研究中心等研究机构，拥有社会学理论与方法研究中心、人口与发展研究中心2个教育部重点研究基地，北京社会建设研究院1个北京市重点研究基地，以及《人口研究》《社会学评论》《社会建设》3个学术期刊。现任院长为冯仕政教授。

学院有社会学、社会工作、公共事业管理（公共政策与人口管理方向）3个本科专业，社会学、人口学、人类学、民俗学、老年学、人口资源与环境经济学、社会医学与卫生事业管理7个硕士学位点，社会工作硕士（MSW）1个专业学位点，社会学、人口学、人类学、老年学、人口资源与环境经济学、社会医学与卫生事业管理6个博士学位点，以及社会学一级学科博士后科研流动站。拥有社会学、人口学、人口资源与环境经济学3个国家级重点学科和社会学一级学科博士学位授予权。

学院现有教职工85人，其中教师67人，管理职员及教师以外专业技术人员11人，编外聘用人员7人；在站博士后7人。67名教师中，教授25人，副教授31人，讲师11人。“杰出学者支持计划”入选者27人中，特聘教授A岗3人，特聘教授B岗5人，青年学者A岗9人，青年学者B岗10人。2020年引进2名海外著名大学优秀博士毕业生来学院任教。

学院现有学生799人，其中本科生333人（含留学生8人），硕士研究生262人（含社会工作专业硕士96人、留学生2人），博士研究生204人（含留学生4人）。

2020年，学院积极推进应用型研究生人才培养改革，完成自主设置社会政策硕士（MSP）专业学位授权点的申报并获学校学术委员会批准。顺利完成2016—2020年“双一流”建设动态监测指标体系的填报工作，以及教育部第五轮社会学一级学科评估、全国专业学位水平评估（社会工作专业）两项重要的学科评估工作。

学院课程建设效果显著，“社会学概论”入选首批国家级线下一流本科课程。学院组织申报了10门“金课”。受新冠肺炎疫情影响，积极探索开展线上教学，春季学期，共开设线上课程83门、102个课堂；秋季学期，组织实施线上线下相结合的教学模式，共开设课程101门、124个课堂。

继续开展“卓越本科人才”教学质量提升计划和“卓越研究生人才培养计划”，开展第二届“本科生写作大赛”。“大学生创新实验计划”项目中，2个项目获得国家级立项，4个项目获得北京市级立项。4名博士生获批“国家建设高水平大学公派研究生项目”，1名博士生获批中国人民大学“国内外联合培养研究生”项目。

学院新增各类科研项目60项。其中，纵向项目10项，包括国家社会科学基金项目6项（含重大项目2项、重点项目2项），北京市社会科学基金项目2项（含重大项目1项），其他项目2项。横向项目33项。校级项目17项，包括校级重大规划项目2项。核心期刊发文142篇，其中SSCI/SCI论文28篇。学院获教育部第八届高等学校科学研究优秀成果奖7项，其中李路路、杨菊华教授获一等奖。陆益龙教授获北京市第十六届哲学社会科学优秀成果奖一等奖。

2020年4—5月，冯仕政教授等15位学者应邀参与人大出版社举办的“认识社会 以知抗疫”——社会学名师系列公益直播，就新冠肺炎疫情发生、发展、防控和疫后恢复中的若干问题提出社会学的思考。

2020年，学院举办了10多场重要的学术会议，主要有：“中国家庭转变：理论前沿与实践检验”学术研讨会、“双一流”建设中的社会工作与社会政策在线学术研讨会、第十七届中国老年学学科建设研讨会、“中国人口老龄化和城乡养老支持”全国学术研讨会、“医务社工学科建设”研讨会、“2020年中国社会发展高层论坛：面向新时代的中国社会学与中国社会发展”研讨会、第六届青年学者人口研究论坛等。举办线上线下各类学术讲座40多场。举办“郑杭生社会学大讲堂”5次，邀请中共中央党校吴忠民、北京大学刘世定、南京大学成伯清、北京大学邱泽奇、华东师范大学文军等多名著名学者前来开设讲座。举办“刘铮系列学术讲座”12次，邀请美国普林斯顿大学教授Dalton Conley、加拿大英属哥伦比亚大学助理教授钱岳等多位国内外著名学者通过线上线下会议多种方式为学院师生开设讲座。举办“社会转型与社会治理”学术沙龙5期。举办社会工作前沿讲座12次。

学院主办的《社会学评论》入选北大中文核心期刊、中国人文社会科学期刊AMI综合评价“新刊核心期刊”。《社会建设》荣获第四届吉林省新闻出版奖期刊精品奖。《人口研究》第八次入选“中国最具国际影响力学术期刊”。

受疫情影响，学院2020年对外交流规模有所减少，但仍保持和国际一流大学及机构的长期科研伙伴关系，通过线上形式开展深度合作。与美国普林斯顿大学当代中国研究中心以及人口研究所、美国麻省大学波士顿分校老年学系、英国南安普顿大学老年学研究中心、英国牛津大学、加拿大维多利亚大学、中国香港大学、中国香港城市大学、美国伊利诺伊香槟分校等世界名校开展互访活动，建立深度的科研项目合作关系。

1月15日，学院党委主要领导调整，学校党委任命高燕燕同志为学院党委书记。12月23日，召开全院党员大会，完成院党委换届工作。大会选举产生了卫小将、冯仕政、孙鹃娟（女，回族）、巫锡炜、宋月萍（女）、高燕燕（女）、唐颖（女）、黄家亮、富晓星（女，满族）共9名同志组成的新一届学院党委。大会结束后，当选委员召开了中共中国人民大学社会与人口学院委员会第一次全体会议，选举高燕燕同志为学院党委书记，冯仕政同志、唐颖同志为党委副书记。

学院荣获2020年校友工作先进集体、科研工作先进集体、国家高端智库建设先进集体、外事工作先进集体等荣誉称号。学院负责的新疆招生组获2020年优秀招生组。

■ 国际关系学院

国际关系学院正式命名组建于2000年。其前身可以追溯至1950年中国人民大学命名组建时成立的外交系和马列主义基础教研室，是新中国成立后最早建设的国际问题研究和政治学学科高等教育机构。1958年马列主义基础系成立，1960年改建为马列主义政治学系，1964年根据中共中央《关于加强研究外国工作的报告》和周恩来总理的指示，由教育部正式批准组建国际政治系，复校后改名科学社会主义系，1984年恢复国际政治系命名。2000年春，在原国际政治系和俄罗斯东欧中亚研究所的基础上组建国际关系学院。现任院长为杨光斌教授。

学院下设国际政治系、外交学系、政治学系、世界社会主义研究所、俄罗斯东欧中亚研究所等5个基本教学科研单位，以及教育部批准设立的国家人文社会科学重点研究基地欧洲问题研究中心和国别与区域重点研究基地欧盟研究中心。此外还有国际事务研究所、联合国研究中心、国际能源战略研究中心、中国对外战略研究中心、美国研究中心、拉丁美洲研究中心、东亚研究中心、政治思想文化研究所、比较政治研究中心、历史政治学研究中心、廉政建设研究中心等研究机构。

学院现有国际政治、外交学、政治学与行政学3个本科专业和国际政治经济学本科专业方向，以及世界经济、国际政治、国际关系、国际政治经济学、外交学、政治学理论、中外政治制度、中国政治、科学社会主义与国际共产主义运动等9个硕士学位点和博士学位点。学院是全国首批获得政治学一级学科博士学位授予权的单位。

2020年，学院政治学与行政学专业获评国家级一流本科专业建设点。政治学学科以引领学科发展为目标，服务国家大战略，在重大原创性理论成果方面表现突出：提出被认为是中国政治学发展新出路的历史政治学，推动国际关系理论研究转型升级为世界政治研究；建设自主性学科体系，取得了堪称“从0到1”的突破，为中国政治学学科发展起到了引领和示范作用。在QS世界综合大学学科排名中，人大政治学学科从2016年的第132位上升到2020年的第69位。

学院现有专任教师73人，其中教授35人，副教授26人，讲师12人。共有在读学生1 138人，其中中国学生931人，外国学生207人。学院积极响应教育部“双万计划”，共有19门课程申报金课建设，3门课程获批MOOC建设，2门课程获批第二批通识核心课建设。

学院继续加强科学研究工作，科研成果丰硕，院创学术辑刊《世界政治研究》和《中国政治学》升级为季刊，2020年分别出版4辑。学院获得各类项目立项20项，其中纵向项目6项，横向项目6项，校内项目8项，纵向项目中国家社会科学基金项目3项，张广生教授主持的“中国政治思想史新编”获学校重大规划项目立项，马得勇教授与王英津教授也分别获得学校重大项目立项。王英津、田野、林红获得第八届高等学校科学研究优秀成果奖（人文社会科学）二等奖，杨光斌获三等奖。

2020年，学院共主办了6场国际会议，特别是“新冠疫情与美国民主的危机”国际网络论坛，产生了广泛的社会影响。学院有37位学生先后赴国外交流学习；学院举办三场视频交流会，连线身处异国他乡的院友和师生们，了解学生情况并予以慰问。12月19日，学院70周年庆典暨“中国与世界政治”学术研讨会举办。

■ 新闻学院

新闻学院始建于1955年，是中国共产党创办的新中国第一所高等新闻教育机构。1958年，中国人民大学新闻传播学科汇聚北京大学、中国人民大学、燕京大学三校学科资源，经过60多年发展，成为新中国记者摇篮、马克思主义新闻学研究重镇、新闻传播教育工作母机、新闻传播教育改革创新引领者、全球新闻教育交流合作重要平台。学院迄今培养毕业生万余名，《实践是检验真理的唯一标准》《东方风来满眼春》等深刻影响中国社会进程的历史篇章皆出自学院毕业生之手。现任院长为赵启正教授，执行院长为周勇教授。

学院现设四系，即新闻系、传播系、广告与传媒经济系、视听传播系，有新闻学、广播电视学、广告学、传播学4个本科专业，新闻学、传播学、传媒经济学和广播电视学4个硕士学位点，新闻学、传播学、传媒经济学和广播电视学4个博士学位点，新闻传播学博士后流动站。

学院首批获得新闻传播学一级学科学位授予权，拥有新闻学、传播学两个国家重点学科和国家级实验教学示范中心，是教育部人文社会科学重点研究基地“新闻与社会发展研究中心”依托机构。在教育部开展的四次全国一级学科评估中，中国人民大学新闻传播学科蝉联第一或获评“A＋”。2017年，中国人民大学新闻传播学科进入国家“双一流”学科建设序列。

学院现有专任教师63人，其中有海外学历背景的15人；“70”后中青年学者中，有青年“长江学者”3人，中央“马工程”首席专家1人，“四个一批”青年英才1人。2020年，学院陆续引进彭兰、杨奇光、周玉黍等教师，获得学校“杰出学者”引育奖励。学院现有学生1 190人，其中本科生672人，硕士生353人，博士生165人，其中包括留学生124人。

学院获得国家级各类重大项目6项，教育部各类重大项目5项。学院拟定并完善《中国人民大学新闻学院科研奖励计划》《中国人民大学新闻学院鼓励教师和研究生参加学术会议支持计划》《中国人民大学新闻学院奖励性绩效实施方案》等，成立7个科研创新团队（心理与传播行为团队、创意传播研究团队、计算传播科研团队、健康传播团队、国际传播/全球传播团队、新闻传播学研究团队、战略传播团队），设立九大研究方向（马克思主义新闻观与中国特色新闻学，传播学基础理论创新与中国传播学知识体系建构，新闻传播史与中国共产党新闻舆论史，公共传播与国家治理，融媒体与数据新闻，视觉文化与创新传播，互联网内容生态规制、伦理与立法，大数据、人工智能与未来传播，全球新闻传播与跨文化交流）。学院教师发表中文核心期刊论文85篇，英文核心期刊论文（A类）17篇，出版《新闻历史与理论》《融媒体建设与创新》《公共传播与社会治理》《新时代新闻传播教育》等著作。学院2020年举办深研会11期。10月24日，学院举办中外新闻传播学院院长会议（2020），以“瞭望与关怀：全球疫情背景下的新闻传播”为主题，以线上和线下结合的形式邀请了国内外多所新闻传播院校的院长、专家学者展开交流研讨。获奖方面，胡百精教授主持的“重大主题融媒体报道与公共决策支持虚拟仿真实验教学项目”入选首批国家级一流课程；王润泽教授主讲的本科课程“中国新闻传播史”获批国家级一流课程；黄河教授荣获2019年度北京市高等学校青年教学名师；陈继静副教授主讲的本科课程“外国新闻传播史”获批北京高校“优质本科教材课件”；张辉锋教授主持的“新工科、新生态与未来新闻传播人才培养体系构建”获得“中国人民大学新工科研究与实践优秀成果奖”一等奖；王树良副教授以北京市第一名的指导成绩，获得“第十二届全国大学生广告艺术大赛北京赛区优秀指导教师”称号；“大数据时代新闻传播人才的数据素养”“新闻传播实验实训孵化平台建设与研究”被评为校级优秀教育教学改革项目。

学院2020年为政府、企事业单位等开办4个短期培训班，2020年课程研修班（北京班）春季班共招生113人。完成2020—2021学年课程培训班立项审批申报工作，举办8期学术沙龙讲座，圆满完成2019年军转干部班第二学期的教学组织和班级管理、结业等工作。

受疫情影响，学院通过网络，在与原有合作伙伴保持联系的基础上，拓展与美国、英国、澳大利亚等国20所著名新闻传播院校的沟通；继续开展院际交换学生接收和派出工作；为来自罗马尼亚、西班牙和美国等国的4位外籍教师办理相关入境和入职手续；组织和召开“新闻传播学科国际化建设研讨会”等。同时，学院继续与外交部合作，做好2020中非、中国—亚太、中国—拉美和加勒比新闻交流中心外国记者培训工作，组织和安排150名外国记者网络课程的录制和管理。

学院在疫情暴发后第一时间成立疫情防控领导小组，构建学院党委书记、执行院长—分管学工党委副书记—专职联络员、班主任、辅导员—全体学生的四级工作及联络机制，完成师生的通知联络、信息统计及相关工作的组织协调；组织辅导员、班主任、班干部以一对一、点对点等方式联系慰问，覆盖在湖北的学生、留京学生和留校学生；完成传达上级和学校防控政策、宣传个人防护措施等相关工作；转发北京市温暖基金会自愿捐款倡议等各类捐款倡议，鼓励学院师生自愿为疫情防控捐款。2020年疫情防控期间的毕业季，学院全体教职工和在校志愿者学生，完成学院300余名毕业生的行李打包、整理、邮寄或留存工作。

■ 艺术学院

中国人民大学的艺术教育事业溯源于1937年的陕北公学，历经延安鲁迅艺术学院、华北联合大学文艺部、华北大学三部，以及1999年复建的中国人民大学徐悲鸿艺术学院。2008年徐悲鸿艺术学院更名为艺术学院。现任院长为张淳教授。

学院是一所集艺术学理论、美术学、设计学、音乐学等多个学科，培养艺术创作与理论研究兼备的高端艺术人才的综合性艺术机构。现有艺术学系、音乐表演系、绘画系、艺术设计系4个教学系，另设有徐悲鸿艺术研究院、金铁霖中国声乐艺术研究院、东方艺术研究所、文化创新与传播研究中心、佛教艺术研究所、文艺复兴研究院6个研究机构。学院招收绘画专业、艺术设计专业、音乐表演专业、美术学专业的本科生，艺术学专业、音乐学专业、美术学专业、设计艺术学专业、艺术设计专业的硕士研究生，同时还与哲学院联合培养美学专业的博士研究生。

学院组织修订了艺术学理论博士一级学位授权点的第二次申报书，并与研究生院一起组织了有4位国务院学科评议组成员参加的同行专家评议会，获得同行专家组的积极支持和高度评价。在"双万计划"评选中学院"美术学""绘画"两个专业获评第二批北京市级一流本科专业。"光媒设计虚拟仿真实验教学项目"获评2020年度教育部国家级一流本科课程。

学院现有专任教师57人，其中教授8人，副教授24人；有学生633人，其中本科生422人，硕士研究生176人，博士研究生32人，留学生3人。2020年引进1位人才。

2020年学院教师科研核心期刊A刊论文达到16篇，比2019年显著增加。黄隽教授主持的"中国艺术品市场发展研究"获得国家社会科学基金艺术学重大项目立项，实现学校在此方面的历史性突破。李笑男获批国家社会科学基金艺术学一般项目，齐悦获批北京市社会科学基金重点项目，刘琉获批教育部人文社会科学研究基金青年项目。陈传席的《六朝画论研究》获第八届高等学校科学研究优秀成果奖二等奖。

配合学校"123"金课建设计划，学院推荐上报学校专业核心课程、线上线下混合式教学课程各8门，通识核心课程2门，积极建设学院各类金课，努力营造学院本科教学改革新形势。

学院完善了学科建设基金（"双一流"建设经费）的管理办法，形成了以"悲鸿讲堂""明德艺术论坛"等高端学术交流平台以及"徐悲鸿国际学术研讨会""另存系列：中国画师生作品展""殊相融通""中国人民大学音乐节""艺术与图像工作坊""艺术学文丛"等为代表的带动学科建设和人才培养的品牌项目。"悲鸿讲堂"2020年共举办14场；首届"明德艺术论坛"成功举办了3个分论坛："新文科背景下艺术管理学科建设"、"音乐表演理论话语体系学术研讨"和"跨界-融合：学院艺术新趋向"。与应用经济学院合办"艺术产业数字化发展研讨会"。

学院举办美术学、音乐学、设计艺术学、艺术学专业课程研修班7个，短期培训班3个。学院为在职学生提供的在线学习平台"为人民"艺术大讲堂举办10期。

学院与美国得克萨斯理工大学签署合作意向书，与加拿大西安大略大学、马来西亚拉曼大学、斯洛文尼亚卢布尔雅那大学举办线上视频会议。学院音乐节邀请西安大略大学和卢布尔雅那大学的5位教授举办线上讲座。"明德艺术论坛"分论坛二"音乐表演理论话语体系学术研讨"邀请英国剑桥大学约翰·林克（John Rink）和澳大利亚新南威尔士大学多罗迪亚·费比安（Dorottya Fabian）两位知名教授线上参会并发言。2020中欧人文艺术教育联盟理事会会议在学院成功召开，并举行了秘书处揭牌仪式。学院4位学生被校际交换项目录取，5位学生被国家留学基金委"2020年艺术类人才培养特别项目"与"联合培养博士项目"录取，音乐系3位学生参加国际比赛并取得优异成绩。

学院党政领导班子带头参与“毕业寄”行李打包工作，就业、宿舍及工作室清退工作高质高效完成。组织发起“艺术战疫”作品征集活动，依托绘画、书法、设计、音乐等多种形式，创作百余幅抗疫艺术作品、数首抗疫歌曲。学生一支部获评“校级样板支部”，教工党员二支部获评“双带头人培育创建单位”。在学校第三十四届“一二·九”合唱音乐节中，学院代表队荣获金奖及最佳指挥奖两项殊荣。

■ 外国语学院

外国语学院始于1937年的陕北公学以及后来的华北联合大学和华北大学的俄语系，1951年起陆续建立俄语教研室、外语教研室（英、法、日）、编译室，1984年组建外语部（下设俄语教研室、本科英语教研室、研究生英语教研室、日德法语教研室、英语培训教研室），1988年设立外语系，2001年正式成立外国语学院。现任院长为杜鹏教授。

学院现有俄语、英语、日语、德语、法语、西班牙语6个本科专业，设有俄语语言文学、英语语言文学、日语语言文学、德语语言文学、法语语言文学、翻译硕士专业学位6个硕士点，拥有外国语言文学一级学科硕士和博士学位授予权。外国语言文学一级学科博士学位授权点下设英语语言文学、日语语言文学和德语语言文学3个二级学科博士授权点。大学英语教研室和研究生英语教研室，承担全校公共外语教学工作。另有澳大利亚研究中心、德国研究中心、日本人文社会科学研究中心等3个院属研究机构。

学院现有学生853人，其中本科生455人，硕士生309人，博士生89人。现有专任教师114人，其中教授19人，副教授52人；博士学位获得者85人，海外博士学位获得者26人。专任教师外，聘有来自英、美、澳、德、俄、日、法、西等国家的外籍专家和学者40余人，包括33位海外语言教师、4位中国人民大学讲座教授，还有7位入选国家外专局高端外国专家项目教授。

疫情下，学院延续传统品牌项目，举办线上澳大利亚文化周和文学周、人大—辅仁外语研究生学术交流论坛、“词与世界”第九届研究生论坛、第五届全国优秀大学生学术交流论坛。同时，积极建设云端学术交流平台，举办“中国译释学暨翻译理论与翻译史研究论坛（2020）”国际研讨会、第二届当代英语文学前沿问题研究高端论坛。创建“明德致远”系列学术大讲堂，邀请海内外知名教授学者举办讲座30余场。同时，组织了启航计划、国情教育社会实践、手拉手外语辅导等。

学院英语专业入选国家级一流本科专业建设点，日语专业入选北京市级一流本科专业建设点。为保证疫情防控期间“停课不停教、停课不停学”，学院于3月12—13日举办6场线上教学培训活动，为2019—2020学年春季学期本硕博各层次课程全面开展线上教学“保驾护航”；成功举办学院“我的博士求学之路”博士生校友讲座。

大学英语教研室王珠英获得2020年宝钢教育基金优秀教师奖；大学英语课程思政教学团队荣获首届全国高校外语课程思政教学比赛本科大学英语组特等奖；大学英语教研室初萌获得中国人民大学2020年教学标兵奖，日语系柳悦获得中国人民大学2020年教学标兵提名奖；英语系王建华的成果荣获校级新工科研究与实践优秀成果奖一等奖；2本校级“十三五”本科规划教材结项。学院荣休教师王建平教授、张俊香副教授积极参加教育部“高校银龄教师支援西部计划”，赴云南滇西应用技术大学任教。

学院2018级德语本科班获评2019—2020学年中国人民大学先进班集体。2018级日语系硕士生回晓彬荣获第十三届中国日本学研究“CASIO杯”优秀硕士论文语言组三等奖；2019级日语系硕士生王涵静荣获第三届“《人民中国》杯”日语国际翻译（笔译）大赛研究生组汉译日一等奖、日译汉三等奖；2020 级俄语系硕士生郭小倩荣获 2020 年全国高校俄语大赛研究生组三等奖；2019 级俄语系硕士生李萌娣的论文《历史演变中的莱比锡书展及其多元化文化功能探析》荣获中国德国史研究会 2020 年年会“青年史学论文优秀奖”；英语系 2019 级博士生郑莹荣获第六届全国英语创意写作大赛二等奖、首届诗译中国首都高校双语文创大赛最佳脚本奖；本科生陈坤蓉获得 2020 年全国高校俄语大赛优胜奖；本科生杨钰鑫、李杨、吴洁及沈怡冰获得第二届“外教社杯”北京高校学生跨文化能力大赛三等奖；本科生姜金池获得“森腾杯”京津冀高校俄语大赛三等奖；本科生唐子涵及潘雨葳分别获得第十九届首都高校英语演讲风采大赛一等奖及优秀奖；本科生陈诺在 2020 年外研社如梭计划征文大赛中获得一等奖；本科生侯礼颖、谭自茹以及姜沁媛在第九届全国高校法语配音大赛上获得三等奖。学院组织选送的其他学生在各类比赛中也时有获奖。

学院高度重视外事工作。2020 年，因受疫情冲击，学院外事工作受到严重影响，侧重夯实基础，积极做好疫情防控下对外籍教师的服务和管理，确保在境外的师生的安全和健康。开展外籍教师招聘工作，续聘 25 人，新聘 12 人；共计 24 位学生参加出国交流交换项目，累计审核 48 人次学生退出或推迟出国交流交换申请；与加拿大西安大略大学积极沟通，根据实际情况签署院际协议。

受疫情影响，学院党委 2020 年教职工国情教育系列活动以线上线下相结合的形式开展。利用学习强国 APP，组织教职工收看刘伟校长“如何看待新冠肺炎疫情影响下 2020 年中国经济增长”以及央视频《民法典：开启中国法治新时代》；学校副校长兼外国语学院院长杜鹏教授线下为全体教职工做“党的十九届五中全会精神”专题报告。疫情防控期间，全院师生积极参与社区战“疫”活动，承担志愿者工作；积极参与“抗击疫情党员自愿捐款”“助力兰坪打赢脱贫攻坚战党员自愿捐款”等活动。

■ 环境学院

环境学院成立于 2001 年 11 月，是学校以问题为导向建设的多学科交叉融合的创新型学院，也是我国第一家整合经济、管理、科学、工程学科的综合型环境教学科研机构。学院聚焦生态文明与可持续发展、资源与环境经济、环境政策与管理、环境监测与污染治理等领域的前沿问题，致力于培养具有家国情怀、人文素养、环境意识、国际视野，服务国家生态文明建设和环境治理现代化的复合型、创新型、高层次专业人才，努力为建设美丽中国贡献人大智慧和人大力量。现任院长为朱信凯教授。

学院现有教师 47 人，包括教授 18 人、副教授 20 人，师资博士后 2 人。2020 年，常化振教授获评“万人计划”青年拔尖人才称号，王洪臣教授获评第三批国家生态环境保护专业技术领军人才。

学院设有 10 个实验室，包括化工原理实验室、固体废物处理处置与资源化实验室、水污染控制工程实验室、大气污染与控制工程实验室、生态学实验室、环境生物化学实验室、环境监测实验室、环境微生物实验室、环境生物实验室、地理信息系统实验室等。学院在安徽黄山市黄山区、黑龙江宝清县七星河湿地、西藏林芝县、四川龙溪—虹口国家级自然保护区建立了 4 个教学科研基地。

学院拥有人口、资源与环境经济学和可持续发展管理 2 个博士点，人口、资源与环境经济学，可持续发展管理，环境政策与管理，环境工程，环境科学，生态学，地图学与地理信息系统 7 个硕士点，公共事业管理（环境与资源管理方向）、环境科学、环境工程、资源与环境经济学 4 个本科专业，设有人口、资源与环境经济学博士后科研流动站。其中人口、资源与环境经济学是国家级重点学科，所属“理论经济学”一级学科在全国第四轮学科评估中被评为 A+，入选全国首批“双一流”重点建设学科。

新冠肺炎疫情发生以来，学院第一时间成立新型冠状病毒疫情防控工作领导小组，利用钉钉移动办公平台搭建智慧化防控体系，即时关注师生健康状态，每日研判疫情形势，及时部署防控工作；第一时间研究制定“云毕业”工作方案，主动承担学校毕业生离校工作试点，为学校相关工作提供了经验。

2020年，学院获批设立资源与环境硕士专业学位授权点，环境科学与环境工程本科专业整合为环境科学与工程本科专业，理工经管融合的创新型环境工程专业教育获得教育部第二批新工科研究与实践项目认定，地理学科位列QS世界大学学科排名第66位。学院在第五轮学科评估中有力支撑3个“双一流”学科参评，主责3个一级学科的评估申报工作。

学院在新冠肺炎病毒即时检测、武汉方舱医院医疗污水处理、排水处理应急管理、碳中和、生态扶贫、绿色金融、大数据环境治理、绿色社区建设等领域取得了一大批重要研究成果，为政府提供了重要的决策支持。2020年，学院新立纵向科研项目8项，横向科研项目22项，校内科研项目5项，其中国家自然科学基金项目2项，北京市社会科学基金重大项目1项，教育部人文社会科学研究项目1项。学院教师发表学术文章59篇，出版著作3部，申请专利2项，决策咨询获相关领导批示4项。

学院立足立德树人根本任务，依托移动办公平台，构建线上线下一体化的教学与学生管理平台；深化明德环境“经济学—科学”拔尖人才实验班建设，新增云南西双版纳野外教学点，建设文理交叉融合实践教学平台；全面启动环境治理创新人才成长支持计划，承办模拟联合国气候谈判大会，全面推进“两个课堂”深度融合。在全国大学生数学建模竞赛、“创新杯”学生课外学术科技作品竞赛、学校健美操比赛和学校“一二·九”合唱音乐节中，学院均取得较好成绩。

2020年，学院与加拿大不列颠哥伦比亚大学林学院合作，为学院师生免费开放可持续森林经营国际动态发展、地理信息技术的数据收集和管理、林业问题国际对话和当代林业热点话题等8门全英文在线国际课程，依托学科优势和国际教育资源，积极打造具有学科特色的国际化人才培养环境。

■ 信息学院

信息学院由1978年成立的经济信息管理系和1986年成立的学校信息中心合并组建，1994年正式命名。2005年经批准建设教育部“数据工程与知识工程重点实验室”，2015年“大数据管理与分析方法研究实验室”被认定为北京市重点实验室，2018年在信息学院数学系基础上成立数学学院，2019年在信息学院基础上孵化出高瓴人工智能学院。现任院长为文继荣教授。

学院设有经济信息管理系、计算机科学与技术系，有信息管理与信息系统、计算机科学与技术、信息安全、软件工程、数据科学与大数据技术5个本科专业，计算机科学与技术一级学科博士学位授权点，管理科学与工程、软件工程2个一级学科硕士学位授权点，计算机应用技术、计算机软件与理论、信息安全、大数据科学与工程4个博士点，计算机应用技术、计算机软件与理论、计算机系统结构、信息安全、软件工程、大数据科学与工程、管理科学与工程7个硕士点，软件工程工程硕士专业学位点，计算机科学与技术博士后科研流动站。计算机应用技术为北京市重点学科。计算机科学与技术本科专业被批准为国家级特色专业建设学科。

信息学院（含教育部“数据工程与知识工程重点实验室”）现共有专任教师67人，其中教授16人，副教授40名，已取得博士学位的教师60人。国家级教学名师1人，教育部新世纪优秀人才5人，北京市科技新星2人，北京市优秀人才2人。学校“杰出学者支持计划”入选者15人，其中特聘教授A岗4人，特聘教授B岗1人，青年学者A岗6人，青年学者B岗4人。学院共有学生909人，其中本科生376人，硕士研究生387人，博士研究生146人。

学院“计算机科学与技术”专业获评2019年国家级一流本科专业建设点。

“数据库系统概论”课程入选首批国家级一流本科课程，该课程也是学校本次唯一同时入选“线上一流”和“线上线下混合式一流”的课程。本科生学科竞赛硕果累累：4 人获全国大学生信息安全竞赛一等奖；2 人获美国大学生数学建模竞赛特等奖提名，9 人获一等奖，33 人获二等奖；8 人获全国大学生数学建模竞赛国家级一等奖。在 CCF 大学生计算机系统与程序设计竞赛中，大二图灵班王成瑞同学个人全国排名第 16 名，获全国金奖；荣获华北赛区奖项的同学共有 7 名，包括 1 金 2 银 4 铜。博士生刘妃和硕士生曹敏组队参加 2020 北京数据开放创新应用大赛“科技战疫 · 大数据公益挑战赛”并获亚军。2017 级图灵实验班刘炯楠获商汤奖学金和吴玉章奖学金。

学院师生以主要作者身份发表 CCFA 类论文 41 篇，其中 3 篇本科生为主要作者。学院新获得国家自然科学基金面上项目 9 项、青年项目 1 项，承担中国科学技术协会、中国计算机学会、华为公司、浙江天猫技术有限公司等的科研项目多项。杜小勇教授主持的国家重点研发计划项目，项目经费达 3 589 万元。程絮森教授获国家自然科学基金中韩重点国际合作研究项目。陈跃国教授、柴云鹏副教授主持国家重点研发计划课题。学院博士生论文获得阿里云- CCF 存储专委优秀论文奖第一名。孟小峰教授团队在人民论坛发布有关数据垄断及其治理模式的研究成果。王明明副教授课题组与微信联合发布《2020 微信县域乡村数字经济报告》。学院学生获第九届高校科技创新成果展示推介会创新金奖。杜小勇教授连任中国计算机学会教育工作委员会主任，柴云鹏副教授担任教育工作委员会主任助理；柴云鹏副教授、陈晋川副教授当选中国计算机学会数据库专业委员会委员；张孝教授、范举副教授当选中国计算机学会大数据专委会委员。科研平台拓展上，中国人民大学—腾讯协同创新实验室举行揭牌仪式，中国人民大学—华为“智能基座”产教融合项目顺利推进。学院成功举办第六届计算机系学术节、第五届电子商务创新创业研讨会、第七届智慧养老与智慧医疗发展论坛暨第二届智慧商务研讨会、中韩重大突发公共卫生事件下舆情动态发展对公众影响在线研讨会、大数据管理与分析方法研究北京市重点实验室第二届学术委员会第一次会议暨大数据智能研讨会等多个学术会议。文继荣院长团队研发新冠肺炎防控智能追踪服务系统和时空足迹近距定位系统，为北京市疫情防控做出了较大贡献。左美云教授的专著《智慧养老：内涵与模式》荣获第十六届哲学社会科学优秀成果奖二等奖。学院智慧养老研究所编辑的《智慧医养研究动态》被第二届中国智慧城市科学发展大会授予“2020 智慧城市十大行业应用（智慧养老领域）”的奖励荣誉。杜小勇教授荣获“北京高校优秀共产党员”称号。

根据学校防疫工作统一部署，学院成立疫情防控小组，全面落实疫情防控具体工作要求，做好各项工作。2 月，全院党员师生为困难学生募捐。4 月，学院通过腾讯会议多次召开 2020 届毕业生毕业就业工作专题会议。春季学期及暑期，学院校内师生志愿者帮助学生开具各类证明或前往宿舍取物并邮寄，累计邮寄物品数百次。利用微信群和微信公众号累计转发或发布疫情相关推送百余篇，引导师生科学理性认识疫情。春季学期，通过在线会议及课程平台顺利推进春季学期线上教学全面开展。6 月，召开 2020 届线上毕业典礼暨学位授予仪式。7 月 1—31 日，学院教职工全员参与，完成 271 名毕业生行李打包工作，累计打包行李近 2 000 件。

■ 数学科学研究院

数学科学研究院于 2014 年 1 月成立。2018 年 6 月学校在原信息学院数学系、公共教研室和数学科学研究院的基础上，组建成立数学学院，数学科学研究院在此基础上保持学术特区性质不变。现任院长为郑志勇教授。

2020 年，学院在学科团队和梯队建设方面形成以研究方向为组的团队。（1）优化微分方程和应用团队，师资力量包括高木泉教授、龚新奇教授、向田副教授、赖秀兰副教授及潘迎利博士后。(2) 组建大数据和人工智能团队，师资力量包括龚新奇教授、孙鸿鹏副教授。

研究院2020年共计发表20篇论文，分别发表于 *Nature Communications*，*Scientific Reports*，*Calculus of Variations and Partial Differential Equations*，*Science China Mathematics* 等国内外顶级期刊上。其中，研究院以第一作者或通讯作者的身份发表了A+级别论文1篇，A级别论文5篇。2020年新增4个科研基金项目立项，分别为国家自然科学基金青年项目、国家自然科学基金面上项目、事业单位中央项目等，同时3项科研基金项目成功结项。研究院还调整了科研工作办公流程，对纵向项目相关业务的办理流程进行了一系列调整，对业务申报流程工作进行了一定程度的优化。

在人才培养环节，为了进一步落实“双一流”建设，营造研究生学术创新氛围，提高研究生培养质量，研究院举办数学研究生论坛。研究院共组织了13期线上学术交流活动，报告主题涵盖生物数学、偏微分方程、基础数学、金融数学等多个领域。

由于疫情影响，研究院2020年利用“双一流”经费，积极支持和鼓励青年教师、博士后举办线上研讨会、报告会。来自国内外的80余名专家学者、300余名学生，通过线上的方式，在微分几何、偏微分方程、计算数学、生物数学等领域，介绍最新研究方向与方法，交流和探讨研究成果，推动和增强国内数学学科团队之间的交流，尤其是年轻学者之间的学术交流及合作，为青年教师在论文发表、前言热点研究方面打下了坚实的基础。

■ 数学学院

中国人民大学数学学科最早可追溯到1950年成立的数学教研室，1978年学校复校并成立信息系时重新组建，1979年开始招收经济数学师资班，1984年开始招收经济应用数学专业本科生，设立数量经济学硕士点（为我国第一批该专业的三个硕士点之一），1990年在西方经济学学科点下招收数理经济学方向博士研究生，1994年学校在原信息系和信息中心基础上组建信息学院时在学院下设立数学系，1998年被批准设立数量经济学博士点。自1998年起，逐步建立了数学的五个二级学科硕士点，并于2006年获得一级学科硕士学位授权，2011年获得一级学科博士学位授权。2014年成立数学科学研究院。2018年在原信息学院数学系、公共数学教研室和数学科学研究院的基础上，组建数学学院。现任院长为郑志勇教授。

学院现有基础数学、计算数学、应用数学、概率论与数理统计、运筹学与控制论5个二级学科硕士点，基础数学、应用数学、概率论与数理统计3个二级学科博士点。

学院现有教师58人，其中教授17人（外籍全职教授3人），副教授29人；45岁以下青年教师38人；入选国家人才计划7人，北京市高等学校教学名师2人。有在校生188人，其中硕士生128人，博士生60人。9月23日，数学学院、中法学院首届中法数学实验班开班仪式在苏州校区顺利举行，共招收30名学生。

面对突如其来的新冠肺炎疫情，学院采用“慕课+课程课件+资料”线上授课、“微信+答疑”课后辅助的方式，顺利完成了8门43个课堂5 000余人次的公共数学课、16门30个课堂1 000余人次的本科专业课、20余门研究生课的线上教学和考试。

学院推出“停课不停学——如何学好数学”“师说”“学道”等系列分享，引导师生正确理解和做好线上教学。80名研究生助教与8名研究生一对一数学辅导微课堂导师一起，为教学提供有力支持。“疫情不放松，科研不松懈”“我们做怎么样的一代人”“在经历中成长”“云同桌结伴学习”等活动，促进学生端正态度，增强信心。学院校友以“数学是通往各个学科的钥匙”为主题举办线上系列分享会，介绍专业要求、素质养成、行业发展、就业准备，助力学生发展。疫情防控期间，学生高质量完成学业任务，研究生发表论文 20 余篇，其中 11 篇发表在 A 类期刊。

在国家自然科学基金委员会公布的 2020 年度集中申报项目评审结果中，学校数学学科 6 个项目获得资助，包括面上项目 2 项，青年科学基金项目 4 项。

2020 年，学院柯媛元为首席教师的“量化推理”课程团队入选首批“吴玉章课程思政名师工作室”，沈栋获中国人民大学科研优秀成果奖，龚新奇获中国人民大学科研优秀奖，欧耀彬获本科毕业论文“优秀指导教师”，袁勇获《自动化学报》2020 年度优秀论文奖，贾鲁军获中国人民大学教学标兵，戚发全获中国人民大学教学标兵提名奖。龙永红的《概率论与数理统计》、朱来义的《微积分》、赵树嫄的《微积分（第四版）》获评中国人民大学优秀教材（本科类）特等奖，赵树嫄的《线性代数（第五版）》获评一等奖，阳庆节的《高等代数简明教程》获评二等奖。

2020 年，学院组织明德数学讲堂系列 4 讲：马志明院士的“香农熵、5G 编码及其他”，严加安院士的“想象力，直觉和灵感”，郭柏灵院士的“发扬两弹一星精神，推动我国高科技发展”，张继平院士的“我的数学观”。

面对突如其来的新冠肺炎疫情，学院党总支组织开展“抗击疫情，党员先行”系列疫情防控工作。支部发挥战斗堡垒作用，全体党员积极响应，师生员工服从大局，组织捐款，参加抗疫志愿服务活动。学院党总支委员及党员教师主动承担毕业生行李打包寄送工作。数学学科生物数学与生物计算团队积极开展新冠病毒相关科学研究，包括设计新冠病毒传播方程；与俄罗斯、巴西科学家合作设计新冠病毒小分子药物课题，申报科技部金砖五国国际合作项目；与武汉大学中南医院和东西湖方舱医院合作，建立 COVID-19 感染者肺功能预测模型。

学院与 Springer Nature 集团举办战略合作签约仪式。

由学院教师团队指导的数学学科竞赛参赛队伍成绩优异。在北京市第三十一届大学生数学竞赛暨第十二届全国大学生数学竞赛北京赛区预赛中，数学类 A 组有 2 人获全国一等奖并进入全国总决赛，8 人获全国二等奖，15 人获全国三等奖，25 人获北京市奖；非数学类 33 人获全国一等奖，46 人获全国二等奖，59 人获全国三等奖，149 人获北京市奖；孟岩、向田被评为优秀指导教师。在全国大学生数学建模竞赛中，5 支队伍获得全国一等奖，6 支队伍获得全国二等奖，29 支队伍获得北京赛区一等奖，34 支队伍获得北京赛区二等奖。在美国大学生数学建模竞赛中，5 支队伍获得特等奖提名，10 支队伍获得一等奖，51 支队伍获得二等奖。

学院先后荣获 2020 年中国人民大学先进集体、学生就业创业工作先进集体、北京招生组优秀招生组、北京市第三十一届大学生数学竞赛优秀组织奖等奖项。学院教工党支部入选首批校级党建“双创”样板支部培育创建单位。数学学院与环境学院联队获得学校第二十一届健美操大赛金奖、团体合作奖、最佳音乐编排奖，学校第三十四届“一二·九”合唱音乐节银奖、团队合作奖。个人校级获奖方面，殷弘获评校友工作优秀个人，黄志勇获评本科生招生先进个人，蔡晓雨获评学生就业创业工作先进个人，王钧获评工会优秀工作者，黄文林获评优秀班主任，贾鲁军、刘丽光获评先进工作者。潘迎利被中国博士后科学基金授予志愿服务先进个人。

■ 理学院

理学院于 2005 年 9 月正式成立，现任院长为中国科学院解思深院士。物理学系于 2005 年 9 月成立，现任系主任为卢仲毅教授；化学系于 2004 年 7 月成立，现任系主任为王亚培教授；心理学系于 2009 年 6 月在社会与人口学院原心理研究所基础上组建成立，现任系主任为胡平教授。理学院现有教职工 108 人，在校学生 746 人。

2020 年初新冠肺炎疫情来袭，学院党委全面统筹和落实疫情防控工作，发起了“一切行动听指挥”的倡议。号召和组织在校师生参与毕业季行李打包工作，全院教师累计参与 191 人次，学生志愿者累计参与 114 人次，共为 149 位同学打包寄送或寄存行李。下半年有序开展学生返校工作，推动疫情防控常态化建设，助力构建安全稳定的校园环境。学院党委带领全院师生学习习近平总书记重要讲话精神和中央重要会议精神。线下组织学院各党支部和党员观看重要会议和纪录片，组织领导干部和党员赴通州新校区开展“走进新校区，筑梦新使命”主题党日活动。学院组织和迎接学校专题调研 4 次，明确学院党委“靠前服务、主动作为、党建引领、服务支撑”的工作定位，全面服务各系学科发展，协同贡献学校“双一流”建设。“双青优培项目”厚重人才项目第二期前往兴隆观测站进行参观实习，并积极尝试人才培养模式的创新，通过研究性学习模块带给学员宽口径、厚基础式的体验学习。创建“兰坪扶贫朋辈辅导”等实践服务项目，是学校第一个与兰坪民族中学建立基地并开展志愿服务的学院。12 月，理学院校友分会经批准正式成立并接受学校授牌。

物理学系现有物理学和材料物理 2 个本科专业，1 个一级学科博士点，3 个二级学科博士点。在编人员 44 人，其中正高 21 人，副高 11 人，讲师 4 人，教师外专技岗 5 人，行政人员 3 人。拥有教育部“长江学者”特聘教授 1 名，国家自然科学基金委杰出青年基金获得者 1 名，原人事部等七部委“百千万人才工程”入选者 1 名，教育部“长江学者”青年学者 2 名，国家自然科学基金委员会优秀青年基金获得者 7 人，中组部“拔尖人才”1 名，教育部新世纪优秀人才 8 名，教育部优秀博士学位论文获得者 2 名，北京市优秀人才 1 名，北京市科技新星 1 名。拥有霍英东教育基金会高校青年教师奖一等奖获得者 1 人，宝钢优秀教师奖 1 人，北京市优秀教师 1 人。拥有国家自然科学奖二等奖 1 项，教育部自然科学奖一等奖 1 项，北京市科学技术二等奖 1 项。此外，拥有教育部“长江学者”创新团队 2 个，北京市重点实验室 1 个。2020 年，本科生发表 SCI 论文 A 类 2 篇，获得国家级或跨国学科竞赛奖励 11 项，申请并获批大学生创新实验计划 5 项，校内科研基金项目 2 项。2020 届本科毕业生中，60%左右的学生继续深造。配合学校“123 金课计划”，率先开设通识核心课程 3 门，积极服务全校学生。2020 年物理系共 16 位研究生获得博士学位，16 位研究生获得硕士学位（2017 年入学硕士研究生 22 人，其中 6 人已提前一年硕转博）。2020 年，物理系共发表 SCI 论文 108 篇，其中在物理学顶级期刊 *Physical Review Letters* 上发表论文 5 篇，在 *Nature Communications* 上发表 10 篇，在 *Nature Nanotechnology* 上发表 1 篇。在纵向项目申请方面，2020 年获国家自然科学基金委、北京市等各类项目 9 项，其中国家自然科学基金委重点项目 1 项、优秀青年科学基金项目 1 项，国家自然科学基金面上项目 6 项，北京市自然科学基金重点研究专题项目 1 项。在横向项目方面，共立项 5 项。此外，还申请获批 1 项中德合作交流项目。受疫情影响，2020 年物理系教师的出访工作和境外学者的来访工作暂停。下半年，在有效控制疫情的大环境下，采用线上讲学方式，积极开展各种形式的学术交流活动，其中每周定期一次的学术报告共计 24 次，不定期学术报告共计 10 余次。6 月 25—28 日，以线上方式举办了第十四届“全国大学生物理学及其交叉学科暑期学校”。8 月 24—28 日，俞榕教授、于伟强教授与其他院校专家在上海交通大学李政道研究所组织第二届量子物质进展国际研讨会。在实验室建设方面，完成了原子分子物理实验室的建设工作和实验台的基本搭建。

化学系设有 1 个化学本科专业、1 个化学一级学科硕士点以及 1 个化学一级学科博士点。全系共有教师 32 人，其中教授 12 人，特聘研究员 1 人，副教授 16 人，讲师 2 人，师资博士后 1 人。教师包括博士研究生导师 17 人，硕士研究生导师 27 人；1 人入选教育部“长江学者”青年学者，1 人获得国家自然科学基金委杰出青年基金资助，8 人获得中国人民大学“杰出学者”荣誉称号，2 人为中科院“百人计划”入选者，2 人获得国家自然科学基金委优秀青年科学基金资助，2 人获教育部“新世纪优秀人才支持计划”资助。现有学生 276 人，其中本科生 65 人，硕士研究生 118 人，博士研究生 93 人。2020 年共获得自然科学基金项目 7 项，共发表 SCI 论文 104 篇，其中高被引文章及热点论文14篇。共有32位研究生获得硕士学位，12位研究生获得博士学位；共有27名本科生顺利就业（9人海外读研，10人国内读研，8人直接就业）。

心理学系现有专职教师21人，行政人员8人。正式招收应用心理专业硕士，首届学生共计16人。心理学系教师获得国家自然科学基金面上项目1项，北京市教育科学规划青年专项1项，中央其他部门社科专门项目1项，国家民委项目1项，学校社科项目3项。心理学系教师作为主要作者共发表论文76篇，中文核心期刊论文30篇，其中发表于《心理学报》《南开管理评论》等国内顶级刊物的12篇，SCI和SSCI论文46篇，发表于JCR一区、JCR二区的高质量论文13篇，为政府部门提供政策咨询报告4篇。11月7—8日，心理学系参与承办的中国心理学会文化心理学专业委员会2020年学术年会通过网络平台向全球直播。10月29日，"民族文化心理高层论坛"启动仪式在学校举行。年初，心理学系胡平教授等11位教师共同编著《抗新冠肺炎心理自助手册》，公开免费发行，为国家战"疫"贡献了专业知识和力量。心理学系开展了"抗'新冠'一线医护人员健康状况调查"和"疫情下心理状况的社会调查"等科学研究，并将相关研究成果转化为10余份政策建议，为中央决策提供科学依据。心理学系还组织专业教师撰写与疫情防治相关的心理科普文章，并通过微信公众号广泛对外发布；推出"疫路同心"心理学名师公益大讲堂，广泛、生动地普及科学理性面对疫情的相关心理知识。在抗疫一线，董妍副教授参与了北京市北太社区网络心理疏导与咨询工作；李永娜老师在12345市民热线下的12320健康热线不间断值班，参与北京市委统战部组织的非紧急救助热线。10月31日，心理学系承办的教育部民族教育发展中心民族心理与教育重点研究基地帮扶云南省兰坪县工作启动仪式在当地举行。9月28日，阿坝州理县封有财副县长、教育局朱品治副局长来心理学系调研。10月14日，中央民族大学《民族教育研究》编辑部主任海路副教授一行到心理学系调研。

■ 商学院

商学院前身是1950年成立的工厂管理系、贸易系、簿记核算和财政信贷教研室，是我国最早开办管理教育的机构，是新中国工商管理教育的奠基者。1988年学校成立工商管理学院，2001年在工商管理学院和会计系的基础上组建商学院。现任院长为毛基业教授。

学院现设财务与金融系、管理科学与工程系、会计系、贸易经济系、企业管理系、市场营销系、组织与人力资源系7个系，并拥有20个研究中心（院）。商学院实验中心是国家重点实验教学示范中心。

学院拥有工商管理国家重点一级学科以及企业管理、产业经济学和会计学3个国家重点二级学科，囊括了工商管理学科中从本科到博士的所有学位和培养项目。现拥有8个本科专业方向、9个硕士点、5个专业硕士项目和8个博士点。

2012年，中国人民大学工商管理学科（商学院）在教育部第三轮一级学科评估中名列全国第一；2017年，在第四轮一级学科评估中获评A＋级（最高等级）；2017年，中国人民大学工商管理学科（商学院）入选教育部"世界一流学科"建设名单。

2020年，学院启动教育部"双一流"建设周期总结工作及"双一流"建设监测数据填报工作；启动教育部第五轮学科评估工作（工商管理、管理科学与工程）；启动教育部专业学位水平评估工作（MV、MIB）。本科项目继续推进课程、专业与人才培养模式改革，增设智能会计方向班；组织完成教育部"双万计划"申报工作，推荐财务管理专业参评国家级一流专业，贸易经济专业参评北京市一流专业；2020届博士生非定向毕业生56人，高校及科研院所就业32人，科研就业比例为57%。

2020级MBA共录取中国学生466人，报录比为10.8：1，平均年龄、平均工作年限和平均管理年限均有所上升；首批15名MBA毕业生获得与新闻学院合办的"互联网内容创业"方向学习证书。

EMBA 项目正式录取 2020 级新生 142 人。MPAcc/MIB/MV 项目新增智能会计方向，2021 年非全日制报名人数较 2020 年增长 41.4%；通过会计硕士专业学位教育质量再认证，获评最高等级 A 级成员单位。

Frontiers of Business Research in China（FBR）获评“2020 中国最具国际影响力学术期刊（人文社会科学）”，“国际他引影响因子”“国外机构引用频次占比”在管理类期刊中均位列第 1 名。

学院新签 1 所交换院校（瑞士圣加伦大学），合作院校数量达 84 所。案例中心与新加坡管理大学管理实践中心的合作协议落地实施，就 2 项案例提案进行国际合作。MBA 项目续签 2 家合作院校。

2020 年，聘请海外兼职教授 5 人，引进海归教师 5 人、国内教师 4 人，毕业院校包括美国普林斯顿大学、美国宾州州立大学、南洋理工大学等。

在 FT 全球 MBA 百强排行榜中，MBA 项目排名上升至全球第 38 位，其中毕业生职业发展指数排名全球第 2 位；在 FT 全球高管教育排名中，高管教育定制课程排名全球第 11 位、亚洲第 1 位。学院举办了第一届中国人民大学社会创业与社会创新在线论坛、中国企业管理案例与质性研究论坛、中国人力资源管理年会和人大商学院新年论坛等重大品牌活动。疫情防控期间，学院充分利用“互联网＋”手段，全面开展线上直播活动，全年各类活动在线参与人数近 2 000 万人次。

2020 年，商学院志愿服务项目覆盖 25 个网点，全年 2 077 人次参与志愿服务，累计志愿服务时数 62 539 小时。疫情防控期间，开辟了湖北宜昌、辽宁海城、山西大同等线上支教点。

2020 届商学院毕业生就业率为 94.2%。新增 5 家优质企业实践教学基地。新增校友 2 420 人，全院在库校友达 67 076 人。新设立“会计理论研究与学术发展基金”和“商学院 70 周年院庆基金”。

王化成获宝钢优秀教师特等奖。“财务管理概论”课程（支晓强、王化成、黎来芳）获首批国家级一流本科课程。许年行获 2020 年北京市普通高等学校优秀本科生毕业设计（论文）指导教师。学院共有 6 项 11 篇教学案例获评第十一届“全国百篇优秀管理案例”。教育部第八届高等学校科学研究优秀成果奖（人文社会科学）中，耿建新、姜付秀、章凯、周华获二等奖，况伟大获三等奖，郑凌凌获青年成果奖。北京市第十六届哲学社会科学优秀成果奖中，王晓东、宋华获一等奖。2019 级 MBA 代表队获第十二届“尖烽时刻”全国商业模拟大赛总决赛全国一等奖。“Team Alpha”蝉联第五届 GNAM 国际投资大赛 Performance Prize 环节冠军。

围绕学校党委“基层党组织制度建设年”主题，扎实开展党委理论学习中心组（扩大）工作。“关心下一代工作委员会”积极参加中国人民大学关工委创新创优活动，“商院人的独家记忆”、“听人大人讲抗美援朝的故事”和“后疫情时代的中国经济系列讲座”三项工作获得立项。

学院准确落实防控措施和要求，顺利完成了疫情防控、返校复学等方面各项重大工作。召开线上线下防疫专班会共计 51 次；针对全院在职和离退休教职工 411 人、3 000 多名学生建立防疫信息台账，一日一账，建立健全疫情防控长效机制以及防疫物资台账制度；顺利完成疫情防控期间的招生、教学、答辩、开学、毕业等工作，完成线上答辩 156 场，989 人参加，线上推广活动 139 场，在线参与人数 1 970 万余人次；*Frontiers of Business Research in China* 发起全球经济管理领域第一个“新冠疫情与商业研究”专刊；据不完全统计，学院在校学生、校友（包括以校友个人、企业、组织名义）累计捐赠总额超过 2 000 万元；齐东平教授首期捐赠 42.8 万元设立“中国人民大学教师支援湖北抗疫爱心专项基金”，用于资助湖北抗疫一线医务人员子弟学宿费用和湖北籍家庭经济困难学生，共资助学生 160 人；学院师生加入“爱心毕业寄”志愿服务工作，累计 119 人次参与，共计打包、搬运寄送行李 5 000 余件。

借助院庆平台，以“线下学术活动＋线上直播”的形式，先后举办了 4 场纪念活动、18 场高水平系列学术讲座、5 场“对话企业家”系列活动，同时还举办了院庆歌会，以及十几场校友活动，在线观看人数达到 1 070 万余人次。

■ 公共管理学院

公共管理学院组建于 2001 年 6 月，现设行政管理学系、土地管理系、城市规划与管理系、卫生政策与管理系（筹）、公共财政与公共政策研究所、社会保障研究所、组织与人力资源研究所等教学科研机构。全国公共管理专业学位研究生（MPA）教育指导委员会秘书处挂靠在学院。现任院长为中国人民大学副校长刘元春教授（兼），执行院长为杨开峰教授。

学院现有行政管理、土地资源管理、房地产经济与管理、城乡发展与规划、公共财政与公共政策、社会保障、公共组织与人力资源、社会医学与卫生事业管理、应急管理、教育经济与管理 10 个博士学位点；行政管理、土地资源管理、房地产经济与管理、城乡发展与规划、公共财政与公共政策、社会保障、公共组织与人力资源、劳动经济学、社会医学与卫生事业管理、应急管理、大数据公共治理、城市治理全英文项目、教育经济与管理 13 个学术型硕士学位点，公共管理硕士（MPA）、国际公共管理硕士（IMPA）2 个公共管理专业学位硕士点；行政管理、土地资源管理、城市管理 3 个本科专业。同时，学院设有公共管理博士后科研流动站。2017 年，公共管理学科入选国家世界一流大学和一流学科建设高校及建设学科名单，在全国第四轮学科评估中获评 A+。学院现有二级学科中，行政管理为国家重点学科，土地资源管理、社会保障、教育经济与管理为北京市重点学科。行政管理是国家级一流本科专业，土地资源管理是北京市级一流本科专业。学院设有 14 个 MPA 专业方向，招生规模位居全国前列，是我国 MPA 培养的重要基地。

学院现有教师 93 人，由 46 位教授、33 位副教授和 14 位讲师组成，其中外籍教授 4 人；90 人拥有博士学位，其中 36 人拥有海外博士学位；8 人受聘国家特聘高端专家，2 人受聘国务院学位委员会公共管理学科评议组成员，3 人受聘全国公共管理专业学位研究生教育指导委员会秘书长，2 人受聘“马克思主义理论研究和建设工程”首席专家，7 人享受政府特殊津贴，1 人入选教育部“跨世纪优秀人才培养计划”，8 人入选教育部“新世纪优秀人才支持计划”，1 人入选国家“万人计划”哲学社会科学领军人才、中组部首批青年拔尖人才，1 人入选中宣部文化名家暨“四个一批”人才，1 人入选北京市优秀人才，1 人入选北京市优秀青年人才，4 人入选北京市青年英才计划；23 人在 47 个国内外重要学术组织担任主要负责人，25 人在 51 种国内外期刊担任主编或编委，包括 13 种 CSSCI 期刊、11 种 SSCI/ESCI 期刊。

学院新增各种项目 109 项。其中，横向项目新增立项 74 项。纵向项目新增立项 17 项，分别为：国家社会科学基金项目获得立项 2 项，其中重点项目 1 项，专项项目 1 项；国家自然科学基金项目获得立项 9 项，其中专项项目 1 项、重点项目 1 项、面上项目 3 项、青年项目 4 项；北京市社会科学基金项目获得重点项目立项 3 项、研究基地项目一般项目 1 项；首都高端智库项目 2 项。学校科研基金项目获得立项 18 项，其中重大项目 3 项、面上一般项目 4 项、新教师启动金项目 2 项、决策咨询及预研委托项目 8 项、教育管理类重点项目 1 项。学院跨学科项目立项 1 项。2020 年学院师生发表各类论文（据知网不完全统计）393 篇，其中发表在核心期刊上的论文 252 篇；出版学术专著 15 部。2020 年，学院各系所共主办、承办及合办 40 余个学术会议；举办各类学术讲座 70 余次。

学院与美国、英国、德国、荷兰、澳大利亚、新西兰、日本等国著名高校开展学者互访、合作研究、合办会议、学生联合培养、学生交换等丰富多元的国际交流与合作。

学院教职工远程学术交流、讲学 71 人次；先后邀请境外学者远程学术交流、讲学 48 人次；7 名学生赴耶鲁大学、慕尼黑工业大学、爱丁堡大学、伦敦大学学院、香港城市大学等境外一流名校和研究机构交流学习。

■ 劳动人事学院

劳动人事学院成立于1983年，由中国人民大学与原国家劳动人事部联合创办，2000年隶属关系归为中国人民大学。现任院长为杨伟国教授。

学院是中国劳动科学研究的权威学府，是国内相关学术领域的开创者，是改革开放以来中国人力资源管理实践的推动者。学院现有劳动经济、人力资源管理、劳动关系、社会保障和职业开发与管理5个系；设有组织行为学研究所、人力资源开发与评价中心、领导科学研究中心、中国社会保障研究中心、中国就业研究所、劳动关系研究所、中国人力资本审计研究所、人力资源服务研究中心、人大—罗格斯全球雇佣与工作研究中心等研究机构；建有数据与案例研究中心、人力资源与领导力开发中心；拥有人力资源管理、劳动与社会保障、劳动关系和劳动经济学4个本科专业，劳动经济学、社会保障、人力资源管理和劳动关系4个硕士点，劳动经济学、人力资源管理、社会保障和劳动关系4个博士点，与其他院系共享一个应用经济学博士后流动站。劳动经济学为国家级重点学科，社会保障为北京市重点学科。

学院现有专任教师59人，其中教授24人，副教授25人，讲师10人，专任教师中28人受聘中国人民大学杰出学者岗位。拥有"长江学者"特聘教授2人，国家级"百千万人才工程"1人，文化名家暨"四个一批"人才1人，国务院政府特殊津贴获得者6人，教育部"马工程"专家5人，教育部"新世纪优秀人才支持计划"5人，"长江学者"青年学者1人，北京市优秀人才2人，首批"北京高等学校青年英才计划"3人；博士研究生导师24人，硕士研究生导师53人。学院有全日制学生1 047人，其中本科生563人，硕士研究生266人，博士研究生218人，留学生25人；同等学力在职研究生1 438人。

学院开展"双一流"建设周期总结和第五轮学科评估工作，制定学院"十四五"规划；持续完善优化本科大类招生培养方案，优化新生导师引航方案，细化本科专业分流工作，实现所有课程线上授课。学院申报了"人力资源开发与管理"专业硕士学位，推动落实冬奥会项目研究生实习工作，成为学校首个成功完成硕士线上复试的学院。学院深入实施博士生"申请一考核制"招生录取，持续优化"博士生出国（境）联合培养全员资助"培养工作。学院及时举行海外学子线上座谈会，首创"云"端直播2020届毕业典礼，首次以线上方式举办全国优秀大学生夏令营。

学院引育学校"杰出学者"28人。郑功成入选"四个一批"和"万人计划"国家级项目，孙健敏获Dave Ulrich Impact Award，李海蓉在国际A+类期刊以第一作者发文，翁茜在劳动经济学国际顶级期刊发文。郑功成团队调研报告获国家民委社会科学研究成果奖一等奖，曾湘泉团队咨询服务报告获教育部第八届高等学校科学研究优秀成果奖（人文社会科学）二等奖，罗楚亮的著作获北京市第十六届哲学社会科学优秀成果奖二等奖。学院教师发表中英文核心期刊论文132篇，其中A类期刊论文22篇，出版著作和教材17部，获得年度科研项目33个。

学院成为国家级智库信息直报机构，承担中组部司局长干部专题研修班，建立起与国办、中组部、教育部、人社部、发改委、科技部等部委的智库联系，参与了劳动就业等领域重大政策决策。学院持续开展雇主雇员匹配数据、人力资源职业发展等大型调查项目，继续举办中国人力资源管理新年报告会、中国人才发展高峰论坛、中国新就业论坛、中国职业发展论坛、中国人力资源开发与管理案例研究论坛、中国就业季度分析会、中国领导科学新年论坛等品牌性活动。

学院与美国罗格斯大学管理与产业关系学院签订双硕士项目，实现学费大幅减免；与泰国国立发展研究院签署战略合作备忘录，开展科研教学等交流合作。学院持续推进博士生"全员公派"计划，资助博士生开展境内外联合培养。加强与国际组织合作，选派本硕博学生参加联合国国际劳工组织培训中心（ITCILO）“青年与联合国职员面对面”和“全球青年论坛”的线上活动。保持与国（境）外师生的密切联系，及时寄送防疫物资。

学院继续负责山西、宁夏两地的中国人民大学本科招生咨询工作，杨伟国院长、唐鑛书记、周文霞副院长带队前往当地开展高考咨询，山西招生组、宁夏招生组双双获得“优秀招生组”；举办人力资源管理专业全国高校教师研修班、高校毕业生专场网络双选会、企事业单位人员高级研修班、战略人才官特训营、前沿公开课等；在线发布《阿里巴巴全生态就业体系与就业质量研究报告》《淘宝直播就业测算与新就业形态研究报告》等。

学院继续开展“读懂中国”青年教师社会调研计划重点项目、毕业季和新生入学教育系列活动、校友值年返校活动、劳人上海论坛暨华东校友会年会，荣获学校2020年校友工作先进集体奖和兰坪专项扶贫工作先进集体奖；获得学校“一二·九”合唱音乐节B组金奖和最佳舞台效果奖、健美操大赛银奖等佳绩；完成了学院2020年报的编撰印制工作。

学院创新开展疫情防控下的常规工作，学院党校学员人数创历史新高；组织全院师生党员捐款支持新冠肺炎疫情防控和脱贫攻坚工作；规范开展新形势下的党内组织生活，定期开展理论学习、主题党日活动、“三会一课”等各项活动；扎实落实毕业生就业工作，学院毕业生就业率继续位居全校前列；全体管理职员共同参与毕业季宿舍行李打包工作。

■ 信息资源管理学院

信息资源管理学院成立于2003年12月，其前身是成立于1952年的中国人民大学专修科档案班。现任院长为刘越男教授。

信息资源管理学院设档案学、政务信息管理2个系，共有档案管理、档案信息化、信息资源管理、图书情报、信息分析等5个教研室。学院下设中国人民大学电子政务研究中心、中国人民大学电子文件管理研究中心、中国人民大学电子文件系统测试中心、中国人民大学信息分析研究中心、中国人民大学CIO研究中心、中国人民大学人文北京研究中心、智慧城市研究中心、文献书画保护与鉴定研究中心、数字人文研究中心和《档案学通讯》杂志社，并与兄弟单位合作建设数据工程与知识工程教育部重点实验室。其中，《档案学通讯》为中文社会科学引文索引（CSSCI）来源期刊，电子文件管理研究中心为国家电子文件管理部际联席会议办公室技术支持单位，电子文件系统测试中心获国家认监委颁发的计量认证证书。2020年创办国内数字人文领域第一本学术期刊《数字人文研究》。学院是“全球iSchools联盟成员”“联合国教科文组织世界记忆项目学术中心”。

学院现有档案学、信息管理与信息系统（政务信息管理方向）、信息资源管理等3个本科专业（方向），档案学、情报学、图书馆学、信息资源管理、信息分析、数字人文、中外政治制度等7个学术型硕士研究生专业和图书情报专业硕士，档案学、图书馆学、情报学、信息资源管理、信息分析5个博士研究生专业，以及1个一级学科博士后科研流动站。学院3个本科专业均入选国家级一流本科专业建设“双万计划”。学院拥有图书情报与档案管理博士学位一级学科授予权，学科专业结构涉及本学科领域的所有二级学科。二级学科中，档案学科是国家重点学科（全国唯一）、国家特色专业，情报学科为北京市重点学科。图书情报与档案管理一级学科为北京市重点一级学科、教育部学科评估A一学科，入选国家“世界一流学科”建设名单。

学院现有专任教师42人，其中教授17人、副教授16人、讲师9人。共有学生516人，包括本科生212人、硕士研究生187人、博士研究生117人，其中，留学生7人。

学院教师出版学术著作4部，发表学术论文99篇、资政报告9篇，制定国际标准3项，承担国家社会科学基金、国家自然科学基金、北京市社会科学基金研究基地、北京市教育委员会项目等纵向项目 11 项，校级项目 6 项，横向项目 16 项。疫情防控期间，多位师生围绕新冠肺炎疫情防控与应对开展专业研究，向有关部门提交资政报告。学院冯惠玲、张斌、徐拥军、刘越男等人撰写的 6 项资政报告获得中央领导人重要批示，另有 3 项资政报告获得省部级领导批示。学院获得学校 2020 年“国家高端智库先进集体”称号。学院先后有 5 位教师在北京高等学校优质本科教材课件、中国人民大学优秀教材（本科类）等评选中获奖。“数字记忆建构的理论和方法”“数据科学导论”课程获评首批国家级一流本科课程。冯惠玲获 2020 年中国人民大学“大华杰出教学贡献奖”。冯惠玲、赵国俊、钱明辉合著的《中国信息资源产业发展与政策》荣获第八届高等学校科学研究优秀成果奖一等奖。学院教师申报的 4 项成果获得国家档案局优秀科技成果奖二等奖。

学院主办 2020 年中国信息资源管理论坛暨知识管理论坛/CIO 论坛、第十一届中国电子文件管理论坛、新《档案法》研讨会、数字人文研究中心年会，作为核心举办方组织 2020 年图书情报与档案管理青年学者论坛，主导举办 2020 年图情档 39 青年学者新年沙龙。

受疫情影响，利用互联网积极开展国际交流。学院成立专门的工作组，有序推进 iConference 2021 会议的筹备。举办线上“2020 国际档案周前沿论坛暨第五届档案社交媒体圆桌会议”，庆祝国际档案周（日）。冯惠玲教授牵头开设档案教育与研究协会（AERI）2020 线上工作坊。安小米教授带领的标准赋能双一流建设平台举办国际标准中的本体概念与定义及其协同议题国际学术研讨会，邀请 Christophe Roche、Rony Medagalia 教授等举办国际前沿线上培训课程。

2020 年按照疫情防控要求，线上线下教学相结合，维持日常教学正常运行。学院组织修订 2020 级本科生培养方案，首次举办“全国优秀大学生夏令营”，出台博士生招生制度改革方案，由考试制度调整为申请一考核制。2020 年学院共举办 7 期兰台读书会，举办第十一届“薪火杯”学生课外学术科技作品竞赛，启动第五期“数字记忆拔尖创新人才培养计划”，启动 2020 级新生学业工作坊，建立信息资源管理学院第一届研究生会，开设“青年科学家一小时讲堂”系列讲座。举办 2020 年毕业典礼暨学位授予仪式，首次通过社交媒体在线直播。

10 月 16 日，国家档案局局长陆国强、副局长付华带队访问学院，双方达成深化合作意向。2020 年学院先后与深圳市档案馆、河南省档案馆、浙江省档案馆签订战略合作协议。

■ 教育学院

教育学院成立于 2011 年，其作为教学科研单位的前身可追溯至 1950 年成立的教育学教研室。1999 年，中国人民大学成立教育科学研究所，2003 年更名为教育研究所。2005 年成立高等教育研究室。2011 年 4 月学校印发文件，决定在教育研究所和高等教育研究室的基础上组建教育学院。现任院长为刘复兴教授。

学院拥有教育经济与管理、行政管理（教育行政管理）、高等教育学、教育法学 4 个硕士点和教育学一级学科硕士学位授权点；拥有教育经济与管理 1 个二级学科博士点，教育经济与管理为北京市重点二级学科。

学院的教学科研主要集中于教育经济与管理、高等教育、教育法律与政策、教育基本理论等学术领域，近年来特别重视与加强了马克思主义教育学研究、习近平总书记教育重要论述研究、算法教育学研究、新时代基础教育改革理论研究、中国共产党教育史、中国特色社会主义教育发展道路等领域的研究工作，相应的学术平台有新时代中国特色社会主义教育研究中心、基础教育研究中心、教育法律政策研究所、教育行政与院校研究所、教育学与课程研究所、教育调研与实验中心、职业教育研究所并产教融合协同创新中心、教育经济研究所等，另有教育部中国人民大学教育发展与公共政策研究中心、教育部文科教育改革发展研究基地、北京教育法治研究基地—中国人民大学基地、教育部教育立法研究基地（中国人民大学）等挂靠研究机构。中国教育发展战略学会高等教育专业委员会秘书处以及中国教育国际交流协会教育、女性与可持续发展专家委员会秘书处也设在教育学院。

学院现有《中国人民大学教育学刊》学术季刊，并为人大复印报刊资料《教育学》《高等教育》月刊提供学术支持。

学院现有专任教师 24 人，其中教授 11 人，副教授 8 人，讲师 5 人，全部具有博士学位；获得海外高校博士学位者 6 人；教育部“长江学者”特聘教授 1 人，中国人民大学“杰出学者”特聘教授 5 人，中国人民大学“杰出学者”青年学者 4 人，教育部新世纪优秀人才 5 人，人大讲座教授 1 人，科技部高端外国专家 1 人，师资博士后 4 人。兼职教授（研究员）10 余人。学院共有在校生 143 人，其中硕士研究生 76 人、博士研究生 67 人。

2020 年，学院教师在纵向项目方面共计立项 6 项，获批教育部人文社科项目重大课题攻关项目 1 项，为学院首次获立此类项目；教育“十四五”规划研究课题立项 1 项。科研获奖方面，获得第八届高等学校科学研究优秀成果奖（人文社会科学）二等奖 3 项、三等奖 1 项。顶尖学术论文发文量明显增加。国家教育立法咨询、宏观教育政策咨询、教育扶贫专项政策咨询取得可喜成果，GDI 排名上升。

2020 年，学院挂牌成立“新时代中国特色社会主义教育研究中心”，承办中国人文社会科学论坛 2020 学术研讨会，组织举办第六届中国人民大学教育法律政策论坛、习近平新时代中国特色社会主义思想研究院新时代中国特色社会主义教育研究中心成立暨习近平总书记教育“九个坚持”重要论述学术研讨会、学习贯彻党的十九届五中全会精神建设高质量教育体系专家座谈会、教育热点问题专家座谈会、期刊建设与发展专家座谈会、本科课堂教学质量网络评估专家座谈会、新时代儿童早期发展与教育论坛 2020，承办“教育、女性与可持续发展论坛 2020”。

学院参与国家教育扶贫专项政策咨询，编成 200 多万字专题案例库，形成了《党的十八大以来教育扶贫典型案例》三卷，被教育部采纳。

学院探索建设“一带一路教育研究与合作联盟”，开展远程国际交流，学生通过线上形式参加北海道大学的相关课程学习。

■ 高瓴人工智能学院

高瓴人工智能学院于 2019 年 1 月获批，4 月正式成立。作为中国人民大学下属学院，承担学校人工智能学科的规划与建设任务，开展本学科和相关交叉学科领域的本硕博人才培养和科学研究工作。学院由高瓴资本创始人、中国人民大学校友张磊捐资支持建设。学院的愿景是打造一所能够影响和塑造未来人工智能时代的世界一流学院，为全球思考并创造“智能而有温度”的未来。学院首任学术委员会主任由中国工程院原常务副院长、国家新一代人工智能战略咨询委员会主任潘云鹤院士担任，首任执行院长由中国人民大学信息学院院长文继荣教授担任。

学院人工智能学科建设在 2020 年取得重要进展，“人工智能”本科专业获教育部审批备案，“电子信息”（人工智能方向）专业硕士学位授权点获学校批准。学院依托智能社会治理研究中心暨人工智能学科交叉协同平台，与兄弟院系深入合作，探索学科交叉融合。

学院首届硕博研究生入学（含硕士 21 人、博士 19 人），首届本科生纳入学校明理书院大类培养。第二批新工科研究与实践项目“有温度的人工智能人才培养机制探索与实践”获教育部批准立项。学院与百度公司签订人工智能人才培养合作协议，与华为公司签署产教融合基地合作协议，持续推进校企合作育人。

学院《"长聘制"教师管理办法》获学校批准发布。经过全球招聘，来自麻省理工学院、剑桥大学、卡内基梅隆大学、杜克大学、微软亚洲研究院等世界一流高校和科研机构的 17 位资深专家和优秀青年学者入职。

学院围绕人工智能基础理论与关键技术进行深入研究，产出了一批优秀的科研创新成果，2020 年在国内外权威期刊会议上发表高质量学术论文 41 篇，其中包括国际顶级期刊会议（中国计算机学会（CCF）A 类）论文 27 篇，申请 14 项专利、2 项软件著作权，出版 1 部专著。举办"智能信息检索与挖掘"2020 年研究进展研讨会、北京市重点实验室学术委员会第二次会议暨青年人才论坛、"智能时代的跨学科研究"研讨会等学术活动。

学院与加拿大蒙特利尔大学签约开展的双博士学位联培项目，获国家留学基金委创新型人才国际合作培养项目重点支持。学院联合人大附中、文化科技园，举办首届"全球青少年图灵计划"，来自美国、英国等 50 多个国家和地区的优秀青少年参与人工智能思辨赛、专业课程学习与课题研究活动。

文继荣教授受邀担任 SIGIR 2020（CCF A 类）程序委员会主席，窦志成教授担任系统集成主席。11 月，世界人文社会科学高校联盟 2020 年会暨"人工智能＋"系列线上论坛开幕，学院承办以"人工智能与大数据技术应用"为主题的首场论坛。

文继荣院长带领团队参与北京市的抗击新冠肺炎疫情工作，研发了新型冠状病毒肺炎防控智能追踪服务系统，联合研发时空足迹近距定位系统。

学院依托智能社会治理研究中心组织了跨学科、跨领域研究，完成《智能社会数字经济与中国经济转型》《智能社会场景国际规制与竞争政策》等 5 篇智能社会治理报告，完成国家发改委重大研究课题"'十四五'时期发展数字经济的切入点和主要对策"。

■ 国际文化交流学院

国际文化交流学院的前身为学校成立于 1986 年的对外汉语教学中心，1996 年该中心与语言文字研究所合并组建了对外语言文化学院，2008 年对外语言文化学院与文学院合并，成为文学院对外汉语教学中心。2019 年 6 月，学校决定在文学院对外汉语教学中心、汉语国际推广研究所基础上，整合国际交流处留学生办公室、孔子学院办公室的部分职能，组建国际文化交流学院。2020 年 6 月，学院正式举行成立大会。现任院长为杜鹏教授（兼）。

国际文化交流学院是学校下属的二级教学研究型学院，主要负责对外汉语教学及研究、中华文化国际推广及研究、国际学生基础培养和对外汉语教学人才的培养与选派等。学院设有 1 个校级研究所（汉语国际推广研究所）、4 个教研室（学科理论与建设教研室、国际中文教育教研室、教师发展教研室、汉语文化研究与推广教研室）。

学院人才培养层次分为学历教育和非学历教育。学历教育包括汉语国际教育硕士专业学位项目、汉语言专业（留学生）本科，非学历教育包括长短期汉语课程进修、国际汉语人才培训等。

学院现有教师 25 人，其中教授 4 人，副教授 8 人，讲师 13 人，全国汉语国际教育专业学位研究生教育指导委员会委员 1 人。有在校生 139 人，全部为国际学生，其中本科生 127 人，硕士生 12 人。

学院以人才培养和科学研究作为重要抓手，积极促进学科建设和教学研究的发展。2020 年受疫情影响，学院全年开展线上教学，共开设 110 门国际学生本科生、研究生、进修生在线课程；召开学科建设与发展专题座谈会，举办多次教研室活动，探讨特殊时期教学工作开展模式、研究教材库的建设工作；根据《中国人民大学全国专业学位水平评估工作方案》，全力做好汉语国际教育硕士专业学位评估工作；积极鼓励教师开展科研工作，组织申报国家社会科学基金项目以及教育部中外语言交流合作中心、学校重大科研课题等。2020 年，共计出版学术著作 6 部，教材 8 部；留学生本科系列教材新动力汉语 6 册被列入华中科技大学出版社“十四五”规划教材；与北京语言大学出版社合作组织编写《发展汉语》第 3 版。

学院与西班牙卡米亚斯大学签订了院际合作协议，并合作举办“汉语国际教育硕士培养与海外需求问题学术研讨会”；与美国多所高校同行举办“中美大学新时期中文教学模式研讨会”。汉语国际推广研究所组织召开世界汉学大会理事会欧洲片区线上咨询会，承办“2020 新汉学计划国际博士生线上论坛”，与文学院共同组织“中东欧的中国文学：可译与不可译”线上研讨会，向教育部中外语言交流合作中心成功申请专项研究课题经费，用于支持青年汉学家科研及新汉学计划国际博士生研修活动。

11 月完成学院党员党组织关系转接，成立 2 个在职教职工党支部和 1 个离退休教职工党支部。学院正式设立学院分工会，选举产生分工会主席及委员并积极组织工会活动。受疫情影响，学院大部分学生在海外，学院根据留学生的特殊情况将学生合理分类、摸清情况、建立台账，做好各个工作环节的跟踪和落实。同时做好在京留学生的关心关爱工作，关注留校学生的生活和心理状况，及时解决学生遇到的问题和困难。

■ 明德书院

明德书院于 2020 年 7 月 6 日揭牌成立。这是中国人民大学推进“双一流”建设的重要举措，是推进中国特色世界一流大学本科教育建设的关键步骤。现任院长为王子今教授。

2015 年，中国人民大学全面推进大类招生培养改革，探索人文学部文学院、历史学院、哲学院、国学院、马克思主义学院 5 个学院跨学院大类招生培养，设立人文科学试验班，全面打通人文学部 11 个专业的培养方案。2019 年，深化大类招生培养改革，推行以学部为基础的大类招生培养，设置人文科学试验班等 4 个跨院系招生大类，涵盖 17 个学院共 43 个专业。2020 年，为适应人文学科招生培养大类（人文科学试验班）试点实施管理模式改革的需要，建立与大类培养相匹配的教学管理体系和学生管理体系，成立明德书院。

明德书院作为学校下属的二级教学机构，联系文学院、历史学院、哲学院、国学院，按照大类培养理念和要求共同制定大类培养方案和分流机制，构建第一年管理体系，同时全面组织做好基础学科招生改革试点（强基计划）学生培养工作。

书院首批 2020 级本科生通过普通高等学校招生全国统一考试，录取 186 人，入校报到 184 人；经入校二次选拔，书院 2020 级本科生共 181 人，其中人文科学试验班 4 个班级共 100 人，国学古典学实验班 15 人，强基计划汉语言文学（古文字方向）14 人，历史学 25 人，哲学 27 人；另有 2019 级人文科学试验班本科生 1 人复学进入书院。合计 182 人。

9 月，明德书院基本完成运行筹备。9 月 20 日，书院首届学生入学报到；9 月 26 日，明德书院 2020 年开学典礼在校史馆举行；10 月 31 日，共青团中国人民大学明德书院第一次代表大会在学生活动中心召开，选举产生共青团中国人民大学明德书院第一届委员会。

面向通识教育、大类培养、拔尖创新人才培养，明德书院致力于落实中国人民大学“思想引领、通专结合、实践创新”的特色培养理念，推动构建大学专业共同体、成长共同体、创新共同体。其中，面向强基计划建设，探索实施本硕博有机衔接的教育教学体系，实施“宽厚基础、学科复合、科教融合、大师引领、个性发展”的人才培养模式，突出培养机制和培养过程的开放性、研究性、国际性、挑战性和个性化。

按照学校决议，书院牵头组建人文学部本科人才培养委员会下设的教学工作委员会、学生工作委员会并开展工作。书院直属党支部领导成立明德书院团委、明德书院学生发展联合会，指导推出“明德悦读”“明德识堂”“明德文创”等线上线下创新实践项目。书院初步形成学生成长平台建设数据，实行教学事务、学生事务、党团学团队联动贯通的工作机制；联系人文学部相关学院实施导师组制度，面向每名强基计划学生配备学术导师，面向全体本科一年级学生配齐新生研讨课导师、成长导师；联系人文学部相关学院开展“开学第一课”系列活动、强基计划吴玉章系列讲座、哲学的星空——中国人民大学哲学前沿讲座系列、哲学的殿堂——中国人民大学哲学名家讲座系列等，探索实施全员全程全方位育人体系。

■ 明理书院

明理书院于 2020 年 7 月 6 日正式挂牌成立，是学校下属的二级教学机构，有环境学院、信息学院、统计学院、数学学院和高瓴人工智能学院等 5 个加盟学院，负责完成理工科大类本科一年级学生的教育培养、日常服务及专业分流工作，现有 2020 级学生 16 个行政班共计 443 人。杜小勇教授为明理书院首任院长。

明理书院的成立是学校“双一流”建设的重大改革举措，其建设过程得到学校领导的悉心关怀，也得到全校各职能部门的全力支持。

明理书院紧扣“价值引领，创新育人”工作理念，坚持以正确的价值观引领青年，强调“修身明理，科技报国”；坚持创新工作思路，打造书院学院全新协作关系，大力培养学生创新意识和能力。

书院创新工作方式，与相关部处、加盟学院共同组建教学工作管理委员会、学生工作联合管理委员会，设立党务、教务、学务联合工作小组，选派班主任及班级辅导员，把引导、培养、关爱学生落实到细节。

书院以“大类通识讲座课+新生研讨课”为切入点，积极推动本科大类培养改革。创设“数字时代的科学与技术”导教类讲座课，由各专业资深教授讲授，共 12 讲；改革新生研讨课，按照统一框架组织课程设计，开设新生研讨课课堂 22 个。

书院以实现“融合熔炼、认同转变”为目标开展学生工作，举办丰富多彩的学生活动并取得多项骄人成绩，体现了书院强大凝聚力。新生风采勃发，勤奋上进，积极踊跃向党组织靠拢，互助互爱志愿服务蔚然成风。书院在本科大类招生培养及专业分流中的积极作用、重要作用初步显现。

■ 继续教育学院

为落实学校继续教育管办分离的要求，加强对学历继续教育和非学历继续教育的资源整合、规范管理，实现优化升级、提高质量、打造品牌，2017 年 12 月 1 日，经中共中国人民大学第十四届委员会第 27 次常委会议研究通过，决定将继续教育学院和培训学院合并，组建新的继续教育学院，原继续教育学院、原培训学院随之撤销。2018 年 3 月，继续教育学院（新）成立大会举行。现任院长为丁凯教授。

学院有两个校区：校本部校区、清华东路校区；三项主业：非学历教育培训、成人学历教育、网络教育；四块牌子：继续教育学院、国际教育学院、网络教育学院、中国人民大学画院，均是学校正式发文设立。

新冠肺炎疫情暴发以来，学院严格遵照上级统一部署，认真落实学校疫情防控工作的相关要求，坚持政治站位，全员协同战斗，群团保障有力，较好构建了权责明晰的疫情联防联控机制，确保责任到位、工作到位、措施到位，在切实做好疫情防控工作、维护好师生员工生命安全和身体健康的前提下，顺利返校复工复课，疫情防控实现“双零”，保障了学院各项业务的有序开展。

学院成人教育部在北京市设有 3 个教学站，共开设 5 个专业；院本部夜大学有 5 个专业。截至 2020 年底，学院共有学生 2 574 名，其中夜大专升本 1 806 人，高中起点本科 752 人，专科 16 人。2020 年毕业学生 1 498 人。2020 年获得中国互联网教育“停课不停学”突出贡献院校奖。继续教育学院两篇学生论文获评“优秀毕业论文”，人文教研室王东胜、财经教研室刘震获评“优秀指导教师”。

受新冠肺炎疫情影响，非学历培训受到重大冲击。但全院上下科学探索、精准谋划、危中寻机、共克时艰，在线教育取得历史性突破。2020 年，学院共举办各类培训 250 余班次，其中在线培训 140 余班次，线上线下混合式培训 17 个，总参训人数超过 150 万人次。

根据学校关于停止网络学历教育招生的决定，以及校长办公会的相关工作部署，学院网络教育部于 2020 年 1 月 16 日关闭招生平台，同时启动收尾工作。2020 年，网络学历教育共有毕业生 17 739 人，其中本科毕业生 7 846 人，专科毕业生 9 893 人，本科毕业生中符合学士学位授予条件的有 1 744 人。截至 2020 年底，网络学历教育在读学生共 47 187 人，其中专科生 13 866 人，本科生 33 321 人。2020 年，对已报名的符合学历注册条件的春季批次学生和部分单科选修生 1 867 人，注册了本科学籍。

■ 苏州校区（国际学院、中法学院、丝路学院）

苏州校区正式成立于 2012 年 9 月，全面负责国际学院（苏州研究院）、中法学院、丝路学院等教学科研机构与社会服务机构的管理。苏州校区位于江苏省苏州工业园区独墅湖科教创新区，是学校整体事业发展的重要组成部分和新的增长点，是学校国际化的重要窗口，是面向国际、探索中外合作办学和培养高端人才的实验基地，是学校优势学科国际化拓展与提升的重要平台。校长刘伟任苏州校区管理委员会主任，副校长杜鹏任苏州校区管理委员会副主任兼丝路学院院长，副校长朱信凯任丝路学院执行院长，黎玖高任苏州校区管理委员会副主任兼国际学院院长、中法学院院长、丝路学院副院长。

苏州研究院成立于 2004 年 3 月，2007 年 9 月更名为国际学院（苏州研究院）。国际学院（苏州研究院）是学校在新的历史条件下与苏州市人民政府合作共建的高层次、国际化教学研究机构。学院采取“延伸办学”和“自主办学”相结合的模式运行，招收金融硕士（风险管理方向）、汉语国际教育硕士等专业硕士研究生。

中法学院成立于 2012 年 6 月，是学校与法国索邦大学、法国蒙彼利埃保罗-瓦莱里大学、法国 KEDGE 商学院合作共建，经中国教育部批准的中外合作办学机构，属于学校的非独立法人办学单位。中法学院招收金融学、国民经济管理、法语、数学与应用数学等专业本科生。

丝路学院成立于 2018 年 4 月，是属于学校的非独立法人办学单位，由重阳金融研究院、国际关系学院和苏州校区等单位合作共建，主要培养“一带一路”沿线国家和地区的硕士留学生。丝路学院依托学校在人文社会科学领域的学科优势和国际化办学的经验，通过体制机制创新，有效整合校内外优质资源，以一流的师资、完整的培养体系和现代化的教育方式为“一带一路”沿线国家和地区培养热爱中国文化，深刻理解中国发展道路、发展模式及发展经验的国际化复合型高端人才和未来精英领袖。

苏州校区设有法国与法语国家研究院、全球化研究中心、气候变化与低碳经济研究所、食品安全治理协同创新中心南方基地、技术性贸易措施研究院、金融大数据实验室等科研机构。中国人民大学国家大学科技园（苏州分园）、中国人民大学生物医学统计研究中心设在苏州校区。同时，中国人民大学出版社华东分社、中国人民大学书报资料中心华东分社等在苏州校区入驻。

苏州校区按照校本部派驻教师、校区专任教师和聘任教师相结合的原则组建教师队伍，现有各类教师 91 人。校本部派驻教师 15 人，其中教授 7 人、副教授 7 人、讲师 1 人；专任教师 9 人，其中副教授 6 人、讲师 3 人；聘任教师 67 人，其中教授 8 人、副教授 1 人、助理教授 1 人、讲师 57 人。

苏州校区现有全日制在校生 1 516 人，其中本科生 1 088 人、硕士研究生 323 人、博士研究生 10 人、丝路留学生 95 人。此外，法方合作院校的交换学生、中美硕士项目及中欧欧洲法硕士项目学生有 32 人。

截至 2020 年底，苏州校区共承担科学研究项目 165 项，其中纵向科研项目 6 项。尤其是依托学校和学院雄厚的金融学科教学科研能力，以金融风险管理学科建设为抓手，适应我国金融业改革与开放新发展所带来的急迫要求和严峻挑战，围绕现代金融风险管理，积极开展与苏州市相关政府单位、银行和监管部门的合作研究，共同推动现代金融风险管理理念、制度和技术在我国金融界的普及、发展和创新，共承担江苏省、苏州市、苏州工业园区等单位委托课题 50 余项。同时，为推动创新型人才的培养，提高研究生科研创新能力和综合素质，全面提升研究生培养质量，苏州校区共设立了 62 项研究生科研项目。

2020 年，苏州校区先后举办金融风险管理学科全球顾问委员会（GAB）与风险建模全球专家委员会（GEC）2020（第五届）年度会议暨第十届人大独墅湖金融论坛、苏州·丝路论坛 2020 等大型学术会议，举办人文社科前沿系列讲座、中国发展经验解析系列讲座、艺术与文化鉴析系列讲座、金融风险管理前沿系列讲座、职业生涯规划与就业辅导系列讲座等活动，举办学生课外学术科技作品竞赛、读史读经典实践活动、新生入学导航系列活动、“迎新嘉年华”、“舞善之梦”舞蹈大赛、“姑苏弦歌”新年晚会、新生趣味运动会、篮球赛等各类学术、实践、文化、体育、生活类活动。

在 2020 年全国大学生英语竞赛中，中法学院 2019 级朱佑君获得 C 类（非英语专业本科生组）全国一等奖，2019 级杨子江、文采获得 C 类全国二等奖，2019 级肖瑞彤、万浩多获得 C 类全国三等奖。朱佑君的指导教师潘复琴获得优秀指导教师荣誉称号，苏州校区荣获优秀组织奖。苏州校区代表队在学校第三十四届“一二·九”合唱音乐节中荣获总冠军、金奖、优秀组织奖和团队合作奖。

苏州校区培训部门克服疫情影响，2020 年累计培训人数达 1 700 余人，与经济学院合作的课程研修班成功开班，自我造血功能进一步提升。

2020 年，苏州校区服务地方经济社会发展硕果累累。苏州校区进一步加深校地合作，围绕苏州重点发展领域，加速推进金融和数学专业学科建设，为苏州当地输送了大量的金融人才；金融大数据实验室、金融科技创新平台、法国与法语国家研究院已成为创新区支持的重点平台，并累计获得 200 万元的配套经费支持；胡德宝副教授作为团队负责人，为昆山市设计申报以两岸金融为主题的金融改革试验区并于 2020 年成功获批，成为首家具有两岸特色的金融改革试验区。苏州校区各项成绩得到了地方政府的高度认可，荣获苏州工业园区 2019—2020 年教育工作先进单位，苏州独墅湖科教创新区 2020 年文化工作突出贡献奖、绩效奖、资源共享奖，苏州独墅湖科教创新区 2020 年宣传工作先进单位、战“疫”宣传专项奖，“阅读园区 2020”阅读创意奖，等等。冯寿农、王鹤菲两位教授荣获园区优秀教育工作者称号，王鹤菲、相广平两位教授获批设立苏州市外国专家工作室。

■ 深圳研究院

深圳研究院成立于2002年5月，是学校在深圳市委、市政府支持下设立在深圳的集产学研于一体的高层次、综合性教育、科研、服务机构，全权负责学校在华南地区的一切事务。法人代表、院长为中国人民大学副校长朱信凯教授，常务副院长为中国人民大学经济学院关雪凌教授。

截至2020年底，研究院共有教职工6人。根据学校的总体安排和发展规划，研究院的主要任务集中在继续教育、智库建设和国际交流三个方面。

在继续教育方面，主要依托学校在人文社会科学领域独树一帜的学科群体优势和师资优势，为地方和企事业单位培养复合型人才提供教育服务。主要包括：为企事业单位定制的长短期培训班；高端人才研修班，主要有企业经济管理、金融科技和领导力提升等专题；与校本部相关学院在华南地区合办同等学力课程研修班，主要开设经济学（企业经济学、西方经济学、网络经济学）和艺术学等专业。

在智库建设方面，主要依托学校在人文社会科学领域"独树一帜"的一流学者效应，发挥服务地方经济社会发展的智库功能。研究院组建由学校学科带头人、专业教授、青年教师等各类人才组成的专家库，围绕粤港澳大湾区和中国特色社会主义先行示范区"双区驱动"的重大需求，承担各级政府部门及行业的研究课题，为决策部门提供政策参考。

在国际交流方面，充分发挥学校优势学科资源，贯彻落实中国人民大学—圣彼得堡国立大学俄罗斯研究中心"一体两翼"式发展规划，整合中国人民大学"一带一路"经济研究院的学术研究和政策咨询资源，以俄罗斯研究中心和"一带一路"经济研究院独特的人文交流地位在粤港澳大湾区开展人员往来、文化交流和智库合作等方面工作。

■ 体育部

体育部是负责学校体育教学、学生课外体育活动与竞赛以及高水平运动队管理等工作的教学部门，下设"一拳一泳"教研室、体能体美教研室、球类教研室、办公室、团工委、体质测试中心、高水平运动队管理中心。现任主任为李树旺教授。

体育部现有在职在岗教师40人，党政教辅人员7人。在岗教师中教授2人，副教授29人，讲师9人。专业方向分为体育教育训练学、体育人文社会学、运动人体科学三大类。

2020年疫情防控期间，学校体育课程"停课不停学"，体育部通过课件教学与直播教学相结合的方式组织开展体育线上教学，开设课程222门，覆盖20个项目，共计5 018人选课。部领导组织并参与整个课程建设和改革，保障了相对复杂的线上体育教学、线上体育考试圆满完成。此外，体育部积极响应国家体育总局《关于大力推广居家科学健身方法的通知》，重点推出"居家健身指南""活力宅家""体能恢复""夏日健身"等系列活动。通过拍摄视频、直播教学等方式向全校师生普及运动健康知识，坚持技术训练与健身知识讲授相结合，提高学生居家健身、科学健身、自我健身的能力。

2020年9—12月，在做好疫情防控工作的前提下，体育部组织2020年新生运动会、金秋荧光夜跑、首届线上"一二·九"校园越野赛、排球联赛等活动，创新活动开展方式，向师生普及全民健身理念。

作为全国首批试办高水平运动队高校之一，学校现有男足、女篮、男排、网球、田径、武术 6 支高水平代表队。2020 年疫情防控期间，体育部远程指导学生居家进行训练，暑期组织学生提前回校参加集训。赛事恢复以来，共获北京市冠军 20 项、亚军 8 项、季军 7 项。

2020 年，体育部顺利组织体育文化与管理专业硕士生首次统招复试、调剂工作，完成 2018 级（首届）体育文化与管理专业硕士毕业生的答辩工作。

党建和思想政治工作

■ 综合工作

一、概况

2020年，学校党建和思想政治工作坚持以习近平新时代中国特色社会主义思想为指导，树牢“四个意识”，坚定“四个自信”，坚决做到“两个维护”，认真贯彻落实习近平总书记关于“不忘初心、牢记使命”主题教育重要论述，面对突如其来的新冠肺炎疫情，充分发挥党委领导核心作用，紧紧围绕立德树人的根本任务，加强党对学校工作的全面领导，加强领导班子思想政治建设和理论学习、民主办学和依法治校、安全稳定工作、保密工作等，为学校把准正确办学方向以及各项事业发展提供强有力的思想保证、政治保证和组织保证，推动学校党建思政和各项事业发展。

二、领导班子思想政治建设和理论学习

2020年，学校领导班子以习近平新时代中国特色社会主义思想为指引，深入学习宣传贯彻党的十九大和十九届二中、三中、四中、五中全会精神，深入学习贯彻落实习近平总书记重要讲话精神，坚持以党的政治建设为统领，把统一思想、凝聚力量作为宣传思想工作的中心环节，统筹推进学校思想政治工作和各项重点工作落实落细，特别是引导全校师生、党员干部把学习成效转化为抗击新冠肺炎疫情、落实立德树人根本任务、

推进学校“双一流”建设的实际行动和强大力量。

一是提升学习制度化规范化水平。围绕“统筹推进疫情防控和经济社会发展工作，在疫情大考中彰显中国特色社会主义制度优势”“学习《习近平谈治国理政》第三卷，学习习近平总书记近期重要讲话精神”“学习贯彻党的十九届五中全会精神”等主题，学校党委理论学习中心组开展9次专题学习。为做到用制度管学习、促学习，制定了《2020年中国人民大学党委理论学习中心组学习计划》《党委理论学习中心组学习组织工作流程》，研究学校二级党组织理论学习中心组学习旁听工作办法，不断推动学校各级中心组学习制度化、规范化。为丰富学习内容，创新学习形式，编印《习近平总书记重要讲话汇编》《党的十九届五中全会新提法新表述汇编》《党委理论学习中心组学习资料》，适时邀请专家辅导授课、组织实地参观见学等，提高了集体学习的效果。二是推进高校思想政治工作创新发展中心建设。研究制定《中共中国人民大学委员会关于加快构建思想政治工作体系的若干措施》及任务清单，通过梳理好经验好做法，有力推进学校思想政治工作的创新发展。

三、民主办学和依法治校

2020年，学校“民主办学，依法治校”工作继续扎实推进。学校领导班子自觉贯彻落实民主集中制和党委领导下的校长负责制，以学校章程建设为抓手，进一步健全和规范党委会、党委常委会等重要议事制度和规则，严格执行“三重一大”事项集体研究决定制度，充分发挥教代会作用，保障教职工参与民主管理和监督的民主权利，进一步拓展民主管理渠道，完善内部治理结构。同时，进一步加强制度建设，严格按照法律法规和学校各项规章制度办事，坚持依法治校。

学校继续推进信访流程优化，上线信访签批转办系统，全年办理信访事项377件，其中群众来信来访364件，上级部门转办11件，校领导批示2件。

学校党政领导高度重视发挥教代会、工会作用，不断完善教代会制度，保障教职工民主参与权利。学校党政领导高度重视教代会的地位和作用，始终将教代会工作作为凝聚人心、集中民智、促进发展的重要载体和有效途径。

由于疫情的原因，学校第七届教职工代表大会和第十六届工会会员代表大会第三次全体会议以视频会议形式召开，设明德主楼主会场及各学院（系）分会场、校部机关分会场和直附属单位分会场。十二个代表团分别举行分团讨论会，书面审议学校2019年财务工作报告、教代会2019年提案办理情况报告、工会财务工作报告和工会经费审查委员会工作报告等材料。会后，教代会常设主席团秘书根据会议情况起草决议草案，在征求各代表团意见、教代会常设主席团审定后予以发布。

■ 组织工作

一、概况

2020年，党委组织部按照中央和上级要求，在学校党委的统一部署和指导下，以习近平新时代中国特色社会主义思想和党的十九大精神、全国高校思想政治工作会议精神为指导，认真推进“不忘初心、牢记使命”主题教育常态化制度化，深入贯彻全面从严治党要求，不断推进基层组织建设、领导班子和干部队伍建设、党员和干部教育培训以及部门自身建设等，为学校各项事业的科学发展提供有力保障。

二、干部工作

截至 2020 年底，全校共有处级中层干部 357 名，平均年龄 45.9 岁，其中正处级 117 人，平均年龄 50.1 岁，副处级 240 人，平均年龄 43.8 岁；男性干部 233 人，占 65.3%，女性干部 124 人，占 34.7%；党员干部 313 人，占 87.7%，党外干部 44 人，占 12.3%；双肩挑干部 170 人，占 47.6%，专职干部 187 人，占 52.4%。中层干部中具有博士学位的 218 人，占 61.1%；具有硕士学位（研究生学历）的 116 人，占 32.5%；具有大学学历的 21 人，占 5.9%；具有大专及以下学历的 2 人，占 0.6%。中层干部中具有副高级及以上职称的 237 人，占 66.4%；具有中级及以下职称的 120 人，占 33.6%。

干部基本情况统计表

（截至 2020 年 12 月 31 日）

	总人数	男		女		专职		兼职	
		人数	比例（%）	人数	比例（%）	人数	比例（%）	人数	比例（%）
正处级	117	78	66.7	39	33.3	56	47.9	61	52.1
副处级	240	155	64.6	85	35.4	131	54.6	109	45.4
总人数	357	233	65.3	124	34.7	187	52.4	170	47.6

干部学历情况统计表

（截至 2020 年 12 月 31 日）

	总人数	博士		硕士（研究生学历）		本科		大专及以下	
		人数	比例（%）	人数	比例（%）	人数	比例（%）	人数	比例（%）
正处级	117	81	69.2	24	20.5	11	9.4	1	0.9
副处级	240	137	57.1	92	38.3	10	4.2	1	0.4
总人数	357	218	61.1	116	32.5	21	5.9	2	0.6

干部职称情况统计表

（截至 2020 年 12 月 31 日）

	总人数	正高级		副高级		中级及以下	
		人数	比例（%）	人数	比例（%）	人数	比例（%）
正处级	117	61	52.1	36	30.8	20	17.1
副处级	240	68	28.3	72	30.0	100	41.7
总人数	357	129	36.1	108	30.3	120	33.6

干部年龄情况统计表

（截至 2020 年 12 月 31 日）

	总人数	55 岁及以上		51～54 岁		46～50 岁		41～45 岁		36～40 岁		35 岁及以下	
		人数	比例（%）	人数	比例（%）	人数	比例（%）	人数	比例（%）	人数	比例（%）	人数	比例（%）
正处级	117	33	28.2	31	26.5	24	20.5	20	17.1	9	7.7	0	0
副处级	240	23	9.6	20	8.3	41	17.1	61	25.4	86	35.8	9	3.8
总人数	357	56	15.7	51	14.3	65	18.2	81	22.7	95	26.6	9	2.5

（一）讲政治，树好选人用人政治标尺

一是坚持党管干部，强化政治把关。2020 年全年共召开干部选拔工作小组会 31 次，反复研究酝酿干部人选 437 人次，学校党委常委会专题审议人事问题 29 次，以无记名投票表决方式通过干部任免事项 170 人次。学校党委注意把日常了解研判、集中调研研判、核实甄别研判、“凡提四必”研判结合起来，将干部在重大任务、重大斗争、关键时刻的具体表现、具体事例作为选拔干部的重要依据，坚决防止“两面人”窃取领导岗位；压实基层党组织主体责任，所有提拔任用的干部均由所在学院级单位党组织在政治表现和廉洁自律上先行把关；考察党员干部做到所在党支部书记意见必听，考察党外干部做到统战部门意见必听。

二是坚持制度治党，突出政治标准。5 月，学校党委印发《中国人民大学中层领导人员管理暂行办法》，明确选拔任用学校中层领导人员“必须把政治标准放在首位，坚持‘干部政治素质、班子政治功能、单位政治生态’三位一体、统筹推进”，强调考察拟任人选要“突出政治标准，注重了解政治理论学习情况，深入考察政治忠诚、政治定力、政治担当、政治能力、政治自律等方面的情况”，要求“考察对象所在单位党组织必须就考察对象政治表现和廉洁自律情况提出结论性意见”；学校党委还修订了《中层领导人员任职前公示制度实施办法》和《中层领导人员任职试用期制度实施办法》，完善工作程序，防止“带病提拔”，在制度层面鲜明树立选人用人政治标尺。

三是坚持发扬民主，考准政治表现。组织部门克服新冠肺炎疫情影响，充分运用网络信息技术，线上线下结合做好大范围深入谈话，做到干部考察工作在疫情防控期间“标准不降、程序不松、范围不减”。全年组织 43 场谈话调研推荐、33 场考察谈话，干部教师 1 184 人次当面向组织表达了个人意见；组织 23 场线上或线下会议推荐，1 554 人次以无记名方式表达了个人推荐意见。严格执行《关于考准考实干部政治表现的实施办法》，在干部考察过程中坚持“政治标准首问”，用好政治表现“负面清单”，从“靠感觉、凭印象”到“用事实说话”，做到以事察人。

（二）选贤能，选优配强各级领导班子

一是优化班子结构、增强整体功能。注重选优配强党政正职。2020 年共调整 14 个机关部处和直（附）属单位主要负责人、12 个学院级单位党组织书记、9 个教学单位行政负责人，选拔政治上强、能够驾驭全局、善于抓班子带队伍、民主作风好、敢于担当、领导经验丰富、廉洁自律的同志担任党政正职，当好“火车头”。注重优化年龄和专业结构。坚持老中青相结合的梯次配备，调动各年龄段干部的积极性，新提拔任用的 37 名中层领导人员中，50 岁及以上 6 人，占 16.2%；40～49 岁 15 人，占 40.5%；40 岁以下 16 人，占 43.2%。年龄梯度合理、“新老结合”清晰。注意选拔专业能力强的“双肩挑”干部担任领导职务，新提拔 13 名教师和专业技术人员进入中层领导人员队伍。注重完善干部来源和履历结构。有计划有目的地丰富干部工作经历和岗位锻炼，全年共有 21 名中层领导人员在机关部处与学院间交流任职。

二是加强领导班子能力建设。党的十九大提出，领导干部要增强“八种本领”，十九届四中全会提出，领导干部要“发扬斗争精神，增强斗争本领”。学校党委推动各级领导班子全员学习、跟进学习，开展中层领导人员“停课不停学 坚决打赢疫情防控阻击战”专题网络培训、新上岗中层领导人员培训，培训中层领导人员 450 人次，持续用习近平新时代中国特色社会主义思想武装干部头脑。加强实践锻炼，选派 10 名中层领导人员、优秀年轻干部承担援疆援藏援滇和对口支援重要任务（援疆 5 人、援藏 2 人、对口支援 3 人），紧紧围绕决胜全面建成小康社会、打赢精准脱贫攻坚战等中心工作，促进干部在解决突出矛盾、破解发展难题中提高领导能力和水平。

三是严格执行民主集中制。教育引导各级领导班子和领导人员增强“四个意识”、坚定“四个自信”、做到“两个维护”，在思想上政治上行动上同以习近平同志为核心的党中央保持高度一致。学校党委继续推进“两项规则”落实落地，帮助学院党政领导班子深入把握民主集中制的丰富内涵和基本要求，严格按程序决策、按规矩办事，共同维护坚持党性原则基础上的团结，2020 年有三个学院级单位党组织按规定完成换届工作。严格执行重大事项请示报告制度，出台《中国人民大学二级单位领导班子成员分工报备办法》，二级单位领导班子调整分工必须报组织部门备案；在疫情防控常态化形势下从严管理干部外出和请假，2020 年共审批中层领导人员外出请假报告 1 218 人次，疫情发生以来，没有中层领导人员因私出国出境。

（三）重担当，持续完善正向激励机制

一是完善有为有位、能上能下的选人用人机制。学校党委责成组织人事部门启动职务职级并行制度改革，优化职级序列设置，畅通职级晋升通道，拓展职级晋升空间，促进管理干部立足本职安心工作、干事创业、担当作为，为想干事、能干事、干成事的干部提供“能上”的空间。同时，逐步完善“能下”的常态化机制，2020 年，因年龄、任职年限、不适宜继续任职等原因免职的中层领导人员近 20 人次，合理有序的干部退出机制逐步建立；停职处理 1 人次，对廉洁自律方面出现问题的干部及时“亮起红灯”，绝不养痈遗患。

二是完善精准考核、奖惩分明的激励约束机制。7 月，学校党委制定新的《中国人民大学中层领导人员考核办法》及《中国人民大学中层领导人员学年考核实施细则》，建立了学年考核、平时考核、专项考核、任期考核相结合的全方位考核体系，形成了上级评价、群众测评、同级互评的立体测评维度，明确了奖优罚劣的具体措施，比如对考核优秀的领导人员进行嘉奖、给予一定物质奖励，在推动干部考核差异化、精细化方向上前进了一大步，为解决“干多干少一个样，干好干坏一个样”问题打开了突破口。强化正职考核，在抓好学院级单位党组织书记述职考核评议的基础上，建立院长抓学科建设述职考核评议制度，作为专项考核纳入干部考核体系，激励“关键少数”担当作为。响应上级组织号召，学校党委不断完善落实干部待遇保障制度，大幅提高援派干部人才的补助标准。

三是完善精准调训、按需锻炼的能力提升机制。学校党委坚持开展优秀年轻干部轮训工作，2020 年以点名调训形式举办了一期优秀年轻干部培训班，根据训前调研结果，聚焦提升党性修养和增强治理能力，以习近平新时代中国特色社会主义思想、十九届五中全会精神和“四史”学习、校史学习、防范化解重大风险为重点内容，开展理论学习、结构化研讨、读书分享会、沙盘模拟等活动，使年轻干部的理论和实践能力都得到有效提升。针对“双肩挑”干部在管理经验和治理能力上的短板弱项，经学院级单位党组织推荐，吸收 16 名青年教师在学校机关部处、教辅单位挂职，既发挥了青年教师的专业优势，又锻炼了他们的领导能力，优秀年轻干部队伍得到充实。

（四）严监督，织密织牢立体监督网络

一是围绕“两个维护”，织牢政治监督的“组织网”。学校党委把政治监督作为从严管理监督干部的重中之重，突出政治纪律和政治规矩的监督，促使领导班子和领导人员时刻严守“五个必须”，坚决防止“七个有之”。持续严肃党内政治生活，建立二级单位年度民主生活会全覆盖督导机制，以纪委干部、党委组织部、巡察工作办公室干部、处级专职组织员为主体组成十四个校内督导组，对 2020 年校内所有二级单位民主生活会提前介入、全程参与、从严从实把关，重点监督检查各级领导班子对党的理论和路线方针政策以及重大决策部署贯彻落实情况。面对突如其来的新冠肺炎疫情，学校党委要求全体领导干部把抓好疫情防控作为最重要最紧迫的政治任务，切实做到守土有责、守土担责、守土尽责，对疫情防控工作中履职不严不实的部分责任人第一时间进行谈话提醒。

二是围绕“凡提四必”，织牢选任监督的“程序网”。严格执行《干部选拔任用工作监督检查和责任追究办法》，完善党委领导班子和组织部门内部监督，将干部监督关口前移到动议阶段，并贯穿干部选拔任用全过程。坚持“凡提四必”，对拟提拔或进一步使用人选的干部档案必审，对一名出生日期存疑的干部，由组织部门派出专人赴干部出生地进行调查核实，经学校党委综合研判、集体认定后再继续提任程序；对两名出生日期存疑的考察对象暂缓选任程序。对填报范围内的拟提拔或进一步使用干部的个人有关事项报告必核，重点查核 32 人次，对 1 名存在瞒报的考察对象给予诫勉，终止选任程序；责令 2 名存在漏报但不影响继续使用的考察对象做出检查；对 1 名漏报情形较轻且不影响继续使用的考察对象进行批评教育。坚持纪检监察机关意见必听，全年对换届考察或拟提交会议讨论决定的187名人选逐个征求纪委办公室意见，对纪委办公室有不同意见的一律不上会。坚持线索具体的信访举报必查，对考察和公示阶段收到情况反映的个别干部中止了选任程序，对有关问题逐一核查。

三是围绕“忠诚老实”，织牢日常监督的“制度网”。按照中央部署，学校党委开展了领导干部个人有关事项报告专项整治工作，发扬自我革命和斗争精神，对2019年以来的102人次查核处理情况及2019年查核验证工作情况进行了全面复查，解决了部分认定宽严不一、处理畸轻畸重的问题，对1名前期处理偏轻的干部追加进行了诫勉。健全中层领导人员兼职管理制度，党委常委会审批中层领导人员企业兼职10项、社会兼职44项，抓紧制定《中国人民大学中层领导人员兼职管理办法》，以消除对中层领导人员在其他高校、事业单位和其他机构兼职的管理盲区。贯彻落实《党政主要领导干部和国有企事业单位主要领导人员经济责任审计规定》，全年委托审计机构对23名中层领导人员进行离任或任期经济责任审计。及时用好提醒函询诫勉手段，就干部在日常监督工作中出现的苗头性倾向性问题“咬耳扯袖、红脸出汗”，2020年共对中层领导人员实施提醒29人次、函询5人次、诫勉4人次，防止小毛病演变成大问题。

三、基层党建

党委组织部按照中央和上级要求，在学校党委的统一部署和指导下，以“基层党组织政治建设年”为年度主题，全面加强党的政治建设、夯实基层党建质量、做好党员教育管理，充分发挥基层党组织的战斗堡垒作用和党员先锋模范作用，为疫情防控工作提供坚强的政治保证、思想保证、组织保证。截至2020年底，学校共有基层党组织676个，其中党委33个，党总支6个，直属党支部3个；基层党支部634个，包括336个学生党支部，203个在职教工党支部，95个离退休教职工党支部。

（一）全面加强党的政治建设

一是坚持政治引领，在疫情发生后第一时间向基层党组织和广大党员发出倡议、印发通知，从党费账户专项拨款200万元，同时明确学院用于疫情防控工作的党费使用政策，组织全校师生党员捐款逾百万，号召在京教职工党员通过“双报到”服务社区。

二是协助学校党委全面加强党的领导，承担党建工作领导小组办公室工作职责，召开2020年第一次党建工作领导小组会，组织党的政治建设百项措施牵头单位汇报工作进展。

三是推进“两项规则”落地实施。按照上级部署进一步修订学校层面示范文本，推动学院修订“两项规则”，并将进一步完善和贯彻落实“两项规则”作为2021年高校书记校长开局项目报送教育部。

四是开展系（室）务会会议规则制定工作，对全校系、教研室设置情况进行摸底，出台会议规则制定要点，要求各学院按照程序制定落实。

五是坚持校院领导班子深入一线，严格落实双重组织生活和“两联系一帮扶”制度，制定《关于落实党员领导干部讲党课制度的实施办法》，确保领导干部第一时间了解基层情况、解决问题。

（二）着力提升党建工作质量

一是强化责任落实，主动作为，精心策划，抓好三级党组织书记联动的党建述职评议考核工作，成功组织线上述职，做好述职结果统计和反馈，确保工作质量不打折扣。

二是培育先进示范，做好全国和校院两级“双创”标杆院系、样板支部和“双带头人”工作室建设，完成第一批全国“双创”标杆院系、样板支部总结验收工作。

三是加强工作考核和保障。全年共完成两次全校教职工党支部书记述职考核，汇总审核结果并发放考核津贴。将北京市下拨的学生党支部工作与活动经费划拨至各学院，制定经费管理办法，为学生党建工作的开展提供支持。

四是以研究促党建，组织申报北京高校党建研究会等上级单位课题，参与申报北京高校第三批党建难点项目支持计划，参与北京高校党建研究会重点课题“高校加强对教师队伍政治引领和政治吸纳的机制探析”和首都大学生思想政治教育战略课题中组织育人章节的研究工作，并立项校级党建课题“提升党支部组织生活质量研究”，与出版社共同申报第五届全国党员教育培训教材。

五是开展基层党支部建设督查。学校党委、各二级党组织通过对支部量化评价考核，对基层党支部开展组织生活的质量情况进行抽查督导，形成强化基层党建倒逼态势，充分发挥党支部的战斗堡垒作用。

六是创新学生党建促进会工作。圆满完成新学期招新，学生党建骨干队伍不断壮大。组织两次就业分享会。学生党建促进会在基层党建工作发挥作用的渠道和机制更加畅通。

（三）做好建党百年、七一表彰、扶贫捐款等专项工作

一是下发迎接建党100周年行动方案及重点任务清单，在各级党组织和党员师生中实施“学习·诊断·建设”行动，为2021年庆祝建党百年营造浓厚氛围。

二是高质量完成北京高校表彰工作，2020年上半年组织报送11个党组织、共产党员、党务工作者参评北京高校的“两优一先”评选，最终入选9个单位和个人。

三是做好党内关怀帮扶，组织开展慰问生活困难党员、老党员和老干部以及北京市“共产党员献爱心”捐款等工作，并在年底集中开展一次规模较大、全面系统的生活困难党员关怀帮扶工作。

四是做好党员教育的优质视频拍摄，拍摄由学校党委书记靳诺主讲的高校党组织战“疫”示范“七一”专题微党课、北京高校优秀共产党员刘建军事迹宣传片。

五是组织以教职工党员为主体的专项扶贫捐款，助力学校对口支援的云南省兰坪县打赢脱贫攻坚战。

四、党员队伍建设

截至2020年底，学校师生总数35 654人，党员13 570人，党员占师生总人数的38.1%。学校学生总数为27 295人，党员7 819人，学生党员占学生总数的比例是28.6%。其中，博士生党员2 409人，占学生党员总数的30.8%（占博士生总数的50.3%）；硕士生党员3 952人，占学生党员总数的50.5%（占硕士生总数的35.5%）；本科生党员1 458人，占学生党员总数的18.6%（占本科生总数的12.8%）。学生入党积极分子5 351人，学生发展对象1 182人。

从党员的职业（身份）构成看，学校共有在岗党政教辅人员1 174人，其中党员947人，占总人数的80.7%；学校本部专任教师1 915人，其中党员1 192人，占总人数的62.2%。离退休教职员工2 024人，其中党员1 656人，占总人数的81.8%。学生27 295人，其中党员7 819人，占总人数的28.6%。

从党员年龄构成上来看，学校35岁及以下中青年党员共有9 532人，占学校党员总数的70.2%；36岁至45岁党员共有1 368人，占学校党员总数的10.1%；46岁至55岁党员共有707人，占学校党员总数的5.2%；56岁至60岁党员共有372人，占学校党员总数的2.7%；60岁以上的党员共有1 591人，占学校党员总数的11.7%。

（一）不断做好党员组织关系管理工作，扎实做好基层党务指导

一是针对突如其来的新冠肺炎疫情，第一时间制定并印发《关于全面加强毕业生党员有关工作的通知》《关于做好2020—2021学年秋季学期党员教育管理和发展党员工作的通知》等文件，为在疫情防控期间规范开展工作提供了制度遵循。二是加强工作指导，针对2019年发展党员工作中出现的问题，向各基层党组织专题印发《关于2019年发展党员工作有关情况的通报》，总结工作开展情况，表

扬先进单位和有效做法，列举存在问题并提出整改要求。三是做好组织关系转接工作指导和制度修订，面向学院和毕业生党员发布组织关系转接工作政策和程序的相关通知，并根据最新制度文件精神，及时修订组织关系转接工作问答的文件。全年共完成接转党员组织关系 4 273 人，其中转入党员组织关系 1 927 名，转出党员组织关系 2 346 名。

（二）探索党费管理改革，持续做好党费收缴和使用工作

一是有序推进学校党费账户单设工作，进一步维护了党费工作制度的严肃性、权威性，从根本上保证党费管理安全；二是开通线上党费收缴功能。针对疫情防控期间线下收缴党费工作不便开展的问题，学校在保持线下党费收缴窗口正常开通的基础上，同时开通线上缴纳通道，确保党费按时应缴尽缴；三是探索党费管理改革，系统梳理了学校党费收缴和使用中存在的问题及特点，推动党费工作“放管服”改革，提高党费收缴和使用效率。

（三）严格做好党员信息系统日常维护，严谨完成党内信息统计工作

一是做好北京市党员 E 先锋系统数据维护工作，督促全校各二级单位党组织做好每月新发展党员数据入库工作，完成每季度二级单位党组织党员问题数据反馈整改工作；二是严格核对党内信息数据，深挖数据背后逻辑，顺利完成 2020 年教育部党内信息统计工作和 2020 年高校附属学校党内信息统计工作；三是完成 2019 年党内信息数据统计工作，对于学校党员数据进行深入分析并形成专项报告《2019 年中国人民大学党内统计数据分析报告》，召开了相关工作人员专题培训会，为学校党委科学决策、加强和改进工作提供了基本依据。

五、党校工作

2020 年，学校党校按照党中央、北京市及上级部门要求，结合学校事业发展需求和特色优势，以习近平新时代中国特色社会主义思想为指导，深入贯彻落实十九大和十九届二中、三中、四中、五中全会精神，始终坚持“党校姓党”根本原则，根据中央精神和上级文件，结合学校具体实际制定工作规划，完善制度建设；根据疫情防控形势要求，灵活应对突发情况，采取线上线下相结合的方式，开展各级各类教育培训工作，切实做到教育培养“不松劲”、要求标准“不降级”、发展党员“不断线”；做好上级部门委托的相关工作任务，同时不断完善信息化建设，加强网上党校建设。

（一）坚持政治统领，完善制度建设，夯实党校事业发展基础

为深入贯彻习近平新时代中国特色社会主义思想，贯彻落实《2019—2023 年全国党员教育培训工作规划》，按照北京市《关于贯彻落实〈2019—2023 年全国党员教育培训工作规划〉的若干措施》、北京市委教育工委《北京高校贯彻落实〈2019—2023 年全国党员教育培训工作规划〉的若干措施》文件要求，切实提高学校党员教育培训工作质量，增强教育培训实效，在征求相关单位意见的基础上，结合学校实际制定印发《中国人民大学关于贯彻落实〈2019—2023 年全国党员教育培训工作规划〉的若干措施》及重点任务分解清单。

（二）根据疫情防控形势快速应对，切实做好党员发展的教育培训工作

在疫情突发的情况下，学校党校及时调整培训方式，先后举办第 35 期、第 36 期学生发展对象和第 34 期、第 35 期教工发展对象培训班，通过线上和线下相结合的方式确保教育培养党员工作质量，全年共培训学员 1 357 人。同时，学校党校还负责指导各学院通过网上党校开展积极分子培训，如期按时结业，确保学校党员发展工作平稳有序开展。

（三）持续深化改革创新，做好各级各类干部教育培训工作

3 月，学校党校启动全体中层干部“停课不停学 坚决打赢疫情防控阻击战”专题网络培训。本次培训班聚焦党的十九届四中全会精神学习，旨在帮助全体中层干部切实提高政治站位，提升党性修养、管理能力与防控风险能力，做到统筹疫情防控和学校事业发展两不误。培训班共有 393 人参与学

习，参训率98.7%，累计学时10 358.2，平均每人26.4学时，取得了预期的效果。

6月，学校党校举办中国人民大学2020年新任职党支部书记培训班，以习近平新时代中国特色社会主义思想、十九届四中全会精神和新时代党的基层组织新要求新任务为主要内容，结合学校命名组建70周年有关内容，灵活利用各类网络平台，提升培训信息化水平和质量。本次培训共有167名学员参训，其中教工党支部书记26名，学生党支部书记141名。

9月至12月，学校党校举办新上岗中层干部、优秀年轻干部培训班，共培训57名新上岗中层干部和48名优秀年轻干部。根据训前调研结果，本次培训班以需求为导向，以全面提升党性修养和增强执政本领为重点，以习近平新时代中国特色社会主义思想、十九届五中全会精神和“四史”学习、校史学习为重点内容，立足疫情防控需求与学校工作实际，开展理论学习、结构化研讨、读书分享会、沙盘模拟等培训活动，组织新上岗中层干部、优秀年轻干部、教师党支部书记前往延安、老校区和通州新校区开展“弘扬延安精神、传承红色基因”“回顾峥嵘岁月、展望美好未来”主题实践活动，多维度提升学校领导干部的综合素养、加强学校干部队伍建设。

（四）做好中组部干部教育专题研修工作

受疫情影响，2020年全国干部教育培训中国人民大学基地开设三期司局级干部专题研修班，共培训179人次，研修主题紧紧围绕党和国家的政策热点和方向，同时开展了校史馆参观、团队熔炼、主题研讨、分组展示等一系列主题鲜明、内容丰富、形式多样的活动，获得了上级部门和学员的赞扬与好评。

（五）做好党校协作组秘书处工作，积极协助北京市委教育工委开展相关工作

组织发起2020年北京市高校党校协作组六个片组的片组会，征集北京市58所高校2020年党校工作总结并编写成册。

（六）提高信息化水平，优化“线上”学习环境

在现有基础上继续完善网站、微信订阅号、网上党校学习系统、党校培训管理系统等建设，重点搭建网络学习平台，满足疫情防控常态化形势下的教育培训需求，切实打造线上线下、校内校外、室内室外的“立体”学习格局，为全校师生提供更优质、更安全的理论学习环境。网上党校投入运行以来，共上传课程1 239门，全站视频累计播放量超过19万次。其中学习党的十九大精神系列专题视频累计播放量达到4万余次，“不忘初心、牢记使命”专题视频累计播放量达到2万余次，学习全国教育大会精神专题视频累计播放量5 000余次，进一步提升了学校党员教育的灵活性、有效性与针对性。

附录

2020年中国人民大学党校培训班一览表

培训班名称	举办时间	培训人数（人）
全体中层干部“停课不停学 坚决打赢疫情防控阻击战”专题网络培训	3—4月	393
第35期学生发展对象培训班暨第34期教工发展对象培训班	4—5月	704 （其中教工发展对象15人）
2020年新任职党支部书记培训班	6月	167

续表

培训班名称	举办时间	培训人数（人）
第36期学生发展对象培训班暨第35期教工发展对象培训班	9—10月	653 （其中教工发展对象27人）
2020年新上岗中层干部培训班	9—12月	57
2020年优秀年轻干部培训班	9—12月	48
累计培训总人次		2 022

2020年中国人民大学获得北京高校先进基层党组织、优秀共产党员、优秀党务工作者表彰名单

一、先进基层党组织（3个）

马克思主义学院党委

校医院党总支

法学院党委

二、优秀共产党员（5名）

法学院　宋　彪

后勤集团　宋大我

附属中学　高江涛

马克思主义学院　刘建军

信息学院　杜小勇

三、优秀党务工作者（1名）

哲学院　张鹏举

■ 宣传工作

一、概况

2020年，在学校党委的坚强领导下，党委宣传部以习近平新时代中国特色社会主义思想为指引，深入学习宣传贯彻党的十九大和十九届二中、三中、四中、五中全会精神，深入学习贯彻落实习近平总书记系列重要讲话精神，坚持以党的政治建设为统领，以提高政治能力为根本，坚守人民情怀，持续深入开展“不忘初心、牢记使命”主题教育，巩固主题教育成果并转化为实际行动，不断增强“四个意识”、坚定“四个自信”、做到“两个维护”，把统一思想、凝聚力量作为宣传思想工作的中心环节，牢牢掌握意识形态工作领导权，弘扬主旋律、守好主阵地、打好主动仗，统筹推进学校思想政治工作和各项重点工作落实落细，构建有温度、有深度、有力度的全方位宣传思想工作大格局，为加快推进学校“双一流”建设、全面深化立德树人各项工作营造了良好的舆论氛围。

二、理论教育工作

（一）抓住“关键少数”，提升中心组学习制度化规范化水平

加强组织领导，完善制度机制。制定《2020 年中国人民大学党委理论学习中心组学习计划》《党委理论学习中心组学习组织工作流程》，研究学校二级党组织理论学习中心组学习巡听旁听工作办法，对全校 33 个二级党组织理论学习中心组 2019 年学习情况进行检查，起草《关于学校各二级党组织理论学习中心组 2019 年度学习情况的报告》。

根据上级要求和形势任务发展，精心拟定学校党委理论学习中心组的学习主题，购置理论书籍，编印学习资料，及时做好学习记录，采写编发学习报道。做到工作任务需要什么就学什么，形势任务拓展到哪里学习就跟进到哪里，学习内容既有党的基本理论，又有党纪国法，既有党史、新中国史、改革开放史和社会主义发展史，又有习近平总书记教育重要论述。共计组织 10 次专题学习。

创新学习形式，提高学习质量。积极探索开放式、互动式、研究式、共享式的学习途径，进一步增强学习的吸引力和感染力。以集体学习研讨作为学习的主要形式，适时邀请专家辅导授课、组织现地参观见学、收看专题微党课、召开党员代表座谈会，把专题学习、重点发言和系统学习有效结合起来，提高集体学习的效果。

（二）发挥独特优势，加强党的创新理论的研究阐释

充分发挥学校“在我国人文社会科学领域独树一帜”的学科优势，以及理论研究高地和马克思主义意识形态坚强阵地的示范引领作用，组织各领域的理论专家围绕党和国家发展过程中的重大事项及重点理论问题进行前瞻性、针对性研究，推出有影响力的研究成果和具有建设性、可操作性的对策建议。组织撰写理论文章，在中央主流报刊刊发 17 篇。

（三）建强工作平台，推进高校思想政治工作创新发展中心建设

研究制定《中共中国人民大学委员会关于加快构建思想政治工作体系的若干措施》及任务清单，并在年底总结上报 2020 年目标任务完成情况，梳理已形成的经得起实践检验、有典型意义的经验做法，提炼各单位在加快构建高校思想政治工作体系方面的典型案例，推进学校思想政治工作的创新发展。

按照教育部要求，扎实做好高校思想政治工作创新发展中心中期考核，对中心履行职能、发挥作用的情况进行全面考核自查，并提交相关报告材料。

协助学校领导完成“当代高校知识分子群体思想意识问题研究”的项目申报、研究推进工作。

三、新闻宣传工作

（一）夯实日常新闻编辑工作，全力讲好人大故事

聚焦党和国家事业建设发展的主旋律，立足学校“双一流”建设大局，新闻中心狠抓日常业务工作，践行脚力眼力脑力笔力，2020 年采编新闻网各类报道 4 187 篇，处理新闻图片 12 790 张，发布影像报道 30 余条，即时投放校内显示屏新闻速递 2 500 余条，先后搭建上线“众志成城、抗击疫情”等 5 个专题网站，平均总浏览量逾 200 万，并推出了一批有亮点、有特色，兼具深度与温度的专题报道。

（二）加强主流媒体深度合作，聚力传播人大声音

充分依托主流媒体舆论主阵地，新闻中心不断加强与《人民日报》、新华社、中央广播电视总台等主流媒体的沟通合作。2020 年，累计对接媒体记者逾 1 000 人次，推出各类媒体报道 2 341 篇，其中，CCTV《新闻联播》重磅聚焦学校共计 18 次，累计获得门户网站、客户端、微博等新媒体渠道

报道及转载超过37万条次。

（三）布局“融媒体+”传播矩阵，合力传递人大力量

2020年，新闻中心官方微信推送280余期、图文消息342篇，图文总阅读量达626万余人次；发布微博580余条，粉丝数量净增长逾33万；新开通官方快手号、“学习强国”号、中国教育发布、央视频、北京号等新兴内容平台，官方快手号年度粉丝量已近60万，官方抖音、快手粉丝量累计超130万。2020年发布短视频213条，总浏览量1.63亿次，获赞超524万。积极试水拥抱短视频、直播等新兴内容业态，直播各类校内重要活动10余次。

（四）聚焦重大选题报道策划，与党和国家同频共振

围绕战“疫”一代毕业季、决战脱贫攻坚、2020年全国两会、民法典颁布、学校命名组建70周年、“十四五”、学习“四史”等重大选题，新闻中心精心策划了一系列原创融媒体作品。聚焦讲好学校战“疫”故事，参与拍摄制作高校党组织战“疫”示范微党课，发布学校学者署名文章和资政言论400余篇；聚焦打造学校特色“疫”时思政课，推出2020届云端毕业典礼直播等融媒报道；聚焦讲好学校教育脱贫故事，官方微博微信先后发布《见证“怒江故事”，打赢脱贫攻坚战》等系列推文；聚焦2020年人大人的两会声音，新闻网、官微搭建开设两会专题网页与栏目，累计发布各类相关稿件近200篇；聚焦民法典“梦之队”、命名组建70周年、思想政治及爱国主义教育引领等，新闻中心发布各类报道近千篇。

（五）加强学生组织管理与融媒体平台建设，特色活动推陈出新

广播台编播节目110小时，协助各机关部处录制播放各类音频、主持各类活动，推送微信81次，线上电台发布节目96期（总播放量超20万），发布长视频12条，发布抖音短视频作品30条。网络新闻社2020年拍摄时讯和专题照片6 000余张，制作70次微信推送、5个新闻网图集。

（六）持续强化视频报道，抢占影像宣传高地

配合中宣部、教育部等上级部门参与制作《我的祖国》、“脱贫攻坚”、《我和我的学校》等系列MV；与教育部新闻中心加强合作，推出《向上的力量》、“战‘疫’公开课”等系列报道；与《光明日报》、《人民日报》、央视新闻、学习强国、抖音、快手等主流和新兴媒体视频平台合作，聚焦媒体融合发展热点，推出“云毕业打卡”“表白祖国手语舞接力”等系列短视频。

（七）各平台成绩斐然，荣誉奖励硕果累累

新闻中心收到央视频（中央广播电视总台视听新媒体中心）感谢信，感谢学校2020年“云充电”公益项目助力疫情防控期间“停课不停学”的突出贡献；党委宣传部新闻宣传科获评“中国人民大学先进集体”称号；收到微博感谢信，感谢学校在“未来你好毕业典礼”大型网络“云典礼”活动中的突出贡献，两次获新浪微博校园部荣誉证书；学校获评2020年人民网优秀校园新闻作品获选高校、人民号2020年度高校矩阵优质号主、2020高校快手号年度影响力奖、快手校园“2020年度最具影响力高校官方账号”等；融媒体作品《使命在肩、奋斗有我：战“疫”一代的毕业思政课系列》获评教育部“2020教育政务新媒体年度案例”；官微作品《初心接力！请回答，在铁狮子胡同1号的故事》获评2020年度人民网优秀校园新闻作品；官方抖音号获颁“2020年政务抖音号优秀创作者”；收到今日头条政务号创作者感谢信。

四、校报编辑工作

（一）提高政治站位，履行党委机关报职能

2020年，校报编辑部深入学习宣传贯彻习近平新时代中国特色社会主义思想和党的十九届五中全会精神，认真贯彻落实习近平总书记关于疫情防控重要指示精神，按照学校总体工作规划和宣传工作要点，全年外出采访600余次，写作稿件400余篇，完成深度策划稿件100余篇，合计采写新闻70

余万字，全年共编辑校报 31 期。

（二）加强专栏专版建设，放大宣传效应

策划并推出抗疫专版 32 版，包括《齐心协力防控新冠疫情 携手同行共待春暖花开》《党旗引领共克时艰》《专家学者建言献策 为打赢疫情防控阻击战提供智力支持》《停课不停学 学院在行动》等主题专版；开设系列专栏及时报道和反映学校教育扶贫重要活动和对口支援工作成绩，以“国家扶贫日”为契机，推出对口支援西藏民族大学工作通讯和师生扶贫事迹宣传专版。

（三）抓好深度报道策划，扩大社会影响

在抗疫工作最为艰难的阶段，写作了长篇通讯《尽锐出战 敢打必胜——中国人民大学全力战“疫”坚决打赢疫情防控保卫战》《患难与共 心手相连 涓流成海 磅礴伟力 人大人以实际行动抗击疫情》《一生一策 一师一责 一院一账 一类一案——学校三级联动打出稳就业“组合拳”》，并策划系列稿件反映学校疫情防控各条战线上的工作成果。

（四）加强校报规范化管理，提升执行质效

随着网络技术的快速发展，纸质媒体受到极大冲击，为适应新形势，经学校党委同意后，启动校报刊期变更程序；按 2020 年新施行标准在北京市出版局完成年检申请；向版本图书馆报送校报原始材料用于永久留存。

■ 统战工作

一、概况

2020 年，党委统战部围绕深入贯彻党的十九届四中、五中全会精神，学习领会习近平总书记关于加强和改进统一战线工作的重要思想，全面贯彻落实中央统战工作会议、第二次全国高校统战工作会议、《中国共产党统一战线工作条例（试行）》等中央和北京市最新统战工作会议、文件的精神，从党的统战工作“团结一切可以团结的力量，调动一切可以调动的积极因素，并努力化消极因素为积极因素”之根本宗旨和根本任务出发，进一步巩固和完善新时期大统战工作格局，助力学校“双一流”建设与治理体系和治理能力现代化，积极探索高校统战工作的新模式新路径新方法。

按照学校部署要求，完成疫情防控各项工作。进一步加强统战工作制度化建设，完善工作计划、工作日志、工作年报三位一体工作制度。完成《关于调整学校统战工作领导小组、民族宗教工作领导小组和港澳台侨工作领导小组成员的通知》。对 2019 年统战工作进行分类整理，完成《中国人民大学统一战线工作年报（2020）》的编辑、印刷、发放工作。搜集、汇总、整理统战工作中涉及的公开政策文件，编辑印刷《统战工作文件汇编（2020）》。研究制定《中国人民大学统一战线工作“十四五”规划》。

二、各级人大代表和政协委员工作

2019 年 12 月至 2020 年 1 月，政协北京市海淀区第十届委员会委员、学校教师刘小惠、周建华、张秀智、汪昌云、许勤华、张丽华、殷强、卜健军、蓝虹、高圣平、刘金龙、赵春海，北京市海淀区第十六届人民代表大会代表、学校教师翟小宁、张晓萌、朱晓琦、汤维建，参加了政协北京市海淀区第十届委员会第四次会议和北京市海淀区第十六届人民代表大会第六次会议，积极参政议政、建言献策。

1月，学校教师齐鹏飞、赵忠、文继荣、殷强、张丽华、王润泽作为政协北京市第十三届委员会委员，韩大元、翟晓宁、乌云毕力格、黄石松作为北京市第十五届人民代表大会代表，参加了政协北京市第十三届委员会第三次会议和北京市十五届人大三次会议。

5月，校长刘伟和教师杨光斌、汤维建、张风雷作为政协第十三届全国委员会委员，教师郑功成、庄毓敏作为十三届全国人大代表，参加了全国政协十三届三次会议和十三届全国人大三次会议。

6月，学校传达全国两会精神暨党委理论学习中心组（扩大）学习会召开。学校党委书记靳诺主持会议，校领导刘伟、王利明、吴付来、贺耀敏、吴晓球、郑水泉、刘元春、杜鹏、朱信凯、齐鹏飞出席。

6月，学校马克思主义学院齐鹏飞等八位教授获聘首批全国政协参政议政人才库特聘专家。

三、各民主党派基层组织建设及无党派代表人士工作

根据北京市委教育工委下发的《关于举办北京高校党外代表人士（民主党派基层骨干）网络专题培训班的通知》要求，协调学校各民主党派及其他统战团体参会人员报名。

1月，第四届中国人民大学民建人文论坛在学校举办，主题是“不忘初心与当前形势”。

6月，学校召开民主党派负责人座谈会。学校党委副书记、党委统战部部长郑水泉出席会议。

6月，中国民主建国会中国人民大学支部以腾讯会议线上线下相结合的方式召开换届大会。

6月，中国国民党革命委员会中央委员会致学校党委统战部感谢函。民革中国人民大学支部副主委、公共管理学院副教授张秀智同志向民革中央祖统委员会提供了题为《关于扶持食用菌行业应对疫情》的社情民意，被民革中央采纳，报送至全国政协，受到有关部门的重视和肯定。

7月，学校党委副书记、党委统战部部长郑水泉一行走访九三学社北京市委。

8月，中国农工民主党中国人民大学支部换届会议通过腾讯会议系统在线召开。

9月，中国国民党革命委员会海淀区工委中国人民大学支部换届大会召开。

11月，由民革中国人民大学支部主办、学校党委统战部协办的民主党派参与教育扶贫经验座谈会召开。

12月22日，全国政协副主席、九三学社中央常务副主席邵鸿一行到访学校，出席九三学社中国人民大学委员会成立大会。学校党委书记靳诺、党委副书记兼党委统战部部长郑水泉出席活动。

12月，围绕认真学习贯彻习近平新时代中国特色社会主义思想，加强政治建设，提高政治能力，坚守人民情怀，夺取决胜全面建成小康社会、实现第一个百年奋斗目标的伟大胜利，开启全面建设社会主义现代化国家新征程，征求民主党派和无党派人士代表对学校领导班子和领导干部在理想信念、宗旨意识，推动学校改革发展等方面的意见建议，党委统战部举办民主党派代表、无党派人士代表征求意见座谈会。学校党委书记靳诺、党委副书记兼党委统战部部长郑水泉出席座谈会并听取各方面代表的意见和建议。

民主党派成员积极参政议政，获得多项表彰。

农工党中国人民大学支部委员蓝虹获农工党中央“2018—2019年全党反映社情民意信息工作先进个人”荣誉称号。

四、港、澳、台及侨联工作

7月，学校党委副书记、台港澳研究中心主任、全国港澳研究会副会长齐鹏飞在《光明日报》2020年7月2日第2版发表文章《为“一国两制”香港实践行稳致远筑牢法治根基》。

10月，学校依托北京市港澳台侨学生教育管理研究分会平台，举办2020年北京市港澳台侨新生“开学第一课”活动。学校党委书记靳诺为活动发表致辞，马克思主义学院党委书记兼常务副院长王易做主题讲座。

学校党委副书记、台港澳研究中心主任、全国港澳研究会副会长齐鹏飞的《关于港人“国家认同教育”存在的问题及建议》被北京市委统战部《北京统战信息专报》(2020年第17期)采用。

五、民族宗教工作

1月，全国政协委员、民族和宗教委员会驻会副主任杨小波一行来校调研爱国宗教界人士培养工作。校长刘伟会见杨小波一行，学校党委副书记兼党委统战部部长郑水泉出席会见及相关活动。

6月，学校党委副书记、党委统战部部长郑水泉一行赴北京市民族宗教事务委员会参加“专题研训”工作座谈会。

10月，第十五期爱国宗教界人士研修班、第五届爱国宗教界人士硕士研究生班开学典礼在学校举办。中央统战部副部长、国家宗教事务局局长王作安，学校党委书记靳诺等出席。

六、理论研究工作

1月，由学校国际关系学院教授周淑真担任首席专家，北京市委统战部、中国统一战线理论研究会政党理论北京研究基地联合报送的研究课题“新型政党制度的理论特色、时代内涵和实践要求”获得2019年全国统战理论政策研究创新成果三等奖。

1月，学校参政议政研究中心召开2019年工作会议，中心主任、学校党委副书记、党委统战部部长郑水泉，中心主任、九三学社中央参政议政部副部长张瑛出席会议。

1月，北京市社会主义学院副院长陈勇一行到访学校党委统战部，就加强统战理论研究、深化双方合作等事宜进行调研座谈。学校党委副书记、党委统战部部长郑水泉参加调研并讲话。

2月，学校党委统战部(中国统一战线理论研究会政党理论北京研究基地)获评2019年北京市统战理论研究和调查研究优秀组织单位。

6月，北京市委统战部二级巡视员、办公室主任耿朝东一行来学校党委统战部就统战信息工作进行相关调研。学校党委副书记、党委统战部部长郑水泉出席会议。

7月，北京市海淀区委常委、海淀区委统战部部长任武军一行来学校进行统战工作调研。学校党委书记靳诺会见了任武军一行。学校党委副书记、党委统战部部长郑水泉出席会议。

七、抗疫工作

2月，党委统战部发布《致中国人民大学统一战线全体成员的一封信》，号召学校各民主党派成员、无党派人士、党外知识分子率先垂范，从自身做起，坚决落实防控工作的决策部署，加强疫情防治知识宣传普及，积极引导各方形成共识，切实维护社会稳定、人心稳定。

2月，起草《党委统战部关于统一战线成员积极投身社区疫情防控工作的通知》，组织学校各民主党派、侨联、留联会、知联会等统战团体及全体统一战线成员，根据自身专业和特长开展疫情防控工作。

积极参政议政、建言献策。依托学校统战理论“三大高端智库”及学校参政议政研究中心等智库平台，围绕抗疫工作，鼓励统一战线成员向中央、北京市、海淀区积极建言献策，为九三学社中央、农工党中央提供决策咨询、参政议政、社情民意报告，报送40余份建议材料。

鼓励党外人士发挥专业特长，为防疫抗疫工作提供科研助力。加强宣传，引导党外学者结合自身专业特长发表有关抗击疫情的学术观点。统一战线成员在重要报刊发表抗疫相关文章 36 篇，接受若干媒体访谈。鼓励党外人士下沉社区，为疫情防控期间的社区防控工作增添助力。学校侨联、知联会与海淀区曙光街道对接，致公党中国人民大学支部与曙光街道的金雅园社区对接，九三学社中国人民大学支社与上庄镇皂甲屯村对接，组织开展疫情防控和信息宣传、社区媒体工作，为街道抗击疫情协调捐赠防控物资，组织志愿者加盟社区一线值守，参加社区志愿者执勤等。坚守抗疫一线，为防疫抗疫工作做贡献。无党派人士 1 人参加北京市委统战部组织的心理学专家组，支援 12345 市民热线；无党派人士、知联会理事 2 人参加“社工伴行”社工志愿服务团队工作。作为医生的九三学社社员 1 人及农工党党员 2 人坚守医院一线岗位，服务师生，服务社区居民，网络答疑解惑，送医寄药 40 余人次。

为抗疫一线伸援手、献爱心，踊跃捐款捐物。据不完全统计，民革中国人民大学支部联合八七级校友，委托民革重庆市万州区委，向万州红十字会捐赠了价值 20 万元的 10 吨金针菇；九三学社中国人民大学支社社员捐款 4 970 元；致公党党员高圣平个人捐款 10 万元。

八、“统一战线理论与政策进高校、进课堂、进教材”工作

10 月 14 日，“北京高校统战大讲堂”2020 年第一讲、学校“统战理论与政策前沿系列学术讲座”第十八讲、学校党校第 36 期学生发展对象培训班暨第 35 期教工发展对象培训班第三次专题讲座举办。中央统战部一局副局长张衍前做了题为“坚持和发展我国新型政党制度”的主题讲座。

附录

2020 年中国人民大学全国人大代表、政协委员议案提案一览表

类别	姓名	议案提案
全国人大代表	郑功成	关于尽快制定医疗保障法的议案 关于将无障碍环境建设法增补入本届人大常委会立法规划的建议
	庄毓敏	经济下行期关注居民债务风险的建议
全国政协委员	刘伟	关于“以‘复工复产’政策供给侧改革持续优化营商环境”的提案 关于“推进数字经济与实体经济深度融合”的提案 关于“充分动员社会力量，提升基层社区突发风险应对能力”的提案
	汤维建	关于分阶段拓展公益诉讼案件范围的提案 关于加快涉外法律人才培养的提案 关于建立全国统一的环境公益鉴定机构，克服“鉴定难”、“鉴定贵”的提案 关于强化民政机关社会责任的提案 关于新冠肺炎疫情影响下合同违约法律对策的提案 关于修改《野生动物保护法》，将检察机关提起保护野生动物公益诉讼写入法律的提案
	张风雷	关于设立国家减灾博物馆的提案 关于建立完善高等学校学费标准动态调整新机制的提案
	杨光斌	关于进一步优化北京市交通治理的意见

2020年中国人民大学北京市人大代表、政协委员议案提案一览表

类别	姓名	议案提案
北京市人大代表	翟小宁	关于促进学生身心健康发展的建议 关于净化网络环境保护学生健康成长的建议
	韩大元	关于完善北京市冷链物流保障食品安全体系的建议 关于首都立法的建议
	乌云毕力格	无
	黄石松	关于加快我市农村养老服务体系建设的建议 关于加快北京市老年健康服务体系的建议 关于修订《北京市老年人权益保障条例》的议案
北京市政协委员	齐鹏飞	无
	赵忠	关于成立民间人才基金，建设北京人才高地的提案
	文继荣	关于系统协调初中高中大学考试招生改革的提案
	张丽华	关于我市各区结合部交错地其街道行政区划应列入“城市规划”重新设置的建议 关于进一步维护教师职工队伍健康权益的提案 关于我市物业管理现存问题及相关建议的提案 关于切实改善高校青年教师住房问题的提案 关于建设市郊高速铁路的提案
	王润泽	关于优化北京公交专用道路使用的提案 关于教育体系现代化问题的建议 关于进一步关爱防疫一线医护人员的建议 关于优化发票索取方式的社情民意反映
	殷强	关于在北京通州区高校集中的临镜路地区周边合理规划配置公共文化设施服务高校师生精神文化生活需求的建议 关于加强全市道路交通停车监控探头对合法停车车辆的甄别，避免一刀切式罚款的不合理处罚的建议 关于为归国留学学人（归侨学者）建立数据库图书馆，专项保管研究借鉴传播他们在境外科研成果的建议 关于改建北京西站广场步道桥，增设电动扶梯改善老幼妇女旅客负重攀登台阶避免崴脚等运动损伤的建议

2020年中国人民大学各民主党派组织机构情况

党派	委员会	支部（支社）	成员数	备注
中国国民党革命委员会		1	20	联合支部
中国民主同盟	1	5	104	联合支部

续表

党派	委员会	支部（支社）	成员数	备注
中国民主建国会		1	27	联合支部
中国民主促进会		1	27	联合支部
中国农工民主党		1	25	
中国致公党		1	14	
九三学社		1	43	
总计	1	11	260	

2020 年中国人民大学民主党派成员在其党内任职情况

类别	在其党内任职情况	姓名
全国（4 人）	民盟中央副主席	郑功成
	民盟中央委员	汪昌云
	民革中央委员（常委）	汤维建
	农工党中央委员	卜健军
北京市（5 人）	民盟北京市委委员（常委）	龙永红
	民盟北京市委委员	于春海
	民建北京市委副主委	黄石松
	民进北京市委委员	殷　强
	农工党北京市委委员	卜健军
海淀区（6 人）	民革海淀区工委主委	汤维建
	民建海淀区委委员	李　勇
	民进海淀区委副主委	殷　强
	民进海淀区委委员	郭英剑
	农工党海淀区委委员	卜健军
	九三学社海淀区委委员	刘金龙
石景山区（1 人）	民革石景山区工委委员	陈小沁

■ 纪检监察工作

一、概况

2020 年，学校纪委坚持以习近平新时代中国特色社会主义思想为指导，深入学习贯彻党的十九大和十九届四中、五中全会精神，贯彻落实十九届中央纪委四次全会、市纪委十二届五次全会以及2020年教育系统全面从严治党工作会议精神，严格落实上级领导部门的工作部署，有力协助学校党委落实全面从严治党政治责任，强化监督第一职责、基本职责，坚持严的主基调，发挥监督保障执行、促进完善发展作用，稳中求进推动学校纪检监察工作高质量发展。

二、推动全面从严治党向纵深发展

（一）紧抓主体责任“牛鼻子”，协助学校党委落实全面从严治党政治责任

一是坚持加强党的领导，协助推动学校党的政治建设。推动学校党委制定落实全面从严治党主体责任清单，落实《中共中国人民大学委员会关于加强党的政治建设的若干措施》及清单任务，健全责任明确、保障到位的党的建设工作运行机制。协助成立学校党委审计委员会、依法治校委员会，提升学校治理体系和治理能力现代化水平。协助成立学校思想政治理论课建设领导小组，巩固马克思主义在高校意识形态领域的指导地位。

二是推动学校党委领导下的校长负责制和“三重一大”决策制度落实完善。促进制定学校党委常委会议事规则和校长办公会议事规则、修订“三重一大”决策制度，推动完善学校党委统一领导和党政分工合作、协调运行的工作机制。推动附属中小学等单位党组织和纪检组织建立健全，强化学院党组织领导作用的发挥。强化对“三重一大”决策制度执行情况和民主集中制落实情况的监督检查，督促各学院党组织会议规则和党政联席会议规则落地落实。

三是健全工作沟通机制，当好学校党委的参谋和助手。坚持学校党委书记、纪委书记会商制度常态化、制度化，向学校党委书记请示报告重大事项、沟通交流学校政治生态的新情况新问题、重要或复杂问题线索的处置情况等。总结分析纪检监察信访情况、编印《纪检监察信息》等，及时为学校党委提供决策参考，有效发挥参谋和助手作用。

四是加强对“一把手”和领导班子的监督。协助学校党委不断完善校级领导班子内部监督制度，督促班子成员履行“一岗双责”；促进学校党委书记作为上级“一把手”抓好下级“一把手”；加强对二级单位“一把手”主体责任落实情况的监督检查。针对相关师生党员违反法律法规、校纪校规问题，学校纪委书记分别约谈5个学院党政主要负责人和纪委书记（纪检委员），压实“两个责任”。

（二）强化政治监督，确保党中央重大决策部署和上级部门工作要求贯彻落实

一是积极组织落实监督责任，全力协助校园疫情防控。贯彻落实党中央和上级单位对新冠肺炎疫情防控的部署和要求，成立学校新型冠状病毒疫情防控监督工作小组，制定《关于落实新型冠状病毒疫情防控工作监督责任的实施方案》《学生返校工作监督检查方案》，监督检查疫情防控关键部位和重点场所工作落实情况，确保常态化疫情防控下教学科研和校园管理工作平稳有序开展。针对疫情防控工作中履职不严不实的问题，先后约谈5个学院党政主要负责人、纪委书记和分管学生工作的党委副书记，给予谈话提醒。成立“新型肺炎防控中纪检监察重点工作研究”课题组，结合主责主业开展研究，在人民网、新华网等媒体发表系列成果。

二是找准监督定位，保障脱贫攻坚。将帮扶云南省兰坪县脱贫攻坚任务落实情况纳入政治监督重点，制定监督工作方案，成立监督检查工作组，赴兰坪县开展实地走访、调研座谈，督查教育扶贫工作落实情况。

三是开展专项检查，注重标本兼治。落实中央巡视反馈问题整改情况“回头看”工作，专项检查二级单位巡视巡察反馈问题整改情况。推动制止餐饮浪费行为自查自纠，督促后勤集团、宣传部、学工部、教务处、校工会、校团委等多个职能部门协同履责。开展冒名顶替上大学问题自查、毕业就业工作自查、校工会经费使用情况检查等专项监督检查。将抓问题整改与促制度建设有机结合，标本兼治，抓常抓长。

三、聚焦监督执纪问责职责

（一）紧盯重点领域和“关键少数”，做实日常监督

一是突出政治标准，严把选人用人关。按照“凡提四必”要求，完成中层干部提拔、调整征求意见回复28次，涉及干部186人次，提出暂缓提拔4人、不宜提拔10人、酝酿阶段叫停5人、暂缓复职1人。审核外单位拟调入人员廉洁情况57人。为评优评奖等事项提供廉洁鉴定意见55次，涉及人员912人次。坚持新任职或调整的中层正职领导干部“三必谈”制度，开展廉政纪律谈话29人次。

二是下沉监督重心，增强日常监督实效。聚焦通州新校区建设工作，通过列席决策会议、查看施工现场、开展座谈交流、督促自查整改、推动制度建设等方式，有效防控廉政风险。派员列席部分二级单位领导班子及中层干部年度述职考核，了解和监督班子建设和干部履职情况，传导全面从严治党压力。

三是紧盯重点领域，规范和加强问题线索排查处置。严格落实问题线索处置集体决策制度，召开信访工作小组会35次，进行集中研判，从严从紧处置违反政治纪律和政治规矩，涉及“关键少数”、工程建设、招生考试、招标采购等重点领域的问题线索。2020年共收到各类问题反映147件，形成问题线索37件，其中，初步核实2件，谈话函询11件，了结15件，形成案件9件（含直接进入审理程序2件），受理的问题线索现已办结30件。

四是巩固中央八项规定精神成果，驰而不息纠治“四风”。紧盯重要时点，面向全校二级党组织印发工作通知，督促加强提醒教育、监督检查，及时发现查处顶风违纪行为。坚持问题导向，督促人事、资产、财务管理等部门开展自查自纠，堵塞管理漏洞，完善相关制度。

（二）深化运用“四种形态”，一体推进“三不”，推动校园政治生态持续向好

一是运用“四种形态”，筑牢“不敢腐”的防线。准确把握政策策略，深化运用监督执纪“四种形态”60人次。其中，第一种形态47人次，占78.3%；第二种形态9人次，占15.0%；第三种形态3人次，占5.0%；第四种形态1人次，占1.7%。真正做到惩前毖后、治病救人。做好审查调查“后半篇”文章，在全校干部警示教育大会上首次实名通报了学校查处的典型案例，形成震慑效应。

二是规范权力运行，扎紧“不能腐”的笼子。把查办案件与强化制度约束结合起来，紧盯重点领域、关键岗位、“关键少数”，加强对权力运行各环节的监督，通过派驻专人监督、开展专项检查、发出纪检监察建议书等方式，推动相关职能部门发现问题、纠正偏差、完善制度。

三是做好廉政教育，增强“不想腐”的自觉。学校纪委书记分别面向校属企业干部、招标采购领域管理干部、新上岗中层干部、学生党员等不同群体，结合正反面案例，多次开展有针对性的理想信念教育和党风廉政教育，促进党员干部加强党性修养，敬畏纪律规矩。

四、其他工作

（一）推进学校纪委内设机构调整，加强纪检干部成长平台建设

学校纪委下设职能机构在保留纪委办公室的基础上，增设三个监督检查室，专职干部编制由7名增加到11名，纪检工作力量得到增强。注重纪检干部培养成长，2名学校纪委委员提任学校党委常委、副校长，学校纪委副书记提任中央戏剧学院党委副书记、纪委书记，二级党组织纪委书记2人提任党委书记，1名专职干部调任中央纪委国家监委。持续推动二级单位纪检组织体系建设，向独立法人单位选派专职纪委书记。

（二）加强培训交流，促进纪检干部能力素质建设

围绕二级党组织“两个责任”落实情况、二级纪检组织工作开展情况和难点问题、深化纪检

监察体制改革等主题进行座谈研讨，增强纪检干部履职意识。组织专职干部参加中央纪委国家监委专题培训班，定期开展理论、业务学习，举办“明德颂廉”系列培训讲座，提升纪检干部的履职能力。

（三）积极献言献策，助力纪检监察工作高质量发展

接待中央纪委国家监委信访室等部门来校调研，介绍学校工作有关情况，指出工作中遇到的问题并提出工作建议，为上级机关提供决策参考。认真对待上级机关有关制度征求意见工作，提出的修改意见多次被采纳。例如，对中央纪委国家监委案件监督管理室负责起草的《纪检监察机关监督检查审查调查统计工作规定（征求意见稿）》提出的7条修改意见，有4条被完全采纳，2条被部分采纳。

■ 巡察工作

一、校内巡察

2020年，巡察工作坚持与学校常态化疫情防控工作密切结合的工作思路，将学校常态化疫情防控工作任务落实情况纳入巡察监督工作重点，推动校内巡察工作有序开展。2020年共开展两轮巡察工作，包括对2个部门、单位的“机动式”巡察和18个二级党组织的常规巡察。

2019年12月31日，学校党委启动第五轮巡察工作。但受疫情影响，对相关二级党组织的巡察工作一度暂停。2020年6月，党委第五轮巡察工作陆续恢复。考虑北京市中考和高考相关工作安排，对附属中学党委、人大附中联合总校党委的巡察工作延宕时间较长。2020年11月底，党委第五轮对附属中学党委、人大附中联合总校党委、农业与农村发展学院党委、统计学院党委、社会与人口学院党委、理学院党委的巡察工作顺利结束，共发现“四个落实”方面问题109个。

2020年7月9日，学校党委启动第六轮巡察工作。党委第六轮巡察采取“机动式”巡察和常规巡察相结合的方式，先后启动对资产与后勤管理处、深圳研究院的“机动式”巡察和对文学院党委、历史学院党委、国学院党委、经济学院党委、应用经济学院党委、艺术学院党总支、信息学院党委、数学学院党总支、公共管理学院党委、劳动人事学院党委、信息资源管理学院党委、教育学院党总支等12个学院党组织的常规巡察。2020年12月23日，党委第六轮巡察工作圆满完成，共发现“四个落实”方面问题155个。

二、巡察反馈、整改工作

受疫情影响，党委第四轮巡察对财政金融学院党委、法学院党委、苏州校区党委和国际关系学院党委的反馈工作于6月初全部完成。党委巡察办会同党委组织部、纪委办公室等巡察工作领导小组成员单位，按照学校相关规定，认真审核4个被巡察单位提交的整改方案、工作台账等材料，提出意见建议，督促其落实好整改工作。

按照工作规程，督促党委第三轮被巡察单位全面梳理本单位整改完成情况，完善整改工作台账，按时提交整改情况报告。11月12日，中共中国人民大学第十四届委员会巡察工作领导小组第15次会议听取了马克思主义学院党委、继续教育学院党委、体育部党总支、校医院党总支、哲学院党委的巡察整改情况，并就如何实现高质量的巡察整改工作进行了研究和探讨。党委第三轮巡察共发现问题

143 个，已完成整改 113 个，整改完成率 79.0%。

三、制度建设

2020 年上半年，党委巡察办充分总结前几轮校内巡察工作实践经验，对校内巡察相关制度文件进行修订完善。2020 年 5 月 29 日，经中共中国人民大学第十四届委员会第 104 次常委会议审议通过，《中共中国人民大学委员会巡察工作办法》和《中共中国人民大学委员会巡察工作规程》正式印发。

四、队伍建设

组织开展巡察工作人员业务培训。邀请相关职能部门负责人从意识形态、党建工作、纪检监察、本科教学、“双一流”建设、巡察实践等方面开展业务培训，有针对性地提升发现问题的能力，保证巡察工作质量。2020 年，组织开展 2 期共 83 名巡察工作人员的业务培训工作。

“以干代训”，助力学校“双带头人”培养工作。针对常规巡察对象全部是学院党组织的情况，结合学校“双带头人”培养机制，由相关学院推荐选拔 6 名优秀教师党支部书记参加巡察工作，为巡察组注入新思路、新动力，同时以“以干代训”的方式为学校党委培养“双带头人”提供助力。

组织落实巡察工作人员考核工作。根据相关工作要求，完成党委第五轮、第六轮巡察共 105 名工作人员考核工作，并将考核结果抄送党委组织部、人事处，为学校干部选拔和教职工岗位评聘提供参考。

■ 教师工作

一、概况

2020 年，教师工作坚持以习近平新时代中国特色社会主义思想为指导，深入学习贯彻习近平总书记关于教育的重要论述和全国教育大会精神，把立德树人成效作为检验教师思想政治工作和师德师风建设的根本标准，严格制度规定，强化日常教育督导，注重先进典型激励，推动教师思想政治工作和师德师风建设水平得到进一步提升，为着力培养德智体美劳全面发展的社会主义建设者和接班人提供坚实保障。

二、教师思想政治工作

（一）推动教师思政理论学习常态化

把持续深入学习习近平新时代中国特色社会主义思想作为教师思想政治工作的主线和首要政治任务，出台《中共中国人民大学委员会关于加强教职工思想政治理论学习工作的实施意见》，落实教师集中理论学习制度，健全教师思政理论学习机制，推动教师思想政治理论学习长效化。积极组织教师观看“不忘初心、牢记使命”主题教育总结大会、全国两会等国家重大活动直播，报送学习体会，进一步提升教师思想政治素养。

（二）推进国情教育主题社会实践

持续推进“读懂中国”青年教师社会调研计划的开展。2020 年“读懂中国”调研活动以“脱贫攻坚迎小康”“众志成城抗疫情”“追寻红色记忆”为主题，以新入职教师和在校青年教师为主要对象，共开展2项新入职教职工集体调研项目和10项在校教师支持项目，参与人数达150余人。学校党委教师工作部将调研成果编印成集，下发调研人员及相关单位，并于11月19日组织召开“读懂中国”活动总结暨青年教师交流会，对活动进行总结交流。学校党委书记靳诺、副书记郑水泉出席会议并讲话。

此外，组织教师团队参加北京高校师生服务首都“四个中心”功能建设“双百行动计划”，三支教师团队成功入选并按要求开展调研活动。

（三）创新推动课程思政建设

落实《中国人民大学“吴玉章课程思政名师工作室计划”实施办法（试行）》，学校于6月5日评选成立首批5个“吴玉章课程思政名师工作室”：财政金融学院“国际金融”（首席教师：王芳教授）、数学学院“量化推理”（首席教师：柯媛元教授）、社会与人口学院“社会学概论”（首席教师：冯仕政教授）、新闻学院“全媒体新闻报道”（首席教师：周勇教授）、信息资源管理学院“数字记忆”（首席教师：徐拥军教授）。在突出学校以人文社会科学为主的学科特色的同时，有针对性地推出数学学科的工作室，为学校课程思政建设的全面铺开提供了积极探索。同时制定考核细则并据此开展相关年度考核工作，首批评选出的名师工作室积极履行了团队建设、育人课程建设、思政课题研究、理论宣传教育等职责，较好地发挥了示范带动作用。

（四）持续关注教师思想动态

按照北京市要求，认真开展秋季开学教师思想动态调研，了解掌握教师思想动态。着手创办《师讯简报》以及《舆情专报》，全面深入了解教师教学科研动态，及时分析掌握教师思想政治状况，有效参考借鉴兄弟高校先进工作经验，为学校有针对性地做好教师思政工作提供决策参考信息。

（五）强化教师思政工作部署与交流

首次召开学校2020年教师思想政治工作部署会，总结近年来学校教师思政工作成果和经验，对今后一段时期内工作重点进行谋划。组织参加北京高校教师工作部部长读书班等教育部、北京市组织的培训活动，借鉴经验，推动发展。

（六）加强教师思政工作队伍建设

10月，成立党委教师工作部党支部，进一步推进党委教师工作部规范化建设发展。出台《中国人民大学思想政治工作系列专业技术职务任职条件与聘期考核办法（试行）》，落实教师思想政治工作人员职务职称双线晋升机制。

三、师德师风建设工作

（一）广泛开展师德宣传教育

在新入职教职工培训等活动中，开设师德师风专题教育，通过政策解读、案例警示等促进教师加强师德修养。组织教师到陕北公学旧址、吴玉章故居等处探寻和传承学校红色基因，激励广大教师潜心立德树人。组织实施“人大·人师”荣誉教师短视频拍摄计划，为2020年离退休的一级教授以及2019年以来获得国家级荣誉的教师代表拍摄群体视频，展示荣誉教师形象和时代风貌。

（二）注重典型选树

隆重表彰学校2019年（首届）教师师德先进集体、师德标兵，在校报、微信公众号等推出系列报道作品，多平台多角度宣传师德榜样人物的先进事迹，营造尊师重教、立德树人的良好氛围。学校于11月启动2020年教师师德先进集体、师德标兵评选活动，最终评选出师德先进集体5个、师德标兵10人。

师德先进集体5个：文学院文艺理论教研室、数学学院“线性代数C”教学团队、历史学院历史文献学教研室、经济学院西经两史数量联合党支部、校医院疫情防控工作团队。

师德标兵10人：文学院程光炜、法学院林嘉、信息学院陈红、经济学院陈享光、国际关系学院黄嘉树、财政金融学院戴稳胜、马克思主义学院张雷声、社会与人口学院翟振武、历史学院郭双林、农业与农村发展学院曾寅初。

（三）严格师德考评和师德监督

11月，印发《中国人民大学教师选聘师德师风综合考察办法（试行）》，全方位多渠道加强对拟聘教师的师德师风综合考察，把好入口关。把师德表现作为教师资格认定、业绩考核、职称评聘、评优奖励首要要求，对各类重要推荐评选等活动相关人选进行师德审核。开展2019—2020学年教师师德考核，将师德考核摆在教师考核首位。

严肃教师思想政治与师德师风监督，做好警示教育，加强苗头性问题的预警与防范。对师德失范行为"零容忍"，依照《中国人民大学教师师德失范行为处理办法（试行）》统筹推进相关工作，及时妥善处理相关问题。

四、其他重要工作

经学校疫情防控工作领导小组统一部署，由党委教师工作部统筹做好全校教职工疫情防控工作：参与讨论制定学校教职工疫情防控政策；压实各单位主体责任，督促干部教师依法履行疫情防控"四方责任"的个人责任；及时报送分析疫情数据，高效组织相关排查工作，及时发布和解读防控政策；按上级部门和学校政策处理教职工出入京、出入校和开通权限等审批事宜；宣传学校教职工抗疫故事，引导教职工凝聚众志成城、共同抗疫的共识；针对个别教职工违反相关规定的事件，第一时间统筹推进严肃处理；等等。

五、重要荣誉

党委教师工作部荣获2020年第二季度"感动海淀"文明集体荣誉称号。

■ 工会与教代会工作

一、概况

2020年，在习近平新时代中国特色社会主义思想指引下，在学校党委和上级工会的领导下，学校工会、教代会持续巩固"不忘初心、牢记使命"主题教育成果，深刻把握新时代工运事业和工会工作的特点与规律，坚持围绕中心、服务大局，全面推进工会各项工作，充分发挥桥梁纽带作用。面对疫情防控各项工作要求，充分履行好维护职能，凝心聚力，团结和动员广大教职工为学校"双一流"建设和事业发展做出新的努力，当好广大教职工的娘家人、知心人和贴心人。

二、教代会工作

2020年，学校工会在学校党委和上级工会的领导下，进一步规范教代会、工代会年会机制，推进教代会提案办理，积极组织教代会代表、专门委员会参与学校相关工作。

完成教代会、工代会年会。6月组织召开学校第七届教职工代表大会和第十六届工会会员代表大会第三次全体会议（年会）。根据新冠肺炎疫情防控工作要求，采用主会场加分会场视频会议形式，240余名代表参会。会议听取学校年度工作报告，教代会、工会年度工作报告，会前还通过分团讨论形式审议学校财务工作报告、校务公开工作报告、提案办理情况报告、工会财务工作报告、工会经费审查委员会工作报告。

加强教代会提案办理。第七届教职工代表大会第三次全体会议期间共征集教代会代表提案33件，经并案形成最终提案32份，涉及教学科研、学科建设、学生管理、人事人才、校园建设、教职工服务等内容。经第七届教代会提案审查处理工作委员会召开全体会议审查，决定立案9件，作为意见、建议处理21件（之后有1件主提案人申请撤案，实际需答复的20件），不立案2件，同时还确定相应的承办部门。承办部门在规定时间内反馈答复意见，对于是否能够解决给予了具体说明。提案审查处理工作委员会秘书处请提案人对承办部门答复内容进行评价，满意25件，基本满意4件。

组织教代会代表及专门委员会参与民主管理。2020年，共有约59人次教代会代表、教职工代表参与学校人才租赁住房摇号现场监督、院长抓学科建设述职评议考核会议、教师以外专业技术职务评审相关文件征求意见、通州新校区建筑设计方案征求意见、东南区楼宇命名建议方案征求意见、周转住房管理实施细则（修订稿）征求意见、学校社会保险管理中心揭牌仪式等工作，保证相关工作信息公开、过程民主、决策科学、结果公正。

三、校园文化建设和文体社团工作

2020年，立足新冠肺炎疫情防控大背景，紧紧围绕学校党委和上级工会工作部署，组织特色文体活动，切实满足广大教职工居家办公和强身健体需要，开展适度丰富、精品多彩的文体活动。

焕发社团新活力，积极推动社团建设和发展。2月，指导教职工合唱团发起了“致敬无畏逆行的白衣天使、居家演唱并录制《逆行的力量》视频活动”，用短短3天时间，完成了活动召集、学习歌曲、拍摄视频、后期制作、宣传发布工作，将广大师生的迫切、感恩、炽热的心情，用歌声表达出来；3月，指导教职工书法协会开展了“翰墨传情、抗击疫情”主题书画网络展活动，组织教职工用手中的画笔讴歌真英雄，鼓舞战胜疫情的斗志；9月，召开教职工社团新学期工作会议，理顺社团工作流程，沟通交流社团工作方向，指导各社团有序地恢复开展各项室内外活动，并联合体育部开展师生“荧光夜跑”活动；10月，同明德物业公司沟通，梳理教职工社团活动场馆使用情况及合同执行情况，同时，指导教职工健步走协会开展庆祝“中国人民大学工会成立70周年”健走70华里的活动，调动了教职工强身健体参与活动热情；11月至12月，指导教职工合唱团接连参加“心儿在歌唱”音乐讲座和学校“一二·九”合唱展演；12月，联合体育部组织线上“一二·九”校园越野赛，推动冬季长跑活动，增强教职工体质。

创新午间课堂教学，采用线上和线下相结合形式开展工作。根据疫情防控要求，创新工作方法，优化午间课堂教学形式，积极发动午间课堂老师和教职工社团结合专业兴趣特点，认真筹备线上微信群微课程，以文体课程为载体，配合“停课不停教”，首创网上午间课堂。课程内容包含行书、楷书、国画、瑜伽、太极拳、体能训练、尤克里里等，两个学期共有1 800多名教职工参与。9月起，以太极拳班为试点，开设室外训练和线上讲课相结合教学形式，进一步优化教学效果。

首创网上午间课堂及授课视频合集播放平台。为满足教职工碎片化学习需求，惠及更多教职工，打破微信授课群人数限制，让午间课堂教学内容和教学效果最大化，2月起，经授课教师同意，与学校网络教育学院合作，将教学视频有序整理，新建视频合集网页，方便全校教职工随时观看学习。

根据全国总工会、教育部工作部署，继续开展2020年“尊法守法·携手筑梦”服务农民工法治宣传活动。根据新冠肺炎疫情防控要求采取网上问答方式，在校内农民工较为集中的部门开展民法典普法活动，共惠及农民工 500 余人。

四、师德建设和职业技能竞赛工作

组织开展各类先进评选。2020 年，法学院教师、学校办公室副主任宋彪获“北京市先进工作者”荣誉称号。44 家单位获 2020 年“中国人民大学先进集体”荣誉称号，128 名教职工荣获 2020 年“中国人民大学先进工作者”荣誉称号。83 人获 2020 年中国人民大学“优秀工会工作者”荣誉称号，111 人获 2020 年中国人民大学“校级工会积极分子”荣誉称号。

组织荣获“从事教育工作满三十年”荣誉称号教职工 87 人拍摄工作纪念照。

克服疫情困难，认真组织开展青教赛国赛备赛参赛工作。4 月底，接上级工会通知，确定选派学校马克思主义学院副教授马慎萧参加全国青教赛思政组决赛。这是学校首次有教职工代表北京市参加全国青教赛。5 月起，根据学校要求，形成工作方案，筹划建立起包含 10 个成员单位的备赛工作组；7 月，北京市总工会兼职副主席周宪梁、北京市教育工会主席宋丽静来校调研青教赛备赛工作；5—10 月，积极克服疫情防控期间工作困难，放弃暑假休息，组织线上视频会议、线下指导打磨会等 30 余次，邀请校内校外专家指导，协调各相关单位和部门积极全力备赛，充分发挥学校和学科的实力、特色和优势，在第五届全国青教赛决赛上，马慎萧荣获思政组决赛一等奖第一名。

引导教职工提升职业技能。7 月，完成制定《中国人民大学青年管理干部岗位技能竞赛组织及奖励办法（试行）》；11—12 月，组织开展学校第十一届青年教师教学基本功比赛，中国教科文卫体工会主席章国贤、北京市教育工会主席宋丽静、学校党委书记靳诺出席开幕式。本届比赛院系层面共有 70 余名教师参与，经过院系初赛审核推荐，校赛共有 40 名参赛选手，涵盖 26 家教学单位。赛前创新筹划培训体系，邀请往届青教赛获奖选手进行示范性授课和经验分享，邀请相关领域专家进行了服饰仪态、语言技巧、PPT 设计理念与制作等相关专业的培训。

五、女教职工工作及职工互助保障工作

2020 年，女教职工工作在上级主管部门、学校党委和校工会的领导下，按照市总工会女职工委员会的总体要求，完善制度建设，建立健全制度规范；突出人文关怀，及时跟进防疫指导；结合疫情防控，开展教职工关爱活动；拓展工作新平台，致力于更好的服务；多角度、多举措，当好广大女教职工的贴心“娘家人”。

完善制度建设，建立健全制度规范。5 月起草《中国人民大学工会女教职工委员会工作办法（试行）》，向全体女教职工委员会委员征求意见建议，并在校工会主席办公会讨论修改；12 月由女教职工委员会审议通过。

突出人文关怀，及时跟进防疫指导。2 月，女教职工工作科第一时间传达国家卫健委、全国总工会、北京市总工会关于做好儿童和孕产妇新型冠状病毒感染的肺炎疫情防控工作的通知文件和工作要求，严格落实北京市总工会女职工委员会发出的建议，加强孕期、哺乳期女教职工特别保护；制作《工会“娘家人”与你心贴心！婴幼儿、孕产妇防疫指导来啦》微信推送。

积极做好女教职工生育慰问等常规工作。持续关注女教职工健康和生育问题，严格执行婚假、产假等法定休假政策；继续执行并落实托补费及退休教职工独生子女家庭一次性奖励费等女教职工切身利益事项。

结合疫情防控，开展教职工关爱活动。以庆祝“三八”妇女节为依托，开展网上知识问答，组织为全校女教职工制作电子贺卡，致敬每一个坚守岗位的白衣天使，感谢所有奋斗在一线的女同胞。

以“美好生活”为主题，先后组织开展包括香包制作、篆刻艺术赏析、珠宝鉴赏等 5 次专项活

动。疫情防控期间，采用无接触式材料邮寄、网上授课、评比的形式，参与人数多达200余人。

积极组织党委宣传部、信息技术中心、外国语学院、信息资源管理学院等单位的单身女教职工参与北京市教育工会举办的单身联谊活动。

积极关注女教职工身心健康，注重普及和加强身体健康教育知识。联合体育部为疫情防控工作人员进行专项体质测试，较为全面地检测了其身体状况，并聘请健康专家对测试结果做一对一的解读和指导。

弘扬中华民族传统美德，注重家庭家风，增进亲子关系。举办庆“六一”教职工亲子摄影大赛，共征集了近60名教职工的150余张作品，优秀作品通过微信平台进行展示。

拓展工作新平台，致力于更好的服务。8月，学校参加首都女教授协会第六届换届大会，学校党委副书记、工会主席郑水泉当选“女教授之友”，信息与资源管理学院分工会副主席兼女工委员黄霄羽教授当选为首都女教授协会第六届理事会副会长，第五届首都女教授协会理事、文学院张洁宇教授荣获“卓越贡献奖”。

继续开展大病教职工帮扶。继续做好学校关爱师生基金、在职职工爱心互助金、北京市互助保障活动和北京市温暖基金等保障项目申报工作。2020年关爱师生基金资助师生16人次，资助金额约44万元；在职职工爱心互助金资助6人，资助金额约17万元；为9名教职工办理北京市互助保障活动，理赔约11万元；为4名教职工申请北京市温暖基金8万元。加大工作力度和经费投入，扩大保障体系覆盖面，2020年优化在职职工爱心互助金办理程序和工作材料，共有1 837人加入，缴纳互助费约37万元。启动2020年全员互助保障计划，使用工会经费50余万元为4 300余名符合条件的事业编制在职教职工和非事业编制工会会员办理北京市职工互助保障项目。为290余名新入职事业编制教职工办理京卡·互助卡，为26名工会会员办理京卡·互助卡关系转入手续。此外，做好北京市困难教职工摸底建档工作。

六、组织宣传及其他工作

加强工作宣传。新冠肺炎疫情防控期间，先后在网站、微信公众号发布《致学校全体工会会员的倡议书（一）》《让健康身心成为防控疫情的“最好口罩”——致全体人大教职工倡议书（二）》，定期编写《新型冠状病毒感染肺炎疫情防控工作简报》，公众号推送疫情防控专题41期，编写的报告《凝心聚力发挥特色、众志成城抗击疫情——中国人民大学工会疫情防控工作纪实》在《中国教工》2020年第3期发表。围绕庆祝学校命名组建70周年、学校工会成立70周年主题，联合学校党委宣传部、校史研究室、档案馆、博物馆，收集甄选工会珍贵图片资料，邀请工会老同志访谈，发掘工会历史，制作《中国人民大学工会成立70周年纪念册》。

积极参与学校“读懂中国”社会实践活动，组织新入职教职工前往四川省自贡市进行专题学习与现场调研，深入了解国情、民情，坚定爱国主义信念。

继续加强工会工作理论研究。根据学校劳务派遣人员加入工会存在的问题，撰写《关于完善高校劳务派遣人员工会经费管理机制的提案》并提交北京市教育工会。承担北京市教育工会课题“北京市属高校非在编人员入会工会经费来源问题”专题研究并顺利结项。承担学校科学研究基金项目“高校深入推进职工之家建设研究”课题并顺利结项。

加强职工之家建设。2020年完成373件分工会实体小家设备资产盘点登记工作。为校内8个分工会的职工小家购买设备18件共计22 340元。国际文化交流学院分工会、应用经济学院分工会、数学学院分工会等17个分工会入选北京市总工会“暖心驿站”。机关四分工会（信息技术中心）、继续教育学院分工会荣获“北京市教育工会先进教职工小家”称号。数学学院分工会、应用经济学院分工会通过学校合格职工小家审评验收。

加大工会经费普惠制力度。根据上级工会文件精神，与学校精准扶贫相结合，采购学校定点扶贫的云南省兰坪县农产品作为“五一”国际劳动节、端午节、中秋节和国庆节慰问品向全校教职工发放。

切实做好各项疫情防控工作。设立疫情防护专项经费共计 164 万元，用于各分工会采购防护用品，包括上半年为全校工会会员统一订购口罩 2.5 万只，下半年投入 42 万余元通过京东电商平台，为全校工会会员集中采购发放一次性医用外科口罩等。加强资源统筹，响应上级工会号召组织会员为“温暖武汉”项目捐款 24 万余元，并为全校 3 200 余名工会会员办理“复教园丁保”保险。

■ 学生工作

一、概况

2020 年，面对突如其来的新冠肺炎疫情，学校认真学习贯彻习近平总书记关于疫情防控工作的重要讲话和指示精神，积极落实北京市关于疫情防控的工作要求，立足立德树人根本任务，在打好疫情防控攻坚战的同时，努力化危为机，推进网络思政，在战“疫”中全面加强学生思想引领，优化学生管理与教育工作机制，推动建立育人工作长效机制。

二、疫情防控管理

（一）周密制定防控工作方案

党委学生工作部（处）按照学校部署承担学生群体常态化疫情防控工作任务，牵头制定疫情防控期间学生管理规定、毕业生返校方案、行李打包方案、秋季学期返校开学和新生报到方案、学生出入校管理规定、期末和寒假学生管理规定等各类管理制度、工作方案、应急预案；组织学工系统建立疫情防控处置机制，在国内出现零星散发疫情时迅速响应，开展学生摸排，与校医院、后勤部门合作开展学生核酸检测和隔离工作，时刻绷紧疫情防控之弦。

（二）全面加强队伍培训动员

全面动员学工系统，调动专兼职辅导员、班主任等各支力量共同开展疫情防控工作。一是落实责任，在疫情发生后迅速构建线上线下工作体系、平台和协作机制，把防控任务责任到人。二是加强培训，组织 56 名专职辅导员参与教育部“共抗疫情显担当，爱国力行育新人”线上专题培训，开展线上学校“青春战‘疫’——青年班级辅导员在行动”分享交流会。三是及时督导，以线上会议和单独交流等多种形式，对学院、班级工作的开展进行督促指导。四是树立榜样，挖掘专兼职辅导员、班主任在疫情防控期间的感人事迹和特色工作，发布“和你在一起：学工系统战‘疫’群像”“人大辅导员的战‘疫’故事”“人大师生战‘疫’宣言”等推送，整理汇编战“疫”剪影图文集，激发队伍工作热情和斗志。

（三）深入开展宣传思想工作

依托网络平台做好疫情防控知识普及、信息传达、思想动员、心理辅导等多方面的宣教工作。推出疫情防控系列线上讲座和微信推送，组织“青年于学，战‘疫’于行”线上防疫知识竞赛、“安全返校中，防疫不放松”学生返校应知应会线上知识竞赛，开展“春季花悦书香”读书感想征集活动、“假期收藏夹”等活动征集推广优质学习资源，发起“万物有声，山海传情——2020 人大学子‘展艺情，战疫情’优秀作品征集活动”，收到各类战“疫”作品 249 份，推出“九思微课”系列微课视频，邀请胡邓等心理专家为学生提供居家防疫期间焦虑管理、压力缓解、信息沟通、心理状态调整等诸多实用技巧，邀请刘鹏、王星等专家从风险交流、数据分析等专业视角切入解析疫情防控，全面帮助学生掌握疫情防控基本知识，增强疫情防控责任担当，丰富在家抗疫期间文化生活，做好面对突发公共卫生事件的心理调适，积极配合并认真执行国家、北京市、家庭所在地和学校关于疫情防控的各项措施和要求，做到科学防疫，众志成城共抗疫情。

（四）认真抓实信息统计报送

根据上级要求和工作需要，对疫情防控学生数据等各类信息进行每日统计、汇总、核查、上报和定期总结专报。累计撰写各类疫情相关专报 300 余份，向教育部、北京市等上级部门报送疫情统计表格百余份，其他各类疫情相关统计表格 200 余份，审核、备案、登记出入校、出入京、出入境等位置变动信息约 5 000 人次。

（五）多方提供暖心支持关怀

启动专项资助。重点聚焦疫情严重地区、贫困地区、农村地区和边远地区学生，建立临时困难补助快速审批发放“绿色通道”，面向湖北籍家庭经济困难学生发放关爱补助，依托学校教师爱心捐助向在学校就读的湖北防疫一线医护人员子女资助学杂费用，为疫区学子邮寄口罩等防护物资，为留校学生发放洗手液等必备生活用品。

优化服务保障。积极协调提供学籍证明、奖励证明等多项业务线上办理，帮助学生解决切身困难。组建校内战“疫”服务队，为校内行动不便的退休老教师和有困难的学生提供帮助。

提供心理健康服务支持。疫情防控期间心理中心第一时间推进线上心理咨询服务，将朋辈心理中心公众号“朋辈小屋”搭建成疫区心理咨询平台，提供网络心理咨询，5 位专职老师和社会与人口学院的 4 名老师每晚轮流带班，及时接待处理咨询中的突发情况和危机问题，全年共计在线坐诊 39 场，回答学生提问 416 人次。推出抗疫相关的心理推文 51 篇，微课 5 讲，帮助学生缓解焦虑、适应居家学习生活。为全体留校学生发放“春风暖阳治愈包”心理减压礼包。

三、思想政治教育

（一）全面深化学生理想信念教育

深入推进“使命在肩 奋斗有我”主题教育，积极探索疫情防控期间网络思政工作，引领学生深入学习领会习近平总书记系列重要讲话、回信、寄语精神，感悟伟大抗疫精神和抗美援朝精神，全面坚定理想信念，进一步强化青年使命担当。

一是组织学生集体学习习近平总书记系列重要讲话、回信、寄语精神。上半年开展学习领会习近平总书记给北京大学援鄂医疗队全体“90 后”党员的回信、五四青年节习近平总书记对新时代青年的寄语，以及习近平总书记关于疫情防控的系列重要讲话精神的线上座谈、党课、党团日、班会等多种形式的学习活动，下半年组织英模报告、讲座、座谈、参观、观影讨论等多种形式的活动，全面学习领会习近平总书记在全国抗击新冠肺炎疫情表彰大会和纪念中国人民志愿军抗美援朝出国作战 70 周年大会上的重要讲话精神，引领学生从系列讲话中深刻领悟习近平新时代中国特色社会主义思想，强化身为青年一代的使命担当。

二是抓住战“疫”这一重要契机强化学生思想引领。组织全体学生学习由北京市委教育工委主办的“在经历中学习——疫情防控公开课”9 讲；组织报告会、讲座、座谈等多种形式的学习活动，邀请抗疫楷模分享经历故事；推出师生校友战“疫”宣言，以及“最可爱的人”“风雨同舟，共克时艰”“战‘疫’先锋”等系列人物事迹推送，讲述防控一线和身边师生的感人故事，引领青年学子在学习伟大抗疫精神的过程中增强“四个意识”，坚定“四个自信”，自觉做到“两个维护”。

三是积极推进“四史”学习主题教育。组织各学院、班级广泛开展《习近平与大学生朋友们》研读交流活动，组织师生参观中国人民志愿军抗美援朝出国作战 70 周年主题展览，邀请曾参加抗美援朝战争的学校原党委书记马绍孟教授为学生做讲座，举办“薪火相传学四史，砥砺奋进奔小康”中国人民大学第十五届国情知识竞赛、“求是经典汇”观影讨论活动，并结合“读史读经典”、“红船领航”计划马克思主义经典研习、校史学习、红色旧址参观实践等学习实践活动，进一步深化“四史”学习，引领学生今昔对照、融会贯通，从历史中汲取智慧和能量，坚定理想信念，传承红色基因，激发爱国力行。

四是推进“形势与政策”课探索创新。下发《中国人民大学“形势与政策”课实施方案（试行）》，由马克思主义学院、党委学生工作部（处）和教务处等多部门协同推进教学改革，在整合校内外高水平师资，继续为学生开设兼具政治性和专业性的高质量“形势与政策”名家讲坛，鼓励各学院结合教育主题开展座谈、研讨、沙龙、参观、观影讨论、征文、竞赛、演讲、辩论、调研、宣讲等多种形式的学习的同时，由学校领导班子带头，全面调动教师党员骨干和专职辅导员力量为各班级配备“形势与政策”研讨实践课教师，开启“形势与政策”课小班研讨式互动教学新格局。各学院、学生组织和马克思主义学院博士生宣讲团积极结合“形势与政策”教育教学要点举办专题讲座和宣讲，全年纳入认证的讲座累计 393 场，研讨实践活动累计 855 场。12 月 23 日，学校党委书记靳诺、副校长顾涛以“百年未有之大变局”为主题讲授“形势与政策”专题研讨课。

（二）积极涵育社会主义核心价值观

深入开展爱国主义教育，依托学校国旗护卫队开展升国旗主题教育，在学雷锋纪念日、“九一八”事变纪念日、国庆节、国家宪法日、“一二·九”运动纪念日、国家公祭日等重要纪念日举办升国旗爱国主义教育活动。积极推进科学道德与学风建设，不断加强组织领导，开展高质量示范性教育活动，组织各学院师生共同观看 2020 年全国科学道德和学风建设宣讲教育报告会，邀请中国老科学技术工作者协会副会长冯长根院士为学生做讲座。深入推进法治教育，组织宪法宣传学习班会、“12·4”国家宪法日宪法宣传周等系列活动。依托各学院结合学科专业特点，结合疫情防控、新生入学教育、毕业教育、读史读经典、社会主义核心价值观主题班会等项目和内容，开展贴近学生、创新形式、切实有效的社会主义核心价值观教育活动。

（三）持续完善特色育人品牌项目

“精彩第一年”新生引航计划紧密结合抗击疫情、全面建成小康社会、实现第一个百年奋斗目标、坚决打赢脱贫攻坚战等年度重要主题深入开展。开学典礼和新生入学教育系列报告会上，学校党委书记靳诺为新生主讲“开学第一课”，副校长胡百精、校外辅导员张黎明为新生做报告，校内相关部门负责人，以及疾控中心、公安局等单位宣讲团分别就新生应知应会的安全、健康、学业、生活、图书馆使用、实验室使用等内容做报告。立足“使命在肩 奋斗有我”主题教育，结合“三同四起来”主题教育模式的主要内容，围绕“适应、融入、引领和发展”四个主题设计并开展新生入学适应与辅导项目，划分成“学习生活适应”“归属感建立”“理想信念引领”“成长与发展”四个模块，采取集中教育与分散教育相结合、教师主导与自我教育相结合、课程教学与校园活动相结合的形式，全面做好新生入学教育工作。

“红船领航”计划党员先锋营面对疫情带来的影响，积极探索利用线上线下融合培养方式，深化学生理想信念教育和行为习惯培养，各项活动顺利开展。上半年，2019 级“红船领航”计划党员先锋营 225 名学员开展线上马克思主义经典研习实践活动并做交流汇报 4 次；各连排开展线上政治学习活动 18 次，提交微博式思想汇报 3 087 条、读书报告 675 篇、经典研习报告 9 篇。下半年，2020 级“红船领航”计划党员先锋营 215 名学员累计开展跑操训练 15 次，队列训练 6 次，擒敌拳训练 8 次；开展全营集中学习活动 5 次，各连排自行组织政治学习 12 次，撰写微博式思想汇报 2 171 条。

“求是思源”优秀学生培养计划积极创新项目培养模式，落实培养要求。通过“致敬最美逆行者”陪伴公益项目、积极参加社区疫情防控志愿服务、与曾经支教地的孩子们“云相逢”等多种形式开展志愿服务，组织学员以实际行动践行“受助·自助·助人”的思源初心。组织七期成员开展以“城市十”为主题的暑期线上调研。根据“地域就近、专业差异”的原则，划分为五个行动组，自主选题，分别在武汉、重庆、清远、义乌、青岛五地开展调研。组织八期二轮评选入围者分为十个小组，以“韧性”为主题，在校内开展线上调研，并进行小组展示，展现了“受助·自助·助人”的思源精神和“实事求是”的人大气质。

“毕业季”主题教育活动严格落实疫情防控要求，因疫情影响大批毕业生无法返校，学校采用室外线下典礼与线上云端直播结合的方式，为2020届毕业生精心举办了一场“云毕业典礼”。毕业生离校期间，学校师生员工齐上阵，在充分尊重学生本人意愿的基础上，坚持流程规范、确保安全、保护隐私、一人一策、一对一沟通解决等原则，为未返校毕业生提供暖心行李寄送服务。依托学院继续开展丰富多彩的毕业活动。以“毕业银行”活动为纽带，毕业宣誓、“毕业十星”评选、“云毕业”校园游、毕业彩票等品牌活动如期开展。2020届毕业誓词确定为：“明德博学，求是笃行；勤勉为新，朴实友爱。使命在肩，争做国民表率；奋斗有我，勇为社会栋梁。同心战风雨，砥砺书华章；扬帆新征程，建功新时代！”张雨蓁、王鹏程、刘昊田、李浩、欧美如、杨梓岩、侯宇蓬、林晗、张荣岩、杨明聪等10人荣获“毕业十星”荣誉称号，另有22人获提名奖。精心制作的毕业视频《廿廿不忘，必有回响》回顾毕业生在学校点滴岁月，“学院毕业生工作进行时”系列推送集中展现学院特色。

（四）积极探索“互联网+”思政有效途径

建设完善学务中心网络平台，完成学务中心辅导服务预约管理评价模块开发，投入试运行。十大类活动全面开花，本科生“形势与政策”教育、“毕业银行”等重点项目全面应用该平台进行管理和评估。组建活动积分认证督查专业队伍，对在学务中心创建、申请积分的活动及时进行认证和督查。新媒体平台及内容建设成果丰硕。继续完善学生处网站、官方微信平台建设，坚持管建结合、善管善用。完成学生处网站内容的上传、维护、更新，累计上传公告、新闻150余条；“中国人民大学学生处”官方微信公众账号推送图文消息300余条，在重大事件发生时期以学生喜闻乐见的形式和语言及时发声、正面引导舆论，微信平台粉丝突破33 530人。

四、辅导员队伍建设

（一）配齐建强专职辅导员队伍

由党委学生工作部（处）、党委组织部、人事处、校团委及学院共同审议2020年学工岗位拟聘人选。选留6名优秀毕业生从事学生工作。采取选留优秀毕业生、校内工作选调和学工系统学生骨干培养计划多种方式，选优建强学生工作队伍。选留骨干计划成员34名，为充实学工队伍提供了有力保障。专职辅导员数量达到上级要求的1∶200配比。

（二）建立专职辅导员“双线”晋升机制

首次实施《中国人民大学思想政治工作系列专业技术职务任职条件与聘期考核办法（试行）》。专职辅导员按思想政治工作系列评聘专业技术职务，单列计划、单设标准、单独评审。评聘坚持“重岗位、重水平、重贡献”指导思想，结合学生工作特点，注重考察工作业绩和育人实效。有专职辅导员1名聘任为副教授，8名聘任为讲师，4名聘任为助教。搭建学习发展平台，提升专职辅导员素质能力和专业水平。在疫情防控的大背景下，严格遵守疫情防控工作要求，围绕工作实际要求和专职辅导员个人成长需求，通过腾讯会议等在线视频平台，组织辅导员参加校内外多场专题培训和讲座。推荐商学院专职辅导员张煦昀参加第七届北京高校辅导员素质能力大赛并获奖。

（三）打造辅导员精品项目

持续推进中国人民大学“优秀辅导员工作室”建设项目，制定《中国人民大学“优秀辅导员工作室”项目管理办法》，进一步优化辅导员工作室项目的申报、考核、评优、财务管理等相关制度，加大对一线专职辅导员工作的支持力度。项目进行了4期，涵盖20多个学院的一线辅导员。同时扎实推进“石榴花开”和“蒲公英计划”等特色学生和兼职辅导员项目建设，围绕学生成长成才需求，打造具有吸引力和实效性的学生思想政治工作品牌。

（四）加强“三班”工作

在疫情防控形势的要求下，采取线上线下相结合的方式开展 2020 级班主任、班级辅导员岗前培训等，做好先进班集体、优秀学生兼职辅导员、优秀班主任等评优工作，扎实推进班级辅导员学期考核工作，挖掘宣传优秀班集体、班级辅导员的典型事迹。

为班主任、辅导员制定发放《班主任工作手册》，细化班主任选聘考核、评奖评优机制。有 155 位班主任分别获评“十佳班主任”、“标兵班主任”和“优秀班主任”，113 名学生兼职辅导员获评优秀学生兼职辅导员，129 个班集体获评先进班集体。通过以上措施，提升了班主任、学生兼职辅导员等群体的使命感和荣誉感，进一步发挥他们在“三全育人”工作中的重要价值。

五、学籍管理工作

强化制度建设，对学籍管理的各环节出台一系列实施细则，如学籍变动审批流程、休学退学等离校规程、毕业年级学生学籍信息报送规程、跨学院选拔拔尖创新人才项目学籍信息变更须知、学生注册工作须知，规范并完善学籍管理工作流程。2020 年累计办理学籍变动及备案手续 11 669 人次，累计为学生开具《在读证明》和《北京高校非北京户籍大学生在学证明》等共计 3 500 余份，累计补办学生证件、补办火车票优惠磁条近 600 人次；联合相关部门，优化预计毕业学生图像采集工作流程，组织完成了 5 664 名预计毕业学生的校内集中图像采集工作。根据疫情防控工作要求，做好新生报到入学相关工作，首次编印学院版迎新工作手册，有序开展新生数据统计和新生入学资格复查，拟定《中国人民大学 2020 年新生入学资格复查工作方案》，组织相关部门、各学院进行新生入学资格复查。做好学籍注册工作，为经审核同意予以注册的 8 000 余名新生、19 000 余名非新生进行中国高等教育学生信息网（学信网）电子注册操作，2020 年首次向各学院刻制并发放学生证注册章，顺利为予以注册的 27 000 余名学生的学生证加盖注册章。做好学籍数据清理工作，对超过最长休学年限的学生、超过最长学习年限的在学学生、待定状态学生等进行细致核查，按照学籍管理规定对超过最长休学年限学生、超过最长学习年限学生给予退学处理。

六、学生违纪处理

2020 年，出台并实施《中国人民大学学生违纪通报批评管理规定（试行）》，严格按照《中国人民大学学生违纪处分管理办法》和《中国人民大学学生违纪通报批评管理规定（试行）》，共给予 12 名同学处分，给予 3 名同学校级通报批评。

七、奖励与资助工作

（一）优化奖助育人体系

从立德树人根本任务出发，从学生学习生活实际需要出发，根据上级精神和奖学金捐赠方意愿，进一步修订各项奖学金评审细则，优化评审方案。简化国家助学贷款办理流程，开通线上助学贷款办理服务；优化学生信息管理系统功能，实现与学籍、财务等全面对接，并将院设奖助项目纳入统一管理；优化校内勤工助学管理，利用捐赠资金设立王老吉奖学金，以奖励品学兼优、自立自强、在校内勤工助学固定岗工作中表现突出的学生。

（二）加强防诈骗安全教育

积极与北京市公安局海淀分局海淀派出所合作，开展“用好官方 APP，建立反诈骗防御线”、

“网络安全宣传周”、“不良校园贷预防针”和“校园安全游园会”等主题宣传活动，动员在校大学生参与打击不良校园贷的活动，构建多方参与的校园协同共治体系，增强学生防诈骗意识。

八、心理健康教育与咨询

（一）做好日常心理健康教育

克服疫情困难，通过线上线下教学相结合的模式，持续开设心理健康类课程，完成全部大一新生36个教学班的必修课教学任务，同期完成了10门选修课教学任务。

（二）做好学生心理咨询工作

共计接待个体咨询1 458人次，其中男生311人次，女生1 147人次；本科生768人次，硕士生435人次，博士生193人次，其他62人次（教职工、校友）。

（三）开展心理培训和教育活动

持续做好心理健康培训，举办“心灵成长训练营”之新生心理委员培训活动，继续推动心理健康工作进学院（书院）、进班级、进宿舍。春季学期“胡邓朋辈心灵成长工作室”承办“北京高校疫情防控阳光心理大讲堂”活动，疫情防控期间完成线上讲座8讲，听众达5 000多人次。秋季学期开展“暖从心来”——2020年秋冬心理健康季系列活动，包括班级团体辅导、“给未来自己一封信”和“假面树洞”等，向学生传递温暖与关爱。

（四）做好多方联动应急处置

完善学校各部门涉心理危机的应急联动工作机制，及时有效进行学生心理问题的筛查、评估、干预和后续处置工作，指导学院、书院开展应急处理工作，构建学校、学院、班级、宿舍多级“防护网”，保护学生身心健康、维护校园安全稳定。全年心理中心开展危机干预167人次。

九、住宿辅导工作

（一）全面启动文明宿舍创建工作

根据文明宿舍创建工作专题会议指示及学校领导要求，起草《中国人民大学“明亮千舍”学生文明宿舍创建方案》，研究并修订文明宿舍评审细则及奖励办法、实施方案，细化安全卫生检查管理办法及评价细则。以文明宿舍创建这一工作为主线，与后勤集团、保卫处和校团委通力合作，全面启动并推进相关工作。学校层面开展全面集中检查工作，下发安全卫生检查通知，要求各学院、书院每月开展院级检查工作。开展文明宿舍评审工作，举办学校2020年十佳宿舍展评会。

（二）提供温馨关怀服务，严守安全稳定底线

策划“宿舍好物”等主题推送，为新生提供温馨服务。在新生入学之初，组织学生签署公寓入住协议，强调纪律要求及公寓管理规定，强化学生安全意识；组织所有学生公寓兼职辅导员及学生代表参加“关注消防、生命至上”主题消防应急演练，增强学生消防安全意识。

十、学业辅导工作

（一）继续实施“新生导师引航计划”

在总结2019年工作经验的基础上，继续深入推进实施“新生导师引航计划”，为每名本科新生配置1名成长导师，促使全校教职员工深入参与学生辅导工作，共有1 400余名教职工参与其中。

（二）推动“读史读经典”项目创新

“读史读经典”项目修订通史断代史阅读阶段精读书目，增加党史国史类著作；完善组织工作体

系，优化和配强工作力量；完善运行和评价机制，促进第一课堂和第二课堂有机结合。面向 2019 级学生举办经典导读讲座 22 讲，讲座总参与量达 7 746 人次；学生提交精读著作读书报告 5 648 篇、泛读著作读书报告 2 824 篇。同时，有序推进 2018 级学生专门史阅读课程工作，学生累计提交读书报告近 11 000 篇，开展读史实践活动 300 余场；安排抽检读书报告近 500 篇。

（三）实施学业警示制度

春季学期联合教务处、各学院开展全校本科生学业问题调研，深入分析学生学业问题表现和成因。秋季学期，学校出台《中国人民大学本科生学业警示管理办法（试行）》，正式实施学业警示制度，建立每学期进行学业问题分析和报告机制。

（四）联动推进“励学人大”项目

疫情防控期间落实教育部“停课不停学，学习不延期”工作指示，开展线上一对一朋辈学业咨询辅导，获评新冠肺炎疫情防控期间高校学业辅导工作优秀成果奖。精心打造朋辈学业咨询师团队（人数增至 41 人），开展个体学业咨询 331 人次，开展团体培训十余场，继续实施数学、外语“手拉手”项目。秋季学期，推出升级版励学团体课，携手数学学院、外国语学院，开展“手拉手”朋辈辅导课程，满足学生学业帮扶及发展指导需求。

十一、国防教育工作

（一）开展军事课教学

认真贯彻落实《普通高等学校军事课教学大纲》及《普通高等学校军事课建设标准》文件精神，积极推进军事课教学改革探索，严格落实学分、学时和教学要求并纳入学校整体教学管理体系，做到按纲授课；着力加强军事理论课教师队伍建设，依托应用经济学院国防经济教研室建设军事课教研室，构建以校内国防相关专业教师为主，外聘军校退休专家为辅的队伍建设机制，打造高水平、专家化教师队伍，做到授课教师全部具有副高及以上职称，全部具有国防相关专业背景；着力推进军事课改革探索，传统课堂讲授基础上增设现场教学实践环节和分组课题研究汇报环节，丰富教学形式与内容，引领学生研究性学习，提升整体教学质量。

（二）深入开展国防教育活动

邀请全国模范退役军人周晓辉等优秀学子通过“达人来啦”线上分享与广大学生交流互动，承办北京市退役军人事务局“离军不离党、退役不褪色”退役军人先进典型首场宣讲活动，组织学生观看《为了和平》《英雄儿女》等爱国主义教育片并开展讨论。组织开展全民国家安全教育日、2020 年国家网络安全宣传周系列活动。

（三）积极落实征兵工作任务

克服疫情影响，积极推进征兵宣传动员，并为报名参军学生返校参加体检做好服务保障，49 名学生在全国征兵网成功报名，比 2019 年增加 10 人。10 名学生顺利通过体检政审应征入伍。

十二、就业工作

2020 年，学校毕业生总人数 7 437 人（就业工作学生数据均不含港澳台侨学生、留学生），总体落实率为 90.18%，其中本科生落实率 81.28%，研究生落实率 95.35%（截至 2020 年 10 月 31 日）。

（一）毕业本科生就业情况

2020 年，学校共有本科毕业生 2 730 人，其中就业 617 人（占 22.60%），升学 916 人（占 33.55%），出国留学 686 人（占 25.13%），待就业 511 人（占 18.72%）。

2020 届已落实就业去向的 617 名本科毕业生中，到党政机关就业 60 人（占 9.72%），科研教学单位 61 人（占 9.89%），其他事业单位 11 人（占 1.78%），国有企业 113 人（占 18.31%），三资企业 37 人（占 6.00%），民营企业 198 人（占 32.09%），部队 20 人（占 3.24%），自主创业 6 人（占 0.97%），自由职业 103 人（占 16.69%），其他 8 人（占 1.30%）。

（二）毕业研究生就业情况

2020 年，学校共有硕士和博士毕业生 4 707 人，其中就业 3 934 人（占 83.58%），攻读博士研究生 458 人（占 9.73%），出国留学 96 人（占 2.04%），待就业 219 人（占 4.65%）。

2020 届已落实就业去向的 3 934 名毕业研究生中，到党政机关就业 734 人（占 18.66%），科研教学单位 714 人（占 18.15%），其他事业单位 241 人（占 6.13%），国有企业 1 118 人（占 28.42%），三资企业 232 人（占 5.90%），民营企业 803 人（占 20.41%），部队 6 人（占 0.15%），自主创业 27 人（占 0.69%），自由职业 40 人（占 1.02%），其他 19 人（占 0.48%）。

十三、创业工作

（一）持续推进创新创业课程体系建设

坚持创新创业价值引领，开展青年红色筑梦之旅活动，新开设“社会创业与社会企业家精神”“文创产业与艺术管理”“网络营销与商业增长实践”等学分课程，引导学生关注并解决社会问题。创业教育课程总数达 21 门，选修人数 1 800 余人次。

为应对疫情影响，新开设“轻量化创业”线上课堂，得到了全国 30 余所院校师生的关注认可。按学校要求圆满完成“社会创业与社会企业家精神”“大学生创业训练”“商品广告学”3 门创业课程线上教学工作。

（二）推出“文化产业创新创业荣誉课程辅修学位”项目

为更好地搭建产教融合与实践训练平台，创业学院联合学校文化科技园，依托各相关学科优势，整合校内师资，与文化一线企业紧密合作，经中国人民大学 2020—2021 学年第 5 次本科人才培养委员会办公会审议通过，正式开设“文化产业创新创业荣誉课程辅修学位”项目。

（三）编写发布《2019 中国大学生创业报告》

疫情发生以后，创业学院积极调整《2019 中国大学生创业报告》编写模式，克服了现场访谈、结项评审等诸多困难影响，圆满完成编写工作，并于 2020 年 7 月发布报告。主报告部分以“青年人工智能创新创业”为主题，深入分析我国青年人工智能创新创业的现状与问题，全面解读青年人工智能创新创业模式，为促进青年投入人工智能创新创业、改善创新创业环境提供对策建议。年度报告部分基于大样本的调查，回顾了四年来大学生创新创业行为、创业实践、创业教育、创业支持等内容的全景式研究分析，综合采用统计方法，科学历时性地分析大学生创业特征与面临的挑战，提出具有较强针对性、较高可行性的政策建议，具备较为突出的研究深度和学术价值。线上发布会观看人数超过 3 000 人次。

同时，还结合疫情形势，与中国高等教育学会创新创业教育分会联合开展了“如何教创业”教学研究论文的征稿活动。征文得到了高校创业教育工作者的热烈响应，收到全国范围内论文投稿 50 余篇。创业学院精选其中优秀论文，邀请相关作者举办“如何教创业”教育教学线上研讨会，使更多高校同人在参与交流中促进创业教育教学改革的深入发展。

（四）举办大型创业集市活动

11 月 19 日，创业学院举办以“创业新物种”为主题的大型创业集市活动，22 个参展项目涵盖创新科技、传统文化、特色美食、精品文创等领域。创业集市作为创业学院的品牌活动，通过为创业实践团队提供市场展示和产品售卖的机会，在服务学生“创业带动就业”的同时帮助普通学生体验创新创业文化氛围，了解创业产品特别是文创产品的创意培育落地过程，有利于扩大创新创业教育成果的教育效果和示范影响。

（五）开展就业创业训练活动

11 月开始，创业学院认真落实中央“六稳”总要求，先后启动文创设计制作工作坊、企业经营综合模拟训练营，提升学生就业、创业技能，培育学生实践动手能力。训练营搭建文创产品设计生产模拟现场，建设企业经营综合模拟训练营软件平台，为学员提供教学以及动手设计和制作实操安排，提高学生决策分析与团队合作能力，帮助学生通过沟通、合作、分享进行项目技能训练，积累社会经验和就业创业技能，获得大批应届毕业生及在校学生的踊跃报名参与。

（六）创新创业赛事活动及获奖情况

创业学院积极组织学生项目参加各类创业赛事活动，邀请往届国赛专家、校内外创业导师组织多场一对一、多对一线上创业项目评审会，依据赛事要求对学生项目进行精准、集中培育，提升项目核心竞争力，加速创业团队成长。在第六届中国国际“互联网＋”大学生创新创业大赛中，“心血管疾病基因辅助诊断服务提供商”团队荣获国赛铜奖、北京赛区一等奖，“核桃 live”“链节时代区块链产业一站式服务平台”团队荣获北京赛区二等奖，“是光——全国最大的乡村青少年诗歌教育公益机构”等 7 支团队荣获北京赛区三等奖。在 2020 年北京地区高校大学生优秀创业团队评选活动中，创业学院推荐的“北京星核力文化发展有限公司”团队荣获一等奖。在中美青年创客交流中心 2020 年评估中，学校推荐的“北京星核力文化发展有限公司”团队获评优秀团队奖。举办中国人民大学第十一届学生“创业之星”大赛，评选出 17 支优秀创业团队，提供创业启动资金总额 50 万元，全方位支持学生进行创新创业活动。

附录

2020 年中国人民大学在校学生分学院、类别、年级人数统计表

学院（书院）	博士生					硕士生				本科生						总计
	2020级	2019级	2018级	2017级及其他	合计	2020级	2019级	2018级及其他	合计	2020级	2019级	2018级	2017级	2016级（五年制）	合计	
财政金融学院	51	53	56	104	264	387	366	41	794	267	271	274	283		1 095	2 153
法学院	82	66	70	186	404	497	480	263	1 240	143	152	155	160		610	2 254
高瓴人工智能学院	19				19	21			21							40
公共管理学院	60	60	52	149	321	427	407	501	1 335	161	159	88	87		495	2 151
国际关系学院	45	44	42	111	242	109	115	18	242	100	100	106	107		413	897
国际学院				10	10	60	60	2	122							132
国学院	17	17	15	29	78	37	40	15	92		24	15	19		58	228
汉青经济与金融高级研究院	5	9	7		21	105	107	17	229							250
环境学院	24	20	19	32	95	85	79	38	202		33	69	75		177	474
教育学院	16	14	12	25	67	35	39	2	76							143
经济学院	56	50	57	135	298	189	181	69	439	159	192	164	171		686	1 423

续表

学院（书院）	博士生					硕士生				本科生						总计
	2020级	2019级	2018级	2017级及其他	合计	2020级	2019级	2018级及其他	合计	2020级	2019级	2018级	2017级	2016级（五年制）	合计	
劳动人事学院	41	39	38	103	221	138	131	5	274	122	133	134	144		533	1 028
理学院	58	46	48	66	218	108	89	105	302	64	13	93	89		259	779
历史学院	37	36	33	75	181	94	95	108	297	1	28	42	43		114	592
马克思主义学院	72	74	67	89	302	121	109	13	243	39	45	41	46		171	716
明德书院										180					180	180
明理书院										444					444	444
农业与农村发展学院	26	26	24	54	130	134	138	67	339	32	12	37	38		119	588
商学院	79	77	71	115	342	804	805	256	1 865	292	295	324	308		1 219	3 426
社会与人口学院	37	39	35	90	201	128	129	5	262	77	76	85	85		323	786
数学科学研究院	2	3			5	6	5		11							16
数学学院	9	15	12	20	56	50	42	27	119		44				44	219
体育部						8	5		13							13
统计学院	23	24	23	29	99	131	116	35	282		323	133	127		583	964
统计与大数据研究院	9	9	11	20	49	30			30							79
外国语学院	17	18	17	36	88	112	112	87	311	119	109	110	109		447	846
文学院	37	33	33	59	162	168	175	143	486		73	73	55		201	849
新闻学院	35	33	33	67	168	150	145	17	312	133	141	142	134		550	1 030
信息学院	32	27	25	63	147	131	146	114	391		56	164	153		373	911
信息资源管理学院	22	21	20	57	120	90	95	2	187	22	38	73	73		206	513
艺术学院						67	52	57	176	105	105	109	106	2	427	603
应用经济学院	28	19	26	63	136	71	71	18	160	82	44	66	56		248	544
哲学院	68	69	69	142	348	109	81	107	297	30	75	80	72		257	902
中法学院										279	280	275	271		1 105	1 105
总计	1 007	941	915	1 929	4 792	4 602	4 415	2 132	11 149	2 851	2 821	2 852	2 811	2	11 337	27 278

注：本表不含暂缓毕业审核本科生。

2020年中国人民大学学生奖励类别及额度

类型	类别	奖励项目	等级及奖励金额（元）	学历层次	设立方
荣誉称号		优秀学生干部	不分等级/0	本/硕/博	学校
		优秀毕业生	不分等级/0	本/硕/博	北京市、学校
		毕业十星	不分等级/0	本/硕/博（毕业年级）	学校
		三好学生	不分等级/0	本/硕/博	学校

续表

类型	类别	奖励项目	等级及奖励金额（元）	学历层次	设立方
奖学金	特设类	吴玉章奖学金	不分等级/10 000	本/硕/博	学校
		宝钢优秀学生奖	特等/20 000、优秀/10 000	本/硕/博（毕业年级）	宝钢教育基金会
		京东特等奖学金	不分等级/10 000	本/硕/博（毕业年级）	北京京东公益基金会
		校长特别奖学金	不分等级/10 000	本/硕/博	学校
	学习学术类	本科生国家奖学金	不分等级/8 000	本	教育部
		硕士研究生国家奖学金	不分等级/20 000	硕	教育部
		博士研究生国家奖学金	不分等级/30 000	博	教育部
		本科生国家励志奖学金	不分等级/5 000	本	教育部
		台湾、港澳及华侨学生奖学金	特等：本/8 000、硕/20 000、博/30 000 一等：本/6 000、硕/10 000、博/15 000 二等：本/5 000、硕/7 000、博/10 000 三等：本/4 000、硕/5 000、博/7 000	本/硕/博	教育部
		学习优秀奖学金	一等/5 000、二等/3 000、三等/2 000	本	学校
		学习进步奖学金	一等/1 500、二等/1 000	本	学校
		中国嘉德徐邦达艺术教育奖学金	不分等级/10 000	本	中国嘉德国际拍卖有限公司
		苏州工业园区奖学金	不分等级/8 000	本/硕/博	中国共产党苏州工业园区工作委员会组织部
		中国石油奖学金	不分等级/8 000	本/硕/博	中国石油天然气集团公司
		京东奖学金	不分等级/6 000	本/硕/博	北京京东公益基金会
		费孝通奖学金	不分等级/6 000	本	北京中国高校校友海外联谊会
		华为奖学金	本/5 000、硕/博/6 000	本/硕/博	华为技术有限公司
		中国农业银行奖学金	不分等级/5 000	本/硕/博	中国农业银行股份有限公司
		信善奖学金	不分等级/3 000	本/硕/博	陈宗武
		时尚奖学金	不分等级/3 000	本/硕/博	北京时之尚广告有限责任公司
	文艺体育类	文体优秀奖学金	一等/2 000、二等/1 000、三等/600	本/硕/博	学校
	服务贡献类	优秀学生干部奖学金	一等/2 000、二等/1 500、三等/1 000	本/硕/博	学校
		优秀社团骨干奖学金	一等/2 000、二等/1 000、三等/600	本/硕/博	学校
		社会工作与志愿服务奖学金	一等/2 000、二等/1 000、三等/600	本/硕/博	学校

续表

类型	类别	奖励项目	等级及奖励金额（元）	学历层次	设立方
竞赛展评奖励		先进班集体	十佳/5 000、示范/3 000、先进/2 000	本/硕/博	学校
		优秀学生兼职辅导员	十佳/5 000、标兵/3 000、优秀/2 000	本/硕/博	学校
		文明宿舍	十佳/1 200、示范/800、文明/600	本/硕/博	学校
		得到奖学金	不分等级/5 000	本/硕/博	学校
发展支持奖励		国学基础奖学金	不分等级/2 000	本/硕/博	学校
		基础学科奖学金	不分等级/2 000	本	学校
		情义久留成长奖学金	不分等级/5 000	本	学校
		国际实习奖学金	一等/12 000、二等/10 000、三等/6 000	本/硕/博	学校
		王老吉奖学金	一等/3 000、二等/1 500	本/硕/博	学校

2020 年中国人民大学主要学生奖励获奖名单

奖励项目	获奖名单
三好学生	张冬冬等 4 475 人
吴玉章奖学金	何增平、郑宁、聂友伦、沈小杰、国潇丹、刘炯楠、赵越、吴秋翔、张阳阳、曹世祥共 10 人
宝钢优秀学生奖	徐升（特等）、李娉、林修能、杨超凡、刘爽、赵家祥、杨文、魏狄轩、许峰泷、张颖妤、郑文媛、周晓波共 12 人
京东特等奖学金	陈炳旭等 20 人
学习进步奖学金	谢晨等 988 人
学习优秀奖学金	刘卓尔等 2 374 人
信善奖学金	何林芯等 200 人
时尚奖学金	刘佳文等 15 人
中国农业银行奖学金	官佳薇等 80 人
华为奖学金	乔萌、张超、彭冬丽、刘潇婧、章纪超、吴雅倩、陈黎梅、韩月伦共 8 人
费孝通奖学金	陈世国、曹一鸣、庄乐言、陈可霓、王若彤、李璇共 6 人
京东奖学金	沈小杰等 200 人
苏州工业园区奖学金	尉彦超等 40 人
中国石油奖学金	施显昱等 30 人
中国嘉德徐邦达艺术教育奖学金	高妍、张晓晴共 2 人
本科生国家奖学金	李骞等 145 人
硕士研究生国家奖学金	马洁慧等 153 人

续表

奖励项目	获奖名单
博士研究生国家奖学金	胡静等 108 人
本科生国家励志奖学金	董新娟等 356 人
台湾、港澳及华侨学生奖学金	傅京桂等 52 人
文体优秀奖学金	杨欣悦等 252 人
优秀学生干部奖学金/荣誉称号	李东民等 787 人
优秀社团骨干奖学金	高轶等 30 人
社会工作与志愿服务奖学金	原佳倩等 1 041 人
得到奖学金	董睿宸等 20 人
国学基础奖学金	江晨等 78 人
基础学科奖学金	王尚等 513 人
情义久留成长奖学金	郝艺洁等 10 人

中国人民大学 2019—2020 学年十佳班主任名单

学院	姓名
国学院	汤元宋
应用经济学院	谢伦裕
财政金融学院	冯鹏达
农业与农村发展学院	吕亚荣
法学院	郭锐
社会与人口学院	祝玉红
外国语学院	周铭
环境学院	王克
信息学院	王永才
公共管理学院	张书海

中国人民大学 2019—2020 学年优秀班主任名单

学院	姓名
文学院	宋声泉　赵　倞　燕海雄
历史学院	张亦冰　邱靖嘉　萧凌波　陈晓露
哲学院	孙　帅　梁　凯　陈骊骊　卫一帆
国学院	孟　瑜

续表

学院	姓名
经济学院	程 华　孙文凯　江 艇　姜少敏　刘小鲁　马 骏　徐少锋　杨 斌　张丽娜
应用经济学院	苏汝劼　夏 明　文余源　郑 璒
财政金融学院	刘勇政　蔡 泓　方 坤　兰 青　贺松霖　丁大鹏　毛一丞　刘 芳　胡天龙 黄 勃　吕 雁　谢波峰　陆利平　罗 煜
汉青经济与金融高级研究院	孙闻珊　付 朋
统计学院	徐建萍　王雨溪　张育铭　王菲菲　王 瑜　高光远
农业与农村发展学院	董筱丹　朱 勇　毛 飞
法学院	曹 炜　徐岩波　蔡桂生　姚海放　孟 晗　陈 磊　李立众　高仰光　李元起 耿 硕
马克思主义学院	陈 崎　张晓萌　周家彬　王 莅
社会与人口学院	林 丹　杨 凡　刘 谦
国际关系学院	曹司彬　黄 斐　宋宝雯
新闻学院	周 俊　庄德莹　甘光千　高贵武　韩晓宁　刘海龙　刘 佳　蒙 彬　赵云泽
艺术学院	马蹒非　陈光曦　吴 峬　焦振涛　周 源
外国语学院	李 莎　赵秀美　孟 虹　金美玲　李 静　钱昕怡　代显梅　庞建荣　田 园
环境学院	程 荣　张景来　张煦昀　李 岩
信息学院	战 疆　张 静　陈文萍　金 琴　王璞巍
数学学院	黄文林
理学院	陈珊珊　汪晋辰　李焕荣　陈文锋
商学院	卢筱佳　吴武清　高靖宇　刘晶晶　马玉阳　王银屏　黄彦菲　姜 明　王艳菲 干静文　祝金龙
公共管理学院	杨励雅　吴 鹏　夏方舟　杨 帆　胡 威　张秀智　段 晖
劳动人事学院	崔梦晗　赵丽秋　陈继馨　葛玉好　张 皓　金秋萍　赵 锴
信息资源管理学院	马 晴　张 宁　海 薇　杨孟辉
教育学院	谢 梦
苏州校区	杨 纯　袁倩雯　刘晓鸥　王坤鹏　任伟明　付 兴　晏梦捷　潘复琴

中国人民大学 2019—2020 学年优秀辅导员名单

单位	姓名
文学院	许鹏
历史学院	李佳奇
哲学院	韦莹莹
经济学院	程万昕
财政金融学院	丁大鹏
	张浩
汉青经济与金融高级研究院	赵锦兰
统计学院	徐建萍

续表

单位	姓名
农业与农村发展学院	孙菁泽
法学院	肖晶
	孟晗
马克思主义学院	卢垚
社会与人口学院	李桢
国际关系学院	曹司彬
新闻学院	毛佳文
艺术学院	吴玥
外国语学院	胡明路
环境学院	宋甫心
信息学院	王晓彤
数学学院	黄志勇
理学院	林泽川
商学院	刘洪霞
	张煦昀
公共管理学院	张世闯
劳动人事学院	曾昊
信息资源管理学院	海薇
教育学院	张瑞
苏州校区	付兴
校团委	李晰
	边策
党委学生工作部	张彤
	刘峰
	徐紫薇
少数民族辅导员	阿孜古丽·吾斯曼

中国人民大学 2019—2020 学年十佳班级辅导员名单

学院	姓名
文学院	何兰慧
经济学院	王文泽
应用经济学院	陈沛霖
财政金融学院	章洪铭
农业与农村发展学院	方皓雯
法学院	戈文

续表

学院	姓名
马克思主义学院	宋谌
信息学院	陈韵飞
商学院	王正贤
劳动人事学院	胡玳豪

中国人民大学 2019—2020 学年优秀学生兼职辅导员名单

学院	姓名
文学院	孙新源　章华哲
历史学院	杨姚瑶　逄　勃　胡金凤　杨明珠　张维迪　胡存璐
哲学院	于浩洋　陈琳琳　梁　凯　方　亮
国学院	阿咏琪　卜嘉辉
经济学院	邵雨涵　何　薇　李文瑞　门　路
应用经济学院	孙　鹏　吕亚菲
财政金融学院	郝妙宁　陈冰莹　邵子豪　石梦钰　薛　雨　赵天浩　王　平　翟丽芳
汉青经济与金融高级研究院	张铭志
统计学院	张欢欢　田历军　董言午　马　宁　钟保罗　蔡国材
农业与农村发展学院	王小东
法学院	李　颖　李　玥　刘子溪　杨志宇　李思琪
马克思主义学院	秦　泽　党方圆
社会与人口学院	庄溪瑞　温　馨　邹和纯　何　敏　钱碧琳　王莉思
国际关系学院	王　丽　刘南岐　刘天祥　冯　雨　依尔班江・木合塔尔
新闻学院	袁梓航　吕金蔚　李子宜　罗　斯　于焕焕　钟愉靖
艺术学院	吴立格　邓远豪　纪晓萱　孙汪洋　孙雪浩
外国语学院	马洁慧　任冰杰　汪紫莹　肖利君　徐姝宁
环境学院	吴成庚　胡珮琪　袁乃秀　王　腾
信息学院	何高乐　薛　扬　赵　欣
数学学院	张经纬　张　杰
理学院	姜倩云　路梦繁
商学院	朱　亮　高　天　花　璠　李超凡　余雯雯　朱志莹　赵亚茹
公共管理学院	黄旭东　程　路　马国栋　吴铮子　高　赫　李瀚睿
劳动人事学院	管小宁　李　栋　赵　媛
信息资源管理学院	陶　冶　韩蕾倩　李　鑫
教育学院	徐　玮
苏州校区	许梦琦　张一迪

中国人民大学 2019—2020 学年先进班集体名单

学院	班级名称
文学院	2019 级硕士 2 班
文学院	2019 级本科基地班
文学院	2019 级博士班
历史学院	2018 级博士班
历史学院	2018 级硕士 3 班
历史学院	2019 级博士班
哲学院	2018 级哲学本科班
哲学院	2017 级哲学本科班
哲学院	2019 级硕士 1 班
国学院	2019 级本科班
国学院	2018 级博士班
经济学院	2018 级经济学—数学双学位本科实验班
经济学院	2019 级经济学类本科 1 班
经济学院	2018 级国际经济与贸易本科 2 班
经济学院	2018 级经济学本科 2 班
经济学院	2019 级经济学类本科 4 班
经济学院	2019 级经济学类本科 5 班
经济学院	2019 级经济学硕士 1 班
经济学院	2019 级世界经济国际贸易博士班
应用经济学院	2018 级国民经济管理本科班
应用经济学院	2018 级能源经济本科班
应用经济学院	2019 级国民经济学硕士班
应用经济学院	2019 级经济类本科 2 班
财政金融学院	2017 级本科金融 4 班
财政金融学院	2019 级本科金融 2 班
财政金融学院	2019 级本科金融 3 班
财政金融学院	2017 级本科金融 2 班
财政金融学院	2017 级本科金融 3 班
财政金融学院	2018 级本科财税班
财政金融学院	2018 级本科金融 3 班
财政金融学院	2018 级本科金融 4 班
财政金融学院	2018 级本科金融工程班
财政金融学院	2018 级金融博士班

续表

学院	班级名称
财政金融学院	2019 级本科金融 1 班
汉青经济与金融高级研究院	2019 级金融专硕 1 班
汉青经济与金融高级研究院	博士班
统计学院	2017 级应用统计学本科 2 班
统计学院	2018 级本科 2 班
统计学院	2019 级本科 2 班
统计学院	2019 级本科 3 班
统计学院	2019 级本科 6 班
统计学院	2019 级本科 9 班
农业与农村发展学院	2017 级本科 2 班
农业与农村发展学院	2019 级本科班
法学院	2018 级法学本科 1 班
法学院	2019 级法律硕士（非法学）2 班
法学院	2017 级本科法学—工商管理实验班
法学院	2017 级法学本科 1 班
法学院	2019 级法律硕士班（法学）
法学院	2019 级法学本科 3 班
法学院	2019 级法学—新闻学实验班
法学院	2019 级诉讼法学硕士班
法学院	2019 级知识产权法学硕士（三年制）班
法学院	2018 级法学本科 2 班
马克思主义学院	2019 级硕士 1 班
马克思主义学院	2017 级博士 1 班
马克思主义学院	2018 级马克思主义理论本科班
社会与人口学院	2019 级硕士人口班
社会与人口学院	2017 级本科公共事业管理班
社会与人口学院	2019 级本科 3、4 班
国际关系学院	2019 级本科 1 班
国际关系学院	2017 级本科外交学班
国际关系学院	2018 级本科 3 班
国际关系学院	2019 级硕士 2 班
新闻学院	2018 级本科新闻 2 班
新闻学院	2018 级创意传播实验班
新闻学院	2018 级本科新闻 1 班
新闻学院	2018 级本科新闻 3 班
新闻学院	2018 级本科新闻 4 班

续表

学院	班级名称
新闻学院	2018 级本科新闻国际政治实验班
新闻学院	2019 级本科新闻 2 班
新闻学院	2019 级本科新闻 3 班
艺术学院	2019 级硕士班
艺术学院	2018 级绘画班
艺术学院	2018 级景观建筑班
外国语学院	2018 级德语本科班
外国语学院	2019 级英语学硕班
外国语学院	2018 级非通用语种学硕班
外国语学院	2018 级英语本科 2 班
外国语学院	2019 级俄语本科班
外国语学院	2019 级法语本科班
外国语学院	2019 级日语本科班
环境学院	2019 级三年制硕士班
环境学院	2018 级理科试验 2 班
环境学院	2018 级理科试验 4 班
环境学院	2019 级博士班
信息学院	2017 级图灵实验班
信息学院	2018 级图灵实验班
信息学院	2018 级理科试验班 1 班
信息学院	2018 级理科试验班 3 班
信息学院	2019 级图灵实验班 1 班
数学学院	2019 级本科双学位实验班
数学学院	2019 级硕士班
理学院	2019 级化学硕博班
理学院	2019 级物理硕博班
理学院	2019 级心理硕博班
商学院	2019 级本科 4 班
商学院	2018 级本科 6 班
商学院	2019 级 MV 班
商学院	2017 级本科商英实验班
商学院	2018 级本科 1 班
商学院	2018 级本科 5 班
商学院	2019 级本科 2 班
商学院	2019 级本科 3 班
商学院	2019 级本科 5 班

续表

学院	班级名称
商学院	2019 级本科商法实验班
商学院	2019 级博士 2 班
公共管理学院	2018 级土地资源管理本科班
公共管理学院	2019 级 MPA 新疆班
公共管理学院	2018 级硕博连读 2 班
公共管理学院	2019 级本科 1 班
公共管理学院	2019 级本科 2 班
公共管理学院	2019 级博士 1 班
劳动人事学院	2019 级本科人力资源管理 1 班
劳动人事学院	2019 级硕士劳动关系班
劳动人事学院	2019 级本科人力资源管理 4 班
劳动人事学院	2019 级博士班
劳动人事学院	2019 级硕士劳动与社会保障班
信息资源管理学院	2019 级档案学硕士 1 班
信息资源管理学院	2017 级本科 3 班
信息资源管理学院	2018 级本科 1 班
信息资源管理学院	2018 级本科 2 班
教育学院	2019 级硕士班
苏州校区	2018 级金融学 3 班
苏州校区	2019 级国民经济管理班
苏州校区	2019 级汉语国际教育硕士 1 班
苏州校区	2019 级金融硕士全面班
苏州校区	2019 级金融学 1 班
苏州校区	2019 级金融学 4 班

中国人民大学 2019—2020 学年十佳宿舍、文明宿舍名单

一、十佳宿舍名单

学院	宿舍名称
文学院	东风六楼 303
哲学院	红三楼 208
国学院	知行四楼 504
经济学院	品园二楼 317

续表

学院	宿舍名称
统计学院	品园六楼 1006
马克思主义学院	东风七楼 407
艺术学院	品园六楼 821
商学院	品园六楼 1030
商学院	品园六楼 1034
劳动人事学院	知行五楼 111

二、文明宿舍名单

学院	宿舍名称
文学院	北园五楼 325
文学院	知行二楼 1515
历史学院	知行一楼 1208
历史学院	品园五楼 8—4
哲学院	红二楼 315
哲学院	东风七楼 304
经济学院	品园六楼 1117
经济学院	品园一楼 621
应用经济学院	品园六楼 934
应用经济学院	红三楼 229
应用经济学院	品园一楼 629
财政金融学院	品园六楼 322
财政金融学院	知行四楼 509
财政金融学院	品园一楼 424
汉青经济与金融高级研究院	知行一楼 826
汉青经济与金融高级研究院	知行一楼 822
统计学院	品园一楼 410
统计学院	品园六楼 1011
农业与农村发展学院	品园三楼 935
农业与农村发展学院	品园四楼 936
法学院	红三楼 323
法学院	知行一楼 521
法学院	东风六楼 512
马克思主义学院	青年公寓 7022
社会与人口学院	知行一楼 1405

续表

学院	宿舍名称
社会与人口学院	东风六楼 622
社会与人口学院	东风六楼 614
国际关系学院	知行一楼 702
国际关系学院	知行四楼 404
国际关系学院	知行二楼 404
新闻学院	知行一楼 1334
新闻学院	品园六楼 929
新闻学院	知行二楼 709
外国语学院	北园五楼 312
外国语学院	知行二楼 307
外国语学院	知行四楼 805
环境学院	品园一楼 226
环境学院	北园六楼 202
环境学院	品园一楼 230
数学学院	红三楼 227
数学学院	红三楼 224
理学院	品园六楼 503
理学院	红二楼 109
理学院	知行二楼 302
商学院	知行二楼 617
公共管理学院	知行四楼 704
公共管理学院	知行四楼 701
公共管理学院	品园二楼 238
信息学院	红一楼 211
信息学院	品园一楼 106
信息学院	东风七楼 316
劳动人事学院	知行五楼 110
劳动人事学院	知行五楼 106
信息资源管理学院	品园五楼 506
信息资源管理学院	东风六楼 309
信息资源管理学院	东风六楼 308
苏州校区	文星人才公寓 A04 区 5315
苏州校区	文星人才公寓 A04 区 1320
苏州校区	文星人才公寓 A04 区 5203

中国人民大学2019—2020学年十佳宿舍长名单

学院	姓名	宿舍名称
文学院	黄宜	东风六楼303
哲学院	贾晰	红三楼208
国学院	谭可婕	知行四楼504
经济学院	陈立全	品园二楼317
统计学院	贾默涵	品园六楼1006
马克思主义学院	王守康	东风七楼407
艺术学院	张欢雨	品园六楼821
商学院	刘雨萌	品园六楼1030
商学院	顾希雯	品园六楼1034
劳动人事学院	邓永君	知行五楼111

中国人民大学2020届毕业生分院系人数统计表

学院	博士生	硕士生	本科生	总计
财政金融学院	53	375	277	705
法学院	60	493	148	701
公共管理学院	26	279	85	390
国际关系学院	25	102	102	229
国际学院	4	57		61
国学院	13	38	25	76
汉青经济与金融高级研究院	2	112		114
环境学院	12	88	75	175
教育学院	6	40		46
经济学院	43	144	160	347
劳动人事学院	22	142	130	294
理学院	35	60	93	188
历史学院	21	95	31	147
马克思主义学院	29	103	32	164
农业与农村发展学院	11	149	39	199
商学院	66	780	316	1 162
社会与人口学院	20	128	79	227

续表

学院	博士生	硕士生	本科生	总计
数学学院	6	19		25
体育部		2		2
统计学院	17	123	113	253
外国语学院	10	108	103	221
文学院	31	174	31	236
新闻学院	34	138	161	333
信息学院	17	141	141	299
信息资源管理学院	17	95	86	198
艺术学院		48	122	170
应用经济学院	24	57	59	140
哲学院	50	79	64	193
中法学院			283	283
总计	654	4 169	2 755	7 578

中国人民大学2020届毕业生落实情况统计表

学历	总人数	落实人数	落实率	落实						待就业	比例
				就业	比例	出国	比例	升学	比例		
本科生	2 730	2 219	81.28%	617	22.60%	686	25.13%	916	33.55%	511	18.72%
硕士生	4 056	3 860	95.17%	3 313	81.68%	89	2.19%	458	11.29%	196	4.83%
博士生	651	628	96.47%	621	95.39%	7	1.08%	—	—	23	3.53%
总计	7 437	6 707	90.18%	4 551	61.19%	782	10.51%	1 374	18.48%	730	9.82%

中国人民大学2020届毕业生就业地区分布情况表

学历	工作总人数	北京	比例	上海	比例	广州	比例	深圳	比例	西部	比例	其他省市	比例
本科生	617	243	39.38%	25	4.05%	19	3.08%	34	5.51%	116	18.80%	180	29.17%
硕士生	3 313	1 824	55.06%	190	5.73%	73	2.20%	236	7.12%	283	8.54%	707	21.34%
博士生	621	381	61.35%	19	3.06%	5	0.81%	10	1.61%	50	8.05%	156	25.12%
总计	4 551	2 448	53.79%	234	5.14%	97	2.13%	280	6.15%	449	9.87%	1 043	22.92%

中国人民大学2020届毕业生就业单位性质统计表

	总计	党政机关	比例	高校	比例	科研单位	比例	中初教育单位	比例	其他事业单位	比例	国有企业	比例	三资企业	比例	民营企业	比例	部队	比例	自由职业	比例	自主创业	比例	其他	比例
本科生	617	60	9.72%	55	8.91%	1	0.16%	5	0.81%	11	1.78%	113	18.31%	37	6.00%	198	32.09%	20	3.24%	103	16.69%	6	0.97%	8	1.30%
硕士生	3 313	665	20.07%	102	3.08%	56	1.69%	155	4.68%	203	6.13%	1 045	31.54%	226	6.82%	777	23.45%	2	0.06%	39	1.18%	27	0.81%	16	0.48%
博士生	621	69	11.11%	351	56.52%	48	7.73%	2	0.32%	38	6.12%	73	11.76%	6	0.97%	26	4.19%	4	0.64%	1	0.16%	0	0	3	0.48%
总计	4 551	794	17.45%	508	11.16%	105	2.31%	162	3.56%	252	5.54%	1 231	27.05%	269	5.91%	1 001	22.00%	26	0.57%	143	3.14%	33	0.73%	27	0.59%

■ 共青团工作

一、概况

2020年，在学校党委和上级团组织的领导下，学校团委深入学习贯彻习近平新时代中国特色社会主义思想和党的十九届五中全会精神，紧紧围绕立德树人根本任务，统筹推进疫情防控和团学工作，加强思想引领、深化改革创新、服务青年学生成长成才，各项工作取得新进展。

新冠肺炎疫情暴发后，校团委及时响应学校相关工作部署，服务疫情防控，发挥青年生力军和突击队作用，引导国庆70周年群众游行“众志成城”方阵师生以实际行动践行“众志成城”精神，向抗疫一线的工作人员发出慰问信；组织2 000名学校青年投身社区防控，承担入户核查、信息登记、出入管理、体温测量、物资运送等任务；举办“热血同心”师生无偿献血活动，45位师生在社区或校内集中献血；组织300多名志愿者参与迎新等校园疫情防控工作；积极助力“停课不停学”，开辟战“疫”金课堂，邀请校内学术大家开设“人大名师公开课”。

二、加强思想政治教育引导

大力弘扬爱国主义。发挥重大活动育人功能，创新开学典礼、毕业典礼形式载体，围绕抗击疫情、脱贫攻坚、学校命名组建70周年等主题，将人大校史、人大课堂、人大榜样等元素融入其中，将爱国荣校教育贯穿始终。

创新开展主题教育。把握五四青年节、新生开学季等重要时间节点，开展“我们做怎样的一代人”大讨论、“第一封家书”等主题团日活动，全校700多个团支部和百余个学生组织、社团、学习小组参与其中。

建强网络舆论阵地。优化新媒体内容供给，打造网上“团”字号、“青”字号品牌栏目，推出“新青年”“思享汇”“人大人到基层”等微信专栏，开设“视野”“青听我讲”“圆桌”等深度话题，融合漫画、短视频、H5互动等多种形式，进驻抖音、B站、视频号等社交媒体平台。

三、扎实推进学校共青团改革

落实团中央、教育部《深化学校共青团改革的若干措施》相关要求，着力解决共青团现存的各类问题。

加强政治教育，把用习近平新时代中国特色社会主义思想武装团员队伍作为首要任务，完善推优入党工作机制，健全“青马工程”培养机制，突出理想信念教育。健全实践教育，组织团员学生积极参加社会实践、劳动教育、志愿服务，推动青年志愿者协会建设全覆盖。

改进组织运行，突出团支部的引领主导作用，完善支委会和班委会协同工作机制，开展基层团组织规范化建设；对学生会、学生社团工作人员加强遴选把关和日常教育。创新组织动员，规范开展“三会两制一课”，推动“第二课堂成绩单”制度建设，突出“团”字号、“青”字号品牌的育人功能。

四、组织建设

夯实组织基础，提升组织育人新成效。打牢团务基础，加强团务服务管理，规范团费收缴与管理模式，健全团费线上收缴、返还机制；有序推进补办团员证、团员编号整改等基础性工作。创新工作方法，优化线上管理水平，进行学校共青团管理系统二期开发。规范工作机制，激发基层活力，编撰《中国人民大学团支部实务一本通》；启动“百团竞优”“百团成长”双百团支部工程，发挥基层团组织“单元格”作用；建立校院组织工作沟通联络微信群，打造“校—院—班”三级联络体系；开展“五星团支部”评比工作，发挥带动作用。

发挥辐射效应，树立组织工作新榜样。积极参与各类市级及以上共青团荣誉评选，充分发挥榜样作用。马克思主义学院2019级硕士一班团支部获评2020年北京市五四红旗团支部，校团委副书记李晰获评2020年北京市优秀团干部，经济学院2018级博士生特木钦获评2020年全国优秀共青团员、2020年第十二届中国青年志愿者优秀个人奖，哲学院2020级硕士生李浩获评2020年北京市优秀共青团员。

五、宣传工作

开展同心战“疫”宣传思想引领工作。“中国人民大学团委”官方微信公众号共发布疫情相关推送文章70余篇；推出“众志成城人大人，共战疫情心连心”网络征集活动系列专题报道13篇。同时，“人大青年网”官方网站建立了“同心战‘疫’”专栏，及时同步相关推送文章，与官方微信公众号共同宣传学校师生抗“疫”精神、展现战“疫”青春风采。

围绕团学工作重点做好宣传服务、舆论引导，持续推进团属新媒体矩阵建设，同步内容发布与宣传；发挥网站特性与优势，重要宣传内容专题化。进一步扩大宣传渠道，建立优化宣传工作机制，搭建院系团属新媒体平台监督机制。

六、课外学术活动

积极组织学术活动，夯实创新土壤，组织开展各类学术讲座活动。举办第二十二届“创新杯”学生课外学术科技作品竞赛，共收到302篇学术调研类作品、127件创业计划类作品，涵盖了文史哲、法学、经济、管理、社会、教育、创业计划设计、应用艺术和其他等9大类别，参赛人数1 721人，共评选出学术调研类作品特等奖13篇、一等奖26篇、二等奖50篇、三等奖154篇，创业计划类作品特等奖5件、一等奖11件、二等奖20件、三等奖66件。2020年，学校在各类高校学生课外学术科技作品竞赛中斩获一定成绩，“挑战杯”首都大学生创业计划竞赛中，学校有1件作品获金奖、4件作品获铜奖。“创青春”中国青年创新创业大赛中，《烘焙盒子有限责任公司》获得三等奖。创设并举办首届“创新杯”专项赛，与“千人百村”社会实践项目结项联合开展，主题为“脱贫攻坚与实施乡村振兴战略有机衔接”，共收到304件作品，评选出特等奖3件、一等奖6件、二等奖13件、三等奖41件。

七、社会实践活动

丰富实践第二课堂，推进全员全过程全方位育人。2020年初的寒假“街巷中国”城市调查规模扩大，调研地涵盖全国31个省级行政区、近1 000个街道。面对突发疫情，校团委及时中止实地调研并调整工作方案，在保障安全的基础上有序完成763名实践成员的结项工作。暑假“千人百村”社会调研在疫情防控常态化的背景下开展，采用自愿报名、自选方案、自主实践的方式，以“全面小康新跨越，美好生活新起点”为主题，围绕“脱贫攻坚与实施乡村振兴战略有机衔接”的重大命题，鼓励学生根据各地不同情况进行线上与线下相结合的社会调研，共有939名学生顺利结项，并孵化出304份“创新杯”中国人民大学学生课外学术科技作品竞赛“脱贫攻坚”专项赛作品。

八、校园文化活动

坚持以文育人、以文化人，坚守疫情防控的底线，把握守正创新的主线，持续搭好学生文艺舞台，讲好学校文化故事。举办跨年灯光秀活动，以全新的形式为全校师生送上新年祝福；线上举办第二十六届“五四”文化艺术节，设朗读计划、Vlog大赛、文史知识竞赛和艺术作品评选等分项；成立全新的校级学生组织中国人民大学文艺联盟，以一支有思想、敢拼搏、能奋战、重传承的学生骨干队伍构筑文化工作的有力牵引；举办迎新“音乐角”、新生文艺秀等全新的校园文化活动，以浸入式、互动式、参与式的手段，将校园文化艺术请出厅堂；举办主持人大赛，在广大热爱播音主持的学生中发掘家国意识和使命担当的时代之音；举办第三十四届“一二·九”合唱音乐节，邀请来自30个学院（书院）的19支代表队逾2 000名师生参赛，并通过公众号、视频号等宣传渠道开展有秩序、高密度的活动宣传；学生艺术团举办演出季专场演出8场，包括“抗疫艺家人”云端音乐会和2021年云端跨年音乐会；京剧社应邀参加“2020中国戏曲文化周”活动，展演曲目《游龙戏凤》广获好评，并凭借作品《霸王别姬》获得第十一届“国戏杯”学生戏曲大赛大学生甲组个人组铜奖；“艺先锋·艺实践”学生艺术团艺术公益行动获评2020年“青年服务国家”首都大中专学生暑期社会实践优秀团队奖、指导教师获先进工作者称号，获立邦“为爱上色”中国大学生农村支教奖的校级优秀奖，并入选由共青团中央指导的“趁年轻，去基层2020年全国大学生‘千校千项’网络展示活动”中的“基层新画卷”名单。

九、学生社团工作

加强社团管理制度建设。印发《中国人民大学学生社团建设管理办法》，厘清学生社团管理体制机制，细化5大重点工作流程图，强化党委领导，压实指导单位主体责任；严格规范新社团成立、年审等注册登记流程；突出社团负责人、指导教师两大“关键人”管理，配强思政导师。

规范社团注册登记流程。2020年共有注册的学生社团86个，包括思想政治类社团2个、志愿公益类社团2个、文化体育类社团53个、学术科技类社团22个、实践服务类社团5个、自律互助类社团1个、创新创业类社团1个。其中2020年新成立社团7个。

搭建校级文化展示平台。组织开展以“魔法世界”为主题的“百团大战”学生社团集体招新活动，各学生社团顺利完成招新目标；以“绘梦颂韶华”为主题举办第十六届“萌之韵”学生社团文艺汇演。

十、志愿者工作

组织校园志愿服务工作。2月以来，面向全校学生开展战“疫”志愿者招募与志愿服务认证工作。到5月30日，参与疫情防控相关工作的学校志愿者共916人，累计志愿服务时长48 976.5小时。8月至10月，开展“向社区报到”垃圾分类暑期志愿服务和校园桶前值守志愿服务工作，志愿者累计上岗1 684人次，志愿服务总时长达25 182小时。9月至11月组织学生返校、新生报到、校内考试等相关防疫志愿服务工作，志愿者累计上岗600人次，志愿服务总时长逾1 600小时。11月，组织开展“燃动青春 助力冬奥”北京冬奥宣讲团走进百所高校系列宣讲活动学校专场宣讲会，采取线下观看与线上直播相结合的方式，在校内营造良好的冬奥文化氛围。

完善二级团体管理办法。规范志愿服务时长认证与补录和志愿者登记注册流程，初步建立志愿服务项目评估体系并开展青协内志愿服务项目评估工作。2020年学校志愿北京平台注册人数已超过11 000人，全年学生参与志愿服务活动达7 306人次，累计志愿服务时长95 039.5小时。

十一、学生会和研究生会工作

（一）学生会

5月，学校第三十三届学生会委员会第八次全体会议召开，会议选举产生了新一任学生会主席团。

一年来，学生会着力深化组织改革，改革运行机制，采用“主席团＋工作部门”的组织架构，改革后设五名主席团成员，主席团集体负责学生会重大事项，主席团下设七个职能部门，学生会整体人数控制在40人以内；坚持精简原则，在日常工作中实行“部门＋项目”制，面向2020级新生招募志愿者，持续推进组织架构的精简化；严格遴选程序，学生会组织工作人员学习成绩综合排名均在50%以内；建立述职评议制度，12月23日，学生会举办工作人员述职会。紧跟时政热点展开理论学习，不断完善宣传矩阵，构建了一系列原创专栏体系，打造了《学生会新闻》《会课听》等品牌栏目。疫情防控常态化的情况下，构筑完善文体活动体系，健美操大赛、校辩论赛、迎新接站等活动广受好评。改革校院工作会议形式，搭建校院联动平台，促进校院资源共享。

（二）研究生会

6月，学校第十八届研究生会常任代表会议第五次全体会议召开，5位同学当选学校第十八届研究生会第二任主席团成员，张兆强为第二任常代会主任。

一年来，研究生会深化思想引领，组织开展明德论坛、院长论坛、59号讲堂、立德青年讲座等品牌活动项目，推出“导学五中全会”系列讲座；助力创业创新，完善品牌活动“职发季”，举办多期“国考大讲堂”和勇往“职”前活动；踏实社会实践，派出3支调研队伍，推出“校院云窗”线上栏目和“人大人到基层”抗疫专栏；丰富学术文化活动，举办“文华讲堂”“59号读书会”“心理健康月”系列活动，举办“众志成城迎新篇·砥砺百年筑华章”学校2020级研究生迎新晚会，举办新时代高校青年发展研讨会暨校院研究生会工作座谈会，并开展形式丰富的户外体育活动。

附录

2020年中国人民大学“创新杯”学生课外学术科技作品获奖情况统计

奖项等次	数量（项）
特等奖	18
一等奖	37
二等奖	70
三等奖	220
获奖总数	345

2020年“挑战杯”首都大学生创业计划竞赛情况统计

奖项等次	数量（项）
金奖	1
银奖	0
铜奖	4
获奖总数	5

2020年“创青春”中国青年创新创业大赛情况统计

奖项等次	数量（项）
一等奖	0
二等奖	0
三等奖	1
获奖总数	1

2020年中国人民大学共青团系统获评各类奖励情况统计

1. 北京市三好学生（32人）

马国栋、周琪、杨欣雨、李瀚睿、孙琳、林修能、曹世祥、檀少俊、万洁琼、庄溪瑞、汪元、宋佳、武泓宇、姚逸雪、曹育铭、王美佳、林新辰、孙大智、曾煦然、李成、陶诗艺、师晓泉、高赫、兰梓艺、李思尧、王佳怡、何宁致、陈武、高玉涵、孙致君、李思琪、吕轩昂

2. 北京市优秀学生干部（11人）

李馥含、王开宇、董一霏、孙秉一、张宇熙、叶锦勇、黄慎、尹家蕴、何亚琳、何林芯、王翔宇

3. 第十二届中国青年志愿者优秀个人奖（1人）

特木钦

教育教学和学科建设

■ 本科生教育

一、概况

2020年，中国人民大学本科教学工作深入贯彻落实全国教育工作会议和新时代全国高等学校本科教育工作会议精神，扎实推进"双一流"建设和改革任务，对标世界一流本科教育，坚持立德树人根本任务，进一步强化"价值引领、通专结合、实践创新"的人才培养理念，坚持"宽口径、厚基础、多选择、重创新、国际性"的人才培养模式，紧紧抓住人才培养关键要素、关键环节，突破重点难点问题，稳步推进各项本科教学改革。

开设通识教育大讲堂课程22门，原典研读课程23门，公共艺术教育课程39门，跨学科专业选修课程180门（56个课程模块，其中含"创新通识"课程4门），发展指导类课程68门（8大类，其中含"创新创业指导类"课程5门）。

学校有2名教师获北京市高等学校教学名师奖，2名教师获北京市高等学校青年教学名师奖，1名教师获宝钢教育基金优秀教师特等奖，3名教师获宝钢教育基金优秀教师奖，4名教师获学校大华杰出教学贡献奖，12名教师获评学校教学标兵，10名教师获学校教学标兵提名奖。

2020年教育部教育教学教改专项资金支持学校各项改革项目共计1 424万元，支持建设项目以强化和巩固人才培养的中心地位，深化大类人才培养改革、优化专业设置、建设一流本科课程教材、强化创新创业教育、提升教师教学水平，培养一批具有优秀人文与科学素养、宽厚的专业基础、开阔的国际视野、强烈的社会责任感的优秀本科生为总体目标。全年组织建设创新创业项目122个、实践育人项目16个、荣誉辅修项目17个、拔尖人才培养项目4个、课程建设项目167个、线上教学项目4个、教材建设项目10个，共计建设项目300余个。

获得国家级大学生创新实验计划项目60个、国家级创业训练项目20个、国家级创业实践项目2个、北京市级大学生创新实验计划项目120个，设立校级大学生创新实验计划项目60个。2020年学校学科竞赛成绩实现新突破：在美国大学生数学建模竞赛中，5支队伍获得特等奖提名奖，10支队伍获得一等奖，51支队伍获二等奖。在大学生数学建模与计算机应用竞赛中，5支队伍获得全国一等奖，6支队伍获得全国二等奖，29支队伍获得北京赛区一等奖，34支队伍获得北京赛区二等奖。在全国大学生数学竞赛中，174名同学获北京市奖（参赛获奖率69%），其中数学类A组2人获全国一等奖并进入全国总决赛，8人获全国二等奖，15人获全国三等奖（总体获奖率46%），25人获北京市奖；非数学类33人获全国一等奖，46人获全国二等奖，59人获全国三等奖（总体获奖率67%），149人获北京市奖。2020年釜山国际广告节中学校学生获得青年单元金奖。在第十二届全国大学生广告艺术大赛中，学校学生5支队伍获全国二等奖，2支队伍获得全国三等奖，3支队伍获得北京赛区一等奖，28支队伍获得北京赛区二等奖，34支队伍获得北京赛区三等奖。在2020年北京市大学生人文知识竞赛中，4人获北京市一等奖，2人获北京市二等奖。

二、本科生招生工作

2020年，学校录取本科生2 856人，包括中法学院280人，国家专项计划221人，圆梦计划78人，强基计划57人，外语类保送生21人，高水平艺术团9人，高水平运动队25人，艺术类学生104人，港澳台侨联招10人，澳门保送生21人，台湾高中毕业生11人，香港中学文凭考试5人，内地新疆、西藏高中班35人，民委专项计划11人。

2 856名新生中，男生1 113人，占38.97%，女生1 743人，占61.03%；应届生2 664人，占93.28%，往届生192人，占6.72%；不满17周岁的35人，17至19周岁的2 786人，20周岁及以上的35人。来自中西部地区的新生占57.95%，来自重点高校录取比例较低省份的新生占50.70%；共青团员2 636人。

在学校统一领导下，全体招生人员齐心协力，攻坚克难，圆满完成各项工作任务。学校在各省（区、市）录取情况良好，提档线与录取位次稳中有升，生源质量较好。

从社会关注度最高的一批次提档线对应的省排名情况来看，文科提档线对应位次在100名以内的有15个省份，150名以内的有22个省份。有7个省份文科提档线排名比2019年有所上升，1个省份持平。理科提档线对应位次在300名以内的有8个省份，在600名以内的有19个省份。有13个省份理科提档线排名比2019年有所上升。另外，江西、山西、新疆和重庆4个省份文理科提档线排名较2019年均有提升。（注：4个新增高考改革省份（不分文理）中，文科有1个省份，理科有2个省份，因无准确排名变化情况，未纳入统计。）

从一批次提档线对应的高校录取位次来看，在部分知名高校本科一批投放计划数较少的客观压力下，学校录取位次依然稳居前列。学校文科一批次提档线有2个省份位列第四，20个省份位列第五，2个省份位列第六。学校理科一批次提档线有1个省份位列第五，4个省份位列第六，10个省份位列第七，9个省份位列第八。高考改革省份中，天津位列第四，北京、海南、浙江位列第六，山东位列第七，上海位列第四（北大、清华提前批招生，与学校不在同一批次）。

2020年，学校本科招生专业共计23个，其中普通一批投放专业16个。校本部一批专业志愿满足率（有志愿率）98.35%，与2019年基本持平。

组织实施外语类保送生、高水平艺术团、高水平运动队、艺术类（音乐表演）、圆梦计划、香港中学文凭考试、台湾高中毕业生、澳门保送生和强基计划等特殊类型项目招考工作。其中，艺术类（音乐表演）、高水平艺术团、香港中学文凭考试、台湾高中毕业生等部分类型由现场考试调整为远程校考，组织实施安全有序。共计8 645人报名，1 960人参加校考，901人取得资格生资格，258人被录取。这部分学生占新生的9.03%，对生源结构、支持基础特色学科发展和繁荣校园文化具有重要意义。

学校着力调整了部分基础学科招生专业批次结构，将马克思主义理论类、人文科学试验班、理科试验班（基础学科类）三个专业类调整至提前批次招生，拓宽了吸引优质生源的批次渠道，有效保障了相关基础学科专业生源。

2020年为国家强基计划实施首年，学校汉语言文学（古文字学方向）、历史学、哲学专业获得试点资格，招生计划共90人。

在2020年新冠肺炎疫情的特殊时期，为积极应对疫情对招生工作的影响，学校开展直播宣讲、在线答疑、组群维护等多层次、系统化的线上咨询宣传活动，通过本科生招生办公室直播平台，各学院、各招生组共举办线上学科讲座27场、招生宣讲30余场，微信群、QQ群、电话咨询持续两月余，与线下咨询宣传活动形成互补，为保障生源质量稳定发挥重要作用。

三、教材建设

2020年，为全面落实党组织审核制度，学校根据国家教材委员会及教育部相关文件要求，推荐国家教材委员会民族工作专家候选人7人，推荐“马工程”重点教材审核专家16人，完成中等职业学校三科统编教材编写人员综合考察8人，完成“马工程”重点教材编写人员综合考察1人。根据教育部教材局要求，承接并组织完成《管理思想史》、《城市社会学》和《社会政策概论》三本“马工程”重点教材审读工作。

学校继续实行“马工程”重点教材使用情况年报制度，完成高等教育质量监测国家数据平台2019—2020学年329个“马工程”重点教材相关课堂实际使用教材情况数据填报。对于应使用但未使用“马工程”重点教材的课程信息，学校及时反馈开课单位，并督促其使用“马工程”重点教材。

学校以学院为主体，落实党委主体责任，实行教材选用“凡选必审”，“集体决策”，加强学校教材选用工作的规范性管理。对于本科课程中选用的教材进行审核和备案，其中，对于引进版影印本和未引进版境外原版教材要求进行全面审核，审核通过方可选用。同时，学校以建设本科教学管理一体化信息平台为契机，详细梳理教材建设管理流程，建设教材选用目录库及新编教材目录库，规范教材选用审核和新编教材填报工作，提高教材管理效率。

为进一步完善教材建设激励机制，加大对优秀教材的奖励力度，学校开展本科优秀教材评选工作，共评选特等奖46项、一等奖58项、二等奖41项。推荐特等奖及一等奖教材参加北京市高等教育优秀教材评选。同时，组织开展首届全国教材建设奖评选推荐工作，共推荐全国教材建设先进集体2个，全国教材建设先进个人2人。

学校继续组织“十三五”规划教材结项工作，截至2020年底，学校第一批“十三五”本科规划教材累计结项109项。

四、教学改革与教学管理

（一）以“四新”建设为引领，推动一流本科专业建设，面向未来培养拔尖创新人才，强化专业建设内涵式发展

1. 深化大类人才培养模式改革，推动专业人才培养体系全面升级。继续深化大类人才培养模式

改革，不断强化专业人才培养内涵式建设，遵循“宽口径、厚基础、遵从兴趣、自主发展”的本科大类人才培养理念，通过重构培养体系、课程体系和培养机制，持续完善和优化专业人才培养方案，推动全校专业人才培养体系全面升级。2020级本科生除外语、艺术和马克思主义理论类专业外，其余专业按照理工、人文、管理、经济、法政与社会5个学科大类制定统一的大类培养方案，实现“根基上的通识教育、精实的专业教育、融合式跨学科教育、创新为核心的能力教育”四位一体、相互支撑、相互衔接的本科专业人才培养核心体系。全面梳理大类人才培养体系下的课程体系，重点推进通识核心课建设，改革体育教育、公共艺术教育和劳动教育，制定《中国人民大学体育教学改革方案》《中国人民大学加强美育工作实施细则》《中国人民大学劳动教育实施方案》，强化学生德智体美劳全面发展。积极探索教学管理、学生管理与学生学习生活社区三位一体的特色书院模式，建设明德书院、明理书院，进一步完善大类人才培养体制机制。

在专业人才培养体系改革的基础上，积极推动一流本科专业建设，在2019年获评的22个国家级一流本科专业建设点、6个北京市级一流本科专业建设点、3个北京市重点建设一流专业的基础上，2020年继续申报建设伦理学等22个国家级一流本科专业建设点、贸易经济等6个北京市级一流本科专业建设点。

2. 以“新理念、新思想、新技术”为牵引，全面推动“四新”建设。以互联网、大数据、人工智能等新技术为基础，立足于学校“主干的文科、精干的理工科”的学科发展体系，以新文科建设为引领，融合新工科新文科，全面促进新时代人文社会科学研究内容和研究方法的转型发展，大力加强交叉学科复合型创新人才培养，将新文科建设与新工科新文科融合发展作为学校实施一流本科建设的战略途径。

一是以习近平新时代中国特色社会主义思想为指导，建设中国特色系列专业，在原有马克思主义理论专业的基础上，在经济学专业下新设中国特色经济学专业方向，同时推动数字经济专业建设；在会计学专业下新设智能会计专业方向；以马克思主义新闻观统领，全面推进新闻传播学类专业改革，建设国际新闻与传播专业；在汉语言文学专业下新设古文字学专业方向；依托国际组织学院、国际文化交流学院和丝路学院，孵化国际组织和“一带一路”人才培养专业方向；加强中法学院建设，新增数学、人力资源管理、传播学等中外合作办学专业。

二是强化数学、人工智能、数据科学等支撑学科建设，在原有数据科学与大数据技术专业的基础上，新设人工智能本科专业，建强数学相关专业；在数学与应用数学专业下新设数据计算及应用专业方向。以此为基础，继续建设金融学—数据科学与大数据技术、金融学—数学、财政—数学、经济学—数学等原有跨学科实验班，同时新设立应用经济—数据科学跨学科实验班。

三是设立开展新型人才培养项目，促进学科交叉融合，加强复合型创新人才培养。继续做好原有15个跨学科实验班人才培养项目的招生选拔和培养管理，新设立应用经济—数据科学双学位实验班与应用经济—区域发展管理双学位实验班，升级改造原国学实验班，新设国学—古典学实验班，建成18个跨学科实验班；继续做好原有17个荣誉辅修学位项目建设工作，新设全球治理与国际组织人才培养、文化产业创新创业2个荣誉辅修学位项目。

四是以研究与实践项目建设为抓手，推进理、工、文学科专业交叉应用和专业人才培养改革创新。持续建设2018年获教育部首批新工科研究与实践项目认定的三个项目“信息化时代多学科交叉综合决策型社会治理人才培养模式探索与实践”“以数据为中心的计算机专业教育改革与实践”“大类培养模式下新工科个性化复合型创新人才培养体系机制的深化与完善”，在学科交叉复合型人才培养模式机制方面取得了优秀的成果，顺利通过教育部结题验收；新设立校级新工科研究与实践优秀成果奖，鼓励和引导学院开展新工科新文科融合的教学改革、创新和建设，新工科研究与实践优秀成果奖首批共有19个项目申报，其中9个项目获评一等奖，10个项目获评二等奖。

3. 不断推动基础学科拔尖学生培养计划和卓越人才培养计划。全面推动基础学科拔尖人才培养，规划建设“中国风格、人大特色”的基础学科拔尖人才培养体系。

一是整合资源，系统规划理工基础学科拔尖人才培养。依托学校精干的理工科，全面整合学校及相关合作机构的优质资源，充分发挥学校理工基础学科“高精尖”特色，全面规划理工基础学科拔尖人才培养体系，深入落实《中国人民大学理工基础学科拔尖人才培养计划》，继续做好数学、物理学、化学、心理学、计算机科学、环境科学6个理工基础学科拔尖实验班建设工作，致力于培养能够潜心学术，关注重大科学和人类发展问题，勇攀科学高峰，推动科学文化发展的优秀拔尖人才。

二是持续深化，推动经济学、文学、历史学、哲学、数学、计算机科学6个基础学科拔尖学生培养基地建设。基地实施根基宽厚通识教育、强化科教融合专业教育、注重大师引领全面发展、构建研读中心学习社区、建立常态国际合作平台、实行科学分流动态退出机制等重要育人举措。2020年，学校获批建设历史学、哲学、经济学3个国家基础学科拔尖学生培养基地，并继续申报建设文学、计算机科学、数学、物理学、心理学、化学6个国家级拔尖学生培养基地。

三是紧密衔接，创新强基计划人才培养模式。2020年学校获批在汉语言文学（古文字方向）、历史学、哲学3个专业启动强基计划（简称“文史哲强基计划”）。文史哲强基计划与学校基础学科拔尖计划2.0紧密衔接，作为文史哲拔尖基地的重要选拔渠道，采取四年一贯的书院制培养机制，实施“宽厚基础、学科复合、科教融合、大师引领、个性发展”的人才培养模式。

四是面向需求，积极加强卓越人才培养，全面实施“卓越新闻”、“卓越法治”和“卓越农林”人才培养计划2.0，2020年，“中国人民大学‘四有四全’课程思政体系探索与实践”等5个项目获得北京市教学改革创新项目立项建设。

（二）抓住课程建设“主战场”，全面推进课程思政和金课建设

1. 充分发挥课程育人的核心作用，不断强化课程思政和专业思政教育。起草《中国人民大学本科生课程思政建设方案》，贯彻落实《关于加强和改进课程建设的若干意见》，明确课程思政建设目标，充分发挥教师“主力军”、课程“主战场”、课堂“主渠道”作用，将课程思政理念和思维方式融入课程建设，实施重点课程思政育人融入计划，以点带面，不断强化课程思政和专业思政教育，初步建成新生研讨课、思想政治理论课、通识核心课、专业思政课、课程思政示范课五个层次的课程思政体系。

一是不断强化新生研讨课的课程思政“首课”地位，有机融合价值引领和专业规划双重功能，帮助新生系好人生的“第一粒扣子”，树立正确的人生观、世界观和价值观，帮助学生培养正确的学习观念、学习习惯、学习方法和学习目标。

二是以思想政治理论课为引领，促进课程思政与思政课程同向同行，不断加强以习近平新时代中国特色社会主义思想为核心的思想政治理论课课程群建设，精心研究“习近平新时代中国特色社会主义思想概论”课程教学大纲，建设高水平、高起点的习近平新时代中国特色社会主义思想概论课程；新设思想政治理论课选修课程模块，新开设“四史”系列课程“社会主义五百年”、“中国共产党一百年”和“中华优秀传统文化概论”，新开设“习近平法治思想”和“习近平关于教育重要论述导读”特色课程。

三是充分发挥通识课程课程思政天然优势，挖掘通识课尤其是通识核心课的思政育人元素，加强在通识课中对学生的价值观引领，培养学生的人文素养、科学精神和思维方法；以学院为主体积极推进通识核心课建设，基本建成约60门通识核心课，全年开课规模覆盖6 000余人次，正在培育30门。

四是鼓励各专业结合本专业教学需要，开发专业思政课程，如马克思主义学院在全国率先开设“习近平中国特色社会主义思想概论”专业课，新闻学院开设“马克思主义新闻观与当代中国新闻事业”，法学院开设“习近平全面依法治国思想”，历史学院开设“习近平用人思想的传统资源”，经济学院开设“习近平新时代中国特色社会主义经济思想”等课程。

五是建设示范性课程思政育人金课，实施“123金课计划”，把高水平课程思政建设作为重要建

设内容和评价标准。

2. 以“五位一体”理念推动“123”金课建设，全面提升课程教学质量。全面实施“123”金课计划，按照《“123”金课计划实施方案》《通识核心课程建设实施要求与建设标准》《部类基础与专业核心课程建设实施要求与建设标准》《线上线下混合式课程建设实施要求与建设标准》等金课建设文件和标准，围绕优质课程的全过程、全要素开展“教材、课堂、教学资源、教学手段、教学队伍”五位一体立体化课程建设。在全面梳理培养体系和课程体系基础上，先期集中建设思想政治理论课程、100门通识核心课程、200门专业核心课、300门线上线下混合式教学课程，打造样板“金课”。完成80门通识核心课、212门专业核心课、111门线上线下混合式金课建设校内申报推荐工作，进入评审遴选阶段。

结合金课建设，不断推进国家级和省级一流本科课程建设，2020年，学校共有9门课程被认定为首批国家级线上一流课程（含2017、2018年国家级精品在线开放课程），有3门课程被认定为首批国家虚拟仿真实验教学一流课程，有13门课程被认定为首批国家级线下一流课程，有1门课程被认定为国家级线上线下混合一流课程，有5门课程获评2020年北京高校优质本科课程。

（三）以大规模线上教学为契机，全面推动现代信息技术与教育教学深度融合，构建后疫情时代在线教学新常态

1. 积极探索在线教学管理体制机制改革，适应大规模在线教学新常态。疫情防控期间积极探索适应大规模在线教学的本科教学管理体制机制改革，为疫情防控常态化后形成线上教学应急机制打下坚实基础。一是建立书记校长主责的线上教学专班会、主管副校长主责的学校本科人才培养委员会专题会、院系线上教学工作小组三级联动应急机制；二是教学管理实体“虚拟化”，建立线上行政班、线上教学班、线上教研室和教学团队、线上教学志愿队、困难学生重点帮扶等线上管理和支持组织，形成有力的线上教学组织保障；三是加强本科课程的在线教学服务力量和质量，为学院招聘本科教务学生助理给予经费支持，改革本科课程助教管理制度，通过增加岗位数量、加强线上教学岗前培训、在劳务基础上给予流量补贴的方式，为本科课程配齐配好助教；四是以全面线上教学为背景，重新设计课程规划、课堂组织、课程资源使用、排选课规划、成绩管理、考试规则等各个环节，针对每一个环节出台指导意见；五是规范在线教学管理制度，制定《2019—2020学年春季学期推迟开学期间本科教学工作方案》《疫情期间按教学计划全面开展线上教学工作方案》《线上教学规范提示》《线上课程开放与共享要求》《关于线上教学课程对外开放共享规范管理的指导意见》等系列文件，促进线上教学常态长效。

2. 深化线上线下融合授课，重点推进慕课建设，创新大规模在线教学新模式。疫情防控期间线上教学以课前学生自主学习，课堂教师重点讲授，课后线上分组讨论、教师重点答疑，创新考试形式的模式，全面修订线上教学大纲，制定线上教学计划，加强线上课堂管理，完善线上考试方案，重点强调通过大规模线上教学，全面促进学生养成自我规划、自我督促、自主探索的自主学习习惯，形成自主学习能力，全面促进教师形成线上线下融合授课思维，适应网络环境，利用网络资源，提升教学质量；结合疫情防控期间大规模线上教学经验，围绕金课建设，全面推广线上线下混合式教学模式，实现“以教为中心”向“以学为中心”的教学理念转变，推动信息技术与教学的深度融合，强化学生自主学习、指导性教学、启发性教学和研讨性教学，推进教学方式方法变革和教学模式手段创新。制定《线上线下混合式教学课程建设实施要求与建设标准》，规划建设300门线上线下混合式教学示范课程，鼓励和引导教师创新在线教学形式、积极建设慕课；积极打造丰富慕课资源，在原有113门慕课的基础上，结合金课建设启动100门优质慕课建设。

（四）大力加强课程建设，不断丰富课程资源，切实规范课堂教学环节

继续做好新生研讨课建设。结合学校2020年本科招生，学校教师教学发展中心组织遴选和聘任来自全校28个院系（含苏州校区）的162名新生导师，面向2020级新生开设小班研讨课162门，编

制并向每一位新生导师和大一新生发放了《2020本科新生研讨课教师手册》和《2020本科新生研讨课学生手册》，明确了教师教学目标和学生未来发展路径，鼓励新生导师充分采用小班研讨式教学，积极引导学生增进专业认同和学校认同。针对学校明德书院与明理书院的成立，2020级新生研讨课与书院制改革有效对接，设计并施行大类讲座与小班研讨相结合的模式。

作为本科人才培养路线图八项研究型学习制度之一的“名师沙龙”制度，由学校教师教学发展中心组织开设，是新生研讨课的有机延伸，是学生双选认证线下学习的重要形式。教师教学发展中心在2020年组织开设5门以小班研讨为特色的名师沙龙，每门沙龙设计6～8次课程，每次2～3学时，遴选来自不同专业的15～20位学生，与名师面对面研讨交流，共同探讨学科领域热点、难点和重点问题。

理念先行，以课程为载体，推进教学信息化建设。教学信息化不等于传统课堂的简单数字化，需要教师在教学观念、方式方法、教学内容等方面进行全面改革。截至2020年底，学校教师教学发展中心共建设完成三大类118门在线课程，2门课程获评教育部“首批国家级一流本科课程（线上一流课程）”。同时，基于学科特点及学生的学习兴趣设计开发信息化课程，进一步完善慕课的建设流程和规章制度，重在以信息化课程为支撑，推动教学改革，构建以学生为中心的研究型教学模式；在积极推进信息化课程建设的过程中，通过举办信息化教学培训等方式，促进教师对信息化教学从认识到认同；加强课程信息化平台建设，2020年共组织开设43门线上副修课程和15门线上副修课程考试以及考试合格后的学分认证工作。在春季学期，面对疫情防控期间线上教学的需求，全力保障“延期开学初期”和“全面线上教学学期”的教学任务的开展，面向校内各学院师生开放已有的线上课程资源，与学院和主讲教师紧密沟通联系，指导各学院学生在校内“芸窗慕课”上注册，主讲教师进行身份认证和教学资源的更新，平台师生用户总数达6 922人；免费开放学校自建的113门优质在线课程供学校教师开展线上教学和学生自主学习使用，参与师生人数达24万人次。

（五）深入落实本科人才培养委员会制度，完善本科人才培养决策咨询体制机制

继续落实本科人才培养委员会周例会制度，始终坚持以习近平新时代中国特色社会主义思想为指导，认真贯彻落实全国教育大会和新时代全国高等学校本科教育工作会议精神，紧紧围绕“立德树人”根本任务，坚持“以本为本、四个回归”，聚焦本科人才培养的突出问题与重大趋势，研究制定相关制度方案，推动落实学校关于本科人才培养工作的重大决策。2020年，共组织召开15次会议，讨论研究本科人才培养、教学和学生管理等相关议题共48项。

（六）落实国际研学制度，提升人才培养国际性

2020年国际小学期因新冠肺炎疫情取消，为满足学生的国际小学期学分修读需求，教务处制定相关政策，鼓励学生修读校内全英文课程和境外高校线上全英文课程。同时，教务处于11月份启动了2021年国际小学期课程申报工作，鼓励各学院积极邀请境内外高校师资，开设优质国际小学期课程，为学生提供优质国际教育资源。27个学院（系、部）拟开设129门课程，拟聘请130名来自本校和国际一流大学的优秀师资承担国际小学期课程，其中，本校教师18人，境外大学和机构教师112人。

2020年，学校共组织了50个境外学习项目的学生选拔，申请学生人数272人次，共选拔学生155人次。同时，根据《中国人民大学本科学生境外交换学习奖学金评选办法》，全校共有93名学生获得中国人民大学2019—2020学年本科生境外交换学习奖学金。

2020年的境外交换学习虽然受到了新冠肺炎疫情的影响，但很多学生在无法赴境外高校交换学习的情况下，积极参加境外高校线上课程学习，同各国师生线上交流互动，在获得专业学分的同时，提升了英语语言和国际交往能力。

（七）加强本科实验教学建设

随着信息技术对本科教学的渗透不断加深，尤其是在实验教学方面，大数据、互联网、人工智能、物联网等技术手段与实验教学发生了深度融合，学校在继续加大传统实验教学经费投入的同时，

更加注重对虚拟仿真实验教学的投入，实现实体实验教学与虚拟仿真实验教学的相得益彰与优势互补，取得了明显的成效。2020年，学校有3门课程获评全国本科虚拟仿真实验教学一流课程。为持续支持虚拟仿真实验教学的开发建设，培育了11个虚拟仿真实验教学项目，经过校内外专家评审，最终确定8个虚拟仿真实验教学项目进入开发建设，投入虚拟仿真实验教学建设经费、常规实验教学建设经费以及国家级实验教学示范中心建设经费共500余万元。24篇本科毕业论文（设计）获评北京市优秀本科毕业论文（设计）。

（八）探索课外教学体系，深化创新创业教育实践

1. 扎实推进创新创业训练项目。2020年，设立大学生创新训练项目国家级60项、北京市级120项、校级60项；设立大学生创业训练国家级项目20项，创业实践项目2项；设立大学生科研基金校级项目40项。组织了2019年立项的大学生创新实验计划项目（“大创项目”）、科研基金项目的结项评审工作。因新冠肺炎疫情的影响，2019大创项目结项评审工作学生无法返校现场答辩，教务处及时调整了现场答辩的既定方案，采取了通信评审的形式进行。结项分两个批次完成，按时结项的第一批次大创项目有195个（其中苏州校区5个项目自行组织结项评审），优秀项目31个；第二批次结项的有16个项目，优秀项目2个，2个项目中期检查未通过；结项率为99.1%，优秀率为15.5%。科研基金项目按时结项的第一批次项目36个，优秀项目8个；第二批次结项的有6个项目，优秀项目1个，1个项目未通过中期检查；优秀率为20.9%，结项率为97.7%。学校有2个项目参加第13届全国大学生创新创业年会交流，因疫情原因，其中1个项目是论文汇报，线下交流，1个项目是展板展示，线上交流。

2. 推进优秀实践教学团队建设，开展本科实践教学品牌项目和课外教学优秀奖评选。2020年，学校评选出31名课外教学业绩较为突出的教师，授予本科课外教学优秀奖。

（九）以教师为主体，构筑教学学术社区

新入职教师考核与培训方面，面向完成岗前教学提升培训并取得培训结业证书的2019年入职教师，学校教师教学发展中心设计“微格教学”考核方案，建立考核评价标准，邀请43位专业评委老师、90余位优秀学生评委，对取得考核资格的53位新入职教师分53场进行考核，考核吸引校内师生前来观摩。学校新入职教师岗前教学提升培训从9月开始，至12月底结束，培训包括“教学视频采集”、“教学能力提升”和“教师素养提升”三个模块共17讲，采取线上与线下相结合、必修与选修相结合、讲授研讨与教学观摩相结合的形式，全校20个学院（系）的33位新入职教师参加。

教师教学发展与提升方面，学校教师教学发展中心分别举办了“在线教学能力提升培训”三期共7讲、“在线考试平台使用技能专题培训”三期以及“精品在线开放课程的建设及混合式教学设计”、“‘国际金融’课程思政建设的探索与实践”等主题的教师教学发展沙龙，为广大教师、教育管理人员搭建分享经验、碰撞思想、升华意识的新型交流平台，打造教学学术共同体和高校教师发展孵化基地。

（十）完成本科毕业审核和学位授予工作

2020届本科毕业生中，共有2 918人获主修学士学位，370人获副修第二学士学位，114人获副修第二专业证书。

五、教学质量监控

（一）疫情防控和线上教学两手抓，保障线上教学质量

新冠肺炎疫情发生以来，学校深入学习贯彻习近平总书记关于坚决打赢疫情防控阻击战的重要讲话精神，认真贯彻落实教育部党组、北京市委“停课不停教、停课不停学”的工作部署。按照统筹推进疫情防控与线上教学工作，统筹推进线上教学措施与教学改革发展工作的要求，学校本科线上教学

工作坚持“安全第一、保证质量、改革创新、责任担当”的总体原则，统筹规划、多措并举，使春季学期线上教学秩序整体平稳有序，教学活动持续、安全、有效推进。

1. 统筹制定分阶段教学计划。学校第一时间成立应急工作领导小组和专项工作组，按照“停课不停教、停课不停学”的教学目标，结合学校实际，研究制定教学工作方案，并围绕应急管理、教学运行、在线教学平台技术保障、教师在线教学技能培训、学生热线服务等方面全方位统筹协调各项教学工作。以此为指导，统筹规划原计划开学前、延期开学期间、学生返校后的防控过渡期、过渡期结束后恢复正常教学四个阶段的教学方式、教学任务和教学安排，制定分阶段教学计划。各阶段按照疫情防控具体要求，从教学准备、教学组织、教学运行等方面制定教学方案和计划。

2. 加强线上教学平台和教学资源保障。按照“突出学生自主研学，强化教师指导引导”的原则，延期开学期间学校开展线上学业指导，强调以学生自主学习和预习课程为主开展学习，教师或教学团队指导学生制定学习计划，推荐和推送电子教材、参考书、在线课程、数字化课件、线上教学资源、阅读书目等学习资料，组织线上答疑讨论等互动活动。

在做好前期学生自学和线上学业指导的基础上，3 月 16 日，学校全面有序启动线上教学。学校大力加强线上教学平台保障，除安排雨课堂、融优学堂、智慧云课堂、思政云课堂作为主要线上教学平台之外，还联合信息技术中心制定包括腾讯课堂、钉钉、ZOOM 等主流教学平台在内的技术指导手册。全校思想政治理论课充分利用北京高校思想政治理论课高精尖创新中心“思政云课堂”（思想政治理论课数字化教学平台），以电子教材＋在线视频＋疑难解析＋线上老师答疑的方式开展教学。积极拓展线上教学资源，与融优学堂、中国大学 MOOC、学堂在线、学习强国等在线平台合作，免费开放学校自建的 113 门优质在线课程供师生自主学习使用，参与师生人数近 24 万人次。同时，学校积极联系学堂在线、爱课程等平台教学资源，为学生提供上万门免费线上慕课资源。学校图书馆积极为学生提供文献资源和电子教材保障，通过联系出版社提供电子版教材和扫描教学所需未有电子版的馆藏纸本书共 263 种。

3. 严格教师线上教学纪律，提升教师线上教学技能。学校高度重视线上教学质量，与教师签订《线上教学质量责任书》，实行线上教学日志制度。加强线上教学听课制度，校领导带头深入线上教学一线听课。开展校院两级本科线上教学督导，制定线上督导听课记录表，截至 5 月底，校院两级领导、督导专家等听课 800 余门次。进一步严格师德师风要求，强化教师线上教学政治纪律、法律意识和教学规范，强调教学内容的科学性、严肃性和学术性，制定《线上教学规范提示》《线上课程开放与共享要求》等文件。帮助教师提升线上教学技能：一是组织线上集中培训和线上教学案例交流。二是鼓励教师参加学堂在线和国家教育行政学院开展的线上教学培训。三是建立院系教师线上教学交流群，实行周交流制度。四是组织“在线教学能力提升培训”三期共 7 讲，全校 500 余名教师参与其中；组织三期“在线考试平台使用技能专题培训”，帮助教师提升线上教学考核的组织能力。五是针对思想政治理论课、数学公共课、大学外语课等公共课特点和专门教学平台使用开展专门培训。

4. 全力做好线上教学的各项服务。学校积极做好线上教学服务，打通师生线上教学问题反馈渠道。一是设置热线电话 2 部，每天安排专人接听，截至 2020 年 7 月中旬，接受师生线上教学咨询约 1 230 次。二是疫情防控期间，专题解决师生反馈问题 10 余批。三是学校通过教务处微信公众号和微人大线上教学专栏，及时发布线上教学教务信息动态、线上开课信息动态以及教学通知，累计发布动态和通知近 20 条。

此外，学校依托本科教改专项平台为学院和开课数量多的教学单位设立本科教务助理岗位，协助本科教务秘书开展线上教学的组织、服务、咨询、数据处理等工作。特别关注疫情严重地区学生、家庭困难学生、网络条件不好的学生、国际学生及在校居住学生的线上学习困难。针对学习条件较差的学生，院系一对一进行帮扶，通过电话、微信、邮件、寄教材等方式，指导学生进行自学，并安排后期补课。

（二）做好教学质量常态监控，保障课堂教学质量

学校继续开展课堂教学质量评估工作。2019—2020 学年春季学期，共有 1 401 名教师参加评估，学生提交问卷 86 178 份，全校课堂总平均分为 98.14 分。学校总结、分析评估结果，形成本科课堂教学质量网络评估情况通报并及时在本科教学工作例会上反馈给学院。学校要求相关学院高度重视学生在课堂教学评估中反映的意见和建议，对突出问题进行核实，对查实的问题提出整改措施并报学校备案，同时组织相关教师及时回应学生意见和建议。

学校继续组织开展试卷制定和批阅规范性检查工作。试卷检查采取学校抽查和学院自查方式，按照覆盖各院系、各性质课程的原则进行。2020—2021 学年秋季学期，学校抽查上一学年的 213 个课堂，7 949 份试卷。在此基础上，学校形成考试试卷检查情况通报反馈给学院，要求学院关注检查出的主要问题，尤其是长期存在仍未解决的问题，制定针对性整改措施，加强试卷管理相关制度建设，进一步提升试卷管理质量水平。同时，学校在教学评优评奖中参考试卷检查结果，督促教师做好教学各相关环节工作。

学校继续组织编写全校本科教学质量报告和学院本科教学质量报告。各院（系）围绕人才培养目标、教学基本条件、教学建设与改革、教学质量保障和学生学习效果等方面对本单位的本科教学工作开展自评，编写学院（系）本科教学质量报告。学校总结全校本科教学基本情况，编写《中国人民大学 2019—2020 学年本科教学质量报告》，并向社会发布，接受社会监督。春季学期，学校线上教学的质量情况受到各级各部门和师生群众的高度关注，为及时了解掌握线上教学质量总体情况，5 月，学校组织各学院参加“线上教学质量保障情况”问卷调查，并向教学相关部（处）收集素材，形成《中国人民大学线上教学质量报告（5 月版）》，报送教育部和北京市教委备案，同时反馈教学相关部（处）研阅。7 月，组织管理者和师生参加教育部“在线教学开展情况”问卷调查，结合教育部反馈的数据分析报告和教学相关部（处）提供的素材，形成《中国人民大学线上教学质量报告（8 月版）》。

学校继续开展本科教学基本状态数据采集工作。本次数据填报涉及全校 16 个机关部（处）和 26 个学院，覆盖学校基本信息、学校基本条件、教职工信息、学科专业、人才培养、学生信息、教学管理与质量监控、工科类专业情况等 8 个方面共 77 张数据表。数据库有效地提取和分析分散在各单位、各学院的教学数据，形成《中国人民大学本科教学基本状态数据分析报告》，全面展现了学校本科教学状态和办学基本情况，为学校科学决策和管理、推动本科教学质量持续改进提供数据支持。

（三）本科教学督导工作

2020 年，结合春季学期本科全面线上教学安排，组织开展校院两级线上教学督导工作，保障和助力本科教学工作；秋季学期，在校院两级本科教学常规督导工作基础上，组织开展实验教学专项督导工作，取得新进展。

1. 结合春季学期全面线上教学安排，组织开展校院两级线上教学督导工作。

组织各学院开展本科教学督导工作，发挥学院办学主体作用。3 月 23 日，发布《关于做好 2019—2020 学年春季学期学院本科教学督导工作的通知》以及相关实施意见，要求各学院认真制定本学院线上教学督导工作方案（听课计划），切实发挥学院教学督导组的作用，保障和助力学院线上教学工作的有序运行和教学质量。

2019—2020 学年春季学期，结合各学院线上开课情况，按学部陆续提供线上课堂听课信息和链接，组织督导团专家参与线上教学督导听课活动；同时结合线上教学特点，制定督导听课记录表，重点突出需要了解的课前、课中、课后、平台以及教师使用平台情况、好的做法等方面；鼓励督导团专家采取多种方式了解学校全面线上教学中的问题、困难、意见和建议。

结合春季学期线上教学督导工作开展情况（督导专家队伍合计线上听课 225 门次，相关学院听课

督导771门次），从学校督导团专职督导队伍、兼职督导队伍、学院层面教学督导以及教学督导室等四个视角，对主要的线上教学平台和软件的特点以及教师使用情况、存在的问题，进行了全面总结和分析，形成督导工作总结报告，为学校进一步推进线上教学提出了建设性的意见和建议。将《中国人民大学本科教学线上督导工作报告选编（2019—2020学年春季学期）》报送校领导审阅，并反馈至各学院教学负责人、相关部处负责人，要求对照相关问题查看和整改。

2. 组织开展秋季学期校院两级本科教学常规督导工作。

2020—2021学年秋季学期，各学院按照《关于各学院做好2020—2021学年秋季学期本科教学督导工作的通知》要求，认真制定本学期教学督导工作方案（听课计划），修订完善院级督导工作实施细则，进一步明确督导工作组织成员构成，切实发挥以学院（系）领导、教研室主任、优秀教师代表为主体的学院教学督导组专家与授课教师同行之间的“传帮带”作用，共同把好课堂教学政治关、学术关和质量关。有23个学院（系）制定了本单位本科教学督导实施细则，19个学院（系）制定了秋季学期督导工作计划，21个学院（系）提交了秋季学期院级督导工作总结报告。

组织5位专职督导专家参加常规督导，共计听课311学时，包括思想政治理论课26学时、通识教育核心课20学时、外语公共课26学时、数学公共课2学时、部类和学科基础课42学时、专业必修课90学时、专业选修课89学时、公共艺术教育课6学时、国防教育2学时、发展指导课8学时等，覆盖全校29个教学单位所开设的本科课程。此外，秋季学期督导专家共计推荐34个课堂为示范课堂。督导专家在充分肯定全校教学组织运行的平稳过渡和方式方法创新、本科课堂教学质量、教学效果以及师生良好的教学风貌等的基础上，还对本科教学相关方面提出了意见和建议。

3. 开展实验教学专项督导，组织专家走访理科学院实验室。

为进一步规范学校实验课程教学，推进实验教学课程建设，10月21日组织召开实验教学专项督导工作会议，根据会议精神，依托学校本科教学督导团专家组成实验教学专项督导工作小组，采取课堂听课、查阅资料、调研座谈等方式，组织开展实验教学专项督导摸底工作。

11月26日，组织学校实验教学专项督导工作小组先后走访了信息学院、理学院物理系、理学院化学系、环境学院教学实验室，并结合2020—2021学年秋季学期实验教学专项督导工作计划和要求，围绕实验教学课程设置、开设情况、实验教学规范等方面，与相关院系教学负责人、实验室负责人进行了探讨和交流。

4. 结合本科教学一体化信息系统，自主加强教学督导工作信息化建设。

2020年，为加强督导专家意见反馈的时效性，实现教学督导过程化管理，切实发挥督导工作对教学质量的保障、咨询与指导使用，以本科教学综合平台开发为契机，设计本科督导功能需求，搭建学校常规督导和专项督导工作信息平台，实现专家教学督导方式线上线下指导相结合，实现督导意见专家—教师—学院的及时反馈，促进督导制度管理和信息化管理的有机衔接。已完成系统模块功能需求的编写和完善，正在研发中。

六、体育教学

2020年，体育教学工作稳步发展。在学校本科人才培养路线图的指导下，继续完善一拳一泳核心课程建设，促进学生的课外体育运动参与，促进了路线图中“大学体育四年不断线”的贯彻实施。

（一）在疫情防控常态下，创新教学形式，开展本科课程线上教学

2019—2020学年春季学期体育部共开设222门课程，覆盖20个项目，共计5 018人选课，全部进行线上教学。线上教学以发展学生居家体能为重点，同时结合课程理论、知识讲授和合理可行的技术教学等内容，在线教学不少于50分钟，同时也安排课下自主练习内容。为提高线上教学质量，体育部共制作网络教学视频15讲。此外，体育部还创新考核方式，上线期末考试系统，要求学生录制

规定的技术动作视频并上传，保障线上考试的有序进行。

（二）加强推进课程建设和教学改革创新，丰富体育课程资源

2020—2021学年秋季学期体育部新开设课程1门，为运动训练学课程，该课程面向学校高水平运动队的学生，主要研究和阐明训练过程的一般规律，为竞技体育创造优异运动成绩提供理论支撑。

（三）整顿和规范教学秩序，强化课堂教学和教学环节管理

2020—2021学年秋季学期，体育部教学督导组开展了教学督导看课工作，并采取多种渠道和方式了解课程教学情况。督导组共计看课22堂，涉及20位任课教师的太极拳、游泳、太极剑、网球、羽毛球、篮球、体育舞蹈、乒乓球、健美操、排球10个项目的课堂，其中近三年新入职教师全部安排督导员看课。

根据督导报告，体育部任课教师能自觉遵守课堂常规，上课认真负责，教学组织井然有序。

（四）继续推进太极拳慕课建设

2020—2021学年秋季学期，体育部与融优学堂精品慕课学习平台及中国大学慕课平台签订供课协议。

七、艺术教育

2020年，学校公共艺术教育课程建设进一步加强，经资源整合，共开设了84门次课程，相较于2019年增加了52门次，增幅达162.5%，授课教师来自国学院、文学院、新闻学院、信息资源管理学院、艺术学院、哲学院等。学校全面深入贯彻落实《关于全面加强和改进新时代学校美育工作的意见》，深化教学改革，依托学校在人文社科领域的突出优势，构建了“五大类三维度”课程体系，新开设了“泥塑造型基础”、“魏碑临习与欣赏”、“铅笔与视觉——素描风景写生”、“草木染”、“版画技法”、“融合设计振兴乡村”、“户外演唱”和“声乐演唱基础训练与实践教学课”等一批实践类公共艺术课程，极大丰富了课程体系。全年选修公共艺术类课程学生共4 378人次，较2019年增加2 308人次，增幅达111.5%，完善的课程体系、丰富的课程内容更好地满足了学生的公共艺术教育需求。

在充分保障美育第一课堂建设的同时，学校积极开展多样化的美育第二课堂。在2019—2020学年春季学期，公共艺术教育中心开展公共艺术小课堂，发起“艺术战‘疫’”活动，积极助力“停课不停学”，组织学校公共艺术教师录制80期公共艺术短视频课程，吸引近万名师生观看。在2020—2021学年秋季学期，公共艺术教育中心开展两期“艺术家进人大”公共艺术教育系列讲座，并通过直播的方式扩大影响力，获得了近60万人次的线上播放量。

同时，学校也以学生艺术团为抓手，开展多样的校园文化艺术活动，丰富学生的校园文艺生活，推进正向文化、高雅艺术与民族传统文艺在学生中的普及，进一步完善艺术教育的第二课堂。2020年，学生艺术团7个分团（社）举办包括1次居家“云演出”在内的10场专场演出、校园音乐角、2021年云端跨年音乐会等校园文化活动，首次采用现场演出和线上直播相结合的方式，线上及线下观众累计超过2万人次；参与中国人民大学2020—2021学年开学典礼、第六届全国大学生艺术展演活动等校内外活动、比赛。8月，学生艺术团组织20名学生奔赴云南兰坪、四川荣县开展实践活动，为两所高中开展线上支教活动，举办两场公益演出，惠及400余名群众，拜访非遗传承人，并习得9项优秀传统非遗文艺项目。“艺先锋·艺实践”实践团队踊跃参加中国共青团举办的线上活动，其实践总结报告在众多稿件中脱颖而出，于中青在线APP发表，获得了广泛的关注度。学生艺术团在各项赛事、活动中斩获多个奖项。京剧社获得第十一届“国戏杯”学生戏曲大赛大学生甲组铜奖，“艺先锋·艺实践”实践活动获得立邦“为爱上色”中国大学生农村支教奖的校级优秀奖，并入选由共青团中央指导的“趁年轻，去基层”2020年全国大学生“千校千项”网络展示活动中的“基层新画卷”名单。

科研方面，学校加强公共艺术教育理论研究，完成“‘双一流’高校公共艺术教育体系改革研究”项目，并用研究结果反哺实践工作；公共艺术教育中心主任张淳在《光明日报》发表署名文章，为“美育进中考”发出高校声音，同时也参加新华网中国美育公开课，就弘扬中华美育精神介绍学校经验；2020年北京市学校美育科研论文征集评选活动中，学校有1篇论文获甲类一等奖，4篇论文获甲类二等奖。

此外，学校开展了广泛的社会艺术服务，艺术学院联合公共艺术教育中心开展“读懂中国”调研项目，组织教师团队赴云南兰坪开展艺术教育帮扶工作、艺术振兴乡村活动，并连续开设了十余期艺术扶贫支教线上课程；与中国文联合作开展“圆梦工程——名师美育课堂”活动，推动艺术扶贫；协办“新时代文明实践学雷锋文艺志愿服务项目”，举办2场慰问演出、16场次文艺培训讲座，服务群众逾千人。

附录

中国人民大学本科专业目录

序号	学科门类	专业代码	专业名称	修业年限	所属学院	设置年份
1	哲学	010101	哲学	四年	哲学院	1956
2	哲学	010103K	宗教学	四年	哲学院	1999
3	哲学	010104T	伦理学	四年	哲学院	1986
4	经济学	020101	经济学	四年	经济学院	1951
5	经济学	020102	经济统计学	四年	统计学院	1950
6	经济学	020103T/020105H	国民经济管理	四年	经济学院/中法学院	1950/2012
7	经济学	020104T	资源与环境经济学	四年	环境学院	2013
8	经济学	020106T	能源经济	四年	经济学院	2011
9	经济学	020107T	劳动经济学	四年	劳动人事学院	2017
10	经济学	020201K	财政学	四年	财政金融学院	1950
11	经济学	020202	税收学	四年	财政金融学院	2006
12	经济学	020301K/020104H	金融学	四年	财政金融学院/中法学院	1950/2010
13	经济学	020302	金融工程	四年	财政金融学院	2002
14	经济学	020303	保险学	四年	财政金融学院	1997
15	经济学	020306T	信用管理	四年	财政金融学院	2002
16	经济学	020401	国际经济与贸易	四年	经济学院	1978
17	经济学	020402	贸易经济	四年	商学院	1950
18	法学	030101K	法学	四年	法学院	1950

续表

序号	学科门类	专业代码	专业名称	修业年限	所属学院	设置年份
19	法学	030201	政治学与行政学	四年	国际关系学院	1960
20	法学	030202	国际政治	四年	国际关系学院	1985
21	法学	030203	外交学	四年	国际关系学院	1950
22	法学	030205T	政治学、经济学与哲学	四年	哲学院	2016
23	法学	030301	社会学	四年	社会与人口学院	1985
24	法学	030302	社会工作	四年	社会与人口学院	1993
25	法学	030501	科学社会主义	四年	国际关系学院	1956
26	法学	030502	中国共产党历史	四年	马克思主义学院	1956
27	法学	030503	思想政治教育	四年	马克思主义学院	2001
28	法学	030504T	马克思主义理论	四年	马克思主义学院	2018
29	文学	050101	汉语言文学	四年	文学院	1960
30	文学	050102	汉语言	四年	文学院	1960
31	文学	050201	英语	四年	外国语学院	1990
32	文学	050202	俄语	四年	外国语学院	1950
33	文学	050203	德语	四年	外国语学院	1997
34	文学	050204/050204H	法语	四年	外国语学院/中法学院	2001/2012
35	文学	050205	西班牙语	四年	外国语学院	2016
36	文学	050207	日语	四年	外国语学院	1992
37	文学	050301	新闻学	四年	新闻学院	1955
38	文学	050302	广播电视学	四年	新闻学院	1985
39	文学	050303	广告学	四年	新闻学院	1996
40	文学	050304	传播学	四年	新闻学院	2013
41	文学	050305	编辑出版学	四年	新闻学院	2003
42	历史学	060101	历史学	四年	历史学院	1950
43	历史学	060102	世界史	四年	历史学院	2017
44	历史学	060103	考古学	四年	历史学院	2013
45	理学	070101	数学与应用数学	四年	信息学院	1984
46	理学	070201	物理学	四年	理学院	2005
47	理学	070301	化学	四年	理学院	2005
48	理学	071102	应用心理学	四年	理学院	2002
49	理学	071201	统计学	四年	统计学院	1950
50	理学	071202	应用统计学	四年	统计学院	1950
51	理学	080402	材料物理	四年	理学院	2011

续表

序号	学科门类	专业代码	专业名称	修业年限	所属学院	设置年份
52	理学	082503	环境科学	四年	环境学院	2001
53	工学	080901	计算机科学与技术	四年	信息学院	1999
54	工学	080902	软件工程	四年	信息学院	2013
55	工学	080904K	信息安全	四年	信息学院	2010
56	工学/理学	080910T	数据科学与大数据技术	四年	信息学院/统计学院、统计与大数据研究院	2017/2018
57	工学	082502	环境工程	四年	环境学院	2012
58	工学	080717T	人工智能	四年	高瓴人工智能学院	2020
59	管理学	120101	管理科学	四年	商学院	2007
60	管理学/工学	120102	信息管理与信息系统	四年	信息资源管理学院/信息学院	1978
61	管理学	120103	工程管理	四年	商学院	2001
62	管理学	120201K	工商管理	四年	商学院	1950
63	管理学	120202	市场营销	四年	商学院	1993
64	管理学	120203K	会计学	四年	商学院	1962
65	管理学	120204	财务管理	四年	商学院	1999
66	管理学	120206	人力资源管理	四年	劳动人事学院	1983
67	管理学	120211T	劳动关系	四年	劳动人事学院	2013
68	管理学	120301	农林经济管理	四年	农业与农村发展学院	1954
69	管理学	120302	农村区域发展	四年	农业与农村发展学院	2000
70	管理学	120401	公共事业管理	四年	环境学院/社会与人口学院	1995
71	管理学	120402	行政管理	四年	公共管理学院	1995
72	管理学	120403	劳动与社会保障	四年	劳动人事学院	1998
73	管理学	120404	土地资源管理	四年	公共管理学院	1985
74	管理学	120405	城市管理	四年	公共管理学院	2008
75	管理学	120502	档案学	四年	信息资源管理学院	1952
76	管理学	120503	信息资源管理	四年	信息资源管理学院	2013
77	艺术学	130201	音乐表演	四年或五年	艺术学院	2000
78	艺术学	130310	动画	四年	艺术学院	2000
79	艺术学	130401	美术学	四年	艺术学院	2000
80	艺术学	130402	绘画	四年	艺术学院	2000
81	艺术学	130502	视觉传达设计	四年	艺术学院	2000
82	艺术学	130503	环境设计	四年	艺术学院	2000
83	文学、哲学或历史学	学校自设专业	国学	四年	国学院	2005

注：专业代码后带“T”表示特设专业，专业代码后带“K”表示国家控制布点专业，“H”表示中外合作办学专业。除“音乐表演”专业学制为4年或5年，其余专业学制均为4年。“环境科学”和“材料物理”属于工学门类，但学校授予理学学士学位。

2020年中国人民大学各学院分专业招生计划及录取情况

2020年招生专业	所属院系	计划数	录取数
金融学类	财政金融学院	215	215
财政学类		50	52
经济学类	经济学院	238	241
	应用经济学院		
法学	法学院	140	144
国际政治	国际关系学院	120	116
社会学类	社会与人口学院	84	85
人力资源管理	劳动人事学院	140	135
新闻传播学类	新闻学院	140	140
工商管理类	商学院	300	302
人文科学试验班	文学院	97	129
	历史学院		
	哲学院		
	国学院		
汉语言文学（古文字方向）	文学院	30	14
哲学	哲学院	30	26
历史学	历史学院	30	17
马克思主义理论类	马克思主义学院	40	39
外国语言文学类	外国语学院	120	120
绘画	艺术学院	25	25
设计学类		39	38
美术学（艺术管理与策划方向）		10	10
音乐表演		32	31
理科试验班	统计学院	399	407
	环境学院		
	信息学院		
	数学学院		
	高瓴人工智能学院		
理科试验班（基础学科类）	理学院	60	63
社会科学试验班（管理学科类）	农业与农村发展学院	224	227
	公共管理学院		
	信息资源管理学院		
法语（中外合作办学）	中法学院	30	30
国民经济管理（中外合作办学）		40	39
金融学（中外合作办学）		180	181
数学与应用数学（中外合作办学）		30	30
总计		2 843	2 856

2020年中国人民大学各省份提前批、一批分数线统计表

省份	录取总数		提前批		中法学院		本部一批							
			文科（综改）	理科	文科（综改）	理科	录取人数		文科（综改）			理科		
	文科（综改）	理科	录取线	录取线	录取线	录取线	文科（综改）	理科	最高	最低	平均	最高	最低	平均
北京	231		669		639		145		687	671	676			
天津	53		697		682		37		705	698	701			
河北	81	45	655	682	629	662	31	30	667	657	661	699	690	694
山西	42	42			591	615	27	27	637	627	631	682	667	672
内蒙古	29	22			631	641	19	18	659	653	655	678	666	670
辽宁	43	31	654	666	638	652	22	21	665	657	661	691	678	682
吉林	48	42	630	667	596	630	24	24	650	634	639	692	675	681
黑龙江	37	34	633	672	602	641	18	16	651	636	640	693	682	686
上海	28		564		555		13		605	577	587			
江苏	53	53	407	407	389	394	26	30	415	408	411	421	412	415
浙江	120		670		651		73		697	683	688			
安徽	66	53	632	668	594	651	32	32	646	638	640	688	674	679
福建	71	62	636	662	600	632	46	43	648	637	641	686	671	675
江西	50	45	628	654	606	634	31	31	643	632	636	679	669	672
山东	135		668		645		76		688	674	679			
河南	81	70	652	683	636	667	38	38	661	652	656	698	687	691
湖北	71	59	629		601	629	49	49	642	632	635	684	669	673
湖南	67	53	649	668	625	634	35	33	661	653	657	683	672	675
广东	66	67	633	672	602	635	48	48	644	632	638	690	676	681
广西	33	30					28	25	648	633	640	687	673	679
海南	15						14		819	793	802			
重庆	51	51	649	671	629	636	34	33	663	651	654	697	680	684
四川	71	70	632	675	609	656	35	35	645	634	638	693	680	683
贵州	33	31					23	24	671	662	666	688	671	678
云南	46	41	672		648	637	31	30	683	667	674	703	688	694
西藏	13	12					汉：1	汉：2	630	630	630	689	688	688.5
							藏：2	藏：1	488	482	485	540	540	540
陕西	49	40	670	677	652	666	25	25	678	671	674	696	681	685
甘肃	28	27	647				17	16	655	643	647	670	652	659
青海	5	5					3	4	621	617	619	630	624	627

续表

省份	录取总数		提前批		中法学院		本部一批							
			文科(综改)	理科	文科(综改)	理科	录取人数		文科(综改)			理科		
	文科(综改)	理科	录取线	录取线	录取线	录取线	文科(综改)	理科	最高	最低	平均	最高	最低	平均
宁夏	9	9					7	7	660	655	657	656	641	647
新疆	48	42					汉：21	汉：22	633	623	627.24	670	659	664.32
							民：14	民：8	622	585	601.5	631	621	624.88
港澳台侨	43	4					6	4	652	649	650.2	686	681	682.5

注：合并批次省份的重点线为本科普通批录取控制分数线，未合并批次省份的重点线为本科一批录取分数线，浙江省重点线为第一段录取分数线。

上海高考满分660分，江苏480分，海南900分，云南750+22分。

北京、天津、上海、浙江、山东、海南为综合改革省份。

2020年中国人民大学教学名师、教学类奖项

第十六届（2020年）北京市高等学校教学名师奖

所在学院	姓名
法学院	莫于川
财政金融学院	王芳

第四届（2020年）北京市高等学校青年教学名师奖

所在学院	姓名
理学院物理学系	张威
新闻学院	黄河

2020年宝钢教育基金优秀教师特等奖

所在学院	姓名
商学院	王化成

2020年宝钢教育基金优秀教师奖

所在学院	姓名
马克思主义学院	宋学勤
经济学院	韩松
外国语学院	王珠英

2020年大华杰出教学贡献奖

所在学院	姓名
信息资源管理学院	冯惠玲
财政金融学院	何平
经济学院	雷达
哲学院	欧阳谦

2020 年中国人民大学教学标兵

所在学院	姓名	所在学院	姓名
马克思主义学院	陈崎	公共管理学院	曲卫东
外国语学院	初萌	农业与农村发展学院	阮荣平
信息学院（含数据工程与知识工程教育部重点实验室）	范举	文学院	汪海
法学院	胡锦光	艺术学院	肖媛妩
数学学院	贾鲁军	哲学院	杨伟清
国际关系学院	罗天虹	理学院物理学系	张威

2020 年中国人民大学教学标兵提名奖

所在学院	姓名	所在学院	姓名
苏州校区	曹睿昕	外国语学院	柳悦
劳动人事学院	陈轩	数学学院	戚发全
财政金融学院	黄勃	新闻学院	王润泽
体育部	李立	法学院	王旭
环境学院	李岩	公共管理学院	于洋

2020 年中国人民大学本科课外教学优秀奖

推荐单位	姓名	职称	所在单位
财政金融学院	马光荣	教授	财政金融学院
法学院	熊丙万	副教授	法学院
法学院	李立众	副教授	法学院
公共管理学院	郐艳丽	教授	公共管理学院
公共管理学院	郭珊	讲师	公共管理学院
环境学院	吴健	教授	环境学院
环境学院	郑祥	教授	环境学院
经济学院	孙咏梅	副教授	经济学院
劳动人事学院	涂永前	副教授	劳动人事学院
历史学院	张林虎	副教授	历史学院
马克思主义学院	邱吉	教授	马克思主义学院
校团委	杨子强	副教授	马克思主义学院
农业与农村发展学院	生吉萍	教授	农业与农村发展学院
农业与农村发展学院	钟真	副教授	农业与农村发展学院
商学院	张恩忠	副教授	商学院
社会与人口学院	李婷	教授	社会与人口学院
数学科学研究院	向田	副教授	数学科学研究院
数学学院	孟岩	副教授	数学学院
数学学院	宋其江	副教授	数学学院
统计学院	许王莉	教授	统计学院
外国语学院	林慧	副教授	外国语学院
外国语学院	张昌玉	副教授	外国语学院

续表

推荐单位	姓名	职称	所在单位
文学院	徐楠	副教授	文学院
新闻学院	张迪	副教授	新闻学院
新闻学院	刘宏宇	讲师	新闻学院
信息学院	张峰	副教授	数据工程与知识工程教育部重点实验室
信息学院	秦波	副教授	信息学院
创业学院	杨波	副教授	信息学院
信息资源管理学院	黄霄羽	教授	信息资源管理学院
应用经济学院	郑新业	教授	应用经济学院
哲学院	曹南来	教授	哲学院

2020 年中国人民大学学生竞赛获奖情况

2020 年美国大学生数学建模竞赛获奖名单

序号	队员 1	队员 2	队员 3	所获奖项
1	SHEN Shiqi	JIN Lu	YE Xingyou	Finalist
2	康欣来	陈雪昂	向悦	Finalist
3	王俊乔	马竖翔	王兴睿	Finalist
4	郑茹纯	李欣怿	贾轶涵	Finalist
5	杨心梅	刘牧雨	徐京洲	Finalist
6	邱任翔	张晨阳	魏祎然	Meritorious Winner
7	邓智睿	阚慧瑜	代诗琦	Meritorious Winner
8	LIU Jie	阳雨欣	王瑞祺	Meritorious Winner
9	黄钊恒	张浩琛	郝文轩	Meritorious Winner
10	华思远	张明圣	王渊	Meritorious Winner
11	秦琪瑶	杨宝旭	文韬	Meritorious Winner
12	刘祥盟	行子龙	赵仪千	Meritorious Winner
13	苏锦华	钟晴	涂豫飞	Meritorious Winner
14	ZENG Xuran	YANG Yi	WU Zixian	Meritorious Winner
15	李梓童	刘雨佳	张舒蔓	Meritorious Winner
16	汤刘敏	杜欣阳	胡一华	Honorable Mention
17	顾琳	黄依诺	聂仪珂	Honorable Mention
18	薛博元	邱煜群	吴隆仁	Honorable Mention
19	XU Jinwen	LI Ziye	李政萱	Honorable Mention
20	柴树文	张子琪	陈卉	Honorable Mention
21	锁兴体	徐张	何雨琪	Honorable Mention
22	林海斓	洪婧亚	柯习睿	Honorable Mention
23	张如月	DAI Yuchen	WAN Likai	Honorable Mention
24	姜朋佐	邓扬义	杨子威	Honorable Mention
25	GUO Yuxuan	ZHOU Enshuai	WEI Jianyu	Honorable Mention
26	思子华	贺寅烜	彭立成	Honorable Mention

续表

序号	队员 1	队员 2	队员 3	所获奖项
27	陈冠华	陈明骏	王博文	Honorable Mention
28	王智琛	罗碚	郭云达	Honorable Mention
29	潘熔熔	李国祥	雍茜	Honorable Mention
30	崔若凡	马伊莎	郑子浩	Honorable Mention
31	付航	展晓晖	唐家敏	Honorable Mention
32	赵增辉	饶去非	李嘉懿	Honorable Mention
33	刘之源	卢欣怡	马晓莉	Honorable Mention
34	李欣晔	张静怡	高一鸣	Honorable Mention
35	何寅聪	何宗炎	耿佳铭	Honorable Mention
36	周紫萱	张梦倬	张怡然	Honorable Mention
37	罗迪	张兆洋	邵宁录	Honorable Mention
38	杨远航	普心怡	黄昱翔	Honorable Mention
39	程铁鹏	史俊洁	于金朝	Honorable Mention
40	方安	尹浩儒	石晗潞	Honorable Mention
41	WANG Luhua	陈佳欣	沈欣怡	Honorable Mention
42	彭誉	刘雨航	林毓菁	Honorable Mention
43	张涛	张君翔	刘欣怡	Honorable Mention
44	陈庭宇	YAN Zijian	商钊铁	Honorable Mention
45	杨晨宇	何文宇	谢泽君	Honorable Mention
46	闵劼	王萍	齐恒慧	Honorable Mention
47	熊从为	FAN Jiashu	GONG Mingxuan	Honorable Mention
48	唐天一	吴宇宁	赵家祥	Honorable Mention
49	陆齐	张大方	陈可欣	Honorable Mention
50	DONG Qinyuan	CHENG Tianyi	ZUO Shuting	Honorable Mention
51	HAN Qi	TIAN Ruiqi	JU Hui	Honorable Mention
52	孟星彤	易文	曹祯悦	Honorable Mention
53	CHEN Fei	YU Qianhui	CHEN Qianyu	Honorable Mention
54	QIAO Nixuan	DUAN Qiaochu	LI Xiawei	Honorable Mention
55	李梦葶	施雨欣	杜雪婷	Honorable Mention
56	李浩铭	郭泳雨	马悦晨	Honorable Mention
57	SUN Mingwei	CAI Tianjing	XIE Ziling	Honorable Mention
58	林珊	王梦蝶	方滢艺	Honorable Mention
59	万韦涛	王阔澜	罗陕缘	Honorable Mention
60	刘倬嫣	胡雨欣	张丹阳	Honorable Mention
61	冯君怡	陈婧婕	张德然	Honorable Mention
62	何龙江	璩清如	王文佳	Honorable Mention
63	阮雅瑄	张嘉辰	HUANG Zhicheng	Honorable Mention
64	张开宇	刘嘉恺	付廷琛	Honorable Mention
65	XU Tianyi	LI Xintong	YAO Nan	Honorable Mention
66	李逸飞	周昊男	刘洁松	Honorable Mention

注：美国数学建模奖项设置情况为，Outstanding Winner，特等奖，获奖比例为 0.14%，简称 O 奖；Finalist，特等奖提名奖，获奖比例为 0.17%，简称 F 奖；Meritorious Winner，一等奖，获奖比例为 7.09%，简称 M 奖；Honorable Mention，二等奖，获奖比例为 15.35%，简称 H 奖。

2020 年大学生数学建模与计算机应用竞赛获奖名单

序号	队员 1	队员 2	队员 3	所获奖项
1	曹祯悦	赵昊蛟	曹竞轩	全国一等奖
2	李昊翔	肖文璇	徐张	全国一等奖
3	锁兴体	饶迪	徐轶琦	全国一等奖
4	文韬	袁雪琼	刘悦阳	全国一等奖
5	邹志豪	高一画	陈欣瑜	全国一等奖
6	何青蓉	米沫璇	倪嘉琪	全国二等奖
7	聂宇舟	马瑞辰	李诗瑶	全国二等奖
8	邵含蝶	李思奥	师晓泉	全国二等奖
9	王豪	余子健	高昕	全国二等奖
10	张如月	汪宇璐	程嘉琦	全国二等奖
11	张源	余丽泽	赵庆	全国二等奖
12	白迎辰	曾书博	程源	北京市一等奖
13	曾泽鸿	王彦博	高鹏飞	北京市一等奖
14	查王皓天	饶去非	卢疆啸	北京市一等奖
15	池义淳	王浩萱	李炜洁	北京市一等奖
16	邓琛龙	罗语欣	彭立成	北京市一等奖
17	丁俊锴	何辰轩	朱洪巧	北京市一等奖
18	方可歆	刘雯珺	刘海琦	北京市一等奖
19	郭成城	陈卉	柴树文	北京市一等奖
20	郝文轩	陈世家	辛雨晨	北京市一等奖
21	黄钊恒	邹炬伸	涂海洋	北京市一等奖
22	况卓雕	韦紫祯	刘瀚文	北京市一等奖
23	李欣晔	张静怡	高一鸣	北京市一等奖
24	李亚儒	江拓	姚志锋	北京市一等奖
25	刘牧雨	徐京洲	陈浩邦	北京市一等奖
26	刘宇航	尹纪元	杨心梅	北京市一等奖
27	唐英涵	张明圣	张晓康	北京市一等奖
28	王玺	张汝洹	郭丹琪	北京市一等奖
29	王晓宇	陈天怡	黎乙萱	北京市一等奖
30	谢涵圳	何腾飞	刘全	北京市一等奖
31	杨雨凡	李依霏	蒋尔雅	北京市一等奖
32	杨远航	普心怡	黄昱翔	北京市一等奖
33	杨岳霖	祁翊嘉	周晟宇	北京市一等奖
34	杨泽昊	岳泰安	黄鹏	北京市一等奖
35	姚雅萌	贝菁	李霖	北京市一等奖
36	张丹阳	胡雨欣	杨韵新	北京市一等奖
37	张雯丽	孙雨忱	许赢赢	北京市一等奖
38	张赢	石沁雅	徐澜玲	北京市一等奖
39	张郁璇	杨晓彤	康一康	北京市一等奖
40	朱奕佩	邓扬义	黄天铱	北京市一等奖

续表

序号	队员 1	队员 2	队员 3	所获奖项
41	褚荣泰	唐宣	余常翘楚	北京市二等奖
42	丁逸凡	王娟	王丹宇	北京市二等奖
43	方安	尹浩儒	郭云澍	北京市二等奖
44	冯君怡	侯冠林	马芊伊	北京市二等奖
45	付廷琛	张开宇	崔冠宇	北京市二等奖
46	姜无逸	彭培煊	李浩铭	北京市二等奖
47	金泊翰	韩金池	唐诗韵	北京市二等奖
48	李思佳	刘千一	陈晓曦	北京市二等奖
49	李懿泓	马舒玥	李韦真	北京市二等奖
50	刘沐东	黄凌斯	陶思羽	北京市二等奖
51	刘中渊	许晴	胡闻一	北京市二等奖
52	刘仲杰	思子华	陈洋	北京市二等奖
53	罗迪	张兆洋	邵宁录	北京市二等奖
54	马继诚	于心涛	贺丛鑫	北京市二等奖
55	梅佳滢	王偲竹	祁晓丛	北京市二等奖
56	樵新宇	周炎亮	郭泳雨	北京市二等奖
57	秦琪瑶	杨宝旭	孔令仁	北京市二等奖
58	邱任翔	张晨阳	金威銶	北京市二等奖
59	璩清如	王文佳	许珂	北京市二等奖
60	任厚爱	靖信如	刘博辉	北京市二等奖
61	万世龙	李泽轩	余梓楠	北京市二等奖
62	万韦涛	王阔澜	胡馨仪	北京市二等奖
63	汪胤恒	狄安翔	王靖宇	北京市二等奖
64	王睿之	姜奕威	梁一	北京市二等奖
65	王韦琪	汪元森	王喆	北京市二等奖
66	徐肖骁	王润一	廖楠燕	北京市二等奖
67	张昊博	孙庭煜	官佳薇	北京市二等奖
68	张可欣	梁杰昊	向玥	北京市二等奖
69	张蕾	范瑞雪	赵函	北京市二等奖
70	张配天	陈晓珑	李逸博	北京市二等奖
71	张晓玲	孙亦茗	王理琼	北京市二等奖
72	赵瑞祥	王硕	郭晓光	北京市二等奖
73	周平	刘昭君		北京市二等奖
74	周晓璐	刘一凡	刘璐	北京市二等奖

2020 年全国大学生数学竞赛获奖名单

序号	姓名	参赛类型	获奖情况
1	汪宇	数学类 A	一等奖
2	徐浩萌	数学类 A	一等奖
3	程杰翰	数学类 A	二等奖

续表

序号	姓名	参赛类型	获奖情况
4	陈昭润	数学类 A	二等奖
5	盖嘉诺	数学类 A	二等奖
6	杨春陶	数学类 A	二等奖
7	刘希	数学类 A	二等奖
8	张家玮	数学类 A	二等奖
9	樵新宇	数学类 A	二等奖
10	舒纯新	数学类 A	二等奖
11	王永鑫	数学类 A	三等奖
12	徐敏睿	数学类 A	三等奖
13	吴宇昂	数学类 A	三等奖
14	吕铭凯	数学类 A	三等奖
15	王成瑞	数学类 A	三等奖
16	聂嘉	数学类 A	三等奖
17	王韦琪	数学类 A	三等奖
18	张蕾	数学类 A	三等奖
19	刘佳琪	数学类 A	三等奖
20	刘仲杰	数学类 A	三等奖
21	黄伟杰	数学类 A	三等奖
22	锁兴体	数学类 A	三等奖
23	何倩芸	数学类 A	三等奖
24	郑义凡	数学类 A	三等奖
25	张云飞	数学类 A	三等奖
26	彭思敏	非数学类	一等奖
27	李厚润	非数学类	一等奖
28	周启帆	非数学类	一等奖
29	元郁哲	非数学类	一等奖
30	高党华	非数学类	一等奖
31	何辰轩	非数学类	一等奖
32	易扬钧	非数学类	一等奖
33	应镇焜	非数学类	一等奖
34	金志滨	非数学类	一等奖
35	王豪	非数学类	一等奖
36	马芊伊	非数学类	一等奖
37	韩金池	非数学类	一等奖
38	黄扬弈	非数学类	一等奖
39	李子晔	非数学类	一等奖
40	张昊博	非数学类	一等奖
41	陈明骏	非数学类	一等奖
42	申翰金	非数学类	一等奖
43	徐克丰	非数学类	一等奖

续表

序号	姓名	参赛类型	获奖情况
44	刘珂睿	非数学类	一等奖
45	黄乘月	非数学类	一等奖
46	姚志锋	非数学类	一等奖
47	俞逸骐	非数学类	一等奖
48	吕明阳	非数学类	一等奖
49	贾耀博	非数学类	一等奖
50	宋琳	非数学类	一等奖
51	吴政隆	非数学类	一等奖
52	韦欣荃	非数学类	一等奖
53	刘思扬	非数学类	一等奖
54	江拓	非数学类	一等奖
55	邵明奇	非数学类	一等奖
56	谢冉婷	非数学类	一等奖
57	徐瑞泽	非数学类	一等奖
58	张家豪	非数学类	一等奖
59	柴文杰	非数学类	二等奖
60	付小桐	非数学类	二等奖
61	吴靳佩	非数学类	二等奖
62	张郁璇	非数学类	二等奖
63	庄世龙	非数学类	二等奖
64	丁程梦	非数学类	二等奖
65	黄钊恒	非数学类	二等奖
66	李亚儒	非数学类	二等奖
67	王浩	非数学类	二等奖
68	吴静怡	非数学类	二等奖
69	刘洁松	非数学类	二等奖
70	谭洋	非数学类	二等奖
71	杨泽昊	非数学类	二等奖
72	李望成	非数学类	二等奖
73	文东勰	非数学类	二等奖
74	徐乙元	非数学类	二等奖
75	周晓璐	非数学类	二等奖
76	朱军	非数学类	二等奖
77	韦康巍	非数学类	二等奖
78	杨玉刚	非数学类	二等奖
79	付萬嘉	非数学类	二等奖
80	刘思睿	非数学类	二等奖
81	辜子惠	非数学类	二等奖
82	徐慧聪	非数学类	二等奖
83	张露丹	非数学类	二等奖

续表

序号	姓名	参赛类型	获奖情况
84	姚绍玮	非数学类	二等奖
85	袁一鸣	非数学类	二等奖
86	岳昊江	非数学类	二等奖
87	张文昊	非数学类	二等奖
88	徐澜玲	非数学类	二等奖
89	孔令仁	非数学类	二等奖
90	赵天姝	非数学类	二等奖
91	丁俊锴	非数学类	二等奖
92	张晓康	非数学类	二等奖
93	褚荣泰	非数学类	二等奖
94	岳泰安	非数学类	二等奖
95	张雯丽	非数学类	二等奖
96	章利君	非数学类	二等奖
97	薛钦亮	非数学类	二等奖
98	张棋	非数学类	二等奖
99	陈嘉喆	非数学类	二等奖
100	邓国翾	非数学类	二等奖
101	罗崇佳	非数学类	二等奖
102	翁梅乾	非数学类	二等奖
103	叶雨涵	非数学类	二等奖
104	曹洋铭	非数学类	二等奖
105	李纤	非数学类	三等奖
106	吕良波	非数学类	三等奖
107	高子豪	非数学类	三等奖
108	郭成城	非数学类	三等奖
109	綦凯泽	非数学类	三等奖
110	汪智敏	非数学类	三等奖
111	姚漪涵	非数学类	三等奖
112	范淑婷	非数学类	三等奖
113	李思奥	非数学类	三等奖
114	邹嘉晟	非数学类	三等奖
115	尹祎阳	非数学类	三等奖
116	贺清	非数学类	三等奖
117	林书瑜	非数学类	三等奖
118	林中潭	非数学类	三等奖
119	任厚爱	非数学类	三等奖
120	张千一	非数学类	三等奖
121	张帅鑫	非数学类	三等奖
122	范瑞雪	非数学类	三等奖
123	周婧雯	非数学类	三等奖

续表

序号	姓名	参赛类型	获奖情况
124	江瑾贤	非数学类	三等奖
125	李可儿	非数学类	三等奖
126	刘凯祥	非数学类	三等奖
127	沈子维	非数学类	三等奖
128	王思祺	非数学类	三等奖
129	吴皓晴	非数学类	三等奖
130	赵瑞祥	非数学类	三等奖
131	陈浩洋	非数学类	三等奖
132	罗迪	非数学类	三等奖
133	李星烨	非数学类	三等奖
134	刘肸文	非数学类	三等奖
135	田景怡	非数学类	三等奖
136	王雨凡	非数学类	三等奖
137	杨盛琦	非数学类	三等奖
138	邓子旭	非数学类	三等奖
139	高佳怡	非数学类	三等奖
140	贺小洧	非数学类	三等奖
141	刘玉涛	非数学类	三等奖
142	万可	非数学类	三等奖
143	刘诗懿	非数学类	三等奖
144	陈鹏州	非数学类	三等奖
145	林天宇	非数学类	三等奖
146	米沫璇	非数学类	三等奖
147	段星瑞	非数学类	三等奖
148	曲嘉卿	非数学类	三等奖
149	徐瑞之	非数学类	三等奖
150	张铎	非数学类	三等奖
151	汤刘敏	非数学类	三等奖
152	王祎铄	非数学类	三等奖
153	王泽颖	非数学类	三等奖
154	钟梓健	非数学类	三等奖
155	王轶钰	非数学类	三等奖
156	李承龙	非数学类	三等奖
157	李诗瑶	非数学类	三等奖
158	王紫婵	非数学类	三等奖
159	丁颖	非数学类	三等奖
160	陈洁茹	非数学类	三等奖
161	齐畅	非数学类	三等奖
162	孙嘉诚	非数学类	三等奖
163	刘坤瓒	非数学类	三等奖

2020 年北京市大学生数学竞赛获奖名单

序号	姓名	参赛类型	获奖情况
1	汪宇	数学类 A	一等奖
2	徐浩萌	数学类 A	一等奖
3	程杰翰	数学类 A	一等奖
4	陈昭润	数学类 A	二等奖
5	盖嘉诺	数学类 A	二等奖
6	杨春陶	数学类 A	二等奖
7	刘希	数学类 A	二等奖
8	张家玮	数学类 A	二等奖
9	樵新宇	数学类 A	二等奖
10	舒纯新	数学类 A	二等奖
11	王永鑫	数学类 A	三等奖
12	徐敏睿	数学类 A	三等奖
13	吴宇昂	数学类 A	三等奖
14	吕铭凯	数学类 A	三等奖
15	王成瑞	数学类 A	三等奖
16	聂嘉	数学类 A	三等奖
17	王韦琪	数学类 A	三等奖
18	张蕾	数学类 A	三等奖
19	刘佳琪	数学类 A	三等奖
20	刘仲杰	数学类 A	三等奖
21	黄伟杰	数学类 A	三等奖
22	锁兴体	数学类 A	三等奖
23	何倩芸	数学类 A	三等奖
24	郑义凡	数学类 A	三等奖
25	张云飞	数学类 A	三等奖
26	李厚润	理工类 A	一等奖
27	周启帆	理工类 A	一等奖
28	元郁哲	理工类 A	一等奖
29	高党华	理工类 A	一等奖
30	何辰轩	理工类 A	一等奖
31	易扬钧	理工类 A	一等奖
32	应镇焜	理工类 A	一等奖
33	王豪	理工类 A	一等奖
34	韩金池	理工类 A	一等奖
35	李子晔	理工类 A	一等奖
36	张昊博	理工类 A	一等奖
37	陈明骏	理工类 A	一等奖
38	申翰金	理工类 A	一等奖
39	徐克丰	理工类 A	一等奖
40	黄乘月	理工类 A	一等奖

续表

序号	姓名	参赛类型	获奖情况
41	姚志锋	理工类 A	一等奖
42	俞逸骐	理工类 A	一等奖
43	贾耀博	理工类 A	一等奖
44	宋琳	理工类 A	一等奖
45	吴政隆	理工类 A	一等奖
46	韦欣荃	理工类 A	一等奖
47	刘思扬	理工类 A	一等奖
48	江拓	理工类 A	一等奖
49	徐瑞泽	理工类 A	一等奖
50	付小桐	理工类 A	二等奖
51	张郁璇	理工类 A	二等奖
52	黄钊恒	理工类 A	二等奖
53	李亚儒	理工类 A	二等奖
54	王浩	理工类 A	二等奖
55	刘洁松	理工类 A	二等奖
56	杨泽昊	理工类 A	二等奖
57	文东䰄	理工类 A	二等奖
58	徐乙元	理工类 A	二等奖
59	周晓璐	理工类 A	二等奖
60	朱军	理工类 A	二等奖
61	韦康巍	理工类 A	二等奖
62	付萬嘉	理工类 A	二等奖
63	辜子惠	理工类 A	二等奖
64	徐慧聪	理工类 A	二等奖
65	张露丹	理工类 A	二等奖
66	徐澜玲	理工类 A	二等奖
67	孔令仁	理工类 A	二等奖
68	赵天姝	理工类 A	二等奖
69	丁俊锴	理工类 A	二等奖
70	张晓康	理工类 A	二等奖
71	岳泰安	理工类 A	二等奖
72	张雯丽	理工类 A	二等奖
73	章利君	理工类 A	二等奖
74	薛钦亮	理工类 A	二等奖
75	张棋	理工类 A	二等奖
76	陈嘉喆	理工类 A	二等奖
77	邓国翾	理工类 A	二等奖
78	曹洋铭	理工类 A	二等奖
79	李纤	理工类 A	三等奖
80	吕良波	理工类 A	三等奖

续表

序号	姓名	参赛类型	获奖情况
81	郭成城	理工类 A	三等奖
82	綦凯泽	理工类 A	三等奖
83	姚漪涵	理工类 A	三等奖
84	李思奥	理工类 A	三等奖
85	尹祎阳	理工类 A	三等奖
86	林书瑜	理工类 A	三等奖
87	林中潭	理工类 A	三等奖
88	任厚爱	理工类 A	三等奖
89	张千一	理工类 A	三等奖
90	张帅鑫	理工类 A	三等奖
91	范瑞雪	理工类 A	三等奖
92	刘凯祥	理工类 A	三等奖
93	王思祺	理工类 A	三等奖
94	赵瑞祥	理工类 A	三等奖
95	罗迪	理工类 A	三等奖
96	田景怡	理工类 A	三等奖
97	邓子旭	理工类 A	三等奖
98	万可	理工类 A	三等奖
99	曲嘉卿	理工类 A	三等奖
100	张铎	理工类 A	三等奖
101	汤刘敏	理工类 A	三等奖
102	王祎铄	理工类 A	三等奖
103	钟梓健	理工类 A	三等奖
104	王轶钰	理工类 A	三等奖
105	李承龙	理工类 A	三等奖
106	李诗瑶	理工类 A	三等奖
107	丁颖	理工类 A	三等奖
108	齐畅	理工类 A	三等奖
109	彭思敏	经管类	一等奖
110	金志滨	经管类	一等奖
111	马芊伊	经管类	一等奖
112	黄扬弈	经管类	一等奖
113	刘珂睿	经管类	一等奖
114	吕明阳	经管类	一等奖
115	邵明奇	经管类	一等奖
116	谢冉婷	经管类	一等奖
117	张家豪	经管类	一等奖
118	柴文杰	经管类	一等奖
119	吴靳佩	经管类	一等奖
120	庄世龙	经管类	一等奖

续表

序号	姓名	参赛类型	获奖情况
121	丁程梦	经管类	一等奖
122	吴静怡	经管类	一等奖
123	谭洋	经管类	一等奖
124	李望成	经管类	一等奖
125	杨玉刚	经管类	一等奖
126	刘思睿	经管类	一等奖
127	姚绍玮	经管类	二等奖
128	袁一鸣	经管类	二等奖
129	岳昊江	经管类	二等奖
130	张文昊	经管类	二等奖
131	褚荣泰	经管类	二等奖
132	罗崇佳	经管类	二等奖
133	翁梅乾	经管类	二等奖
134	叶雨涵	经管类	二等奖
135	高子豪	经管类	二等奖
136	汪智敏	经管类	二等奖
137	范淑婷	经管类	二等奖
138	邹嘉晟	经管类	二等奖
139	贺清	经管类	二等奖
140	周婧雯	经管类	二等奖
141	江瑾贤	经管类	二等奖
142	李可儿	经管类	二等奖
143	沈子维	经管类	二等奖
144	吴皓晴	经管类	二等奖
145	陈浩洋	经管类	二等奖
146	李星烨	经管类	二等奖
147	刘肸文	经管类	二等奖
148	王雨凡	经管类	二等奖
149	杨盛琦	经管类	二等奖
150	高佳怡	经管类	二等奖
151	贺小洧	经管类	二等奖
152	刘玉涛	经管类	二等奖
153	刘诗懿	经管类	二等奖
154	陈鹏州	经管类	三等奖
155	林天宇	经管类	三等奖
156	米沫璇	经管类	三等奖
157	段星瑞	经管类	三等奖
158	徐瑞之	经管类	三等奖
159	王泽颖	经管类	三等奖
160	王紫婵	经管类	三等奖

续表

序号	姓名	参赛类型	获奖情况
161	陈洁茹	经管类	三等奖
162	孙嘉诚	经管类	三等奖
163	刘坤瓒	经管类	三等奖
164	朱瑞辰	经管类	三等奖
165	何芷淇	经管类	三等奖
166	胡雨欣	经管类	三等奖
167	官上富	经管类	三等奖
168	曾荐方	经管类	三等奖
169	刘嘉玮	经管类	三等奖
170	柳源	经管类	三等奖
171	许晓菲	经管类	三等奖
172	赵泽斌	经管类	三等奖
173	王梦圆	经管类	三等奖
174	姚欣慰	经管类	三等奖

2020 年第二届校园媒体大赛获奖名单

序号	作品名称	作者	指导教师	获奖等级
1	2 286 篇肺炎报道观察，谁在新闻里发声？	姚思妤	方洁	特等奖
2	寻找“苟晶”：十年，41 段被顶替的人生	姚思妤、何京蔚	方洁	特等奖

2020 年釜山国际广告节获奖名单

序号	作品名称	作者	指导教师	获奖等级
1	Maybe you don't have to…	王羽菲	王树良	金奖

2020 年第十二届全国大学生广告艺术大赛获奖名单

序号	作品名称	作者	指导教师	获奖等级
1	爱不说漏	金美娇、尹晓彤	王树良	二等奖
2	恶龙与安全期	余逸昕	王树良	二等奖
3	发现全世界的好商品	阮欣雨 、涂艺秋	王树良	二等奖
4	娃哈哈·西游新编之车迟国斗法	余逸昕	王树良	二等奖
5	我不在的时候，请对他说不	阳洋	王树良	二等奖
6	给自己的成人礼	王婧雯	王树良	三等奖
7	用古法定义年轻，用匠心诠释时尚	陈雨隆、童祎航	王树良	三等奖
8	100 分底气	吴晓炜、申屠泥	王树良	优秀奖
9	9 而 9 之	潘睿	王树良	优秀奖
10	冰肌水 3	易紫君	王树良	优秀奖
11	冰与水的故事	吴晓炜、申屠泥	王树良	优秀奖
12	诚而有义，爱物及乌	余逸昕	王树良	优秀奖
13	诚纳天下	陈可艺	王树良	优秀奖
14	行走的生活家	何秋璇	王树良	优秀奖

续表

序号	作品名称	作者	指导教师	获奖等级
15	减负，从身体开始	姜乃菲	王树良	优秀奖
16	京东便利店：有帮手，不劳手	王泳苓	王树良	优秀奖
17	美，没有真假	王婧雯、梅桂	王树良	优秀奖
18	青春不定义	金美娇、尹晓彤、陈雨隆、童祎航、范屹槟	王树良	优秀奖
19	如若无物，不可或缺	阳洋	王树良	优秀奖
20	世界的口袋	陈可艺	王树良	优秀奖
21	娃哈哈·西游新编之火焰山	余逸昕	王树良	优秀奖
22	喂，别酸（娃哈哈苏打水策划案）	唐诗佳、杜天舒、陈可艺、张怡然、林毓菁	王树良	优秀奖
23	自然堂：一镜到底	谢倩、金婵	王树良	优秀奖
24	自然堂冰肌水效果三件套	李思琦	王树良	优秀奖

2020 年第十二届全国大学生广告艺术大赛北京赛区获奖名单

序号	作品名称	作者	指导教师	获奖等级
1	爱华仕 4	易紫君	王树良	一等奖
2	爱她	金婵	王树良	一等奖
3	飞鸟与夏季，半勺黑糖和你。	涂艺秋、阮欣雨	王树良	一等奖
4	喂，别酸	唐诗佳、杜天舒、陈可艺、张怡然、林毓菁	王树良	二等奖
5	1 秒天然	胡馨	王树良	二等奖
6	A 广告语 4	孙雪俊杰	王树良	二等奖
7	爱华青年，有模有 YOUNG	吴羲文、周子杰	王树良	二等奖
8	爱华青年爱冒险	阮欣雨 、涂艺秋	王树良	二等奖
9	爱华仕 色彩与你	韩珂嘉、李思琪	王树良	二等奖
10	爱你，不是说说而已	金婵	王树良	二等奖
11	爱情意外守门员	李赟	王树良	二等奖
12	把握今天	金美娇、尹晓彤	王树良	二等奖
13	包在我身上，路在我脚下。	陈雨隆、童祎航	王树良	二等奖
14	醇萃好茶，纯粹享受	陈雨隆、童祎航	王树良	二等奖
15	杜蕾斯——保护你的自由和冒险	尹晓彤、金美娇	王树良	二等奖
16	行走的生活家	何秋璇	王树良	二等奖
17	距离产生美	孙怡然	王树良	二等奖
18	开车不能只顾沿途风光	赵汤丽	王树良	二等奖
19	满载而归	赵汤丽	王树良	二等奖
20	秒	王泳苓	王树良	二等奖
21	苏打	姜乃菲	王树良	二等奖
22	随心所驭高尔夫	金婵、谢倩、韩雅君	王树良	二等奖
23	甜在舌尖，暖在心间	陈雨隆、童祎航	王树良	二等奖
24	娃哈哈脚本 4	赵家润	王树良	二等奖
25	我不在的时候，请对他说不	阳洋	王树良	二等奖
26	我和你	李思琪、韩珂嘉	王树良	二等奖

续表

序号	作品名称	作者	指导教师	获奖等级
27	无需假装，拥抱世界	王泳苓	王树良	二等奖
28	义乌易世界	高心莹、田宁欣	王树良	二等奖
29	源自高处，渗透深处	申屠泥、吴晓炜	王树良	二等奖
30	装得下，就足够	吴羲文、周子杰	王树良	二等奖
31	自然堂：一镜到底	谢倩、金婵	王树良	二等奖
32	“年轻就这样”系列海报	李炎玲	王树良	三等奖
33	选对尺寸，很重要	余逸昕	王树良	三等奖
34	用懂得，解难题	王泳苓	王树良	三等奖
35	100 分底气	吴晓炜、申屠泥	王树良	三等奖
36	9.0=100	陈可艺	王树良	三等奖
37	9 而 9 之	潘睿	王树良	三等奖
38	爱华青年系列广告语	张婧姣	王树良	三等奖
39	爱华仕：装下青年无限意	高心莹、田宁欣	王树良	三等奖
40	保护与交互	张忠石	王树良	三等奖
41	冰川补水力，自然黑科技	吴晓炜、申屠泥	王树良	三等奖
42	不同凡响	赵汤丽	王树良	三等奖
43	初见便永久	孙怡然	王树良	三等奖
44	杜蕾斯：爱的自修课	裴梓含	王树良	三等奖
45	杜蕾斯 X 扫雷	周子杰、吴羲文	王树良	三等奖
46	古法黑糖浓郁香	高心莹、田宁欣	王树良	三等奖
47	距离	王婧雯	王树良	三等奖
48	买卖义乌	姜乃菲	王树良	三等奖
49	美，没有真假	王婧雯、梅桂	王树良	三等奖
50	陪你去看世界的 young 子	江婧怡	王树良	三等奖
51	倾心好水，清新生活。	陈雨隆、童祎航	王树良	三等奖
52	清新的生活	童祎航、陈雨隆	王树良	三等奖
53	时尚出行，“箱”当有范	欧阳鑫	王树良	三等奖
54	拭新颜	何秋璇	王树良	三等奖
55	天然“碱”，0 负担	胡馨	王树良	三等奖
56	通透而生自然堂冰肌水营销策划案	张世豪	王树良	三等奖
57	娃哈哈·西游新编之车迟国斗法	余逸昕	王树良	三等奖
58	喜马拉雅自然哲学原理	陈舒睿	王树良	三等奖
59	小分子，大补水	申屠泥、吴晓炜	王树良	三等奖
60	一口一心	潘睿	王树良	三等奖
61	一厢情愿	赵汤丽	王树良	三等奖
62	与自然融为一体	王婧雯	王树良	三等奖
63	予你自然时空的精粹	王羽菲	王树良	三等奖
64	装得下不一样	潘睿	王树良	三等奖
65	自然的美，美的自然	陈雨隆、童祎航	王树良	三等奖
66	“爱”的教育系列教科书	贾蕊、李炎玲	王树良	优秀奖

续表

序号	作品名称	作者	指导教师	获奖等级
67	“苏”服一刻	李昕淇	王树良	优秀奖
68	“无”中生“有”	尹晓彤、金美娇	王树良	优秀奖
69	爱华仕 去哪?	李思琪、韩珂嘉	王树良	优秀奖
70	不让有梦想的人孤单	金美娇	王树良	优秀奖
71	恶龙与安全期	余逸昕	王树良	优秀奖
72	京东便利店：有帮手，不劳手	王泳苓	王树良	优秀奖
73	没有捷径	汤斯麟	王树良	优秀奖
74	青春不定义	范屹槟、童祎航、陈雨隆、尹晓彤、金美娇	王树良	优秀奖
75	如影随行 如我随性	何靖伶	王树良	优秀奖
76	娃哈哈 甜	韩珂嘉、李思琪	王树良	优秀奖
77	娃哈哈 元气	韩珂嘉、李思琪	王树良	优秀奖
78	一口即满足	王泳苓	王树良	优秀奖
79	以万变应不便京东策划案	裴梓含、汪慧敏、申屠泥、吴晓炜、唐诗佳	王树良	优秀奖
80	以新换旧	王泳苓	王树良	优秀奖
81	义乌一心	谢乐滋	王树良	优秀奖
82	自然堂 敌人	韩珂嘉、李思琪	王树良	优秀奖
83	自然堂 高冷	韩珂嘉、李思琪	王树良	优秀奖
84	自然堂 挂得住	韩珂嘉、李思琪	王树良	优秀奖
85	Grow with Joy	夏英歌、王伊然	王树良	优秀奖
86	I See More	姜乃菲	王树良	优秀奖
87	爱华青年的四色青春	王宏扬	王树良	优秀奖
88	爱华仕，装下世界，等你去闯	王宏扬	王树良	优秀奖
89	爱情列车驾驶证考试	王一	王树良	优秀奖
90	爱是“安全”	王一	王树良	优秀奖
91	爱是给你足够的安全感	李赟	王树良	优秀奖
92	爱喜猫，发现更多精彩	尹晓彤、金美娇	王树良	优秀奖
93	爱与占有的界线	何秋璇	王树良	优秀奖
94	安全进出	赵泽萱	王树良	优秀奖
95	帮你妆出少女肌	胡雪姗	王树良	优秀奖
96	必有一面	胡安	王树良	优秀奖
97	变漂亮，是我的自由	曾珮萱	王树良	优秀奖
98	别“酸”了！喝娃哈哈苏打水	欧阳鑫	王树良	优秀奖
99	冰封	赵汤丽	王树良	优秀奖
100	冰肌水：路上风沙，我来抵挡	田宁欣、高心莹	王树良	优秀奖
101	冰肌水 1	易紫君	王树良	优秀奖
102	冰肌水 3	易紫君	王树良	优秀奖
103	冰肌水养你啊	潘睿	王树良	优秀奖
104	冰与水的故事	吴晓炜、申屠泥	王树良	优秀奖
105	补水	孙怡然	王树良	优秀奖
106	不是装潮，是能装又能潮	胡雪姗	王树良	优秀奖

续表

序号	作品名称	作者	指导教师	获奖等级
107	不用说，我都懂	殷杏、王婧雯	王树良	优秀奖
108	诚而有义，爱物及乌	余逸昕	王树良	优秀奖
109	诚纳天下	陈可艺	王树良	优秀奖
110	出彩底色，只为初次	唐诗佳	王树良	优秀奖
111	出得去，宇宙都是你的！	朱家桐	王树良	优秀奖
112	带上爱华仕，邂逅世间美好	欧阳鑫	王树良	优秀奖
113	滴水不漏	赵汤丽	王树良	优秀奖
114	动起来，冻起来	申屠泥、吴晓炜	王树良	优秀奖
115	杜蕾斯爱在佳节	洪凯雯	王树良	优秀奖
116	杜蕾斯—四季（春夏）	旦增珠扎	王树良	优秀奖
117	发现全世界的好商品	涂艺秋、阮欣雨	王树良	优秀奖
118	馥郁美好生活	何雨琪	王树良	优秀奖
119	敢做敢想，不燃怎 Young	王艺霖、曾珮萱、姜乃菲、乔海洋、阮欣雨	王树良	优秀奖
120	高光时刻，自然无瑕	王婧雯	王树良	优秀奖
121	给自己的成人礼	王婧雯	王树良	优秀奖
122	换你去等待光阴	胡雪姗	王树良	优秀奖
123	加减智慧	孙怡然	王树良	优秀奖
124	减负，从身体开始	姜乃菲	王树良	优秀奖
125	碱单生活	黄俊涵	王树良	优秀奖
126	见疫，更见爱	吴羲文、周子杰	王树良	优秀奖
127	借用大自然，召唤肌肤美	张婧姣	王树良	优秀奖
128	京东便利店“通明”	申屠泥、涂艺秋	王树良	优秀奖
129	京东母婴生活馆“春夏秋冬”	阮欣雨、涂艺秋	王树良	优秀奖
130	京东母婴生活馆“懂你也懂 ta”	阮欣雨、涂艺秋	王树良	优秀奖
131	跨越鸿沟	申屠泥	王树良	优秀奖
132	来义乌，淘亿物！	江婧怡	王树良	优秀奖
133	累了来一口，让味蕾去散心	李赟	王树良	优秀奖
134	离开滤镜，也能自带美颜	李赟	王树良	优秀奖
135	没有什么能阻挡追梦者的行李箱	朱家桐	王树良	优秀奖
136	每个人的高尔夫都独一无二	李赟	王树良	优秀奖
137	奶茶 甜蜜思念	旦增珠扎	王树良	优秀奖
138	能装的不“止”有你	乔海洋、陈芊灵	王树良	优秀奖
139	霓虹提示	吴羲文、周子杰	王树良	优秀奖
140	你本来，就很美！	乔海洋、陈芊灵	王树良	优秀奖
141	你的底妆，完美无瑕	胡雪姗	王树良	优秀奖
142	你的美不再浮于表象	韦昀彤	王树良	优秀奖
143	年“轻”养生，“苏”出活力！	涂艺秋、阮欣雨	王树良	优秀奖
144	千里冰川手中握，透亮肌肤弹指间	申屠泥、吴晓炜	王树良	优秀奖
145	青春和美丽都应在顶峰	金美娇、尹晓彤	王树良	优秀奖
146	全球买卖在义乌	潘睿	王树良	优秀奖

续表

序号	作品名称	作者	指导教师	获奖等级
147	让冰川融化在脸上	金美娇、尹晓彤	王树良	优秀奖
148	让你被看见（冰肌水）	吴晓炜、申屠泥	王树良	优秀奖
149	人生随处是秀场	江婧怡	王树良	优秀奖
150	人生舞台，高光时刻	王羽菲	王树良	优秀奖
151	日日顺遂，夜夜平安	胡馨	王树良	优秀奖
152	如若无物，不可或缺	阳洋	王树良	优秀奖
153	三行情诗	胡馨	王树良	优秀奖
154	扫义乌，扫天下	涂艺秋、阮欣雨	王树良	优秀奖
155	什么都 99	申屠泥、吴晓炜	王树良	优秀奖
156	生活之间，片刻冬眠。	阮欣雨、涂艺秋	王树良	优秀奖
157	世界的口袋	陈可艺	王树良	优秀奖
158	世界千面	金婵	王树良	优秀奖
159	俗语新说	周子杰	王树良	优秀奖
160	她的旅行	卜玥	王树良	优秀奖
161	天生丽质	胡雪姗	王树良	优秀奖
162	甜美碰撞	孙怡然	王树良	优秀奖
163	统统不要	崔秀雅	王树良	优秀奖
164	娃哈哈奶茶：精致红与黑	贺进	王树良	优秀奖
165	娃哈哈苏打水：“碱”康生活	贺进	王树良	优秀奖
166	娃哈哈 pH9.0 苏打水	赵晨旋	王树良	优秀奖
167	娃哈哈黑糖奶茶：一茶一奶一糖	田宁欣、高心莹	王树良	优秀奖
168	娃哈哈苏打水，“苏”服喝出来	施星言	王树良	优秀奖
169	娃哈哈·西游新编之火焰山	余逸昕	王树良	优秀奖
170	万物城与心中物	谢铃叶	王树良	优秀奖
171	为了你	王羽菲	王树良	优秀奖
172	为自己改变	唐诗佳	王树良	优秀奖
173	我的少女时代-2	施星言	王树良	优秀奖
174	无瑕底色，底气十足	谢倩	王树良	优秀奖
175	无需伪妆，自然出色	唐诗佳	王树良	优秀奖
176	享“瘦”好水，享受生活。	童祎航、陈雨隆	王树良	优秀奖
177	小 99	申屠泥、吴晓炜	王树良	优秀奖
178	小隔膜，阻挡不了爱的炽热。	朱家桐	王树良	优秀奖
179	小孩子才做选择	申屠泥、吴晓炜	王树良	优秀奖
180	小商品，大世界	涂艺秋、阮欣雨	王树良	优秀奖
181	秀出自然少女肌	阳洋	王树良	优秀奖
182	一城一世界，千面一义乌	田宁欣、高心莹	王树良	优秀奖
183	一点点	何雨琪	王树良	优秀奖
184	一抹焦香，万般柔滑	尹晓彤、金美娇	王树良	优秀奖
185	一抹渗透不用拍	申屠泥、吴晓炜	王树良	优秀奖
186	一瓶冰川，解肌肤之渴	申屠泥、吴晓炜	王树良	优秀奖

续表

序号	作品名称	作者	指导教师	获奖等级
187	一切可能	金婵	王树良	优秀奖
188	义乌 5	易紫君	王树良	优秀奖
189	义乌全世界	潘睿	王树良	优秀奖
190	义乌所有，应有尽有。	阮欣雨、涂艺秋	王树良	优秀奖
191	意外心动	王伊然	王树良	优秀奖
192	拥有自然堂，让你不迷茫。	张婧姣	王树良	优秀奖
193	用古法定义年轻，用匠心诠释时尚	童祎航、陈雨隆	王树良	优秀奖
194	用实际行动给她安全感	崔秀雅	王树良	优秀奖
195	有勇有谋	李赟	王树良	优秀奖
196	雨和伞	祝宇欢	王树良	优秀奖
197	遇见好心情	屈晓	王树良	优秀奖
198	源动力	申屠泥、吴晓炜	王树良	优秀奖
199	战疫家族	周子杰、吴羲文	王树良	优秀奖
200	找回自己	金婵	王树良	优秀奖
201	真挚信念	谢铃叶	王树良	优秀奖
202	只享受浓汤片刻的甜美	赵汤丽	王树良	优秀奖
203	只在手心的距离	胡雪姗	王树良	优秀奖
204	昼夜伴你如初	韦昀彤	王树良	优秀奖
205	自然的美，美得自然。	童祎航、陈雨隆	王树良	优秀奖
206	自然唤醒青春	潘睿	王树良	优秀奖
207	自然堂冰肌水“花瓶存在的意义”	申屠泥、涂艺秋	王树良	优秀奖
208	自然堂冰肌水效果三件套	李思琦	王树良	优秀奖
209	自然堂粉底液-“假面”	卜玥	王树良	优秀奖
210	自然堂粉底液“细腻是种艺术”	阮欣雨、涂艺秋	王树良	优秀奖
211	自然堂夏日三部曲	洪凯雯	王树良	优秀奖
212	自信的高度	李炎玲	王树良	优秀奖
213	最美的相遇	祝宇欢	王树良	优秀奖
214	作家的自由灵感	陈雨隆、童祎航	王树良	优秀奖
215	做你的生活支点。	童祎航、陈雨隆	王树良	优秀奖

2020 年第 45 届 ACM-ICPC 国际大学生程序设计竞赛获奖名单

序号	赛区	获奖学生	获奖等级
1	ACM-ICPC 区域赛上海站	杨铭基、丁海鹏、徐炜	银牌
2	ACM-ICPC 区域赛上海站	王成瑞、李林豇、农钧翔	银牌
3	ACM-ICPC 区域赛南京站	罗碚、刘书玮、陈志朋	银牌
4	ACM-ICPC 区域赛济南站	何宗炎、杨越千、唐熙霖	银牌
5	ACM-ICPC 区域赛上海站	王子恒、高一鸣、舒文桐	铜牌

2020 年第十三届全国大学生信息安全竞赛（团体）获奖名单

序号	获奖学生	获奖等级
1	刘雅妮、郭云达、刘炯楠、刘奕凡	一等奖
2	李德威、陈杨欢、李逸文、张贵丽	三等奖
3	潘星宇、李金涛、郭苏越、柯习睿	三等奖

2020 年第五届 CCSP 大学生计算机系统与程序设计竞赛获奖名单

序号	获奖学生	获奖等级
1	王成瑞	金奖
2	陈志朋	银奖
3	舒文桐	银奖
4	唐天一	铜奖
5	于倬浩	铜奖
6	王成瑞	华北赛区获奖
7	陈志朋	华北赛区获奖
8	舒文桐	华北赛区获奖
9	唐天一	华北赛区获奖
10	于倬浩	华北赛区获奖

2020 年北京市大学生人文知识竞赛获奖名单

序号	奖项类型	学生姓名	学院	指导教师	奖项等级
1	个人赛	金上钧	法学院	郭相宜	一等奖
2	个人赛	彭程	国学院	郭相宜	一等奖
3	个人赛	赵宏宇	法学院	郭相宜	一等奖
4	个人赛	石梦帆	国际关系学院	郭相宜	一等奖
5	个人赛	许惟扬	法学院	郭相宜	二等奖
6	个人赛	轩望帆	明德书院	郭相宜	二等奖

入选 2020 年北京市优秀本科毕业论文（设计）名单

序号	院系	专业	姓名	论文名称	指导教师
1	财政金融学院	金融学（金融实验班）	李昀蔚	宏观经济信息对企业外汇风险暴露的影响——基于中国 A 股上市公司的实证研究	何　青
2	财政金融学院	税收学	樊仕豪	信息披露与纳税遵从 —— 一个实验经济学视角	代志新
3	法学院	法学	李　卿	从“俄罗斯过境限制案”看 GATT 第 21 条的适用	金美蓉
4	公共管理学院	城市管理	孙凤琪	适应性治理：村级组织对村庄合并政策的权宜性执行——以芭蕉镇村庄合并为例	唐　杰
5	国际关系学院	外交学	潘佳骏	中日邦交正常化进程中的美国因素探析	王星宇

续表

序号	院系	专业	姓名	论文名称	指导教师
6	国学院	国学	姬　越	早期《诗经》异文计算统计研究	华建光
7	环境学院	环境工程	韩向峙	基于空气置换机制的超灵敏倏逝波荧光传感技术可行性研究	龙　峰
8	经济学院	经济学—数学（双学位）实验班	王泰茗	个人信息的产权——不同产权方案如何影响福利与信息结构	刘小鲁
9	劳动人事学院	劳动经济学	张　婷	城市房价对新生代流动人口回流返乡意愿的影响	杨立雄
10	理学院化学系	化学	杨芝音	锡（Ⅱ）-山奈酚配合物的形成及自由基清除反应动力学研究	韩瑞敏
11	历史学院	历史学	侯逸峰	天末一线：中晚明出滇驿路改道之议	宋　瞳
12	马克思主义学院	中国共产党历史	彭紫薇	梁漱溟与新中国初期的农村变革（1949—1956）	宋学勤
13	农业与农村发展学院	农林经济管理	马琪炜	精准扶贫激发农村贫困人口内生动力的因果效应、作用机制及福祉结果	尤　婧
14	商学院	财务管理	王琮铭	政府补贴能改善企业社会责任表现吗——来自中国上市公司的研究	许年行
15	社会与人口学院	公共事业管理	张露尹	中国的初婚前同居与初婚前怀孕情况对其婚育轨迹的影响	翟振武
16	数学学院	数学与应用数学	魏芷越	线性化 Navier-Stokes 方程组的奇异极限问题	欧耀彬
17	统计学院	统计学	张煜昭	基于矩阵分解的高维线性多任务问题聚类算法	孙怡帆
18	外国语学院	德语	徐思瑶	探析帕特里克·聚斯金德小说《香水》中的身份认同危机	赵蕾莲
19	新闻学院	广告学	张　三	基于新零售理论视角下对社区型文创园区的研究——以厦门曾厝垵文创园区为例	周蔚华
20	信息学院	计算机科学与技术	吴坤尧	基于新型瓦记录磁盘的高可靠数据存储方法研究	柴云鹏
21	信息资源管理学院	信息管理与信息系统（政务信息管理方向）	张　昶	基于多元线性回归模型的租房价格影响因素研究	杨冠灿
22	艺术学院	美术学	耿明昭	文徵明的“寒林钟馗”图式研究——从雅俗互动的钟馗图像看文徵明对文人文化的形塑	张建宇
23	应用经济学院	能源经济	许诗淇	探究居民交叉补贴对能耗强度的影响——基于要素投入和产业结构升级的机制	虞义华
24	哲学院	哲学	谭梦霄	“理”范畴在中国早期佛教中的受容与展开	张文良

2020年中国人民大学大学生创新实验计划结项优秀项目（2019年立项项目）

序号	项目所在学院	项目名称	项目负责人	项目其他成员	指导教师	项目等级
1	公共管理学院	精准扶贫背景下易地搬迁居民社会融入状况的时间分异特征及其影响因素分析——基于河南省三市十二个社区的研究	龙穗玲	元家祺　任炳德 马　淼　熊雯颖	张　琼	北京市级
2	信息资源管理学院	“出门有道”：基于信息聚合的无障碍地图服务实现路径研究——以深圳市福田区和罗湖区为例	谭　悦	郭耀元　金　涛 李昊璟　杨秋颖	钱明辉 钱　毅	国家级
3	农业与农村发展学院	“留地”与“流地”的抉择：小农户能够通过生产环节外包融入现代农业吗——基于山东省临沂市的调研	曹世祥	胡珺祎　刘春辰 曹佳星　施臻韬	钟　真	国家级
4	新闻学院	VR社交环境中用户在场感与媒介丰富度对人际交往满意度的影响——基于VRChat的研究	韩舒尧	姜冬雨　张绪延 段靖宇　朱琪睿卿	刘海龙	北京市级
5	外国语学院	新媒体时代中国当代流行汉语文化对外推广的可行策略探究——基于对英国、日本四所大学的调研	常月玥	王诗言　彭楚钰 李香凝　胡力元	周　铭	国家级
6	哲学院	社会融入背景下心智障碍青少年性教育的发展路径研究	蓝天蒙	胡帅宇　郭舟澳 周晓娣/张凌波	曹　刚 何　欣	国家级
7	法学院	事实审与法律审分离下人民陪审员参审的程序保障——基于北京等多地法院的实证调研	熊　隽	何佳怡　沈洋 龚彦洁	彭小龙	国家级
8	文学院	“双视角”视阈下孝歌文化的综合性研究——基于重庆市黔江区的实地调研	滕　达	张　笛　李林坤 王　振　程小菩	徐　楠 齐柏平	国家级
9	法学院	三权分置视域下草牧场经营权流转制度研究——基于内蒙古和甘肃三个纯牧业县的调研	张彦堃	刘虹璐　王余紫萱 张玉立　李姣颖	高圣平	国家级
10	经济学院	基于资源依赖理论的“大数据杀熟”现象的实证分析——一个关于三级价格歧视的动态博弈分析框架	邓扬义	姜朋佐　刘春妍 张腾甘　高超群	杨瑞龙	国家级
11	商学院	消费升级背景下，特色文化步行街改造提升的有效措施及其作用机制研究——基于北京、上海、南京、天津、西安五地的调研	王楚萱	王文钰　彭紫雯 洪婧亚　曾涤文	张恩忠	国家级

续表

序号	项目所在学院	项目名称	项目负责人	项目其他成员	指导教师	项目等级
12	法学院	法缘何向不法让步：正当防卫“唯结果论”倾向的法官司法心理探究——基于对北京、山东、湖南基层及中级人民法院的调研	徐　倩	仲峻　张一瑾 张艺璇　郑芊绵	陈　璇	北京市级
13	法学院	中小学校外培训机构整治的法学视角研究——基于北京、杭州、宜宾三地实证调研	韩金阳	吕海宁　朱齐家 俞家梅　郑迪	张　翔 叶阳永	国家级
14	法学院	知识产权恶意诉讼的认定及其法律规制——基于北、上、广三地的实证研究	袁　玥	罗佳音　解彦梓 王子扬　王锦源	张广良	国家级
15	商学院	“智能＋”背景下财务会计工作新型技术的应用与前景——基于RPA与区块链技术的现状调研	郑琦琦	曹可怡　王逸东 马鹏程　朱泽锐	支晓强 李　焰	国家级
16	环境学院（环境科学与工程类）	新型功能材料催化净化典型大气污染物机理研究	易　文	章改　樊桢汇 唐湘南　孙文峥	常化振	国家级
17	环境学院（经济与管理类）	基于公众认知和特征性分析的火电厂邻避效应成因及对策探究	向月皎	匡雨静　焦麟越	石　磊 吴　健	校级
18	劳动人事学院	“产教融合”背景下高职生就业匹配及其影响因素探究——基于粤、豫、晋、新四地的实证研究	赵楠馨	张艺凡　赵翔宇 赵辰翀　王潇语	杨伟国 王　非	国家级
19	理学院化学系	血液中5-HT的电化学分析方法研究	吴雨竹	李梓生　丁相元	张美宁	北京市级
20	哲学院	中国内地佛教与基督教宗教慈善的文化身份与实践模式对比研究——以多家宗教慈善组织为例	李金承	储莹娴　赵文瑄 徐天翔	曹南来	国家级
21	理学院心理学系	视听双通道信息对第一印象形成的影响	刘昕月	刘梦晗　肖楚锋 刘久源	李永娜	校级
22	社会与人口学院	社会资本视角下熟人网络社交众筹效果分析——以水滴筹“个人大病筹款”为例	洪静澜	刘星雨　罗　浩 张根深　朱正卿	王玉君	校级
23	经济学院	“注意力经济”存在吗——智能手机影响收银台小商品销量的实证研究：基于北京市不同地区50家超市的调研	欧峰江	李存真　张宇恒 梁艺林	江　艇	国家级
24	新闻学院	青年女性在社交媒体平台和网络社群中共享HPV疫苗信息的行为研究	冯韵洁	刘静娴　黄思琪 李　真　胡舒琪	潘曙雅 潘文静	国家级
25	经济学院	代际差异视角下农民工市民化意愿的影响因素——基于河南省兰考县的调研	李　萱	赵诗雨　孙冰凝 焦书毓	胡　霞	校级
26	应用经济学院	理性决策还是习惯使然——个人出行选择的行为经济学分析	权逸飞	侯佳音　王梦圆	谢伦裕	国家级

续表

序号	项目所在学院	项目名称	项目负责人	项目其他成员	指导教师	项目等级
27	财政金融学院	“规制还是激励”：政府政策对企业实现“波特效应”的影响——基于山东省40家污染密集型上市公司的实证研究	王雨琪	张越洋　陈科鸿 黄河媛　冯春元	马光荣 石　磊	国家级
28	商学院	孤“房”自赏：探究社会融入背景下的廉租房住户社区归属感的状况及其成因——基于江西省鹰潭市的调研	韩　月	周诗琪　陈振华 许宇星　陶孟婷	张恩忠	国家级
29	财政金融学院	财政补贴退坡对新能源汽车市场的冲击——基于京、沪、厦三地的实地调研和A股上市公司数据的分析	陈绍扬	王悦安　张皓宇 高子婷	马光荣 刘晓光	北京市级
30	财政金融学院	房产税改革对四线城市房价预期及购房意愿影响——基于四川泸州、安徽阜阳两地调研	张　琳	王　洋　杨逸凡 王　珂	马光荣 李时宇	国家级
31	中法学院	基于中法学院学生赴法国留学租房平台的构建	束欣源	沈笑璇　王炜娜 田纪瑶　郑子尧	江　风	北京市级
32	公共管理学院	环境民事公益诉讼结果影响因素分析——基于对1998—2018年我国环境公益诉讼案的实证研究	胡逸帆	邱晓祯　何春昊 李刑天	于洋	国家级
33	理学院物理系	一维对称保护拓扑相及其相变的变分蒙卡研究	周昕怡	李澄诚　陈聪	刘正鑫	校级

2020年中国人民大学大学生科学研究基金结项优秀项目（2019年立项项目）

序号	项目所在学院	项目名称	项目负责人	项目其他成员	指导教师
1	法学院	社会信用体系下第三人基本权利保护研究——以受教育权为例	刘虹璐	何佳怡	张　翔
2	理学院化学系	光合膜的人工重构及其功能研究	闫啸坤	王彩璇 揭　辉	王　鹏
3	哲学院	临终关怀服务供需对接机制及合理配置研究——基于北京与台湾的实地调研	左安妮	蓝天蒙 邱可蓉	郭清香
4	统计学院	“候鸟南飞，就医何愁” 候鸟老人医疗困境探析——“哈尔滨—三亚”二市联动视角下的分析	娄立威	姚雨彤 蔡　燕	蒋　妍
5	商学院	跨境电商垄断趋势下，中小企业借助供应链金融应用升级进行商业“突围”的具体模式探究——基于对中小板企业的分析	马超然	李怡倩 朱　江	李　焰 赵　晶
6	信息资源管理学院	终身大事中的民族性情：少数民族婚俗文化传承与发展——基于西藏林芝市工布藏族和极少数民族珞巴族的对比研究	杨　洁	德吉拉姆 刘鹏超	梁继红

续表

序号	项目所在学院	项目名称	项目负责人	项目其他成员	指导教师
7	经济学院	一线城市教育不均："堂前燕"如何飞入"百姓家"——基于教育集团化办学模式的分析	郑楚譞	刘怡彤 许思奕	李　琼
8	商学院	方兴未艾：品牌价值视角下博物馆文创产品营销策略的研究——基于北京、上海、江苏、河南四地多所博物馆的实证调研	刘　欣	张鹏宇 孟子杭	牛海鹏
9	公共管理学院	"直播教学"还是"对口帮扶"？基于多元利益者模型探究教育扶贫的发展路径	李仁辉	王慧怡　黄慎	孟繁瑜

2020 年中国人民大学高水平运动队成绩汇总

序号	项目		时间	比赛名称	组别	成绩	备注
1	男足		2020.11	2020 年首都大学生足球联赛	超级组	第三名	
2			2020.11	2020 年首都高等学校五人制足球锦标赛	超级组	第三名	
3	田径	短跨	2020.10	首都高等学校第 58 届学生田径运动会	女子甲组 100 米栏	第二名	岳小萌
4					男子甲组 110 米栏	第三名	郭嘉骏
5					男子甲组 400 米栏	第五名	李睿隽
6					女子甲组 100 米	第六名	张静怡
7					女子甲组 200 米	第六名	张静怡
8		中长跑	2020.10	首都高等学校第 58 届学生田径运动会	男子甲组 800 米	第二名	龙鹏展
9					男子甲组 3 000 米障碍	第四名	夏振洋
10					男子甲组 5 000 米	第六名	夏振洋
11					女子甲组 400 米	第五名	杨鸿菲
12					女子甲组 800 米	第五名	杨鸿菲
13	女篮		2020.11	2020 年 CUBA 中国大学生篮球联赛北京地区预选赛	一级联赛女子组	第六名	
14	网球		2020.11	2020 年首都高等学校大学生网球联赛	甲 A 组男单	第三名	高健哲
15					甲 A 组男单并列	第五名	肖明骞
16					甲 A 组男单并列	第五名	莫　贤
17					甲 A 组男双	第二名	张　未 熊庶然
18					甲 A 组男双	第五名	周楷航 陈子涵
19					甲 A 组女单	第一名	段小涵
20					甲 A 组女单	第三名	王雨帆
21					甲 A 组女双	第三名	刘湛君 王曼茜
22					甲 A 组男子团体	第二名	
23					甲 A 组女子团体	第二名	

续表

序号	项目	时间	比赛名称	组别	成绩	备注
24	男排	2020.11	首都高等学校2020年大学生排球联赛	甲组	第四名	
25	武术	2020.12	2020年首都高校武术比赛	男子自选长拳	第一名	马洪政
26				男子自选棍术	第一名	
27				男子自选刀术	第一名	曹　毅
28				男子传统四类拳	第一名	
29				男子自选南拳	第一名	杨雨林
30				男子自选南拳器械	第一名	
31				女子自选南拳	第一名	俞慧琳
32				女子自选南拳器械	第一名	
33				男子自选太极拳	第一名	周骏杰
34				男子自选太极器械	第一名	
35				女子42式太极拳	第一名	张颖茜
36				女子42式太极剑	第一名	
37				男子传统二类拳	第一名	高任飞
38				男子传统单器械	第一名	
39				女子自选太极拳	第一名	孟　梓
40				女子自选剑术	第一名	唐羽忻
41				女子各式太极器械	第一名	李宇萌
42				女子传统双器械	第一名	王靖楠
43				男子传统双器械	第一名	丁子斐
44				女子自选太极器械	第二名	孟　梓
45				女子孙氏太极拳	第二名	李宇萌
46				女子自选枪术	第二名	唐羽忻
47				女子传统四类拳	第四名	王靖楠
48				男子传统四类拳	第五名	丁子斐

■ 研究生教育

一、概况

2020年，在学校的领导下，研究生教育工作坚持以习近平新时代中国特色社会主义思想为指导，以“立德树人、服务需求、提高质量、追求卓越”为工作主线，深入学习贯彻习近平总书记对研究生教育工作的重要指示、李克强总理重要批示和全国研究生教育会议精神，全力推进研究生教育改革，出色完成了各项具体工作任务。

2月至7月，面对突如其来的新冠肺炎疫情，研究生院坚决贯彻学校疫情防控要求和各项措施，不避风险、勇于担当，开拓思路、大胆创新，在学校的领导下，在各学院的全力支持下，圆满完成了研究生教学管理、考试管理、学位论文答辩、学位授予等各项工作任务。

8月至12月，积极贯彻落实全国研究生教育会议精神，推动新时代中国人民大学研究生教育发展。9月24日召开了全校研究生教育改革发展行动启动会，随后通过多次调研、座谈、专题研讨等活动，发动全校力量，共商学校研究生教育改革大计，在全面动员梳理研究生教育的难点和堵点的基础上，形成了一系列调研报告。12月29日，中国人民大学研究生教育会议召开，公布《中国人民大学新时代研究生教育改革行动方案》，推出《全面提升研究生教育质量十项行动》。

11月至12月，开展全国第五轮一级学科评估工作和全国专业学位研究生水平评估。11月12日，学校第五轮学科评估工作启动会召开。学校层面成立评估工作领导小组，设领导小组办公室，并从人才培养、师资队伍、科学研究、社会服务四大方面成立校级工作组，参评的各学科成立学科工作小组。12月3日，中国人民大学专业学位水平评估工作部署会召开。学校各相关部处、各学院（系）齐心协力，顺利完成了各项评估工作。

继续推进各类研究生专项改革计划。一是稳步推进研究生招生改革工作。进一步探索多元化人才选拔模式，稳步扩大“申请—考核制”招生模式试点学院范围。为应对博士生优质生源竞争，部分学院提前开展招生录取工作。深入探索试行哲学社会科学直博生招生制度，加强拔尖创新人才选拔力度。支持国家战略需求，开展各类专项招生。二是完成博士生教育综合改革试点项目。2020年，学校继续聚焦于优势的哲学社会科学学科，实施“哲学社会科学卓越人才培养支持计划”，培养德才兼备的高层次研究型人才。同时，依托学校智库平台，与博士生科研工作相结合，鼓励和支持博士研究生立足中国国情社情，开展基础研究。三是推动完成学校研究生国际交流相关工作。在国家公派项目中，147人获国家留学基金委联合培养博士项目资助，17人获攻读博士学位研究生项目资助，10人获联合培养硕士项目资助。在学校资助层面，中国人民大学境内外联合培养研究生项目共完成46名博士研究生的选拔，截至2020年底，共有6人顺利派出。校际交换生项目共推荐69名研究生到法国巴黎政治学院、美国加州大学戴维斯分校、德国科隆大学等20余所高校交换学习。四是建立博士学位论文质量保障的同步监测制度。为切实保障博士学位论文质量，研究生院对申请博士学位论文答辩的126篇论文进行了论文评阅同步监测。对监测结果有“不合格”意见的论文，学院组织学科专家认真研判，分别做出推荐答辩和推迟答辩的处理。

开展学位授权审核工作。学校通过自主审核，新增“管理科学与工程”一级学科博士学位授权点，撤销“系统科学”一级学科硕士学位授权点（含系统理论二级学科硕士点），并按照教育部要求报请国务院学位委员会批准；完成新增“应急管理”“数字人文”2个目录外二级学科的设置；增设“资源与环境”硕士专业学位授权点，认真做好目录外专业学位自主授权审核工作，并报请国务院学位委员会批准。

申报教育部学位与研究生教育发展中心“新冠肺炎疫情防控”和“脱贫攻坚”主题案例项目。研究生院组织学院推荐及专家评审，“新冠肺炎疫情中的防控与治理：中国公共卫生与医疗医保融合协同改革案例研究”等6个主题案例通过评审。

顺利完成课程研修班管理机制改革，降低工作风险。为进一步严格贯彻落实上级有关要求，降低有关办学风险，根据学校决定，由研究生院牵头，组织财务处、继续教育处等有关校内单位成立工作小组，在6—7月份开展了一系列调研和研讨，认真研究制定有关工作方案，顺利完成了课程研修班管理机制改革工作。定于2021年起，课程研修班管理工作从研究生院移交继续教育处，纳入学校培训管理体系，进一步明确了其非学历、非学位教育的性质，实现“办班”与“申请学位”两项工作完全脱钩管理。

信息化项目建设持续推进。疫情防控期间开发人员不能入校，对系统测试及组织学院试用造成了极为不利的影响。在研究生院信息化小组积极努力下，研究生教育信息系统顺利推进，完成基本模块的项目开发和数据清洗，部分模块上线运行，效果良好；完成推免生网上报名系统及缴费系统的测试运行；题库管理系统、研修班管理系统、同等学力申请硕士学位系统三大模块均完成开发并投入试运行。新申请博士生导师管理系统获得学校立项。

学位评定委员会工作。2020 年，学校第九届学位评定委员会召开了第 9 次、第 10 次、第 11 次共 3 次全体会议，共授予 732 人博士学位，7 294 人硕士学位（其中全日制学术型硕士学位 2 128 人、硕士专业学位 2 476 人、同等学力硕士学位 2 690 人）。

二、教学管理

研究生教学管理方面，2020 年上半年，为博士生及学术型硕士生共开设线上课程 1 848 门，有 1 301 名教师参与线上教学；为专业学位硕士生开课 489 门次，授课教师 526 人次；按学校要求积极开展课程旁听工作，覆盖了所有学院各类学生课堂，确保线上教学的课堂秩序和授课质量。坚持每周对研修班在线教学开展情况进行调查和统计，3 月 2 日至 7 月 5 日，共计 19 个学院开展了 18 周线上教学活动，开课 235 门，授课 3 672 课时，听课学员共计 57 214 人次。2020 年下半年，按照疫情防控常态化要求，研究生课程教学随着学生分批次返校，主要转为线下教学，研究生课程教学恢复正常教学秩序。在坚持线上授课不放松的同时，研究生院也非常关注学生身心健康，积极落实学校提出的对所指导的研究生做到“一人一策、精准施策”的要求，逐个学院予以落实，保障所指导的研究生在课业学习、专业研究、论文写作等方面不因疫情防控而受影响。

学位论文答辩、学位授予方面，在 2 月中旬开始着手研究组织网络视频答辩的方式方法，于 3 月初完成了《2019—2020 学年第二学期博士硕士学位论文答辩工作应急预案（征求意见稿）》，提出了腾讯会议软件为基础、配合三种网络投票形式的网络视频答辩应急预案。4 月初，学校召开博士硕士学位论文答辩工作布置会，传达学校对博士硕士学位论文答辩工作的最新指示，部署落实各项具体工作要求。研究生院各位老师分片包干，每人负责联系 5～7 个学院，共协助 32 个学院（系）研究制定自己的实施方案，并组队参加每个学院的模拟演练，确保了答辩工作的正常、有序、平稳进行。

三、学科评估

（一）第五轮一级学科评估工作

全国第五轮学科评估中，学校拟参评一级学科共计 36 个。学校具有博士学位授权的 22 个一级学科和仅具有硕士学位授权的 14 个一级学科全部参评，几乎覆盖全校现有的学术型二级学科博士点和硕士点。评估内容覆盖了学校校部机关和各学院的核心工作。学校高度重视，以研究生院为牵头单位组建专班工作组推进评估工作。

1. 全国学科评估指标体系先期调研工作。教育部学位与研究生教育发展中心启动 2020 年学科评估指标体系调研工作后，通过多个途径向学校征求建议和意见，研究生院多次参与并起草了有关建议报告。

2. 起草第五轮学科评估工作方案。11 月 10 日，接到教育部学位与研究生教育发展中心开展全国第五轮学科评估工作的通知，研究生院连夜制定了评估工作组织体系和工作方案，并根据通知要求研究制定了第五轮学科评估工作任务清单和时间表。

3. 召开第五轮学科评估工作启动会。学校高度重视，11 月 12 日召开第五轮学科评估工作启动会，部署安排全校参加全国第五轮学科评估工作。

4. 学科评估具体问题咨询解答和上传下达工作。为及时解答学院的疑难问题，研究生院成立了学科评估咨询专项工作组，组建了微信群，方便及时沟通，答复各学院在填表过程中的各项填报政策咨询；另外，时刻关注教育部学位与研究生教育发展中心的工作群，坚持做到将该中心发布的通知和文件及时转发给相关部处和各学院。

5. 学科评估简况表初审工作。按照学校第五轮学科评估任务清单和时间安排，11 月 30 日是第一次交表时间，督促各单位按时提交学科评估简况表。协调并筹备召开了学科评估协调会、校级工作组初审会、学科评估初审工作领导小组会议、学科评估事项专题研讨会等一系列会议。至 2020 年底，第五轮一级学科评估工作仍在进行中。

（二）专业学位研究生水平评估工作

11 月，国务院教育督导委员会办公室公布了《全国专业学位水平评估实施方案》，教育部学位与研究生教育发展中心下发了《教育部学位中心关于组织实施全国专业学位水平评估工作的通知》，研究生院制定评估方案报学校批准。12 月 3 日学校召开工作部署会。12 月 9 日召开专业学位水平评估工作经验交流会，16—18 日各工作组审核简况表，21 日学校领导小组审核。至年末，学校参与评估的 14 个专业学位授权点完成了《全国专业学位水平评估简况表》初稿，提交校级工作组审核和学校评估工作领导小组审议。

四、落实全国研究生教育会议精神

7 月 29 日，教育部召开了新中国成立以来第一次全国研究生教育会议，从 8 月起，学校启动了研究生教育改革的动员和规划，9 月 24 日召开的学校研究生教育改革发展行动启动会，号召全校认真学习全国研究生教育会议精神，动员学校一切力量投入到研究生教育改革工作中来。10 月 10 日，校长刘伟、副校长刘元春与研究生院领导班子一起，专题学习了三部委文件精神，围绕学校新时期研究生教育改革发展目标、任务和行动方案进行了深入研讨。

为贯彻全国研究生教育会议精神，进一步提高学校研究生培养质量，研究生院先后组织了四场关于研究生教育改革发展的专题调研活动。学校有关领导、各学院主管领导和研究生导师代表、博士硕士研究生代表等分别出席了专题调研活动。

10 月 20 日，研究生院组织召开专业学位人才培养产教融合机制与急需类别专题调研会。这次专题调研主要针对专业学位授权点建设、研究生人才培养的规模结构和层次、产教融合教育模式、课程思政、课程体系、教材和案例库建设等一系列问题，总结教育经验，进一步深入探索专业学位研究生教育改革发展规律。

10 月 21 日和 23 日，按不同学科组织召开了两场关于影响研究生培养质量的主要因素及可行的分流机制的专题调研会。重点就研究生招生计划分配及结构调整、专业学位研究生教育体系、学术学位和专业学位研究生分类选拔、学术型研究生贯通培养模式、博士生培养支持保障、学科专业本硕博课程一体化设置、研究生课程体系和教材建设、研究生学制改革、研究生论文发表毕业要求等多方面问题进行了研讨和交流。

10 月 28 日，组织召开新时期研究生教育改革发展研讨会暨博士学位论文质量座谈会。座谈主要围绕博士学位论文质量的制度保障、博士生导师指导能力等问题进行，并就保障和提高博士生培养质量、提升博士生科研能力、关注身心健康、塑造家国情怀等方面进行了交流。

随后，根据教育部有关工作精神并结合调研情况，研究生院反复讨论制定了《中国人民大学新时代研究生教育改革行动方案》。方案制定了研究生教育改革发展的“十项行动”，列明了学校新时代研究生教育改革发展行动领导小组及其工作组；规划了推进研究生教育改革发展行动时间表。10 月 27 日，学校研究生教育改革发展行动计划专项研讨会召开，学校党委书记靳诺、校长刘伟和副校长刘元春出席会议，研究生院全体领导班子成员参加了会议。会议深入学习贯彻全国研究生教育会议精神，全面研讨了研究生教育改革发展行动计划。11 月 12 日，《中国人民大学新时代研究生教育改革行动方案》经中共中国人民大学第十四届委员会第 120 次常委会审议通过。这个方案既是中国人民大学贯彻落实全国研究生教育会议精神的“规定动作”，更是学校回应时代需求开启研究生教育新篇章的“主动作为”，它将部署和推进未来学校研究生教育改革和发展的工作方向和进程。12 月 29 日，学校研究生教育会议召开。

五、招生工作

2020 年，学校以习近平新时代中国特色社会主义思想为指导，认真学习贯彻党的十九大和十九届二中、三中、四中、五中全会精神，深入贯彻落实全国教育大会精神，始终把立德树人成效作为检验研究生考试招生工作的根本标准，牢固树立“考试招生也是育人”的理念，坚持“择优录取、宁缺毋滥”原则，进一步提高考试招生治理体系和治理能力现代化水平，确保研究生考试招生工作科学规范、公平公正。

（一）研究生报名、录取情况

1. 大陆硕士研究生招生。2020 年，大陆共有 26 568 人（含“少数民族高层次骨干人才计划”304 人、“大学生退役士兵专项计划”56 人）报考学校硕士研究生，其中推荐免试 2 688 人，全国统考 15 877 人，专业学位联考 7 826 人，单独考试 77 人，援藏计划 100 人。

最终，学校共录取硕士研究生 4 564 人（不含往年录取、2020 年资格返回 47 人），其中学术型硕士研究生 2 142 人，专业学位硕士研究生 2 422 人。接收优秀本科毕业生推荐免试攻读硕士学位 1 631 人（含“大学生退役士兵专项计划”4 人），其中本校应届推免生 603 人，外校应届推免生 1 028 人；全国统考、联考硕士研究生 2 890 人（含“少数民族高层次骨干人才计划”76 人，“大学生退役士兵专项计划”11 人，“国家急需人才马克思主义理论专项计划”30 人，“国家急需人才公共卫生专项计划”10 人，北京冬奥会实习生 25 人）；单独考试硕士研究生 19 人；援藏计划专项硕士生 24 人。录取专业学位硕士研究生占录取硕士研究生总数的比例为 53.1%。录取的 4 564 名硕士生中男生 1 745 人，女生 2 819 人；党员 1 612 人（含预备党员），团员 2 452 人；汉族 4 218 人，少数民族 346 人。2020 年，以国际学院（苏州研究院）名义共招收金融（专业学位）硕士研究生 60 人。

2. 大陆博士研究生招生。2020 年，大陆共有 5 367 人报考学校博士研究生，其中男生 2 338 人，女生 3 029 人；党员 3 007 人，团员 1 629 人；汉族考生 4 918 人，少数民族考生 449 人。报名人数在 100 人以上的专业共 8 个，依次是金融学，教育经济与管理，中国现当代文学，思想政治教育，政治经济学，人口、资源与环境经济学，传播学、社会学。经过初试、复试、政审等环节，共录取 1 006 人，其中，男生 485 人，女生 521 人；党员 563 人，团员 367 人；汉族 941 人，少数民族 65 人；硕博连读生 216 人，本科直博生 39 人。

2020 年学校研究生招生专项计划中，“高校思想政治理论课教师在职攻读马克思主义理论博士学位专项计划”共有 29 人报考，录取 5 人；“高校思想政治工作骨干在职攻读博士学位专项计划”共有 25 人报考，录取 3 人；“少数民族高层次骨干人才计划”共 179 人报考，录取 14 人；“高校思想政治课教师队伍后备人才培养专项支持计划”录取 30 人；录取“援疆师资专项计划”新疆农业大学教师 1 人、石河子大学教师 1 人；录取对口支援院校西藏民族大学教师 2 人、延安大学教师 3 人、青海民族大学教师 1 人、西藏大学教师 1 人。深圳研究院招收博士研究生 11 人。

3. 港澳台地区招生。2020 年，港澳台地区考生共 103 人报考学校研究生，其中，报考攻读博士学位研究生 24 人，报考攻读硕士学位研究生 79 人。共录取港澳台地区硕士研究生 25 人，其中，台湾地区生源 7 人，香港地区生源 18 人；录取港澳台地区博士研究生 4 人，其中，台湾地区生源 1 人，香港地区生源 1 人，澳门地区生源 2 人。

4. 留学研究生招生。2020 年，学校招收外国来华留学研究生主要有以下四种方式：一是中国政府奖学金计划；二是普通面试招考；三是全英文硕士研究生项目；四是孔子新汉学计划。全年共录取外国来华留学生 209 人（硕士 205 人，博士 4 人），其中，中文项目硕士研究生 58 人，中文项目博士研究生 4 人，全英文项目硕士研究生 111 人（丝路学院招收 49 人），中国政府奖学金计划研究生 36 人（硕士 36 人）。

（二）研究生招生工作的新进展

2020 年，学校在坚持严格管理、科学管理的基础上，结合实际工作需要，积极推行了以下新举措：

1. 为适应新时代、新形势、新要求，保持招生工作与时俱进精神的先进性，根据教育部和北京市文件的最新精神和指导思想，结合学校实际工作需要，修订了一系列规章制度和工作办法，编入每年招生培训工作依据的文件汇编中。

2. 根据教育部办公厅《关于做好 2019 年招收攻读博士学位研究生工作的通知》，“具有一级学科博士学位授权的招生单位可在相关一级学科内招收具有推荐免试资格的优秀应届本科毕业生直接攻博，招生人数一般不超过本单位博士生招生计划的 20%”，学校在理工类一级学科和人文社科试点领域的基础上，进一步推动直博生招生，招生学院从 9 个增加到 15 个。

3. 2020 年所录取的博士研究生中，学校教职工、部分专项计划的在职人员为非全日制学习，人数 17 人，占当年录取总数的 1.7%，其余博士生均为全日制学习。

4. 博士研究生申请考核制改革稳步推行。实行此项改革的院系达 21 个，包括哲学院、法学院、商学院、新闻学院、信息学院、农业与农村发展学院、统计与大数据研究院、统计学院、数学科学研究院、理学院物理系、理学院化学系、理学院心理学系、公共管理学院、外国语学院、劳动人事学院、国际关系学院、社会与人口学院、数学学院、信息资源管理学院、马克思主义学院、高瓴人工智能学院，2020 年录取 736 人，占全校录取总数的比例为 73.2%，申请考核制成为学校招收博士研究生的主要形式。

（三）全国硕士生 2020 年统考初试组织工作

2020 年全国共有 23 880 名考生报考学校，涉及考点 569 个，在校本部参加考试的考生共有 6 507 名，各类自命题试卷印制份数达 4.5 万份，制卷数量依然保持在历史高位。12 月底，研究生院组织动员了近 600 名学校教职员工参与本次考试的监考及其他相关组织工作，考试得以顺利结束。

（四）研究生招生信息化

研究生招生网按照全校信息系统安全等级保护二级备案，并于 10 月顺利完成测评；微信公众号推送信息及时准确，关注人数持续增加，达 13 万人；根据《北京市国家教育考试考务安全保密工作实施办法》，保密室增加了报警系统，同时更换保密室保密柜，确保保密室监控系统正常运行。

（五）在新冠肺炎疫情防控的严峻形势下，顺利完成各级各类研究生招生“云考试”

2020 年的硕士研究生、博士研究生招生入学考试、复试录取工作，同等学力题库课程考试、全国统一考试，受疫情影响，难度极大，最关键的问题是如何确保考试安全和秩序。学校党委高度重视研究生招生复试工作，校长刘伟、副校长刘元春等学校领导多次亲自指挥指导，参加硕士生复试录取工作部署会、博士生招生录取工作部署会，巡视博士生、硕士生网络远程复试笔试现场并看望工作人员。学校相关部门组成疫情防控期间研究生招生考试工作组，分工合作，全力保障研究生招生工作。校医院全程提供医疗保障，并在培训环节增设疫情防控专项培训，研究生院、信息技术中心、实验室管理与教学条件保障处支持人员全程在专家端提供网络技术支持，对考生人数多、分组复杂的院系给予重点保障。在学校的领导下，在相关职能部门和院系的支持下，研究生院敢于担当作为、勇于创新，积极探索人才选拔方式的创新和改革，顺利完成各级各类研究生考试任务。

2020 年，研究生院克服一切困难，通过网络远程复试平台，顺利完成近 4 300 人次硕士生考生的复试工作，组织线上笔试、面试、外语听力口语测试等约 950 场次；顺利完成近 5 400 人次博士生考生初试复试工作，组织线上笔试、面试、外语听力口语测试、跨专业加试等约 1 300 场次；顺利完成面向港澳台地区的 120 人次的初试复试线上考核工作，线上考场达 40 余场次。“云考试”工作总体安全、平稳、顺利。在北京以及京外 12 个城市，完成了约 3.4 万人次的同等学力题库学位课程考试，以及 5 625 人次参加的同等学力全国统考组考工作。

六、培养工作

（一）学术型研究生

1. 疫情防控期间组织学院完成线下工作转成线上工作的全过程管理。制定并落实开学及学期中的教学工作方案，加大保障投入和监管。2 月至 7 月疫情防控期间，研究生课堂教学和重点培养环节大量转为线上工作，例如线上教学、博士生综合考试、开题报告、科研考核等环节均须事前调研、推演、模拟，发布线上工作预案、工作流程，同时组织学院学术委员会完成网上科研考核等多项工作。确保研究生课程教学工作有序开展，保障线上、线下课程教学质量。2020 年，全校共开设学术型研究生课程 2 804 门，其中 2019—2020 学年第二学期开课 1 359 门次。受疫情影响全面开展线上教学后，36 门课程取消开课，1 323 门次通过线上授课。2020—2021 学年第一学期疫情防控期间，共开设学术型课程 1 445 门次，处理调停课程 80 门次。研究生院负责对全部课程进行课程评估，审核全校教师研究生课程工作量考核，组织和安排近 214 门（场）全校研究生期末考试和考场巡视工作，仅英语公共课参加考试的硕士生和博士生就有 2 589 人，其中 23 门（场）于 2019—2020 学年春季学期进行线上考试，参加考试硕士生和博士生共 1 304 人。

2. 贯彻落实全国研究生教育会议精神。推进落实学校研究生教育改革十大专项行动，重点启动课程教材建设相关改革工作。

3. 完成教育部博士研究生教育综合改革试点工作任务。根据上级主管部门要求，撰写完成《中国人民大学博士研究生教育综合改革试点工作总结报告》。

4. 组织开展首届全国优秀教材奖推荐申报工作。先后组织两轮研究生优秀教材奖评审、推荐、公示相关工作，向北京市推荐研究生优秀教材 48 本。

5. 全面推动习近平新时代中国特色社会主义思想进教材、进课堂、进头脑。整合现有优质课程资源、深入挖掘潜在课程资源，全方位推动习近平新时代中国特色社会主义思想进教材、进课堂、进头脑，国际关系学院新开设“习近平外交思想研究”，纳入学校习近平新时代中国特色社会主义思想系列课程。

习近平新时代中国特色社会主义思想系列课程

开始授课时间	课程名称	开课学院	覆盖范围
2018—2019 学年	习近平新时代中国特色社会主义思想研究	马克思主义学院	全校研究生
2018—2019 学年	习近平关于教育重要论述研究	教育学院	全校研究生
2019—2020 学年	习近平新时代中国特色社会主义经济思想系列讲座	经济学院	经济学院研究生
2019—2020 学年	习近平全面依法治国思想	法学院	法学院研究生
2020—2021 学年	习近平外交思想研究	国际关系学院	国际关系学院外交学研究生

6. 建设“四史”系列课程。根据学校总体部署，制定《中国人民大学研究生党史、新中国史、改革开放史、社会主义发展史学习教育教学工作方案》。由马克思主义学院开设“中国共产党100年”“社会主义500年”“优秀传统文化概论”课程，纳入研究生全校公共课程体系，进入研究生2020级研究生培养方案。

7. 召开2020级博士生新生大会。10月29日，2020级博士生暨新博导大会召开。校长刘伟出席大会并讲话，副校长刘元春主持会议。研究生院常务副院长刘凤良介绍学校博士生教育整体情况。文学院教授杨慧林代表博士生导师发言。2020级全体博士新生与各学院新增备案的70名博士生导师参加会议。

8. 研究生培养方案的修订和毕业审核工作。组织修订2020、2021级博士、硕士研究生专业培养方案。完成2020级博士研究生、直博生培养方案的修订，完成2020级各类学术型硕士研究生约250个学科专业培养方案的修订，完成审核2020届春季、夏季毕业研究生培养材料。

9. 进一步推进博士点学科专业主文献制度建设。继续开展主文献编印本的修订、增订工作，12月组织第11次全校性的博士点学科专业主文献修订、增订工作。

10. 硕博连读研究生培养机制工作。为全面贯彻落实习近平总书记对研究生教育工作的重要指示，走内涵式发展道路，学校始终坚持推进硕博贯通培养即硕士阶段和博士阶段课程打通的硕博连读研究生培养模式。为此，研究生院于10月专门组织召开了研究生贯通培养试点学院专题调研会，就试行硕博贯通培养的各个环节如学习进度安排、课程体系设置、科学研究、资格考试、学位工作、考核规则与退出机制、学生课程管理、学业管理等各方面进行了研讨和交流。截至2020年底，参与试点的学院由原来的商学院、哲学院、汉青经济与金融高级研究院3个学院扩展到统计学院、农业与农村发展学院、财政金融学院、公共管理学院、经济学院、应用经济学院、历史学院等总计10个学院。同时，2020年学校继续实行其他学院原有的硕士研究生入学一年后的硕博连读研究生选拔工作，经过学生本人申请、导师和学院审核、学校评审，共选拔批准110人。

11. 研究生奖助工作。经学校研究生学业奖学金评审委员会评审通过，共有10 354名研究生获评学业奖学金，其中，博士研究生3 321人，学术型硕士研究生4 915人，专业学位硕士研究生2 118人，发放奖学金11 175.61万元。组织完成研究生“助研”“助教”岗位的申报、考核、管理工作，完成设立助研岗位346人次，发放津贴369.08万余元；完成设立助教岗位5 283人次，发放津贴1 825.23万余元。组织完成2020年研究生科研基金项目立项通知、名单公示、项目拨款等工作，2020年共设立研究生科研基金项目207项，拨款金额共计103.5万元。

12. 推动完成学校研究生国际交流相关工作。依据学校研究生教育综合改革方案中关于进一步加强国际化的要求，在全校范围内积极组织国际交流项目的宣讲和动员工作，统筹协调资源，强化管理，继续推进研究生教育国际化。2020年，研究生院坚持公开、公平、公正，安全第一、保障质量、以人为本的基本原则，克服纷繁复杂的国际形势和新冠肺炎疫情影响，通过在线宣传、在线申报、在线遴选等多种形式顺利完成各项选派工作。在国家公派项目中，147人获国家留学基金委联合培养博士项目资助，17人获攻读博士学位研究生项目资助，10人获联合培养硕士项目资助。相较往年，除国家建设高水平大学公派研究生项目外，2020年国际区域问题研究及外语高层次人才培养项目、艺术类人才培养项目也多人入围。在学校资助层面，中国人民大学境内外联合培养研究生项目共完成46名博士研究生的选拔，截至2020年底，共有6人顺利派出。校际交换生项目共推荐69名研究生到法国巴黎政治学院、美国加州大学戴维斯分校、德国科隆大学等20余所高校交换学习；中国人民大学研究生境外学术活动资助项目共资助研究生50余人次参加国际学术活动，资助经费40万余元。继续推进实施与香港城市大学的博士生联合培养项目。依据“城大-人大联合培养博士生协议”，推进实施与香港城市大学的博士生联合培养项目，第三批选拔推荐的8名联合培养博士生已拿到香港城市大学录取通知书，并进入项目开始学习，第四批选拔的15名博士生已推荐至香港城市大学审核。

13. 研究生毕业管理。为 2 842 名研究生办理了毕业手续，为 41 名研究生办理了结业手续，为 20 名研究生办理了肄业手续。完成毕业研究生的电子注册、毕业证书的打印和发放工作。其中，硕士研究生毕业 2 133 人，结业 10 人，肄业 3 人；博士研究生毕业 709 人，结业 31 人，肄业 17 人。

14. 组织大学英语四、六级考试报名工作。由于疫情原因，2020 年上半年四、六级考试取消，2020 年共组织 1 次研究生四、六级报名工作，900 名研究生报名参加全国英语四、六级考试。

（二）硕士专业学位研究生

1. 申报教育部学位与研究生教育发展中心"新冠肺炎疫情防控"和"脱贫攻坚"主题案例征集项目工作。5 月 8 日，据教育部学位与研究生教育发展中心《关于面向有关高校开展主题案例专项征集的邀请函》，经学院推荐、专家评审，学校的"新冠肺炎疫情中的防控与治理：中国公共卫生与医疗医保融合协同改革案例研究""对疫期犯罪的社会治理：以刑法为中心的展开""产业扶贫的机制与策略案例研究""'政府主导，多元协同'视阈下我国农村精准扶贫长效机制""新冠疫情与突发公共卫生事件治理""基于企业—社会组织合作的产业扶贫模式创新研究"6 个主题案例通过评审。

2. 新增专业学位授权点论证工作。6 月 15 日，第九届学位评定委员会第九次全体会议投票表决，同意增设"资源与环境"硕士专业学位授权点。

3. 召开学校高级管理人员工商管理硕士教育管理委员会 2019—2020 学年第二学期工作会议。6 月 29 日，学校高级管理人员工商管理硕士教育管理委员会 2019—2020 学年第二学期工作会议在学校召开。会议审议并通过了财政金融学院增设工商管理（高级管理人员工商管理硕士）金融科技方向的申请。同意统一商学院、财政金融学院 2021 级学费标准。听取了财政金融学院、商学院分别就财政金融学院、商学院高级管理人员工商管理硕士教育 2019—2020 学年质量报告（含学位授予情况、招生培养财务工作合规情况）及 2021 级招生政策、培养方案制定、课程计划、教师及导师资格认定情况的汇报。

4. 2020 年教学案例立项、结项工作。9 月 30 日，根据 2020 年学校专业学位研究生教学案例支持计划的工作安排，经相关学院推荐，中国社会科学案例中心组织专家匿名评审，对"创业板造假第一案：万福生科"等 39 个项目进行立项。

11 月 18 日，根据 2020 年学校专业学位研究生教学案例支持计划的结项工作安排，经相关学院推荐，中国社会科学案例中心组织专家匿名评审，"常态到非常态之困：新冠疫情中口岸防控政策的调适能力"等 37 个项目结项评审通过。

12 月 31 日，"新冠疫情冲击下的凯莱英估值案例"等 34 个项目被立项为 2021 年教学案例。

5. 召开第六届（2020 年）中国社会科学案例论坛。11 月 19 日，第六届（2020 年）中国社会科学案例论坛在学校举办，本次论坛主题为跨学科案例与数智时代会计专业学位研究生教育。论坛由学校主办，旨在开创和弘扬跨学科的案例研究和案例教学。

教育部学位与研究生教育发展中心主任黄宝印，副校长刘元春，原副校长、中国社会科学案例中心主任伊志宏等出席本次论坛。学校农业与农村发展学院朱乾宇副教授、尤婧副教授，法学院万勇教授做主题报告。按照疫情防控要求，本次论坛采用线下报告线上直播的方式进行，来自教育部学位与研究生教育发展中心，全国金融、应用统计、法律、公共管理、会计专业学位教指委秘书处，全国各高校专业学位领域的专家、学者、师生代表参加。

6. 专业学位水平评估工作。11 月，国务院教育督导委员会办公室公布了《全国专业学位水平评估实施方案》，教育部学位与研究生教育发展中心下发了《教育部学位中心关于组织实施全国专业学位水平评估工作的通知》。研究生院制定评估方案报学校批准。12 月 3 日学校召开工作部署会。12 月

9 日召开专业学位水平评估工作经验交流会，16—18 日各工作组审核简况表。21 日学校领导小组审核。第一阶段工作顺利完成。

7. 自主授权新增目录外专业学位授权点自主审核工作。12 月 17—25 日，依据国务院学位委员会办公室《关于学位授权审核有关工作的通知》，认真做好目录外专业学位自主授权审核工作，成功申报“应用伦理”“社会政策”“人力资源开发与管理”三个目录外硕士专业学位授权点。

8. 全国优秀教材评选工作。12 月 5—11 日，通知动员相关学院申报第一届全国优秀教材奖，激励引导各培养单位加强研究生教材建设。

9. 专业学位研究生学业奖学金评奖工作。依据《中国人民大学研究生学业奖学金管理实施细则》要求，经学院评定，学校评审、公示，2020 年专业学位学业奖学金获得者共计 2 118 人，1 421.21 万元。

10. 专业学位教务管理工作。2020 年，全校有 20 种专业学位类别，涉及 18 个学院、761 名教师、1 186 门次课程，全年授课教师 1 197 人次，开课 33 943 学时。在校生 5 577 人（双证 5 355 人，单证 222 人）。审核共计 46 套专业学位研究生培养方案，审核设置专业学位研究生导师助教课堂 532 个，审核设置助教岗 555 个。共有 2 476 名专业学位研究生毕业，授予 2 476 人硕士专业学位。

七、学位管理与学科建设工作

（一）学位管理工作

1. 圆满完成疫情肆虐期间的学位论文答辩、学位申请和审核等管理工作。2020 年初，面对突如其来的新冠肺炎疫情，研究生院坚决贯彻学校疫情防控要求和各项措施，不畏风险、勇于担当、群策群力，开拓思路、大胆创新，圆满地完成了疫情肆虐期间的各项学位管理工作。从 2 月中旬即开始着手研究组织网络视频答辩的方式方法，数易其稿，于 3 月初完成了《2019—2020 学年第二学期博士硕士学位论文答辩工作应急预案（征求意见稿）》，提出以腾讯会议软件为基础、配合三种网络投票形式的网络视频答辩应急预案，并草拟了详细的操作步骤、注意事项和操作问答。3 月 20 日，通过网络会议形式召开学位工作研讨会，讲解相关工作的基本思路和重点难点，各院系教务秘书和研究生院工作人员共 100 余人参加会议。会上宣讲的应急预案得到了各学院的积极反馈。研究生院汇集意见建议，于 3 月 26 日形成征求意见稿第二稿。4 月 8 日下午，学校召开博士硕士学位论文答辩工作布置会，组织全校研究生答辩工作培训，就软硬件保障、答辩前准备、答辩现场流程、答辩材料归档等重点问题进行了操作层面的详细讲解。4 月 9 日，研究生院协助 32 个学院（系）研究制定自己的实施方案，并组队参加每个学院的模拟演练，确保了答辩工作的正常、有序、平稳进行。4 月 20 日，全校研究生答辩工作正式拉开帷幕。研究生院根据预先收集汇总的各场答辩会时间、地点等信息，积极组织人员进行旁听，加强巡视，在一个半月的时间里，全程旁听了 30 余个学院的 50 余场答辩会，涉及所有组织答辩的学院，覆盖了每个学院的博士、硕士、同等学力硕士等各个层次类别，上半年 6 700 余人的答辩工作顺利完成。

2. 建立博士学位论文质量保障的同步监测制度，对 2020—2021 学年上半学期申请博士学位论文答辩的 126 篇论文进行监测。为切实保障博士学位论文质量，研究生院对本学期申请博士学位论文答辩的 126 篇论文进行了论文评阅同步监测（主要方式是依托教育部“学位论文送审服务平台”，每篇论文由 3 位同行专家评审）。通过专家评审，发现部分博士学位论文质量确实存在一些问题。研究生院把相关评阅情况反馈到各学院，请各学院组织师生认真阅读专家评阅意见，对评审结果有“不合格”意见的论文，组织学科专家认真研判，并分别做出推荐答辩和未通过本学期学位申请的处理。

3. 组织开展博士学位论文质量监督和事后评估工作。2020 年有关博士学位论文前期全部参加了不端行为软件检测。经审核，有 732 人获得博士学位。根据博士学位论文抽检办法，组织全校所有学院开展了博士学位论文事后评估。各学院采取自检、抽查、匿名评审等方式，对拟授予学位的博士学位论文进行全面把关。

4. 学位申请和授予工作。按照资格审查、专家评阅、学位论文答辩、分会审议、校学位会核准的程序对申请博士学位、硕士学位人员进行了审核、学位授予并颁发证书。

5. 组织开展硕士学位论文质量抽查工作。按照北京市人民政府教育督导室《关于做好 2019 年硕士学位论文抽检工作的通知》，组织整理并提交学校已毕业研究生硕士论文 100 篇。

（二）学科建设管理工作

1. 组织参与教育部学位与研究生教育发展中心开展的全国第五轮一级学科评估工作。根据教育部学位与研究生教育发展中心《第五轮学科评估邀请函》，11 月 10 日开始，全国第五轮学科评估工作正式启动。学校高度重视，成立学校第五轮学科评估工作领导小组，设领导小组办公室，并从人才培养、师资队伍、科学研究、社会服务四大方面成立校级工作组，参评的各一级学科成立学科工作组，学校各相关部处、各学院（系）齐心协力，按照教育部学位与研究生教育发展中心有关文件要求完成了各项评估工作。

2. 开展学校 2020 年学位授权自主审核工作。经学校研究部署，启动全校 2020 年学位授权自主审核工作。按照教育部自主审核工作的要求和《中国人民大学学位授权点设置与调整管理办法（试行）》的规定，组织开展了学校一级学科的学位授权自主审核工作。经学院申请及论证、研究生院初审、国内外同行专家论证、校学位评定委员会审议、校长办公会和党委常委会审议、校内公示等环节，学校完成了新增“管理科学与工程”一级学科博士学位授权点、撤销“系统科学”一级学科硕士学位授权点（含系统理论二级学科硕士点）的自主审核程序，并按照教育部要求报请国务院学位委员会批准。

3. 组织目录内二级学科的增设工作。3 月 30 日，学校“化学”一级学科被国务院学位委员会批准增列为博士学位授权一级学科。化学系申请在化学一级学科下增设“有机化学”“物理化学”“高分子化学与物理”3 个二级学科博士点，按照教育部和学校相关规定完成了这三个学科的设置论证和审核。

4. 组织目录外二级学科的增设工作。为全面贯彻落实习近平总书记关于健全国家公共卫生应急管理体系、加强应急管理学科建设的重要指示精神，国务院学位委员会办公室下发《关于推动部分学位授予单位加强应急管理学科建设的通知》，决定在全国 20 所高校试点设置“应急管理”二级学科。学校公共管理学院申请在公共管理一级学科下增设“1204Z4 应急管理”目录外二级学科博士和硕士点，信息资源管理学院申请在图书情报与档案管理一级学科下增设“1205Z3 数字人文”目录外二级学科硕士点，按照教育部和学校相关规定完成了以上目录外二级学科的设置论证和审核。

（三）博士研究生指导教师管理工作

依据《中国人民大学博士研究生指导教师选用和考核办法（试行）》《中国人民大学兼职博士研究生指导教师选用和考核办法（试行）》，以及博士点所在学院制定的博导选用办法，组织开展了 2020 年博士生指导教师选用和备案工作。2020 年，全校共选用博士生导师 837 人，其中校内在职在岗博士生导师 782 人（含副教授 104 人），返聘退休博士生导师 3 人，校外兼职博士生导师 52 人。

（四）校学位评定委员会会议

2020 年，学校共召开了 3 次学位评定委员会会议。

6 月 15 日，学校召开第九届学位评定委员会第九次全体会议。会议决定授予 570 人博士学位，

4 748 人硕士学位（其中全日制学术型硕士学位 1 971 人、硕士专业学位 2 150 人、同等学力硕士学位 627 人），4 039 人学士学位（其中普通高等教育本科生学士学位 3 272 人，继续教育学院成人教育学士学位 53 人、网络教育学士学位 714 人）；同意不授予法学院 1 人博士学位、不授予经济学院 1 人硕士学位；同意增设“资源与环境”1 个硕士专业学位授权点、“应急管理”1 个二级学科博士（含硕士）点、“数字人文”1 个二级学科硕士点。

7 月 17 日，学校召开第九届学位评定委员会第十次全体会议。本次会议是为受疫情影响无法按时完成课程及学位论文的学生而增开的一次特别会议。会议决定授予 61 人博士学位，1 110 人硕士学位（其中全日制学术型硕士学位 143 人、硕士专业学位 65 人、同等学力硕士学位 902 人），17 人学士学位；同意不授予理学院 1 人博士学位，不授予经济学院 1 人、劳动人事学院 2 人硕士学位；同意撤销“系统科学”一级学科硕士学位授权点（含系统理论二级学科点）、增设“管理科学与工程”一级学科博士学位授权点。

12 月 16 日，学校召开第九届学位评定委员会第十一次全体会议。会议决定授予 102 人博士学位，1 414 人硕士学位（其中全日制学术型硕士学位 20 人、硕士专业学位 233 人、同等学力硕士学位 1 161 人），1 481 人学士学位（其中全日制学士学位 37 人，成人北京市高等教育自学考试学士学位 150 人，继续教育学院成人教育学士学位 232 人、网络教育学士学位 1 062 人）；同意不授予 8 人硕士学位（其中申请硕士专业学位 2 人，申请同等学力硕士学位 6 人）；通报了国务院教育督导委员会办公室开展的全国博士学位论文质量抽检情况和《中国人民大学学位评定委员会章程（暂行）》制定情况。校长、校学位评定委员会主席刘伟教授传达了全国研究生教育会议情况，要求全校认真落实会议精神，加快研究生教育内涵式发展，发挥学校人文社会科学的学科优势，不断提升研究生教育治理水平和服务经济社会发展的能力。副校长刘元春简要报告了学校新时代研究生教育改革的目标、任务和行动计划。

八、其他

顺利完成课程研修班管理机制改革。为进一步严格贯彻落实上级有关要求，降低办学风险，根据学校决定，由研究生院牵头，组织财务处、继续教育处等有关校内单位成立工作小组，顺利完成了课程研修班管理机制改革工作。自 2021 年起，课程研修班管理工作从研究生院移交继续教育处，纳入学校培训管理体系，进一步明确了其非学历、非学位教育的性质，实现“办班”与“申请学位”两项工作完全脱钩管理。

积极应对疫情，落实防控责任，保障师生健康安全。高度重视疫情防控工作，针对疫情突发状况，迅速响应，及时通知各学院停止线下组织课程研修班招生和教学活动，同时积极组织各学院开展在线教学，尽量降低疫情带来的影响。积极应对因疫情影响无法正常组织同等学力人员考试的情况，制定并发布了有关考试和人员资格延期的方案，做好面向广大同等学力人员的解释答疑，及时化解忧虑，避免舆情。克服困难，精心筹划，稳步实施，在疫情形势好转时抓住时机，顺利组织完成了各项考试任务。

圆满完成同等学力全国统考的组考和阅卷工作。受教育部委托，学校承担 2020 年同等学力人员申请硕士学位学科全国统考的考试组织和综合水平全国统考的阅卷工作。作为北京市最大的考点之一，完成 5 625 名考生的指纹验证和考试组织工作，承接并圆满完成综合水平全国统考 64 744 份试卷的评阅工作。

顺利完成多个课程研修班的开班、结业等管理工作。2020 年，全校各类研修班开班上课 115 个，新注册学员 8 048 人；审核并颁发各类研修班结业证书，共计 9 902 人（本）。从 1995 年至 2020 年，全校累计颁发各类课程研修班结业证书 157 677 人（本）。

顺利完成同等学力人员申请硕士学位课程考试组织工作。截至2020年底，全校接受同等学力人员申请硕士学位资格有效期内人数4.59万人，其中2020年认定资格并办理手续的8 412人；全部通过申请硕士学位规定的课程考试（包括全国水平考试），进入学位论文写作和答辩阶段的1 540人；以同等学力人员身份通过学位论文答辩，并获得硕士学位的2 690人。2020年，全校共组织34 389人次、121门课程的学位课程考试。在2020年同等学力人员全国统一考试中，4 989人通过了学科综合水平考试，4 927人通过了外国语水平考试。1995年以来，学校已接受同等学力人员申请硕士学位累计117 345人；37 778人通过了全部规定的课程考试（含全国水平考试），占32.2%，其中30 589人通过学位论文答辩，获得硕士学位，占通过全部规定的课程考试人员的81.0%。

归档工作。2020年，全校硕士、博士研究生科技档案归档共计8 005卷，向国家图书馆、中国社会科学院情报中心等送交各类学位论文16 010套。

附录

中国人民大学国家重点一级学科一览表

所属学科门类	国家重点一级学科（8个）
哲学	哲学
经济学	理论经济学
	应用经济学
法学	法学
	社会学
	马克思主义理论
文学	新闻传播学
管理学	工商管理

中国人民大学非国家重点一级学科内国家重点二级学科一览表

所属一级学科	国家重点二级学科（8个）
政治学	中共党史
	国际政治
中国语言文学	文艺学

续表

所属一级学科	国家重点二级学科（8个）
中国史	中国古代史
	中国近现代史
农林经济管理	农业经济管理
公共管理	行政管理
图书情报与档案管理	档案学

中国人民大学北京市重点一级学科一览表

所属学科门类	北京市重点一级学科（5个）
法学	政治学
文学	中国语言文学
历史学	中国史
管理学	农林经济管理
	图书情报与档案管理

中国人民大学北京市重点二级学科一览表

所属一级学科	北京市重点二级学科（4个）
计算机科学与技术	计算机应用技术
公共管理	教育经济与管理
	社会保障
	土地资源管理

中国人民大学交叉学科北京市重点学科一览表

交叉学科北京市重点学科（1个）
农村发展管理

中国人民大学授予博士、硕士学位和培养研究生的学科、专业目录

一、中国人民大学学术型研究生专业设置一览表

制表日期：2020-12-31

学科门类	一级学科	专业代码、名称	博士点批准时间	硕士点批准时间
01 哲学	0101 哲学 ☆☆（19980619） ★★（20070820）	010101 马克思主义哲学	1981-11-03	1981-11-03
		010102 中国哲学	1981-11-03	1981-11-03
		010103 外国哲学	1984-01-13	1981-11-03
		010104 逻辑学	1998-06-22	1984-01-13
		010105 伦理学	1984-01-13	1981-11-03
		010106 美学	1998-06-22	1986-07-28
		010107 宗教学	1998-06-22	1993-12-17
		010108 科学技术哲学	1986-07-28	1981-11-03
		0101Z1 管理哲学	**2004 自**	**2004 自**
		0101Z2 政治哲学	**2011 自**	**2011 自**
02 经济学	0201 理论经济学 ☆☆（19980619） ★★（20070820）	020101 政治经济学	1981-11-03	1981-11-03
		020102 经济思想史	1984-01-13	1981-11-03
		020103 经济史	1998-06-22	1981-11-03
		020104 西方经济学	1996-04-29	1993-12-17
		020105 世界经济	1981-11-03	1981-11-03
		020106 人口、资源与环境经济学	1998-06-22	1998-06-22
		0201Z1 网络经济学	**2002 自**	**2002 自**
		0201Z2 企业经济学	**2004 自**	**2004 自**
		0201Z3 发展经济学	**2019 自**	**2019 自**
	0202 应用经济学 ☆☆（19990610） ★★（20070820）	020201 国民经济学	1984-01-13	1981-11-03
		020202 区域经济学	1986-07-28	1984-01-13
		020203 财政学	1984-01-13	1981-11-03
		020204 金融学	1981-11-03	1981-11-03
		020205 产业经济学	1984-01-13	1981-11-03
		020206 国际贸易学	1999-06-10	1993-12-17
		020207 劳动经济学	1993-12-17	1986-07-28

续表

学科门类	一级学科	专业代码、名称	博士点批准时间	硕士点批准时间
02 经济学	0202 应用经济学 ☆☆（19990610） ★★（20070820）	020208 统计学	1981-11-03	1981-11-03
		020209 数量经济学	1999-06-10	1984-01-13
		020210 国防经济		1999-06-10
		0202Z1 保险学	**2004 自**	**2002 自**
		0202Z2 商业经济学	**2011 自**	**2011 自**
		0202Z3 房地产经济与管理	**2011 自**	**2011 自**
		0202Z4 城市经济学	**2004 自**	**2004 自**
		0202Z5 能源经济学	**2019 自**	**2019 自**
03 法学	0301 法学 ☆☆（20030701） ★★（20070820）	030101 法学理论	1986-07-28	1981-11-03
		030102 法律史	1990-11-20	1981-11-03
		030103 宪法学与行政法学	1986-07-28	1981-11-03
		030104 刑法学	1984-01-13	1981-11-03
		030105 民商法学	1986-07-28	1981-11-03
		030106 诉讼法学	1993-12-17	1981-11-03
		030107 经济法学	1993-12-17	1990-11-21
		030108 环境与资源保护法学	2004-06-24	2000-12-07
		030109 国际法学	2003-07-01	1981-11-03
		0301Z1 知识产权法	**2005 自**	**2005 自**
		0301Z2 比较法学	**2011 自**	**2011 自**
		0301Z3 中国法		**2012 自**
		0301Z4 社会法学	**2017 自**	**2017 自**
	0302 政治学 ☆☆（20001229） ▲▲（20080423）	030201 政治学理论	1986-07-28	1981-11-03
		030202 中外政治制度	2002-06-27	1986-07-28
		030203 科学社会主义与国际共产主义运动	1981-11-03	1981-11-03
		030204 中共党史★	1981-11-03	1981-11-03
		030206 国际政治★	2001-01-09	1981-11-03
		030207 国际关系	2001-01-09	1996-04-29
		030208 外交学	2002-06-27	1998-06-30
		0302Z1 中国政治	**2002 自**	**2002 自**
		0302Z2 国际政治经济学	**2011 自**	**2005 自**
	0303 社会学 ☆☆（20001229） ★★（20070820）	030301 社会学	1993-12-17	1986-07-28
		030302 人口学	1984-01-13	1983-01-11
		030303 人类学	2001-01-09	1998-06-30
		030304 民俗学		2000-12-07
		0303Z1 老年学	**2002 自**	**2002 自**
		0303Z2 社会心理学	**2004 自**	**2004 自**

续表

学科门类	一级学科	专业代码、名称	博士点批准时间	硕士点批准时间
03 法学	0305 马克思主义理论 ☆☆(20060125) ★★(20070820)	030501 马克思主义基本原理	1990-11-20	1990-11-21
		030502 马克思主义发展史	2006-06-20	2006-06-20
		030503 马克思主义中国化研究	2006-06-20	2006-06-20
		030504 国外马克思主义研究	2006-06-20	2006-06-20
		030505 思想政治教育	1990-11-20	1990-11-21
		030506 中国近现代史基本问题研究	2008-06-20	2008-06-20
		0305Z1 党的建设	**2017 自**	**2017 自**
04 教育学	0401 教育学 ☆(20060125)	040106 高等教育学		2006-06-20
		0401Z1 教育法学		**2012 自**
		0401Z2 体育文化与管理		**2017 自**
	0402 心理学(可授教育学、理学学位) ☆(20110303)	040201 基础心理学		2011-06-13
		040203 应用心理学		2011-06-13
05 文学	0501 中国语言文学 ☆☆(20060125) ▲▲(20120425)	050101 文艺学★	1993-12-17	1984-01-13
		050102 语言学及应用语言学	2006-06-20	1981-11-03
		050103 汉语言文字学	2003-07-01	1986-07-28
		050104 中国古典文献学	2006-06-20	1998-06-30
		050105 中国古代文学	2003-07-01	1986-07-28
		050106 中国现当代文学	2006-06-20	1981-11-03
		050108 比较文学与世界文学	2006-01-25	1981-11-03
		0501Z1 古典学	**2012 自**	**2012 自**
		0501Z2 心理语言学	**2014 自**	**2014 自**
		0501Z3 创造性写作		**2014 自**
	0502 外国语言文学 ☆☆(20110303)	050201 英语语言文学	2011-06-13	1986-07-28
		050202 俄语语言文学		1998-06-30
		050203 法语语言文学		2014-06-13
		050204 德语语言文学	2013-01-14	2003-09-01
		050205 日语语言文学	2011-06-13	1996-04-29
	0503 新闻传播学 ☆☆(20001229) ★★(20070820)	050301 新闻学	1984-01-13	1981-11-03
		050302 传播学	1998-06-19	1998-06-19
		0503Z1 传媒经济学	**2002 自**	**2002 自**
		0503Z2 广播电视学	**2011 自**	**2011 自**
06 历史学	0601 考古学 ☆☆(20110805)	060101 考古学及博物馆学	2007-01-26	2005-06-22
	0602 中国史 ☆☆(20110805) ▲▲(20120425)	060201 史学理论及史学史	2003-01-14	1981-11-03
		060202 历史地理学	2005-01-06	2003-01-14
		060203 历史文献学	2003-01-14	2000-12-07
		060204 专门史	2001-01-09	1998-06-30
		060205 中国古代史★	1981-11-03	1981-11-03
		060206 中国近现代史★	1986-07-28	1981-11-03
		0602Z1 当代中国史	**2002 自**	**2002 自**
	0603 世界史 ☆☆(20110805)	060301 世界史	1998-06-19	1986-07-28

续表

学科门类	一级学科	专业代码、名称	博士点批准时间	硕士点批准时间
07 理学	0701 数学 ☆☆（20110303）	070101 基础数学	2011-06-13	2000-12-07
		070102 计算数学		2008-06-20
		070103 概率论与数理统计	2011-06-13	1998-07-03
		070104 应用数学	2011-06-13	2003-09-01
		070105 运筹学与控制论		1998-07-03
		0701Z2 计算化学	**2011 自**	**2011 自**
	0702 物理学 ☆☆（20180322）	070201 理论物理	2019-04-01	2006-01-25
		070203 原子与分子物理	2019-04-01	2011-06-13
		070205 凝聚态物理	2019-04-01	2006-01-25
	0703 化学 ☆☆（20200330）	070301 无机化学		2006-01-25
		070302 分析化学		2011-06-13
		070303 有机化学	2020-03-30	2006-01-25
		070304 物理化学	2020-03-30	2006-01-25
		070305 高分子化学与物理	2020-03-30	2011-06-13
	0705 地理学 ☆（20110303）	070502 人文地理学		2011-06-13
		070503 地图学与地理信息系统		2006-01-25
	0711 系统科学 ☆（20060125）	071101 系统理论		2000-12-07
	0713 生态学 ☆（20110805）	由学校原“071012 生态学”二级学科对应调整而来		2003-09-01
	0714 统计学（可授理学、经济学学位）☆☆（20110805）	由学校原“020208 统计学”和“070103 概率论与数理统计”二级学科对应调整而来		
08 工学	0812 计算机科学与技术（可授工学、理学学位）☆☆（20110303）	081201 计算机系统结构		2008-06-20
		081202 计算机软件与理论	2006-01-25	2000-12-07
		081203 计算机应用技术▲	2000-12-29	1981-11-03
		0812Z1 信息安全	**2011 自**	**2011 自**
		0812Z2 大数据科学与工程	**2017 自**	**2017 自**
		0812Z3 人工智能	**2019 自**	**2019 自**
	0830 环境科学与工程（可授工学、理学、农学学位）☆（20110303）	083001 环境科学		2003-09-01
		083002 环境工程		2006-01-25
	0832 食品科学与工程（可授工学、农学学位）☆（20110303）	083201 食品科学		1998-07-03
	0835 软件工程 ☆（20110805）	由学校原“081202 计算机软件与理论”二级学科对应调整而来		

续表

学科门类	一级学科	专业代码、名称	博士点批准时间	硕士点批准时间
10 医学	1004 公共卫生与预防医学（可授医学、理学学位）☆（20110303）	100401 流行病与卫生统计学		2006-01-25
12 管理学	1201 管理科学与工程（可授管理学、工学学位）☆（20001226）	1201 管理科学与工程		2000-12-26
	1202 工商管理 ☆☆（20001229）★★（20070820）	120201 会计学	1986-07-28	1981-11-03
		120202 企业管理	1986-07-28	1981-11-03
		120204 技术经济及管理	2001-01-09	1986-07-28
		1202Z1 人力资源管理	**2002 自**	**2002 自**
		1202Z2 市场营销管理	**2002 自**	**2002 自**
		1202Z3 财务学	**2011 自**	**2011 自**
	1203 农林经济管理 ☆☆（20001229）▲▲（20100526）	120301 农业经济管理★	1986-07-28	1981-11-03
		120302 林业经济管理	2009-01-07	2001-01-09
		1203Z1 自然资源管理	**2011 自**	**2002 自**
		1203Z2 农村发展（农村发展管理 2008-04-23 交叉学科北京市重点学科）	**2004 自**	**2004 自**
		1203Z3 食品经济管理	**2018 自**	**2018 自**
	1204 公共管理 ☆☆（20030701）	120401 行政管理★	1998-06-19	1990-11-21
		120402 社会医学与卫生事业管理	2015-06-15	2005-06-22
		120403 教育经济与管理▲	2003-07-01	2000-12-07
		120404 社会保障▲	2003-07-01	1998-06-19
		120405 土地资源管理▲	2000-12-29	1998-06-19
		1204Z1 公共财政与公共政策	**2011 自**	**2011 自**
		1204Z2 公共组织与人力资源	**2004 自**	**2004 自**
		1204Z3 大数据公共治理		**2019 自**
		1204Z4 应急管理	**2020 自**	**2020 自**
	1205 图书情报与档案管理 ☆☆（20060125）▲▲（20120425）	120501 图书馆学	2006-06-20	1998-06-30
		120502 情报学	2006-01-25	2000-12-07
		120503 档案学★	1993-12-17	1984-01-13
		1205Z1 信息资源管理	**2008 自**	**2008 自**
		1205Z2 信息分析	**2011 自**	**2011 自**
		1205Z3 数字人文		**2020 自**

续表

学科门类	一级学科	专业代码、名称	博士点批准时间	硕士点批准时间
13 艺术学	1301 艺术学理论 ☆（20180322）	130101 艺术学		2003-09-01
	1302 音乐与舞蹈学 ☆（20110805）	130201 音乐学		2009-01-07
	1303 戏剧与影视学 ☆（20110805）	130301 戏剧戏曲学		2008-06-20
		130302 电影学		2007-01-26
	1304 美术学 ☆（20110805）	130401 美术学		2003-09-01
	1305 设计学（可授艺术学、工学学位）☆（20180322）	130501 设计艺术学		2003-09-01

注：

1. 加"☆☆"的一级学科具有博士、硕士学位授予权；加"☆"的一级学科具有硕士学位授予权；加"★★"的一级学科为国家重点一级学科；加"★"的专业为国家重点二级学科；加"▲▲"的一级学科为北京市重点一级学科；加"▲"的专业为北京市重点二级学科。

2. 学科点"批准时间"栏目内标注"年度＋自"并用黑字体显示的学科点是学校在一级学科授权范围内自主设置并上报教育部备案的学科点。

二、中国人民大学研究生交叉学科设置一览表（2020 年）

交叉学科代码、名称	涉及一级学科	博士点批准时间	硕士点批准时间
99J1 金融工程	0202 应用经济学 0701 数学	**2011 自**	**2011 自**
99J2 风险管理与精算学	0202 应用经济学 0701 数学	**2011 自**	**2011 自**
99J3 劳动关系学	0202 应用经济学 0301 法学	**2011 自**	**2011 自**
99J4 中国特色社会主义理论	0302 政治学 0305 马克思主义理论 0201 理论经济学 0101 哲学	**2011 自**	**2011 自**
99J5 国学	0602 中国史 0501 中国语言文学 0101 哲学	**2011 自**	**2011 自**
99J6 城乡发展与规划	1204 公共管理 0303 社会学 0602 中国史	**2011 自**	**2011 自**
99J7 可持续发展管理	1204 公共管理 1203 农林经济管理 0202 应用经济学	**2011 自**	**2011 自**
99J8 环境政策与管理	0830 环境科学与工程 1204 公共管理		**2011 自**
99J9 食品安全管理	1204 公共管理 0832 食品科学与工程 1203 农林经济管理 0301 法学		**2011 自**

三、中国人民大学研究生专业学位授予和人才培养目录

制表日期：2020-12-31

专业学位类别代码及名称	硕士点批准时间
0251 金融	2010-09-02
0252 应用统计	2010-09-02
0253 税务	2010-09-02
0254 国际商务	2010-09-02
0255 保险	2010-09-02
0256 资产评估	2010-09-02
0351 法律	1995-05-30
0352 社会工作	2009-07-21
0453 汉语国际教育	2007-06-06
0454 应用心理	2018-03-22
0551 翻译	2014-05-29
0552 新闻与传播	2010-09-02
0651 文物与博物馆	2010-09-02
0852 工程	2008-05-07
0951 农业	2007-06-06
125101 工商管理	1990-11-28
125102 高级管理人员工商管理硕士（EMBA）	2002-07-24
1252 公共管理	2000-04-25
1253 会计	2004-04-30
1255 图书情报	2010-09-02
1351 艺术	2010-09-02

2020 年中国人民大学学术型博士、硕士学位授予情况

序号	专业代码	专业名称	博士	硕士		合计
				全日制	同等学力	
1	010101	马克思主义哲学	6	17		23
2	010102	中国哲学	9	18	7	34
3	010103	外国哲学	4	12		16
4	010104	逻辑学	1	5		6
5	010105	伦理学	5	9		14
6	010106	美学	13	6	10	29
7	010107	宗教学	12	11		23
8	010108	科学技术哲学	4	5		9
9	0101Z1	管理哲学	4	6	4	14
10	0101Z2	政治哲学	2			2

续表

序号	专业代码	专业名称	博士	硕士		合计
				全日制	同等学力	
11	020101	政治经济学	19	33		52
12	020102	经济思想史	1	2		3
13	020103	经济史	1	3		4
14	020104	西方经济学	9	12	26	47
15	020105	世界经济	11	20	60	91
16	020106	人口、资源与环境经济学	15	38	5	58
17	0201Z1	网络经济学	2	6	17	25
18	0201Z2	企业经济学	4	7	36	47
19	020201	国民经济学	13	62	75	150
20	020202	区域经济学	10	10	7	27
21	020203	财政学	16	10	10	36
22	020204	金融学	38	63	300	401
23	020205	产业经济学	9	5		14
24	020206	国际贸易学	4	25	5	34
25	020207	劳动经济学	8	20	8	36
26	020208	统计学			3	3
27	020209	数量经济学	1	14		15
28	020210	国防经济		3		3
29	0202Z1	保险学	5	5		10
30	0202Z2	商业经济学	4	4		8
31	0202Z3	房地产经济与管理	3	10	13	26
32	0202Z4	城市经济学	2	5	16	23
33	030101	法学理论	5	11		16
34	030102	法律史	1	11		12
35	030103	宪法学与行政法学	6	15		21
36	030104	刑法学	9	19	3	31
37	030105	民商法学	11	30	127	168
38	030106	诉讼法学	13	22		35
39	030107	经济法学	5	17	18	40
40	030108	环境与资源保护法学	6	5		11
41	030109	国际法学	2	7		9
42	0301Z1	知识产权法	7	31	3	41
43	0301Z2	比较法学	1	7		8
44	0301Z3	中国法		13		13
45	0301Z4	社会法学		5		5
46	030201	政治学理论	1	24		25
47	030202	中外政治制度	3	7		10
48	030203	科学社会主义与国际共产主义运动	7	14		21
49	030204	中共党史	4	26		30

续表

序号	专业代码	专业名称	博士	硕士		合计
				全日制	同等学力	
50	030206	国际政治	3	25	2	30
51	030207	国际关系	3	33	19	55
52	030208	外交学	3	14	3	20
53	0302Z1	中国政治	5	65		70
54	0302Z2	国际政治经济学	2	11	9	22
55	030301	社会学	23	40	6	69
56	030302	人口学	2	7		9
57	030303	人类学	1	5		6
58	0303Z1	老年学		7		7
59	0303Z2	社会心理学	6	3	4	13
60	030501	马克思主义基本原理	4	10		14
61	030502	马克思主义发展史	2	7		9
62	030503	马克思主义中国化研究	4	11		15
63	030504	国外马克思主义研究	3	9		12
64	030505	思想政治教育	6	13	1	20
65	030506	中国近现代史基本问题研究	2	2		4
66	0305Z1	党的建设		5		5
67	040106	高等教育学		12		12
68	0401Z1	教育法学		3		3
69	0401Z2	体育文化与管理		2		2
70	040201	基础心理学		6	54	60
71	040203	应用心理学		6		6
72	050101	文艺学	3	12		15
73	050102	语言学及应用语言学	2	12		14
74	050103	汉语言文字学	4	9		13
75	050104	中国古典文献学	2	3		5
76	050105	中国古代文学	5	13		18
77	050106	中国现当代文学	12	10		22
78	050108	比较文学与世界文学	4	14		18
79	0501Z1	古典学	2	4		6
80	0501Z2	心理语言学	5	3		8
81	0501Z3	创造性写作		12	26	38
82	050201	英语语言文学	10	60		70
83	050202	俄语语言文学		7		7
84	050203	法语语言文学		4		4
85	050204	德语语言文学	2	9		11
86	050205	日语语言文学	1	7	45	53
87	050301	新闻学	19	54	51	124
88	050302	传播学	10	38	10	58

续表

序号	专业代码	专业名称	博士	硕士		合计
				全日制	同等学力	
89	0503Z1	传媒经济学	5	7		12
90	0503Z2	广播电视学	4	9	2	15
91	060101	考古学及博物馆学	4	12		16
92	060201	史学理论及史学史	2	4		6
93	060202	历史地理学	1	2		3
94	060203	历史文献学	1	7		8
95	060204	专门史	2	7	18	27
96	060205	中国古代史	5	18		23
97	060206	中国近现代史	3	13		16
98	0602Z1	当代中国史	1		3	4
99	060301	世界史	6	14		20
100	070101	基础数学	1	2		3
101	070102	计算数学		2	33	35
102	070103	概率论与数理统计	2	9		11
103	070104	应用数学	3	5		8
104	070105	运筹学与控制论		1		1
105	0701Z1	物理学	2			2
106	070201	理论物理	8	9		17
107	070203	原子与分子物理	2	1		3
108	070205	凝聚态物理	4	6		10
109	070301	无机化学		2		2
110	070302	分析化学		1		1
111	070303	有机化学	4	7		11
112	070304	物理化学	3	11		14
113	070305	高分子化学与物理	5	3		8
114	070503	地图学与地理信息系统		8		8
115	071101	系统理论		1		1
116	0713	生态学		6	5	11
117	0714	统计学	14	39		53
118	081201	计算机系统结构		2		2
119	081202	计算机软件与理论	6	7	28	41
120	081203	计算机应用技术	10	33		43
121	0812Z1	信息安全	1	5		6
122	081704	应用化学		3		3
123	083001	环境科学		10		10
124	083002	环境工程		13		13
125	083201	食品科学		1	16	17
126	100401	流行病与卫生统计学		6	12	18
127	1201	管理科学与工程		18	109	127

续表

序号	专业代码	专业名称	博士	硕士		合计
				全日制	同等学力	
128	120201	会计学	15	17	684	716
129	120202	企业管理	17	18	80	115
130	120204	技术经济及管理	7	14	402	423
131	1202Z1	人力资源管理	8	40	40	88
132	1202Z2	市场营销管理	4	8		12
133	1202Z3	财务学	17	15		32
134	120301	农业经济管理	10	20		30
135	120302	林业经济管理	1	2		3
136	1203Z1	自然资源管理	1	11		12
137	1203Z2	农村发展		9	65	74
138	120401	行政管理	3	43	7	53
139	120402	社会医学与卫生事业管理	2	15	8	25
140	120403	教育经济与管理	6	10		16
141	120404	社会保障	7	47	2	56
142	120405	土地资源管理	8	10	9	27
143	1204Z1	公共财政与公共政策	5	21	57	83
144	1204Z2	公共组织与人力资源	5	13		18
145	120501	图书馆学	1	2	6	9
146	120502	情报学	2	6	6	14
147	120503	档案学	8	39	4	51
148	1205Z1	信息资源管理	6	8		14
149	1205Z2	信息分析	1	9	25	35
150	130101	艺术学		13	19	32
151	130201	音乐学		1		1
152	130301	戏剧戏曲学		2		2
153	130302	电影学		5	11	16
154	130401	美术学		19	49	68
155	130501	设计艺术学		12		12
156	99J1	金融工程	6	7	3	16
157	99J2	风险管理与精算学	3			3
158	99J3	劳动关系学	4	41		45
159	99J4	中国特色社会主义理论	3			3
160	99J5	国学	15	39	4	58
161	99J6	城乡发展与规划	2	13		15
162	99J7	可持续发展管理		1		1
163	99J8	环境政策与管理		10		10
164	99J9	食品安全管理		7		7
总计			732	2 128	2 690	5 550

2020年中国人民大学硕士专业学位授予情况

专业代码	专业名称	人数
0251	金融	338
0252	应用统计	78
0253	税务	52
0254	国际商务	115
0255	保险	15
0256	资产评估	25
0351	法律	324
0352	社会工作	53
0453	汉语国际教育	85
0551	翻译	21
0552	新闻与传播	43
0651	文物与博物馆	18
0852	工程	87
0951	农业	130
125101	工商管理	427
125102	高级管理人员工商管理	277
1252	公共管理	254
1253	会计	99
1255	图书情报	31
1351	艺术	4
合计		2 476

■ 对外教育教学

一、基本情况

截至2020年底，学校长期在校留学生为1 206人，包括本科生637人，硕士研究生453人，博士研究生109人，非学历留学生7人，接受学历教育的留学生人数约占长期在校留学生的99.4%。到7月，共有160名本科生、190名硕士研究生和5名博士研究生顺利毕业并获得学位。另有9名本科生、2名硕士研究生、2名博士研究生结业，4名博士研究生肄业。

2020年共有84名学生获得中国政府奖学金，12人获得国际中文教师奖学金，2人获得孔子新汉学计划奖学金，52人获得北京市外国留学生在校生奖学金，20人获得北京市外国留学生新生奖学金；43人获得中国人民大学国际学生学习成绩奖，8人获得中国人民大学国际学生社会活动奖，2人获得中国人民大学国际学生社团骨干奖，2 人获得中国人民大学国际学生学习进步奖。

二、招生

2020 年共有 365 名国际学生在线报到（截至 2020 年底，陆续有 108 人来校报到），其中本科生 222 人，硕士研究生 134 人，博士研究生 4 人，汉语言进修生 5 人。

2020 年，受疫情影响，学校未接收交换生来校学习。

附录

2020 年中国人民大学在校留学生按国别分类统计表

国别	本科生	硕士研究生	博士研究生	普通进修生	高级进修生	汉语言进修生	合计
阿尔及利亚		1					1
阿富汗	1	1					2
阿根廷	22	2					24
阿联酋		1					1
阿塞拜疆		2	2				4
埃及		5	1				6
埃塞俄比亚		6					6
爱尔兰		4					4
爱沙尼亚			1				1
奥地利	1	2					3
澳大利亚	5	4	2				11
巴基斯坦	2	11					13
巴拿马	2	1	1				4
巴西	9	6	1				16
白俄罗斯		1					1
比利时		2					2
波兰		4			1		5
博茨瓦纳		2					2
赤道几内亚		1					1
丹麦			1				1
德国	2	6					8
多米尼加		3					3
俄罗斯	5	28	4			1	38
厄瓜多尔	2						2
厄立特里亚		1					1

续表

国别	本科生	硕士研究生	博士研究生	普通进修生	高级进修生	汉语言进修生	合计
法国	2	10	1				13
菲律宾		3					3
芬兰		1					1
佛得角		1					1
哥伦比亚	1	1					2
哥斯达黎加	1	2					3
格鲁吉亚		3					3
古巴		1	1				2
哈萨克斯坦	1	4	1				6
韩国	452	51	35				538
吉尔吉斯斯坦	3	4	2				9
几内亚比绍		1	1				2
加拿大	12	14	3				29
加纳		7					7
柬埔寨		12	1				13
捷克		1	1				2
津巴布韦		10	1				11
喀麦隆		1					1
肯尼亚		5					5
拉脱维亚		1					1
莱索托		1					1
老挝	1	3					4
利比里亚		2					2
利比亚	2						2
罗马尼亚	2	1					3
马拉维		1					1
马来西亚	27	9	2				38
马里		1					1
毛里塔尼亚		1					1
美国	11	24	5				40
蒙古国	19	18	11				48
孟加拉国		4					4
秘鲁	1	1					2
缅甸		4					4
莫桑比克		1					1
墨西哥	1						1
南非	1	3					4
南苏丹		2					2
尼泊尔		4					4
尼日利亚		6					6

续表

国别	本科生	硕士研究生	博士研究生	普通进修生	高级进修生	汉语言进修生	合计
挪威		2					2
葡萄牙		1					1
日本	26	15	3	1		2	47
瑞典		2					2
萨尔瓦多	1						1
塞尔维亚		2					2
塞拉利昂		6					6
塞内加尔		1					1
塞浦路斯			1				1
斯里兰卡		1					1
苏丹	1	1					2
索马里		2					2
塔吉克斯坦		2				1	3
泰国	4	15	2				21
突尼斯			1				1
土耳其		6	1				7
土库曼斯坦		1					1
委内瑞拉	1	1					2
乌干达		5					5
乌克兰		3	1				4
乌兹别克斯坦	1	4					5
西班牙	1	7	1				9
希腊		1					1
新加坡	1	3	2				6
新西兰	2	1					3
匈牙利		1					1
亚美尼亚			1				1
伊拉克		1					1
伊朗	1	4	5				10
意大利	3	15					18
印度		6					6
印度尼西亚	3	5				1	9
英国	2	10					12
约旦		2	1				3
越南	1	11	12				24
赞比亚		3					3
智利	1						1
总计	637	453	109	1	1	5	1 206

2020年中国人民大学在校留学生按所在学院分类统计表

学院	本科生	硕士研究生	博士研究生	普通进修生	高级进修生	汉语言进修生	合计
财政金融学院	8	20	7				35
法学院	16	26	18				60
公共管理学院	6	25	5				36
国际关系学院	100	77	30				207
国际文化交流学院	48	4				5	57
经济学院	23	55	6				84
劳动人事学院	23	1	1				25
理学院	1		1				2
历史学院	2	8	6	1			17
农业与农村发展学院		2					2
商学院	81	44	3				128
社会与人口学院	8	2	4				14
丝路学院		87					87
外国语学院	13		1				14
文学院	218	21	8				247
心理学系			1				1
新闻学院	78	54	5				137
信息资源管理学院	6	1					7
艺术学院	3	4					7
应用经济学院	1	5	5				11
哲学院	2	17	8		1		28
总计	637	453	109	1	1	5	1 206

2020年中国人民大学留学生获奖名单

奖励名称	奖励等级	获奖名单
中国政府优秀来华留学生奖学金		金甫暻等7人
北京市外国留学生奖学金（在校生）	全奖	Oh Soomin 等19人
	半奖	Kim Jiho 等33人
北京市外国留学生奖学金（新生）	全奖	奥云娜敏等11人
	半奖	金贤洙等19人

续表

奖励名称	奖励等级	获奖名单
中国人民大学国际学生学习成绩奖（本科生）	一等奖	Yeo Xiao Yan 等 5 人
	二等奖	Lee Munyoung 等 4 人
	三等奖	崔修瑛等 13 人
中国人民大学国际学生学习成绩奖（研究生）	博士一等奖	保罗等 3 人
	博士二等奖	无
	博士三等奖	无
	硕士一等奖	金甫暻等 10 人
	硕士二等奖	金东泳等 6 人
	硕士三等奖	邵许等 2 人
中国人民大学国际学生社会活动奖		巫佳鹏等 8 人
中国人民大学国际学生社团骨干奖		Lim Goeun 等 2 人
中国人民大学国际学生学习进步奖		Minagawa Shuji 等 2 人

■ 基础教育

一、概况

2020 年，基础教育工作围绕整合学科和人才力量，聚集基础教育优质资源，搭建开放、共建、共享的基础教育研究平台，探索基础教育发展模式和人才培养规律，进行了有益探索，为学校进一步集中力量办好基础教育做好积累。

二、主要工作

配合学校相关部门、附属学校，做好基础教育对外合作办学事项的论证、审核工作。基础教育处积极响应学校要求，对涉及贵阳、海口等地的对外合作办学需求进行认真论证、研判，维护学校利益。

不断加强基础教育领域业务学习，编制和完善《国内大学基础教育管理与集团化合作办学相关文件、信息汇总》和《基础教育领域重要法规制度、政策文件汇总》。

坚决落实学校及上级管理单位疫情防控措施，确保防疫工作稳在基层、落到实处。

持续调研，摸清情况，求真务实，为学校相关决策和政策制定做好有效积累。结合党中央决策部署和习近平总书记重要指示批示精神，围绕如何在基础教育领域推进学校“双一流”建设，围绕附属中小学、幼儿园及其合作办学机构亟须解决的紧迫问题和具体措施进行调研。持续关注教职工基础教育需求变化，为下一步解决教职工关心的具体问题打下基础。

做好科研课题申报和研究工作，充分发挥调研考察和数据统计分析优势，与学校教育学院、基础教育研究中心联合推进基础教育领域科研事业发展。

■ 继续教育

☞ 成人高等教育

一、概况

2020年，继续教育学院成人教育部在北京市设有3个教学站，共开设5个专业；院本部夜大学有5个专业。截至2020年底，学院共有学生2 574名，其中夜大专升本1 806人，高中起点本科752人，专科16人。2020年毕业学生1 498人。

2020年获得中国互联网教育“停课不停学”突出贡献院校奖；2篇学生论文获得北京高校继续教育大学生优秀毕业论文，人文教研室王东胜、财经教研室刘震获评优秀指导教师。

二、招生工作

2020年北京地区成人教育部专升本层次计划数510人，录取494人。

三、教学管理

（一）专业设置

2020年，成人教育部专科升本科有金融学、会计学、工商管理、市场营销、人力资源管理等5个专业；高中起点本科有会计学、工商管理、人力资源管理等3个专业；高中起点专科有会计、市场营销、工商企业管理、人力资源管理等4个专业。

（二）课程、教材建设和研究项目

2020年，编写和更新的教材（著作）有：《大学生活动参与与机会获得研究》等。

论文及研究报告有：《中国城市居民休闲需求二十年变迁》《中国省域文化消费的时空演变及影响因素》《休闲与生活满意度》《论高校思想政治教育精准化的机理及其实现路径》《OBE理论视域下的高校成人学历教育教学质量研究》《论高校思想政治教育精准化的机理及其实现路径》等。

☞ 网络教育

一、概况

根据学校关于停止网络学历教育招生的决定，以及校长办公会的相关工作部署，继续教育学院网络教育部于2020年1月16日关闭招生平台，同时启动网络学历教育收尾工作。

2020年，网络学历教育共有毕业生17 739人，其中本科毕业生7 846人，专科毕业生9 893人，本科毕业生中符合学士学位授予条件的有1 744人，优秀毕业生326人。截至2020年底，网络学历教育在读学生共47 187人，其中专科生13 866人，本科生33 321人。

2020年，为已报名的202003春季批次学生和部分单科选修生中符合学历注册条件的1 867名学生，注册了本科学籍。

根据重大业务转型的实际情况，继续教育学院网络教育部按计划调整了业务结构和组织机构，逐步完善裁撤重组部门与人员裁减相结合的人员优化工作。截至2020年底，网络教育部共有教职工81人，其中教学教务人员23人，技术支持运营人员17人，非学历项目策划及制作人员29人，行政管理人员12人。

二、考试组织情况

适应新冠肺炎疫情防控工作要求，对课程考试进行了改革，形成了“在线考试为主、线下考试为辅”的考试模式，全年顺利完成3次课程考试组织工作，实际参加考试人数近20.5万人次，在线考试期间全天候实施值考、督考、监控，及时处理异常情况，全年共查处考试违纪人数231人次。

完成了7月、9月和12月的全国统考报名组织工作，全年共22 546人报考统考31 295门次，平均及格率为71.87%。

顺利完成2020年下半年学位英语考试组织工作（2020年上半年学位英语考试因疫情原因取消），共报名1 841人，实考1 045人，通过率14.07%。

三、非学历在线培训

2020年初，围绕青年职业能力提升、专业技术人员继续教育和企事业单位干部培训等三大方向，以资源建设和产品打造为重点，全力推进网络非学历教育业务转型。完成“新媒体运营实务”微专业课程资源制作、专用平台开发以及推广渠道建设，并在全国招收了50名学员；8月，完成北京会计继续教育项目、福州社工继续教育项目和证书辅导项目平台的部署上线；10月至12月，为中国人民银行清算中心和国土资源部宝石资源中心进行了近100人次的干部培训。

附录

2020年网络学历教育注册人数统计表

层次	专业名称	注册人数
专科起点本科	保险学	7
	财务管理	45
	财政学	3
	传播学	28
	法学	101
	工商管理	483
	公共事业管理	40
	国际经济与贸易	5

续表

层次	专业名称	注册人数
专科起点本科	汉语言文学	110
	会计学	148
	计算机科学与技术	190
	金融学	104
	人力资源管理	242
	社会工作	34
	市场营销	162
	合计	1 702
本科二学历	保险学	3
	财务管理	4
	财政学	0
	传播学	8
	法学	40
	工商管理	14
	公共事业管理	1
	国际经济与贸易	1
	汉语言文学	22
	会计学	19
	计算机科学与技术	24
	金融学	15
	人力资源管理	8
	社会工作	2
	市场营销	4
	合计	165
合计		1 867

2020 年网络学历教育在读学生人数统计表

层次	专业	年度（每年含两个批次）							合计
		2014	2015	2016	2017	2018	2019	2020	
高中起点专科	保险	0	0	0	24	0	0	0	24
	财政	0	0	5	9	0	0	0	14
	法律事务	0	2	234	163	0	0	0	399
	工商企业管理	0	22	380	625	2 796	1 614	0	5 437
	公共事务管理	0	6	30	52	0	0	0	88

续表

层次	专业	年度（每年含两个批次）							合计
		2014	2015	2016	2017	2018	2019	2020	
高中起点专科	国际经济与贸易	0	2	25	41	0	0	0	68
	汉语言文学	0	1	34	64	0	0	0	99
	会计学	0	8	141	233	694	417	0	1 493
	计算机应用技术	0	7	198	961	0	0	0	1 166
	金融管理	0	4	100	151	432	268	0	955
	人力资源管理	0	10	172	483	1 392	925	0	2 982
	社会工作	0	3	24	31	261	237	0	556
	市场营销	0	12	233	340	0	0	0	585
	合计	0	77	1 576	3 177	5 575	3 461	0	13 866
高中起点本科	保险学	0	0	0	0	1	0	0	1
	财务管理	2	7	1	7	5	0	0	22
	财政学	0	0	0	0	1	0	0	1
	传播学	5	4	8	12	4	0	0	33
	法学	4	12	11	10	44	0	0	81
	工商管理	16	9	17	60	144	0	0	246
	公共事业管理	0	2	8	4	10	0	0	24
	国际经济与贸易	7	2	1	3	6	0	0	19
	汉语言文学	3	13	10	3	26	0	0	55
	会计学	6	5	6	8	37	0	0	62
	计算机科学与技术	1	0	1	3	33	0	0	38
	金融学	5	8	9	21	21	0	0	64
	人力资源管理	3	9	15	18	44	0	0	89
	社会工作	2	0	2	0	6	0	0	10
	市场营销	4	5	14	8	60	0	0	91
	合计	58	76	103	157	442	0	0	836
专科起点本科	保险学	0	0	0	128	174	169	7	478
	财务管理	0	11	92	146	369	396	43	1 057
	财政学	0	0	8	8	19	29	3	67
	传播学	0	7	44	60	148	230	28	517
	法学	0	26	203	241	644	642	100	1 856
	工商管理	0	88	475	871	2 264	2 309	477	6 484
	公共事业管理	0	11	91	115	346	327	39	929
	国际经济与贸易	0	10	33	47	147	175	5	417
	汉语言文学	0	18	108	169	439	634	110	1 478
	会计学	0	61	372	603	1 311	1 339	147	3 833
	计算机科学与技术	0	7	165	566	947	892	187	2 764
	金融学	0	61	348	438	813	764	102	2 526
	人力资源管理	0	56	406	658	1 687	1 664	242	4 713
	社会工作	0	13	70	121	304	343	35	886
	市场营销	0	29	182	346	670	680	159	2 66
	合计	0	398	2 597	4 517	10 282	10 593	1 684	30 071

续表

层次	专业	年度（每年含两个批次）							合计
		2014	2015	2016	2017	2018	2019	2020	
本科第二学历	保险学	0	0	0	38	38	40	3	119
	财务管理	0	1	12	15	36	42	6	112
	财政学	0	0	4	2	4	6	0	16
	传播学	0	0	5	2	18	20	8	53
	法学	0	6	39	41	169	249	40	544
	工商管理	0	0	8	15	61	67	14	165
	公共事业管理	0	0	2	2	12	23	1	40
	国际经济与贸易	0	1	1	1	9	14	1	27
	汉语言文学	0	0	13	15	106	135	20	289
	会计学	0	3	27	43	118	112	16	319
	计算机科学与技术	0	0	9	15	51	74	22	171
	金融学	0	8	34	29	65	102	16	254
	人力资源管理	0	3	18	17	55	80	8	181
	社会工作	0	1	2	6	28	21	2	60
	市场营销	0	1	7	7	23	22	4	64
	合计	0	24	181	248	793	1 007	161	2 414
合计		47 187							

2020 年网络学历教育毕业人数统计表

学科门类	专业	毕业生人数		申请学位人数
		本科毕业生人数	专科毕业生人数	
管理学	会计学	1 345	1 166	300
	工商管理	1 462	3 317	263
	市场营销	432	520	92
	公共事业管理	244	156	39
	人力资源管理	1 158	2 255	237
	财务管理	291	0	54
经济学	金融学	815	858	163
	国际经济与贸易	144	120	48
	财政学	24	18	6
	保险学	95	32	13
法学	法学	683	316	202
	社会工作	186	205	42

续表

学科门类	专业	毕业生人数		申请学位人数
		本科毕业生人数	专科毕业生人数	
工学	计算机科学与技术	393	803	101
文学	汉语言文学	464	127	154
	传播学	110	0	30
合计		7 846	9 893	1 744

注：以上统计数字截至 2020 年 12 月 31 日。

教育培训

一、概况

为全面推进学校“双一流”建设，结合学校“十三五”发展规划，继续巩固“不忘初心、牢记使命”主题教育精神，打赢疫情攻坚战，教育培训工作坚持社会效益与经济效益并举，精准定位于社会服务功能，坚持以社会需求为导向，整合学校优秀的教育资源，创新培训新模式，致力于打造多元化、实践型、实用性的新型教育培训平台，探索人文社会科学研究成果向社会生产力转化的模式，完善终身教育、继续教育的办学体系。

二、教育培训相关工作

2020 年，教育培训工作受新冠肺炎疫情的影响较为严重，培训项目数量较 2019 年有所下降，继续教育处共计审批教育培训项目 794 个（其中在线培训项目共计 323 个），审批、签署培训协议 4 000 余份（次），并与财务处紧密配合，为 400 余个培训项目办理了 500 余份（次）财务结算手续。全年入库学员 113 878 人，为各单位制作认证结业证书共计 19 844 份（次）。

扎实稳步推进课程班改革工作。改革工作以“转变工作思路和管理模式、提高学员层次和教学服务水平、增强工作透明度与合规性”为指导方针，把“在保障有关工作平稳发展的前提下，理顺办班与申硕的关系，规范办班管理，发展有特色、高层次、符合社会发展需要的继续教育品牌项目”作为明确的工作目标，致力于促进“落实教育部有关政策要求合规办学”与“保障有关工作能够继续稳定开展”的紧密统一。

完善学校继续教育有关工作制度。继续教育处制定了《中国人民大学在职课程培训班管理办法（试行）》等规章制度，与财务处、采购与招标管理中心联合发布了《学校教育培训广告服务采购工作指南》，进一步完善了继续教育管理制度体系。

积极推进继续教育管理信息化工作。以“人大培训网”为宣传推广官方平台，发布继续教育招生信息，展示继续教育办学形象；开办专栏，介绍名师、名课；搭建网络在线学习平台，协助学校积极开展“金课工程”的策划和推广；建设、优化网页功能，实现在线实时缴费、票据申请、查询结业证书；按照节约高效的原则，充分利用有限的经费，主打学校继续教育品牌宣传推广，在多个新媒体平台进行辅助宣传，提升“人大培训”的品牌价值与社会影响力。

■ 实验室建设与仪器设备管理

一、概况

2020年实验室管理与教学条件保障处结合学校“十三五”发展规划，不断增强服务意识，开拓创新，提高学校实验室建设和管理水平，完成了学校交给的各项任务，为全面推进学校世界一流大学和一流学科建设贡献力量。

二、主要工作

截至2020年底，学校实验室基本覆盖学校主要学科方向和专业，实际运行的实验室总数为142个（包括实验中心下设实验室），其中51个人文社科实验室，91个理工类实验室，涉及20个院系。学校有省部级重点实验室3个、国家级实验教学示范中心4个、北京市实验教学示范中心5个。

实验室管理与教学条件保障处从新文科实验室建设的时代背景和必要性、学校新文科实验室建设的独特优势、学校文科实验室存在的问题、新文科实验室建设的主要举措及“十四五”规划期间新文科实验室建设预期目标共五个方面撰写了《中国人民大学新文科实验室建设方案（建议稿）》。

针对教育部每年的实验室信息统计工作，为科学有效地管理学校实验室信息，实验室管理与教学条件保障处建立了实验室信息管理系统。

2020年，物理学系、化学系、心理学系、环境学院、信息学院、信息资源管理学院6个理工科院系共有1 077名新生通过实验室安全考试，考试通过率100%。为满足理学院部分新生、校医院工作人员对辐射仪器的使用操作和管理需求，学校于11月7日组织理学院物理学系、化学系和校医院共40名辐射仪器操作人员参加辐射安全与防护线上考核考前培训。

2020年，学校外聘实验室安全管理专家对理工类实验室进行安全综合检查五次，化学品安全专项检查一次，实验室用电安全专项检查两次；组织安排化学系老师进行了15次实验室安全巡查。检查内容包括危险化学品、易制爆化学品、易制毒化学品、有毒有害物品、射线装置、有害废弃物和气瓶的使用、存放、管理，以及实验室防电、防火、防水、防盗等安全防范措施，实验操作流程，设备使用流程，材料管理流程等的规范与执行。

为满足校内易制爆化学试剂的储存需求，达到《易制爆危险化学品储存场所治安防范要求》的规定，实验室管理与教学条件保障处主持新建易制爆化学品库房，于11月19日拿到北京市劳动保护科学研究所出具的《易制爆危险化学品储存场所治安防范验收报告》并投入使用；为满足学校日益增加的实验室危险废弃物（废液、废固等）的暂存需求，加强危险化学品废弃物暂存过程的环境安全管理，实验室管理与教学条件保障处主持建造了安全、环保、应急救援一体化的实验室危废暂存柜，于11月通过验收并投入使用；为解决理工楼环境学院实验室通风不畅、“串味”等问题，保障实验室操作人员的日常工作和身体健康，实验室管理与教学条件保障处主持实施了环境学院实验室通风改造项目，于11月完成主体项目的施工。

附录

2020年中国人民大学实验室情况表

所属单位名称	实验室名称	类型	楼宇	房间号
财政金融学院	财税政策与管理实验室	教学科研	明德主楼	507
	金融管理与工程实验室	教学科研	明德主楼	507
法学院	文书检验室	教学	明德法学楼	701
	电子证据实验室	教学	明德法学楼	710
	痕迹检验室	教学	明德法学楼	702
公共管理学院	GIS 实验室	教学	求是楼	425
	管理学实验室	教学	求是楼	424
	课件制作及网络管理实验室	教学	求是楼	322
	土地利用规划实验室	教学	求是楼	324
公共政策实验室	公共政策实验室	教学科研	公共教学一楼	1301
国际关系学院	国政经济模拟联合国实验室	教学	明德国际楼	408
化学系	光伏器件制备与测试实验室	科研	理工楼	003、305
	生物探针合成加工实验室	科研	理工楼	219
	功能高分子材料与器件实验室	科研	理工楼	111
	功能分子与材料动态结构实验室	科研	理工楼	101
	超快反应动力学实验室	科研	理工楼	316
	非均相催化实验室	科研	理工楼	314、315
	高分子复合材料实验室	科研	理工楼	212、213
	环境光催化实验室	科研	理工楼	209、210
	理论与计算化学实验室	科研	理工楼	522
	绿色化学实验室	科研	理工楼	214
	神经电化学分析实验室	科研	理工楼	310、312
	生物大分子结构实验室	科研	理工楼	313
	生物与纳米电化学实验室	科研	理工楼	211
	有机催化与合成实验室	科研	理工楼	319、320
	有机合成方法学实验室	科研	理工楼	201、202
	有机光电材料实验室	科研	理工楼	301、302、303
	无机纳米材料实验室	科研	理工楼	206
	有机不对称合成实验室	科研	理工楼	215、216、217、218
	配位化学与催化实验室	科研	理工楼	203、204

续表

所属单位名称	实验室名称	类型	楼宇	房间号
化学系	能源材料与器件实验室	科研	理工楼	304、306
	热电能源材料实验室	科研	理工楼	321
	分析化学实验室	教学	理工楼	411、412
	普通化学实验室	教学	理工楼	409、410
	物理化学实验室	教学	理工楼	401、402、404、405
	有机化学实验室	教学	理工楼	415、416
	仪器分析实验室	教学	理工楼	112、113、114
环境学院	低碳水环境技术研究中心	科研	求是楼后边平房小院	
	固体废物处理处置实验室	教学科研	理工楼	901、902、905
	化工原理实验室	教学科研	理工楼	913、914、916
	水污染控制工程实验室	教学科研	理工楼	903、904
	大气污染控制工程实验室	教学科研	理工楼	909、910
	膜科学实验室	教学科研	理工楼	912、915
	环境监测实验室	教学科研	校友之家北侧红楼	101 里间
	环境化学实验室	教学科研	校友之家北侧红楼	101 外间
	环境生物学实验实	教学科研	校友之家北侧红楼	102 里间
	环境微生物实验室	教学科研	校友之家北侧红楼	102 外间
	生态学实验室	教学科研	校友之家北侧红楼	202 里间
	环境生物化学实验室	教学科研	校友之家北侧红楼	202 外间
	环境材料实验室	教学科研	校友之家北侧红楼	202 里间
	地理信息系统实验室	教学科研	环境学院	111
经济学院	经济组织与经济行为实验室	科研	明德主楼	0510
劳动人事学院	行为实验室	教学科研	求是楼	119
	劳动关系研究中心	教学科研	求是楼	119
	e-HR 实验室	教学科研	求是楼	119
	HR 测评实验室	教学科研	求是楼	119
	HR 管理模拟实验室	教学科研	求是楼	119
	案例研究中心	教学科研	求是楼	119
农业与农村发展学院	农村调查与计量分析实验室	教学	明德主楼	505
	农产品市场模拟实验室	教学	明德主楼	506
	乡村发展实验室	教学	明德国际楼	B105
商学院	领导与沟通行为实验室	科研	明德楼商学院	508
	工商管理综合实验室	教学	明德楼商学院	507
社会与人口学院	人口健康实验室	教学	崇德楼西楼	509
	社会调查与统计分析实验室	教学	崇德楼西楼	610
	社工实验室	教学	崇德楼西楼	201
	人类学实验室	教学	崇德楼西楼	611

续表

所属单位名称	实验室名称	类型	楼宇	房间号
信息学院、信息资源管理学院	数据工程与知识工程教育部重点实验室	科研	信息楼	417—429、500—505
统计学院	数据科学方法与国家治理应用重点实验室	科研	明德主楼	513
	电话调查实验室	教学科研	明德主楼	511
	数据处理仿真研究实验室	教学科研	明德主楼	513
	统计数据分析实验室	教学科研	明德主楼	513
外国语学院	外语网络教学实验中心	教学	明德国际楼	310B
	外语教学课件开发研究室	教学	明德国际楼	310A
	MTI 笔译实验室	教学	明德国际楼	教三 11 语
	视频点播实验室	教学	明德国际楼	B111
	同声传译实验室	教学	明德国际楼	教三 12 语
文学院	影像实验室	科研	人文楼	226A
	汉语语音实验室	科研	人文楼	226B
物理学系	低维材料制备实验室	科研	理工楼	物理系 B04
	量子关联材料实验室	科研	理工楼	物理系 B09
	离子量子科学实验室	科研	理工楼	物理系 B21
	凝聚态核磁共振实验室	科研	理工楼	504、604
	角分辨光电子谱实验室	科研	理工楼	606、607
	单晶 X 射线衍射实验室	科研	理工楼	609
	量子关联材料实验室	科研	理工楼	610
	中子散射样品准备实验室	科研	理工楼	611
	纳米制备与微纳器件加工实验室	科研	理工楼	612、613、617
	原子分子物理实验室	科研	理工楼	614
	量子性质和晶态材料实验室	科研	理工楼	物理系 B10、618
	先进扫描探针显微镜实验室	科研	理工楼	721B
	光电功能材料与微纳器件实验室	科研	理工楼	理工楼后
	高等物理实验室—计算机集群	教学科研	理工楼	物理系 B01—B03
	高等物理实验室—SEM	教学科研	理工楼	物理系 B05
	高等物理实验室—XRD	教学科研	理工楼	物理系 B07
	高等物理实验室—浮区炉	教学科研	理工楼	601
	高等物理实验室—PPMS	教学科研	理工楼	602
	高等物理实验室—MPMS	教学科研	理工楼	603
	材料物理实验室	教学	理工楼	505
	文科物理实验室	教学	理工楼	712、721A
	普通物理实验室	教学	理工楼	808—812、815、816、805
	近代物理实验室	教学	理工楼	501—503、805、816
	电子线路实验室	教学	理工楼	802

续表

所属单位名称	实验室名称	类型	楼宇	房间号
心理学系	眼动实验室	教学科研	汇贤大厦D座	908
	虚拟现实实验室	教学科研	汇贤大厦D座	911
	情绪实验室	教学科研	汇贤大厦D座	909
	EEG脑电实验室	教学科研	汇贤大厦D座	901
	行为观测实验室	教学科研	汇贤大厦D座	906
	行为实验室	教学科研	汇贤大厦D座	912
	神经影像和数据分析实验室	教学科研	汇贤大厦D座	902
	基础心理学实验室	教学科研	汇贤大厦D座	910
	经颅直流电刺激实验室	教学科研	汇贤大厦D座	911
	近红外光学成像实验室	教学科研	汇贤大厦D座	904
新闻学院	新闻传播实验教学中心	教学	明德新闻楼	2层、3层
信息学院	网络与移动数据管理实验室	科研	理工配楼	101B—104B
	数据库与商务智能教育部工程研究中心	科研	信息楼	4层
	数据仓库与商务智能实验室	科研	信息楼	4层
	数据库与智能信息检索实验室	科研	信息楼	4层
	大数据管理与分析方法研究北京市重点实验室	科研	信息楼	1层
	电工电子实验室	教学	理工配楼	101
	计算机网络实验室	教学	理工配楼	201B—202B
	信息安全实验室	教学	理工配楼	205B
	EDA实验室	教学	理工配楼	206B
	多媒体实验室	教学	理工配楼	207B
	嵌入式系统实验室	教学	理工配楼	208B
	软件实验室	教学	理工配楼	201B—208B
	信息技术与管理实验教学中心	教学	理工配楼	201B—208B
信息资源管理学院	信息分析研究中心	科研	人大信息楼	402
	web开发实验室	科研	人大信息楼	409
	缩微摄影技术实验室1	教学科研	人大信息楼	101
	档案文献保护化学实验室	教学科研	人大信息楼	104
	档案修复实验室	教学科研	人大信息楼	109
	档案有害生物防治实验室	教学科研	人大信息楼	112
	暗室实验室	教学科研	人大信息楼	113
	缩微摄影技术实验室2	教学科研	人大信息楼	114
	数字人文技术实验室	教学科研	人大信息楼	205
	计算机实验室	教学	人大信息楼	403
	文件处理与档案管理实验室	教学	人大信息楼	413
艺术学院	版画工作室	教学	世纪馆南门对面版画工作室	

图书馆

一、概况

中国人民大学图书馆由新馆、藏书馆两部分组成，馆舍总面积近 55 000 平方米，馆藏文献总量 4 335 721 册，设有 10 余个阅览区，阅览座位共计 3 000 余个。图书馆设有 14 个部室：办公室、党委办公室、宣传推广部、资源建设部、借阅服务部、学科支持部、新媒体部、信息技术部、数字化与文印部、古籍整理与研究部、特藏部、藏书馆服务部、馆际互借与原文传递中心、图工委秘书处。截至 2020 年底，在职馆员 94 人。

2020 年，是极不平凡的一年。面对突如其来的新冠肺炎疫情，图书馆团结一致、妥善应对，在坚决打赢疫情阻击战的同时出色地完成了学术资源典藏与访问获取、知识咨询与学习支持、科研与学科建设支撑等方面的工作，并在规划图书馆中长期发展、推进通州校区图书馆建设上取得突破进展，倾全馆之力向学校和师生读者交上一份满意的答卷。

2020 年图书馆主抓了几件工作：一是强化党建引领作用，切实加强人才队伍建设。二是坚决贯彻北京市以及学校关于疫情防控的决策部署，扎实开展相关防控工作，并在此基础上出新招、出实招，及时推出各项服务新举措，保障“师生共战疫，停课不停学”，为学校整体疫情防控和教学科研、人才培养活动的有序开展做出积极贡献。三是在全面总结“十三五”发展成果基础上，认真分析外部环境变化，开展广泛深入的调研论证，科学编制图书馆“十四五”发展规划，提出未来五年图书馆各方面建设的指导思想、发展战略与总体目标，为图书馆未来发展举旗定向、谋篇布局。四是有条不紊全面开展工作，在普通资源建设、特色资源建设、读者服务、校园文化建设、设施平台建设等方面取得实质成效。

二、文献信息资源建设

（一）文献采集整理量

2020 年，共购进中文图书 18 006 种，中文报刊 1 940 种，外文报刊 765 种。现有数据库 524 种，电子图书 4 458 013 种，电子期刊 210 000 种。2020 年收集学校学位论文电子版 11 296 篇。与 5 个国外及港澳台地区大学图书馆或科研单位保持书刊交换关系。2020 年，接收国内外捐赠图书 2 945 册。全年编目加工上架中文图书 33 705 种、82 572 册，西文图书 6 248 种、7 515 册，日文图书 409 种、431 册。

（二）文献信息资源建设特色

按照丰富图书馆特藏的工作思路和大力推动文库建设的工作部署，继续加大人大文库建设力度。2020 年，共收到捐赠图书 478 种、482 册。截至 2020 年底，人大文库图书已达到 64 082 册，论文 141 681 册。

三、文献信息服务

2020 年图书馆各阅览室接待读者 929 037 人次，共借、还图书 236 820 册次。复印量 125 万余张，装订各类书刊 718 册，制作论文 6 800 余本。

2020年，继续通过CALIS、CASHL、BALIS三个系统实现原文传递服务，外馆向图书馆申请11 626篇，图书馆向外馆申请8 038篇。

为学校师生提供查收查引服务358人次，提供收录引用报告358份，为1项科研项目提供科技查新服务。

为本科生、研究生、培训学院的新生提供入馆培训1场，共计8 667余人次；为各个院系读者举办图书馆资源与服务利用专题讲座37讲，合计830余人次。

2020年图书馆学科服务工作，一是持续跟踪分析学校ESI学科及潜力学科，编辑撰写《ESI学科动态》及学校ESI高被引论文统计报表各6期；二是为部分单位提供所需科研及文献数据。

四、古籍、特藏收集整理

线装古籍普查的书目整理工作第一阶段的30余万册的书目信息著录完成。完成善本目录出版三校稿，准备出版。建成古籍知识平台。基本完成3 000册西文图书的数字化扫描工作。

继续跟进著名红学家、史学家、书法家、画家冯其庸的个人藏书捐赠工作。原定于2020年3月份启动藏书接收工作，因疫情原因推迟。疫情发生后，图书馆与捐赠人继续取得联系，围绕捐赠事宜做了进一步沟通。

著名学者个人藏书征集方面，学校历史学院包伟民教授向图书馆捐赠全套《龙泉司法档案选编》共96册，接收著名伦理学家罗国杰教授个人藏书约5 950册。

著名学者非书资料征集方面，学校哲学系老教授李䜣捐赠手稿200余份，文学院教授王积贤家属捐赠手稿170余份、油印稿137份。

举办主题为“以‘智’抗‘疫’，人大学者在行动”的学术宣传活动；举办路易·艾黎藏书名人签名本展览；举办“弘扬高尚师德师风 树立教书育人典范”——中国人民大学人文大师精神宣传教育展；更新学者专架人物简介。

五、教学、科研工作

完成本科生“人文社会科学信息检索”课程共计6个班179人170个学时的教学任务。图书馆馆员共发表学术论文24篇，开展7个馆内课题研究。开展下一代图书馆管理平台测试工作。

六、分馆建设和资源共建

完成为国学院、马克思主义学院、民商法中心、教育学院、历史学院等院系研究机构购买资源的审核工作；完成法学院图书馆的中文及港台图书编目、加工工作；完成法学院图书馆中外文期刊的订购工作；继续将图书馆的法律类图书放置到法学院图书馆；为了提高资源利用效率，将历史类的大部头图书放置到清史所，将艺术类的外文图书放置到艺术学院；完成了历史学院回溯数据的审核、校对工作，正在进行数据修改与维护。

科学研究

一、概况

2020年是“十三五”收官之年，是学校命名组建70周年，是学校为迎接“双一流”中期评估、第五轮学科评估和第四轮教育部人文社会科学重点研究基地评估而忙碌做准备的一年。这一年，面对错综复杂的国际国内形势和新冠肺炎疫情的严重冲击，学校科研工作牢牢把握“稳中求进”工作总基调，在学校领导下，在各院系、机关部处大力支持下，全体科研人员坚持以习近平新时代中国特色社会主义思想为指导，勠力同心、共克时艰，灵活调整工作方向，在危机中育新机，于变局中开新局，科研事业呈现良好发展态势。

二、科研机构

截至2020年底，学校共有习近平新时代中国特色社会主义思想研究院1个，国家高端智库1个，北京市高端智库1个，教育部人文社会科学重点研究基地13个，国家人权教育与培训基地1个，教育部重点实验室1个，教育部工程研究中心2个，北京市重点实验室2个，北京市哲学社会科学研究基地3个，高精尖创新中心1个；校内科研机构包括跨学院研究机构32个，院属研究机构198个。

顺利完成教育部人文社会科学重点研究基地校内预评估工作。为迎接第四轮教育部人文社会科学重点研究基地评估工作，学校启动教育部人文社会科学重点研究基地校内预评估工作，积极组织专家评审，邀请专家对

13个基地在教育部评估系统中填报的标志性成果、代表性成果、学术研讨会、“十三五”运行情况、特色成效等内容进行评审把关，为基地数据填报工作提供有效参考；沟通协调相关职能部门，在科研项目、科研经费、研究生数据、博士后数据、国际交流情况等数据填报中，为基地提供数据支持和证明；紧密联系上级单位，及时传递教育部人文社会科学重点研究基地评估工作新变化、新要求，做好上传下达，推动评估数据填报有序有力实施。

优化机构管理。梳理、排查学校32个跨学院研究机构、198个院属研究机构信息；完善研究机构申请、孵化、信息变更、撤销等流程，组织专家进行评审。2020年新成立1个跨学院研究机构（区块链研究院）、13个院属研究机构（茶道哲学研究所、净土文化中心、国有企业改革与发展研究中心、小微金融研究中心、管理会计研究中心、未来法治研究院、普惠金融研究院、中债研究所、国际知识产权研究中心、会计创新应用支持中心、中国企业创新发展研究中心、金融科技研究所、银行业研究中心），有6个院属研究机构进入孵化期。

三、学术刊物

截至2020年底，学校拥有各类期刊（包括期刊和集刊）共195种，包括《中国人民大学学报》《教学与研究》等30种（含*Economic Political Studies*等5种英文期刊）正式原发性学术期刊，《统计学评论》等29种集刊（不完全统计），书报资料中心“复印报刊资料”115种、“人文社科文摘”14种、“报刊资料索引”7种。

经过多年建设及各学院、各刊编辑部的努力，学校期刊建设取得了一定成效。《中国人民大学学报》《教学与研究》《经济理论与经济管理》《政治经济学评论》《法学家》《清史研究》《国际新闻界》《人口研究》《档案学通讯》《情报资料工作》《社会学评论》等11种期刊为CSSCI收录期刊，《公共管理与政策评论》《社会建设》等2种期刊为CSSCI来源期刊扩展版收录。《国际新闻界》《教学与研究》《经济理论与经济管理》《人口研究》《中国人民大学学报》《法学家》《清史研究》《政治经济学评论》等8种学术期刊获得国家社科基金资助。

四、科研项目和科研经费

2020年，学校科研总经费达38 499.13万元，其中纵向项目经费21 893.1万元，横向项目经费16 606.03万元。

获得国家社会科学基金项目105项，立项经费3 820.85万元。其中，重大项目17项，立项总数位居全国第一，刷新学校国家社会科学基金重大项目单次立项纪录；年度项目和青年项目共获得立项41项，其中重点项目9项、一般项目25项、青年项目7项，重点项目立项数在全国高校中位列第一。

获得国家自然科学基金项目105项，立项经费10 933.95万元。其中重点项目2项、优秀青年科学基金项目1项。

获得教育部人文社会科学项目32项，立项经费685.3万元。其中重大课题攻关项目2项、重点研究基地重大项目2项。

获得北京市社会科学基金项目30项，获批经费364万元。其中重大项目9项、重点项目11项，重大项目立项数和立项经费总额居北京市首位，规划类项目立项总数居北京市第一位。

五、科研成果与奖励

学校2019年在南京大学人文社科引文索引（CSSCI）源期刊上第一署名机构发文2 338篇，连续

16 年位居全国高校第一。在高水平论文发表上，学校教师 2020 年在《中国社会科学》发文 10 篇，继续居高校榜首。国际高水平论文发表数持续增长。

2020 年，学校在重要奖项上取得新突破。获得第八届高等学校科学研究优秀成果奖（人文社会科学）84 项，创历史最好成绩。

中国人民大学获第八届高等学校科学研究优秀成果奖（人文社会科学）成果名单（按姓氏音序排列）

序号	成果名称	申报者	申报单位	成果形式	获奖等级
1	中国信息资源产业发展与政策	冯惠玲	信息资源管理学院	著作	一等奖
2	中国公共关系史	胡百精	新闻学院	著作	一等奖
3	当代中国的阶层结构分析	李路路	社会与人口学院	著作	一等奖
4	中国土地问题调查——土地权利的底层视角	刘守英	经济学院	著作	一等奖
5	经济增长与结构演进：中国新时期以来的经验	刘　伟	经济学院	著作	一等奖
6	鲁迅与俄国	孙　郁	文学院	著作	一等奖
7	扶贫开发与区域发展——我国特困地区的贫困与扶贫策略研究	汪三贵	农业与农村发展学院	著作	一等奖
8	侵权责任法研究（第二版）（上、下卷）	王利明	法学院	著作	一等奖
9	土地整治规划设计研究	严金明	公共管理学院	著作	一等奖
10	新闻观念论	杨保军	新闻学院	著作	一等奖
11	中国流动人口的社会融入研究	杨菊华	社会与人口学院	论文	一等奖
12	国有企业分类改革的逻辑、路径与实施	杨瑞龙	经济学院	著作	一等奖
13	中国哲学思潮发展史	张立文	哲学院	著作	一等奖
14	六朝画论研究	陈传席	艺术学院	著作	二等奖
15	认罪认罚从宽制度研究	陈卫东	法学院	论文	二等奖
16	寻找供给侧结构性改革的理论源头	方福前	经济学院	论文	二等奖
17	扩展的自然资源核算——以自然资源资产负债表为重点	高敏雪	统计学院	论文	二等奖
18	我国国家资产负债表与自然资源资产负债表的编制与运用初探——以 SNA2008 和 SEEA2012 为线索的分析	耿建新	商学院	论文	二等奖
19	普京政治经济学	关雪凌	经济学院	著作	二等奖
20	1954 年宪法制定过程	韩大元	法学院	著作	二等奖
21	早期中国——中国文化圈的形成和发展	韩建业	历史学院	著作	二等奖
22	近代中国宗教文化史研究	何建明	哲学院	著作	二等奖
23	重塑中华：近代中国“中华民族”观念研究	黄兴涛	历史学院	著作	二等奖
24	Corporate Governance in China：A Modern Perspective	姜付秀	商学院	论文	二等奖
25	出土文献与早期道教	姜守诚	哲学院	著作	二等奖
26	中国农机购置补贴政策评估与优化研究	孔祥智	农业与农村发展学院	著作	二等奖
27	中国研究生教育的规模结构与经济增长	李立国	教育学院	著作	二等奖
28	当代民粹主义的两极化趋势及其制度根源	林　红	国际关系学院	论文	二等奖
29	农业劳动力转移与中国经济发展	刘晓光	国家发展与战略研究院	著作	二等奖
30	后乡土中国	陆益龙	社会与人口学院	著作	二等奖

续表

序号	成果名称	申报者	申报单位	成果形式	获奖等级
31	融资歧视、市场扭曲与利润迷失——兼议虚拟经济对实体经济的影响	罗来军	经济学院	论文	二等奖
32	从市场扭曲看政府扩张：基于财政的视角	吕冰洋	财政金融学院	论文	二等奖
33	“一国两制”在香港、澳门的成功实践及其历史经验研究	齐鹏飞	马克思主义学院	著作	二等奖
34	中国社会核心价值观的变迁	邱　吉	马克思主义学院	论文	二等奖
35	论中国特色社会主义新时代	陶文昭	马克思主义学院	论文	二等奖
36	国家的选择——国际制度、国内政治与国家自主性	田　野	国际关系学院	著作	二等奖
37	两岸政治关系定位研究	王英津	国际关系学院	著作	二等奖
38	秦汉称谓研究	王子今	国学院	著作	二等奖
39	能源效率提升的新视角——基于市场分割的检验	魏　楚	应用经济学院	论文	二等奖
40	上博简《孔子诗论》“颂”论及其诗学史意义	徐正英	文学院	论文	二等奖
41	互联网金融的法律规制——基于信息工具的视角	杨　东	法学院	论文	二等奖
42	Creating Public Value and Institutional Innovations Across Boundaries：An Integrative Process of Participation，Legitimation，and Implementation	杨开峰	公共管理学院	论文	二等奖
43	社会转型：社会心理学的立场	俞国良	教育学院	著作	二等奖
44	现阶段中国的总和生育率究竟是多少？——来自户籍登记数据的新证据	翟振武	社会与人口学院	论文	二等奖
45	中国通货膨胀动态形成机制的多重逻辑	张成思	财政金融学院	著作	二等奖
46	全球价值链下中国本土企业的创新效应	张　杰	经济学院	论文	二等奖
47	从隐私到个人信息：利益再衡量的理论与制度安排	张新宝	法学院	论文	二等奖
48	唯物史观视野中的生态文明	张云飞	马克思主义学院	著作	二等奖
49	目标动力学——动机与人格的自组织原理	章　凯	商学院	著作	二等奖
50	经济社会公共数据空间标准化与空间统计应用研究	赵彦云	统计学院	著作	二等奖
51	作为政治的传播：中国新闻传播解释史	赵云泽	新闻学院	著作	二等奖
52	大学的适切性	周光礼	教育学院	著作	二等奖
53	法律制度与会计规则——关于会计理论的反思	周　华	商学院	著作	二等奖
54	徽商与明清文学	朱万曙	文学院	著作	二等奖
55	近年出土黄老思想文献研究	曹　峰	哲学院	著作	三等奖
56	利率管制与总需求结构失衡	陈彦斌	经济学院	论文	三等奖
57	文学史二十讲	程光炜	文学院	著作	三等奖
58	社会冲突、国家治理与“群体性事件”概念的演生	冯仕政	社会与人口学院	论文	三等奖
59	供给侧结构性改革的理论逻辑及实施路径	郭　杰	经济学院	著作	三等奖
60	第三次工业革命与工业智能化	贾根良	经济学院	论文	三等奖
61	中国住房抵押贷款拖欠风险研究	况伟大	商学院	论文	三等奖
62	互联网心理学：新心理与行为研究的兴起	雷　雳	教育学院	著作	三等奖
63	A New Approach to Bayesian Hypothesis Testing	李　勇	经济学院	论文	三等奖
64	藏语卫藏方言研究	瞿霭堂	文学院	著作	三等奖
65	和谐社会视域下中国家庭发展	宋　健	社会与人口学院	著作	三等奖
66	股市危机——历史与逻辑	吴晓求	财政金融学院	著作	三等奖

续表

序号	成果名称	申报者	申报单位	成果形式	获奖等级
67	观念的民主与实践的民主：比较历史视野下的民主与国家治理	杨光斌	国际关系学院	著作	三等奖
68	“恋爱”之发生与现代文学观念变迁	杨联芬	文学院	论文	三等奖
69	中国共产党历史分期理论与实践研究	张世飞	马克思主义学院	著作	三等奖
70	时代境遇中的马克思主义批评理论	张永清	文学院	论文	三等奖
71	美国的三代“中国通”	王莉丽	新闻学院	咨询服务报告	咨询服务报告二等奖
72	2015—2017 年中国就业市场景气报告	中国人民大学中国就业研究所	劳动人事学院	咨询服务报告	咨询服务报告二等奖
73	甲骨文与中国上古文明	龙国富	文学院	普及读物	普及读物奖
74	《资本论》简说	卫兴华	经济学院	普及读物	普及读物奖
75	国际私法条约解释的路径依赖与方法展开	杜焕芳	法学院	论文	青年成果奖
76	梨园文献与优伶演剧——京剧昆曲文献史料考论	谷曙光	国学院	著作	青年成果奖
77	皇权不下县？——清代县辖政区与基层社会治理	胡　恒	历史学院	著作	青年成果奖
78	族群意识与历史书写——中国现代历史叙述模式的形成及其在清末的实践	姜　萌	历史学院	著作	青年成果奖
79	重访灰色地带：传播研究史的书写与记忆	刘海龙	新闻学院	著作	青年成果奖
80	Performance Feedback，Government Goal-Setting，and Aspiration Level Adaptation：Evidence from Chinese Provinces	马　亮	公共管理学院	论文	青年成果奖
81	社区传播论：新媒体赋权下的居民社区沟通机制	王　斌	新闻学院	著作	青年成果奖
82	人口转变的中国道路	杨　凡	社会与人口学院	著作	青年成果奖
83	刑法体系的合宪性调控——以“李斯特鸿沟”为视角	张　翔	法学院	论文	青年成果奖
84	Fundamental Analysis and the Cross-Section of Stock Returns：A Data-Mining Approach	郑凌凌	商学院	论文	青年成果奖

中国人民大学获第十届吴文俊人工智能科学技术奖项目名单

序号	奖种	获奖等级	项目名称	学校完成人	主要完成单位
1	自然科学奖	三等奖	面向复杂决策的支持向量机理论与算法	梁循（第二完成人）	中国人民大学（第二完成单位）
2	优秀青年奖		社交用户兴趣智能化挖掘算法研究	赵鑫	中国人民大学

六、学术活动

2020 年，学校举办各类学术研讨会共 428 次（不完全统计），其中国际会议 42 次，国内会议 386 次。部分重要学术会议如下：

（一）新时代的城市治理高端论坛

1 月 5 日，新时代的城市治理高端论坛在学校举办。学校党委副书记郑水泉，原党委书记、公共治理研究院院长程天权出席会议并致辞。专家学者、师生以及在京媒体共 40 余人参加论坛。在接续进行的两场主旨演讲中，学者嘉宾从市场治理体系和治理能力现代化、超大城市治理、大都市边缘区治理、行政执法体制改革、城市管理学科建设、城市环卫服务、城市治理研究、城市社会治理共同体建设、城市文化与城市生命力、“接诉即办”等视角就新时代城市治理的突出问题进行深入探讨，提出自己的真知灼见。本次论坛由学校公共治理研究院和首都发展与战略研究院联合主办，为新时代的城市治理提供了来自学术界的深度观察与思考，体现了学校在打造高端智库品牌方面的优势与价值。

（二）第二十四届中国资本市场论坛

1月11日，第二十四届（2020年度）中国资本市场论坛在学校举办，主题是“中国金融开放与资本市场发展”。副校长刘元春做开幕致辞，国融证券股份有限公司董事长侯守法代表主办方致辞。在论坛主题演讲环节，国家发展和改革委员会副主任兼国家统计局局长宁吉喆，中国证监会副主席阎庆民，中国上市公司协会会长宋志平，中国社会科学院副院长、学部委员高培勇分别做了主题演讲。随后，吴晓球发布主题报告《中国金融开放：模式、基础条件和市场效应评估》。论坛由学校中国资本市场研究院、重阳金融研究院和国融证券股份有限公司共同主办。来自中央国家机关、高校、研究机构等相关单位负责人和专家学者，以及证券公司、基金公司、上市公司嘉宾和媒体记者等500余人与会。

（三）新冠肺炎疫情专项课题汇报研讨会

5月19日，科研处联合国家发展与战略研究院组织召开新冠肺炎疫情专项课题汇报研讨会。副校长刘元春出席。与会专家就新冠肺炎疫情的影响进行了深入交流。劳动人事学院党委书记唐鑛，社会与人口学院教授刘少杰，法学院教授姚辉、教授丁相顺、助理教授刘洋，公共管理学院副教授王宏伟，农业与农村发展学院教授刘金龙等围绕自身领域，分享了研究心得。

（四）中国家庭转变：理论前沿与实践经验学术研讨会

5月31日，中国家庭转变：理论前沿与实践经验学术研讨会以网络会议的方式召开。会议由学校人口与发展研究中心和中国人口学会婚姻家庭专业委员会共同主办。来自多家科研院所和机构的15位学者做大会主题报告。全国多所高校和科研机构的专家、学者、学生及多家媒体记者参会。大会设立了四个专题：“社会变迁中的家庭转变：互构与博弈”“转型期代际互动：形式与功能”“转型期婚育行为：表现与应对”“中国家庭转变：回顾与展望”。这次云端会议是应对新冠肺炎疫情的学术活动新尝试，也是未来婚姻家庭领域研究跨学科交流的新开端。

（五）中文国际教育论坛

6月16日，学校国际文化交流学院成立大会暨中文国际教育论坛举办。校长刘伟、教育部高等教育司副司长徐青森、孔子学院总部（国家汉办）党委书记马箭飞、北京语言大学副校长张旺喜等出席。成立大会由副校长兼国际文化交流学院院长杜鹏主持。中文国际教育论坛上，来自北京大学、北京师范大学、北京外国语大学专家与学校国际文化交流学院师生就学科导向、学科建设等展开了讨论。

（六）国家自然科学基金委员会第257期双清论坛

9月21—22日，由学校承办的国家自然科学基金委员会第257期双清论坛在北京举办，论坛主题为“中国经济发展规律与理论研究关键科学问题”，论坛主席由校长刘伟、北京大学教授黄季焜、山东大学教授陈增敬共同担任。来自北京大学、清华大学、中国人民大学、复旦大学、国务院发展研究中心、中国科学院和中国社会科学院等22所高校和科研机构的34位专家学者代表通过线上线下结合的方式参加了此次论坛，研讨内容涉及经济、管理、数学、信息科学等多个学科领域。

（七）中国人民大学命名组建七十周年学术研讨会

10月3日，中国人文社会科学论坛2020暨中国人民大学命名组建七十周年学术研讨会在学校举办，主题为“培养担当民族复兴大任的时代新人”，旨在全面贯彻落实习近平新时代中国特色社会主义思想，深入学习习近平总书记关于教育的重要论述，总结中国共产党创办新型高等教育的历史经验，弘扬党优良的办学传统，增强高校师生继续建设世界一流高校的动力和使命感。北京师范大学原校长、中国教育学会原会长钟秉林，北京理工大学党委书记赵长禄，中央民族大学校长郭广生，首都师范大学校长孟繁华，中央音乐学院党委书记赵旻，延安大学党委书记张金锁等校外嘉宾与会。校领导靳诺、刘伟、吴付来、刘元春、杜鹏、朱信凯、齐鹏飞、顾涛、王轶、胡百精等出席会议。兄弟高校教育学院负责人、相关领域专家学者、部分学术期刊编辑和专业媒体代表，学校相关学院师生代表、专家学者以及相关部门负责人参加会议。

（八）建设开放的国内国际双循环新发展格局研讨会

10 月 10 日，由学校国家发展与战略研究院、全国中国特色社会主义政治经济学研究中心举办的建设开放的国内国际双循环新发展格局研讨会在学校举办。中国国际经济交流中心副理事长黄奇帆，学校校长、国家发展与战略研究院院长、全国中国特色社会主义政治经济学研究中心主任刘伟，学校副校长刘元春等出席研讨会。与会的业界权威专家为推动构建以国内大循环为主体、国内国际双循环相互促进的新发展格局献计献策。

（九）2020 年中外新闻传播学院院长会议

10 月 24 日，2020 年中外新闻传播学院院长会议在学校举办，以“瞭望与关怀：全球疫情背景下的新闻传播”为主题。会议以线上和线下结合的形式邀请了国内外多所新闻传播院校的院长、专家学者一同展开交流研讨，当天会议还同步进行了网络直播。会议由学校新闻学院、新闻与社会发展中心主办。

（十）新中国统计教育 70 年：回顾与展望暨中国人民大学统计学科建设研讨会

10 月 24 日，为庆祝学校统计学科创建 70 周年，推进统计学科建设与统计教育持续发展，新中国统计教育 70 年：回顾与展望暨中国人民大学统计学科建设研讨会在学校举办。校长刘伟致辞。学校一级教授袁卫，东北师范大学副校长郭建华，教育部高校统计学类专业教指委主任委员、北京大学教授房祥忠，国务院学位委员会全国应用统计专业学位研究生教育指导委员会秘书长、学校教授赵彦云做主题报告。国家统计局相关司局负责人、国内各兄弟高校统计学科专家、中国人民大学统计学院师生共同参加会议。

（十一）中国人民大学习近平新时代中国特色社会主义思想研究院新时代中国特色社会主义教育研究中心成立暨习近平总书记教育“九个坚持”重要论述学术研讨会

10 月 28 日，中国人民大学习近平新时代中国特色社会主义思想研究院新时代中国特色社会主义教育研究中心成立仪式暨习近平总书记教育“九个坚持”重要论述学术研讨会举办。会议旨在全面学习习近平新时代中国特色社会主义思想，迎接党的十九届五中全会的胜利召开，深入研究全国教育大会和习近平总书记教育“九个坚持”重要论述精神，落实立德树人的根本任务。研讨会由学校教育学院、习近平新时代中国特色社会主义思想研究院、出版社共同举办。中国教育学会原会长、中国教育学会名誉会长、北京师范大学资深教授顾明远，清华大学原副校长谢维和，中国教育电视台原党委书记张剑，教育部高等学校社会科学发展研究中心副主任储新宇，学校习近平新时代中国特色社会主义思想研究院院长秦宣等多位专家学者受邀参会。学校党委书记靳诺、副书记郑水泉等出席会议。来自全国多所高校教育学院负责人、相关领域专家学者、部分学术期刊编辑和多位媒体代表、学校教育学院部分师生参加。

（十二）首届明德艺术论坛

11 月 6 日，第一届明德艺术论坛在学校举办开幕式。作为对新文科宣言的积极响应，学校艺术学院作为发起与主办方，邀请了清华大学、北京师范大学、中国传媒大学、中央美术学院、中央音乐学院、中国音乐学院、上海戏剧学院等国内数十名高校的知名专家学者参与现场讨论。同时，论坛还通过在线方式，邀请了英国剑桥大学、澳大利亚新南威尔士大学等国外知名高校的学者实时互动。在两天时间内，专家学者从自身研究领域出发，结合国内外艺术发展动向，共同探讨了新文科背景下艺术学科建设的新视域、新路径、新方法。

（十三）首都当代中国马克思主义论坛·2020

11月17日，“首都当代中国马克思主义论坛·2020”在学校举办，主题为“21世纪马克思主义的理论创新与时代价值”。学校党委书记靳诺在论坛开幕式上致辞，中共北京市委常委、宣传部部长，北京市习近平新时代中国特色社会主义思想研究中心主任杜飞进做论坛主旨报告。北京市政协副主席、党组成员，北京市社科联主席牛青山主持论坛开幕式。部分在京的全国习近平新时代中国特色社会主义思想研究机构代表，北京市习近平新时代中国特色社会主义思想研究中心、研究基地代表，北京大学、清华大学、中国人民大学、北京师范大学等高校师生150余人参加论坛。

（十四）第三届中国食品安全法治论坛（2020）

11月22日，第三届中国食品安全法治论坛（2020）在京召开，以“后疫情时代食品安全法治治理创新”为主题，就当前食品安全法治治理的新形势展开对话、交流，进一步总结后疫情时代食品安全法治治理新经验、新模式，共同致力于食品供应保障，创新疫情防控和食品安全法治之道，推进我国食品安全治理体系和治理能力的现代化。论坛由学校食品安全治理协同创新中心、市场监管法治研究基地，以及中国法学会食品安全法治研究中心联合主办。最高人民检察院、国家卫健委、国家市场监督管理总局、海关总署、国家食品安全风险评估中心、地方食品安全监管部门、司法机关、高校及科研机构、行业协会、企业等的领导和专家学者以及新闻媒体代表参加。

（十五）新时代国际文化交流研讨会

12月3日，国际文化交流学术联盟成立大会暨新时代国际文化交流研讨会在学校举行。该联盟由学校发起，共23家高等院校、研究机构共同加入，学校党委书记靳诺当选联盟理事长。联盟旨在创新国际文化交流学术研究合作机制，共同研究新时代中外文化交流的重大问题。学校党委书记靳诺、副校长杜鹏、原副校长贺耀敏，中央民族大学副校长宋敏，吉林大学副校长赵宏伟等出席会议。北京大学、北京师范大学、南开大学等单位代表参会。中宣部、教育部相关负责人出席成立大会，向联盟成立表示祝贺。

（十六）中国应用经济学年会（2020）

12月4—5日，为贯彻落实党的十九届五中全会精神，在国务院学位委员会学科评议组应用经济学组的指导下，中国应用经济学年会（2020）在京召开，主题是“‘十四五’时期中国经济”。年会围绕应用经济学科研究重点及发展方向、开放大国经济、经济高质量发展与财税体制改革、经济新格局与金融发展、数字经济与产业新业态等一系列重要问题展开研讨，为“十四五”时期国民经济和社会发展重大需求提供理论指导和解决方案。本次会议由学校主办，学校财政金融学院、应用经济学院承办。国家发展和改革委员会副主任兼国家统计局局长、党组书记宁吉喆，教育部原副部长、中国职业技术教育学会会长鲁昕，中国社会科学院副院长、学部委员高培勇，副校长刘元春，原副校长、一级教授吴晓球，中南财经政法大学校长杨灿明，西南财经大学校长卓志，浙江财经大学校长钟晓敏，以及部分第七届、第八届应用经济学学科评议组成员，全国高校应用经济学学术带头人与青年学者代表，学校师生、业界专家和媒体代表等参加了会议。

（十七）教育、女性与可持续发展论坛2020——“教育扶贫与女性发展”专题研讨会

12月22日，为纪念1995年世界妇女大会召开25周年，凝聚研究力量，凝练中国教育扶贫、助力女性发展经验的学术表达，教育、女性与可持续发展论坛2020——“教育扶贫与女性发展”专题研讨会在学校召开。论坛由中国教育国际交流协会、中国人民大学主办。中国教育国际交流协会会长刘利民，学校党委书记靳诺，法国驻华大使罗梁，中国青少年发展基金会党委书记、理事长郭美荐等出席。政府、学界和公益组织的代表及学校百余位师生参加。

附录

2020 年中国人民大学纵向重大重点项目表

所属单位	项目名称	负责人	立项经费（万元）	项目批准号
国家社会科学基金项目重大项目				
财政金融学院	国家治理视角下传统中国货币与财政关系研究（1368—1911）	何平	80	20&ZD064
财政金融学院	经济双循环系统下的货币政策与财政政策协调配合研究	张成思	80	20&ZD104
农业与农村发展学院	食品安全社会共治与跨界合作机制研究	周立	60	20&ZD116
国家发展与战略研究院	中国特色政策试点机制研究	刘瑞明	80	20&ZD118
信息资源管理学院	我国政府数据治理与利用能力研究	安小米	80	20&ZD161
农业与农村发展学院	乡村振兴背景下数字乡村发展的理论、实践与政策研究	马九杰	80	20&ZD164
社会与人口学院	中国少数民族人口迁移流动与民族互嵌格局形成研究	段成荣	60	20&ZD172
社会与人口学院	高质量发展视域下中国人口均衡发展的理论建构与多维测度研究	宋健	80	20&ZD173
法学院	紧急状态的类型化和立法研究	莫于川	80	20&ZD175
法学院	健全支持民营经济发展的刑事法治研究	时延安	80	20&ZD198
历史学院	清朝西北边疆经略史	赵珍	80	20&ZD230
历史学院	隋唐五代壁画墓与中古文化变迁研究	李梅田	80	20&ZD249
历史学院	中国人民大学藏唐代西域出土文献整理与研究	孟宪实	80	20&ZD250
历史学院	中国佛教方志研究与数据库建设（多卷本）	曹刚华	80	20&ZD260
文学院	20 世纪中国文学学术话语体系的形成、建构与反思研究	陈剑澜	80	20&ZD280
文学院	佛典语言的中国化	朱冠明	80	20&ZD304
新闻学院	健全重大突发事件舆论引导机制与提升中国国际话语权研究	李彪	60	20&ZD319
国家社会科学基金项目重点项目				
马克思主义学院	新民主主义革命时期中国共产党阶级分析问题研究	刘辉	35	20ADJ005
法学院	法定数字货币跨境流动法律问题研究	杨东	35	20AFX020
应用经济学院	促进与适应新能源大规模消纳视角下的电力市场设计与市场改革研究	宋枫	35	20AJL005
社会与人口学院	低生育率背景下育龄家庭的生育机制与生育支持研究	宋健	35	20ARK005

续表

所属单位	项目名称	负责人	立项经费（万元）	项目批准号
社会与人口学院	我国困境儿童的多重伤害与社会支持体系研究	张会平	35	20ASH018
新闻学院	新时代中国共产党对外传播的理论逻辑与实践探索研究	刘小燕	35	20AXW006
财政金融学院	现代中央银行制度建设研究	张成思	35	20AZD035
经济学院	加快建设现代化经济体系	张杰	35	20AZD042
新闻学院	我国重大舆情传播引导机制问题研究	周勇	35	20AZD060
新闻学院	建立健全网络综合治理体系研究	匡文波	35	20AZD063
统计学院	我国基本养老保险制度研究	王晓军	35	20AZD075
劳动人事学院	健全统筹城乡、可持续的基本医疗保险制度研究	仇雨临	35	20AZD076
信息资源管理学院	全媒体语境下的信息流行病学理论与实践研究	周晓英	35	20AZD132
文学院	康德《判断力批判》诠证	陈剑澜	35	20AZW004
哲学院	井上哲次郎《东方哲学史》的缘起、理路与影响研究	林美茂	35	20AZX011
公共管理学院	推进乡镇政府减负增效的体制机制研究	毛寿龙	35	20AZZ008
国家自然科学基金重点项目				
物理系	非晶合金拓扑序的探索与结构性能关联性的研究	李茂枝	358.2	52031016
农业与农村发展学院	脱贫地区持续发展的内生动力及政策研究	汪三贵	250.5	72034007
国家自然科学基金优秀青年科学基金项目				
物理系	超冷原子分子物理	齐燃	150	12022405
国家重点研发计划项目				
信息学院	面向城市智能服务的数据治理体系与共享平台	杜小勇	3 589	2020YFB2104100
高瓴人工智能学院	面向多元化纠纷化解的智能法律助理和类案分析系统关键技术研究	徐君	184	2019YFE0198200
国家重点研发计划课题				
数据工程与知识工程教育部重点实验室	制造大数据可视化分析系统	陈跃国	521	2020YFB1710004
信息学院	经济 ******** 研究	刘家俊	248	2019YFC0850302
信息学院	自适应的跨链安全治理方法	秦波	138	2020YFB1005603
教育部哲学社会科学研究重大课题攻关项目				
统计学院	健康中国 2030 背景下的健康老龄化体系优化研究	王晓军	80	20JZD023
教育学院	我国博士生招生和培养规模结构质量问题研究	李立国	80	20JZD051
教育部人文社会科学重点研究基地重大项目				
国际关系学院	多重危机背景下欧盟的全球战略及其对大国外交的含义研究	房乐宪	60	20JJDGJW001
哲学院	比较视野下的伊斯兰与现代性研究	王宇洁	60	20JJD730001
北京市社会科学基金项目重大项目				
经济学院	构建以国内大循环为主体、国内国际双循环相互促进的新发展格局研究	刘元春	30	20ZDA29
经济学院	到 2035 年建成社会主义文化强国研究——从提升中华文化影响力的视角	贺耀敏	30	20ZDA27

续表

所属单位	项目名称	负责人	立项经费（万元）	项目批准号
财政金融学院	适应京津冀战略性新兴产业协同发展的金融支持体系研究	戴稳胜	30	20ZDA11
法学院	《民法典》担保制度体系研究	高圣平	22.5	20ZDA01
经济学院	中国突破关键核心技术创新的机制体制障碍与对策研究	张杰	22.5	20ZDA10
环境学院	推动绿色消费的制度体系与机制创新研究	靳敏	22.5	20ZDA04
马克思主义学院	习近平总书记关于统一战线重要论述研究	何虎生	30	20LLZZA002
马克思主义学院	新发展阶段人民美好生活需要研究	邱吉	30	20LLMLA004
社会与人口学院	后脱贫攻坚时代中国巩固拓展脱贫攻坚成果的制度体系与实施模式研究	李迎生	30	20LLSMA003
北京市自然科学基金重点研究专题项目				
物理系	层状非常规超导体的探索、物性调控和理论研究	雷和畅	300	Z200005
统计学院	基于口腔癌复杂高维多模态数据的统计学习研究	许王莉	200	Z200001

发展规划

学科和事业发展规划

一、概况

2020年是“十四五”规划编制之年，学校从年初即启动“十四五”规划编制工作，经过广泛调研、深度访谈、专题研究，起草完成了学校“十四五”规划（初稿）；稳步推进学科发展规划各项工作，完成了数学学院和统计学院设系工作，论证成立了评价研究中心、期刊管理中心、国家治理与舆论生态研究院、明德书院、明理书院、中国经济史研究中心等校内机构。

二、事业发展规划工作

（一）组织协调各部处、各学院开展“十四五”规划编制工作

从2020年初开始，发展规划处组织协调全校各部处、各学院对“十三五”期间的工作进行总结，对“十四五”期间的工作进行谋划。6月底，72家部处、学院完成并提交了“十三五”总结和“十四五”规划初稿。

（二）“十四五”规划编制工作的制度保障

成立由学校党委书记靳诺、校长刘伟担任组长，校领导班子其他成员任副组长的“十四五”规划编制工作领导小组，全面领导规划编制工作；成立了由全校各部处、各学院担任成员单位的“十四五”规划编制工作专班，具体推进规划编制工作。

（三）开展“十四五”规划大访谈大调研

就“十四五”期间学校发展的总体思路、重点举措等问题，发展规划处对13位现职校领导及部分老领导开展了“一对一”专题访谈，累计时长达30余小时。

组织4场“十四五”规划院长座谈会，与全校28个学院的院长进行深度专题座谈，先后与研究生院、教务处、人才工作领导小组办公室、人事处、科研处、资产与后勤管理处、校园建设管理处、新校区建设办公室、图书馆等9个相关部门负责人就“十四五”规划的重点专项问题进行深度专题座谈，形成20余万字的访谈记录。

在各学院推荐的基础上，学校聘请160余位中青年骨干教师担任学校“十四五”规划编制工作专家，代表学校对49位一级教授、荣誉一级教授、二级教授等资深教授进行了“一对一”深度访谈，形成8万余字的《学校“十四五”规划资深教授专题访谈汇编》。

（四）开展“十四五”规划专项研究工作

开展相关文献研究工作，梳理形成了共计58万余字的《学校“十四五”规划相关参考文献汇编》，包括国家高等教育发展相关政策汇编、国内“双一流”建设高校最新动态汇编、交叉学科研究材料汇编、学校历次规划文件汇编、国外一流高校规划汇编等。

围绕学科交叉和交叉学科建设开展了持续深入研究。在系统梳理相关文献、扎实开展实地调研的基础上，对学科交叉和交叉学科建设的时代背景、相关政策及兄弟高校经验进行深入研究，撰写完成了6万余字的《国内外交叉学科建设现状研究报告》。

（五）起草学校“十四五”规划

在前期工作基础上，经过认真研究、充分论证，于12月中旬起草完成了学校“十四五”规划。规划包括7项全局性战略重点，思想政治教育、本科生培养、研究生培养、学科建设、师资队伍建设、科学研究、社会服务、文化传承创新、国际交流与合作等9项主要任务的重点举措，以及加强党的领导和党的建设、治理体系和治理能力现代化、资源统筹配置等支持保障措施。

三、院系调整及学科发展规划工作

（一）完成数学学院设系有关工作

4月29日，学校第十二届学术委员会第四次主任办公会审议通过数学学院设系事宜；5月29日，经2019—2020学年第29次校长办公会审议通过，决定在数学学院下设立数学与应用数学系、信息与计算科学系、金融数学与金融计算系。

（二）完成统计学院设系有关工作

4月29日，学校第十二届学术委员会第四次主任办公会审议通过统计学院设系相关事宜；5月29日，经2019—2020学年第29次校长办公会审议通过，决定将统计学院院属教研室变更为系（经济社会统计系、数理统计系、风险管理与精算系、生物统计与流行病学系），并新增数据科学与大数据统计系。

（三）论证成立中国人民大学评价研究中心

4月17日，经中共中国人民大学第十四届委员会第99次常委会议审议通过，成立中国人民大学评价研究中心，主要负责开展评价研究工作，发布面向校内的学科评价报告和“双一流”建设高校学科评价报告等。9月29日，学校举行深化新时代教育评价改革专家座谈会暨中国人民大学评价研究中心揭牌仪式。

（四）论证成立中国人民大学期刊管理中心

4月17日，经中共中国人民大学第十四届委员会第99次常委会议审议通过，成立中国人民大学期刊管理中心，作为全面管理学校各类期刊的机构，主要负责校级四大刊物、一流学科重点刊物及学校其他正式刊物的建设、管理和服务工作。7月24日，学校召开期刊管理中心成立宣布会，同时宣布撤销原学术期刊社。

（五）论证成立中国人民大学国家治理与舆论生态研究院

7月17日，经中共中国人民大学第十四届委员会第110次常委会议审议通过，成立中国人民大学国家治理与舆论生态研究院。该研究院主要负责舆论学新型智库建设、教学实践基地建设和高层次舆论学管理人才培养等工作。7月31日，学校举办国家治理与舆论生态建设论坛（2020）暨中国人民大学国家治理与舆论生态研究院成立仪式。

（六）论证成立中国人民大学明德书院、明理书院

6月4日，经中共中国人民大学第十四届委员会第105次常委会议研究审议，原则通过理工学科、人文学科书院制改革总体方案和书院行政及党组织设置方案。7月3日，经2019—2020学年第34次校长办公会审议通过，成立明德书院和明理书院。明德书院对应人文科学试验班，涉及文学院、历史学院、哲学院和国学院等4个学院，主要负责人文学科招生培养大类本科一年级学生和强基计划学生（四年一贯制）的教学管理和学生管理工作。明理书院对应理科试验班，涉及统计学院、环境学院、信息学院、数学学院和高瓴人工智能学院等5个学院，主要负责理工学科招生培养大类本科一年级学生的教学管理和学生管理工作。7月6日，学校举行明德书院、明理书院成立揭牌仪式。

（七）论证成立中国人民大学中国经济史研究中心

12月4日，经中共中国人民大学第十四届委员会第122次常委会议审议通过，成立中国人民大学中国经济史研究中心，挂靠中国人民大学经济学院。该研究中心主要负责协调和整合学校中国经济史学科相关的科研和教学力量，开展中国经济史学科领域的人才培养、科学研究和交流合作等工作。

四、统计信息管理工作

（一）数据填报

1. 1—5月，发展规划处组织相关职能部门，按照各大学排名机构的数据口径和填报要求，填报学校相关数据，并将《QS世界大学排名中国人民大学相关数据》、《泰晤士世界大学排名中国人民大学数据》和《科睿唯安全球教育机构概况大全项目中国人民大学数据》提交给各大排名机构。

2. 3—4月，发展规划处组织科研处、教务处、国际交流处等14个相关部门，收集、整理数据，填报了《中国人民大学2019—2020学年第二学期统计报表》。该报表共有71张表格，包含人才培养、队伍建设、学科建设、科学研究、国际交流、办学条件6个方面的发展状况。

3. 9—11月，发展规划处组织研究生院、教务处、科研处、人才工作领导小组办公室、人事处、学生工作部（处）、招生就业处、资产与后勤管理处等26个相关部门，收集、整理数据，填报了《中国人民大学高等教育基层统计调查表（2020—2021学年初）》，并报送北京市教育委员会。

（二）数据发布

2020年，为及时展现学校发展状况、服务学校管理与决策，发展规划处累计面向全校公开发布数据两次：5月整理发布《中国人民大学2019—2020学年第二学期重要统计数据》，12月整理发布《中国人民大学2020—2021学年第一学期重要统计数据》。

（三）年度报告

5—7月，发展规划处梳理并印发了《中国人民大学年度数据2019》，该报告包含人才培养、师资

队伍、学科建设、科学研究、国际交流、办学条件、分学院情况统计、世界大学排行榜排名情况、中国人民大学与其他高校数据比较等 9 个部分。

（四）统计分析

2020 年，为解决学校事业发展存在的堵点难点问题，发展规划处开展了一系列与学科、学校发展相关的专题研究，完成多份统计分析报告，为学校事业发展及管理决策提供科学依据。完成的报告主要包括《中国人民大学 QS 学科排名分析报告》、《中国人民大学与伦敦政治经济学院比较分析》、《中国人民大学世界大学及学科排名状况分析及提升举措》、《中国人民大学软科最好学科排名分析及基于软科学科数据监测平台的学校部分学科的对标分析》、《中国人民大学与伦敦政治经济学院、芝加哥大学对标分析》和《中国人民大学法学 QS 世界大学学科排名专题分析》。

（五）统计服务

为学校办公室、人事处、国际交流处、理工处、教务处、资产处、新校区建设办公室、校医院、经济学院等部门提供学校综合数据，支持各职能部门开展相关工作。

■ 校园规划与建设

一、概况

2020 年，学校以“双一流”建设为核心，按照“十三五”基本建设规划，全力推进学校基建、修缮工程管理工作，在东南区项目工程、通州新校区建设、学校各类修缮工程等方面做了大量工作，取得了一定成绩。

二、中关村校区

（一）东南区项目工程

2020 年，校园建设管理处全力推进东南区综合楼（教学科研楼）、集体宿舍楼（留学生宿舍）两个建设项目的建设工作，确保项目于 9 月 30 日正式竣工并交付使用。

东南区建设项目于 2014 年 10 月取得教育部有关项目建设可行性研究报告的批复，2016 年 5 月取得北京市施工许可，2016 年 6 月正式开工建设。经过各方长达四年的努力，克服了雾霾停工、劳动力短缺、原材料涨价、工期顺延等不利因素，于 2020 年完成了全部施工。为确保工程交付使用，特别是确保学生宿舍楼的如期启用，校园建设管理处多项并行，推进政府部门的相关验收，极大地压缩了东南区工程的各项验收时间：2020 年 7 月 7 日完成电梯专项验收和防雷验收，8 月 28 日完成节能验收和无障碍验收，9 月 4 日完成消防验收，9 月 17 日完成五方验收，9 月 18 日完成规划验收。

东南区项目总建筑面积 102 590 平方米，建筑高度 80 米。其中，教学科研楼地上 18 层，学生宿舍楼 19 层，项目建成后将提供 3 500 余个教室座位，1 200 余个学生床位，同时提供专家公寓 102 套。项目入选北京市结构长城杯金质奖工程、绿色施工示范工程、绿色样板工地。东南区教室和学生宿舍的投入使用，为全校师生提供了更好的学习和生活空间，也极大鼓舞了广大教职工从事教育事业的斗志，提升了广大教职工创建“双一流”的信心。

（二）东南区外电源工程和东南区建设项目 10KV 分界室建设供电工程

外电源工程于 2018 年 8 月初开工建设，10KV 分界室建设供电工程于 2020 年 4 月初开工建设。2020年完成了项目建设、设备安装、专业验收和竣工备案等工作，并于2020年5月18日正式发电。

(三) 友谊路基础设施改造项目工程

为了保障学校东南区项目（教学科研楼和留学生宿舍）供热、供暖、弱电等基本需求，治理跑冒滴漏顽疾，预留基础设施发展空间，校园建设管理处牵头实施友谊路基础设施改造项目工程，建设综合管廊，西起南区锅炉房，东至东南区建设工地。该项目是中关村校区第一条地下综合管沟，采用国际通行的标准化综合管沟方案，2019年5月1日开工建设，2019年10月正式投入供暖运行，2020年6月竣工验收并交付使用。项目竣工投入使用后，极大地提升了友谊路基础设施综合服务能力，为学校以后开展类似项目积累了宝贵经验，为进一步建设“安全、节能、智慧”校园打下了坚实基础。

(四) 修缮工程

2020年，根据学校修缮工作的总体部署及各单位实际使用需求，持续开展学校房屋建筑和校园基础设施的整修翻修、更新改造和环境美化等修缮工作。2020年，开展各类大小修缮工程项目40余项，总投资合计约3 590万元，重点完成了贤进楼二次供水（箱式无负压）改造工程、校园内更换配电柜及电缆工程、老校区消防设施等系统升级改造工程、清陆军部和海军部旧址主楼室外管线工程、2020年（西北区、东北区、南区）毕业生宿舍整修工程、2020年周转住房装修工程、东区浴室供热改造工程、校园部分供暖系统改造工程等专项工程。

三、通州新校区

2020年，通州新校区建设坚持以习近平总书记关于北京城市副中心建设的重要指示为根本遵循，统筹推进疫情防控和复工复产，克服疫情带来的不利影响，全面推进规划建设工作。

实现北区学生宿舍一期项目主体结构封顶，以及社会与人口学院楼、西区学部楼一期、北区学生宿舍二期及食堂等项目开工建设，在建项目总建筑面积达26万平方米，进入全面建设新阶段。

开展通州新校区3个重要建筑组团9个建设项目近34万平方米的设计方案国际征集工作。

完成西区学部楼二期等8个建设项目的立项工作。

场地内多项拆迁拆改难题取得重大进展，完成最后两户住宅拆迁滞留户的拆除工作，解决了长达7年之久的拆迁遗留难题，标志着通州新校区住宅拆迁工作全部完成。

推进基础设施、园林景观、智慧校园等工作。

为进一步促进学校广大师生党员理解新校区建设的重大意义，了解新校区规划建设进展情况，做好入驻新校区的思想准备，2020年下半年开展“走进新校区、筑梦新使命”新校区建设主题党日系列活动，年内共有12个校内党组织约500人次前来开展主题党日活动。

■ 专项资金管理

一、专项资金管理机构

“双一流”建设办公室为学校“双一流”建设有关工作的办事机构，全面负责“中央高校建设世界一流大学（学科）特色发展引导专项”（简称“引导专项”）、“中央高校改善基本办学条件专项”和“北京高校‘双一流’建设资金专项”三大专项的管理，包括项目规划、经费立项、执行监督、项目调整、绩效评价、年度报告等全过程管理。

"2011计划"办公室为学校"2011计划"相关工作的办事机构，主要负责对外联络、规划设计、组织实施等各项工作。

二、统筹推进世界一流大学和一流学科建设

(一) 概况

2020年，学校服务国家战略和经济社会发展成效显著，部分学科领域处于世界领先水平，高水平高质量完成了2016—2020年"双一流"建设阶段性目标。

2020年，学校获得"引导专项"资金合计约3.14亿元，重点投入拔尖创新人才培养、师资队伍建设、提升自主创新和社会服务能力、文化传承创新、国际合作交流五大领域，支持学校120余项"双一流"建设项目，涉及33个学院(系)研究院、24个职能部门或研究中心等项目单位，设立26个"双一流"跨学科重大创新规划平台，初步形成服务国家、深度融合、引领未来的学科交叉发展生态。

(二) 高质量完成"双一流"建设周期总结，符合度、达成度高，建设成效突出

8—9月，开展学校和14个一流学科周期总结工作，形成学校整体和各一流学科总结报告、对标表、基建表，凝练学校十大典型案例。评议专家对学校周期总结工作和总结材料给予高度评价，并一致认为：在2016—2020年"双一流"建设周期，学校各项成绩令人振奋鼓舞，符合总结要求，对标对表严格，事实数据翔实，成绩亮点突出，取得了历史性、时代性、世界性的成就，达成建设目标。

(三) 有力推进"双一流"跨学科重大创新规划平台建设，实质性促进跨学科融合，有效挖掘学科建设增长点

7月，以"大平台、大团队、大交叉、大协作、大项目"为思路，通过组织申报及专家评审、整合已有平台、学校重点统筹打造等，经学校批准形成26个"双一流"跨学科重大创新规划平台，分类予以支持，初步搭建形成层次合理、重点突出的跨学科重大创新规划平台体系。

(四) 打造"双一流"标志性成果，充分展现建设质量、贡献、影响力

1—7月，为迎接国家首轮"双一流"建设评估，学校重点围绕立德树人、科学研究、服务国家战略和经济社会发展等方面的突出成绩，凝练"双一流"建设标志性成果，通过亮点凝聚、特色突显，积极全面讲好学校"双一流"建设故事，并成为学校周期总结十大典型案例的基础素材。

(五) 填报"双一流"建设监测数据，全方位、深层次呈现学校建设情况

分别于1月和9月，两次启动2016—2020年学校"双一流"建设监测数据填报工作。填报完成4万多条"双一流"建设监测数据，编撰完成"双一流"建设标志性成果文案，全方位、深层次呈现学校"双一流"建设的实施成效和标志性成果。理论经济学等14个一流学科、计算机科学与技术等7个支撑学科开展学科建设监测数据填报，针对学科建设进展、拔尖创新人才培养、建设一流师资队伍、提升科研水平、社会服务等多个方面完成38个核心监测点的数据报送。

12月，根据教育部要求，完成2020年9—12月数据更新补报工作，全面反映学校"双一流"建设最新成果。

(六) 编制专项资金测算方案，完成项目立项启动，有力推动学校"双一流"建设工作开展实施

3—4月，按照"稳基本、保重点、讲绩效、可调控"的基本原则，结合各单位项目规划和经费申请，编制完成2020年"引导专项"资金测算方案，经学校审议通过。根据国家文件精神，结合学校总体工作部署，完成各单位"引导专项"项目立项启动，按计划推进各项目实施落实，为学校稳步发展提供经费保障。

5月，根据教育部调整后的拨款额度，坚持“保工资、保运转”基本原则，形成了2020年“引导专项”资金调整建议方案，经学校审议通过并向教育部重新上报后，按照调整方案进行重新立项，全面确保资金执行质量和效益。

(七) 严格开展经费执行督查，组织绩效自评，落实全方位、全过程、全覆盖的预算绩效管理要求

10月，为深入贯彻绩效理念，牢固树立投入与管理并重意识，全面开展2020年度“双一流”经费执行督查，有力提升了资金执行进度。

12月，开展2020年“引导专项”绩效自评工作。根据国家“引导专项”绩效自评工作要求，完成2020年拔尖创新人才培养、师资队伍建设、提升自主创新和社会服务能力、文化传承创新、国际合作交流五大项目的绩效自评，以科学深入开展绩效自评为抓手，有力提升“引导专项”资金绩效管理水平。

(八) 开展“一上”“二上”项目申报，项目建设质量持续提升

7、12月，根据教育部要求，先后完成学校“引导专项”的“一上”“二上”申报工作，编制形成2021—2023年“引导专项”项目库。经第三方专家评审，学校2021年“拔尖创新人才培养”“师资队伍建设”“提升自主创新和社会服务能力”“文化传承创新”“国际合作交流”5类项目18个子活动获得全优的评审结论，顺利上报中央部门预算管理系统。

三、改善基本办学条件专项资金项目管理

(一) 概况

2020年，改善基本办学条件专项经费受到新冠肺炎疫情影响，较往年压缩三分之一，学校共20个项目获得专项经费支持，金额总计6 374万元。开展改善基本办学条件专项资金项目管理，包括：高效推进2020年项目执行，并完成中期绩效执行监控工作；组织完成2021—2023年项目库建设，且顺利通过教育部委托的第三方机构对学校2021年项目的线上评审；按时完成2019年项目绩效自评。

(二) 高效推进2020年项目执行，开展中期绩效执行监控工作

1月，根据学校相关工作安排，按照“二上”预算安排提前启动2020年项目立项工作，向财务处、大类管理部门及各项目单位发放立项通知书。

5月，根据教育部新要求形成压减方案，经学校审议通过并报送教育部后，对2020年项目重新立项，保证本年度专项项目正常施行。

7月，根据教育部文件要求，组织大类管理部门按照房屋修缮、基础设施改造、设备资料购置三个大类填写项目支出绩效执行监控表。

(三) 积极组织2021—2023年项目库动态管理和申报，并顺利通过教育部委托的第三方评估机构对2021年申报项目的评估

4月，改善基本办学条件专项2021—2023年项目库启动申报。为提升专项管理的规划性和科学性，确保年度项目申报工作顺利开展，采用线上线下相结合的方式组织召开专题会、财政专项小组会。经专项工作小组讨论、专项领导小组决策，最终按房屋修缮、基础设施改造、设备资料购置、建设项目配套工程四个大类向教育部申报2021—2023年中央高校改善基本办学条件专项项目库。

7月，教育部委托北京中咨新世纪会计师事务所有限公司对学校申报的2021年中央高校改善基本办学条件专项资金项目进行线上评审，学校组织2021年两大类（房屋修缮、设备资料购置）项目参加评审，共涉及9个项目单位的15个子活动。所有项目均通过评审。

（四）顺利完成2019年改善基本办学条件专项项目绩效自评工作

1月，根据教育部文件精神，对2019年执行的项目进行了年末绩效自评工作，各项目单位严格对照绩效目标填写绩效自评表，并对绩效自评工作进行总结，经校领导批准后上报教育部。

四、北京高校“双一流”建设资金专项

（一）概况

2020年，学校获得高精尖学科建设经费175万元，用于支持北京高精尖学科建设，推动形成领先的新兴前沿交叉学科；2020年底，学校获得北京高校“双一流”建设资金专项2 100万元，用于支持一流大学建设，促进央地共建共享。

学校在“服务北京，重点投入；定位一流，构建高峰；项目主导，重在创新；改革发展，突出绩效”的指导原则下，认真规划、坚持一流，推动学校和学科建设全面融入北京“四个中心”战略定位。

（二）做好资金测算和项目管理

3—4月，按照《北京高校一流大学和一流学科建设管理办法》和《北京高校“双一流”建设资金管理办法》，结合学校编制的《北京市与中央高校共建一流大学建设计划书》和学校“双一流”建设总体工作部署，做好北京高校“双一流”建设资金测算，向北京结对共建学科及各项目单位等下达经费支持，并做好后续管理工作。

（三）推动与市属高校学科结对共建

按照北京市教委关于开展和市属高校结对共建的通知精神，与首都经济贸易大学（应用经济学、工商管理）、北京联合大学（工商管理）、北京印刷学院（新闻传播学）进行共建，助力推动北京市整体教育水平提升。

（四）做好北京高精尖学科管理服务工作

做好学校新时代中国经济学和科技金融两个北京高精尖学科的管理服务工作，助力增强学科服务国家战略和区域经济社会发展能力。4月，按照北京市教委要求，组织新时代中国经济学和科技金融两个学科总结形成《高精尖学科年度工作自评报告》。

（五）开展北京高校“双一流”建设年度成效评估工作

4月，根据北京市教委《关于开展北京高校“双一流”建设年度成效评估工作的通知》，组织各相关单位全面梳理建设成效与服务北京“四个中心”建设情况，在此基础上总结形成《北京市支持入选国家“双一流”建设高校年度工作自评报告》。

五、“2011计划”

（一）概况

根据教育部《高等学校“十三五”科学和技术发展规划》《2011协同创新中心建设发展规划》《2011协同创新中心政策支持意见》《2011协同创新中心认定暂行办法》等文件要求与精神，按照学校“2011计划”工作的整体部署，扎实推进政策服务、综合管理等各项工作。

（二）项目管理及进展情况

做好“2011计划”国家政策及兄弟高校协同创新中心运行情况的追踪与研究工作，追踪国家“2011计划”政策的最新进展，追踪兄弟高校协同创新中心的建设与运行情况。

不断提高管理服务水平，积极推进校内协同中心的培育与日常运行，做好校内已成立中心的资源配置和配套政策支持协调工作，持续支持校内协同创新中心建设。

■ 采购与招标工作

一、概况

2020 年，采购与招标管理中心持续开展全校货物、服务及工程采购工作，同时进行制度、业务流程、信息化等方面建设。

二、主要工作

（一）依法依规开展各类采购业务

2020 年，货物服务采购工作严格按照国家相关规定以及《中国人民大学采购与招标管理办法》的规定规范执行。全年通过政府采购方式组织货物和服务类购置总计 3.03 亿元，其中，货物类采购 1.72 亿元，服务类采购 1.31 亿元。

工程采购工作严格执行国家、地方、行业及《中国人民大学采购与招标管理办法》的相关规定，完成基建、修缮、工程服务采购委托 53 项，总成交金额 17.44 亿元。完成业务部门自行采购工程及工程服务合同审核、盖章、备案共计 76 项，合同金额总计 1 355.89 万元。

（二）深化采购制度与业务规范建设

在《中国人民大学采购与招标管理办法》及工程采购相关实施细则的基础上，参与修订《中国人民大学合同管理办法》，规范合同签署、盖章、备案流程。

（三）全力配合通州新校区建设

重点开展通州新校区建设相关采购招标工作，全年圆满完成社会与人口学院楼、西区学部楼一期、北区学生宿舍二期及食堂三个建设项目的施工、设计、全过程造价、全过程审计、监理及相关小型工程和工程服务采购委托，并与新校区建设办公室合作开展新校区一期部分重要建筑设计方案国际征集工作，为新校区 22 万平方米建筑面积开工任务及后续建设提供坚实保障。

（四）疫情防控背景下稳步推进学校采购管理工作

2020 年初，根据新冠肺炎疫情防控工作特点和实际需求，快速制定发布《关于做好疫情防控期间采购工作有关事项的通知》，明确采购与疫情防控直接相关的货物、工程和服务的，以满足疫情防控工作为首要目标，建立采购绿色通道，特事特办，急事急办，确保疫情防控采购及时便利。

（五）有效完成 2020 年改善基本办学条件购置等专项购置工作

为规范管理、科学安排好改善基本办学条件专项资金，发布《关于疫情期间推动 2020 年改善基本办学条件专项资金设备资料购置项目的通知》，明确各采购环节时间节点，有效提高了学校专项资金执行进度与使用效率。

（六）信息化水平全面提升

2020 年，学校货物服务类采购系统二期升级，业务流程进一步优化，做到时时监控流程风险、优化货物服务类购置预算、降低采购成本、提高采购效率、规范设备采购工作，转变了传统的采购观念、方法和习惯，减少采购过程中的随意性。

工程采购项目管理系统实现了全校工程采购业务流程线上执行、标准合同线上生成、合同线上备案；历史项目数据、资料全部导入系统，实现全部委托采招中心执行工程项目重要信息线上查询；依托工程采购项目管理系统，根据业务流程需要，开发档案管理系统，实现采购业务全流程信息化。

2020年，学校荣获《中国政府采购信息报》（财政部指定政府采购宣传媒体）评选的“2020年度政府采购先进高校”称号，采购与招标管理中心编制的《学校组织工程施工招标文件模板》被评为“2020年度政府采购优秀采购文件范本”。

对外交流与合作

一、概况

2020年，学校与阿根廷托尔夸托迪特利亚大学、秘鲁太平洋大学、葡萄牙里斯本大学、希腊雅典大学、英国约克大学、西班牙巴塞罗那自治大学、澳大利亚墨尔本大学、意大利欧洲大学学院、德国慕尼黑大学、日本一桥大学、美国耶鲁大学等共12所大学签署或续签了合作协议。截至2020年底，与学校签订合作协议的高校和机构共有304所，包括国外高校276所、港澳台高校25所、国际组织3所。

2020年，学校积极开展各类活动，进一步提升国际影响力，成功举办中俄友好、和平与发展委员会中方教育理事会第五届年会，与慕尼黑大学、印第安纳大学、欧洲大学学院等国际伙伴召开线上工作会议。

二、主要工作

（一）优化海外布局，推进线上合作模式

学校发出《南亚东南亚大学联盟联合抗击新冠疫情的倡议》，表达同舟共济共抗疫情的坚定立场。

牵头成立由23所高校和研究机构组成的“国际文化交流学术联盟”，举办“世界人文社会科学高校联盟2020年会暨‘人工智能+’线上论坛”，拟定《中国人民大学学院承办国际联盟资助管理办法》。

与墨尔本大学、约克大学、欧洲大学学院等12所高校新签或续签协议，审批13个双联项目协议，牵头推动与海外高校合作三学位项目。

举办教育、女性与可持续发展专家委员会会议（2020）暨教育扶贫与女性发展专题研讨会，中俄友好、和平与发展委员会中方教育理事会第五届年会；参加亚太国际教育协会2020年线上理事会、“后疫情时代的中美教育交流展望”在线对话会；与慕尼黑大学、印第安纳大学、欧洲大学学院等国际伙伴召开线上工作会议；筹备与意大利帕多瓦大学联合召开的知识“一带一路”论坛。

（二）支持孔子学院改制，携手海外孔子学院共同抗疫

参与发起成立中国国际中文教育基金会。有序推进孔子学院转隶改制，探索共建孔子学院新模式。申报远程中文教学项目，支持海外孔子学院完成教学计划。

遴选海外孔子学院中方院长、教师后备人员，开展外派人员公关及应急素养培训，选拔18位教师候选人参加岗前培训，选拔3位中方院长前往津巴布韦大学、日内瓦大学及赫尔辛基大学孔子学院赴任。

先后向学校承建的海外孔子学院及所在大学寄送4批次防疫物资。对外派人员进行心理疏导，处理突发事件；协调海外孔子学院远程授课及调配师资。促成意大利博洛尼亚大学出版社与上海科技出版社签订《张文宏教授支招防控新型冠状病毒》（意大利文版）版权协议，组织翻译该书。

（三）港澳台工作稳步推进

针对2020级港澳台地区毕业生因疫情无法返校的情况，以“回忆有你、青春有光”为主题，开展“暖心工程”。举办“同心笃行”港澳台学生国情教育实践系列活动，组织学生前往延安、西安开展调研，并在京内参访，推进国情教育工作。做好北京市港澳台侨学生教育管理研究分会秘书处工作，面向北京市42所高校开展2020年北京市港澳台侨新生“开学第一课”活动，组织“求是云讲堂”北京市港澳台侨学生国情教育线上系列讲座。

（四）落实防疫政策，做好国际学生工作

制定国际学生管理工作指导意见。率先使用疫情防控数据在线填报系统，督促落实国际学生每日填报数据；发布国际学生“心系人大、情系中国”主题视频；为国际学生提供生活保障及心理辅导；为无法返校的交换生收拾行李、办理邮寄事宜。

调整招生方式，采用留学生办公室初审、学院二次审核形式，依托新招生管理系统，线上完成招生。线上完成中国政府奖学金年度评审、孔子新汉学计划奖学金年度评审。

开发国际学生线上预注册平台，保障无法来华的国际学生按时注册。贯彻落实上级部门及学校层面的疫情防控政策与要求，力保疫情防控工作有序进行。

完成中国教育国际交流协会组织的高等学校来华留学质量认证专家进校审查工作。

（五）关爱海外学生，稳步推进出国留学

成立疫情防控期间海外留学人员管理工作小组，发布学校在国外学习交流学生疫情防控工作方案，摸排已在国外学生和即将出国学生情况。按照教育部和北京市教委要求，及时报告在国外学生数据。

每日制作更新《疫情防控期间在国外师生情况简报》；发送《海外留学人员新型冠状病毒防疫指南》；开通心理咨询预约热线，为海外学生提供线上帮扶。

稳妥做好交换生派出工作，共受理校际交换生申请192件，派出校际交换生68人。组织线上行前培训会。办理国家公派项目（包括国家建设高水平大学研究生项目、创新型人才培养项目、国际组织后备人才项目等）316人次材料审核和推荐申报，196人获得公派生资格。

（六）国际组织学院阔步前进

启动“全球治理与国际组织人才培养计划”线上课程，共开设9门实务类课程。全年举办近30场国际组织前沿讲座。共有78名学生赴55个国际组织参加线上或线下实习、担任志愿者以及参加训练营和工作坊等。承办国家留学基金委主办的世界卫生组织、联合国艾滋病规划署专场交流活动。举办“国际组织在中国”实践参访课程第一期活动——走进联合国志愿人员组织等活动。被教育部中外人文交流中心授予“高层次国际化人才培养创新实践基地”。

（七）做好因公出国（境）管理服务

受疫情防控和国家对出境管控影响，学校因公出访人数大幅下降。通过线上办公手段，保障出国（境）工作顺利开展。为全校师生及时解答疫情防控期间有关出入境及外汇管理工作的政策规定，及时发布国家有关部门及学校的相关通知、外汇管理工作的有关政策规定，对在国（境）外超期滞留产生的合理费用据实报销。

（八）注重办学质量，加强中外合作

获教育部批复，中法学院增设数学与应用数学、人力资源管理、传播学3个专业，学院开办专业增加至6个；与索邦大学合作举办的数学与应用数学专业本科开始招生。学校与法国驻华大使馆签署奖学金协议。

（九）应对新形势，规范涉外管理

完善国际会议校内审批流程，加强对会议经费来源、预算安排及负责人审核的监管力度，提高办会主责意识。加强特殊类别涉外活动的监管和服务。建立全流程监督机制，为学校涉外活动提供合规保障，做好政策宣传。

发布《中国人民大学疫情防控常态化期间外事工作指引》，上报《疫情期间外事工作简报》共114期。起草《中国人民大学关于加快和扩大新时代教育对外开放的实施方案》。召开“教学科研单位国际及港澳台交流活跃度调查”工作专题会、2019—2020学年第2次党委外事工作领导小组工作会议。

附录

2020年中国人民大学校领导出访团组表

序号	校领导	出访时间	出访国家/地区	出访任务
1	靳诺书记	2020年1月12—19日	日本、韩国	为继续巩固学校与日韩伙伴院校友好合作关系，推动校际学术合作深入发展、夯实学术交流高端平台，应日韩两国有关单位邀请，靳诺书记率团访问韩国高丽大学，日本东京大学、一桥大学、大阪大学、同志社大学，并出席由中国人民大学出版社与韩国耕智出版社联合举办的《全球治理的中国担当》韩文版签约仪式暨研讨会，并访问日本树立出版社。

2020 年中国人民大学校领导出席线上国际活动表

序号	校领导	时间	形式	国际活动
1	靳诺书记	2020 年 11 月 23 日	线上	慕尼黑大学-中国学术网线上论坛开幕式（视频致辞）
2	刘伟校长	2020 年 11 月 11 日	线上	世界人文社会科学高校联盟 2020 年会开幕式（视频致辞）
3	杜鹏副校长	2020 年 3 月 24 日	线上	亚太国际教育协会成员理事会
4	杜鹏副校长	2020 年 7 月 14 日	线上	路易斯大学-乔治・华盛顿大学-中国人民大学三学位工作会
5	杜鹏副校长	2020 年 12 月 2 日	线上	世界人文社会科学高校联盟 2020 年会闭幕式
6	杜鹏副校长	2020 年 12 月 21 日	线上	世界人文社会科学高校联盟理事会

2020 年中国人民大学接待重要来访团组表

序号	时间	主要来访人员
来访政要		
1	2020 年 12 月 22 日	法国驻华大使罗梁（Laurent Bili）
来访高校		
2	2020 年 5 月 22 日	印第安纳大学副校长肖恩・雷诺兹（Shawn Reynolds）（线上）
来访国际组织		
3	2020 年 12 月 22 日	上海合作组织秘书处顾问邢芳芳
4	2020 年 12 月 22 日	国际救助儿童会北京代表处首席代表郭中
其他		
5	2020 年 11 月 24 日	中国人民对外友好协会美大部主任沈昕

2020 年与中国人民大学签署校际合作协议的境外院校表

序号	签署时间	国家/地区	学校/机构名称	协议类型
1	2020 年 1 月	法国	克莱蒙-奥弗涅大学	校际合作协议
2	2020 年 4 月	阿根廷	托尔夸托迪特利亚大学	校际合作协议
3	2020 年 5 月	秘鲁	太平洋大学	学生交换协议
4	2020 年 6 月	秘鲁	太平洋大学	校际合作谅解备忘录
5	2020 年 9 月	葡萄牙	里斯本大学	校际合作谅解备忘录

2020年与中国人民大学续签校际合作协议的境外院校表

序号	签署时间	国家/地区	学校/机构名称	协议类型	首签时间
1	2020年4月	希腊	雅典大学	校际合作协议	2011年5月
2	2020年7月	英国	约克大学	学生交换协议	2013年11月
3	2020年8月	西班牙	巴塞罗那自治大学	伊拉斯谟＋学生和教职工交换协议	2015年10月
4	2020年9月	澳大利亚	墨尔本大学	校际合作谅解备忘录	2014年12月
5	2020年10月	意大利	欧洲大学学院	校际合作协议及学生交流附件	2011年10月
6	2020年10月	德国	慕尼黑大学	校际合作谅解备忘录	2015年3月
7	2020年12月	日本	一桥大学	学生交换协议	2009年9月
8	2020年12月	美国	耶鲁大学	暑期项目协议	2010年6月

2020年中国人民大学校际合作协议高校和机构表

大洲	国家（地区）/数量	学校/机构	签署日期	备注
亚洲	越南2	国民经济大学	1995年12月	学术机构
		河内人文社会科学大学	2011年10月	学术机构
	韩国25	庆南大学	1992年11月	学术机构
		国民大学	1993年6月	学术机构
		延世大学	1993年9月	学术机构
		中央大学	1996年4月	学术机构
		明知大学	1996年8月	学术机构
		高丽大学	1997年1月	学术机构
		朝鲜大学	1997年5月	学术机构
		釜庆大学	2001年7月	学术机构
		庆熙大学	2002年9月	学术机构
		韩国高等教育财团	2003年3月	行业机构
		启明大学	2003年7月	学术机构
		全北大学	2003年9月	学术机构
		首尔国立大学	2005年5月	学术机构
		釜山大学	2005年5月	学术机构
		翰林大学	2006年3月	学术机构
		庆北大学	2006年5月	学术机构
		梨花女子大学	2007年7月	学术机构
		韩国艺术综合大学	2009年1月	学术机构
		韩国国际交流财团	2009年9月	行业机构
		东国大学	2010年2月	学术机构
		韩国特许厅	2011年11月	政府机构
		韩国法制处（法制部）	2012年5月	政府机构
		成均馆大学	2012年7月	学术机构
		东亚大学	2015年4月	学术机构
		汉阳大学	2017年4月	学术机构

续表

大洲	国家（地区）/数量	学校/机构	签署日期	备注
亚洲	泰国 1	法政大学	1992 年 11 月	学术机构
	印度 6	印度哲学大会	1992 年 1 月	学术机构
		德里大学	1996 年 12 月	学术机构
		塔塔社会科学研究院	2019 年 4 月	学术机构
		索迈亚大学	2019 年 4 月	学术机构
		尼赫鲁大学	2019 年 4 月	学术机构
		金德尔全球大学	2019 年 9 月	学术机构
	以色列 5	本古里安大学	1993 年 7 月	学术机构
		海法大学	2000 年 2 月	学术机构
		特拉维夫大学	2012 年 9 月	学术机构
		希伯来大学	2013 年 5 月	学术机构
		以色列理工学院	2019 年 1 月	学术机构
	朝鲜 2	朝鲜主体科学院	1996 年 9 月	学术机构
		朝鲜金日成综合大学	2015 年 8 月	学术机构
	马来西亚 6	新纪元学院	1997 年 9 月	学术机构
		韩江学院	1998 年 9 月	学术机构
		南方学院	1998 年 9 月	学术机构
		马来西亚华校董事联合会总会	2012 年 1 月	行业机构
		马来亚大学	2012 年 8 月	学术机构
		拉曼大学	2019 年 1 月	学术机构
	沙特阿拉伯 1	阿卜杜勒阿齐兹国王大学	2009 年 9 月	学术机构
	日本 27	日中学院	1990 年	学术机构
		东海大学	1993 年 6 月	学术机构
		爱媛大学	1998 年 12 月	学术机构
		札幌学院大学	1999 年 10 月	学术机构
		实践女子大学	2000 年 4 月	学术机构
		九洲产业大学	2001 年 4 月	学术机构
		龙谷大学	2002 年 3 月	学术机构
		中央大学	2003 年 3 月	学术机构
		早稻田大学	2004 年 4 月	学术机构
		关西学院大学	2004 年 6 月	学术机构
		京都女子大学	2005 年 4 月	学术机构
		立命馆大学	2005 年 5 月	学术机构
		东洋大学	2007 年 5 月	学术机构
		庆应义塾大学	2008 年 3 月	学术机构
		鹿儿岛大学	2008 年 5 月	学术机构
		熊本学园大学	2008 年 12 月	学术机构
		爱知大学	2009 年 8 月	学术机构
		神户大学	2014 年 3 月	学术机构
		九州大学	2014 年 5 月	学术机构
		一桥大学	2014 年 12 月	学术机构
		明治大学	2015 年 3 月	学术机构
		上智大学	2015 年 6 月	学术机构
		北海道大学	2015 年 12 月	学术机构

续表

大洲	国家（地区）/数量	学校/机构	签署日期	备注
亚洲	日本 27	金泽大学	2016 年 2 月	学术机构
		立教大学	2016 年 10 月	学术机构
		同志社大学	2016 年 12 月	学术机构
		埼玉大学	2018 年 11 月	学术机构
	哈萨克斯坦 4	阿尔-法拉比国立大学	1998 年 5 月	学术机构
		纳扎尔巴耶夫大学	2016 年 6 月	学术机构
		欧亚大学	2016 年 11 月	学术机构
		国际项目中心	2019 年 6 月	非政府组织
	新加坡 1	新加坡管理大学	2016 年 5 月	学术机构
	阿塞拜疆 1	巴库大学	2011 年 9 月	学术机构
	乌兹别克斯坦 1	乌兹别克斯坦新闻与大众传媒大学	2019 年 4 月	学术机构
	吉尔吉斯斯坦 2	比什凯克人文大学	2011 年 9 月	学术机构
		吉尔吉斯斯坦国立民族大学	2018 年 6 月	学术机构
	土耳其 2	科奇大学	2013 年 3 月	学术机构
		伊斯坦布尔大学	2014 年 4 月	学术机构
	约旦 1	扎尔卡大学	2016 年 9 月	学术机构
	伊朗 2	德黑兰大学	2018 年 12 月	学术机构
		阿拉梅·塔巴塔巴伊大学	2019 年 4 月	学术机构
	香港特别行政区 6	香港树仁大学	1993 年 3 月	学术机构
		香港中文大学	1994 年 11 月	学术机构
		香港城市大学	1995 年 6 月	学术机构
		香港岭南大学	2001 年 9 月	学术机构
		香港理工大学	2003 年 9 月	学术机构
		香港大学	2005 年 9 月	学术机构
	澳门特别行政区 2	澳门科技大学	2002 年 3 月	学术机构
		澳门大学	2012 年 5 月	学术机构
	台湾地区 17	辅仁大学	1996 年 9 月	学术机构
		逢甲大学	1999 年 6 月	学术机构
		政治大学	2002 年 1 月	学术机构
		淡江大学	2002 年 4 月	学术机构
		中正大学	2004 年 12 月	学术机构
		台湾大学	2007 年 9 月	学术机构
		台湾中国文化大学	2009 年 5 月	学术机构
		高雄师范大学	2009 年 12 月	学术机构
		文藻外语大学	2010 年 4 月	学术机构
		世新大学	2010 年 5 月	学术机构
		台湾清华大学	2010 年 11 月	学术机构
		台北大学	2011 年 5 月	学术机构
		台湾师范大学	2011 年 7 月	学术机构
		台湾中兴大学	2013 年 5 月	学术机构
		东吴大学	2013 年 11 月	学术机构
		佛光大学	2015 年 5 月	学术机构
		东海大学	2016 年 9 月	学术机构

续表

大洲	国家（地区）/数量	学校/机构	签署日期	备注
非洲	津巴布韦 1	津巴布韦大学	2006 年 9 月	学术机构
	肯尼亚 1	内罗毕大学	2010 年 9 月	学术机构
	尼日利亚 1	拉各斯大学	2010 年 11 月	学术机构
	南非 2	斯坦陵布什大学	2012 年 5 月	学术机构
		约翰内斯堡大学	2019 年 1 月	学术机构
	埃及 2	开罗大学	2011 年 1 月	学术机构
		艾因夏姆斯大学	2018 年 7 月	学术机构
欧洲	奥地利 1	维也纳大学	2012 年 6 月	学术机构
	西班牙 4	巴塞罗那大学	2003 年 10 月	学术机构
		卡斯蒂利亚-拉曼查大学	2006 年 5 月	学术机构
		马德里卡洛斯三世大学	2009 年 9 月	学术机构
		巴塞罗那自治大学	2010 年 11 月	学术机构
	葡萄牙 1	里斯本大学	2020 年 9 月	学术机构
	荷兰 6	蒂尔堡大学	2005 年 5 月	学术机构
		联合国大学技术创新中心	2009 年 7 月	学术机构
		马斯特里赫特大学	2010 年 10 月	学术机构
		阿姆斯特丹自由大学	2011 年 11 月	学术机构
		鹿特丹伊拉斯姆斯大学	2012 年 3 月	学术机构
		奈耶诺德工商管理大学	2014 年 3 月	学术机构
	比利时 4	欧洲学院	2014 年 4 月	学术机构
		法语区布鲁塞尔自由大学	2014 年 4 月	学术机构
		弗拉芒语区布鲁塞尔自由大学	2018 年 4 月	学术机构
		根特大学	2019 年 11 月	学术机构
	卢森堡 1	卢森堡大学	2014 年 4 月	学术机构
	意大利 14	那不勒斯第二大学	2000 年 4 月	学术机构
		佛罗伦萨大学	2000 年 8 月	学术机构
		米兰大学	2002 年 9 月	学术机构
		那不勒斯省	2006 年 10 月	政府机构
		国际高等研究院	2007 年 3 月	学术机构
		萨尼奥大学	2008 年 5 月	学术机构
		欧洲大学学院	2011 年 10 月	学术机构
		威尼斯大学	2013 年 4 月	学术机构
		罗马第一大学	2013 年 4 月	学术机构
		博洛尼亚大学	2013 年 3 月	学术机构
		那不勒斯费德里克二世大学	2013 年 6 月	学术机构
		那不勒斯东方大学	2018 年 6 月	学术机构
		意大利国际社会科学自由大学	2018 年 6 月	学术机构
		帕多瓦大学	2019 年 5 月	学术机构

续表

大洲	国家（地区）/数量	学校/机构	签署日期	备注
欧洲	德国 8	统一社会党中央社会科学院	1988 年 7 月	学术机构
		图宾根大学	2001 年 11 月	学术机构
		斯图加特大学	2002 年 6 月	学术机构
		柏林洪堡大学	2005 年 6 月	学术机构
		莱比锡大学	2005 年 10 月	学术机构
		科隆大学	2011 年 1 月	学术机构
		哥廷根大学	2011 年 1 月	学术机构
		慕尼黑大学	2015 年 3 月	学术机构
	英国 20	伦敦政治经济学院	1989 年 4 月	学术机构
		纽卡斯尔大学	1992 年 4 月	学术机构
		牛津布鲁克斯大学	2002 年 5 月	学术机构
		杜伦大学	2004 年 4 月	学术机构
		威尔士大学兰彼得分校	2005 年 3 月	学术机构
		曼彻斯特大学	2007 年 11 月	学术机构
		剑桥大学	2009 年 9 月	学术机构
		诺丁汉大学	2010 年 8 月	学术机构
		爱丁堡大学	2011 年 11 月	学术机构
		肯特大学	2012 年 1 月	学术机构
		雷丁大学	2012 年 2 月	学术机构
		约克大学	2013 年 11 月	学术机构
		华威大学	2013 年 12 月	学术机构
		伦敦国王学院	2014 年 4 月	学术机构
		格拉斯哥大学	2014 年 12 月	学术机构
		萨塞克斯大学	2015 年 3 月	学术机构
		玛丽皇后大学	2016 年 10 月	学术机构
		牛津大学	2017 年 3 月	学术机构
		谢菲尔德大学	2018 年 6 月	学术机构
		伦敦大学学院	2018 年 7 月	学术机构
	爱尔兰 1	都柏林大学	2007 年 10 月	学术机构
	丹麦 3	奥尔堡大学	1998 年 11 月	学术机构
		哥本哈根大学	2004 年 3 月	学术机构
		哥本哈根商学院	2008 年 11 月	学术机构
	法国 12	巴黎国际新闻学院	1986 年 10 月	学术机构
		波尔多第一大学	1994 年 12 月	学术机构
		法国国立东方语言文化学院	1997 年 10 月	学术机构
		艾克斯-马赛大学	1998 年 5 月	学术机构

续表

大洲	国家（地区）/数量	学校/机构	签署日期	备注
欧洲	法国 12	巴黎政治学院	2000 年 4 月	学术机构
		巴黎第一大学	2003 年 10 月	学术机构
		巴黎第十大学	2006 年 4 月	学术机构
		中法学院合作协议：索邦大学、蒙彼利埃保罗-瓦莱里大学、KEDGE 商学院	2010 年 1 月	学术机构
		图卢兹大学	2014 年 4 月	学术机构
		克莱蒙-奥弗涅大学	2020 年 1 月	学术机构
	芬兰 4	赫尔辛基大学	2004 年 9 月	学术机构
		拉普兰大学	2006 年 5 月	学术机构
		坦佩雷大学	2013 年 12 月	学术机构
		图尔库大学	2014 年 10 月	学术机构
	挪威 2	挪威理工大学	2002 年 1 月	学术机构
		卑尔根大学	2018 年 4 月	学术机构
	瑞典 3	隆德大学	1997 年 9 月	学术机构
		斯德哥尔摩大学	2004 年 9 月	学术机构
		林奈大学	2012 年 8 月	学术机构
	俄罗斯 8	俄罗斯外交部外交学院	1997 年 4 月	学术机构
		俄罗斯联邦政府财政金融科学院	1997 年 6 月	学术机构
		圣彼得堡国立经济大学	2000 年 7 月	学术机构
		国立普希金俄语学院	2001 年 6 月	学术机构
		莫斯科国立大学	2012 年 5 月	学术机构
		圣彼得堡国立大学	2014 年 12 月	学术机构
		俄罗斯人民友谊大学	2018 年 9 月	学术机构
		伊尔库茨克国立大学	2019 年 10 月	学术机构
	黑山 1	黑山大学	1999 年 8 月	学术机构
	捷克 1	查理大学	1998 年 11 月	学术机构
	匈牙利 3	圣·伊什特万国王大学	2007 年 10 月	学术机构
		卡尔文纽什大学	2007 年 10 月	学术机构
		罗兰大学	2018 年 7 月	学术机构
	塞尔维亚 1	贝尔格莱德大学	1998 年 11 月	学术机构
	斯洛文尼亚 1	卢布尔雅那大学	2001 年 11 月	学术机构
	克罗地亚 1	萨格勒布大学	2001 年 11 月	学术机构
	希腊 1	雅典大学	2011 年 5 月	学术机构
	瑞士 1	日内瓦大学	2011 年 11 月	学术机构
	保加利亚 1	索菲亚大学	2014 年 9 月	学术机构

续表

大洲	国家（地区）/数量	学校/机构	签署日期	备注
美洲	加拿大 12	康科迪亚大学	1987 年 2 月	学术机构
		世纪管理学院	1995 年 11 月	学术机构
		赫瑞森学院	1997 年 4 月	学术机构
		蒙特圣文森特大学	2001 年 2 月	学术机构
		美洲科技学院	2005 年 1 月	学术机构
		麦吉尔大学	2005 年 11 月	学术机构
		维多利亚大学	2009 年 8 月	学术机构
		英属哥伦比亚大学	2012 年 3 月	学术机构
		蒙特利尔大学	2012 年 10 月	学术机构
		西门菲莎大学	2012 年 11 月	学术机构
		女王大学	2013 年 3 月	学术机构
		拉瓦尔大学	2019 年 12 月	学术机构
	美国 34	伊利诺伊大学	1985 年 4 月	学术机构
		夏威夷大学	1987 年 5 月	学术机构
		南康涅狄格州立大学	1993 年 1 月	学术机构
		因卡耐特伍德大学	1997 年 4 月	学术机构
		丹佛大学	1997 年 11 月	学术机构
		西康涅狄格州立大学	1999 年 9 月	学术机构
		得州大学圣安东尼奥分校	2000 年 3 月	学术机构
		艾粤瓦大学	2001 年 4 月	学术机构
		陶森州立大学	2002 年 4 月	学术机构
		加州州立大学	2002 年 5 月	学术机构
		纽约州立大学布法罗分校	2002 年 5 月	学术机构
		圣何塞州立大学	2002 年 5 月	学术机构
		乔治·华盛顿大学	2003 年 3 月	学术机构
		乔治敦大学	2004 年 11 月	学术机构
		密歇根大学	2005 年 6 月	学术机构
		康奈尔大学	2005 年 12 月	学术机构
		佐治亚理工学院	2007 年 6 月	学术机构
		加州州立大学富勒顿分校	2010 年 3 月	学术机构
		耶鲁大学	2010 年 6 月	学术机构
		莱斯大学	2010 年 6 月	学术机构
		麻州大学波士顿分校	2010 年 12 月	学术机构
		明尼苏达大学	2011 年 4 月	学术机构
		肯恩大学	2011 年 4 月	学术机构
		加州大学戴维斯分校	2011 年 4 月	学术机构

续表

大洲	国家（地区）/数量	学校/机构	签署日期	备注
美洲	美国 34	马里兰大学	2011 年 6 月	学术机构
		罗格斯大学	2011 年 12 月	学术机构
		哥伦比亚大学	2012 年 5 月	学术机构
		加州大学伯克利分校	2013 年 10 月	学术机构
		匹兹堡大学	2016 年 3 月	学术机构
		芝加哥大学	2017 年 4 月	学术机构
		北卡罗来纳州立大学	2018 年 7 月	学术机构
		印第安纳大学	2018 年 9 月	学术机构
		罗彻斯特大学	2019 年 2 月	学术机构
		石溪大学	2019 年 3 月	学术机构
	哥斯达黎加 1	哥斯达黎加大学	2008 年 10 月	学术机构
	巴西 3	巴西利亚大学	2006 年 5 月	学术机构
		圣保罗大学	2019 年 11 月	学术机构
		南大河州联邦大学	2019 年 12 月	学术机构
	古巴 2	中央大学	1999 年 6 月	学术机构
		哈瓦那大学	2017 年 5 月	学术机构
	秘鲁 4	卡西拉索大学	1988 年 12 月	学术机构
		圣马丁德波莱斯大学	1999 年 7 月	学术机构
		秘鲁天主教大学	2019 年 10 月	学术机构
		太平洋大学	2020 年 5 月	学术机构
	委内瑞拉 1	中央大学	1999 年 10 月	学术机构
	阿根廷 3	企业与社会科学大学	2000 年 5 月	学术机构
		圣安德鲁斯大学	2019 年 12 月	学术机构
		托尔夸托迪特利亚大学	2020 年 4 月	学术机构
	墨西哥 3	墨西哥国立自治大学	1988 年 12 月	学术机构
		维拉克鲁斯大学	2011 年 9 月	学术机构
		墨西哥学院	2018 年 11 月	学术机构
大洋洲	澳大利亚 11	悉尼科技大学	1996 年 11 月	学术机构
		维多利亚理工大学	2000 年 4 月	学术机构
		埃迪斯科文大学	2002 年 8 月	学术机构
		西悉尼大学	2004 年 2 月	学术机构
		蒙纳士大学	2005 年 2 月	学术机构
		昆士兰大学	2008 年 1 月	学术机构
		澳大利亚国立大学	2012 年 2 月	学术机构
		堪培拉大学	2012 年 3 月	学术机构
		麦考瑞大学	2013 年 11 月	学术机构

续表

大洲	国家（地区）/数量	学校/机构	签署日期	备注
大洋洲	澳大利亚 11	墨尔本大学	2014 年 12 月	学术机构
		迪肯大学	2016 年 10 月	学术机构
	新西兰 3	怀卡托大学	2004 年 2 月	学术机构
		梅西大学	2007 年 5 月	学术机构
		惠林顿维多利亚大学	2014 年 1 月	学术机构
国际组织		世界知识产权组织（World Intellectual Property Organization）	2014 年 9 月	国际组织
		联合国人居署（UN Habitat）	2015 年 6 月	国际组织
		欧盟委员会（European Commission）	2016 年 10 月	国际组织

2020 年中国人民大学因公短期出国/境人数表

工作访问	合作研究	国际会议	短期讲学	学生交流	其他	合计
17	64	173	10	337	13	614

2020 年中国人民大学因公长期出国/境人数表

（高级）访问学者	讲学	学生留学	合计
9	0	86	95

2020 年中国人民大学主要国际会议表

序号	会议名称	主办单位	举办日期
1	国际知识产权司法国际研讨会	法学院	2020 年 1 月 18—19 日
2	2020 年“孔子新汉学计划”博士生论坛	国际文化交流学院	2020 年 7 月 17—18 日
3	中国人民大学社会创业与创新在线论坛	商学院	2020 年 9 月 19—20 日
4	文明转型与法学教育国际研讨会	法学院	2020 年 10 月 2 日
5	中美关系线上研讨会	国际关系学院	2020 年 10 月 8 日
6	中外新闻传播学院院长会议	新闻学院	2020 年 10 月 24—25 日
7	2020 年音乐表演理论话语体系学术研讨会	艺术学院	2020 年 11 月 7 日
8	中国心理学会文化心理学专业委员会 2020 年学术年会	理学院心理学系	2020 年 11 月 7—8 日
9	新闻传播学科的国际化建设研讨会	新闻学院	2020 年 11 月 15 日

续表

序号	会议名称	主办单位	举办日期
10	2020 普惠金融国际论坛	财政金融学院	2020 年 11 月 18—19 日
11	国际标准中本体定义及其协同应用议题	信息资源管理学院	2020 年 11 月 19 日
12	“中国文学的世界化：翻译与传播”国际研讨会	文学院	2020 年 11 月 19 日
13	中国译释学暨翻译理论与翻译史研究论坛（2020）	外国语学院	2020 年 11 月 20 日
14	公共健康视角下积极老龄化与增进福利线上研讨会	统计学院	2020 年 12 月 2—4 日
15	后疫情时代的新形势与新挑战	国际关系学院	2020 年 12 月 14 日
16	中国人民大学“人工智能促进社会公益”研讨会	统计学院	2020 年 12 月 20 日
17	世界人文社会科学高校联盟 2020 年会暨“人工智能＋”系列线上论坛	高瓴人工智能学院、法学院、公共管理学院、经济学院	2020 年 11 月 11 日、11 月 18 日、11 月 25 日、12 月 2 日
18	教育、女性与可持续发展论坛 2020	教育学院	2020 年 12 月 22 日

行政管理工作

一、概况

2020年，学校行政综合管理部门紧密团结在以习近平同志为核心的党中央周围，认真学习贯彻习近平新时代中国特色社会主义思想，党的十九大和十九届二中、三中、四中、五中全会精神，习近平总书记致中国人民大学建校80周年贺信精神，树牢“四个意识”，坚定“四个自信”，坚决做到“两个维护”，围绕中心、服务大局，围绕学校创建“人民满意、世界一流”大学的战略目标和中心工作，以师生为中心，以服务教学科研一线为中心，积极发挥“参谋助手、综合协调、信息枢纽、服务师生”的职能，为推动全校建立“校令畅通、反应灵敏、运转规范、运作高效、服务优良”的管理体系，为服务和保障学校“双一流”建设做出贡献。面对突如其来的新冠肺炎疫情，按照“高度重视、严格迅速、积极主动、科学有效、早做准备”的原则，坚持把师生生命安全和身体健康放在首位，以“高校防疫严于社会面防控”为标准，健全机制、周密部署，严密排查、联防联控，扎实做好疫情防控各项工作，坚决把疫情阻挡在校门之外。

二、信息工作

2020年，学校办公室积极适应新形势下教育政务信息工作的新任务、新要求，紧紧围绕习近平总书记系列重要讲话和治国理政新理念新思想新战略，围绕党中央重大决策部署，围绕学校“立德树人”根本任务，坚持“围绕大局、把握大势、着眼大事”的总体工作要求，不断增强学校信息工作的及时性、针对性、有效性。聚焦本职工作，在信息直报、信息报送、校内信息刊物编发、信息公开工作等方面持续发力。

2020 年，围绕学校党建工作等向教育部、北京市委教育工委、北京市教委等上级部门报送大量教育政务信息，全年共编写《情况反映》306 期、《资政信息》48 期。特别是疫情暴发以来，共报送《中国人民大学关于新型冠状病毒感染的肺炎疫情防控工作情况报告》221 期。

2020 年，印发《综合快报》41 期，编辑撰写信息 800 余条，近 20 万字，涉及教育热点、突发事件等多方面内容。其中，紧密围绕学校中心工作，主动排查风险隐患，主动策划报送《中国人民大学 2019 年度信息工作分析报告》《关于新冠肺炎疫情的综合信息专报》等专题报告。

2020 年，接受正式信息公开申请 5 份，已按时按程序全部答复；推进招生、财务、人事、基建招投标等重点领域的信息公开，按时公布学校 2019 年部门决算和 2020 年部门预算情况；强化信息公开执行督查。2020 年 7 月，主动梳理开展信息公开工作 10 年来的工作成效，充分总结经验，找准问题短板，研究解决思路，认真完成教育部关于《高等学校信息公开办法》落实情况书面调研。10 月 31 日，在信息公开网站按时发布《中国人民大学 2019—2020 学年信息公开工作年度报告》。

2020 年，在做好信息本职工作的同时，积极承担学校办公室的各项任务：在疫情最严重的 1 月 20 日—5 月 18 日，整理汇编《习近平总书记关于防控新冠肺炎疫情重要讲话汇编》3 册，共计 135 篇新闻报道，约 23.4 万字，供学校疫情防控专班成员参考；自 1 月 22 日起，坚持参加学校疫情防控工作领导小组专班会，撰写专班会纪要 86 期；协助起草、核校专题报告、讲话稿、致辞、贺信、贺电等重要文稿，为学校各项重要工作和重大活动提供了较高质量的文稿服务；承担蔡奇同志、陈宝生同志来校调研的部分会议材料制作工作；参与完成学校 2020 年本科教学基本状态数据填报工作；牵头策划学校主页改版相关事宜。

三、综合协调工作

2020 年，学校办公室协调校内多个部门，统筹安排各归口部门的疫情数据信息收集、汇总等工作，协调召开学校疫情防控领导小组工作专班会。自 1 月 24 日（除夕）开始至 11 月 4 日，学校办公室每天准时向教育部、市委教育工委、市教委、海淀区街道办等部门报送学校疫情信息。共计向北京市委教育工委、北京市教委、海淀街道办等单位报送疫情防控统计表 286 份，向教育部报送日报表 188 份，疫情报告 199 份，工作简报 199 份，工作方案 4 份。

受新冠肺炎疫情影响，全校性重要会议从传统的线下模式转为线上和线下相结合模式。学校办公室积极转变旧的工作思维，主动求变、顺势而为，在短短几周内统筹部署学校各单位安装视频会议系统。不断优化创新工作方法，通过视频会议系统、校办会议室管理系统和会议通知系统等技术手段，有效提高了工作成效。

2020 年，累计组织协调各类会议、调研、座谈、会见、走访、接待活动 210 余次，积极为如下各项重大活动提供服务和保障支持：中共中央政治局委员、国务院副总理孙春兰，中共中央政治局委员、全国人大常委会副委员长、中国法学会会长王晨，中共中央政治局委员、北京市委书记蔡奇，前国务委员戴秉国等多位党和国家领导人来校视察指导工作；教育部部长陈宝生、副部长孙尧、副部长田学军、副部长翁铁慧、副部长郑富芝，人力资源和社会保障部部长张纪南，北京市委常委、宣传部长杜飞进，北京市委常委、常务副市长崔述强，北京市委常委、教育工委书记王宁，北京市委常委、秘书长张家明，北京市副市长隋振江、亓延军、卢彦，最高人民法院审判委员会副部级专职委员刘贵祥，中央档案馆馆长、国家档案局局长陆国强，国家发改委党组成员、副主任（正部长级）兼国家统计局党组书记、局长宁吉喆，中国人民对外友好协会党组书记、会长林松添，河南省委书记、省人大常委会主任王国生，河南省省长尹弘等数十位省部级领导，以及各省市、各高校负责同志来校拜访、调研、座谈或讲学。

2020年，根据教育部通知要求，总值班室有针对性地检查工作中存在的问题，对原有的《中国人民大学总值班室工作制度》重新进行修订，进一步规范各项工作，将值班工作整改落实情况报送教育部总值班室；按周及节假日为节点发送值班通知，印制节假日值班手册35册，并为新入职的部分干部开展值班培训，进一步提升值班队伍整体素质。学校办公室全体工作人员承担了全年所有周末、节假日和疫情防控期间的白班值班任务；共有76名机关干部（其中学校办公室13名）、40名骨干计划成员承担了353天的夜班值守工作。

在新冠肺炎疫情防控期间，总值班室克服值班人手不够和疫情形势严峻复杂的困难，根据疫情防控要求动态及时调整学校办公室值班安排，按照文书、综合、文秘、信息分类安排校办工作人员在岗值班，迅速从全校所有在京机关干部范围内挑选了一批政治可靠、责任心强且有值班工作经验的机关干部承担疫情防控期间夜班值班工作，确保了疫情防控期间学校总值班室24小时值班人员在岗待命。疫情防控常态化和校内正常教学工作秩序恢复后，总值班室根据不断变化的疫情防控形势调整值班安排，在确保十九届五中全会、国庆假期的关键时间节点值班力量的基础上，组织协调骨干计划成员承担夜班工作，并依情况对周末和节假日白班值班人数进行调整，在做好值班工作的同时减轻学校办公室及校内各单位工作负担。

在春季学期末，学校办公室协调各学院在2周内完成8 000余份毕业生的毕业证、学位证盖章工作；在秋季学期初，与学生处相关科室共同协调完成所有新生的学生证钢印盖章工作；完成学校事业单位法人证书更新备案登记工作。

为明德书院、明理书院、公共艺术教育中心、评价研究中心、期刊管理中心、社会保险管理中心等新成立机构办理公章，为国医学院筹建工作领导小组办公室、宁夏国际学院筹建工作领导小组办公室、公共管理学院党委、农业与农村发展学院党委、劳动人事学院党委等单位办理公章以旧换新，共备案刻制20枚公章。

四、规范管理工作

（一）公文管理

2020年，在平稳推进电子公文系统新平台上线及两会系统上线工作的基础上，学校办公室继续积极推进全校的办文工作，严把公文的入口关、流转关、出口关和保密关，公文流转效率显著提升，信息可控性稳步增强。

一是保证教育部、北京市等上级部门电子政务系统安全可靠，政令畅通。2020年接收教育部电子政务内网公文、传真件、信函等共计1 765件，接收北京市电子政务内网公文245件，其他975件。校外来文总计2 985件。二是严格文件内容的审核，提升全校各单位的公文处理水平。2020年共办理校内电子公文5 104件、双轨制流转纸质公文277件。校内公文总计5 381件。三是完善公文发布流程，正式发布公文须经三校一核稿。2020年共核发全校行政、党务文件1 330件。微人大发布职务任免文件226件。四是积极筹办校长办公会。2020年共筹办校长办公会37次，总计讨论议题249个。五是加强文件归档管理。2020年持续推进规章制度和规范性文件的清理工作，完成了2019—2020学年全校规章制度汇编；将2012—2020学年的校长办公会纪要印制成册，整理2015—2021五个半学年校长办公会的议题清单共1 036项，并将2001—2020年间共18学年现存的、已编码的校长办公会会议纸质资料整体扫描。

此外，继续在全校办文工作的规范化上苦下功夫。广泛听取意见，并针对公文流转环节中的各种突出问题，在办公自动化平台2020版启动之初、2020年秋季学期起始等关键节点组织了3场次公文管理员培训。与此同时，完善文书管理制度，继续做好工作台账和数据统计，进行精细化管理，进一步明晰交件接件办理的程序和要求，确保各项工作经得起问查。

（二）合同管理

2020年，学校办公室完成了修订合同管理办法、升级合同管理系统等工作任务。

根据校长办公会审议要求及校内职能部处的调整和工作实际中出现的问题，广泛征求新校区建设办公室、科研处、人事处等校内相关单位意见，对原有的《中国人民大学合同管理办法（修订）》进行了修订，相应调整了合同签署权限及用章权限，并经2020年5月8日校长办公会审议通过。

2020年全年合同管理系统共备案合同份数5 548份，审批合同份数205份。

实现了合同信息化管理功能，学校所有合同文本全部上传备案，强化重点合同审批，严格会签单位与法律顾问审核，实现全过程痕迹管理。

开发上线新的合同管理系统，实现合同的全流程管理，并将合同签署须经各单位党政联席会集体决策作为必填项在新系统中做了明确要求。

五、督查工作

2020年，学校督查办公室共编印12期督查通报，定期向校领导报告各项督查工作的进展，实现了督查事项的精确推进、全程跟踪、动态销账。

2020年，学校督查办公室共发出292项督查通知，其中，99项党委常委会决议督查，已落实79项，尚未落实20项，落实率为80%；158项校长办公会决议督查，已落实124项，尚未落实34项，落实率为78%；4项专项督查，已落实3项，尚未落实1项，落实率为75%。学校督查办公室针对上述每一项督查事项的特点，积极同主责单位沟通，确认督查工作要求及办结时限，确保每一项工作按要求落实到位。

2020年，学校督查办公室共列席了30次校长办公会，第一时间学习领会会议精神和会议要求，为高效有序、严谨稳妥地做好督查工作奠定了基础。2020年3月，新版督查系统正式上线运行。学校督查办公室积极推动新旧系统中的督查工作衔接、督查工作流程改进、各单位工作习惯培育，推进了新版督查系统的不断完善与优化。

六、校史工作

2020年，根据学校纪念命名组建七十周年工作总体部署，校史研究室组织学校相关学院和部门完成了《中国人民大学纪事（续一）》《中国人民大学首批十四个“双一流”学科发展简史》《吴玉章论教育》的编写印制工作。

2020年，校史研究室审阅了《中国人民大学年鉴（2019）》稿件，完成了《中国教育年鉴》《海淀教育年鉴》《北京教育年鉴》的撰稿上报工作。

2020年上半年，为了增强校史编研工作的科学性、系统性、连续性，校史研究室在一定范围内进行调研和征询意见的基础上，草拟了1.2万字的《中国人民大学校史编纂和研究工作五年规划(2021—2025)（草案)》，对校史工作的基础、薄弱环节进行了分析，明确了下一步的任务目标，为今后校史队伍建设、机制调整等提供了准备和参考。

七、国内合作工作

2020年，学校共签署协议7份，其中与河南省、四川省、湖北省、南阳市、呼和浩特市签署校地协议 5 份，与浙江工商大学签署校际协议 2 份。另外，学校与尼山世界儒学中心等方面的合作日益紧密，交流互访频繁，合作取得了显著成效。

2020 年，学校党委书记靳诺、校长刘伟先后两次带队到兰坪县调研教育专项扶贫工作，副校长刘元春、学校党委副书记齐鹏飞一同参加调研活动；学校党委副书记、纪委书记吴付来赴兰坪实地督查学校帮扶兰坪县教育扶贫工作成效，确保各项政策落到实处。学校发布《中国人民大学 2020 年关于协助兰坪县开展教育脱贫攻坚工作的实施方案》，细化制定《兰坪县专项扶贫工作“6 个 200”任务分解方案》和 6 个指标任务指导建议方案，在校领导的支持和各单位的配合下，学校高质超量完成“6 个 200”各项任务指标，帮助兰坪县顺利脱贫摘帽。

2020 年，根据教育部工作部署，学校持续开展对口支援西藏民族大学、青海民族大学、新疆财经大学、延安大学、新疆大学、西藏大学、河北大学、湘潭大学八所大学相关工作。在学校的帮助下，西藏民族大学已被西藏自治区推荐为 2020 年新增博士学位授予单位，并一次性申报了马克思主义理论、基础医学、中国史三个一级学科博士授权点。

八、综合服务工作

2020 年，学校持续深入推进“一网一门”建设，在优化线下实体大厅办事流程的基础上，启动开发建设综合服务中心网上办事大厅。

2020 年 3 月至 8 月，根据学校整体工作部署，在做好防疫工作的同时，综合服务中心保持低位运行。学校办公室、财务处、保卫处、后勤集团等窗口疫情防控期间保持对外运行，疫情防控期间共为 10 000 余人次师生群众提供服务，有效保障学校正常运行和师生群众基本生活。9 月起，综合服务中心恢复全面运行。全年共为近 50 000 人次师生提供服务。

9 月，学校正式启动综合服务中心网上办事大厅建设。12 月，综合服务中心网上办事大厅主体框架建设完成，正式上线流程 6 个，后勤集团、保卫处等单位率先完成线上流程建设，实现了功能卡业务、户籍相关业务线上办理，完成服务事项 296 项，累计为 159 位师生提供服务。

与此同时，综合服务中心门户网站建设完成并投入试运行，107 项入驻业务优化简化为 80 项，全部发布线上办事指南；综合服务中心完成微信公众号和排队叫号系统对接，实现全校范围内取号、查询排队进度、查看办事指南等。

■ 人事工作

一、概况

2020 年，人事工作紧密围绕学校中心工作，以队伍建设为核心，全面总结“十三五”规划建设成果，以展望“十四五”规划及面向新“双一流”建设周期为目标，强化服务意识，提高管理水平，扎实推进各项工作，在重点领域取得关键突破。

二、教职工基本情况

（一）在职人员情况

截至 2020 年底，学校在职教工共计 3 957 人（含 36 个月内国家资助的博士 125 人），比 2019 年实际增加109人，其中专业技术人员3116人，管理人员745人，工勤人员96人（含附中、附小专业技术人员637人，管理职员9人，工勤人员11人）。

（二）增员情况

截至2020年底，学校在职人员新增254人（含新增享受国家资助指标博士后61人）。

（三）减员情况

截至2020年底，学校在职人员减少145人（含享受国家资助指标博士后出站26人）。

三、制度建设

（一）严格标准，规范程序，完成人员选聘工作

6月，学校印发《中国人民大学教师、师资博士后岗位选聘工作办法》，进一步明确教师选聘的条件、组织和程序，重点发挥“杰出学者支持计划”和师资博士后计划在师资队伍建设中的重要作用，规范学院和学校两级专家评审机制，强调学术委员会审核，充分发挥教师党支部、学院党组织政治把关和党政联席会审议作用。

围绕学校“双一流”建设中教师队伍建设的目标和要求，根据招聘计划，综合考虑各学院（系）、各学科教师的规模和结构，做好老中青三代梯队人才布局，有针对性地补充不同学科、不同层级和不同学术背景的人选，同时根据上级单位要求，结合疫情发展状况和学校疫情防控要求，调整选聘工作安排，通过民主、公开、竞争、择优的方式，完成2020年人员选聘工作。2020年由人事处主持选聘校本部教师18人，其中应届毕业生6人；师资博士后38人；附属中小学和幼儿园选聘教师16人，其中应届毕业生9人。选聘教师中正高级职称4人、副高级职称4人、海外优秀博士5人。

为加强管理职员和教师以外专业技术队伍建设，调整队伍结构，更好地服务教学科研及“双一流”建设，进一步规范选聘工作，优化选聘流程，学校以选留应届毕业生、校外调入、校内招聘、学生骨干培养计划、非事业编制聘用等多种形式，有效补充和调整人员。2020年，共选聘应届毕业生45人，校外调入16人，校内调动47人，学生骨干培养计划33人，新聘学校承担经费非事业编制教职工13人。

（二）加快用人制度的完善和创新

继续对新入校人员全部实行聘用合同管理。同时，进一步探索教师聘用中的专职与兼职、固定与流动、短期聘任与长期聘任相结合的用人模式，增强用人形式的多样性。做好课程教师聘用工作，以合理配置教师资源，提高人才培养质量，全年聘用课程教师47人次。

（三）健全合同管理制度，完成合同续签工作

为进一步规范合同管理工作，有效解决合同管理中遇到的问题，保证聘用制度的落实，学校专门成立教师合同考核工作组，对合同到期教师的合同履行情况、合同期考核情况等进行审核和评议，并就合同是否续签、终止以及教师转岗等问题提出建议。2020年共完成182名教师按原岗位续签合同，1名教师按试聘岗位续签合同，12名教师延期考核并按原岗位续签合同，29名教师签订补充协议，3名教师不再续签合同。全年共完成71个单位的214位党政教辅人员合同续签工作，其中包括签订聘用至退休合同的8人。

（四）围绕中心工作，推进人事管理体制机制改革

为深入推进人事管理体制机制改革，人事处在广泛调研、测算和多次文件修订专题研讨会的基础上，出台多项制度文件。进一步修订并印发《中国人民大学教师职务任职条件（修订）》《中国人民大学教师岗位设置与聘用管理办法（修订）》，协调马克思主义学院制定并印发《中国人民大学马克思主义理论（思想政治理论课）教师职务任职条件（试行）》，完善教师职务评审和岗位聘用工作；制定并印发《中国人民大学教师、师资博士后岗位选聘工作办法》，参与制定《中国人民大学师资博士后管

理办法》，完善教师选聘工作，促进教师队伍建设；加强对附属中小学、幼儿园的工作指导，制定并印发《中国人民大学附属中学教师职务任职条件》《中国人民大学附属小学教师职务任职条件》。

出台《中国人民大学管理职员和教师以外专业技术人员校内调动管理办法》，规范管理职员和教师以外专业技术人员校内调动工作；出台《中国人民大学非教师职务评审和岗位聘用组织工作规程（试行）》，完善非教师评聘组织设置；出台《中国人民大学思想政治工作系列专业技术职务任职条件和考核办法（试行）》，修订印发《中国人民大学教师以外专业技术职务任职条件（试行）》，明确各级各类教师以外专业技术职务的任职条件和要求，理顺重岗位、重水平、重贡献的关系；继续修订《中国人民大学科级机构设置与科级干部任免管理办法》《中国人民大学管理职员和教师以外专业技术人员选聘管理办法》；研究修订完善相关学院（系）管理职员及教师以外专业技术人员岗位设置方案。

四、人才工作

（一）制度建设

1. 立足学校综合改革，全面推动人才制度改革落实。在综合改革的整体布局下，学校以人才项目整合为抓手，进一步深化人事制度改革，形成以“杰出学者支持计划”为主线、“大华讲席教授”聘任为补充、各类兼职人才项目为呼应的人才政策体系。

首先，坚持“普遍调整、重点提升和绩效奖励相结合”的思路，继续实施“杰出学者支持计划”。2017 年，学校出台《中国人民大学“杰出学者支持计划”管理暂行办法》和《中国人民大学“杰出学者支持计划”管理暂行办法实施细则》，启动“杰出学者支持计划”首聘工作。2019 年，根据实践经验教训及充分调研总结，学校启动“杰出学者”文件修订工作，发布了《中国人民大学“杰出学者支持计划”管理办法》，启动“杰出学者”第二次集中聘任（续聘）工作。“杰出学者支持计划”坚持“培养与引进并举”和“权责一致”的原则，拟使占教师队伍 30%左右的优秀群体得到重点支持，构建一支师德高尚、业务精湛、结构合理、充满活力的高端人才队伍；“杰出学者”在享受相应待遇的同时，承担起创建世界一流大学和一流学科的重要职责。2020 年，学校组织召开 2020 年 1 月批次、2020 年 4 月批次、2020 年 6 月批次、2020 年 11 月批次人文学部、经济学部、管理学部、法政学部、理工学部共计 19 场学部分会，2020 年 1 月批次、2019—2020 学年第二学期批次、2020—2021 学年第一学期批次共计 3 场学校聘任委员会，共计评议通过 137 人校外引进“杰出学者”申报。截至 2020 年底，“杰出学者”在岗聘任 587 人，其中特聘教授 A 岗受聘者 95 人、特聘教授 B 岗受聘者 108 人、青年学者 A 岗受聘者 198 人、青年学者 B 岗受聘者 186 人。已入职但尚未开始“杰出学者”聘期者 21 人，其中青年学者 A 岗受聘者 5 人、青年学者 B 岗受聘者 16 人。

其次，为了更好地推动“双一流”建设，充分发挥学术造诣高深、社会影响广泛、德高望重的人文社会科学资深专家在学科发展、学术繁荣及人才培养等方面的重要作用，继续执行《中国人民大学“大华讲席教授”评聘与管理暂行办法（修订）》，充分发挥人文社会科学资深专家在学校事业发展中的重要作用，也与学校一级岗位教授评聘工作相衔接。项目主要面向“双一流”建设学科中年龄不超过 65 周岁的教授二级岗位在岗教授，或《大华教育基金项目方案》中选择的试点学院（系）的资深专家，他们长期为学校事业发展、学科建设做出突出贡献。学校组织开展了 2020 年“大华讲席教授”聘任工作，最终确定“大华讲席教授”人选 2 人。截至 2020 年底，聘期内“大华讲席教授”共 11 人。

最后，学校注重柔性引才，积极利用人才项目，充分利用海外智力资源。截至 2020 年底，共有中国人民大学名誉教授 68 人，客座教授 121 人（129 人次），聘期内中国人民大学讲座教授 21 人，海外兼职人才岗位受聘者 25 人，特别研究员 2 人，新奥国际教席 7 人。

2. 完善党委联系专家制度，提高基石人才服务保障质量。严格落实党管人才要求，坚持把教师队伍建设作为基础工作，继续完善学校党委联系专家、学院（系）联系专家、学生助手服务专家的多层联系、统一管理的工作格局，充分调动校内各方资源，发挥多主体的积极性和主动性，形成合力，为做好人才服务与保障工作奠定基础，致力于形成“党管人才”“尊重人才”的良好形势。学校层面，充分发挥学校党委统筹全局的作用，为党委联系专家制度提供思想、政治和组织引领；学院（系）层面，积极发挥基层院系直接接触专家学者、掌握专家真实诉求的优势，为党委联系专家制度的落地提供支持，切实解决问题；学生层面，推动49名高层次人才学生助手组成服务队伍，协助专家处理行政性事务，将专家服务与人才培养紧密结合。

（二）工作进展

1. 高度重视人才项目推荐工作，做好高端人才队伍建设。学校认真依托国家各级重要人才项目，大力推出一批代表学校学术水平的知名学者，努力造就一批具有创新能力和发展潜力的中青年学术带头人和学术骨干。2020年，新增“长江学者奖励计划”特聘教授4人及青年学者6人（含调入1人），“万人计划”哲学社会科学领军人才11人（含调入1人）及青年拔尖人才7人，“百千万人才工程”国家级人选2人，“有突出贡献中青年专家”荣誉称号获得者2人，文化名家暨“四个一批”人才9人（含调入1人），宣传思想文化青年英才3人（含调入1人），享受政府特殊津贴专家12人，北京市宣传思想文化系统“四个一批”人才2人；此外，1人进入国家生态环境保护专业技术领军人才拟入选名单，2人进入国家生态环境保护专业技术青年拔尖人才拟入选名单。2020年，以“杰出学者”为载体，人才项目入选者培育与引进情况突出。学校遴选推荐的“长江学者”“万人计划”“百千万人才工程”等各类重要人才称号候选人中，“杰出学者”占比73%；进入上述重要人才称号终审环节者，“杰出学者”占比84%；最终入选者中，“杰出学者”占比72%。学校引进的“长江学者”“万人计划”等重要人才项目入选者中，100%通过竞聘或直聘“杰出学者”岗位进入学校。

同时，根据上级单位的统一要求，组织了北京市“四个一批”人才等人才项目入选者的选调工作，进一步推进人才培养，加强高层次人才的政治引领和政治吸纳，坚定“四个自信”，增强高层次人才对党和国家的认同感、向心力。

2. 推进“海归教师本土化培养”战略，完善“本土教师国际化培养”战略。根据学科发展和队伍建设需要，大力推进“本土教师国际化培养”战略，坚持“走出去”与“请进来”相结合，帮助教师开拓学术视野，扩展学术领域，紧跟学术前沿，加强与海外学术界的沟通和交流，全方位提升教学科研水平和国际学术交往能力，提高人才培养质量。一是继续实施“教师公派出国研修支持计划”，2020年共派出7名教师赴海外知名高校或研究机构进行为期1～12个月的访学交流，但受新冠肺炎疫情影响，公派出国教师面临“出不去”和“回不来”的困境，派出人数较2019年降幅达73%；二是继续实施“学科国际前沿教师培训”项目，学院（系）结合时情，邀请2位知名海外学者开展线上集中授课，参训教师30余人次，该项目邀请专家人次较2019年降幅达94.4%；三是继续实施“教师国际培训学院（系）特色项目”，按计划组织学院（系）开展2017年获批项目的结项审核和结余经费收回工作，结合实际情况开展2018年、2019年获批项目的年度审核及下一年度经费拨付工作，对受疫情影响的年度进行延期。

同时，按照学校整体部署，继续实施“海归教师本土化培养战略”，帮助海外留学归国教师“沉下去”，对其加强国情教育，积极推进实施“海外留学归国教师挂职锻炼”计划，组织第十三批申报工作，共选派14个学院（系）的25名海归教师前往22家合作单位实践锻炼。同时，鼓励挂职锻炼期内的海归教师在做好防疫工作的前提下灵活开展挂职工作，大部分教师挂职锻炼进展顺利，在丰富案例教学拓展实习基地、理论联系实践产出科研成果、发挥专业特长解决实际问题等方面收获颇丰，得到了合作单位的肯定和广泛好评，产生了积极的社会影响，达到了计划的预期效果。

3. 推进精细化管理与人性化服务，提升人才工作整体水平。为适应高水平人才队伍建设需求，应对日益激烈的国际人才竞争形势，学校落实精细化管理，积极营造“近者悦，远者来”的良好人才环境。定期组织召开人才工作领导小组会，协调校内相关部门，综合研究、整合资源、及时解决聘任工作中的程序设计、期刊认定、资源配套等特殊问题，如落实国家思政课教师评价机制改革要求，及时将思政课教师在中央和地方主要媒体上发表的理论文章纳入学术成果范畴；多方筹措人才专项经费，优先保障“杰出学者”待遇落实，提高一揽子待遇的整体竞争力；配合学院（系）引才需要，及时举行“教师选聘工作组会议”与“杰出学者支持计划学部分会”，确保引才时效。同时，提升管理和服务保障水平，完成《人才项目手册》《人才工作流程汇编》《学校现行人才政策汇编》编制印发工作。此外，学校还专门设立“高层次人才信息库建设经费”，其中“重要人才项目基础数据库”已经建成试用，人才管理系统正在开发和建设中；为规范、高效实现引进人才工资及津贴发放的“工资、劳务发放系统”也在积极调试，有效提升人才数据、项目管理的便捷性、准确性、规范性。

五、学术委员会工作

（一）概况

2020年，学校学术委员会坚持守正创新，直面困难挑战，不断加强组织建设与建章立制，进一步发挥自身在学科建设、学术评价、学术发展和学风建设等事项上的重要作用，探索符合学校实际的学术委员会治理体系，引领学校学术治理迈上新台阶。

（二）主要工作

1. 完善组织体系。学校学术委员会明确了学部层面的“5＋1”体系，即“人文、经济、法政、管理、理工五大学部学术委员会＋公共课委员会”，并于2020年5月新成立了马克思主义理论（思想政治理论课）教师专业技术职务（职称）评审委员会，简称“马理与思政委员会”，作为法政学部学术委员会的组成部分，并赋予其相对独立性。此外，国际文化交流学院于6月顺利组建了学院学术委员会，截至2020年底，学校共成立学院（系）学术委员会34个。学校学术委员会组织结构图如下所示。

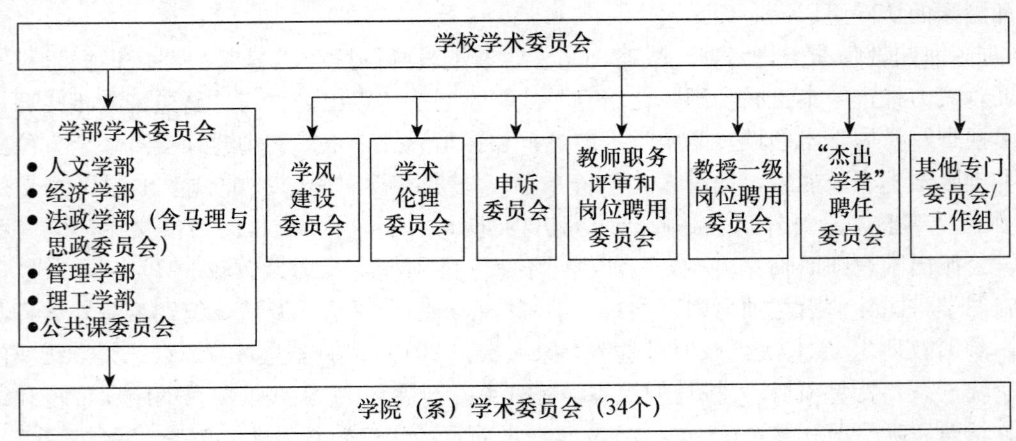

中国人民大学学术委员会组织结构图

2. 健全制度设计。深入推进制度建设工作，出台《中国人民大学学术委员会申诉委员会工作细则》等文件，系统规范申诉处理等工作程序，为引导学术风气、端正学术道德提供了重要的制度依据。

3. 积极履行职责。2020年，在新冠肺炎疫情防控的特殊背景下，学校学术委员会运用线上、线下同步结合的工作方式，平稳完成2020年教师职务评审与岗位聘用工作。同时，通过召开主任办公会，充分落实学术治理职责，审议议题涵盖学术管理制度、学术评价标准、学科专业设置、教师职务评审和岗位聘用等诸多方面，如：践行“不忘初心，牢记使命”主题教育专项整改的立行立改精神、解决文学院语言学科中文A刊调整方案落实问题；审议数学学院与统计学院设系事宜；审议本科专业设置；审议哲学社会科学领域专业技术一级岗位设置试点工作有关文件等。

六、教职工培训

（一）继续组织实施第十期新教师助教制度项目并开展第九期新教师助教制度项目总结

7月，人事处会同教务处、教师教学发展中心共同下发《关于组织开展第九期新教师助教制度项目总结暨实施第十期新教师助教制度项目的通知》。组织2019年9月至2020年8月底新入职的85名教师参加新教师助教制度项目，认真开展第九期新教师助教制度项目总结，敦促学院和教师个人落实好新教师助教制度。

（二）精心组织各类教职工发展与培训项目

坚持以培训需求为导向构建教职工开发培训体系。以需求为导向，以项目为抓手，将学校事业发展需求和教职工个人成长需求相结合，通过广泛调研、精心策划、宽专并举，继承并优化传统培训项目，开发创办新颖的教职工培训项目。受新冠肺炎疫情影响，2020年学校对线下培训项目开展做出适当调整，共组织校内教职工培训项目6个，合计184课时，累计参训教职工达319人次。培训项目包括岗前培训等提升岗位胜任力培训，以及英语培训等提升职业技能类培训，为提升教职工职业技能、岗位胜任力与综合素质起到良好的推动作用。

9月，学校组织安排179名新入职教职工参加岗前培训，其中教师90人、党政教辅人员89人（含学工系统学生骨干培养计划）。2020年新教职工岗前培训继续强化教职工在培训中的主体地位，除传统的讲座式教育外，重视互动参与式培训，提高新教职工的参与度和主动性。第一，牢牢抓好岗前培训作为新教职工入职第一课的特殊地位，把好政治方向，强化立德树人，岗前培训第一课即请学校党委书记靳诺教授做主题报告；邀请学校党委副书记、纪委书记吴付来教授做校史专题讲座，并着重安排意识形态教育、师德师风教育与警示教育、学术伦理教育等专题课程，将师德师风建设融入新教职工岗前培训全过程；另外，根据上级部门要求，学校在岗前培训中新增专题讲座，邀请马克思主义学院教授做“学习贯彻习近平总书记关于宗教工作的重要论述及相关法律法规”专题解读，有效增强了新教职工防宗教渗透的能力和政治敏感度。第二，进一步优化培训内容，将已有培训内容整合为师德师风模块、学校建设与制度模块、教职工利益模块、服务与资源模块、讲座与交流模块等五大模块。第三，在继续完善《新教职工重要信息指南》《部分单位办事与工作指南材料汇编》《人事工作流程及内容手册》基础上，立足于更好满足新教职工需求，积极协调各有关部门，整理并印发了图书馆《读者手册》、后勤集团《相关服务信息补充介绍》，以及校医院《校园医疗服务设施与政策》《校园新型冠状病毒肺炎防护指南》等材料，为新教职工在校内的工作与生活提供指引和帮助。第四，继续开展“读懂中国”调研活动，通过组织新教职工赴陕西和四川等地进行调研培训，引导新教职工更加深入地了解国情、党情、社情、民情、校情，在实践中锤炼品格、增长才干，增强对学校的认同感和归属感，培育和践行社会主义核心价值观。此外，为进一步提升职业技能水平，2020年学校继续举办提升国际交流能力系列培训，组织第35期师资英语培训班和第23期党政教辅人员英语培训班，共38名教职工报名参训。

（三）进一步规范教职工在职攻读学位管理

2020年，学校共收到17位教职工的在职攻读学位申请，其中15位获批，9位考取并入学就读。学校通过多次宣讲在职学习纪律和政策、签订在职学习合同书等形式，进一步强化在职学习管理。2019—2020学年，共有54名本校在职学习教职工向学校提交学费减免申请，相关部门共同审核研究，做出全免、半免、不免等审批意见。

（四）配合开展相关校外培训遴选推荐工作

根据科技部、国家留学基金管理委员会、北京市委教育工作委员会等通知，配合组织开展驻外后备干部选拔、国外教育调研访问学者项目、北京高校新上岗思想政治理论课教师培训等遴选推荐工作。

七、专业技术职务评聘与岗位聘用工作

（一）哲学社会科学领域专业技术一级岗位设置试点工作

为贯彻落实中央关于繁荣发展哲学社会科学的要求，加强事业单位哲学社会科学领域高层次专业技术人才队伍建设，人力资源和社会保障部开展事业单位哲学社会科学领域专业技术一级岗位设置试点工作，学校为试点高校之一。

学校高度重视此次试点工作。按照上级部门规定和学校要求，经中共中国人民大学第十四届委员会第 110 次常委会议审议通过，学校成立哲学社会科学领域专业技术一级岗位设置领导小组及其办公室（工作组），并先后召开工作组专题会和座谈会，就任职条件、工作程序等征求教授代表、学院代表和相关部处意见。第十二届学术委员会第 7 次主任办公会和中共中国人民大学第十四届委员会第 125 次常委会议审议通过相关实施方案、实施办法和工作通知。

（二）教师专业技术职务评审与岗位聘用工作

2020 年教师职务评审和岗位聘用工作继续贯彻“重岗位、重水平、重贡献”的指导思想，注重人才培养的政策导向、科研水平的质量导向、不拘一格的选拔人才导向，统筹教师个人发展和学科整体发展、面上激励和拔尖人才激励、评审权限下移和学校总体把控，优化教师队伍的整体布局。在修订任职条件基础上，破除“五唯”倾向，继续坚持将师德师风考察贯穿教师职务评审和岗位聘用全过程；突出教学业绩导向，完善教学为主型教师职业发展；进一步强化学术代表作制度，注重标志性成果的质量、贡献、影响；继续完善破格晋升教授制度；高度重视思想政治理论课教师队伍建设，为思政课教师单设标准、单独评审、单列指标；拓宽教授三级岗位晋升通道；明确科研成果期刊级别的认定。同时，启动同行专家线上评审系统，提升工作效率。在充分调研、沟通，认真审核、校验，严格各级各类评审的基础上，顺利完成 2020 年职评岗聘工作。

2020 年学校教师职务评审和岗位聘用委员会共评聘通过校本部各级教师职务 213 人，其中教授 78 人（本校晋升 54 人），副教授 64 人（本校晋升 55 人），校内“长聘制”副教授 1 人、校外“长聘制”准聘副教授 1 人；审议通过各级教师岗位 116 人，其中教授二级岗位 13 人、教授二级岗位认定 1 人，教授三级岗位 21 人，副教授一级岗位 17 人，副教授二级岗位 21 人。

（三）教师以外专业技术职务评审和岗位聘用工作

2020 年，教师以外专业技术职务评审和岗位聘用工作继续贯彻“重岗位、重水平、重贡献”的指导思想，突出业绩和贡献导向。为落实全国思想政治工作会议精神，加强辅导员队伍建设，对思想政治工作系列单列计划、单设标准、单独评审，向一线辅导员倾斜，并允许专职辅导员参评思想政治工作系列中、初级职务；在专业系列评议组专家安排上，也充分考虑到了加强思想政治工作的因素。

2020 年，共 83 人通过学校教师以外专业技术人员职务评审，其中 37 人为高级专业技术人员；116 人通过学校教师以外专业技术岗位聘用，其中 38 人受聘教师以外专业技术七级及以上岗位，占人员总数的 33%；104 人通过管理职员岗位聘用（含直接对应岗位 19 人），其中 32 人受聘六级及以上管理职员岗位（含直接对应岗位 19 人），占人员总数的 31%；3 人通过工勤技能岗位聘用。

八、考核工作

（一）教师考核工作

近年来，学校不断推进学院教学整体考核和教师个人考核相结合的教学考核方式，既发挥学院的

主体作用，又强化学校的监督检查职责。2019—2020 学年，共完成全校 35 个单位和 1 782 名教师的年度教学考核，其中各单位的年度教学整体考核结果均为合格；21 人个人考核按合格计，3 人个人考核为不合格，其余教师个人考核合格。

2020 年聘期考核结果在科研处科研考核意见的基础上确定。其中，82 名教师按原岗位续聘；15 名教师不考核科研工作；7 名教师按原岗位续聘至科研处延长考核期限结束，届时依据科研处考核结果续聘、试聘或低聘；3 名教师试聘；1 名教师低聘。

（二）非教师考核工作

2020 年，学校进一步强化管理职员、教师以外专业技术人员及工勤技能人员年度考核管理工作，将学工系统学生骨干培养计划成员（工保生）、学校承担经费的非事业编制聘用人员统一纳入年度考核范围，并强调附中、附小事业编制人员及各单位自筹经费的非事业编制人员考核应纳入备案范围。参加年度考核的校本部院（系）、机关、教辅及其他单位工作的党政教辅人员（不含中层干部）共 1 164 人（不含附中、附小），其中事业编制人员 1 005 人，工保生 51 人，学校承担经费聘用人员 108 人。考核结果等级为优秀的 181 人（含工保生 5 人、学校承担经费聘用 2 人），良好 975 人，合格 6 人，不合格 2 人。

2020 年，学校对 2020 年聘期到期教师以外专业技术人员进行聘期科研考核，实际参加考核 114 人，其中副高级及以上 56 人，中级及以下 58 人。考核结果合格的为 105 人。

2020 年，学校对 2020 年聘期到期管理职员、工勤技能人员进行岗位聘期考核。2020 年聘期到期参加考核的管理职员 188 人，其中考核结果优秀的 24 人，合格的 164 人；参加考核的工勤技能人员 63 人，其中考核结果优秀的 2 人，考核结果合格的 61 人。

九、薪酬、保险和福利工作

（一）开展二级单位违规发放津补贴自查自纠工作

为深入贯彻落实中央八项规定精神，进一步规范二级单位津贴补贴发放工作，学校成立由人事处、财务处、审计处组成的工作组，组织全校范围内二级单位开展违规发放津补贴自查自纠工作。经单位自查、现场检查等，共发现 18 个二级单位存在违规发放问题，相应整改工作已于 2020 年 11 月前完成。

（二）持续推进学校绩效工资改革工作

出台奖励性绩效工资管理文件。印发《中国人民大学奖励性绩效工资管理办法》，对奖励性绩效工资进行分类管理，明确管理主体、制定程序、审批流程、发放规范、违规发放负面清单、违规发放处理程序等，从源头上理顺发放机制，防控管理风险。

落实绩效工资总量控制政策。为落实国家关于绩效工资总量控制的相关政策，经绩效工资改革工作小组专题研究，并报学校党委常委会审议通过 2021 年学校奖励性绩效工资额度。2020 年 12 月 29 日，学校召开绩效工资工作专题会议，向二级单位下达 2021 年奖励性绩效工资额度，落实总量控制政策。

（三）落实新冠肺炎疫情防治人员临时性工作补助政策

2020 年，学校积极贯彻落实党和国家关于新冠肺炎疫情防治人员临时性工作补助决策部署，经 2020—2021 学年第 16 次校长办公会审议，针对参与疫情防控并做出突出贡献的个人设立并发放临时性工作补助。

（四）推动养老保险工作精细化和专业化发展

健全社会保险管理中心制度建设，明确业务内容 4 类 26 项，出台办事流程 17 项，整理规章制度 15 项，设计完善中心网站、微信公众号等线上服务平台，建立健全学校社会保险治理的规则、制度体系，提升了学校养老保险改革工作的精细化和专业化水平。

完成财政部养老保险缴费需求、离退休工资核查工作，共核实 2014 年以来共 8 年相关人员数据，涉及 5 万余人次，核查、补充数据逾 50 万条。

为 83 位教职工办理退休待遇申领，在央保中心办理增员 236 人，减员 83 人，定期待遇暂停 67 人，修改信息 8 人，发放《致退休人员的一封信》2 580 份。

（五）做好离退休人员校内待遇发放工作

截至 2020 年底，学校有离休人员 205 人，全年共发放离休费 3 800 余万元。

1 月，为 206 名离休人员增发生活补贴 100 余万元，为 20 名 1945 年 10 月前参加工作的离休人员发放高龄医护补贴 40 万元。6 月，为 213 名离休人员发放防暑降温费 5.1 万元。11 月，为 246 名 90 岁以上离退休人员发放重阳节慰问金 14.8 万元。

（六）继续做好教职工福利工作

为 929 名教职工发放子女医疗统筹款 174 652 元，为 45 名教职员工发放困难补助 135 000 元，为 71 名教职工完成探亲路费的审核报销，完成 24 家单位元旦春节慰问病号购买慰问品费用报销，为 1 位享受高干医疗服务待遇人员新办医疗证，为 81 名去世教职工核发丧葬费及一次性抚恤金。

（七）继续做好北京市社会保险工作

为 417 名事业编制教职工办理北京市失业保险、工伤保险增减员，其中增员 288 人，减员 129 人，并为 117 名教职工办理失业、工伤保险费补缴；为 140 余人办理保险信息修改，为 6 名 E 岗位教师办理保险待遇申领手续，为 20 人开具养老保险参保缴费凭证，为 6 人办理养老保险关系转移接续，为 1 名发生事故教职工办理工伤认定与补偿事宜；为 1 名在职死亡教职工办理暂停参保手续。

十、教职工出国（境）

2020 年，受新冠肺炎疫情影响，为教职工办理因公出国（境）政审 6 人次，涉及 3 个基层单位。

十一、人事调配工作

（一）积极稳妥、扎实有效落实荣退工作

1 月，学校举办二级岗位教授荣退恳谈会；3 月，印发《关于进一步做好教职工退休工作的通知》，进一步明确荣退工作相关事宜，并完成第二批一级岗位教授荣退手续办理工作；7 月，召开一、二级岗位教授荣退仪式暨荣退恳谈会；10 月，举办二级岗位荣退教授重阳节慰问活动。

（二）完善人员调配工作程序

规范新教职工办理报到手续流程；规范应届毕业生办理报到手续流程；调整新来校海归人员办理报到手续流程；取消仅上半月办理报到手续的时间限制，对外单位新调入人员实行全月即时办理报到手续等。

进一步梳理教职工离职离校手续，充分明确职责权限，规范办事流程，形成《事业编制教职工离职离校手续办理流程》《事业编制教职工离职离校程序流程图》《离校人员情况核实表》等。根据未办结人员类型和情况分别采取相应措施督促相关手续办理。

十二、人事档案管理工作

（一）推进干部人事档案规范化管理

成立干部人事档案管理办公室，统筹人事档案管理综合事务。调配人员，初步实现人事档案“千档一人”和三员管理；建立电子阅档室，实现档案库房与阅档区分离。

（二）积极推进人事档案数字化管理工作

制定干部人事档案数字化发展规划，使人事档案在学校内部人事管理、学校自身发展和个人利用层面发挥广泛价值。系统梳理人事档案数字化工作中的成绩和问题，形成改进方案。

干部人事档案数字化建设一期项目完成验收工作，继续推进二期项目，提升人事档案管理现代化水平。

截至2020年底，人事处管理事业编制在职教职工人事档案3 805册、博士后人员人事档案73册。

十三、博士后工作

2020年，学校密切关注国家博士后制度改革导向，围绕学校人才队伍建设中心工作，调整博士后科研流动站工作重心和管理模式，主动适应新常态下博士后工作新要求，进一步完善博士后工作管理体制，助推青年人才队伍高质量发展。

（一）优化布局、拓展职能，注重科研流动站平台建设

学校深入拓展博士后科研流动站职能，提升博士后培养质量，服务人才队伍建设。2020年，人力资源和社会保障部、全国博士后管理委员会联合发布《关于开展2020年度博士后综合评估工作的通知》。根据通知精神，学校聚焦工作重点，参评的博士后科研流动站均通过评估考核，其中，法学、理论经济学、统计学三个流动站评估等级为优秀。

（二）分类管理、创新机制，探索师资博士后制度创新

学校创新博士后制度改革，有效集聚青年创新人才，制定《中国人民大学教师、师资博士后选聘工作办法》《中国人民大学师资博士后管理办法》，在“双一流”学科全面推行师资博士后制度，适度扩大博士后招收数量，提升薪酬待遇竞争力，发挥博士后制度在青年人才培养、师资选聘考核方面的优越性。2020年，学校共计招收博士后108人，其中含师资博士后32人，占比29.6%，较2019年上升15个百分点；出站53人，其中留校任教14人，占比26.4%，留校比例较2019年上升15.4个百分点；留校人员占新入职教师岗位人员13%，较2019年上升4.6个百分点。“双一流”建设学科充分利用博士后“制度特区”集聚青年创新人才，提升资源使用效益，打造“杰出学者”青年学者队伍的后备军和蓄水池。

（三）扩大规模、提升质量，统筹推进博士后队伍建设

学校继续坚持“两个优先”的招收导向，即优先保证重点研究基地、创新团队、重点实验室、承担“智库”建设的研究机构招收博士后，优先保证国家级人才项目入选者、重大及重点课题主持人招收博士后，将博士后招收与学校高端人才、团队和优势资源平台对接，严把招收入口关。实施一年两批次的招收政策，严格按照国家政策要求控制超龄、在职人员进站比例，优化博士后年龄结构和学科分布，确保博士后招收与培养质量紧密契合国家和学校发展需要。根据《中国人民大学博士后工作实施细则》及《中国人民大学博士后进出站评议议事规则》等文件，2020年共计招收博士后108人，其中流动站自主招收85人，工作站联合招收23人，进站博士后平均年龄29.9岁。同时，2020年累计为91人办理出站和退站手续。

（四）强化管理、注重宣传，切实提升基金项目入选率

学校高度重视博士后科学基金在助力人才培养、推动博士后产出更高水平科研成果等方面的积极作用，积极组织申报工作，提升申报质量、扩大入选数量。同时，搭建博士后国际交流平台，积极组织博士后申报国际交流计划，鼓励博士后多渠道参与国际会议或合作研究，加强与海外高水平院校、科研机构和企业的交流互鉴，促进人才资源合理有序流动。2020年，切实扩大各类基金项目申报数量，有效提升资助项目入选率，国家自然科学基金项目入选8人，占学校入选者三分之一，国家社会科学基金项目入选3人，同时，各类高层次博士后支持项目均有入选，博士后创新人才支持计划入选

1 人，博士后国（境）外交流计划引进项目入选 2 人、派出项目入选 1 人，博士后科学基金面上资助入选 22 人、特别资助入选 2 人。

（五）统筹资源、深化合作，提高联合培养博士后质量

学校继续贯彻执行《博士后科研工作站设站单位申请与我校联合招收博士后工作管理办法（暂行）》，在合作标准、合作期限、合作费用、组织实施等方面严格按照新规定执行，提高联合博士后培养质量，切实服务于学校学科建设、教学科研、人才培养及人才队伍建设中心工作，充分发挥学校社会服务职能。2020 年，学校稳步推进联合培养博士后工作，规范管理、深化合作，与中国人民银行清算总中心等两家单位建立联合培养博士后关系。与学校建立合作关系的企事业单位已累计 87 家。

（六）聚焦改革、稳步推进，提高博士后工作整体水平

学校根据国家博士后制度改革精神，积极推进博士后相关工作配套的“软”“硬”环境建设，继续认真做好博士后开题、中期考核、职称申报、进出站管理等各项日常工作。此外，学校积极开展增补和更新中国博士后科学基金评审专家工作，协助完成 2020 年博士后国（境）外交流项目评审会推荐专家参会工作；协助北京博士后联谊会组织第 31 届理事会理事换届工作；参加中国博士后制度实施 35 周年座谈会、第二十二届全国高校博士后管理工作研究会年会。

学校继续贯彻落实《国务院办公厅关于改革完善博士后制度的意见》，按照“加强博士后管理，提高博士后培养质量，提高博士后资源使用效益”的工作重点，深入拓展博士后科研流动站职能，优化博士后制度设计，健全青年学者培养体系，充分利用博士后“制度特区”延揽人才，努力将博士后科研流动站建设成为汇聚高端人才的平台、培养优秀师资的蓄水池。

附录

2020 年中国人民大学教职工增员情况表

	类别
增员的系列分布	教学科研人员 192 人（含新增享受国家资助指标博士后 61 人）
	党政教辅 46 人
	工勤人员 0 人
	中小学、幼教 16 人
增员的学历分布	博士研究生学历 180 人
	硕士研究生学历 69 人
	本科学历 4 人
	专科学历 1 人
	专科以下学历 0 人
增员的来源分布	调入、任命 98 人
	博士后入站 61 人
	海外留学生 52 人
	国内应届毕业生 43 人
	其中：外校 18 人
	其中：获博士学位 13 人
	获硕士学位 30 人

2020 年中国人民大学教职工减员情况表

	类别
减员的类别分布	离退休 85 人
	调出校外 54 人（注：含享受国家资助指标博士后出站 26 人）
	辞职、辞退、自动离职、开除 5 人
	在职死亡 1 人

2020 年中国人民大学博士后科研流动站名单

序号	博士后科研流动站名称
1	法学
2	理论经济学
3	应用经济学
4	工商管理
5	社会学
6	中国史
7	哲学
8	中国语言文学
9	政治学
10	新闻传播学
11	农林经济管理
12	公共管理
13	计算机科学与技术
14	图书馆、情报与档案管理
15	马克思主义理论
16	世界史
17	考古学
18	统计学
19	物理学
20	外国语言文学
21	数学

■ 资产管理工作

一、国有资产管理工作

（一）调整学校国资委组成并召开会议

10月，学校召开了2020—2021学年国有资产管理委员会第一次全体会议，听取学校国有资产管理委员会组成人员及单位调整情况，汇报、审议并通过了《学校所属企业体制改革建议方案（讨论稿）》和《中国人民大学国有资产管理委员会议事规则（审议稿）》。

（二）完善国有资产管理制度体系

9月，学校审议并印发实施《中国人民大学校属企业工资总额管理暂行办法》；10月，学校国资委会议通过《中国人民大学国有资产管理委员会议事规则（审议稿）》。

（三）配合审计署开展学校党政主要领导经济责任审计工作

根据审计署驻校审计组要求，配合提供审计所需材料，并对审计取证单涉及的问题提供进一步的情况说明，顺利完成相关工作。

（四）房屋出租规范整改工作

5月，国有资产管理办公室与后勤集团签署《中国人民大学经营性房屋资产委托管理协议书》；在整改文化科技园与部分租户签订合同不规范方面，多次督促文化科技园与相关租户进行沟通、谈判，并进一步规范管理。此外，7月至9月在全校开展房屋出租出借摸底调查，整理完成2020年9月30日为时点的房屋出租出借清单。租金评估工作方面，约谈原评估公司北京国融兴华评估公司，商谈2020年房屋租金评估事宜并制定方案。

（五）完成苏州校区资产回购后续工作

积极推进苏州校区已回购资产的评估工作，完成土地房屋及家具设备类资产的清查盘点和评估，并出具评估报告。

（六）拈花寺腾退移交工作

继续积极协调推进拈花寺腾退移交工作，按照移交协议需印厂落实的各项工作已全部完成。10月赴北京市佛教协会商谈拈花寺整体移交事宜，双方就后续工作达成一致意见。

（七）落实主题教育工作要求，推动体育场馆规范整改

上半年，通过调研体育部、明德物业公司等场馆管理单位，提出规范整改具体工作思路和初步方案；11月起，通过调研北京大学、北京师范大学、中国农业大学等高校，形成调研报告，进一步完善原方案。

（八）两厦委托经营管理指标核定及考核

11月，经与资产公司、财务处等部门沟通，完成对文化科技园公司提交的2018年、2019年两厦经营指标核定工作，并经学校研究同意；12月，在前期工作基础上，结合审计整改要求，积极与资产公司、财务处沟通，抓紧核定文化科技园委托管理两厦2020年、2021年经营业绩指标，相关工作基本完成。

（九）北戴河学术交流中心改革

根据教育部、中直机关管理局工作要求，5月国有资产管理办公室代表学校参加中直机关管理局召集的北戴河地区培训疗养机构改革工作沟通会。9月至11月，继续反馈学校意见，学校领导赴中直机关管理局沟通北戴河学术交流中心改革事宜；12月3、9日，学校主管领导两次召开专题会议研

究北戴河中心改革事宜，明确由发展规划处牵头，校史研究室、博物馆等单位参与，尽快完成吴玉章研究院、吴玉章博物馆的筹建论证工作并提交学校研究。

（十）土地房屋确权和不动产登记工作

10月，赴北京市不动产登记中心咨询相关政策，了解国家及北京市关于不动产登记的最新要求和办理程序，在此基础上抓紧完善中关村校区不动产登记方案。

（十一）积极落实和推动校属企业改革工作

根据教育部反馈的保留管理企业名单及相关意见，会同资产公司修改完善《中国人民大学所属企业体制改革方案》，完成中介机构询价工作，相关方案已提交校企改革领导小组审议。此外，配合企业体制改革工作，完成“僵尸企业”摸底情况、每月“僵尸企业”处置进度情况、学校所属全民所有制企业改制工作方案及学校所属全民所有制企业基本情况表等上报工作。

（十二）完成资产公司2019年经营业绩指标考核，开展2020年经营业绩指标核定工作

完成资产公司2019年经营业绩指标考核评价工作，考核结果作为资产公司企业负责人薪酬水平确定依据之一，从而不断加强对资产公司及下属企业的薪酬管理工作。受新冠肺炎疫情影响，根据各企业月度快报及预估数据，并以资产公司前3年经营水平为依据，测算并核实资产公司2020年经营业绩考核指标。

（十三）原黄山学术交流中心账务清查及资产核实审计工作

根据学校党委巡察办对书报资料中心的巡察整改意见，需对原黄山学术交流中心资产情况进行清查核实，国有资产管理办公室联系黄山市黄山区相关单位查找历史财务资料。根据2020年9月专题会议精神，签报学校启动原黄山学术交流中心注销关闭工作、清算审计以及明确清算后权益分配事宜，并通过校长办公会审定。

（十四）停止黄山教学科研基地建设及整改工作

11月，学校收到国家审计署驻校审计组关于黄山教学科研基地项目建设的意见。11月底，根据审计署意见并综合考虑当前形势下的项目开发前景，学校党委常委会议研究决定停止该基地项目建设。12月初以来，为确定相关土地处置方案，国有资产管理办公室积极与黄山市黄山区相关单位联系，表明学校停止黄山基地项目建设的态度并请其研究土地处置方案。

除上述重点工作外，国有资产管理办公室积极开展学校国资委及国资办网站升级改版以及日常更新维护工作，撰写学校国资办2007—2019年大事记以及“十三五”工作总结和“十四五”工作规划，完成事业资产与企业资产日常管理工作。

二、房地产管理工作

（一）房屋资源清查工作

2020年，继续推进房屋资源清查与清理规范工作，完成《学校房屋资源清查工作进展报告暨中关村校区待清理规范周转住房工作建议方案》，完成中关村校区以外17个小区楼房及筒子楼1 930套（间）房屋的第一轮核查工作。截至2020年底，列入中关村校区周转住房清理规范范围的320套（含新列入台账1套）周转住房，已完成清理规范253套（其中通过协商沟通收回189套，协议规范51套，诉讼调解收回9套，达成一致尚未办理手续4套），占台账总数的79.06%；在诉周转住房2套，拟提起诉讼周转住房6套。继续推进引进人才周转住房清理规范工作，全年共腾退收回周转住房12套（含清房台账内6套）、协议规范5套（含清房台账内4套）。

（二）落实和完善公用房管理制度工作

1. 落实管理制度修订。根据新冠肺炎疫情环境下公用房共享的现状，完成《中国人民大学公用房资源共享暂行管理办法》试行期延期工作。

2. 开展2020年公用房定额核算工作。根据《中国人民大学公用房管理办法》及相关规定，完成全校各院（系）定额面积及应缴纳的房屋资源使用费核算工作，向各单位发放定额核算表、定额核算及收费确认单、缴费通知单，并根据各院（系）确认情况，协调财务处集中扣缴费用。

3. 加强公用房日常管理。进一步加强地上房屋及地下空间的规范管理，全面梳理使用协议及安全责任书签订情况，查缺补漏；梳理借用房屋到期情况，及时催促腾退移交；加强房屋巡查检查频次及力度，实现房屋管理规范化。

2020年，根据各单位申请，在实地调研、科学核算的基础上，按程序为公共管理学院、审计处、校医院、保卫处等单位办理公用房借用手续，为党委宣传部、信息学院、校医院、校园建设管理处、人事处等单位办理公用房分配使用手续，同时收回信息技术中心、世纪明德物业等单位借用房屋。

（三）结合双校区功能定位研究，落实东南区规划利用及中关村校区公用房调整

1. 落实双校区功能定位研究。定期组织召开务虚工作，对中关村校区与通州新校区分类别各项用房数据进行统计，并对数据对比情况进行了分析和说明，据此对双校区功能定位进行了研讨，明确通州新校区投入使用后中关村校区的功能定位。

2. 东南区项目建成投入使用，命名工作顺利完成。9月30日，中国人民大学东南区项目竣工交付使用，其中学生宿舍楼作为国内学生公寓于10月投入使用；教学科研楼3～10层为公共教室，其他楼层主要作为办公用房。

根据学校专题办公会讨论情况拟定命名方案，征集教职工代表、学生代表及校领导意见，并提请校长办公会讨论决策，完成东南区楼宇命名工作。经2020—2021学年第4次校长办公会审议通过，同意东南区教学科研楼在命名为“高瓴人工智能楼”的同时，设置校内常用建筑名“立德楼”；东南区学生宿舍楼命名为“立德公寓”（东风楼）。

3. 结合双校区功能定位，制定立德楼规划使用方案。结合通州新校区建设规划，学校对立德楼分配使用及装修方案进行了修改完善，并与相关单位反复沟通，报学校党委常委会审议通过后实施。立德楼除设置公共教室外，主要将用于马克思主义学科教学科研基地用房、新型高端智库示范基地用房、高瓴人工智能学院等部分新建学院用房、周转办公用房、研究生工位用房、共享会议室用房及机房等。

4. 加强周转住房管理。2020年，安排租住、续租引进人才周转住房共70人；安排租住、续租其他用房共73人；安排入住博士后公寓共44人；安排入住学员宿舍（进修访学教师等）共35人；以公证摇号方式完成130人的人才租赁住房轮候配租顺序，安排租住、续租人才租赁住房共90人；提供9套周转住房用于学校新冠肺炎疫情防控工作；办理引进人才校外租房房租报销共12人次。

进一步规范周转住房管理工作，发送到期提醒、安全提示等信息2 048次，发送腾退通知、告知信函40份；制作安装266个周转住房专用标识；为93套周转住房更换智能门锁；完成《关于引进人才校外租房房租报销有关事宜的通知》修订工作。

开展并加强各类周转住房日常巡查工作，共巡查房源500余套次。

继续扫描整理周转住房相关档案共521份。

装修周转住房43套。

5. 发放国家住房补贴。按国家有关规定向3 001名教职工发放住房补贴，共计4 030余万元。

6. 加强人防设施管理。根据北京市和学校要求，积极进行房屋、人防及地下室安全管理，加强房屋安全巡查、校园安全隐患排查，整改地下空间存在的安全隐患。落实人防及地下空间的使用备案登记制度，落实安全责任制。全面梳理人防工程及普通地下室使用协议及安全责任书签订情况，查缺补漏。

根据教育部发展规划司《关于开展中央国家机关地下空间普查和早期人民防空工程退出战备序列

工作的通知》，完成全校普通地下室、人防工程全面普查工作，并按要求完成相关信息采集系统数据报送工作。

三、设备资产管理工作

4月，为助力学校定点帮扶云南省兰坪县脱贫攻坚工作，经学校批准，从已达使用年限但仍性能良好的台式计算机中挑选185台捐赠给兰坪县委组织部。

协调组织完成苏州校区回购资产评估工作，并取得评估公司出具的评估结果，作为资产入账依据。

组织开展全校2019年资产盘点工作，涉及100余家二级单位，资产37.5万件，价值约16.2亿元。盘点工作包括方案制定、自查、抽查及报告汇总等阶段，目标为摸清家底、盘活闲置资产、提高资产利用率，为加强资产管理起到关键作用。

11月9日，学校报增审核业务电子签章上线，真正实现办理业务“只跑一次”。该电子签章启用后，全校资产报增手续全部可通过校园网实现在线办理和审核，大大提高办事效率，节省办事时间，真正实现无接触式办公，助力疫情防控工作。

附录

2020年中国人民大学房屋、土地汇总表

2020年中国人民大学房屋基本情况汇总表（按用途划分）

房屋用途	房屋名称	面积（平方米）
一、教学及辅助用房		293 778.53
教室	求是楼（教室）	58 878.47
	公共教学一楼	
	公共教学二楼	
	公共教学三楼	
	信息楼（教室）	
	明德楼（教室）	
	国学馆（教室）	
	艺术学院/博物馆楼	
	公共教学4楼（教室）	
图书馆	藏书馆	39 735.66
	明德楼（资料室）	
	西北区食堂楼上（资料室）	
	艺术学院/博物馆楼（资料室）	
	新图书馆	

续表

房屋用途	房屋名称	面积（平方米）
实验室及附属用房	体育部楼（实验室）	57 941.55
	科研楼A座（教师工作室）	
	理工楼及其配楼（教师工作室）	
	理工楼及其配楼（实验室）	
	明德楼（教师工作室）	
	明德楼（实验室）	
	求是楼（教师工作室）	
	求是楼（实验室）	
	人文楼（教师工作室）	
	人文楼（实验室）	
	西北区食堂楼上（教师工作室）	
	环境学院（实验室）	
	艺术学院/博物馆楼（教师工作室）	
	信息楼（教师工作室）	
	信息楼（实验室）	
	校友之家（实验室）	
	游泳馆及附属用房（教学6楼实验室）	
专用科研用房	汇贤大厦C座（教室）	102 509.78
	汇贤大厦C座（食堂）	
	汇贤大厦C座（生活福利及其他）	
	汇贤大厦C座（行政办公）	
	汇贤大厦C座（学生宿舍）	
	汇贤大厦D座（教室）	
	汇贤大厦D座（生活福利及其他）	
	信息楼东配楼（金桥）	
	信息楼东配楼（中大英才教育咨询中心）	
	文化大厦（科研）	
	兴发大厦	
体育馆	世纪馆	21 024.20
	体育馆	
会堂	八百人大教室	13 688.87
	八百人大教室（第三会议室）	
	明德楼（会堂）	
	科研楼（逸夫会议中心）	

续表

房屋用途	房屋名称	面积（平方米）
二、行政办公用房	东风 2 楼（行政办公）	129 791.25
	体育部楼（行政办公）	
	科研楼 A 座（行政办公）	
	科研楼 B 座（行政办公）	
	理工楼及其配楼（行政办公）	
	明德楼（办公）	
	求是楼（办公）	
	人文楼（办公）	
	西北区食堂楼上（办公）	
	汇贤大厦 D 座（办公）	
	环境学院（行政办公）	
	艺术学院/博物馆楼（行政办公）	
	信息楼（行政办公）	
	校友之家（行政办公）	
	游泳馆及附属用房（教学 6 楼行政办公）	
	国学馆（办公）	
	海淀教学楼（北园）	
	海淀科技楼	
	公共教学 4 楼（办公）	
三、生活用房		320 938.56
学生宿舍	东风 1 楼（留学生 1 楼）（学生宿舍）	202 746.76
	东风 6 楼（学 2 楼）	
	东风 7 楼（学 1 楼）	
	东风 2 楼（学生宿舍）	
	红 1 楼	
	红 1 楼加建	
	红 2 楼	
	红 2 楼加建	
	红 3 楼	
	红 3 楼东加建	
	红 3 楼加建	
	留学生 2 楼（原二招）	
	留学生 3 楼（原离退休工作处）	
	培训 1 楼	
	品园 2 楼（学 8 楼）	
	品园 3 楼（研 1 楼）	

续表

房屋用途	房屋名称	面积（平方米）
学生宿舍	品园 4 楼（研 2 楼）	202 746.76
	品园 5 楼（研 3 楼）	
	品园 6 楼（学生宿舍）	
	西北区学生公寓 A 栋（学生宿舍）	
	西北区学生公寓 B-E 栋	
	品园 1 楼（学九楼）	
	海淀音乐楼	
	海淀综合楼	
	北园 5 楼	
学生食堂	东风 1 楼（留学生 1 楼）（韩日餐厅）	23 853.40
	东风 1 楼（留学生 1 楼）（留学生餐厅）	
	东区食堂	
	集天小吃（南区食堂）	
	京港连线快餐厅	
	南区食堂（八百碗）	
	西北区食堂	
	西区食堂	
	中区食堂	
教工集体宿舍	青年公寓	20 000
生活福利及其他附属用房	校内生活福利配套用房	74 338.40
	张自忠路铁一号生活福利配套用房	
	清华东路成教院生活福利配套用房	
	文化大厦（其他）	
	校外产权住宅	
	北园生活福利配套用房	
四、教工住宅	静园 1～22 号楼	124 656.04
	林园 1～4、12 号楼	
	宜园 1～3 楼	
	南区临时工宿舍	
五、其他用房	中关村校区车棚	360 713.76
	张自忠路铁一号平房等其他用房	
	北戴河学术交流中心	
	紫藤花亭	
	天津房产	
	苏州校区房产	
	东南区宿舍楼	
	东南区综合楼	
合计		1 229 878.14

注：本表数据以 2020 年决算账面数据为依据。

2020 年中国人民大学土地资源基本情况汇总表（按区片划分）

区片	面积（平方米）
校本部（中关村大街 59 号）	604 130.00
老校区（张自忠路 3 号）	43 334.00
东四十条 109 号	4 462.00
志新村 31、38 号楼	702.90
清华东路甲 7 号	8 582.03
二里庄 1 号楼	696.90
芙蓉里 7 号楼	427.50
塔院迎春园 11 号楼	470.20
知春里小区 13 号楼	20.00
北戴河学术交流中心	6 741.87
黄山环境经济教学科研基地	52 586.26
中关村校区北园（海淀区通慧寺 1 号院）	35 577.06
海淀西北旺镇三高基地土地（一）	10 130.65
海淀西北旺镇三高基地土地（二）	10 513.59
苏州校区土地	123 007.22
合计	901 382.18

注：以上土地数据以 2020 年决算数据为基础，未包含原黄山学术交流中心土地面积。

2020 年中国人民大学固定资产分类汇总表

资产类别	期末账面数
总计	—
（一）土地、房屋及构筑物	—
其中：1. 土地（平方米）	0
2. 房屋（平方米）	1 196 206.24
办公用房	127 007.28
业务用房	520 974.71
其他用房	548 224.25
（二）通用设备（个、台、辆等）	95 417
（三）专用设备（个、台等）	298
（四）文物和陈列品（个、件等）	418
（五）图书档案（本、套等）	169 314
（六）家具、用具、装具及动植物（个、套等）	106 225

资料来源：2020 年度行政事业性国有资产报表。

■ 财务与审计工作

☞ 财务工作

一、概况

2020年，学校克服财政拨款总体压减、培训收入有所降低、刚性支出略有增长、防疫经费大幅增加等重重挑战，紧密围绕建设“人民满意、世界一流”大学的目标，保证了学校全年经济运行总体平稳有序，为学校完成“十三五”规划、启动“十四五”建设提供了坚实的财务保障。为深入贯彻落实中央“过紧日子”政策，学校采取“压支出、调结构、重绩效”等具体措施，推进预算绩效管理工作，在贯彻落实新冠肺炎疫情防控政策与要求、落实国家“科研放管服”政策、完善财务管理制度、提升预算管理水平、健全内部控制体系、加强财务信息化建设等方面，均取得了一定的成果。

二、年度收支及预算执行情况

2020年，学校收入总额为442 529.96万元，支出总额为450 194.87万元。总收入中，中央财政拨款收入202 914.04万元，占比45.85%；事业收入159 966.79万元，占比36.15%；附属单位上缴收入39.33万元，占比0.01%；非同级财政拨款收入38 001.28万元，占比8.59%；其他收入41 608.52万元，占比9.40%。总支出中，基本支出332 135.75万元，占比73.78%；项目支出118 059.12万元，占比26.22%。

2020年收入预算总批复658 429.50万元（不含上年结转的85 819.37万元），实际收入442 529.96万元，比预算批复减少215 899.54万元，主要是事业收入减少较多；支出预算总批复666 817.07万元（不含结转下年77 431.80万元），实际支出450 194.87万元，比预算批复减少216 622.20万元，主要原因是学校贯彻落实党中央“过紧日子”的精神，大力压减公用经费开支，以及受新冠肺炎疫情影响，上半年部分教学、科研、国际交流、建设工程等各项工作开展受限，各项经费支出比预期减少等。

三、财务状况专题分析

（一）年末财务状况分析

2020年末，学校资产总额1 468 271.02万元，比上年增加45 403.94万元，增加了3.19%，其中，流动资产年末余额825 398.27万元，比上年增加18 516.91万元，包括预付账款增长29 530.88万元，主要原因是预付设备款项增加；货币资金减少11 632.88万元，主要原因是受新冠肺炎疫情影响，当年收入小于当年支出等。非流动资产年末余额640 357.33万元，比上年增加26 856.46万元，其中，固定资产净值增加44 821.03万元，主要原因是学校当年东南区综合楼正式交付使用转增固定资产，以及设备类资产随着学校事业发展有所增加等；在建工程减少31 458.92万元，主要原因是学校当年东南区综合楼正式交付使用转增固定资产等。

2020年末，学校负债总额154 828.96万元，比上年增加22 855.63万元，增长了17.32%，其中预收账款增长18 565.23万元，主要原因是当年学校科研项目经费来款增加，造成预收的科研项目经费等按权责发生制要求尚未确认为收入的部分增加；其他应付款增长3 662.88万元，主要原因是二级独立核算非法人单位应付及暂存款等费用增加。

（二）年度收支情况分析

1. 年度收入情况总体分析。2020年学校获得财政拨款收入202 914.04万元，比上年减少44 358.99万元，减少了17.94%，主要是2020年基本拨款比上年减少29 502.93万元，中央高校捐赠配比专项资金比上年减少6 813.00万元，中央高校建设世界一流大学（学科）和特色发展引导专项资金比上年减少14 596.00万元，中央高校改善基本办学条件经费等专项资金也有所减少。事业收入159 966.79万元，比上年减少35 323.65万元，减少了18.09%，主要是教育事业收入下降较多。附属单位上缴收入39.33万元，比上年减少20.85万元，减少了34.65%。非同级财政拨款收入38 001.28万元，比上年增加1 505.45万元，增加了4.12%。其他收入41 608.52万元，比上年减少11 621.44万元，减少了21.83%。

2. 年度支出情况总体分析。2020年基本支出332 135.75万元，比上年减少44 979.71万元，减少了11.93%；项目支出118 059.12万元，比上年减少3 398.28万元，减少了2.80%。年度支出总额比上年减少48 378.00万元。

四、财务管理

（一）深入落实国家重大政策，圆满完成学校重要任务

根据教育部关于贯彻落实党和国家“过紧日子”政策的要求，学校按时完成了部门预算细化调整任务，并同步压减校内预算，在压缩整体规模的同时，优化支出结构，优先保障教学和人才培养工作，重点压减一般性公用经费支出。为坚决落实防疫工作要求，学校积极做好新冠肺炎疫情防控期间学生住宿费退费工作，同时开展对受新冠肺炎疫情影响困难学生的关爱补助和新冠肺炎疫情捐款等工作；安排拨付防疫专项经费，解决防疫急需物资和线上教学、视频会议系统等需求。根据中央审计委员会办公室、审计署工作安排，审计署驻京津冀特派专员办事处自2020年9月8日起进驻学校，开展学校党政负责人经济责任审计工作。在校领导的指挥安排下，学校成立审计业务专项组，做好对审计事项材料的审核、登记备案、交接等工作，按照要求提供相关材料。截至2020年底，审计署已向学校出具了审计报告和审计移交清单初稿。

（二）加强绩效管理制度建设，全面推进预算绩效管理

根据《中共中央 国务院关于全面实施预算绩效管理的意见》《教育部关于全面实施预算绩效管理的意见》，学校出台了《中国人民大学预算绩效管理暂行办法》，并据此开展了对部分重点支出项目的预算支出绩效评价工作。2020年经教育部批准，学校被纳入整体支出绩效评价试点范围，学校高度重视、积极落实，适时组织开展了2020年部门整体支出绩效的中期监控和2021年绩效目标编制工作。

（三）继续做好财务信息公开，顺利完成首次财务报告

根据《教育部关于做好高等学校财务信息公开工作的通知》及《关于做好2020年部门预算公开工作的通知》等文件规定的公开内容和要求，学校认真编制了表格与文字说明，并于2020年7月3日、7月27日按时公开了教育部批复的2019年部门决算和2020年部门预算。

根据《财政部关于开展2019年度中央部门财务报告编报工作的通知》《关于开展2019年度政府财务报告编报工作的通知》等文件要求，学校加强领导，组织力量，严格按照制度和文件要求，以年终审核无误的会计账簿数据为基础，结合相关资料进行编制，顺利完成了政府会计制度改革后首次财

务报告编制工作。

（四）深入推动内控建设整改，理顺校院经济分配关系

学校继续积极推动内部控制建设、评估评价和整改工作，并于2020年9月先后召开2020年学校内部控制建设工作领导小组会、2018—2019年学校内部控制评价工作会、2020年学校内部控制建设工作会，对前一时期工作进行阶段性汇报。除此之外，学校还于2020年12月召开2019—2020年内部控制工作线上培训会议，各学院（系）、书院，机关各部、处及直（附）属单位分管负责人及内控建设工作联络人参会。

通过调整和完善学校与院系之间的收入分配、养老保险和职业年金分担等经济分配政策，学校进一步理顺校内分配关系，调动院系创收积极性。2020年，学校首次根据专业硕士学科建设、工资收入影响、创收奖励等因素，返还学院分成收入；也首次根据养老金和职业年金校院两级分担制度，收取学院养老金和职业年金费用。

（五）落实科研"放管服"工作，推动会计信息化建设

为了进一步做好科研"放管服"工作，除使用财务综合门户网站和差旅自动化报销平台等信息化手段外，学校还深入分析报销痛点热点问题，切实提高财务服务意识，优化科研报销手续和流程，编制了《科研经费实用操作手册》。该手册涵盖科研项目从立项到结项全流程财务管理环节，让科研人员"看得懂，报得易"；并推出《财务业务你问我答》，以问答形式对财务报销常见问题进行答疑解惑，通过简明扼要、通俗易懂的回答，提高了沟通效率。

同时，在现有信息化建设的基础上，根据当前学校人员经费报销实际情况与师生诉求，学校整合招商银行和财务系统供应商神州浩天有限公司的技术力量，合作开发人员经费移动端报销APP，为广大师生提供更为便捷的财务报销服务。截至2020年底，有关模块已进入测试环境搭建环节。

☞ 审计工作

一、概况

2020年，学校成立党委审计委员会，进一步加强党委对内部审计工作的领导，健全党领导审计工作的体制机制；做好沟通协调工作，积极配合国家审计；完善内部审计机制，强化审计结果运用。克服新冠肺炎疫情影响，审计工作以非工程类审计、基建修缮工程造价全过程审计和新校区建设工程审计为工作重点，全年共完成各类审计项目（不包括科研审签）147项，审计资金总额132.340 12亿元。

二、主要工作

（一）建立健全审计体制机制

提请召开经济责任审计联席会议，向主要校领导和相关部门汇报经济责任审计工作情况，审议下年度经济责任审计工作计划。

以原经济责任审计联席会议为基础，成立学校党委审计委员会，健全党领导审计工作的体制机制，为召开学校党委审计委员会第一次会议做筹备工作。

（二）积极配合，统筹协调，保障国家审计各项工作有序、顺利开展

及时按要求提供国家审计所需材料。主动协调各单位配合审计工作，确保充分、有效沟通，为国

家审计工作高效开展提供辅助与支持。从审计专业角度，为学校及各部门配合国家审计工作提出意见建议，并得到广泛采纳。根据学校总体部署，主动协调保卫处等职能部门，确保国家审计署工作人员在学校的办公条件、生活食宿、预约进出校园、办理车辆临时出入证等方面需求得到有效保障。

（三）着力抓好审计发现问题整改，压实责任，持续跟踪审计整改工作进展，推动审计结果“共享”，确保审计结果得到有效运用

部门联动，主管校领导约谈，压实责任，确保审计整改实效。由主管校领导主持、相关职能部门参加，对长期未完成整改的单位进行约谈。截至2020年底，绝大部分问题彻底整改，部分问题整改工作取得实质性进展，切实推动了审计整改工作全面落实。

建立部门协调机制，推动成果“共享”。督促相关职能部门解决长期存在的风险性问题。党委组织部、党委巡察办、纪委办、财务处等为审计报告的固定使用单位。定期汇总整理审计中发现的普遍性、体制机制性问题，向财务、资产等管理部门出具审计建议函，推动学校建立健全制度体系，进一步规范管理工作、完善监督体系。

持续跟进整改及审计成果应用情况，形成闭环式的内部审计整改机制。实行审计结果“现场送达”。针对审计过程中发现的问题提出合理化建议，并实行“问题清单”“整改清单”“销号清单”对接机制，对审计查出的问题已经整改到位的，予以销号；对整改不到位的，继续督促相关单位采取措施进行整改直至销号。

制定《审计结果运用工作规程》，针对审计结果运用工作中的重要和关键环节进一步明确工作规范和时间、频次等要求，为审计结果运用工作提供更具操作性的制度依据。

（四）以中层领导干部经济责任审计为抓手，拓展审计领域，推进审计全覆盖

完成中层领导干部经济责任审计16项，二级单位财务收支审计2项，审计资金总额合计14.76亿元，提出审计建议62条，涉及被审计单位贯彻落实“三重一大”制度情况、内部控制制度建设与执行、规范财务及固定资产管理、防范风险、提高资金使用效益等方面的内容。完成学校2018年预算管理审计，审计资金115.922 647亿元，提出审计建议7条。

拓展审计领域，深入开展专项审计工作。完成审计整改情况后续审计、校园卡中心内部管理专项审计、“四个一批”人才自主选题项目经费使用情况专项审计工作，正在开展国有资产管理专项审计、学校办公室内部管理及经费使用和管理情况等专项审计。完成科研审签96项，合计金额1 662.46万元。

完成各类工程审计共118项，审计资金16 063.89万元。其中工程结算审计117项，累计审核资金6 336.89万元，审减金额230.07万元。持续深入开展东南区综合楼与留学生宿舍工程全过程跟踪审计，完成对工程总包及专业分包工程的工程进度款审核，涉及资金9 727万元。

开展建设工程管理审计，着重对工程项目管理中履行基本建设程序情况进行审查。针对审计中发现问题，提出审计建议并下达审计报告整改通知书，工程管理单位在规定期限内完成了整改。

（五）健全制度、创新方法，高效开展通州新校区建设工程审计

完成前期三通一平类竣工结算审计5项，累计审核资金515万元。对土方清运（一期）项目的施工、监理招标进行招标专项审计，对考古发掘（五期）进行合同专项审计。继续对北区学生宿舍一期项目进行施工阶段的跟踪审计。启动社会与人口学院楼、西区学部楼一期、北区学生宿舍二期及食堂三个新开工项目全过程跟踪审计。

起草并制定《中国人民大学社会与人口学院楼项目全过程跟踪审计实施细则》《中国人民大学西区学部楼一期项目全过程跟踪审计实施细则》《中国人民大学北区学生宿舍二期及食堂项目全过程跟踪审计实施细则》，在各个项目开工部署会上明确全过程审计工作要求，颁发跟踪审计实施细则，使各方参照执行。

以四个全过程跟踪审计项目为主线，采用审计甲方代表负责制，按照“全面覆盖、突出重点”的审计原则，对内控制度、招标管理、合同签订、施工过程管理等关键节点存在的薄弱环节和风险隐

患，提出审计意见及建议。

（六）根据总体安排，做好内部控制监督检查工作

作为学校内部控制建设领导小组成员单位和内部控制建设监督检查小组单位，审计处在学校内控建设中履行职责，列席相关会议并提请学校召开领导小组会议；完成学校 2018 年内部控制评价工作和 2019 年经济活动风险评估工作，开展学校 2019 年内部控制评价工作和 2020 年经济活动风险评估工作。

（七）其他工作

一是落实主题教育整改工作，推动内部审计工作制度化、规范化，促进党建与业务工作融合。

二是修订完成《中国人民大学审计处外聘社会中介机构管理办法（试行）》《审计结果运用工作规程》《中国人民大学审计处经济责任审计项目工作规程（试行）》《社会中介机构参与中国人民大学经济责任审计工作规程（试行）》等单位内部制度。基本完成《中国人民大学内部审计工作规定》《中国人民大学中层领导干部经济责任审计实施办法》的修订工作。

三是进一步落实上级审计信息化建设的相关要求，审计信息系统已经投入使用，信息化建设初见成效。

■ 后勤工作

一、概况

2020 年，后勤集团以习近平新时代中国特色社会主义思想为指导，紧密围绕学校“双一流”建设和发展大局，按照全校工作部署，坚持立德树人、服务育人，秉承“规范运行、保障民生、精致校园、创新事业”四大工作理念，实现疫情防控和业务工作两手抓、两不误，以人大人对美好生活的向往为奋斗目标，持续为师生提供“会心一笑”的高质量后勤保障服务。

二、后勤改革

（一）完成巡察整改任务

认真贯彻落实学校党委巡察工作要求，按照学校党委对集团巡察整改中期报告的反馈意见，狠抓巡察整改工作的“后半篇”文章。根据学校党委《关于开展巡察整改督查工作的通知》精神，部署巡察整改自查工作，完成《后勤集团党委关于落实学校党委第一轮巡察第三巡察组巡察反馈意见整改工作的自查报告》及整改台账的更新工作，向学校党委汇报巡察整改自查情况。

（二）推出第三批二十九项改革服务产品

在 2018 年二十五项、2019 年二十五项改革服务产品的基础上，推出二十九项改革服务产品。第三批推出的改革服务产品依旧围绕集团“四大工作理念”展开，以“育人”为基础，涵盖思想教育、劳动教育、教职工队伍建设、基础设施建设和环境改造等方面，努力提升人大人的幸福感。

三、后勤经营管理和服务保障工作

（一）党建工作

强化“不忘初心、牢记使命”主题教育实效，推进集团党委理论学习中心组学习制度化、规范

化，印发《中国人民大学后勤集团党委理论学习中心组学习制度》，全年学习 8 次。“四个一”行动得到高度肯定，酒店管理部党支部入选首批校级党建“双创”样板支部培育创建名单；在北京高校庆祝中国共产党成立 99 周年表彰大会上，集团总经理、党委委员宋大我获评“北京高校优秀共产党员”。

（二）疫情防控工作

1. 强化疫情防控组织领导。新冠肺炎疫情发生后，后勤集团迅速成立疫情防控工作领导小组。每日学校专班会结束后，随即召开后勤集团防控小组会议。根据“日报告”“零报告”制度要求，及时做好信息上报工作，建立防疫工作台账。按照北京市六条新规，加强员工宿舍管理。

2. 严守疫情防线。一是圆满完成学校防疫物资采购、储备和分发任务，入库物资累计达 47 万件。二是积极做好人员摸排及健康观察点建设工作，保障健康观察房住宿接待及餐饮服务；完成隔离人员、物资和防疫垃圾转运工作，累计出车 200 余趟次，行驶 6 000 多公里。三是严格做好食堂就餐防疫管理，设计单向就餐流程，引进电子配餐柜、实时流量查询系统。四是“温馨人大”新媒体平台的抗疫宣传、“书画小分队”的抗疫微信表情包，以及元宵节灯笼、人文楼下郁金香、向日葵花田、国庆节悬挂国旗等校园新景观为师生提振抗疫士气。五是一事一议审核员工返校申请，并两次组织员工参加核酸检测，参检人数达 1 078 人次，费用全部由集团承担。六是做好预防性消杀和公共区域体温监测工作。七是以宿舍为基础建立校园防控单元，细化学、食、住、行、浴等环节防控举措。八是拍摄 5 集《拾味人大》纪录片，向师生们传达学校对他们的关心和牵挂。

3. 做好疫情常态化防控工作。研究制定《新冠肺炎疫情应急处理预案》和秋季开学工作方案，在全校率先组织疫情防控应急演练。密切关注全球疫情动态，严格管控，实行出京通报制，保留原防控信息报送渠道。做好公共区域消毒及分流引导，避免聚集，公寓实行封闭管理。为返校学生搭建临时晾晒区，提供车辆送站、行李搬运及一站式商贸服务。做好食堂供应储备，恢复一桌四人就餐，缓解集中就餐压力。

4. 集团酒店管理部田小强荣获全国教育后勤系统“2020 年度感动人物”（个人）称号；方兴公司被评为“中国教育后勤协会高校校园商业服务新冠肺炎疫情防控先进集体”，方兴公司高研被评为“中国教育后勤协会高校校园商业服务新冠肺炎疫情防控先进个人”；国内公寓部孙超被评为“中国教育后勤协会高校学生公寓疫情防控先进个人”。

（三）育人工作

1. 劳动教育工作。研究制定《中国人民大学劳动教育实施办法（试行）》，构建劳动教育课程平台，设立劳动教育学分，纳入学校劳动教育课程体系。以新校区建设为契机，在大厂回族自治县打造中国人民大学劳动教育实践基地。设立生活垃圾分类指导员，提供参与校园保洁工作的机会。继续开展“学厨 RUC”活动，让食堂变课堂。

2. 讲好育人故事。集团总经理宋大我受邀在 2020 年“得到”APP 和深圳卫视联合主办的知识春晚上，以《怎么把食堂变成课堂》为题，宣传育人实践。

（四）制止餐饮浪费工作

1. 深入学习贯彻指示精神。作为学校制止餐饮浪费工作领导小组办公室的挂靠单位，后勤集团根据党的十八大以来习近平总书记关于重视粮食安全，厉行节约、反对浪费的系列指示，对照学校关于制止餐饮浪费行为工作方案，开展制止高校餐饮浪费系列工作，培养师生节约粮食的习惯。

2. 全面承办教育系统“美好‘食’光”校园系列活动。作为中国教育后勤协会伙食管理专业委员会（以下简称“伙专会”）秘书长单位，后勤集团多次参加教育部组织召开的制止餐饮浪费工作推进会，起草和制定制止餐饮浪费有关工作和活动的方案。圆满承办由教育部、团中央、全国妇联、中国消费者协会主办的教育系统“美好‘食’光”校园系列活动启动仪式。组织实施美好“食”光主题作品征集活动、学校餐饮浪费情况自查自纠专项行动、“高校公共食堂食物剩余现状调查”课题研究等工作，探索构建制止学校餐饮浪费长效机制。

3. 多路并进制止餐饮浪费。加强宣传，在四大区学生食堂悬挂横幅、张贴海报，提倡“光盘”就餐习惯。集团总经理宋大我为《光明日报》撰写文章，两次受邀参加北京卫视《老师请回答》栏目，多次接受北京电视台、《北京日报》、《光明日报》等媒体采访，广泛宣传制止餐饮浪费工作。组织“你光盘我有礼”活动，引导师生积极参与“光盘行动”。优化餐饮管理，推出小份菜、半份菜、拼菜服务，电子配餐柜提供小份菜销售模式。组织“学厨 RUC”及“客厨 RUC”活动，让学生感受劳动、尊重劳动、珍惜粮食。

4. 为国家立法做好调研配合、建言献策工作。9 月 12 日，全国人大常委会副委员长吉炳轩来学校食堂进行“珍惜粮食、反对浪费”专题调研；9 月 21 日，北京市委教育工委副书记狄涛来学校食堂调研“珍惜粮食、反对浪费”工作。

（五）完成各项大型活动后勤保障任务

1. 完成毕业生离校及新学期迎新任务。毕业季，后勤集团租赁电动车筹备“毕业生专线”，运输学子行李总量达 21 000 余件。开展毕业生宿舍垃圾清运工作，外运垃圾 300 多吨。

2. 完成中小学教师资格考试、北京市选调生考试、中央公务员考试、北京市公务员考试等 7 次重大考试的后勤服务保障工作。

3. 完成 3 期中央和国家机关司局级干部专题研修班、哲学院爱国宗教界人士研修班、苏州校区“一二・九”合唱团等多项重要接待保障任务。

4. 完成疫情防控接待保障任务，留学生公寓 3 号楼接待境外返校健康观察师生 54 人，汇贤大厦接待健康观察师生 88 人。

（六）职能部门工作

1. 行政中枢有条不紊。公文管理高效规范，处理集团签报 266 件，上报学校签报 136 件，督查督办文件 24 件，公文处理系统处理文件 2 729 件次，印发后集文件、后集办文件 59 件，传阅集团文件 118 件、学校文件 351 件，处理职能部门来文 109 件，完成疫情相关文件约 100 件。打造高质量“温馨后勤”宣传平台，集团网站刊发各类信息 300 余条，官方微博发布微博 400 余条，官方微信公众号推送图文信息 150 篇，接待学生媒体采访 10 余次。作为“伙专会”秘书长单位，后勤集团于 2020 年 4 月开通“全国伙专会”官方微信公众号“中国青春饭”、官方微博“高校餐饮”、官方抖音号“中国青春饭”。

2. 财务工作扎实稳定。疫情防控期间灵活调整结算方式，优先采用 POS 机收款。编制 2019 年财务会计报告及 2020 年财务预算，并对年度目标考核指标的执行情况进行分析。做好会计复核工作，累计复核原始报销单据 75 000 余张。完成工资调整及发放工作。配合审计署审计组做好学校经济责任审计工作。

3. 人力资源管理工作有序推进。疫情防控期间，为员工协调进出校权限事宜，切实落实员工待遇保障，并按照减免方案核算员工住宿费。补充调入人员 2 人、中智待遇人员 5 人，申请助学、助管岗位 29 个。组织各类培训 5 次。顺利完成 2020 年职务评审和岗位聘用工作，最终 11 人通过学校的职务评审或岗位聘用。完善薪酬管理办法，保质保量完成考核管理工作。持续做好员工宿舍疫情防控管理工作。

4. 招投标、合同、采购、资产及工程管理工作平稳有序。核定业务部门 2020 年任务指标，形成汇编稿件。规范合同管理流程，备案合同 82 份，审核合同 100 份。承接集团自筹经费工程及学校委托施工工程 32 项。完成固定资产报增、固定资产实盘工作，编报 2021 年设备、家具购置预算。

5. 监察工作“宁严一点，不松一毫”。制定《后勤集团安全专项整治三年行动实施方案》，建立全员安全责任体系。定期对防疫、食品安全、垃圾分类、消防安全、防汛、防灾减灾、诺如病毒防治等工作进行巡查，累计检查 480 余次，发出检查整改通知单 294 份。组织“一警六员”消防基本技能考核工作，80 余人全部合格。完善服务报修平台，处理投诉建议 6 起、报修 15 784 单。

（七）学生公寓管理与服务

1. 提升国内住宿学生幸福感。利用人脸识别系统，加强公寓管理。厚植公寓文化，开展“明亮千舍”专项行动，评选优秀宿舍并进行表彰公示，将文明公寓与劳动教育、爱国卫生运动有机结合起来；开展首届“最美公寓人”评选表彰活动。改善住宿环境，修缮公寓 1 592 间，组织四轮病媒生物防治行动。继续完善公寓安全管理、制度管理及资源管理工作。

2. 营造立德公寓育人环境。秉承“育人”理念，承接立德公寓物业管理服务项目，使其兼具住宿及社区育人的双重功能。高效完成立德公寓项目人员、住宿条件、家具配备、服务功能等必要配置，确保近千名博士生顺利入住。构建安心住宿条件，在消防安全、人员出入、保洁及生活服务设施运行维护上下足功夫。

3. 提供便捷国际公寓住宿服务。做好安全隐患排查工作，强化安全意识与应急能力。顺利完成立德专家公寓物资招标采购工作，并做好后期跟进事宜。配合各院系完成短期团队接待任务，累计人数达 552 人。

（八）物业服务工作

1. 生活垃圾分类工作。一是强化宣传动员，张贴宣传标语、宣传画及海报，分发宣传折页，制作文化墙及文化展示区，参加“北京垃圾分类倒计时——海淀准备好了”百姓宣讲直播活动，并通过学校官微和“温馨人大”公众号普及分类知识。二是细化源头减量措施，组织垃圾减量培训，开展“光盘行动”、毕业季“垃圾分类·人离屋净”活动，停止使用一次性用品。三是设立宣传性垃圾桶站 44 个，并做好分类运输工作。四是设立分类指导员，由专人指导、监督垃圾分类。五是与属地街道和垃圾清运单位保持密切沟通，及时了解垃圾分类工作最新精神。

2. 物业基础保障工作。加强辖区安全管理，完善安全管理制度，召开各类安全会议 12 次。培育向日葵、翠菊等自然景观，完善求是园、世纪园、一勺池等重点景观，优化校内“育人”环境。收发室分发各类文件 120 万余件，打印室印刷试卷 32 万余张，电话室装机 68 部。做好供水、供电和供暖服务及检修工作，全年累计完成维修工作超 10 000 次。

（九）商贸服务工作

1. 疫情防控期间，礼·念商店线上服务平台正常营业，联系校内 8 家快递公司配合学院邮寄毕业生行李物品。

2. 为集团全体员工配置共计 233 万元的防疫与后勤保障工作所需物资。协助明德物业采购防疫物资 418 521.6 元，包括红外人脸测温仪、人脸面板测温仪 369 720 元，免洗消毒凝胶和洗手液 48 801.6 元。协助校团委采购防疫物资 41 500 元。协助图书馆采购防疫物资 19 470 元。

（十）酒店接待、运输服务管理

汇贤大厦有效完成接待服务重启工作，以“精、细、快”为原则，组织好学生住宿腾退、设备购置及人员配备问题。接待 10 人以上团体 57 个、中外宾客 19 862 人次，提供各类型客房服务 11 754 间天，贤进楼客房平均入住率 20.9%，较好完成 2020 年经营任务指标。

（十一）老校区工作

1. 充分发挥高校服务社会职能，面向社会团体预约开放。根据北京市委书记蔡奇对老校区开放工作的指示，经过积极协商和筹备，11 月 1 日起，老校区正式面向社会开放。

2. 深挖历史人文资源，拓宽育人渠道。作为校情校史的承载者，老校区接待参观、拍摄、主题教育学习、文化交流等活动 79 批次，包括商学院 EMBA 开学典礼、10 次视频拍摄、42 次党团支部活动、26 次班级活动及其他活动，共计接待 3 030 人。

（十二）通州新校区建设相关工作

围绕绿色食堂、节能食堂、人性化食堂和智能化食堂等标准，配合新校区办公室为新校区食堂项目提供设计意见。圆满完成建设指挥部保障区临建宿舍项目，工程总面积约 8 500 平方米。

四、专项改造与维修工作

老校区火灾隐患整改工作显成效，申报消防隐患降级。在2019年五项降级措施基础上，持续推进整改工作，向北京市应急管理局上报申请消防隐患降级。推动全电厨房改造工程。组织消防培训和安全检查20余次，并实行24小时值班安全保卫制度。开展楼道可燃物清理第二期活动。升级消防、安防监控系统，增加充电桩、充电柜数量。

五、后勤管理工作

（一）物业委托管理及费用结算

2020年，学校继续委托后勤集团和北京世纪明德物业管理有限公司负责校园后勤保障和物业管理工作，与后勤集团结算运行经费3 659.74万元（新增通州校区物业运行费和立德公寓物业费结算项目）；与北京世纪明德物业管理有限公司结算物业费2 586.57万元，其中明德楼物业费1 134万元，国学馆及图书馆物业费625.80万元，博物馆物业费190.54万元，校医院物业费153.93万元，藏书馆物业费91.89万元，崇德楼物业费79.02万元，清华东路物业费167.65万元，综合服务中心物业费34.73万元，立德楼物业费109.01万元。

（二）人口普查工作

2020年，根据国家人口普查工作有关要求，开展学校第七次人口普查工作，选聘校内各单位人口普查指导员10人，普查员36人，对中关村校区300余建筑物（构筑物）和6 055户住人单元进行摸底统计，完成28 310人的普查数据上报。

（三）东南区楼宇正式投入使用

10月1日，东南区立德楼和立德公寓（东风楼）通过竣工验收，交付学校使用。根据学校有关会议精神，北京世纪明德物业管理有限公司负责立德楼物业管理工作，后勤集团负责立德公寓（东风楼）物业管理工作。

完成青年公寓学生宿舍以及立德公寓（东风楼）学生宿舍宿费标准申报工作。青年公寓学生宿舍住宿费标准为每人1 020元/年，立德公寓（东风楼）学生宿舍住宿费标准为每人1 200元/年。

（四）校园绿化更新改造

5月，组织实施家属区隔离栅栏绿化美化工程，在静园、林园家属区封闭围栏周边栽种月季等。

（五）依托互联网，简化审批流程

通过无纸化网上审批，完成中关村校区教学办公楼宇公共卫生间大卷卫生纸配送工作，全年共配送大卷卫生纸2 200箱，总计33 000卷。

依托微人大平台开展室外活动场地网上审批服务。2020年共完成校园场地审批约40人次。

六、节约型校园建设

2020年，针对校内自备井现状，为解决北京市节约用水管理中心下发的自备井水指标不能满足学校使用现状的情况，向该中心报送学校2020年用水情况的申请，申请2020年用水指标量1 950 575立方米（其中自来水为120 000立方米，自备井水为1 830 575立方米）。

按照北京市发改委要求，完成学校2020年能源利用状况报告、能源消耗自查报告等，并按时完成节能目标责任制考核工作。

按照国家机关事务管理局、教育部规划发展司等部门要求完成各类能耗数据统计上报工作，并完成2019—2020供暖季全季供暖补贴申报工作。

根据北京市市政市容管理委员会、海淀区安监局、海淀区供暖办要求，聘请专业第三方单位协助学校开展供暖工作安全生产标准化建设。

聘请专业第三方核查机构完成学校2019年碳排放核查工作，核定2019年二氧化碳排放量65 717.07吨，并完成超额碳排放交易、履约工作。

七、幼儿园工作

科学统筹幼儿园四园发展，疫情防控期间停课不停学，采用《育儿周刊》新方式指导家庭亲子教育。线上线下带动中海教育3所幼儿园教育、管理水平再上新台阶。师德为先，培训、指导、帮扶结合，完善后备干部梯队建设。创新家园共育形式，“三个一”沟通让家长直观了解幼儿活动动态。开展节约粮食活动，巩固“平安校园”创建工作。

■ 安全保卫和医疗保障工作

一、概况

2020年，在学校领导下，在北京市委教育工委、北京市公安局、北京市消防总队等单位的监督指导下，在学校各单位的配合和支持下，保卫处（部）认真完成各项工作任务，确保校园整体安全稳定。新冠肺炎疫情暴发后，保卫处（部）第一时间迅速行动，严密排查，联防联控，始终战斗在抗击疫情第一线。随着疫情防控进入常态化阶段，在做好疫情防控工作的同时，保卫处（部）紧抓常规工作不松懈，积极探索疫情防控常态化下校园安全管理新举措，着力加强安全管理水平和安防技防体系建设，深入开展安全教育，加大内部专业化建设力度，稳步推进“十三五”时期平安校园建设提升工程各项工作任务，为学校长治久安提供坚强保障。

面对新冠肺炎疫情，校医院在学校领导下，充分发挥专业优势，为校园疫情防控贡献自身之力；加紧推动业务开展，不断加强基础诊疗、健康促进工作，为师生员工提供便捷安全的诊疗服务；以落实“不忘初心、牢记使命”主题教育整改、巡察整改、经济责任审计整改及各专项整改任务为抓手，进一步规范校医院管理，推动校医院事业发展。校医院党总支荣获北京市高校优秀基层党组织及中国人民大学先进集体、安全稳定先进集体等荣誉称号，2人荣获学校先进工作者称号，2人荣获海淀区优秀护士、优秀护理管理者称号。

二、治安、交通、消防、安全教育等工作

（一）治安工作

2020年，保卫处（部）持续提升校园技防水平，助力疫情防控工作。疫情暴发后，保卫处（部）第一时间将校门人员通行闸机设备与校园综合指挥平台有机结合，为各类人群设定了明确的通行权限。积极建设的人员进出校预约系统于10月正式启用，大大节约了沟通时间成本，减少了信息报送环节。自2月1日起，保卫处（部）每日进行人员通行数据统计工作，共统计人员通行数据2 626 361人次，制成可视化图表1 290张，为疫情防控政策提供数据支撑，实现了随时随地可察可析。同时，

在校内多处增加监控摄像头，填补校园监控盲区，实现全校监控全覆盖，切实保障校内师生安全。

2020 年，保卫处（部）共处置各类案（事）件 67 起，其中盗窃案件 17 起、猥亵偷拍案件 3 起、盗刷校园卡事件 8 起、外卖丢失案（事）件 35 起、翻墙事件 4 起。上述案（事）件中，共计查破 17 起，涉及违法犯罪嫌疑人 11 人。

2020 年秋季学期，公安机关登记在案的诈骗案件高达 40 起，涉案总金额高达人民币 150 万元。（因未到保卫处（部）报案，属后期统计，故未计入接报案汇总数据中。）同时，保卫处（部）接待丢失外卖报案达 35 起。下一步将进一步研究并采取措施，提高师生防诈骗意识，解决外卖频繁丢失问题。

2020 年，保卫处（部）共接待求助师生 1 143 人次，其中协助 574 人查看监控录像，累计查阅时长约 1 800 小时，为夜间晚归师生提供巡逻车护送服务 230 人次。

（二）交通工作

2020 年，保卫处（部）根据疫情防控需要，在校内家属区及时定制物理隔离交通配套软硬件设施，实现了疫情防控期间家属区车辆管理的平稳过渡。研究确立防控常态化形势下停车管理服务项目合作新模式，同时梳理委托代管模式管理制度和工作流程，实现了校园停车管理模式在法律层面的平稳过渡和有序衔接。

在信息化方面，优化机动车管理系统，完成项目验收结项工作，在疫情防控期间持续处理分析各类别、各校门车辆进出情况。在校园交通设施改善方面，在校内重点路段施画消防通道警示字样、黄线网格，在家属区、图书馆附近主干道加画道牙黄线，为消防车道违停现象的治理打下基础。在教学一楼东侧、东门环岛南北侧路边安置不锈钢路桩，有效制止乱停车现象。定期清理损坏共享单车，整顿美化校园单车停放环境。

与校属二级单位签订交通安全责任书，在两会、国庆等重点时间节点签订交通安全责任书，与办理校园机动车证的驾驶员签订交通承诺书。2020 年保卫处（部）共为学校大型活动提供交通保障 13 次，上勤 44 人次。

保卫处（部）1 位同志获得海淀区“交通安全优秀管理干部”荣誉称号。

（三）消防工作

2020 年，保卫处（部）完成了品园六号楼、人文楼、信息楼、青年公寓、国际文化交流中心等楼宇火灾自动报警系统联网项目。

开展各类消防安全培训 4 次，组织保卫处（部）、后勤集团、北京世纪明德物业管理有限公司的保安、餐饮从业人员、物业服务人员参加消防应急救援部门的“一警六员”项目考核，共计 100 余人通过“灭真火、出真水”的消防基本技能实操考核。共处置校园火情 6 起、家属区火情 4 起。全年更换和检修各类灭火器 4 700 具，应急疏散灯具 190 具，家属区物理隔离配套岗亭配置灭火器箱 8 个、灭火器 16 具，家属区各楼宇配置灭火器 11 164 具、室外消防柜 16 个、消防沙箱 16 个；组织各类消防安全检查 113 次，识别消防安全隐患 341 项；办理动火证 117 个，办理装修审批 38 份。

（四）安全教育工作

2020 年秋季学期，保卫处（部）培养与建设的应急志愿服务队依托安全教育体验馆，承担校内 30 余场安全宣讲培训，共培训师生 600 余人次，并聘请校外应急专家进行安全知识培训 2 场。11 月，应急志愿服务队协助保卫处（部）开展“119 消防宣传日”消防安全宣传教育活动，设立多个趣味体验项目，吸引了 100 余人参与。11 月末举办了面向全校师生的应急志愿服务队宣讲大赛，进一步规范宣传形式，提升队员宣讲技能，推动将预防电信诈骗内容加入到常规宣讲活动中。

继续承担新生入学安全教育工作，为 2020 级新生配置线上安全教育微课，本科新生、硕士新生、博士新生考试率较 2019 年均有大幅提升。“平安人大”微信公众号关注人数持续增长，共发布推送文章 109 篇，向全校师生发布安全知识、安全提示和信息查询。

（五）校园环境综合管理工作

共清理乱张贴广告886份，收缴广告503份，清理校园摆摊设点和游商4人次，清理在教学区遛狗等影响教学秩序现象45人次，摘除未经审批的条幅2条，校门门岗消杀10次/日，保安宿舍消杀2次/日，场地使用审批备案40场次。

（六）安全保卫服务工作

共制定大型活动安全保卫方案4个，为大型活动提供安全保卫服务139场次（安全级别为三级以上的活动2场），出动保安840人次，加班时间达4 542小时。

（七）集体户籍和流动人口基本信息管理工作

办理2020级新生户籍迁入3 791人，其中本科生1 662人、硕士生1 598人、博士生531人，统一办理2020届毕业生户籍迁出2 223人。协助海淀派出所和居委会开具居住证介绍信20份、居住登记卡介绍信60份。

截至2020年底，学校历年学生滞留户籍共计1 998人；《中国人民大学流动人口基本信息总台账》上共有流动人口5 016人，其中体制内流动人口1 589人、体制外流动人口3 427人。

（八）保安队伍培训工作

继续严格执行保安服务值班、加班、缺员和考勤制度。对保安员进行专题培训75次，参训保安员达800人次。

三、医疗保障工作

（一）疫情防控常抓不懈

疫情暴发后，校医院紧急成立疫情防控工作团队，克服疫情防控初期人员紧缺、物资不足的困难，1月21日组建综合协调组、应急处置组、院内防控组、宣传教育组和医疗服务组5个专项工作组，始终坚守岗位，积极投身于校园防控工作之中，为守护校园安全、师生健康贡献自身应有之力。

1. 综合协调组：全面统筹精细管理。综合协调组由校医院党政领导带队，按照“一盘棋”的思路，对疫情防控工作进行整体、系统部署。工作组认真落实学校和上级工作任务，充分研判疫情形势，向校医院和学校提出防控意见和建议，形成了学校防控方案初稿、应急处置流程初稿等，并结合疫情发展情况不断调整修订校医院防控工作方案，及时调整工作部署；承担防控初期学校防疫物资的筹措及管理，以及校医院防疫物资管理。

2. 应急处置组：冲锋在前安稳人心。应急处置组负责校门发热病人筛查，尽量将风险阻挡在校园之外；负责校园隔离观察点管理和校内发热人员应急处置，对有发热情况的病人随时跟进病情进展；对校内发热人员提供上门服务，指导进行消毒。截至2020年底，应急处置组共隔离观察发热或具有风险人员383人次。

3. 院内防控组：筑牢医院第二防线。组建院内会诊专家群，对有发热情况、呼吸道症状病人及时出具指导意见，并进行跟踪随访，确保校园内健康安全环境；负责院内院感管理和日常诊疗业务开展，疫情防控期间始终坚持开展门急诊服务；与居委会密切沟通，负责居家隔离观察人员健康监测。

4. 宣传教育组：细致入微指导师生。做好校园防疫健康教育，指导师生员工做好卫生防疫工作。一是主动开展学校防控重点部门、关键岗位的感染管理和传染病防控培训，协助后勤集团、明德物业、居委会等单位开展院感防控指导；二是发布防疫政策支持信息600余篇，制作健康教育宣传及视频40余项，包括手卫生、正确佩戴口罩、居家消毒、宿舍消毒等多项内容。

5. 医疗服务组：多措并举服务师生。主动开展家庭医生服务，在疫情防控初期为签约师生、重点人群发送防疫指导短信，并有针对性地开展健康咨询服务；为学校防控重点岗位、隔离观察学生熬制预防性中药饮，服务人员3 600余人次；开展送药服务，预约送药800余人次；启动公费医疗业务预约报销，在学校东门报销点提供集体业务服务和个人业务服务，报销收单 2 926 人次。

常态化防控管理以来，校医院继续做好学校疫情防控，服务师生返校、大型活动等防控工作，负责组织开展校园师生核酸检测工作，组织检测 3 743 人次，协调大型核酸检测安排 4 次，服务范围 7 109 人。

（二）扎实开展医疗业务

1. 业务基本情况。完成日常门诊工作 91 361 人次，急诊 3 159 人次，出诊 135 人次，参与保健 88 人次；完成静脉输液 670 例，肌肉及皮下注射 725 例，静脉采血 1 817 例，换药 807 例，配合眼科手术 15 例，雾化吸入 108 例；完成预检分诊 121 412 人次；检验科全年检验约 30 000 人次；放射科摄片约 630 人次，曝光次数约 1 159 次，透视约 82 人次，口腔大片 300 人次，骨密度 61 人次，出具放射诊断报告 720 份；超声科完成检测 6 486 人次，检测部位 20 000 余个；调剂处方 126 700 张。

2. 进一步做好公共卫生服务。加强日常传染病防控工作，强化联动机制建设，及时做好流感、肺结核、水痘等传染病患者的处置和追踪；做好预防接种工作，接种四价流感疫苗 4 748 人次；继续做好精神卫生管理、孕产妇管理、儿童保健管理工作。

3. 加强院感及医疗质量管理。按照上级防控工作要求，进一步细化院感工作制度及流程，全面做好院感防控工作；建立呼吸道专科门诊，保障师生就诊安全；进一步完善医疗管理、院前急救、医联体等各项制度，加强医疗质量控制。

4. 加强业务培训。全年开展院内培训 24 次，参与海淀医院医联体、西苑医院等业务培训 78 人次。

（三）健康促进有效落实

1. 师生体检工作有序开展。由于上半年未开展体检工作，校医院于下半年安排全周体检，完成了全年体检工作任务。组织学生体检 9 683 人，其中新生 7 303 人，毕业生 2 380 人；组织教职工体检 3 653 人；其他类型体检 518 人。新增总检医生 1 人，加强后续体检一对一服务。

2. 多措并举开展健康教育。在疫情防控方面，加强疫情期间健康教育工作，由专项工作组负责疫情防控宣传；开设学生入学防疫指导课，做好防护宣传。在健康指导方面，全年发布音像宣传资料 44 种、健教文字材料 36 种，组织 7 期健康宣传展、讲座 47 场，组织健康日宣传活动 18 场，组织完成大学生健康素养监测项目。在业务宣传方面，重点加强了中医药科普文化建设，建立了对应基础疾病、慢性疾病的健康处方，倡导健康生活方式。

3. 加强慢病管理随访工作。设立了慢病管理护士专岗，进行慢病建档和随访工作，加强对高血压、糖尿病患者管理，规范化管理高血压患者 1 399 人，糖尿病患者 580 人。

4. 家庭医生式服务。建立家庭医生联系卡，积极推动师生、居民家庭医生式服务，做好“一键式”电话服务；建立家庭医生式服务与体检服务相对接的模式；重新梳理健康团队，加强预约送药服务；主动开展骨干教师、高龄教职工上门服务工作。

（四）稳步推进医院管理

1. 完成校医院发展规划。多次开展工作讨论，充分分析校医院面临的外部形势，拟定“十四五”期间校医院工作思路，明确工作任务和发展目标，制定校医院发展规划。

2. 积极推动各项整改任务落实。持续推动“不忘初心、牢记使命”主题教育整改、学校巡察整改、“漠视群众利益”整改工作，完成主要领导任期责任审计整改、内控评价整改、学校预算审计整改、校园卡专项审计整改任务。

3. 进一步完善校医院制度建设工作。2020 年是校医院“全面制度建设推进年”，完成相关制度初稿。

4. 继续做好人才人事工作。开展人才招聘工作，新入职事业编制职工 4 人，聘任制 4 人；完成薪酬绩效梳理、津补贴自查自纠、年度考核、聘期考核、职岗评聘等工作。

5. 信息化建设工作向前推进。完成医疗信息系统升级，建立全新的模块化数据互通医疗信息系统，推进校医院行政OA建设。

6. 完善资产、采购、物资管理。按照整改工作要求，完善采购、物资管理工作制度及流程，完成外送检验招标工作，完成社区卫生服务车、DR采购，完成全院资产盘点。

7. 做好财务及公费医疗管理。严格遵守财务管理相关制度及纪律要求，做好学校重点岗位防疫物资采购财务管理工作，落实2020级毕业生、返校学生核酸检测报销政策。

疫情防控期间，经学校批准，暂时调整公费医疗报销流程，院外就诊暂停开具转诊单。

完成门诊报销9 768人次，住院报销1 245人次，报销金额59 338 367.31元，较2019年同比下降22%，下降金额16 928 288.97元。下降主要原因是学生公费医疗支出同比下降41%，下降金额5 138 524.18元；教职工（在职及离退休）住院支出同比下降22%，下降金额7 248 370.49元。

8. 继续推动医德医风建设。建立年度考核医德医风一票否决制，建立职工医德医风档案；继续加强党风廉政教育和廉洁从业教育。

（五）充分发挥党建引领组织保障作用

校医院党总支始终坚持正确的政治方向，围绕中心工作，不断加强基层党建，充分发挥党组织战斗堡垒作用和党员先锋模范作用，保障和促进校医院健康和谐发展。尤其在新冠肺炎疫情校园防控阻击战中，党总支及时学习、深入贯彻习近平总书记对疫情防控的重要指示和中央及上级有关文件精神，提出“讲大局、讲担当、讲医德、讲科学、讲效率”的纪律要求，党员同志“走在前，干在先，做表率”，全体干部“坚守岗位，身先士卒，靠前指挥”，凝心聚力打赢疫情防控攻坚战，彰显了党组织的号召力和凝聚力。牵头完成“不忘初心、牢记使命”主题教育整改、巡察整改工作，组织校医院理论学习中心组学习11次，组织全体党员、积极分子及民主党派人士参与实践学习1次，组织离退休活动1次，继续做好党员教育、发展工作。

■ 档案馆、博物馆工作

一、概况

2020年，面对疫情防控新形势，档案馆、博物馆努力克服不利影响，工作取得显著进展。档案馆在配合学校整体疫情防控工作的同时，主动求变，创新性推出各类应对“特殊时期”的特色档案服务模式，积极推进各项档案制度化建设及档案编研，努力开创特色发展之路。博物馆紧密围绕学校整体工作方针，配合学校疫情防控要求，积极探索新形势下博物馆的工作方向和服务模式，推出高水平临展4个，新入藏品5 680余件，疫情缓解后累计接待校内外观众30 000余人。

两馆领导班子成员5人，常务副馆长贾铁英，档案馆副馆长王丹、蒋利华，博物馆副馆长李家福、刘春荣。档案馆设文书档案室、科技档案室、认证中心、人事档案室、综合室五个科室，工作人员11人；博物馆设馆藏部、展陈部、家书博物馆三个部门，工作人员6人。

疫情防控期间，面对无法全员在岗的特殊情况，档案馆、博物馆党支部充分发挥引领作用和战斗堡垒作用，保障两馆工作的持续性和稳定性。馆领导班子全员参加学校组织部的“在疫情防控阻击战中提高斗争精神和斗争本领”专题网络学习；党支部疫情防控期间多次组织线上学习，充分发挥党员的先进性和带头作用，所有在京党员和群众轮流在岗值班，做到学习、工作两不误；6月至7月，在人手紧缺的情况下，两馆全体党员支援到档案服务一线，保质保量地完成了中法学院成绩单和2020届毕业生档案转递工作；正常返校工作后，11月，党支部积极承办机关党委“共享党课”活动，在博物馆大厅举办了主题为“从奔赴延安到奔赴敦煌——陕公精神与敦煌精神透射出的党性光芒”的共享党课，吸引了多个党支部党员同志参加学习；12月，邀请宫晓东教授为两馆员工做题为《档案法治理念与新法修订要点》的专业讲座，以学习新修订的档案法为契机，提升馆员的政治站位和工作理论水平。

二、档案馆工作

（一）落实精神，做好疫情防控期间档案工作

认真贯彻落实习近平总书记对新型冠状病毒感染的肺炎疫情防控工作的重要指示精神，根据北京市档案局和学校的指示和要求做好全校疫情防控期间的档案收集工作。2月，档案馆通过学校公文系统发布了《关于做好新冠肺炎疫情防控期间档案工作的通知》，并以大事记形式对疫情防控期间学校和各单位的重要工作进行了记录，为日后收集相关档案做好基础工作。同时依托档案综合管理系统，借助疫情归档要求，对学校各个部门进行新系统归档操作指导，完成新旧系统的稳步过渡。

（二）深挖馆藏，讲好档案故事

积极参与教育部办公厅举办的“档案故事：见证教育扶贫之路”征集活动，经与国内合作办、扶贫研究院、校团委、继续教育学院、后勤集团、教师工作部等相关部门联系，在取得学校扶贫工作众多鲜活素材的基础上，组织人员完成了《汪三贵：助力脱贫攻坚 见证小康之路》《让青春绽放在希望的田野上——教育扶贫“扶智扶未来”》《中国人民大学扶贫研究院：深耕贫困问题研究 服务脱贫攻坚之战》等六篇档案故事文章，并按要求报送教育部。

（三）锐意进取，首创无接触式档案服务

面对疫情防控要求和档案服务需求之间的突出矛盾，档案馆成立专门的工作小组，召开专题会研究梳理各类档案服务流程，以坚持服务、减少接触、应简尽简、线上优先的原则，将大部分档案服务调整到线上，在档案馆网站和微信公众号发布疫情防控期间相关业务办理指南，第一时间公布档案馆公共邮箱，设立热线，在降低聚集风险的同时，保质保量地完成档案服务工作。据统计，疫情防控期间，除人事档案因其保密属性无法在线提供服务以外，档案馆其他类档案均提供线上或部分提供线上申请服务，其中科技档案在线利用比例达到96%；认证中心通过利用二维码编程系统完成支付等方式，中英文成绩、学籍学历等档案也转为线上办理。同时，克服重重困难，完成疫情防控期间学历学位证书数字化、毕业生政审及人事档案转递工作。

（四）着眼未来，提升档案服务信息化水平

自2019年11月档案综合管理系统通过验收之后，作为综合系统两大主干业务系统的档案信息管理系统和需求采集办理系统均在2020年深入应用到档案馆多项业务工作当中；档案馆2019—2020年数字化资源建设信息化项目（基建档案数字化和教学老档案数据库建设）于2020年11月顺利结项，完成了基建档案27 543件的扫描和挂接；中英文学籍档案自助打印系统的建设和升级稳步推进；人事系统RFID配套系统也提上日程，此举将解决长期以来困扰人事档案的查找困难、盘点错误等问题，实现学生档案排柜的智能化管理和档案进出的精细化管理。

三、博物馆工作

（一）围绕中心，完成学校校庆、“四史”学习等重点工作

2020年是“十四五”规划的开局之年，也是学校命名组建七十周年，进入世界一流大学行列的关键之年，博物馆先后抽调多名骨干积极参与学校命名组建七十周年系列活动，保质保量完成任务。根据学校总体发展要求制定博物馆“十四五”规划，确定博物馆中长期发展方向。同时，配合学校的

“四史”学习、校史教育，积极投身到校史教育和推广工作当中，在新生入学、“读懂中国”项目、新上岗中层干部和优秀年轻干部培训中发挥了重要作用。此外博物馆推动多个京外旧址的展陈更新和联络调研工作：10月，协同延安新闻纪念馆进行成仿吾旧居和陕北公学旧址窑洞的修复和展陈更新工作，将6口陕公旧址窑洞修缮一新并重新更新策展内容；10月至12月，在校领导带领下，博物馆联合学校多部门在河北张家口、正定、阜平以及山西长治等华北联合大学和北方大学旧址进行调研，考察多地联合办展的可行性，其中与阜平县的合作协议已达成初步意向。

（二）创新策展，探索线上展览、直播互动、趣味参观的展览新模式

为了最大限度保证博物馆的宣传教育、社会服务和文化输出职能，6月，博物馆在北京高校博物馆联盟的支持下，首次启动博物馆现有展陈的VR拍摄工作，包括校史展、家书展、股票展等众多主校区博物馆展览在线上以全新的形式与观众见面；结合互联网直播技术，博物馆常务副馆长贾铁英在陕北公学旧址以及老校区用直播的方式，在线为学生讲解校史；在“一勺·莫高”敦煌石窟艺术展期间，为了模拟身临敦煌壁画洞窟的参观体验，博物馆连续推出两次“夜间参观体验活动”，让学校师生足不出校园即可领略敦煌壁画高超的艺术造诣。

（三）馆院携手，稳步推进建馆以来最大规模的文物藏品保护修复工程

2020年，学校重大规划项目“西域文献整理、挖掘与抢救性保护”正式立项并启动，该项目旨在对馆藏唐代西域文书进行修复，完成110余件西域文书本体的修补、测量、拍照、镶接等，包含40余件残破严重的文书，并在文书上新发现了包括汉文、于阗文、婆罗迷文在内的全新文字资料，具有极高的学术研究价值。此外博物馆还参与了历史学院教授孟宪实申报的2020年国家社科基金重大项目“中国人民大学藏唐代西域出土文献整理与研究”，并在11月正式立项成功。至此，馆藏唐代西域文书已成功孵化两个重大科研项目，共获得180万元资金支持用于研究、修复、出版等，博物馆将自身馆藏优势与学术研究力量相结合，探索出一条馆院优势强强联合的新思路。除西域文书外，博物馆同步启动家书藏品的数字化工作，共扫描家书13 167件、41 607页，家书藏品数字化一期工作已完成近半。

（四）展研结合，保障重点接待，临展参观人数创新高

在学校疫情防控的影响下，校外参观人数大幅下滑，博物馆主动求变，将优秀的藏品内容推出去，将外部优质资源引进来，2020年下半年各类展览参观人数30 000余人，接近2019年同期水平。6月新冠肺炎疫情缓和后，博物馆围绕“不忘初心，弘扬优良家风”主题，利用家书馆藏资源，定向组织了多场七一党日教育活动，前后接待教育部教材局等多部门参观学习。9月第36个教师节期间，中共中央政治局委员、国务院副总理孙春兰到学校调研，并参观博物馆，对博物馆的展陈和讲解工作做出高度评价。11月，博物馆借助中华世纪坛场地校外办展，举办“致敬最美逆行者——抗疫家书展”临展，获得了良好的社会反响，同时博物馆展研结合，将临展藏品内容编辑出版，取得了喜人的成果，《抗疫家书》《逆行者家书》《思想之光——陈独秀李大钊梁启超致胡适信札》等图书随着临展的推出不断编辑出版。11月至12月，由国学院和敦煌研究院主办，博物馆承办的“一勺·莫高”敦煌石窟艺术展在博物馆开幕，这是学校首次引入高水平的石窟壁画展览，创造了近年来博物馆临展参观人数新高。

（五）优化管理，新版藏品管理系统和展览预约系统即将上线

博物馆不断提升在藏品管理和展览参观方面的信息化水平，经过一年的努力，文物与陈列品管理系统已经通过验收准备上线，届时博物馆将实现征集和已藏藏品的全流程化管理。展览预约系统上线在即，该系统将实现校内个人和外团体参观预约的全覆盖。此外，新版的家书主页已经开发完毕，准备投入使用，新版主页将集成家书线上征集登记功能。展陈区域和库房区域高清监控已投入使用，可实时监控状态，有效提升了展厅和库房的安全管理水平。股票展厅照明系统的升级也已同步完成。

（六）追踪热点，多方征集藏品充实馆藏

2020 年适逢中国人民志愿军抗美援朝出国作战 70 周年，博物馆征集到老红军张孝德家属无偿捐赠的延安时期、抗美援朝时期珍贵照片、证章、手迹、实物等革命遗物 180 余件，具有重要的展示和研究价值。家书征集方面，通过捐赠和有偿购买，共征集家书 5 500 余封，主要包括原福建芳华越剧团党委书记严永来藏信、四川自贡李自英家书、柳支英抗美援朝家书、教育家滑明镜家书、北京外贸系统干部吴德融家书、志愿军老兵朱锦翔家书等。此外还征集到抗疫书信 500 封（多数为电子版）、日记 600 篇（均为电子版）。

博物馆被评为 2020 年“校友工作先进集体”。

附录

2020 年中国人民大学档案馆馆藏档案和档案利用情况统计表

类名	目次		单位	基本数据
馆藏档案	全宗		个	2
	案卷		卷	217 991
	案卷排架长度		米	3 976
	照片档案		张	24 772
	数码照片		GB	10 411
2020 年进馆档案			卷	5 586
2020 年档案利用情况	总计		卷次	15 910
	利用目的	编史修志	卷次	136
		工作查考	卷次	2 907
		学术研究	卷次	476
		其他	卷次	12 391
2020 年举办档案展览参观情况			人次	0

注：此表统计数据不含人事档案。

2020 年中国人民大学博物馆馆藏文物及陈列品统计表

资产名称	藏品年代	件（套）
西南少数民族背扇	近现代	1 231
西域文物	古代	2 151
北方文物	古代	5 725

续表

资产名称	藏品年代	件（套）
徽州文书	古代、近代	27 562
老股票	近现代	1 013
老股票配套品	近现代	610
冯其庸捐赠石刻	古代	21
民间家书	当代	63 599 （包含复制件、扫描件、照片及整理中藏品）
沈鹏书法	当代	34
民国名人书画	近现代	19（代管）
河山画社书画	当代	56
陈独秀信札	近现代	13
梁启超信札	近现代	11
康有为信札	近现代	2
礼品	现代	607
奥运藏品	现代	294
张孝德捐赠	现代	180
红色收藏品	现代	643
其他	现代	24

■ 校园信息化建设工作

一、概况

2020 年，信息技术中心在学校的领导下，在学校信息化建设工程领导小组的统筹规划和支持下，深入推进学校信息化建设。以信息化手段助力疫情防控，扎实做好各项疫情防控技术支持和保障工作。迅速搭建疫情防控和教学科研教务系统，做好线上教学、科研和行政管理的技术保障。强化学校网络安全保障，确保校园网络稳定。

二、重点工作

（一）学校成立信息化建设工程领导小组，深入推进学校信息化建设

为贯彻落实中共中国人民大学第十四届委员会第 98 次常委会议精神，贯彻执行学校信息化建设 2020—2021 行动计划，推动各项措施落实落细，经 2020 年 4 月 17 日第 24 次校长办公会审议通过，学校成立信息化建设工程领导小组（以下简称“领导小组”）。领导小组由校长刘伟担任组长，小组成员由分管校领导和相关职能工作负责人担任。领导小组划分为门户平台、教学平台、科研平台、服务平台、移动校园、无感知网络服务、新校区智慧校园共 7 个工作组，明确了各个工作组的组成人员和具体建设目标。定期召开领导小组专班会，在督促进度、了解进展的基础上，切实起到综合协调的作用，形成高效的决策、协调和推进机制，从根本上解决学校信息化建设工作的堵点，开创新的工作

局面。

4月23日，学校信息化建设工程领导小组第一次全体会议召开。校领导刘伟、贺耀敏、郑水泉、刘元春、杜鹏、朱信凯出席会议。信息技术中心主任李艳丽汇报了《成立信息化建设工程领导小组，深入推进信息化建设工作方案》。与会人员就工作方案进行了讨论。

5月13日，学校信息化建设工程领导小组第二次全体会议召开。校领导刘伟、贺耀敏、郑水泉、朱信凯出席会议。各工作组汇报具体工作目标、方案和时间计划，协调推进。

7月2日，学校信息化建设工程领导小组第三次全体会议召开。校领导刘伟、贺耀敏、郑水泉、刘元春、杜鹏、朱信凯出席会议。各工作组汇报建设方案及预算情况。

12月3日，学校信息化建设工程领导小组第四次全体会议召开。校领导刘伟、郑水泉、刘元春、顾涛出席会议。会上，各工作组汇报了信息化建设项目实施进展、下一步工作计划、标志性节点等内容，并就多系统间业务流、数据流互通和网络安全等进行了讨论。

各工作组按计划扎实有序推进各项工作，完成厂商和兄弟高校调研、师生用户需求分析、自身业务流程梳理等环节，形成建设目标和建设方案，制定了项目预算，并已按照项目建设计划启动实施。

（二）战疫情，深入贯彻落实学校党委对新型冠状病毒感染的肺炎疫情防控工作的重要精神，以信息化手段助力疫情防控

信息技术中心快速响应新时代对高校教学信息化和智能化的新要求，与时俱进，充分利用互联网＋校园网架起网络沟通桥梁，扎实做好各项疫情防控技术支持和保障工作。

1. 迅速搭建全校视频会议系统。为确保疫情防控期间学校实现无须聚集，通过移动终端、视频终端远程在线视频会议，2月7日，学校疫情防控工作领导小组决定建设校内视频会议系统。信息技术中心紧急启动建设校内本地化视频会议系统，搭建移动终端、视频终端远程在线视频会议系统。搭建完成校内43间硬件会议室、集成对接11间校内会议室，支持400终端同时在线，迅速满足了全校疫情防控期间管理工作和日常管理工作的远程会议需要。

2月24日，第一次以视频会议的形式召开学校2019—2020学年春季学期新学期工作部署会。另外支持了抗疫工作部署会、开学工作部署会、本研毕业答辩、研究生复试等多种会议，保证在疫情防控期间学校教学、教务和行政工作的顺利开展。全年支持视频会议1 700余场，超过20 000人次参会。

2. 以信息化手段助力疫情防控。配合党委宣传部，完成疫情防控专题网站的技术制作。为助力疫情防控统计上报，快速开发完成校园疫情防控系统并正式上线运行，包括每日信息上报、教职员工基础信息上报、防疫物资入口明细上报、周转房租住人员上报、疫情防控通上报、湖北地区师生情况上报、出入校预约和学生返校系统等。

配合保卫处（部）加强校门管理的需求，开发了进出校预约系统，实现线上预约、审批及记录，与校门人脸识别闸机对接，实现返校学生预约刷脸出入校，来访人员预约刷身份证出入校的通行效果。

3. 做好线上教学科研的技术保障，快速响应“云毕业”各项工作需要。调研疫情防控期间可免费使用的视频会议系统。对各视频会议系统支持形式、最高参会人数、账号权限、主要功能、建议适用范围进行了梳理汇总，供师生根据实际需求进行选择。

配合教务处和研究生院部署线上教学平台。为满足教学单位线上教学工作需要，采购和部署雨课堂云教学平台，并做好数据对接，为师生提供远程教学辅助工具。

为研究生线上复试、国家汉办（孔子学院总部）HSK留学中国-中国人民大学专场宣讲Youtube直播等提供现场网络保障。开展操作培训，做好网络设备检修维护，安排专人全程值班值守，确保网络畅通并进行应急答疑。

做好毕业生的相关工作，联合党委学生工作部基于移动校园开发学生返校系统，实现学生线上提交返校申请，学校扫码登记，实时掌握学生返校情况。联合校团委、教务处、研究生院等部门陆续推出针对毕业生的一系列服务，包括“云毕业”离校服务平台、毕业典礼邀请函、数字毕业纪念。

4. 确保校园网络安全平稳运行。针对疫情防控期间大部分师生在校外访问校园网的实际情况，在原有 VPN 系统的基础上，新建一套 WebVPN 系统，无须安装客户端和插件即可访问，为广大师生提供多种校外访问校内资源的途径。3 月底上线，用户访问量高达 115 万人次。

保障校园网络安全。两会前夕，学校以视频会议的形式召开全校网络安全工作会。

信息技术中心发挥专业部门保障服务的牵头作用，从网站群建设、漏洞扫描、病毒防护、安全预警等多个方面为全校各单位提供及时优良的技术支持与服务。

通宵应对机房停电，确保校园网基本功能不下线。配合校内新建楼宇施工，提前制定新图机房停电预案。停电当天通宵保障，确保校园网基本功能不下线，尽可能减少对师生使用校园网进行教学科研工作的影响。

疫情防控期间，调整 IT 服务中心服务模式，安排专人提供电话咨询、微人大线上服务、邮箱和 QQ 群问题解答、现场预约业务办理、用户现场问题解决等服务，现场服务采取预约接待方式保证服务的持续性，确保在第一时间响应用户的需求。

（三）以落实网络安全等级保护为重点，完善网络安全管理，加强网络安全应急响应，强化网络安全保障

完成与教育部教育信息系统预警监控平台的对接，纳入教育信息系统预警监控体系。以信息系统资产（系统、网站）为核心，设定严格的备案、审批、监督、防护、整改流程，建立健全新系统上线安全检查的管理机制，严格新系统上线管理。完善网站集约化管理，优化升级网站群平台，分级、分类逐步迁移网站。按照网络安全等级保护要求，完成了 1 个三级系统和 5 个二级系统的等级保护测评。制定网络安全事件应急预案，实施网络安全应急演练，加强网络安全应急响应实战能力。在部署入侵检测、Web 防护、数据库审计、漏洞扫描、防病毒、网页防篡改等安全防护基础上，实行 365 天×24 小时安全与运维值守。实施网络安全定期检查，圆满完成网络安全重保任务。

5 月 22 日，信息技术中心以视频会议的形式召开了全校网信工作培训会。邀请网络安全等级保护咨询专家王勇做关于《网络安全等级保护 2.0 政策标准解读》的培训，部署当前网络安全和信息化建设的相关重点工作。

9 月 17 日，学校网络安全和信息化工作会暨网络安全培训会召开。北京市公安局内保局警务技术二级主任段继亮做《互联网背景下网络安全形势分析与案例通报》主题讲座。

三、常规工作

（一）统筹推进学校网络安全与信息化建设工作

落实学校网络安全和信息化建设领导小组办公室的职能，根据学校的信息化建设发展需要，统筹学校各部门做好 2020 年学校网络安全和信息化建设规划、申报、评审和执行工作，统筹申报 2021 年信息化项目预算。

（二）保障校园基础网络稳定运行

保障校园有线网络、无线网络、机房及数据中心的安全稳定运行，同时负责相关的建设、规划、实施和运维管理等工作。进行日常网络维护升级，网络设备安全巡检。

升级改造校园网骨干链路，优化校园网核心网络设备配置和安全配置。进行核心机房间光纤链路的升级改造建设。优化数据中心结构，增设高性能接入交换机，保证数据中心高速稳定运行。新建设备间环境监控系统。改造教学办公区的无线网络。

（三）持续推进学校信息化规划建设

建设门户平台，与多家厂商进行多次技术调研，形成门户平台的建设方案，继续推进门户平台的选型和采购工作。

配合学校办公室、教务处、科研处推进服务平台、教学平台、科研平台的采购、对接和建设工作。为更好适应服务平台对签章的需求，对通用电子签章平台进行升级。

对移动校园平台的功能进行梳理，以疫情防控和移动办公为主线，推进移动校园功能建设，6 月移动校园上线，推出了移动办公、疫情防控通、学生返校通、差旅平台等功能。

2020 年，有 27 754 人关注了企业微信，24 710 名同学通过移动校园填写了返校申请，“疫情防控通”点击数达 77 621 次，“移动办公”点击数达 16 702 次。

启动学校中英文主页和新闻网改版建设工作，配合学校办公室、党委宣传部、国际交流处推进项目的建设工作。

(四) 保障学校各应用系统正常运行

保障微人大和各应用系统正常运行，进行需求变更响应，处理数据共享需求 55 条，微人大新认证对接上线 12 个应用系统，协助继续教育处、教务处、资产与后勤管理处、采购与招标管理中心等部门进行电子签章的对接。保障 2020 级新生网上激活和现场迎新工作。

(五) 公共服务平台运维管理，保障数据信息安全

建设无感知上网认证计费系统。暑期完成了系统软硬件全面升级、无线网全网准入、无感知认证等功能，实现了用户优化管理，并于 11 月 7 日完成系统稳定平滑迁移工作。考虑到无感知的流量消耗情况，经学校同意后于 9 月 1 日对校园网上网资费进行了调整。

搭建数据中心正版化软件系统，并对 Windows Server 操作系统虚机进行正版化激活，累计激活 80 余台。

对学校计费系统、邮件系统、校友邮箱、堡垒机、VPN 系统、云消息系统、SSL 证书和访客系统进行运维保障和升级优化。

修复老 CMS、F5、WebVPN、邮箱自注册、计费系统、VPN 等系统中高危漏洞 20 余个。推进虚机安装防病毒软件工作。所有新增虚机预置防病毒软件，并对历史遗留虚机进行排查安装，累计安装 400 余台。完成中心等保测评工作。

为数据中心 600 多台虚机提供日常运维保障。创建虚机 140 余台，修改/扩容/更换虚机 50 台。完成数据中心虚机迁移工作。建设数据中心虚机备份体系，定期备份、恢复数据。完成明德数据中心向新图数据中心容灾重新配置工作，改造新图数据中心。完成各类应急事件的保障处理。

(六) 坚持“一流品质、一流服务”，做好信息化窗口服务工作

有效地完成了 ITS 服务窗口（早 8：00 至晚 6：00，节假日无休）的前台工作以及中心的夜班值班工作。受理来自“微人大”服务中心、QQ 群、电话、现场的所有服务请求。为全校 4 万师生的上网、校园应用系统及校园卡问题提供了咨询及相关服务。办理校园卡相关业务，包括新办卡、补卡、查询、问题处理等。完成暑期毕业生宿舍网口维修。

做好人脸识别门禁系统及学校统一人脸库平台建设。协助学生处完成师友时间工作站的计费功能。做好校园卡系统监控平台、人脸识别会议签到系统、留学生照片自助采集系统的前期准备工作。

■ 校友工作

一、概况

2020 年，学校校友会在学校领导下，与各部门通力合作，以“服务校友、服务母校、服务社会”为宗旨，团结全球校友，凝心聚力，携手抗击疫情，助力脱贫攻坚，扎实推进工作，促进了学校事业

的发展。

二、主要工作

（一）抗击疫情，校友会与全球校友守望相助

2020年初新冠肺炎疫情暴发后，校友会按照学校统一部署，积极发挥桥梁中枢作用，主动作为、高效协调，紧急联系各地校友组织负责人，号召全球校友对湖北进行抗疫援助。并同湖北校友会第一时间取得联系，及时帮助受病毒感染的校友家属联系就诊医院。全球校友迅速行动，积极投身疫情防控工作，彰显了人大人“国民表率、社会栋梁”的精神风貌。同时，校友办联合校友合唱团，通过云连线为在抗击疫情一线的工作者录制歌曲视频，用人大人的歌声为逆行者加油。据不完全统计，全球校友企业、校友组织、校友个人捐赠物资款项累计超过4.8亿元。

2月8日至4月6日，校友会在官方微信平台发布《抗击疫情，全球人大校友在行动》（共八辑）。

3月10日至7月3日，校友会在官方微信平台发布23期“防疫榜样”专栏文章。

3月26日，校友会在官方微信平台转发日本校友会发起的为日本医疗机构、社会组织募集物资款项倡议书。

4月6日，校友会在官方微信平台向海外校友发出感谢信《你们是母校的骄傲和牵挂——致海外人大校友的一封信》。

（二）助力脱贫攻坚，全球校友践行初心

2020年是国家脱贫攻坚决战决胜之年，助力脱贫攻坚是校友工作的一项重要内容。按照学校“兰坪所需，人大所能”的工作思路，校友会全方位、多形式、多层次开展工作，统筹发动全球校友为兰坪农副产品“带货”。在全球校友纷纷响应的同时，校友企业京东集团积极配合学校，在最短时间搭建了“中国特产·兰坪馆”线上“带货”通道。

4月24日，学校2020年校友工作视频会议召开，校长刘伟、副校长杜鹏出席会议。刘伟感谢校友们为全球疫情防控工作做出的重要贡献，并部署兰坪县对口帮扶脱贫攻坚任务。

5月4日，校友会官方微信平台发布动员信《为兰坪“带货”——人大校友助力脱贫攻坚!》。

6月3日，校友会在官方微信平台发布感谢信《中国人民大学校友倾情助力兰坪打赢脱贫攻坚战》。全球校友共为兰坪“带货”231万余元农副产品，并提供41万元资金扶持，提前超额完成任务。

6月10日，《人民日报》发表文章《搭平台、帮“吆喝”！这家高校助力兰坪特产飞出大山》，6月11日，新华社发表文章《单月成交近6 000笔订单 中国人民大学助力兰坪特产“飞出大山”》，对学校扶贫工作进行报道。

7月21日，学校教育专项扶贫校友表彰暨云南校友座谈会在昆明召开，校长刘伟、副校长刘元春出席会议。

9月12日，学校党委书记靳诺、党委副书记齐鹏飞一行出席在兰坪举办的学校对口帮扶兰坪县脱贫攻坚暨校友表彰座谈会。

（三）开拓进取，创新校友工作形式

1. 信息化建设取得新进展，首次发布《中国人民大学校友数据调查报告（2020）》。校友会开发微信小程序，校友可通过小程序领取电子校友卡，小程序还提供校友查询、活动报名、加入校友组织等功能，为校友提供更系统、更便捷的服务。

首次发布《中国人民大学校友数据调查系列报告（2020）》，以服务学校“双一流”建设、助力校友职业发展、提升校友工作水平和加强校友与母校之间的联系为主要目的，从校友职业发展、校友记忆中的母校等多视角全景解读校友数据。

2. 首次推出公募小额捐赠项目，为学校命名组建70周年献礼。为庆祝学校命名组建70周年，9月25日，校友会推出“我爱人大，我为母校送蛋糕”云活动，该活动是学校首个网络公开募捐项目，活动还设计了校园风景拼图、抽奖、抢购蛋糕、兑换纪念品等十大互动栏目，吸引海内外校友积极参与，在线为母校告白献礼，加强了校友与母校的情感联络。

校友会组织陕西、河北和四川校友分别在延安、正定和荣县进行庆祝学校命名组建70周年活动的视频录制，并于10月3日播出。

在校庆期间，校友会组织线上校友书法作品展为母校庆生，胡松华、胡忠贵、周文彰、王汉光以及舒洛建等校友书法作品选登于校友会官方微信平台。

3. 继续贯彻学习型校友组织理念，促进校友终身学习。疫情防控期间，校友会与继续教育学院联合推出七期“人大校友求是学堂”在线系列公益直播课程；与商学院联合推出五期“化危为机，智慧战疫”在线系列直播课程；与专业分会合作，开展线上公益培训。总计60余万人次在线观看学习，为广大校友、校友企业和社会公众搭建了新型学习平台，取得良好社会效应。

新开设“人大校友在线读书”栏目，以“校友读书故事”为主题，通过微信公众平台面向全体校友公开征稿，并将他们的读书故事推送给广大校友。

校友会还将原来线下开展校友沙龙的单一形式创新为通过“一直播”APP线上网络直播和线下嘉宾讲座同时进行的新形式。

10月2日，西西环保股份有限公司创始人、1997级工商管理专业校友董震在校友之家做主题为“今冬校园新冠防控攻略”的校友沙龙线上直播。

10月28日，斯玛特教育集团创始人、2000级艺术学院校友武志在校友之家做主题为“审美能力是一切能力的原动力”的校友沙龙线上直播。

11月4日，中国国际金融股份有限公司人力资源部原董事、总经理、1989级会计系校友杨毓莹做客校友沙龙，分享职业生涯规划与就业指导相关内容。

11月9日至10日，云南校友会举办2020年校友创新学习平台交流活动。浙江、四川、云南、厦门、福建等地校友会负责人受邀参加活动。

4. 媒体平台改版升级，关注度持续攀升。2020年，新媒体编辑人员加强理论学习，创新工作思路，进一步丰富线上推送内容，推送频次由原来的每周一次改为每周一、三、五定时推送，官方微信公众号多次入围全国高校校友会微信公众号阅读量排行榜。

《校友》杂志改版升级，由半年刊改为季刊，对学校重大新闻、主要校友工作等进行专题报道。

（四）共克时艰，扎实推进各项工作

1. 传承红色文化，寻访母校前身旧址。校友会重视加强对校友们的“四史”教育，陕西、山西、河北等校友会多次陪同校领导前往陕西延安、河北阜平、山西长治和河北正定等地，考察陕北公学、华北联合大学、北方大学和华北大学旧址，和当地政府商议旧址修复事宜。校友会、档案馆还联合邀请北京理工大学等八校一所（中国人民大学、北京理工大学、中国农业大学、北京外国语大学、中央音乐学院、中央戏剧学院、中央美术学院、吉林大学和中国社会科学院近代史研究所）召开共建北方大学红色教育基地座谈会，传承红色文化，弘扬革命精神。

9月16日，学校党委书记靳诺、副校长杜鹏率队赴延安调研考察，就市校合作、陕北公学旧址修缮等工作深入交流并看望延安校友。

9月24日，学校党委书记靳诺、副校长杜鹏一行赴河北涉县太行红色新闻文化陈列馆、山西长治北方大学旧址等地调研考察并看望河北、山西校友。

10月19日至20日，副校长杜鹏率团赴河北省保定市阜平县调研华北联合大学旧址保护利用情况并看望当地校友。

10月27日，共建北方大学红色教育基地座谈会在学校召开，副校长杜鹏出席座谈会，北京理工大学等八校一所相关代表参会。

11 月 21 日，学校党委书记靳诺带队赴河北正定考察华北大学旧址建设保护情况并与校友座谈。

2. 采访陕公、联大老校友，编撰校友口述史第二辑。对陕北公学和华北联合大学 40 余位老校友进行采访，编撰《与祖国共成长——中国人民大学校友口述史》（第二辑）。该书还原了新中国见证者的求学经历和奋斗故事，刻画了在五星红旗照耀下人大校友爱国奉献、担当作为，把个人成长汇入时代洪流的奋斗者形象。

3. 不平凡的毕业季，进一步强化校友意识。3 月 20 日，校友会联合招生就业处共同开展学校 2020 届毕业生线上招聘活动校友企业专场活动。

5 月 19 日，校友会、招生就业处与武汉理工大学校友会共同举办中国人民大学—武汉理工大学 2020 届毕业生联合空中双选会暨校友企业专场双选会。

6 月 21 日，校友会制作的毕业季景观在校内展出。同时，校友会为毕业生设计文创产品，送上祝福。

6 月 30 日，全球校友组织在毕业典礼中为 2020 届毕业生送上视频祝福，北京市援鄂医疗队队长、2015 级公共管理学院校友刘立飞作为校友代表发言。

8 月 7 日，校友会在官方微信平台发布《各地校友组织为本科招生组工作人员提供实地帮助》。

4. 关心关爱老校友和中青年校友，为校友终身发展服务。受疫情影响，中秋节、重阳节期间无法举办敬老祝寿会活动，校友会为陕北公学、华北联合大学和华北大学的老校友寄送慰问信和礼品，表达关心和敬意。

中秋节前夕，校友会将学校自制的月饼寄给在边疆地区的选调生校友，表达学校的慰问。并在学校领导出差时，联系当地组织部门，协调召开与当地基层选调生校友的座谈会，了解他们的工作表现，激励大家时刻牢记习近平总书记的嘱托，走好新时代长征路，立足本职岗位，勇于担当，将个人的成长与社会的需要、人民的需要结合在一起。

1 月 12 日，学校党委书记靳诺一行赴日本推动校际学术合作并看望在日校友。

8 月 12 日至 13 日，学校党委副书记、纪委书记吴付来赴安徽省推进省校战略合作框架协议，并看望当地选调生校友。

9 月 27 日，副校长刘元春参加首届中国资产管理武夷峰会，并与福建南平选调生校友座谈。

10 月 13 日至 14 日，学校党委原常务副书记、校友会副会长张建明赴深圳看望深圳人大教育基金会名誉理事长、深圳信立泰药业股份有限公司董事长叶澄海校友，参观访问深圳北理莫斯科大学并与在深校友代表座谈。

10 月 22 日至 23 日，学校党委原常务副书记、校友会副会长张建明一行探望新华社驻石阡县大坪村扶贫一线干部欧甸丘校友，并于 24 日出席贵州校友会 2020 年年会暨敬老迎新联谊会，看望当地老校友并为贵州基层扶贫一线的“最美校友”颁发荣誉证书。

11 月 15 日，副校长杜鹏赴石家庄调研并与河北校友座谈。

11 月 16 日，广西壮族自治区 2021 年定向中国人民大学选调应届优秀毕业生宣讲会举办。活动前，副校长杜鹏与广西选调生校友周大富、何文、何丽宇和黄日曦座谈。

11 月 27 日，学校党委书记靳诺、副校长朱信凯赴深圳看望全国人大常委会原副委员长李铁映同志，同时看望深圳人大教育基金会名誉理事长、深圳信立泰药业股份有限公司董事长叶澄海校友。

5. 按照防疫要求，举办秩年返校活动。在校领导殷切关怀、学校各部门大力支持下，校友会遵守防疫要求，协助 1986 级和 1996 级校友分别在老校区和校本部举办了两场秩年返校活动。

10 月 3 日，1986 级校友毕业 30 周年返校庆祝活动在老校区举办。校长刘伟，副校长、校友会副会长杜鹏，学校党委原常务副书记、基金会常务副理事长张建明，校友工作办公室主任、校友会秘书长周荣等出席活动。

10 月 17 日，1996 级校友毕业 20 周年返校活动在学校举行。学校党委书记靳诺，党委副书记、纪委书记吴付来，副校长顾涛，党委原常务副书记、校友会副会长张建明，校友工作办公室主任、校友会秘书长周荣等出席活动。

6. 完善校友会组织建设，拓展分支机构。2020 年，校友会党支部抓党建、谋发展，不断提高工作水平。党员干部多次上交特殊党费，支持防疫抗疫；开展共享党课活动，邀请党史专家做专题讲座；加强政治学习，组织干部读书会，集体学习《习近平谈治国理政》第三卷等重要文件；关心青年成长，发展入党积极分子，增添支部新活力。

校友会选聘了 82 位 2020 届毕业生担任校友工作年级理事。截至 2020 年底，共有 887 位毕业生受聘为年级理事。

按照学校《关于加强备案校友组织指导工作的意见》，组织协助湖北校友会、上海校友会顺利完成换届选举工作，更好地服务社会经济发展、服务地方发展。

国学院、应用经济学院、汉青经济与金融高级研究院、理学院、信息资源管理学院和教育学院成立学院校友分会。至此，实现了学院校友分会全覆盖。

6 月 28 日，2019—2020 学年第 33 次校长办公会同意成立中国人民大学校友会人力资源校友分会。11 月 29 日，中国人民大学校友会人力资源校友分会成立大会暨 2020 中国人力资源管理高峰论坛在京举办。

11 月 28 日，校友会向全体常务理事发出《致中国人民大学校友会常务理事的一封信》，汇报 2020 年的工作并表示感谢，请常务理事提出新一年工作意见和建议。

12 月 13 日，中国人民大学校友会第七届理事会第二次会议暨第二届校友论坛在厦门召开，这是校友会理事会首次在京外举办。

■ 教育基金会工作

一、收支情况

2020 年，基金会总收入 18 130.52 万元，总支出 9 194.29 万元，净资产结余 83 483.54 万元。总收入中，捐赠收入 14 912.08 万元，投资收益 2 120.06 万元（包括预期投资收益后的总金额为 5 956.27 万元），其他收入（包括利息收入和心平贷学金还款）1 098.38 万元。

2020 年，基金会整理 2019—2020 年度捐赠资金中符合教育部捐赠配比项目共计 48 项，累计申请总额 6 905.66 万元，合格金额 6 578.82 万元，最终到账金额 3 214.00 万元。

二、主要工作

（一）助力学校脱贫攻坚

2020 年，基金会积极参与学校协助兰坪县教育脱贫攻坚的实施工作，完成向兰坪一中汇款 2 631 698.33 元（直接帮扶资金），向兰坪教育体育局汇款 1 486 060 元（引进帮扶资金），其中基金会直接贡献各 100 万元。

(二)支持学校重点工作

基金会还大力支持学校其他年度重点工作，包括中关村校区寿山石大方章捐赠项目、老校区牡丹园建设捐赠项目、通州新校区发展基金到账、支持学校原创话剧《陕北公学》创作编排工作和中国人文社会科学论坛2020暨中国人民大学命名组建七十周年学术研讨会、促成“睿信老教师关爱基金”延续捐赠、走访感谢并争取宝钢教育基金会支持等。具体如下：

基金会使用自有奖励经费拨付100万元人民币，积极支持学校原创话剧《陕北公学》创作编排工作。

从基金会自有执行项目中调整列支30万元用于中国人文社会科学论坛2020暨中国人民大学命名组建七十周年学术研讨会各项支出。

列支7.81万元用于支持“校史资料系列”电子化排版及编印的各项支出。

列支12万元用于《吴玉章论教育》出版和购书费用。

协调校友捐资68.22万元设立通州新校区建设基金，助力通州新校区建设发展，第一笔已用于解决新校区建筑设计方案国际征集定标工作的专家咨询费用。

基金会从自有执行项目中列支8万元设立中国人民大学老校区建设发展基金，专项用于老校区牡丹园的绿化建设。

(三)小额捐赠推陈出新

基金会积极探索小额筹款的渠道，讲好捐赠故事，培育捐赠文化。毕业季推出“我爱人大·感恩母校”校园卡余额捐赠活动，基金会将善款善用，好事办好，2020年每位家庭经济特别困难的本科新生校园卡都充值100元，实现了同年毕业的学长和入学的新生间善意爱心的传递，对于毕业生与母校感情牵挂的强化以及校园捐赠和互助文化的培育有着积极影响。

基金会首次探索与公募基金会合作，与中国教育发展基金会签署公开募捐协议书，打破了非公募相关规定限制小额筹款活动开展的窘境，在中银公益平台注册账号并帮助校友工作办公室上线了“我爱人大，我为母校送蛋糕”云活动，募捐款项用于“最美校园建设项目”。9月25日至12月17日，共获得289份爱心捐赠，共计32 350.15元。此次线上小额筹款的尝试探索了筹款的新路径，规避了政策和法律风险，为今后进一步丰富和规范线上筹款项目打下了良好基础。

附录

2020年到账100万元以上的捐赠项目

捐赠项目名称	捐赠方	2020年到账金额(元)
高瓴高礼教育发展基金	珠海高瓴股权投资管理有限公司	35 000 000.00
“国学建设”基金	天津市华商世纪企业管理咨询有限公司	1 000 000.00
海润天睿法学发展基金	北京海润天睿律师事务所	1 000 000.00
心平贷学金	广东步步高电子工业有限公司工会委员会	7 127 700.00
颐和银丰发展基金	颐和银丰(天津)投资管理有限公司	10 000 000.00

续表

捐赠项目名称	捐赠方	2020 年到账金额（元）
前海国际资本管理基金	深圳市前海国际资本管理学院	1 000 000.00
颐和天元人大附中教育发展基金	颐和银丰天元（天津）集团有限公司	1 000 000.00
应用经济学院建设发展基金	上海终身教育科技有限公司	1 000 000.00
赠与亚洲-基层组织（金融聚合器）（第二期）	赠与亚洲（美国）北京代表处	1 745 288.48
会计理论研究与学术发展基金	支晓强等人	1 000 000.00
国家高端智库研究基金	中诚信证评数据科技有限公司	1 000 000.00
国家高端智库研究基金	中诚信国际信用评级有限责任公司	2 000 000.00
兰德量化基金	珠海市迈兰德基金管理有限公司	1 000 000.00
京东基金	北京京东公益基金会	69 000 000.00

校办产业

一、概况

人大资产经营管理公司（人大世纪科技发展有限公司，以下简称“资产公司”）是由中国人民大学一人出资，经教育部批准，于2007年在原人大世纪科技发展有限公司的基础上组建成立的。资产公司是唯一代表学校对投资企业行使出资人职责的机构，其主要职能为代表学校进行股权投资并对所投资企业进行股权管理和布局结构调整，确保国有经营性资产的保值增值。

资产公司注册资本5.32亿元，有全资子公司7家，直接参股公司5家。截至2020年底，资产公司合并资产总额为170 348.39万元，同比增长3.89%；所有者权益151 833.54万元，同比增长5.42%。2020年实现净利润11 167.17万元，上缴财政部国有资本收益1 299.70万元，上缴学校投资收益1 746.67万元。

二、校属企业管理工作

（一）凝心聚力、统一思想，着力加强校属企业党的建设

开展校属企业战“疫”系列党课，承办机关党委共享党课及共享读书会等活动，强化校属企业党员干部教育管理。通过落实党政联席会制度，将党建情况列入考核评价指标等工作，切实发挥国有企业党组织的领导核心和政治核心作用，引领校属企业围绕中心、服务大局。

（二）众志成城、共抗疫情，积极落实校属企业防疫工作

沟通指导疫情防控与校属企业复工复产，研究出台校企防疫方案，第一时间发布疫情防控期间致全体校企职工的信，明确企业复工复产条件、报备程序及所需材料。组织安排为职工发放口罩、酒精、消毒湿巾等防护物资，为职工申领新冠肺炎疫情保险，全面保障职工身心健康。在疫情防控常态化的情况下，时刻巩固防疫成果，确保校属企业安全稳定运营。

（三）摸清家底、明晰路径，稳妥推进校属企业改革工作

对所属企业进行全面摸底排查后，结合各企业实际情况，按照“一企一策、因企施策”的原则，完成了保留企业的论证报告，形成了校企改革重点难点问题清单。按照上级和学校工作要求，资产公司牢牢把握“企业与教学科研的关联程度作为保留与否的标准”，形成了《中国人民大学所属企业体制改革方案（建议稿）》，基本拟定了各校属企业的改革方式。同时，开始着手准备实施工作，制定具体工作方案，为按期完成体制改革奠定良好基础。

（四）高度重视、强化执行，认真配合学校审计相关工作

资产公司以审计为抓手，进一步梳理工作规则和流程，不断推进内部控制建设，提升治理能力现代化和治理体系科学化水平。

（五）规范发展、持续推动，顺利完成东方兴业公司股权转让事宜

按照学校网络教育管理体制改革方案的整体部署和工作安排，在兼顾学校网络教育事业健康发展和东方兴业公司稳定运营的同时，顺利完成了东方兴业公司股权转让相关工作。

（六）聚焦规范、强化监管，不断完善经营业绩考核体系

印发实施《中国人民大学校属企业工资总额管理暂行办法》和《中国人民大学校属企业经营业绩考核管理办法》，实现对全资、控股和重要参股企业经营业绩考核、工资总额管理的全面覆盖，切实落实校属经营性资产的保值增值责任，维护所有者权益，促进企业长效发展。

（七）扎实推进、精心部署，持续提升校属企业财务管理水平

制定《中国人民大学校属企业财务主管委派薪酬及考核管理办法（试行）》，向子公司委派多名财务主管，逐步实现对全资子公司财务人员聘任、考核、薪酬核定的统一管理。

（八）善用培训、打造卓越，优化专业培训提升体系

组织2020年校属企业董事、监事及高级管理人员的培训讲座，加强规范化管理，完善企业法人治理结构，不断提高委派董事、监事及高级管理人员的履职能力和业务水平。

（九）建章立制、夯实基础，继续开展集团公司重要规章制度的规范工作

重新修订、拟定多项制度，印发《人大资产经营管理公司制度手册》，从制度层面进一步规范校属企业的运营管理。

附录

中国人民大学所投资的一、二级企业图示

（截至2020年12月31日）

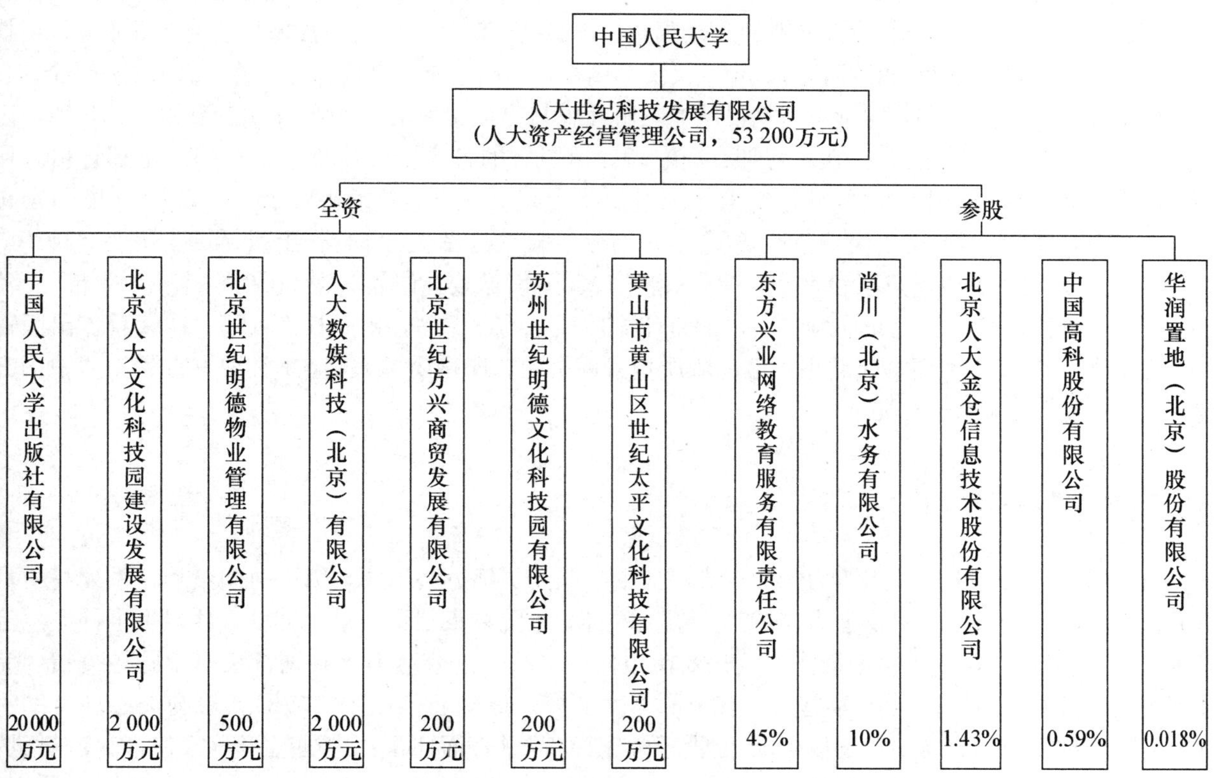

注：图中各全资公司下数值为公司注册资本，参股公司下数值为持股比例。

■ 出版社

一、概况

2020年突发的新冠肺炎疫情使得出版社的发展面临前所未有的艰难局面。实体书店大规模停业关门，各大书展和促销活动延期或取消，学校停课，印厂停工，物流受阻，全国出版业遭受沉重打击。面对突如其来的疫情，出版社狠抓疫情防控责任落实，第一时间组建了由党政一把手带队的疫情防控领导小组，把员工健康和安全生产作为头等大事来抓。充分发挥出版社党组织的战斗堡垒作用，根据学校要求出台一系列措施，有序组织复工复产。

出版社把社会效益放在首位，发挥舆论阵地作用，冲在了大学出版社战疫出版的第一线。出版社组织力量第一时间推出一系列有影响有深度的抗疫图书；整合专家资源、媒体资源，结合专业就社会防疫战疫、复工复产推出一系列大型公益直播活动。作为高校文科教材出版基地，出版社积极响应教

育部“停课不停教，停课不停学”的倡议，是疫情防控期间全国首家免费开放数字教材互动平台的大学出版社。“人大芸窗数字教材平台”新增注册用户10万余人，使用高校近600所，使用课程157门，新制在线电子教材2 465种，全国使用量近1 000万次，多所高校将使用人大芸窗平台教学的经验作为成功的在线教学案例。“中国近代思想家文库”和“中国审判案例要览”2个数据库对所有用户免费开放，访问量累计过千万。出版社作为中国学术出版走出去重镇，积极组织国际合作伙伴为中国战疫行动发声。多位合作伙伴在《新闻联播》等主流媒体权威栏目声援中国积极有效的抗击疫情行动；合作出版一系列介绍中国抗击新冠肺炎疫情的外文图书，宣传中国成功经验。作为积极履行社会责任的文化企业，捐赠战疫相关图书，组织员工为战疫行动捐款。出版社还对口支援兰坪县提高基础教育质量，捐款捐书累计近40万元。出版社发扬国际人道主义援助精神，向国外合作出版机构捐赠口罩1.2万余个。

出版社努力复工复产，继续坚持精品战略，继续保持高质量发展。2020年出版新书1 215种，比2019年增加42种，增长4%。在教育部、国家新闻出版署的各类质量检查中抽检图书全部合格。在“3·15”印装质量抽查中，出版社连续七年未查出不合格品。出版社获评“2019—2020年度国家文化出口重点企业”，连续第7次荣获该奖项。“东南亚中国主题图书翻译合作出版项目”获评“2019—2020年度国家文化出口重点项目”。“一带一路”共建国家出版合作体获得2020年首届“一带一路”出版合作优秀案例奖。在北京印刷协会、北京印刷质检站的评比中，出版社连续第9次荣获“出版物印刷质量优质奖”，1种图书获北京地区印刷质量最高奖北京印刷质量大奖，1种图书被评为“中国出版政府奖产品”推荐产品。

二、选题策划工作

面对突发疫情，出版社组织力量放弃春节假期，采用灵活办公形式，第一时间策划一系列高质量的抗疫图书，为抗击疫情提供智力支持。出版社联合学校院系策划了“重大突发公共卫生事件应急治理丛书”。丛书由学校党委书记靳诺、校长刘伟担任总主编。这套丛书为我国依法科学防控疫情、完善重大突发公共卫生事件防控等提供了有力的学术支撑。此外还推出了《应对新冠肺炎心理自助手册——防疫抗疫20问》《逆势突围：56位管理学家建言》《直面冲击：中国经济学家建言》《在经历中学习——疫情防控公开课》《逆行者家书》等抗疫图书。

2020年，出版社继续坚持精品战略，策划一系列高质量图书。出版社继续加强主题出版，持续推出“马克思主义研究论库”、“认识中国·了解中国”书系、“马克思主义理论研究与当代中国书系”、“马克思主义研究丛书”等重点系列相关图书；继续做深学术出版，推出《康有为全集》（修订版）、《刘述先文集》、《清前期天地会史料集成》、《中国民法典释评》（十卷本）、《〈中华人民共和国民法典〉条文精释与实案全析》（上中下）等大部头学术经典力作；继续做好教材出版，落实重点教材修订换版工作，加强数字资源配套，加强新教材开发力度，推进学校“十三五”教材研发；继续做精大众出版，结合热点推出了《马丁·路德·金自传》《国内大循环》等一系列有市场热度的好书。

出版社一大批图书获得国家各级各类奖项，入选重点项目。25种图书荣获教育部第八届高等学校科学研究优秀成果奖，其中，一等奖8种、二等奖9种、三等奖3种、青年成果奖5种。“当代国外马克思主义前沿问题研究丛书”等4种丛书入选2020年国家出版基金资助项目。《对话中国》等3种图书入选2020年国家出版基金主题出版项目。“中国之治的成功密码”丛书入选中宣部2020年主题出版重点出版物选题。《钱的千年兴衰史：稀释和保卫财富之战》入选图书评论协会2020年5月月度“中国好书”。《消除贫困：中国的承诺》等11种图书入选教育部2020年全国高校出版社主题出版重点选题。《汉初国家意识形态建构研究》等14种图书入选2020年国家社科基金后期资助项目。“读懂新时代”丛书入选2020年优秀通俗理论读物出版工程。《改革开放四十年口述史》入选2020年向全国老年人推荐的优秀出版物。

出版社继续致力于传统业务与新兴业务的融合，数字教育、数字学术、数字阅读三大板块构建的数字出版生态日益完善，获得诸多奖项。“中国审判案例数据库”成功入选2020年数字出版精品遴选推荐计划，并获得中宣部资助奖励。出版社还先后斩获亚马逊Kindle品牌合作奖、京东读书优秀合作伙伴、当当云阅读突飞猛进奖、阅文集团优秀出版内容合作伙伴等来自业内一线主流平台的重要荣誉，电子书《逆商》荣登掌阅品质阅读年榜，有声书《毛泽东传》荣获当当十大有声书奖。

三、管理改革工作

出版社继续深化管理制度建设，进一步完善各项管理制度。针对业务实际情况，对《中国人民大学出版社有限公司图书报废管理办法》《中国人民大学出版社有限公司采购与招标管理办法》《中国人民大学出版社关于“三审”“三校”的具体要求》《人大出版社终审编辑岗位任职资格办法》《人大出版社书稿档案管理办法》《人大出版社编辑岗位职责》等管理办法进行修订。对出版社网络信息管理和数字出版管理业务进行调整，设立了信息中心，进一步加强数字化建设。

为克服疫情对生产带来的不利影响，累计组织各类线上教材营销活动600余场，参与人数近千万人次，5万余人申请电子样书；大众图书线上营销活动500余场，累计服务读者800万人次。出版社编辑积极参与线上线下学术会议等教研活动，累计300余次。下半年出版社在做好疫情防控的前提下，稳步开展线下营销活动，累计参与或举办活动300余场。全年围绕图书、结合大事在《人民日报》《光明日报》等主流媒体发表文章420篇，覆盖80余家媒体；各类自媒体公众号文章近4 000篇。出版社公众号荣获“全国书业2020年度最受欢迎公众号”。

四、对外合作和版权贸易工作

调整工作形式，通过网络积极开展客户维护，组织国际合作伙伴为中国抗疫积极发声，得到中央电视台、中国新闻出版广电报、学习强国等媒体的报道。3月5日，《新闻联播》播出对波兰马尔沙维克出版社总裁阿达姆·马尔沙维克的采访。3月9日，《新闻联播》播出对印度皇家柯林斯出版社董事长莫罕·卡尔诗的采访。3月6日，《中国新闻出版广电报》刊发《国际出版人跨越山海来助力》文章。出版社还与外方共同策划提升中国国际形象的宣传内容，委内瑞拉安第斯大学推出10期《中国笔记》。

由出版社发起成立的“一带一路”共建国家出版合作体已经成为中外出版界、学术界交流互动的重要平台，是中国政府在世界舞台发声的重要渠道。针对国际疫情蔓延，合作体中方成员单位多次向外方成员单位捐助抗疫物资。委内瑞拉中央大学中国问题研究中心、阿根廷马克思主义研究中心等机关刊物刊发中国抗疫经验；埃及智慧宫出版社和印度皇家柯林斯出版社等策划中国抗击新冠病毒经验丛书阿拉伯文版和英文版。2020年，合作体中方成员单位与俄罗斯、印度、乌兹别克斯坦、尼泊尔、巴基斯坦、斯里兰卡、哈萨克斯坦、吉尔吉斯斯坦等国家出版单位合作、翻译出版中国图书的项目将近400种。出版社向俄罗斯、白俄罗斯、阿联酋、韩国、突尼斯等17个“一带一路”沿线国家输出版权近百种，涉及英文、阿拉伯文、俄文、哈萨克文等12个语种。

继续坚持以高端学术著作出版为特色，进一步推动中外学术文化交流。引进版权457种，输出版权302种，60%以上是与世界一流出版社合作项目，输出版权数量在行业中居于领先地位。《中国经济改革的经验及其理论启示》荣获第十九届输出版引进版优秀图书奖。出版社承建的土耳其中国馆和意大利中国馆运营平稳，建设任务基本完成，继续承担在中外高校间传播中国学术和中国文化的功能。出版社继续承担学校学术外译项目，已经完成114种，涉及25个语种，外译图书均进入所在国主流书店销售、大学图书馆馆藏。出版社还积极参与线上国际书展。北京国际书展期间，出版社采用线上云参展的方式，组织选题策划、新书发布、图书版权签约等活动6场，荣获第二十七届北京国际图书博览会人气奖。

五、其他重要事项

（一）副校长王轶到出版社参加学习习近平总书记给人民教育出版社老同志重要回信精神座谈会

12 月 21 日，副校长王轶在出版社参加学习习近平总书记给人民教育出版社老同志重要回信精神座谈会，并就出版社发展情况及“十四五”规划编制情况进行调研。王轶传达了学校党委常委会学习习近平总书记给人民教育出版社老同志重要回信精神情况，与出版社领导班子一起学习了习近平总书记给人民教育出版社老同志重要回信，希望出版社以习近平总书记重要回信精神为指引，扎实开展好出版社各项工作，认真编制好“十四五”规划。

（二）《习近平新时代党的建设思想研究》《习近平生态文明思想研究》英文版新书发布会线上举行

9 月 29 日，出版社与圣智集团 Gale 公司通过网络视频的方式共同举办《习近平新时代党的建设思想研究》《习近平生态文明思想研究》英文版新书发布会。副校长王轶，出版社社长李永强，学校中共党史党建研究院执行院长、马克思主义学院教授杨凤城，以及圣智集团 Gale 公司国际部高级副总裁兼董事总经理特里·罗宾逊、圣智集团 Gale 公司数字典藏项目副总裁塞斯·凯利等参加会议。

附录

2020 年获奖图书目录
（省部级以上）

序号	作品名称	奖项（项目）名称	出版时间	作者
1	经济增长与结构演进：中国新时期以来的经验	第八届高等学校科学研究优秀成果奖一等奖	2016 年 3 月	刘伟
2	侵权责任法研究（第二版）（上、下卷）	第八届高等学校科学研究优秀成果奖一等奖	2016 年 4 月	王利明
3	中国信息资源产业发展与政策	第八届高等学校科学研究优秀成果奖一等奖	2017 年 8 月	冯惠玲 等
4	社会主义荣辱观研究	第八届高等学校科学研究优秀成果奖一等奖	2014 年 3 月	吴潜涛
5	行政裁量基准研究	第八届高等学校科学研究优秀成果奖一等奖	2015 年 3 月	周佑勇
6	当代中国的阶层结构分析	第八届高等学校科学研究优秀成果奖一等奖	2016 年 9 月	李路路 秦广强
7	符号中国	第八届高等学校科学研究优秀成果奖一等奖	2014 年 2 月	隋岩
8	大国经济发展理论	第八届高等学校科学研究优秀成果奖一等奖	2014 年 3 月	欧阳峣 等

续表

序号	作品名称	奖项（项目）名称	出版时间	作者
9	中国通货膨胀动态形成机制的多重逻辑	第八届高等学校科学研究优秀成果奖二等奖	2016年3月	张成思
10	近代中国经济学的发展：以留学生博士论文为中心的考察	第八届高等学校科学研究优秀成果奖二等奖	2016年3月	邹进文
11	国民经济核算理论与中国实践	第八届高等学校科学研究优秀成果奖二等奖	2014年3月	蒋萍　许宪春
12	普京政治经济学	第八届高等学校科学研究优秀成果奖二等奖	2015年9月	关雪凌　张猛
13	作为政治的传播：中国新闻传播解释史	第八届高等学校科学研究优秀成果奖二等奖	2017年5月	赵云泽
14	敌人论	第八届高等学校科学研究优秀成果奖二等奖	2016年3月	左高山
15	中国社会保障税税收设计研究	第八届高等学校科学研究优秀成果奖二等奖	2016年6月	蒲晓红
16	唯物史观视野中的生态文明	第八届高等学校科学研究优秀成果奖二等奖	2018年10月	张云飞
17	法律制度与会计规则——关于会计理论的反思	第八届高等学校科学研究优秀成果奖二等奖	2016年10月	周华
18	谭嗣同哲学思想研究	第八届高等学校科学研究优秀成果奖三等奖	2017年3月	魏义霞
19	周易溯源与早期易学考论	第八届高等学校科学研究优秀成果奖三等奖	2017年2月	丁四新
20	中国政治思想通史	第八届高等学校科学研究优秀成果奖三等奖	2014年9月	刘泽华
21	中国企业引进型管理创新理论与实践研究	第八届高等学校科学研究优秀成果奖青年成果奖	2015年5月	林海芬
22	技术革新与社会结构变迁——近代机器缫丝技术应用的比较研究	第八届高等学校科学研究优秀成果奖青年成果奖	2015年8月	张茂元
23	社区传播论：新媒体赋权下的居民社区沟通机制	第八届高等学校科学研究优秀成果奖青年成果奖	2017年1月	王斌
24	大道之行：中国共产党与中国社会主义	第八届高等学校科学研究优秀成果奖青年成果奖	2015年2月	鄢一龙 等
25	人口转变的中国道路	第八届高等学校科学研究优秀成果奖青年成果奖	2014年3月	杨凡
26	人文之蕴——北京城的空间记忆	2020年度国家出版基金主题出版项目	2018年1月	刘凤云　江晓成　张一弛
27	马克思与《资本论》	2020年度国家出版基金主题出版项目	2019年5月	卫兴华

续表

序号	作品名称	奖项（项目）名称	出版时间	作者
28	对话中国	2020年度国家出版基金主题出版项目	2019年10月	《对话中国》编写组
29	蛋蛋学校万物探秘之旅	2019年“原动力”中国原创动漫出版扶持计划	2019年8月	宋海东
30	20世纪马克思主义发展史·第一卷	国家出版基金项目	2020年4月	北京大学马克思主义学院
31	20世纪马克思主义发展史·第四卷	国家出版基金项目	2020年4月	陈学明　王凤才
32	马克思主义如何中国化	国家出版基金项目	2020年4月	郭建宁
33	中国特色社会主义理论体系之逻辑体系研究	国家出版基金项目	2020年4月	梁树发 等
34	马克思政治哲学引论	国家出版基金项目	2020年4月	臧峰宇
35	马克思与异化：关于黑格尔主题的论述	国家出版基金项目	2020年4月	［英］肖恩·塞耶斯
36	教育的突破：上海优质教育的关键	国家出版基金项目	2020年4月	张民选　徐士强
37	真实的乌托邦：既善且美的教育建构	国家出版基金项目	2020年4月	檀传宝
38	中外合作办学：高等教育的新探索	国家出版基金项目	2020年9月	席酉民
39	家校合作共育：中国家庭教育的新趋势	国家出版基金项目	2020年11月	孙云晓
40	个体成人的开端：儿童教育的哲学阐释	国家出版基金项目	2020年10月	刘铁芳
41	中国特色社会主义的发展逻辑	国家出版基金项目	2020年7月	韩庆祥
42	中国新时代	国家出版基金项目	2020年10月	辛向阳
43	百年清史研究史·思想文化史卷	国家出版基金项目	2020年5月	杨念群
44	百年清史研究史·经济史卷	国家出版基金项目	2020年9月	朱浒
45	中国当代寻根文学思潮论	国家社科基金后期资助项目	2020年1月	熊修雨
46	商品金融化的逻辑	国家社科基金后期资助项目	2020年2月	张成思
47	王船山体用思想研究	国家社科基金后期资助项目	2020年6月	田丰
48	信仰、礼仪与生活——以朱熹祭孔为中心	国家社科基金后期资助项目	2020年6月	张清江
49	英国慈善活动发展史研究	国家社科基金后期资助项目	2020年6月	周真真
50	全球金融治理与中国	国家社科基金后期资助项目	2020年7月	张发林
51	中国区域产业经济研究	国家社科基金后期资助项目	2020年7月	刘秉镰 等

续表

序号	作品名称	奖项（项目）名称	出版时间	作者
52	狄更斯城市小说的现代性研究	国家社科基金后期资助项目	2020 年 7 月	蔡熙
53	经典马克思主义社会学理论史	国家社科基金后期资助项目	2020 年 9 月	刘少杰 等
54	信息技术应用与组织文化变迁	国家社科基金后期资助项目	2020 年 11 月	任敏
55	新时代中国声音：国际热点问题透视	教育部 2019 年“全国高校出版社主题出版选题”	2020 年 1 月	中国国际问题研究院
56	国之交如何民相亲	教育部 2019 年“全国高校出版社主题出版选题”	2020 年 2 月	王义桅
57	新火	教育部 2019 年“全国高校出版社主题出版选题”	2020 年 3 月	路风
58	20 世纪马克思主义发展史·第一卷	教育部 2019 年“全国高校出版社主题出版选题”	2020 年 4 月	北京大学马克思主义学院
59	马克思政治哲学引论	教育部 2019 年“全国高校出版社主题出版选题”	2020 年 4 月	臧峰宇
60	马克思与青年	教育部 2019 年“全国高校出版社主题出版选题”	2020 年 7 月	张晓萌
61	中国特色社会主义重大问题研究	北京市第十六届哲学社会科学优秀成果奖一等奖	2019 年 10 月	秦宣
62	重读马克思：文本及其思想（12 卷本）	北京市第十六届哲学社会科学优秀成果奖一等奖	2018 年 10 月	聂锦芳
63	马克思主义中国化进程中经典著作编译与传播研究（1919—1949）	北京市第十六届哲学社会科学优秀成果奖一等奖	2019 年 12 月	王海军
64	戴逸文集	北京市第十六届哲学社会科学优秀成果奖一等奖	2018 年 11 月	戴逸
65	智慧供应链金融	北京市第十六届哲学社会科学优秀成果奖一等奖	2019 年 8 月	宋华
66	经济增长及发展潜能——理论演变与中国经验	北京市第十六届哲学社会科学优秀成果奖二等奖	2020 年 6 月	刘伟 等
67	十八大以来中国特色社会主义理论创新研究	北京市第十六届哲学社会科学优秀成果奖二等奖	2019 年 7 月	肖贵清 等
68	中国之治的制度密码	北京市第十六届哲学社会科学优秀成果奖二等奖	2020 年 6 月	靳诺　刘伟
69	政德论：心理结构与伦理行动的二重维度	北京市第十六届哲学社会科学优秀成果奖二等奖	2019 年 3 月	鄯爱红
70	马克思的三大批判：法哲学、政治经济学和形而上学	北京市第十六届哲学社会科学优秀成果奖二等奖	2019 年 9 月	程广云
71	分析哲学——批评与建构	北京市第十六届哲学社会科学优秀成果奖二等奖	2018 年 8 月	陈波 等
72	社会偏好理论与社会合作机制研究：基于公共品博弈实验的视角	北京市第十六届哲学社会科学优秀成果奖二等奖	2017 年 3 月	周业安 等

续表

序号	作品名称	奖项（项目）名称	出版时间	作者
73	媒介化生存：沉浸传播的理论与实践	北京市第十六届哲学社会科学优秀成果奖二等奖	2019 年 3 月	李沁
74	新闻规律论	北京市第十六届哲学社会科学优秀成果奖二等奖	2019 年 12 月	杨保军
75	政策不确定性、资源配置效率与企业高质量发展	北京市第十六届哲学社会科学优秀成果奖二等奖	2020 年 5 月	陈德球　陈运森　董志勇
76	汉唐美术空间表现研究——以敦煌壁画为中心	北京市第十六届哲学社会科学优秀成果奖二等奖	2018 年 9 月	张建宇
77	出土简帛中的政治哲学	第十二届湖北省社会科学优秀成果三等奖	2017 年 6 月	欧阳祯人

■ 书报资料中心

一、概况

书报资料中心（以下简称“中心”）成立于 1958 年，是新中国最早从事人文社会科学文献搜集、整理、评价、编辑、集成、发布的信息资料提供机构，已发展成为集纸质期刊出版、数字出版、信息咨询、智库服务、教育培训等业务于一体的综合性现代出版机构和服务机构，是隶属于学校的自负盈亏的二级事业法人单位，注册资本 5 900 万元，位于海淀区中关村大街文化大厦。

截至 2020 年底，有正式在职员工 153 人，离退休职工 161 人。在职职工中事业编制职工 45 人，硕士以上学历 72 人，占员工总数的 47.1 %；高级职称 35 人，占员工总数的 22.9 %；中级职称 46 人，占员工总数的 30.1%。

经过几年的调整和发展，中心形成了纸质出版、数字出版、学术评价相互支撑融合的业务架构。

（一）纸刊出版

中心共有 148 个国家正式批准的刊号，分为复印报刊资料、人文社科文摘、报刊资料索引和原发期刊四个系列，是国内期刊号数量最多的出版单位，其中 121 种期刊被国家新闻出版广电总局认定为学术期刊。

中心出版的核心产品复印报刊资料的期刊布局基本覆盖了我国哲学社会科学所有一级、二级学科，哲学社会科学领域的新兴学科、交叉学科和边缘学科也有相应期刊或栏目。复印报刊资料系列刊常年采集的哲学社会科学来源期刊共约 4 000 种，年发表学术论文近 40 万篇。2020 年，复印报刊资料学术系列期刊转载论文约 1.1 万篇。作为“中华学术的窗口”，复印报刊资料海外发行量在国内中文学术期刊中名列前茅，具有较强的国际影响力。

（二）数字出版

复印报刊资料系列数据库业务继续稳健发展。

（三）学术评价

2008 年成立学术成果评价研究中心，探索符合人文社会科学特征的评价方法，初步建立了以学术成果为指向、以同行评议为主导、以价值判断为引领、以数据分析为支撑的复合型学术成果评价体系，定期持续发布复印报刊资料转载指数排名，复印报刊资料重要转载期刊、机构和作者，年度中国十大学术热点等评价成果，已形成覆盖人文社科学术期刊、教学科研机构、作者、论文、学科五类评价对象的完整评价成果体系，并定期召开国内外学术评价研讨会。在国内人文社科学术评价以影响因子、引文计量为主导评价方法且争议较大的环境下，复印报刊资料系列评价成果为人文社科学术成果评价提供了崭新的视野。

（四）智库服务

中心围绕舆情监测、信息分析、数据挖掘、报告研读等内容，长期为哲学社会科学管理机构、出版机构和科研机构提供有价值的定向信息增值服务。

二、管理工作

（一）严格执行防疫要求，确保中心日常工作有序开展

中心坚决贯彻习近平总书记关于新冠肺炎疫情防控工作重要指示精神，严格执行北京市和学校疫情防控有关要求，密切关注新冠肺炎疫情发展情况，将员工身体健康放在首位，第一时间成立了中心疫情防控工作小组，一方面紧抓防疫工作不松懈，服从和服务于学校疫情防控工作大局，另一方面有序开展日常工作，维护中心经营业绩，努力减轻疫情对经营的冲击。

（二）强化制度建设和落实工作

进一步修订完善中心管理制度，规范管理流程，制定修订《书报资料中心值班管理办法》《书报资料中心聘用制员工退休管理办法》《书报资料中心存货管理办法》《书报资料中心往来款管理办法》等管理制度。

三、期刊编辑出版

（一）严格落实意识形态工作责任制，确保中心期刊出版导向正确

在办刊实践中始终坚持马克思主义在意识形态领域的指导地位，全面贯彻落实习近平新时代中国特色社会主义思想，牢固树立鲜明的政治意识，坚持以人民为中心的出版导向，明确在意识形态领域守土有责的责任担当，在确立和实行的编辑方针、选稿原则、审读制度中，落实意识形态工作责任制，注意区分政治原则问题、思想认识问题、学术观点问题，旗帜鲜明反对和抵制各种错误观点，把好正向倡导和反向过滤两个关口。

（二）顺利完成全年的期刊编辑出版工作

在出版过程中严格落实“三审三校”制度，出版的所有期刊编校质量合格，出版形式规范，在北京市委宣传部组织的社会效益考核评估各项指标中，考核分数均在90分以上，综合评估均为优秀。

针对新冠肺炎疫情暴发的特殊情况，中心加强疫情防控期间期刊出版质量管理，将疫情对期刊出版工作的影响降至最低。下发《关于疫情防控期间做好编辑工作的通知》，在要求各编辑部门“压实编辑质量责任”“严格三审三校制度”“切实把好发稿关”的同时，对于疫情防控期间转载来源期刊出版滞后等问题提出切实可行的解决办法，保证中心期刊出版顺利有序。

（三）加强编辑队伍建设，提升编辑学术素养

全体责任编辑完成了72学时的继续教育培训，出版了由中心编辑的论文集《学术期刊与学科发展研究》。

（四）积极参与新闻出版科学研究工作，承接上级主管部门委托的业务管理研究项目

充分发挥中心在学术出版和评价研究领域的优势，完成中宣部出版局委托项目，全国哲学社会科学工作办公室委托项目“‘讲好中国奇迹背后的道理学理哲理’代表性成果调研”，北京市委宣传部委

托项目“北京地区报刊集中审读”。

四、学术评价研究

学术评价体系逐步完善，学术品牌建设稳步推进。

召开2020年中国人民大学人文社会科学学术成果评价研究中心顾问会暨复印报刊资料年度评价成果专家研讨会，完成评价研究中心顾问委员会换届工作。来自中国科学院、中国社会科学院、北京大学等多家科研机构、高校的学术评价研究学者、科研管理专家30余人出席会议，副校长刘元春出席会议并致辞。

继续做好评价工作新媒体宣传。学术评价中心微信平台稳定运行，影响力进一步提升，每两周定期发布学术评价领域的研究成果和资讯，绝大多数为原创，截至2020年底，共发布99期401篇文章。

五、经营销售工作

2020年，中心完成全年经营指标，全年编辑出版各类期刊148种，共计1 415期，总印量477万册，年总发行量约451万册，全年营业总收入6 170.38万元，其中主营业务收入4 419.65万元，其他业务收入1 750.73万元。

六、相关重要活动

1月，召开2019年中国十大学术热点发布会暨哲学社会科学研究展望论坛，正式发布2019年中国十大入选学术热点和十大提名学术热点，系统梳理了2019年学术研究的发展脉络。9月，《中国学术热点趋势报告2019—2020》出版。该书是年度中国十大学术热点评选活动成果的集结、延伸和深化，每年出版一辑。

3月31日，“2019年度复印报刊资料转载指数排名”和“复印报刊资料重要转载来源作者（2019年版）”两项成果正式发布。《光明日报》《中国新闻出版广电报》《中国教育报》《中国社会科学报》刊登评价成果的部分内容，发布重点和面向对象各不相同。中心网站首次设计“评价发布专题网页”，将评价成果、专家观点、媒体报道、历年发布等信息集中宣传；首次与学习强国APP和微信端、人大官微合作；首次录制发布视频，展现评价成果研制方法和基本内容，以及业界专家对评价成果的反馈情况；部分入选代表撰写评价获奖感言并发表在评价中心微信和中心网站上；首次尝试使用电子获奖证书。

■ 文化科技园

一、概况

文化科技园是教育部和北京市共建的中国人民大学重点项目之一。园区是全国第一家文化创意特色的国家大学科技园、全国第一家文化创意特色的留学人员创业园、全国第一家国家版权贸易基地、全国第一家依托大学建设的国家文化产业示范基地。

北京人大文化科技园建设发展有限公司是文化科技园的运营管理公司，公司主营业务包括大学科技园的运营管理、创新创业孵化服务、版权产业链特色服务、文化产业专业智库建设等。

2020年，园区对运营的文化大厦、兴发大厦及幼儿园旧楼三个项目进行了安全生产三级复审，成为海淀区第一批安全生产三级达标优先企业。园区安全生产工作有序进行，未发生安全事故。

二、服务学校教学科研和人才培养工作

（一）探索创新创业新模式，开拓创新创业服务新思路

2020年春季大创课程全部采用线上授课，在打造好原有课程设计的基础上，进一步优化了师资队伍，同时根据国家“双一流”实践课程标准增加实践课时安排计划。共计69人选课，共完成大创课程13次，课程最后共有10个项目团队进行项目模拟路演，同时6个项目积极报名参加2020年大学生创业训练计划项目并获得国家级立项。

圆满完成2019—2020大学生创业训练计划项目结项评审和表彰工作以及2020—2021大学生创业训练计划立项启动工作；策划组织2020年大学生创业实训营活动共4期。

2020年共策划、举办企业家线上公开课15次。课程邀请来自中国人民大学 、北京印刷学院、快手、高通律所等业界与学界大咖做客直播间，从投融资、供应链、法律、品牌、政策等角度为企业答疑解惑。课程发布第一天就吸引了500多人关注，每节课都有超过300人参与，累计在线观看人数达7 000余人次。

10月，园区联合创业学院申报学校文化创意产业创新创业荣誉辅修学位，并提供“文化产业与运营管理”“数字人文与品牌传播”两门课程的设计、运营和管理服务。策划组织完成“文化产业与运营管理”课程共12次，累计36课时，选课人数达42人次。

（二）优化孵化服务，助力孵化企业成长

2020年园区共接待留学生项目咨询24个，新引进留创项目8家、学创项目10家，留创扩租3家。园区3家企业获得融资，总金额达2 200万元；6家企业被认定为中关村高新技术企业；1家企业获欧盟CE认证；5家企业分别获HICCOOL全球创业大赛、北京市文化创意大赛、北京市退役军人创新创业大赛等奖项；园区企业佰职携手国家信息中心，联合各方共同启动抗击疫情“数据长城”计划，推出“佰职全国就业形势监测及诊断平台”，充分运用人工智能、大数据等技术，在疫情防控期间为政府部门做好“稳就业”工作提供决策支持。

三、提升文化产业公共服务能力工作

（一）着力打造企业文化品牌建设

园区在2020年北京市级文化产业园区授牌活动中被认定为“2020年度北京市级文化产业园区”；在北京市版权局召开的2020年版权保护工作总结会上被授予“2020年度北京市版权保护示范园区（基地）”称号；在科技部火炬中心公布的国家级科技企业孵化器2019年评价结果名单中，园区孵化器获评“优秀（A类）国家级科技企业孵化器”。

为适应园区业务快速发展需要，加强企业文化建设和对外宣传，园区对网站进行了全新设计升级。新版网站通过综合运用文字、图片、链接、视频、在线预约等功能，充分发挥新媒体不受时间、空间及其他因素限制的优势，各项功能更完善、更便捷，成为文化科技园重要信息传播和宣传的主流载体。中国人民大学国家版权贸易基地网站（www. copyrightruc. com）同步上线。

（二）区域合作稳步推进，探索科学发展模式

按照学校整体战略安排及省校合作目标，积极推进大厂园区及西部分园（永川）项目建设。

开展地方政府的规划研究课题，承担地方政府研究课题共12项，为文化产业政府管理部门的决策提供智力支持，推动地方文旅体的融合发展。

为实现常熟众创空间入驻企业对园区的有效反哺，常熟文化产业研究院与第三方平台探索合作运营众创空间模式，对众创空间进行市场化运营确定合作模式并对接了9个意向入驻项目。

（三）提升专业智库服务，产业公共服务工作平稳开展

园区协助辅导重庆、长沙、苏州、山东等地举办7期精品项目交流对接会，并制作项目手册及项目展示专栏。对接会共吸引480个项目参会，其中56个项目参加现场路演，100多个金融机构参会，项目投资总额约8 206亿元，签约规模达1 691.8亿元，经营范围涉及旅游、工艺美术、文化会展、演艺等多个领域。

受四川文化创意产业研究院委托，研究测算并发布“2019中国西部文化指数”（包括“中国西部文化产业发展指数”和“中国西部文化消费指数”）及“2020中国文化和旅游企业品牌价值TOP50”榜单。

开发建设国家文化和科技融合示范基地管理服务平台，已完成文化科技评估系统、文化科技服务平台、文化科技统计资源数据库的DEMO设计工作及采集系统的开发工作。

举办第三届“文化和科技融合热点和趋势”论坛暨《中国文化和科技融合发展战略研究报告(2020)》发布会，共计400余人参会，同时开通网络直播，关注量高达十余万。

举办第六届国家文化和科技融合示范基地负责人高级研修班，来自全国32个省（自治区、直辖市）和4个计划单列市的宣传部门、科技部门及55家基地的相关负责人参加。

（四）版权服务工作

完成《中国版权年鉴2019》出版及《中国版权年鉴2020》的组稿和编稿工作。到2020年，已连续12年编纂《中国版权年鉴》，《中国版权年鉴》是全面系统反映我国版权创造、运用、保护和管理基本概貌的大型专业性工具书。

受国家版权局委托，承办第十二届全国大学生版权征文活动的评审及颁奖工作。活动期间共收稿3 267篇，其中本科生论文2 471篇、研究生论文796篇，参与人数相比2019年翻了一番，最终评选产生特等奖论文3篇，本科生组和研究生组一等奖论文各10篇、二等奖论文各20篇、三等奖论文各30篇，优秀奖论文30篇，优秀指导老师20名，优秀组织奖20个。活动最终成果《版权 创造 未来——第十一届全国大学生版权征文活动优秀论文选》于11月出版发行。在颁奖仪式上正式启动以推动文化强国、教育强国、人才强国和创新型国家建设为目标，以版权精英人才培养为主线，坚持学术人才和实务人才两大培养方向，致力于将理论学习、学术研究、实习实践三大培养路径相结合，构建“高等院校＋龙头企业＋法律实务部门＋政府管理部门＋相关机构”的多方人才培养机制的“中国版权英才计划”。

为助力新冠肺炎疫情防控、推动文化企业复工复产，学校国家版权贸易基地共推出四期24讲“文化产业版权保护与管理”公益直播课；聚拢专家学者、产业实务者，关注政策导向引领、聚焦行业热点，开展以“广播组织权法律保护问题”、“创意产业知识产权海外布局与风险防控”为主题的研讨会，助力企业发展，赢得市场竞争优势。

学校国家版权贸易基地正式开通“人大版权”微信公众号及抖音号，发布版权领域前沿法制动态、行业资讯、基地活动预告和研究成果等信息。

（五）人大文创转型谋突破，品牌影响力显著提升

人大文创联合校学生处、MISS RUC发表5篇以上推送文章，包括毕业行李箱推荐、人大校庆活动宣传、人大格裙衬衫推广、人大羽绒服发布等，累计点击量4.24万，在人大校友群体中形成了良

好的口碑和影响力；11 月 11 日，RUC 文化创意馆正式开业并推出促销活动。通过探索新的业务模式、优化销售策略、加强品牌宣传及提升产品综合品质等手段，不断打造爆款产品，提升人大文创品牌形象，充分实现人大文创的经济价值、社会价值和品牌价值。

四、其他重要活动

新冠肺炎疫情防控工作效果显著。1 月 26 日（大年初二）园区成立疫情防控工作领导小组，制定《人大科技园新冠肺炎疫情防控预案》。当日，根据防疫工作要求和企业经营情况，园区立即部署入园体温检测、身份登记、两厦封闭式管理、在线采集企业人员信息、制作通行证、配置防疫物资等一系列有效防疫措施。园区积极响应各级政府防疫相关要求和举措，帮助企业渡过难关。园区率先发布为所有延期复工企业减免房租的政策，园区网络中心也同步减免网络信息费，园区联合第三方服务机构为中小微企业提供多项免费服务，包括工商注册、代理记账、商务财税咨询等。园区面向企业大力开展防疫宣传工作，在园区电子屏、宣传栏、大门等处发布和张贴相关通知、通告、宣传材料等。通过园区公众号、工作群微信通知，及时传递各类防疫要求，强化园区人员防疫意识，科普防疫知识，提升企业防控意识和能力，全面助力企业做好疫情防控工作。园区编制防疫工作日报及周报共计 74 篇，及时准确统计汇总园区企业复工、进入园区人员等数据，记录防疫动态以及企业复工复产的亮点工作等，有效地实现了信息共享共联，为应对企业复工人流高峰，强化关键时期防疫管理提供了有效的信息基础和决策依据。疫情暴发以来，园区向相关政府部门和机构上报疫情相关调研及数据统计信息共 377 条。园区在做好疫情防控的同时继续提升企业服务水平，整合资源，围绕投融资、品牌、法务、政策、供应链、私域流量、知识产权、短视频、文化产业版权等主题推出一系列公益直播课，累计举办 40 余讲，累计在线观看超过 13 万人次。

6 月，受中关村管委会委托，园区联合学校高瓴人工智能学院、中国人民大学附属中学，发起全球青少年科技人才培养公益项目全球青少年图灵计划。项目吸引了 50 多个国家和地区的 2 000 余名优秀青少年，最终 32 名专业组学员脱颖而出，获得“图灵青少年”称号，同时评选形成包含 22 篇优秀论文的论文集。11 月 7 日，在中关村国家自主创新示范区展示中心举行了颁奖典礼。

9 月 9 日，北京市人大常委会教科文卫办公室前来开展知识产权综合立法版权专题调研，北京市人大常委会副秘书长、教科文卫办公室主任刘玉芳，市委宣传部副部长、市版权局局长王野霏及有关单位代表参加。副校长朱信凯、人大文化科技园公司总经理白连永接待了调研组一行。调研组一行实地察看了人大文化科技园（国家版权贸易基地），重点参观了中国人民大学出版社、中国人民大学书报资料中心、泰勒·弗朗西斯出版集团、芝加哥大学中国中心等园区企业和机构，并在园区召开了知识产权综合立法版权专题调研座谈会。

在第五届中关村文化产业新领军者评选活动中，文化科技园总经理白连永获评“中关村文化产业十大领军人物”，并发布“海淀区文化产业人才创翼计划”。

■ 人大数媒科技（北京）有限公司

一、概况

2020 年是全面建成小康社会和“十三五”规划收官之年，也是奋力抗击疫情和谱写“十四五”

规划新篇章的关键之年，人大数媒科技（北京）有限公司积极发挥校属国有企业的责任担当，坚决贯彻落实习近平总书记重要讲话精神和党中央决策部署，结合新冠肺炎疫情防控工作要求，紧扣保民生、保就业等重点工作，积极响应北京市和学校的各项要求规定，齐心并力，克服困难，科学有序推动复工复产，保证企业生存发展。

二、主要工作

（一）发挥党建核心作用，提振企业发展动能

公司时刻将党建工作放在首位，以党建工作为抓手，凝神聚力促进公司经营发展。深入学习贯彻习近平总书记关于统筹推进新冠肺炎疫情防控和经济社会发展工作等重要讲话精神，深化"不忘初心、牢记使命"等主题教育活动的学习成果，进一步优化企业内部结构与质量，加强企业内涵建设，丰富企业文化，提升产品核心竞争力，扎实推进廉政风险防控工作。

（二）完善战略规划与定位，提升自身营收能力

公司在保证经营稳健发展的基础上，稳妥推进与书报资料中心的脱钩工作，做好公司自主发展的战略定位与规划。在保持"在线学术服务机构"基础定位上，充分发挥校属企业的优势，秉承"源于学者、专于学术"的初心使命，进一步找准公司定位，深耕自有产品的竞争优势，拓宽自有产品的推广渠道，在学校优秀学术资源的基础上，加强优质资源间的交流合作。

公司在力争稳定收入和利润的目标下，加强销售和运营"双轮驱动"，提升自身营收能力。在销售业务方面，积极拓展产品系列，除"复印报刊资料"数据库等产品外，还与友商合作新的优质产品，创新业务增长点。在运营业务方面，积极实现流量变现，在原有会员收入的基础上，提高广告收入。与此同时，公司积极探索项目合作收入，自主研发了中国戏曲教育数字博物馆、人大复印库农技知识数据库等平台，加强高校数字化建设项目，实现经济效益与社会效益的同步增长。

（三）积极应对疫情挑战，强化企业社会担当

突发的新冠肺炎疫情对全国人民的生产生活产生了极大的影响。公司在各级主管部门的指导下，制定了有效的疫情防控方案和复工方案，在保证员工安全的前提下，稳步推进复工复产，确保了公司的稳定运行。在开展日常业务的同时，公司开展数次线上培训活动，着力提高员工的综合素养和企业凝聚力。疫情防控期间，公司积极发挥国有企业的责任担当，免费开放公司数据库产品，受到广泛关注和好评，被收进北京市委宣传部组织的"战'疫'＋我一个"行动计划。以公司名义向学校教育基金会捐款，并积极号召员工用实际行动支持兰坪县开展教育脱贫攻坚工作，努力回报学校，强化作为校属企业的社会责任担当。

（四）提高公司行业影响，荣获多项资质荣誉

公司配合国家国产化战略"安可工程"，巩固了人大复印报刊数据国产化技术，并形成一套完整的国产化开发流程。公司研发中心总监在业界技术大会上做关于国产化系统的主题演讲，公司在国产化系统的开发技术公司中跻身行业前列。

公司的国家高新技术企业证书顺利通过复审，为提升公司资质和享受政策优惠提供了强有力的支撑；紧跟时代发展背景下对网络安全的新要求，顺利取得了信息系统安全等级保护备案证明证书；公司党政系列产品入选北京市委宣传部主办的"数字精品项目推介"活动，并参会展览。

（五）积极探索用户需求，拓展海外市场影响

受疫情影响，国家财政资金支出预算向抗疫防控工作倾斜，公司主要的政企及教育行业客户的采购经费受到相应削减，与此同时，公司线下活动的开展也受到影响。面对严峻形势，公司积极研究数字出版时代对学术出版的新需求，深挖高新技术企业的技术优势，完成公司三大产品的更新迭代，将专业生产能力融入"用户＋需求"的连接新范式中，提高交互功能信息整合服务，探索自适应式定制

化和精准化服务，受到了广泛好评。

公司分析各国高校纷纷停课停学情况，顺势投放数据库推广方案，在美国、澳大利亚、英国、法国效果显著，试用客户增长明显；同时积极寻求与平台运营商、自媒体组织等环节的合作，举办“学界在线讲堂”、读书月“知识战疫”竞答等活动，保持了较强的市场影响力和竞争力。

人　物

全国人大代表和政协委员

全国人大代表

第十三届　郑功成(民盟)　庄毓敏（无党派）

全国政协委员

第十三届　刘　伟（常委，中共）　杨光斌（中共）
　　　　　汤维建（民革）　　　　张风雷（无党派）

中国共产党北京市代表大会代表、北京市人大代表和政协委员

北京市党代表

第十二次　靳　诺　王　轶　王晓楠

北京市人大代表

第十五届　翟小宁（中共）　　　　韩大元（中共）
　　　　　乌云毕力格（无党派）　黄石松（民建）

北京市政协委员

第十三届　齐鹏飞（中共）　赵　忠（致公党）　文继荣（无党派）
　　　　　殷　强（民进）　张丽华（民建）　王润泽（无党派）

■ 民主党派中央委员、北京市委委员

民盟第十二届中央委员会副主席　郑功成
民盟第十二届中央委员会委员　汪昌云
民革第十三届中央委员会常委　汤维建
农工党第十六届中央委员会委员　卜健军
民盟北京市第十二届委员会常委　龙永红
民盟北京市第十二届委员会委员　于春海
民建北京市第十一届委员会副主委　黄石松
民进北京市第十三届委员会委员　殷　强
农工党北京市第十三届委员会委员　卜健军

■ 第八届国务院学位委员会委员

刘　伟

■ 国务院学位委员会第八届学科评议组成员

共 18 人（按有关规定，名单不予公开）

■ 第五届北京市学位委员会委员

吴晓球

■ 中国人民大学教师担任2018—2022年教育部高等学校教学指导委员会委员名单

序号	所在教指委名称（含分委员会）	姓名	担任职务	所在单位
1	哲学类专业教学指导委员会	郝立新	副主任委员	哲学院
2	经济学类专业教学指导委员会	刘伟	主任委员	经济学院
3		杨瑞龙	副主任委员	经济学院
4		邱海平	秘书长	经济学院
5	财政学类专业教学指导委员会	郭庆旺	副主任委员	财政金融学院
6	金融类专业教学指导委员会	吴晓球	副主任委员	财政金融学院
7	经济与贸易类专业教学指导委员会	关雪凌	副主任委员	经济学院
8	法学类专业教学指导委员会	王利明	副主任委员	法学院
9		王轶	委员	法学院
10	政治学类专业教学指导委员会	杨光斌	副主任委员	国际关系学院
11		秦宣	委员	马克思主义学院
12	社会学类专业教学指导委员会	李路路	主任委员	社会与人口学院
13		冯仕政	秘书长	社会与人口学院
14	马克思主义理论类专业教学指导委员会	靳诺	主任委员	学校办公室
15		齐鹏飞	秘书长	马克思主义学院
16	英语专业教学指导分委员会	郭英剑	委员	外国语学院
17	德语专业教学指导分委员会	张意	委员	外国语学院
18	日语专业教学指导分委员会	李铭敬	委员	外国语学院
19	新闻传播学类专业教学指导委员会	胡百精	副主任委员	新闻学院
20	历史学类专业教学指导委员会	孛儿只斤·乌云毕力格	委员	国学院
21		刘后滨	委员	历史学院
22	物理学类专业教学指导委员会	卢仲毅	委员	物理学系
23	心理学类专业教学指导委员会	胡平	委员	心理学系
24	统计学类专业教学指导委员会	孟生旺	委员	统计学院
25	网络空间安全专业教学指导委员会	石文昌	委员	信息学院
26	城乡规划专业教学指导分委员会	叶裕民	委员	公共管理学院
27	林学类专业教学指导委员会	孟秀祥	委员	环境学院
28	管理科学与工程类专业教学指导委员会	毛基业	委员	商学院
29	工商管理类专业教学指导委员会	伊志宏	副主任委员	商学院
30	会计学专业教学指导分委员会	王化成	副主任委员	商学院
31	农业经济管理类专业教学指导委员会	唐忠	主任委员	农业与农村发展学院
32		朱信凯	秘书长	农业与农村发展学院

续表

序号	所在教指委名称（含分委员会）	姓名	担任职务	所在单位
33	公共管理类专业教学指导委员会	刘元春	副主任委员	经济学院
34	图书馆学专业教学指导委员会	索传军	委员	信息资源管理学院
35	档案学专业教学指导委员会	张斌	主任委员	信息资源管理学院
36		徐拥军	秘书长	信息资源管理学院
37	电子商务类专业教学指导委员会	王刊良	委员	商学院
38	艺术学理论类专业教学指导委员会	牛宏宝	委员	哲学院
39	美术学类专业教学指导委员会	黄华三	委员	艺术学院
40	大学数学课程教学指导委员会	龙永红	副主任委员	信息学院
41	大学计算机课程教学指导委员会	杜小勇	副主任委员	信息学院
42	实验室建设与实验教学指导委员会	张卯	委员	实验室建设与设备管理处
43	创新创业教育指导委员会	杨东	委员	法学院
44	文化素质教育指导委员会	梁涛	委员	国学院
45	教学信息化与教学方法创新指导委员会	田宏杰	委员	教师教学发展中心
46	图书情报工作指导委员会	宋姬芳	委员	图书馆
47	对口支援工作指导委员会	王利明	委员	法学院
48	高校美育教学指导委员会	张淳	委员	艺术学院

■ 中国人民大学教师担任2016—2020年教育部高等学校思想政治理论课教学指导委员会委员名单

高等学校思想政治理论课教学指导委员会：靳诺（主任委员）
“马克思主义基本原理概论”分教学指导委员会：张雷声（副主任委员）
“毛泽东思想和中国特色社会主义理论体系概论”分教学指导委员会：秦宣（副主任委员）
“思想道德修养与法律基础”分教学指导委员会：刘建军（委员）
“研究生思想政治理论课”分教学指导委员会：靳诺（主任委员）

■ 第七届吴玉章基金委员会名单

名誉主任：李　鹏　宋　平　袁宝华
主任委员：马　凯
副主任委员（按姓氏笔画排序）：
王伟光　王利明　刘　伟　刘元春　陈雨露
赵启正　黄　达　程天权　靳　诺

委员（按姓氏笔画排序）：
马绍孟　王子今　王伟光　王利明　方汉奇
叶　朗　叶康涛　冯惠玲　邬沧萍　刘　伟
刘大椿　刘元春　孙　郁　严金明　杜厚文
李　扬　杨瑞龙　杨慧林　吴晓球　张　宇
张文显　张卓元　陈雨露　赵启正　郝立新
洪银兴　姚新中　贺耀敏　秦　宣　秦惠民
袁宝华　顾　涛　顾明远　顾海良　郭庆光
黄　达　黄朴民　黄兴涛　曹明新　韩大元
程天权　温铁军　谢维和　靳　诺　戴　逸
秘书长：刘元春
副秘书长：顾　涛　严金明
司　库：叶康涛

■ 中国人民大学荣誉教授

哲学院：
萧　前　罗国杰　黄顺基　夏甄陶
历史学院：
戴　逸　王思治
经济学院：
宋　涛　吴大琨　卫兴华　高鸿业　胡　钧
财政金融学院：
黄　达　王传纶　周升业　陈　共
农业与农村发展学院：
周　诚　严瑞珍
法学院：
高铭暄　许崇德　孙国华　王作富
马克思主义学院：
许征帆　庄福龄　何　沁　彭　明　刘佩弦　彦　奇　林茂生
社会与人口学院：
邬沧萍
国际关系学院：
高　放
新闻学院：
方汉奇　蓝鸿文　甘惜分

商学院：

李占祥

公共管理学院：

钟契夫

■ 中国人民大学首批荣誉一级教授

（按文件顺序排序）

卫兴华　方汉奇　王传纶　甘惜分　邬沧萍　罗国杰

夏甄陶　高　放　高铭暄

注：2009年5月20日，学校印发《关于授予卫兴华等9人中国人民大学首批荣誉一级教授称号的决定》（2008—2009学年校政字19号）。

■ 中国人民大学第二批荣誉一级教授

（按文件顺序排序）

黄顺基　孙国华　陈　共　许征帆　周　诚　何　沁

李占祥　周升业　王作富　胡　钧　许崇德　庄福龄　严瑞珍

注：2013年1月11日，学校印发《关于授予黄顺基等13位退（离）休老专家荣誉一级教授称号的决定》（2012—2013学年校政字18号）。

■ 中国人民大学第三批荣誉一级教授

（按文件顺序排序）

陈立丹　郭　湛　黄克剑

注：2017年1月16日，学校印发《关于2016年教授一级岗位聘用结果的通知》（2016—2017学年校政字12号）。

■ 中国人民大学第四批荣誉一级教授

（按文件顺序排序）

钟宇人　赵中孚　赵履宽　张象枢　刘文华　陆贵山

注：2019年3月14日，学校印发《关于授予钟宇人等6位退（离）休老专家中国人民大学荣誉一级教授称号的决定》（2018—2019学年校政字35号）。

中国人民大学荣誉一级教授（一级教授退休后自动转为荣誉一级教授）

（按退（离）休时间、年龄排序）

陈先达　吴易风　胡迺武　周新城　张立文　黄　达　戴　逸　刘大椿

中国人民大学首批一级教授

（按姓氏笔画排序）

方立天　刘大椿　纪宝成　李文海　吴易风　宋　涛

张立文　陈先达　周新城　郑杭生　胡迺武　黄　达

曾宪义　戴　逸

注：2009 年 5 月 20 日，学校印发《关于聘任中国人民大学首批一级教授的决定》（2008—2009 学年校政字 20 号）。

中国人民大学第二批一级教授

（按姓氏笔画排序）

王利明　林　岗　袁　卫

注：2017 年 1 月 16 日，学校印发《关于 2016 年教授一级岗位聘用结果的通知》（2016—2017 学年校政字 12 号）。

中国人民大学第三批一级教授

（按聘任时间、姓氏笔画排序）

王子今　冯惠玲　吴晓球　杨瑞龙

注：2017 年 1 月 16 日，学校印发《关于 2016 年教授一级岗位聘用结果的通知》（2016—2017 学年校政字 12 号）；2017 年 9 月 20 日，学校印发《关于 2017 年教师岗位聘用结果的通知》（2017—2018 学年校办人字 1 号）。

中国人民大学第四批一级教授

（按姓氏笔画排序）

王国刚　刘小枫　余劲松

注：2019 年 1 月 10 日，学校印发《关于第四批教授一级岗位聘用结果的通知》（2018—2019 学年校办人字 11 号）。

2020年中国人民大学教授

（以聘任年月为序，包括党政、教辅正高职，截至2020年12月31日）

哲学院：

刘大椿　段忠桥　焦国成　李秋零　张志伟　龚　群
张风雷　肖群忠　欧阳谦　温金玉　牛宏宝　刘敬鲁
何建明　彭永捷　李　萍　刘晓力　张文喜　罗安宪
杨武金　王伯鲁　吴　琼　彭新武　温海明　张立波
聂敏里　曹　刚　王宇洁　YAO XINZHONG　林美茂
刘永谋　曹　峰　张文良　罗　骞　余俊伟　臧峰宇
DENNIS RALF SCHILLING　谢地坤　张　旭
余开亮　徐　飞　刘劲杨　周　濂　姜守诚　曹南来
魏德东　刘　玮　RUI ZHU　王　立

（注：刘大椿于2020年3月退休，段忠桥、龚群、刘晓力于2020年6月退休，刘敬鲁于2020年10月退休）

文学院：

程光炜　杨慧林　冷成金　王贵元　王家新　张永青
刘小枫　孙　毅　阎连科　梁　坤　陈满华　曾艳兵
高旭东　徐正英　朱万曙　王　昕　刘震云　LEEB LEOPOLD
杨联芬　陈前瑞　陈奇佳　张洁宇　范方俊　龙国富
梁　鸿　宋文辉　姚　丹　朱冠明　陈　阳　马元龙
陈剑澜　王　燕　夏可君　杨庆祥　吴永焕　吴　真

（注：王家新于2020年6月退休）

历史学院：

戴　逸　黄爱平　孙家洲　徐　浩　黄兴涛　杨念群
王皖强　华林甫　郭双林　夏明方　魏　坚　马克锋
刘后滨　祁美琴　张永江　包伟民　许海云　孟宪实
韩树峰　赵　珍　朱　浒　李梅田　李晓菊　徐晓旭
杨雨青　孙　喆　陈胜前　何黎萍　曹新宇　刘文鹏
韩建业　赵秀荣　曹刚华　吕学明　王大庆　姜　萌
张宏杰　杨祥银

（注：戴逸于2020年3月离休，黄爱平于2020年4月退休，孙家洲于2020年8月退休，李晓菊于2020年10月退休）

国学院：

袁济喜　向世陵　黄朴民　诸葛忆兵　杨庆中
孛尔只斤·乌云毕力格　王子今　梁　涛　李　肖
韩　星　KIRILL SOLONIN　汪永红　谷曙光
宋洪兵　张瀚墨　李若晖　黄维忠

（注：向世陵于2020年1月退休，韩星于2020年6月退休）

经济学院：

黄泰岩　林　岗　杨瑞龙　方福前　贺耀敏　高德步

吴汉洪　陈享光　雷　达　刘凤良　韩玉军　关雪凌
邱海平　周业安　刘元春　贾根良　李军林　王晋斌
郭　杰　陈彦斌　陶　然　杨其静　胡　霞　宋利芳
谢富胜　聂辉华　程大为　王湘红　刘明远　于春海
李　勇　刘　伟　罗来军　张　杰　刘守英　韩　松
于　泽　王孝松　范志勇　孙文凯　陆方文　王　珏
赵　峰　李三希　孙圣民　刘小鲁　杨继东　宋　扬
乔　雪　苗　彬

（注：韩玉军于 2020 年 2 月退休）

应用经济学院：

刘　瑞　孙久文　张可云　郑超愚　侯景新　方　芳
黎玖高　黄　隽　杨天宇　宋东霞　郑新业　丁守海
付晓东　姚永玲　张耀军　魏　楚　虞义华　夏晓华
陈占明　秦　萍　林　晨　潘　伟

（注：付晓东于 2020 年 6 月退休）

财政金融学院：

黄　达　吴晓球　郭庆旺　朱　青　赵锡军　庄毓敏
张　杰　吴晶妹　汪昌云　何　平　刘振亚　瞿　强
岳树民　关　伟　王小龙　岳希明　涂永红　陈忠阳
张成思　张顺明　郑志刚　石晓军　魏　丽　吕冰洋
许　荣　贾俊雪　类承曜　何　青　王秀芝　谭松涛
戴稳胜　马　勇　王国刚　王　芳　刚健华　马光荣
何　林　刘勇政

（注：黄达于 2020 年 3 月离休）

法学院：

王利明　龙翼飞　何家弘　陈卫东　韩大元　胡锦光
黄京平　叶　林　杨建顺　谢望原　郭　禾　赵晓耕
林　嘉　张世明　姚　辉　汤维建　莫于川　余劲松
冯　军　王云霞　史彤彪　张新宝　马小红　李艳芳
张志铭　张小虎　刘明祥　田宏杰　王　轶　刘俊海
朱大旗　肖中华　冯玉军　韩立余　肖建国　朱　岩
李学军　邵　明　李　琛　时延安　张　翔　刘计划
丁相顺　余民才　高圣平　万　勇　刘孔中　李奋飞
石佳友　杨　东　竺　效　刘品新　杜焕芳　邢海宝
付立庆　侯　猛　陈景辉　魏晓娜　王贵松　黄文艺
程　雷　王　旭　张广良

（注：赵晓耕于 2020 年 3 月退休，谢望原于 2020 年 12 月退休）

马克思主义学院：

张雷声　郝立新　秦　宣　刘建军　齐鹏飞　杨凤城
张云飞　陶文昭　杨德山　何虎生　王　易　辛　逸
郑吉伟　侯衍社　邱　吉　王海军　张秀琴　宋学勤
汪亭友　张世飞　宋少鹏　郗　戈　刘　辉　耿化敏

陈家刚　宋友文　常庆欣　韩海涛

(注：辛逸于2020年8月退休，张世飞于2020年8月调出，韩海涛于2020年11月退休)

社会与人口学院：

翟振武　李路路　杜　鹏　于显洋　张建明　李迎生
段成荣　郭星华　刘　爽　陈　卫　杨菊华　陆益龙
赵旭东　宋　健　冯仕政　杜本峰　陈劲松　和　红
张有春　孙鹃娟　王水雄　赵延东　宋月萍　张会平
岳永逸　张文娟　刘　谦　李　婷

(注：杨菊华于2020年1月调出，刘爽于2020年2月退休，郭星华于2020年12月退休)

国际关系学院：

黄嘉树　陈　岳　时殷弘　金灿荣　陈新明　杨光斌
王续添　蒲国良　黄大慧　李庆四　保建云　王英津
郭春生　房乐宪　王义桅　韩彩珍　吴征宇　许勤华
方长平　田　野　宋　伟　蒲　傅　张广生　马得勇
林　红　陈小沁　尹继武　李　巍　任　锋　姚中秋
吕　杰　翟东升　韩冬临　崔守军　李　石

(注：陈新明于2020年9月退休)

新闻学院：

蔡　雯　盛希贵　陈　绚　匡文波　杨保军　钟　新
刘小燕　王润泽　赵永华　郭庆光　周　勇　刘海龙
胡百精　宋建武　张辉锋　栾轶玫　殷　强　高贵武
周蔚华　邓绍根　许向东　赵云泽　LARS HILMAR WILLNAT
王莉丽　王　斌　林升栋　彭　兰　黄　河　李　彪
李　沁

艺术学院：

赵　方　黄华三　王家增　王英健　李宇宏　王文娟
齐柏平　张　淳　高　毅　付阳华　顾亚奇　祁小春

(注：赵方于2020年3月退休)

外国语学院：

陈世丹　刁克利　赵蕾莲　贾国栋　李铭敬　张　意
代显梅　朱　源　杨　敏　李桂荣　郭英剑　谢江南
王建华　杨彩霞　郭庆民　陈　方　江晓丽　刘海清
田丽丽

环境学院：

曾凡刚　宋国君　张景来　王洪臣　沈大军　曾贤刚
吴　健　孟秀祥　蓝　虹　李　岩　郑　祥　龙　峰
王　华　靳　敏　庞　军　常化振　王　汶　朱芬芬
朱葛夫

信息学院：

杜小勇　陈　红　孟小峰　李德英　左美云　石文昌
梁　循　李翠平　何　军　梁　彬　朱　青　张　孝
程絮森　许　伟　金　琴

数据工程与知识工程教育部重点实验室：

陆嘉恒　陈跃国

高瓴人工智能学院：

文继荣　窦志成　徐　君　卢志武　魏哲巍　赵　鑫

数学学院：

朱来义　龙永红　张伦传　张庆彩　杨云雁　王　伟
柯媛元　OLEKSIY ZHEDANOV　郑志勇　欧耀彬
沈　栋　葛化彬　袁　勇

数学科学研究院：

LOU YUAN　龚新奇　IZUMI TAKAGI

理学院：

物理学系：

李　涛　胡　辉　王善才　卢仲毅　刘玉良　于伟强
王　雷　陈根富　WEI BAO　朱传界　魏建华　曹永革
张　芃　李茂枝　YIN GUO　张　威　季　威　陈珊珊
俞　榕　程志海　同宁华　夏天龙　雷和畅　王伟民
刘　凯

（注：曹永革于 2020 年 5 月调出，朱传界于 2020 年 7 月调出，胡辉于 2020 年 11 月调出）

化学系：

郭志新　艾希成　张建平　林　隽　李志平　徐立进
金朝霞　陈自立　王亚培　张美宁　付立民　牟天成

心理学系：

胡　平　张积家　张清芳　李欢欢　陈立鹏　买晓琴
陈文锋

（注：张积家于 2020 年 6 月退休）

商学院：

郭国庆　戴德明　王化成　王利平　王凤彬　刘凤军
宋远方　伊志宏　宋　常　谷克鉴　成　栋　张瑞君
刘国山　宋　华　吕景胜　王亚星　徐经长　JIYE MAO
刘晓梅　章　凯　王晓东　赵西卜　王保林　刘向东
姜付秀　刘　刚　王刊良　曹　伟　况伟大　李先国
刘　军　宋建波　徐佳宾　支晓强　许年行　赵　晶
吴江华　姚建明　周　华　易靖韬　叶康涛　邓子梁
张　敏　廖冠民　袁蓉丽　王晓芳　孟庆斌　WANSHIN ZHU
郭　海　张　然　江　伟

（注：宋远方于 2020 年 7 月退休，王利平于 2020 年 8 月退休）

公共管理学院：

许光建　张成福　杨　健　张康之　叶剑平　毛寿龙
叶裕民　严金明　吴春波　吕　萍　魏　娜　孙柏瑛
康晓光　方振邦　刘　昕　黄燕芬　蓝志勇　刘太刚
孙玉栋　张占录　王虎峰　祁凡骅　崔　军　KAIFENG YANG
丰　雷　杨宏山　李超平　张正峰　秦　波　曲卫东

王丛虎　DAVID HARRY ROSENBLOOM　郤艳丽
刘　鹏　王　俊　李东泉　李文钊　张　昕　郑　国
张　磊　马　亮　何艳玲　张跃松　唐　钧　刘　颖
（注：杨健于 2020 年 1 月退休，DAVID HARRY ROSENBLOOM 于 2020 年 7 月调出，张康之于 2020 年 12 月调出）

劳动人事学院：
曾湘泉　彭剑锋　郑功成　孙健敏　仇雨临　程延园
张丽华　周文霞　杨伟国　林新奇　赵　忠　石　伟
易定红　唐　鑛　杨立雄　韩克庆　徐世勇　刘松博
苏中兴　李育辉　文跃然　吴清军　罗楚亮　王　桢
刘　宏
（注：仇雨临于 2020 年 7 月退休）

信息资源管理学院：
冯惠玲　周晓英　卢小宾　王　健　王英玮　安小米
张　斌　侯卫真　索传军　张美芳　刘越男　黄霄羽
杨孟辉　徐拥军　贾君枝　宫晓东　钱　毅

统计学院：
袁　卫　赵彦云　高敏雪　张　波　王晓军　孟生旺
杜子芳　田茂再　张景肖　许王莉　吕晓玲　李静萍
李　扬　肖争艳　吴翌琳　周　明

统计与大数据研究院：
胡飞芳　艾春荣　朱利平

农业与农村发展学院：
唐　忠　孔祥智　郑风田　马九杰　曾寅初　汪三贵
张利庠　刘金龙　王志刚　周　立　朱信凯　REARDON THOMAS ANTHONY
生吉萍　谭淑豪　王西琴　仇焕广　庞晓鹏　陈卫平
仝志辉　刘晓鸥　陈敏鹏　郑　适　毛学峰　于晓华
柯水发
（注：REARDON THOMAS ANTHONY 于 2020 年 10 月调出）

教育学院：
俞国良　雷　雳　张晓京　胡　娟　申素平　李立国
周光礼　曹淑江　胡莉芳　刘复兴　翟小宁　张东辉

继续教育学院：
王琪延　缪代文　喻志军　文书锋　丁　凯　杨　晶

汉青经济与金融高级研究院：
WANLI ZHAO

国家发展与战略研究院：
尹　恒　黄石松　刘瑞明　刘　青　秦　虹

国际文化交流学院：
李　泉　蔡永强　李禄兴　陈　默

体育部：
李树旺　王智慧

图书馆：

宋姬芳　李辉华　朱小梅

档案馆：

李家福　张　丁

出版社：

刘　志　费小琳　宋　晶　刘　晶　潘　宇　杨宗元
马学亮　郭燕红　李永强　李　宏　苏玉宏　鞠方安
罗海林　安　卫　郭晓明　刘叶华　王　磊　张继清
陈永凤

（注：马学亮于 2020 年 3 月退休）

书报资料中心：

高自龙　宣小红　王立君　钱　蓉　李红宇　杨红艳
徐亚男

期刊管理中心：

杨万东　武京闽　林　坚　李淑英　孔　伟　王碧峰

（注：王碧峰于 2020 年 4 月退休）

学校办公室：

靳　诺　郑水泉　吴付来

研究生院：

李　霞

学生处：

罗建晖

保卫处：

王小虎

新校区建设办公室：

肖淑梅

国医学院筹建工作领导小组办公室：

林建荣

附属中学：

许作良　周建华　高江涛　汤步斌　乜全力　谢泽运
梁丽平　于金华　徐良云　闫桂红　杨连明　刘小惠
于秀娟　周立军　廖昌燕　黄群飞　丁　利　蔡　芳

（注：徐良云于 2020 年 8 月调出）

附属小学：

郑瑞芳

幼儿园：

曹春香

2020 年去世人员名单

2020 年去世人员（离休）

（以去世时间先后为序）

单位	姓名	性别	出生年月	参加工作时间	去世时间
经济学院	孙健	男	1925.02	1948.11	2020.01
实验室建设与设备管理处	于国珍	女	1932.12	1948.10	2020.01
马克思主义学院	刘赫文	男	1926.11	1946.03	2020.02
档案学院	松世勤	女	1929.04	1949.02	2020.03
马克思主义学院	马建行	男	1934.04	1948.11	2020.03
校园建设管理处	白晶	男	1927.04	1947.10	2020.03
对外语言文化学院	陶剑琴	女	1926.05	1949.07	2020.04
哲学院	张静贤	女	1928.10	1948.11	2020.04
商学院	罗力行	男	1925.09	1949.06	2020.04
哲学院	肖明	男	1928.12	1945.10	2020.04
中国语言文学系	徐政良	男	1924.10	1946.10	2020.05
统计学系	马宝贵	男	1925.01	1948.11	2020.05
国际关系学院	周嵩峰	男	1922.03	1948.07	2020.05
离退休工作处	王晋	男	1928.04	1948.11	2020.06
资产与后勤管理处	张国才	男	1929.02	1948.08	2020.06
资产与后勤管理处	张美英	女	1930.03	1947	2020.06
外语学院	唐孝纯	女	1923.05	1946.06	2020.09
哲学院	王聘兴	男	1929.10	1948.12	2020.11
书报资料中心	苏志杰	男	1927.06	1949.03	2020.11
书报资料中心	高心太	男	1933.03	1948.10	2020.11
哲学院	李焰	男	1929.01	1948.10	2020.11
国际关系学院	张声元	男	1928.02	1948.12	2020.12

2020 年去世人员（退休）

（以去世时间先后为序）

单位	姓名	性别	出生年月	参加工作时间	去世时间
新闻学院	汤世英	男	1934.03	1956.09	2020.01
国学院	詹杭伦	男	1954.12	1971.07	2020.01
劳动人事学院	姜在敏	男	1929.08	1952.08	2020.01
附中	王锦文	男	1938.12	1959.08	2020.01
清史研究所	林铁军	男	1929.08	1951.06	2020.01
国际关系学院	王正泉	男	1935.03	1951.10	2020.01
法学院	杨崇英	女	1941.09	1962.01	2020.01

续表

单位	姓名	性别	出生年月	参加工作时间	去世时间
经济学院	尹怀邦	男	1934.03	1949.10	2020.01
历史系	黄名长	男	1930.03	1956.09	2020.01
档案学院	刘凤志	男	1927.05	1950.05	2020.01
后勤集团	张殿云	男	1933.03	1952.09	2020.01
经济学院	程婉	女	1930.12	1955.09	2020.01
对外语言文化学院	陶沙	男	1936.10	1960.08	2020.01
农业经济系	余仲时	男	1931.08	1950.03	2020.01
网络中心	杨利同	男	1945.11	1963.08	2020.02
商学院	谭道明	男	1932.09	1949.10	2020.02
研究生院	胡炎生	男	1932.11	1951.01	2020.02
教务处	周凤文	女	1930.11	1950.08	2020.03
哲学院	苗东升	男	1937.10	1960.03	2020.03
法学院	刘文华	男	1932.06	1957.08	2020.03
人口理论研究所	邵宁	女	1930.03	1951.04	2020.03
新闻学院	姚乡棣	女	1950.11	1968.07	2020.03
后勤集团	李志全	男	1934.07	1950.09	2020.03
人事处	张晓英	女	1933.12	1957.08	2020.03
附中	袁志忠	男	1940.12	1963.09	2020.05
外语学院	郑禄	男	1930.04	1952.07	2020.05
国际关系学院	冯特君	男	1932.10	1952.08	2020.06
哲学院	黄淑贤	女	1933.01	1955.08	2020.06
商学院	王翼龙	男	1941.11	1965.07	2020.07
对外语言文化学院	吴志霄	女	1931.01	1949.09	2020.07
财政金融学院	朱毅峰	男	1945.02	1968.07	2020.08
审计处	贾九荣	女	1949.04	1969.06	2020.08
历史系	陈延昕	男	1932.01	1950.05	2020.09
附中	周明书	女	1942.03	1964.08	2020.09
国际关系学院	杨炳章	男	1945.01	1975.12	2020.09
马克思主义学院	周新城	男	1934.12	1950.12	2020.10
商学院	林德忠	男	1945.03	1970.07	2020.12
成人教育学院	杨竞儒	女	1936.06	1956.03	2020.12
书报资料中心	韩家静	女	1938.12	1963.09	2020.12
哲学院	杨宪邦	男	1922.11	1952.09	2020.12

2020 年去世人员（在职）

单位	姓名	性别	出生年月	参加工作时间	去世时间
统计学院	姚嘉秋	男	1962.09	1983.08	2020.03

注：表中列出的是副教授或副处以上去世人员。

附属学校

■ 附属中学

一、概况

2020年，中国人民大学附属中学（以下简称“人大附中”）占地面积97 227平方米，建筑面积115 338.5平方米，体育场（馆）面积25 352平方米，图书馆藏书170 521册，拥有计算机2 121台，多媒体教室214个，校园网出口总带宽850Mbps，数字资源量50 000 GB，“信息技术”课程1课时/周，普通教室203个，实验室67个。在册教职工542人，其中正高级职称17人、副高级职称263人、中级职称190人；专任教师453人，包括特级教师20人（在职16人，退休返聘4人）、北京市学科教学带头人8人、市级骨干教师17人。开设教学班151个，其中初中班60个、高中班91个。毕业1 722人，其中初中717人、高中1 005人；在校生5 385人，其中初中2 209人、高中3 176人。高中录取分数线567分（海淀区）。人大附中有社团107个。为促进基础教育优质均衡发展，人大附中已经连续十多年向周边薄弱学校、外省市学校输送干部、教师，2020年合计63人。人大附中网址：www.rdfz.cn。

二、学校建设

2020年，面对突如其来的新冠肺炎疫情，人大附中分党委高度关注疫情发展态势，科学判断形势，根据市区教委和中国人民大学对疫情防控的要求，结合实际情况迅速制定人大附中传染病及突发公共卫生事件应急预案。领导班子坚守岗位、靠前指挥，各支部充分发挥战斗堡垒作用和先锋模范作用，带领党员群众攻坚克难，坚守校园，共同抗疫，无私奉献，为打赢疫情防控阻击战提供坚强政治保证；分批次组织即将入校师生进行核酸检测，搭建防疫通道，开展全方位消杀，加强进出校园管理，及时采购防疫物资，加强物资储备保障，设立校内隔离室，给全体师生做新冠肺炎疫情防控知识培训。高中教育教学领导小组、年级组、教研组等组织机构完善教育管理机制，搭建高端平台，建设融会中外、具有开阔视野和创新精神的高素质教师队伍；继续坚持以人为本的管理思想，尊重和爱护每一位教职员工；创新落实各项教育教学活动，结合线上教学特点以及五育并举培养目标，因地制宜设计线上选修课程，将原有的选修课整合并重新分类；整体梳理各类课程，制定了《新课程背景下人大附中课程方案》。积极组织线上教学模式研究、青年教师“线上教学经验交流”主题式沙龙/培训、选修课线上集中授课指导等。优化课程设计，丰富课程层次，加强课程融合，构建多元、立体、完善的人大附中课程体系，开发综合实践活动课程、劳动教育课程，根据学情和教情，开展模块化教学。开辟高端科技实验室，提升科技教育水平，培养学生创新意识和实践能力。为具有体育、艺术等特长的孩子搭建发展平台，组织他们积极参加各级各类体育、艺术展示与比赛。落实教育教学督导，接待海淀区人民政府教育督导室开展的“常规性督导”、“义务教育学校满意度调查”等各项督导检查活动，开通“rdfz 教师园地”微信公众号，及时将一些先进教育理念和形式、一些重大的教育教学教研活动进行线上宣传和展示。强化师资建设，提升教师队伍整体素质。大力拓展国际交流，提升国际化办学水平，努力创造具有中国特色的未来教育。人大附中被评为“抗击新冠肺炎疫情先进集体”、北京市海淀区中医药文化科普基地、全国中医药文化进校园学校联盟“中医药文化进校园示范学校”。人大附中在 2020 年美国学术十项全能（USAD）中国赛中获得通识教育先锋称号和卓越学校奖，入选普通高中新课程新教材实施国家级示范校，在海淀区中小学“开学典礼教育案例”评选活动中荣获“优秀教育案例”奖，获得海淀区 2020 年高考考点校目标管理优秀奖等。

三、获奖情况

（一）学生获奖——国际级

1 月，席蕙卿获得亚洲女子冰球邀请赛团体奖亚军。

3 月，张家栋获得 2020 年美国纽约金色古典音乐大奖国际音乐比赛一等奖、特等奖。

4 月，刘茉苓在美国学术十项全能竞赛中获得艺术金牌、音乐银牌、社会科学铜牌、个人总分铜牌和所在团队总分第二名。

4 月，简宇卿获得越南奥林匹克数学邀请赛个人银奖、团体金奖。

4 月，于翔羽在英国第 52 届化学奥林匹克竞赛中获得金奖，郭子亿获得银奖。

5 月，马英伦获得加拿大驯鹿数学竞赛 G12 金奖、加拿大初级科学奥林匹克竞赛金奖。

5 月，刘知非获得加拿大滑铁卢牛顿物理竞赛铜奖、加拿大初级科学奥林匹克竞赛金奖。

5 月，高崇峻获得澳大利亚信息数学竞赛七年级一等奖。

5 月，高崇峻、朱修平获得美国计算机科学联赛中级组团体金奖，朱修平获得个人高分奖。

6 月，郭子亿在 2020 年加拿大化学竞赛中获得铜奖。

6 月，在国际袋鼠数学竞赛中，倪鹤洋获得等级 6 全球满分成就奖，冯君阳获得等级 5 全球满分成就奖。

7 月，郭宇晨、傅若桐、张亦驰获得第 54 届门捷列夫国际奥林匹克化学竞赛银牌，裴钰获得铜牌。

7月，鲍选如获得2020年度“创意杯国际创意艺术大赛”一等奖。

7月，在第3届国际初中生信息学竞赛中，许庭强获得金牌第一名；8月，获得第14届亚洲太平洋地区信息学奥林匹克竞赛金牌。

8月，在2020赛季FIRST科技挑战赛中，闫维岳、梁泽恩获得启迪奖第一名，刘睿获得二等奖。

8月，任墨也在美国伯克利-阿思丹初中数学竞赛中获得多项（5项以上）个人及团体金奖。

8月，在2020年HOSA全美生物与健康未来领袖挑战赛中，人大附中的获奖学生有：郑欣怡、郑欣然，ATC生物银奖；吕纪冲，ATC解剖学与生理学银奖；祖闻煦，ATC基础化学银奖；韩书颖、陈禹宏、彭卓宇，ATC生物铜奖；彭卓宇，ATC基础化学铜奖；祖闻煦，ATC解剖学与生理学铜奖；彭卓宇，CE病理生理学银奖；张轶飞、朱颜赫、武家瑞，CE30秒公益广告银奖；郑欣然、吕纪冲，CE行为健康铜奖；龚江山，CE病理生理学铜奖；韩书颖，CE营养学铜奖。

8月，黄亦宸、高可心、王逸文、王若歌等组成的人大附中辩论队获得第六届亚洲杯中文辩论赛锦标赛A组冠军。

8月，李嘉朔、李昊宸、张鉴豪获2020美国大联盟夏季数学挑战赛八、九年级组个人赛金奖、速度赛金奖，孙优璇获二等奖。

8月，在2020年美国计算机科学联赛全明星赛中，王衔邦、叶李蹊、李沛桐、丁晨曦、靳亦江、林灏祯、角远悠荣、王逸心等分别获得全球个人优胜奖。

8月，张天翊、简宇卿获得TBC青年商业竞赛国际第二名（团队）。

8月，瞿琰之获得唐韵嘉华国际民族器乐大赛二胡专业小学高年级组独奏金奖。

8月，张悦获得2020年ESICY国际青少年英语挑战赛二等奖。

8月，王艺诺、成茉涵获得2020希望数学国际精英挑战赛四年级组个人一等奖。

8月，简宇卿、张天翊、薛可欣获得第二届国际青少年人工智能交流展示特等奖。

10月，依嘉获得第61届国际数学奥林匹克竞赛金牌。

10月，王希蒙获得第33届国际青年物理学家竞赛金牌。

10月，石宗华获得China Thinks Big全球总决赛团队三等奖。

11月，李泓洺获得全球青少年图灵计划专业组优异奖。

11月，刘知非获得2020美国普林斯顿大学物理竞赛荣誉奖。

11月，苏伦格获得第九届澳门国际钢琴邀请赛银奖。

11月，季天泽在RoboRAVE Calgary Canada Virtual 2020中获得一等奖。

11月，黄亦宸、丁维轩、李亦之、李緦、戴灏庄等组成的人大附中辩论队获得全球青少年图灵计划思辨邀请赛冠军。

11月，在国际基因工程机器大赛中，李明阳、蒋智全、潘旻佳、韩淑颖、许航、周奕君、邹雨珊、郑欣怡、武美妍、王宥、纪勇、纪智、伍洁霓、张昆鹏、陈禹宏组成的人大附中代表队获得金牌。

11月，在2020国际大学生程序设计竞赛ICPC小米邀请赛中，邓明扬、陈于思、许庭强组成的人大附中队获得全场第一名。

12月，在澳大利亚生物奥林匹克竞赛中，龚江山、纪勇、杨灏芳、王泽宇、吕纪冲、彭卓宇、钱文馨、张显赫、武美妍获得全球一等奖，陈禹宏、付芸萁、张雨涵、周双一、景依然、董是、魏雅萱、张昆鹏、宋一凡、王宥获得全球二等奖，纪智、裘莫凡、李昊儒、周文君、李元昊、李惠心获得全球三等奖。

12月，武墨湲、简宇卿分别获得2020丘成桐中学科学奖计算机奖金奖、优秀奖。

12月，孙睿获得2020国际物理奥林匹克竞赛金牌。

12 月，戴斯梦获得“东方之星”国际少儿书画艺术大展金奖，施慕华获得铜奖。

12 月，武墨湲获得 2020 年犀牛鸟中学科学人才培养计划奖学金评优一等奖。

12 月，朱睿颉、龚宸千溆获得 2020 年美国区域数学联赛晋级挑战赛全国铜奖。

12 月，彭亦宸获得 2020 年美国信息学 USACO 白银组满分 1 000 分。

12 月，胡娃在 2020 年澳大利亚数学思维挑战中获得二等奖。

（二）学生获奖——国家级

1 月，蒋雨杨、冯怡然、巨紫在第九届英国皇家国际艺术比赛中国区总决赛中获得金奖。

1 月，成知谕获得华数青少年研学冬令营小高组一等奖。

1 月，王子傲、杨跃楷、马寒曦、韩彻组成的人大附中桥牌队获得 2020 年全国桥牌青年团体赛锦标赛 U15 组冠军。

1 月，徐文洋获得鸟巢杯全国青少年冰雪文化艺术创作初中组三等奖。

2 月，陈思睿获得美国学术五项全能中国站科学科目全国金奖，数学、艺术科目华北区金奖，社科科目华北区银奖；周兮邈获数学单项华北区三等奖。

2 月，周小淞获得第一届未来青少年文学梦想家素质养成计划首轮征文活动三等奖。

2 月，简宇卿带领团队获得 DeeCamp2020 人工智能训练营最强匹配战队奖。

2 月，李谨菡获得第 37 届全国青少年信息学奥林匹克竞赛二等奖（银牌）。

3 月，王嘉懿获得迎春杯全国青少年数学综合能力展示活动七年级组二等奖。

4 月，屈昊阳、范云珩、张景淞获得全国信息学 2020 线上测试普及组一等奖，郑思炜获二等奖。

4 月，在 2020 年美国学术十项全能（USAD）中国赛中，人大附中获 5 金 12 银 5 铜、团队总分全国第二名。

4 月，孙睿泽获得 2020 年第七届少年中国梦青少年创意书画作品展评活动书法类全国初中组一等奖。

4 月，石宗华获得 China Thinks Big 全国总决赛一等奖。

5 月，在杜克大学青少年数学竞赛中国站中，人大附中一支团队获得团体一等奖。

5 月，刘欣怡获得第 24 届全国中小学生绘画书法作品比赛书法类二等奖。

6 月，王钟洲获得中央网信办网信青年抗疫同行主题征集活动卓越奖。

6 月，张和尘获得 Brainbee 比赛初中组全国赛二等奖，谭紫萌获得三等奖。

6 月，金美成获得全国中小学生抗疫作文公益征集活动金奖。

6 月，李桃蹊获得第 22 届语文报杯全国中学生主题征文国家级一等奖。

7 月，杨开予获得 2020 中国软件行业智能应用程序设计大赛智算之道比赛初中组三等奖。

7 月，刘子煜、马嘉焌在第 15 届全国青少年冰心文学活动预选中获得一等奖。

7 月，王希蒙等 5 人在 2020 全国青年物理学家竞赛中获得金牌、团体一等奖。

8 月，王艺舒、姜博函、陈敬义、于瑞锋、霍宇皓获得 2020 华数之星青少年数学大会小高组金奖。

8 月，傅裕喆获得 2020 明日之星创造营个人风采展示五年级组全国金奖、2020 华数之星青少年数学大会小学高年级组金奖、“云游中国、数学华夏”青少年研学营小中年级金奖。

8 月，王艺舒获得叶圣陶杯作文国赛二等奖。

8 月，张乐天获得 2020 年语言学奥林匹克竞赛中国区个人和团队银奖。

8 月，曾一宽、于子程、耿佳怡获得 2019—2020 赛季 FIRST 科技挑战赛启迪奖团体二等奖。

8 月，陈佳胤获得第一届全国青少年武术网络大赛 B 组拳术二等奖。

8 月，在第 19 届中国女子数学奥林匹克竞赛中，郭尧昱和贺悠获得金牌，王众一获得 1 金 1 铜。

8 月，瞿艺达获得第 17 届中国东南地区数学奥林匹克竞赛银牌。

8月，在2020全国青少年信息学奥林匹克冬令营中，人大附中学生获得2金1银4铜。

8月，简宇卿、张天翊获得中国青少年创业大赛二等奖。

8月，王传扬获得第八届全国中学生演讲与辩论联赛高中组决赛亚军、最佳辩手。

8月，在第37届全国青少年信息学奥林匹克竞赛中，邓明扬获得金牌，入选国家集训队，陈于思、李谨菡获得银牌，吕敬一、陈驭祺获得铜牌。

8月，冯思媛在中国管弦网第一届线上管乐大赛中获得巴松少年组一等奖。

8月，官尚获得希望数学2020国际精英挑战赛中国赛区一等奖。

8月，林灏祯获得2020年美国计算机科学联赛全明星赛中国赛区笔试个人优胜奖、编程技能奖、团队金奖。

8月，陈子晰获2020年华数之星青少年数学大会小学高年级组金奖、高年级组最佳解题能力奖，成知谕获得小学高年级组银奖。

8月，张子奇获得Icode第二届国际青少年编程竞赛中国区中级组决赛金奖。

8月，鲍京祺获得迎春杯数学花园探秘全国决赛小高组金奖、希望数学国际精英挑战赛中国赛区一等奖。

8月，岳冠中获得第11届蓝桥杯全国软件和信息技术专业人才大赛青少年Scratch高级创意编程组地区选拔赛一等奖。

8月，何绍楠获得希望数学国际精英挑战赛中国赛区团队二等奖、个人三等奖。

8月，郭一乐获得希望杯五年级全国一等奖、第一届叶圣陶杯国际青少年趣味数理科普知识大赛一等奖。

8月，赵庆洋在第4届欧阳修杯全国书画大赛中获得铜奖。

8月，在2020年第一届全国青少年武术网络大赛中，马钰雯、万恺祺、邵梦瑶、史启田、王翔禾、秦福明、曾皓南获得拳术一等奖，童焕宇等获得二等奖，冯驰等获得三等奖。

9月，盛熙程获得2020年“希望中国”双语文化艺术节中国青少年中英双语文化素养展评活动全国年度终评一等奖。

9月，李沛桐获得亚洲太平洋地区信息学奥林匹克竞赛中国区铜牌。

9月，吴思承获得第2届美院之路全国青少年美术专业大赛全国总决赛银奖。

9月，李沛桐、靳亦江获得2020中国软件行业智能应用程序设计大赛青少组复赛一等奖。

9月，罗晔其获“云游中国、数学华夏”青少年研学营活动五年级银奖、2020华数之星青少年数学大会小学高年级组银奖、2020希望数学国际精英挑战赛中国赛区五年级组个人二等奖、团队三等奖。

9月，王梓乔获得“云游中国、数学华夏”青少年研学活动小高年级组金奖、迎春杯数学花园探秘小高组一等奖。

9月，在全国高中数学联赛中，人大附中共144人获奖。

10月，朱弈诚获得2020华数之星青少年数学大会全国总决赛团体亚军。

10月，王艺诺获得2020全国青少年数独比赛决赛U12组铜奖。

10月，张嘉一获得中外人文交流小使者全国总展示一等奖。

10月，刘济嘉获得广播之声全国青少年艺术大赛总决赛语言类金奖。

10月，魏子淇等6人在第37届全国中学生物理竞赛决赛中获得金牌，李天浩等3人获得银牌。魏子淇、曹陈华睿、张致涵、戚大为4人入选物理国家集训队。

10月，徐舟隽如获得2020中国击剑俱乐部联赛南京站女子A组U14花剑个人第三名。

10月，郑梓睿在全国青少年U系列冰球锦标赛中获得冠军。

10月，郝初扬在第4届“央音”全国青少年艺术展演中获得声乐类独唱项目初中组银奖。

10月，郑思炜、谢宾佑在第11届蓝桥杯全国软件和信息技术专业人才大赛青少组全国总决赛中获得C++初级创意编程组二等奖，刘知行获得Python初级创意编程组二等奖。

10月，苏冠获得2020第5届中国青少年音乐比赛蜂鸟音乐奖全国级比赛弦乐重奏一等奖。

10月，朱伯元、蔡张姝、张一垚、李嘉琪、罗越月、吴偲媛、黄佳琪、张奕婷、鲍雨桐获得全国生物联赛一等奖。其中，朱伯元获金牌，蔡张姝获银牌。

11月，杨家齐在第34届中国化学奥林匹克竞赛决赛中获得银牌。

11月，冯怡然在2021年德国爱乐音乐大赛中获得中国区决赛银奖。

11月，第36届中国数学奥林匹克竞赛中，陈锐韬、刘景和、罗方舟、白锦儒、赵云潇、廖昱博6人入选国家集训队，并保送至北京大学数学科学研究院。陈锐韬、刘景和、罗方舟、白锦儒、赵云潇、廖昱博、郑云兮、武正坤、徐文昕、邹明轩、李润家、田葆华、刘骏、郭尧昱、李新宇15人获得金牌，人大附中集训队人数及获金牌人数均列全国第一；刘陌溪、程浩宇、贺悠、关乃鄰、陈誉霄、修时雨6人获银牌。

11月，在2020年全国中学生天文知识竞赛决赛中，王博宇获得一等奖（金牌），于澄楷获得二等奖（银牌）和最佳观测奖，蔡尔谦、潘法昇获得三等奖（铜牌），王添瑞获得鼓励奖。

11月，相坤宏在中国少年儿童美术书法摄影作品征稿活动中获得书法特等奖。

12月，杨子非获得第2届叶圣陶杯青少年语文综合素养大赛省赛一等奖，王瀚毅获得全国中学生新作文大赛初赛二等奖。

12月，在全国青少年信息学奥林匹克竞赛中，人大附中共10人获得一等奖，10人获得三等奖。

12月，马浩洋获得全国中小学书画比赛一等奖。

12月，高靖元获2020第十届英国皇家国际艺术比赛中国区决赛金奖（钢琴）。

12月，张铭轩与张景涵的发明专利“基于虹膜图像识别技术的交互式VR智能阅读学习设备”获得2020年“创客中国”数字经济中小型企业创新创业大赛企业组优胜奖。

12月，孙优璇获得第13届中学生数理化综合实践活动（数学）一等奖。

12月，在2020年中国中学生操舞锦标赛暨18届世界中学生运动会健美操项目选拔赛中，人大附中刘佳美、刘家乐、李立洁获得第一名。

12月，在2020年全国武术套路网络大赛中，人大附中获得高中组集体项目一等奖、最佳创意奖、武术影响力奖。

12月，王晨睿在2020第4届全国中小学生创造大赛AI地球分项赛中获得中学组铜奖。

12月，孙之嫱获得杭州第19届亚运会双语记者全国总决选初中组一等奖。

12月，在2019—2020全国校园足球联赛（高中男子总决赛）赛事中，人大附中队获得第一名。

12月，王冰玉、王滢在《中国中学生报》“迎接建党百年 传承红色基因”主题征稿比赛中分别获二、三等奖。

（三）学生获奖——省市级

1月，张乐轩、李昱泽等4人在第17届“八喜杯”北京市中学生桥牌邀请赛中获得第一名，人大附中小学组获得季军。

1月，梁天昊获得第18届北京青少年科技创新市长奖。

1月，李羽纶获得北京市冠军杯篮球赛初中男子组十六强。

1月，汪语金获得第六届北京外国语大学青少年阅读风采展示活动北京市决选初中组一等奖。

2月，张思齐获得北京化学会2020年高中化学奥林匹克竞赛北京地区预选赛一等奖。

2月，熊峥获得北京中小学天文知识竞赛二等奖。

3月，姚鑫悦获得北京市阳光艺术节金奖。

3月，在第40届北京青少年科技创新大赛“少年同行，共战疫情”科学幻想绘画比赛中，孙嘉为、徐潇获得一等奖，王芊凝获得二等奖。

4月，鲍东炜获得2020年首届用英语讲中国故事北京市初选活动一等奖。

5月，王钟洲获得安徽省中小学生战疫主题征文比赛二等奖。

5月，在第40届北京青少年科技创新大赛中，马金戈、赵辰浩、李述坤、尹一凡、刘逸凡、章佳驰、徐潇、张孝全8位同学获得一等奖，曲绎伯获得二等奖；马金戈、尹一凡、章佳驰、张孝全4位同学入围全国赛。

5月，在第20届北京市中小学生金鹏科技论坛活动中，钱子涵、李续殷、田雨濛、张恩硕、吴晨音获一等奖，徐一斌、熊峥获二等奖。

5月，孙嘉为、吴宇轩等获得第11届蓝桥杯全国软件和信息技术专业人才大赛青少年C++北京地区选拔赛一等奖，周鹏宇、刘林霏等获初级二等奖。

6月，施金岐获得第3届茅盾青少年作文风采北京地区二等奖。

6月，在第34届高中化学奥林匹克竞赛北京市预选赛中，关涛等21人获得高一组一等奖，刘宝祥等10人获得高一组二等奖，李家宜等10人获得高一组三等奖。

7月，董彦成、柯长胜获得2020年北京市初二数学测试一等奖，冯骏骁获二等奖，涂智予获三等奖。

7月，甄元琪获得第12届北京市中学生数理化综合实践活动数学二等奖、物理三等奖。

7月，郝初扬获得第4届"央音"全国青少年艺术展演北京市声乐类独唱项目初中组金奖。

7月，潘法昇获得北京市中小学天文知识竞赛初中组一等奖。

7月，在第3届北京青少年创客国际交流展示活动中，耿佳怡、田家槐、高祎晨、叶梓菲获得一等奖。

7月，在北京市初二学生数学竞赛中，王昱霖、刘嘉和、曲嘉怡、金霖、房天逸、殷铭瑄、李廷满、王钧扬、陈奕丞、沈弋然、杜宇瀚、刘天馨、冯君阳、唐梓尧、倪维远、李承容、王浩鑫、刘岳然、邵长续、唐朝、丁正、张然博、郝一帆、杨奕洲、朱嘉祥、雷恒元、顾佳栩等获得一等奖，孙宾策、毕利、李烁菲、王驰、石杨子然、倪鹤洋、赵源睿、赵思涵、屈昊阳、李崧石、秦昆吾、何逸宸、郭鸿洋、闫熙然、王楷淳、罗杰夫、岳家因等获得二等奖，宋泽章、郑思炜、陈镝、李辰淏、陈锘羲、李贽宇、张景淞、程洛怡、张晨初、牛芊雯等获得三等奖。

7月，席蕙卿获得北京市第4届中小学生冬季运动会冰球第二名。

7月，孙铭蔚获第29届叶圣陶杯华人青少年作文大赛（省级）决赛二等奖。

8月，李美润获得2020爱乐华声国际音乐盛典北京赛区一等奖。

8月，陈思睿、翁震罡、李铭博、张人豪等获得北京市初二数学测试一等奖，张容齐等获得二等奖，李睿驰等获得三等奖。

8月，李付沐瞳获得希望之星英语大赛北京赛区少年A组特等奖。

8月，杜伊蘅获得北京市第12届体育大会数独酷网络数独赛第三季U12组第2名。

8月，刘睿、耿佳怡、张楚涵、曾一宽、于子程获得北京市FIRST机器人科技挑战赛线上评选活动启迪奖。

8月，徐艺轩获得北京市高中生模拟联合国暑期会议杰出代表奖。

8月，朱伯元等9人获得全国中学生生物竞赛省级赛区一等奖。

9月，廖宇博等44人获得第36届中国数学奥林匹克竞赛省级赛区一等奖。

9月，戚大为等29人获得第37届全国中学生物理奥林匹克竞赛省级赛区一等奖。

9月，杨家齐等11人获得第34届中国化学奥林匹克竞赛省级赛区一等奖。

9月，邹思颖获得北京市中小学生天文知识竞赛一等奖、北京市中小学生天文观测设备现场操作竞赛一等奖、北京市中小学生天文观测论文评比二等奖、北京市中小学生天体摄影评比三等奖。

10月，刘奕轩在2020年北京市高中生模拟联合国秋季会议获得最佳立场奖。

10月，在2020年北京市青少年武术套路锦标赛中，马钰雯、万恺祺、史启田等10人获得第一名。

11月，刘芮彤获得北京市第一届“金蕊杯”自然笔记一等奖。

11月，李政翰在北京市中小学生武术比赛中获得一等奖。

11月，在2020年北京市中小学生竞技健美操比赛中，刘佳美、刘家乐、胡维彪、马嘉焌、李立洁获得五人项目第一名，闫琰、李祺裕、魏紫微获得三人项目第一名，张宇皓、吴宇帆、金依然、吴依函、张梦馨获得五人项目第三名，吴依函、张梦馨、许梦琦获得三人项目第二名，吴依函获得国际年龄一组三人项目第二名、五人项目第三名，人大附中获得高中乙组团体第一名、初中甲组团体第三名、初中乙组团体第三名。

11月，丁星月获得北京市中小学武术比赛太极拳第一名、四类拳第二名。

11月，万恺祺在北京市青少年竞标赛武术套路中获女子乙组42式太极剑第一名、女子乙组42式太极拳第二名。秦守凡在北京市中小学生武术比赛中获得初中男子组长器械第一名、初中男子组剑术第二名，在北京市青少年武术锦标赛中获得男子乙组剑术第一名、乙组枪术第四名、乙组长拳第七名。王诗莹在北京市青少年乒乓球锦标赛中获得女子丙组团体第一名、女子丙组双打第一名、一级运动员等级。

11月，在2020年北京市青少年足球锦标赛男子U15乙组赛事中人大附中获得第一名，男子U13乙组赛事中人大附中获得第二名。

11月，段泠睿获得北京学生活动管理中心“自然之用——神奇的中草药2020网上夏令营”一等奖。

12月，许庭强等10人获得全国中学生信息学竞赛省级赛区一等奖。

12月，姜奕涵获得北京市中小学生太空种子种植小能手竞赛论文组一等奖。

12月，王晨睿在英国皇家国际艺术比赛中国北京区决赛中获得初中组架子鼓银奖。

12月，张华琦获第13届中学生数理化综合实践活动北京赛区一等奖。

12月，周宇然等11人获得2020外研社杯全国中学生外语素养大赛市级一等奖，刘桑柔等2人获得二等奖，吴心愉获得三等奖。

12月，张鉴豪获全国实用英语超级联赛决赛（北京赛区）冠军。

12月，在第七届全国中学生科普科幻作文大赛初赛中，人大附中有4人获奖，其中卢悦、康伊可获得省级一等奖。

（四）教师获奖——国际级

7月，辇伟峰、张丽丽、李峰获得英国生物奥林匹克竞赛优秀教练奖、美国生物奥林匹克竞赛优秀教练奖。

8月，武迪获得国际数学建模挑战赛教学促进奖。

8月，王璐获得第二届国际青少年人工智能交流展示优秀导师奖。

11月，孙江波、钱颖伟、郝兆源获得全球青少年图灵计划思辨邀请赛优秀指导教师。

11月，靳美获得金童星少儿美术大展金牌美育教师称号。

11月，刘文凤、辇伟峰获得国际基因工程大赛优秀指导教师奖。

12月，王晨、张丽丽、李峰、李昱华、辇伟峰获得澳大利亚生物奥林匹克竞赛优秀教练奖。

（五）教师获奖——国家级

6月，辇伟峰获得Brainbee脑科学竞赛优秀指导奖。

8月，辇伟峰获HOSA生物健康中国总决赛优秀指导奖。

10月，李锂获得全国中学生生物竞赛金牌教练。

12月，在2020年中国中学生操舞锦标赛暨18届世界中学生运动会健美操项目选拔赛中，许东霞获得全国优秀教练员。

12 月，赵玉娇、昌盛在《中国中学生报》举办的“迎接建党百年 传承红色基因”主题征稿比赛中获优秀指导教师奖。

（六）教师获奖——省市级

5 月，在第 40 届北京青少年科技创新大赛科技辅导员科技教育创新成果竞赛活动中，何玲燕获得一等奖并入围全国赛，姜凤敏获得三等奖。

5 月，在第 20 届北京市中小学生金鹏科技论坛活动中，姜凤敏、温天骁、李作林、郑晓、黄雅钦、杨欢 6 人获得“优秀辅导教师”称号。

6 月，刘仕奇的《艺术的渗透力与精神向度——国际艺术课程体系下的创新人才培养与教学探索》获得北京市首届教师专业能力教育教学研究成果一等奖。

6 月，武迪的《人大附中人工智能课程群建设》获得北京市基础教育课程建设优秀成果一等奖。

11 月，武迪获北京市教育学会“十三五”教育科研优秀课题二等奖。

11 月，在 2020 年北京市中小学生竞技健美操比赛中，许东霞获得北京市优秀教练员。

11 月，马佳佳获得 2020 年北京市中小学生武术比赛优秀教练员。

12 月，钱颖伟被评为北京市“学生喜爱的班主任”。

12 月，曹喆在“重走长征路”红色研学实践中获得北京市中小学研学旅行课程开发成功征集活动二等奖。

12 月，梁丽平、唐晓苗、唐小徐、张端阳、薛坤、宋坤、司健、曾宏波、吴文庆、杨良庆、孙芳、孙理、战景林被北京数学会普及委员会评为 2020 年度北京市数学竞赛金牌教练。

12 月，闫新霞被评为北京市学科带头人。

12 月，和渊被评为北京市优秀青年人才。

（七）学校获奖

5 月，入选普通高中新课程新教材实施北京市示范校。

7 月，入选普通高中新课程新教材实施国家级示范校。

11 月，被北京市海淀区卫生健康委员会评为北京市海淀区中医药文化科普基地。

11 月，获得海淀区 2020 年高考考点校目标管理优秀奖、海淀区 2020 年高考英语听力考试考点校目标管理优秀奖。

12 月，被评为全国中医药文化进校园学校联盟“中医药文化进校园示范学校”。

12 月，在 2020 年美国学术十项全能中国赛中获得通识教育先锋称号和卓越学校奖。

■ 人大附中联合总校

一、概况

中国人民大学附属中学联合学校总校（简称“人大附中联合总校”或“总校”）经教育部、北京市教委、中国人民大学批准于 2012 年 9 月成立，截至 2020 年底，有 20 余所成员校。作为北京市基础教育办学体制机制改革实验校，人大附中联合总校以“改革和创新办学模式与教学模式，研究与实践促进人大附中等优质教育资源共享的体制和机制；创办熔铸中外精华、具有中国特色、适合每位学生发展的未来教育”为宗旨，深入推进教育改革与发展，促进教育均衡优质发展。2020 年在党建、制度建设、干部队伍建设、教育帮扶等方面持续发力，各成员校教育教学成果突出，总校的发展呈现蓬勃态势。

二、主要工作

（一）党建工作

重视党员思想教育。疫情防控期间，利用“学习强国”、微信、网络会议、直播等方式，组织党员学习习近平总书记关于疫情防控工作的重要讲话精神，观看教育部“四个一”行动高校党组织战“疫”示范微党课等。借助“双创”样板支部建设，创新活动形式，推进“两学一做”常态化制度化。疫情防控期间，分支部、各小组结合疫情防控及疫情防控期间教育教学工作开展线上组织生活，发挥基层党组织的战斗堡垒作用；组织党员开展民法典主题学习活动，学习《中华人民共和国民法典》的基本原则和主要内容，不断提高广大党员法治素养；组织党员观看抗美援朝主题电影《金刚川》，弘扬伟大抗美援朝精神，加强党员爱国主义教育，丰富党员精神文化生活。发挥党员先锋模范作用，组织党员开展支持新冠肺炎疫情防控、支持云南省兰坪县坚决打赢脱贫攻坚战、“共产党员献爱心”等捐款活动。制定《中国人民大学附属中学联合学校总校党务公开实施方案》和《党务公开目录》，加强和规范总校党务公开工作，发展党内民主，强化党内监督；严格执行“三重一大”制度，定期召开总校涉及“三重一大”的党委会、党政联席会。

（二）内部建设

12 月 1 日，总校举行全体教职工大会。中国人民大学校长刘伟、党委副书记齐鹏飞到会讲话并宣布：中国人民大学党委常委、副校长朱信凯担任总校校长、法人代表。

2020 年，总校统筹协调各项工作，进一步完善相关工作机制，形成总校与人大附中领导班子共同参与的联合党政联席会议制度，共同推进总校与附中的各项工作。

（三）加强对成员校的支持和帮助

2019—2020 学年第二学期处于疫情防控的特殊时期。面对突发疫情，总校领导多次通过线上视频会议，组织 20 多所成员校分享防控疫情、网上教学经验。在高三复课、初三复课和全员复课的重要时间节点，就复课准备工作进行深入沟通，有效促进了各成员校平稳复课。

总校充分发挥集团化办学的优势，指导各成员校开展工作，协助解决困难问题，并组织各成员校之间交流分享，形成了共同学习、共同提高、资源共享的良好工作风气。2020 年，总校领导先后赴海口学校、翠微学校、三亚学校等成员校进行深入调研。

（四）推进干部教师队伍建设

2020—2021 学年第一学期，疫情形势较为平稳，总校精心组织、积极开展集团内部干部教师研修活动。各成员校领导、教师积极参加，通过听课评课、汇报交流、校园参观等形式，加强彼此的交流共享、相互辐射，促进各成员校领导、教师持续成长，不断提升教育思想、实践智慧和办学能力。

10 月 28 日，总校组织各成员校干部教师在北京学校开展集团研修活动。

12 月 3 日，总校组织各成员校干部教师走进北航实验学校中学部，召开以“基于核心素养的课堂教学研究”为主题的课堂教学探讨活动。

（五）积极开展对总校外部学校的帮扶工作

2020 年，总校积极推进教育帮扶工作，助力老区边区教育发展。

5 月 19 日，总校联谊校兰坪一中授牌仪式在线上举行。

7 月 20 日，总校领导随中国人民大学校长刘伟赴兰坪实地调研落实教育扶贫工作。

9 月 12 日，总校党委书记刘小惠陪同教育部部长陈宝生和中国人民大学党委书记靳诺一行，到兰坪开展定点帮扶脱贫攻坚工作调研，帮助兰坪坚决打赢脱贫攻坚仗。

9 月 22—25 日，总校领导带队赴延安中学，支持延安中学新开办初中部，并开展听课、评课、示范课与座谈等活动。

10 月 20 日，总校、人大附中与贵阳市人民政府签订教育共建合作协议。

12 月 13—19 日，总校组织接待兰坪一中干部教师到人大附中、北航实验学校、人大附中通州校区、北京学校进行教学观摩与交流。

（六）基础教育共建共享联盟及“双师教学”

疫情防控期间，总校全面开放“中小学联盟网”和“双师教学网”公益网络资源平台，将制作的初一至高三年级 44 个科目、400 多个课件，包括教师视频讲座、学案和试题试卷，全部免费开放。

12 月 19 日，由总校参与举办的“国家基础教育网络扶贫扶智暨大规模推广‘双师教学’”调研会以连线方式在北京、成都两地召开。

■ 附属小学

一、概况

2020 年是战“疫”之年，是“十三五”规划收官之年，也是人大附小搬迁到世纪城校址十五周年。人大附小现有一校六址，共 471 名教师，7 622 名学生，191 个教学班，其中主校区学生 3 571 人，银燕校区学生 750 人，亮甲校区（包括东、西校区）学生 1 366 人，京西校区学生 773 名，雄安校区学生 1 162 名。抗疫之年人大附小严密组织防疫工作，确保了校园和师生安全，取得了各项工作的新成果。

二、主要工作

（一）疫情防控工作

疫情暴发以来，人大附小多次参加海淀区召开的疫情防控视频工作会，成立疫情防控专班，通过视频会议及时传达上级要求，布置疫情防控工作；相继制定发布《校门管理新规定》《人大附小新型冠状肺炎疫情防控工作方案》《新型冠状病毒感染疫情防控延期开学实施方案》《人大附小关于延期开学居家学习生活指导建议》《家庭亲子“战疫”指导》等；接待海淀区教委对主校区、银燕、亮甲校区防控工作的检查，以及延期开学创新举措的调研、返校复课评估的检查；采取多项措施，做到停课不停学，建立线上海淀区郑瑞芳校长工作室；开通热线专线，开展心理辅导工作，如“笑长妈妈彩虹专线”；承担八里庄学区 3 429 位师生的核酸检测工作。多家媒体对人大附小在防疫工作中的创新实践进行了报道，如 2 月 17 日《中国教育报》的《延期开学日，也是成长时》，2 月 20 日北京市教委公众号发布的《特殊时期，怎样处理好居家亲子关系》，3 月 5 日千龙网的《“笑长妈妈”上岗！北京人大附小为未成年人解压舒心》，3 月 15 日北京日报客户端的《人大附小开通“笑长妈妈彩虹专线”，给孩子“按摩心灵”》。

（二）加强对包括云南兰坪县在内的西部地区的教育帮扶

4 月 21 日，人大附小领导班子召开协助兰坪县开展教育脱贫攻坚工作专题会。

4 月 27 日，人大附小领导班子召开协助兰坪县开展教育脱贫攻坚落实推进会。

4 月 29 日，人大附小党支部召开五校区全体党员线上视频会，落实中国人民大学帮扶兰坪教育脱贫攻坚工作部署会。

5 月 24 日，人大附小与云南兰坪县城区三小友好学校线上授牌仪式举行。

6 月 3 日，云南兰坪县城区三小 30 余名教师参与人大附小线上听课、评课。

6月22日，人大附小召开主校区领导班子成员与兰坪城区三小班子成员视频会。

9月11—13日，人大附小校长郑瑞芳随中国人民大学党委书记靳诺到云南兰坪县进行教育扶贫，为兰坪城区三小送现场课5节、云端课1节。教育部部长陈宝生走进附小李峥老师的道德与法治课堂。

10月20日，人大附小校长郑瑞芳与贵阳市副市长徐昊签署《贵阳市人民政府与中国人民大学附属小学教育共建合作协议》。

10月23—24日，人大附小校长郑瑞芳随同中国人民大学党委书记靳诺赴重庆进行教育交流考察。

（三）其他工作

1月15—17日，人大附小153位教师代表在稻香湖酒店召开“做研究型教师 促可持续发展——人大附小七彩教育集团第四届科研年会”。

3月8日，人大附小教师唱响《为了谁》，致敬奋战在武汉疫情一线的医护者。

4月4日，中国大地财产保险公司与中华慈善总会为人大附小452名教师捐赠新冠肺炎人身保险。

4月13日，人大附小春季学期开学，举行线上升旗仪式。

5月4日，人大附小团支部开展纪念五四运动101周年线上云团日活动“青春记‘疫’担当有我”。

5月7日，人大附小居家劳动星级挑战线上大赛圆满落幕。

5月20日，人大附小举行第九届班主任节。

5月27日，国博展览纪念日，人大附小创建线上“七彩艺术馆”，展示了主校区段盛楠、刘静瑶、向倪馨、王浩然，亮甲校区李梦瑶，雄安校区朱恬钰六位小艺术家的90幅作品。

6月15日，人大附小语、数、英骨干教师为中国教育电视台“同上一堂课”录课。

6月18日，人大附小举办第六届毕业书画作品展暨首届线上毕业书画展“持我彩练，颂我家国”。

7月12日，人大附小举行2020届云端毕业典礼，来自主校区、亮甲校区、京西校区、雄安校区的1 148名六年级毕业生在家人的陪伴下线上参加。

8月23—31日，人大附小组织“做合格附小教师 担百年大计使命”新教师暑期培训。

9月7日，中国人民大学党委副书记、纪委书记吴付来，海淀区委副书记、区政府党组书记王合生，区教委主任王方等走进人大附小开学第一课。

9月10日，人大附小召开“传承搬迁精神 树立抗疫榜样”表彰大会。

9月18日，人大附小与华为公司签署战略合作协议，共建全国首个小学5G校园。

9月28日，人大附小举行第六届拜恩师仪式，举办三轮新教师启航课。

11月20日，人大附小召开北京市教育科学规划“十三五”重点课题“基于立德树人的小学‘五育’融合路径的研究”开题会。

12月9日，人大附小党支部开展“传承搬迁精神 奋志逐梦十四五”党员主题演讲活动。

12月11日，人大附小召开“烛丹杯”班主任基本功培训与展示活动总结颁奖大会。

三、获奖情况

2020年，人大附小获得北京市基础课程建设优秀成果奖、北京市学生金帆书画院、北京市学生金帆管乐团、北京市大中小一体化德育研究基地校、海淀区“空中课堂”资源研发优秀团队、教育部基础教育司“基于教学改革，融合信息技术新型教与学模式”海淀区实验校等奖项或荣誉称号。

郑瑞芳获评北京市中小学特级校长。

赵俊强等9位教师被评为北京市骨干教师。

教师荣获国家级奖项84项，市级奖项37项，区级奖项234项。

学生社团在体育、艺术、科技竞赛中团体获奖：国际级1项，国家级5项，市级15项，区级3项。个人获奖：国家级4项，市级32项，区级31项。

附 录

附录一　中国人民大学 2020 年大事记

1 月 3 日，校领导靳诺、刘伟、杜鹏、朱信凯一行到苏州校区调研指导工作，看望慰问师生员工，并会见江苏省委常委、苏州市委书记蓝绍敏，苏州市委副书记、市长李亚平，就进一步深化校地合作进行交流。

1 月 3 日，“北京市港澳台侨学生教育管理研究分会 2019 年会”在北京大学医学部举行。学校党委副书记郑水泉出席会议。

1 月 4 日，北京经济论坛（2019—2020）总第 2 期在学校举办。副校长刘元春出席会议。来自在京高校的专家学者、师生以及在京媒体代表近百余人参加。

1 月 4 日，人大湾区投资论坛（2020 年度）在深圳研究院举办。学校常务副校长、深圳研究院院长王利明，学校党委原常务副书记、校友会副会长、深圳市中国人民大学教育基金会理事长张建明，深圳市委原常委、宣传部部长、市政协原常务副主席邵汉青，招商银行监事长刘元等出席。近 300 名来自全国各地的校友参加。

1 月 5 日，新时代的城市治理高端论坛在学校举办。学校党委副书记郑水泉，学校党委原书记、公共治理研究院院长程天权出席会议并致辞。

1 月 6 日，中国人民大学资产经营管理公司 2019 年度总结暨表彰大会在文化大厦召开。校长刘伟、副校长朱信凯出席会议，资产公司、全资子公司及参股子公司的董事、监事及高管参加会议。

1月6日，校领导靳诺、吴付来、齐鹏飞会见来校访问的西藏民族大学党委书记、副校长欧珠一行，双方就推进对口支援工作进行座谈。

1月6日，教育部民族教育司司长朱小杰、副司长纪智来学校调研边疆民族教育相关研究情况。学校党委书记靳诺、副校长刘元春与朱小杰一行座谈。

1月6日，校党委第二巡察组巡察农业与农村发展学院党委工作动员会召开。学校党委巡察工作领导小组副组长、党委副书记郑水泉出席，党委第二巡察组全体成员、农业与农村发展学院教职员工和部分学生代表参加。

1月7日，校领导靳诺、吴付来、郑水泉会见来访的陕西省副省长、宝鸡市委书记徐启方一行，双方就市校合作等事宜进行座谈。

1月7日，学校举办2020年老同志新春茶话会。校领导靳诺、刘伟、吴晓球、齐鹏飞出席会议，与离任校领导、老同志代表共话发展、共谋未来。

1月7日，学校召开二级岗位教授荣退谈话会。校领导靳诺、刘伟、吴晓球出席会议。

1月7日，学校首都发展与战略研究院主办的“数字经济和智能社会的治理与监督”座谈会在学校举行。学校副校长刘元春，中关村科技园区管委会党组成员、副主任翁啟文，北京市党建研究所所长王大广出席会议。

1月7日，学校2019年度院系团学工作主题交流会在明德新闻楼演播厅举行，副校长杜鹏出席会议并讲话。党委组织部、党委学生工作部等有关部门负责人，学校共青团系统全体专兼职干部参加会议。

1月8日，学校召开2019年外事工作会议，校领导靳诺、刘伟、郑水泉、杜鹏出席会议。学校各学院（系），机关各部、处及直（附）属单位主要负责人及外事秘书参加会议。

1月8日，在全国政府采购集采年会上，中国人民大学荣获“2019年度全国政府采购十强高校”称号。

1月8日，学校召开2020年上半年学生工作务虚会。副校长杜鹏，研究生院、教务处、校团委等相关部、处负责人，各学院分党委（党总支）负责人及各院分团委书记参加会议。

1月8日，全国政协委员、民族和宗教委员会驻会副主任杨小波一行来学校调研爱国宗教界人士培养工作。校长刘伟会见杨小波一行，学校党委副书记兼党委统战部部长郑水泉出席。

1月9日，2019年度中国十大学术热点发布会暨哲学社会科学研究展望论坛在学校举行。中国人民大学副校长刘元春、上海市委宣传部副部长徐炯分别致辞，中国编辑学会会长郝振省发表讲话。来自社科院、高等院校、期刊社、出版社、各大新闻媒体、网络媒体等机构的专家、学者及代表共150余人参加会议。

1月10日，学校党委书记靳诺、副校长杜鹏出席学校国际交流处暨港澳台办公室在老校区举行的2020新春招待会。来自德国等国驻华使馆代表和巴黎政治学院等伙伴院校代表，以及来自教育部等部门的代表及校内代表共100余人出席活动。

1月10日，中国人民大学召开学校领导班子务虚会，就学校改革发展相关议题进行研讨。校领导靳诺、刘伟、王利明、吴付来、贺耀敏、吴晓球、郑水泉、刘元春、杜鹏、朱信凯、齐鹏飞出席会议并讲话。

1月10日，中国共产党优秀党员，著名经济学家，北京大学原校长、哲学社会科学资深教授吴树青同志，因病医治无效，于15时02分在北京医院逝世，享年88岁。

1月10—11日，2020年全国教育工作会议在京召开，教育部党组书记、部长陈宝生做工作报告。1月10日上午，中国人民大学在明德主楼第一会议室设立分会场，校领导靳诺、刘伟、王利明、吴付来、贺耀敏、吴晓球、郑水泉、刘元春、杜鹏、朱信凯出席会议。分会场视频会议结束后，靳诺书记就中国人民大学贯彻落实2020年全国教育工作会议精神提出要求。

1月11日，第二十四届（2020年度）中国资本市场论坛在学校举办，主题为“中国金融开放与资本市场发展”。副校长刘元春宣读中国人民大学金融与证券研究所正式更名为中国人民大学中国资本市场研究院的决定。国家发改委副主任兼国家统计局局长宁吉喆，中国证监会副主席阎庆民与校领导靳诺、刘伟、吴晓球、刘元春共同为研究院揭牌。

1月11日，“情系幼教 爱润芳华”——中国人民大学幼儿园师德师风表彰大会在八百人大教室举行。海淀区教工委尹丽君书记，副校长朱信凯等出席大会并为获奖代表颁奖。

1月11日，学校举行习近平总书记关于青年工作的重要思想研讨会暨新时代中国青年发展研究中心揭牌仪式。校领导靳诺、郑水泉、杜鹏，中国人民大学荣誉一级教授郑沧萍，全国政协委员、团中央维护青少年权益部部长王锋，团中央社会联络部副部长、一级巡视员李骥，中国青少年研究中心常务副主任、研究员、《中国青年研究》杂志主编刘俊彦等出席活动。

1月12日，马克思主义学院、中共党史党建研究院举办“坚持和完善党的领导制度体系，提高党科学执政、民主执政、依法执政水平”第二届高校党的建设学科高端论坛。学校党委副书记、纪委书记吴付来出席。来自全国50所院校的近100名专家学者、师生代表与会。

1月12—19日，学校党委书记靳诺率团出访韩国、日本，访问韩国高丽大学、崔钟贤学术院，出席韩国校友座谈会、《全球治理的中国担当》韩文版图书座谈会；访问日本一桥大学、东京大学、大阪大学、同志社大学、关西外国语大学、日经BP社、树立出版社，出席日本校友东京与大阪交流会，并到访中国驻大阪总领事馆。

1月13日，澳门圣若瑟大学校长Peter Stilwell一行来访。副校长杜鹏会见代表团一行，双方就进一步深化两校的合作关系，推动两校在更多领域开展交流合作进行交流。

1月13日，中国人民大学与法国驻华大使馆签署法国政府—中国高校合作奖学金意向书。法国高等教育、研究与创新部部长弗雷德里克·维达尔（Frédéric Vidal），法国驻华大使罗梁（Laurent Bili），学校副校长朱信凯出席签约仪式。

1月13日，北京市社会主义学院副院长陈勇一行到访中国人民大学党委统战部，就加强统战理论研究、深化双方合作等事宜进行调研座谈。学校党委副书记、党委统战部部长郑水泉参加调研并讲话。

1月14日，朱信凯副校长一行赴北京建工集团交流访问，就推进学校东南区项目建设和进一步加强校企合作进行深入交流。

1月15日，中共中央政治局常委、国务院总理李克强主持召开座谈会，听取专家学者和企业界人士对《政府工作报告（征求意见稿）》的意见建议。中国人民大学国家经济学教材建设重点研究基地执行主任陈彦斌教授参加座谈会并发言。

1月15日，中国人民大学中国发展指数（RCDI）暨中国发展信心调查年度发布会在学校召开。副校长刘元春出席，中国人民大学中国调查与数据中心主任袁卫主持发布会。这是中国人民大学连续第14次对外发布该成果。

1月15日，中国人民大学召开2019年度科研与智库工作总结暨表彰大会。校长刘伟、常务副校长王利明出席会议，副校长刘元春主持会议。

1月17日，校长刘伟、党委副书记郑水泉、副校长朱信凯带队开展春节前夕校园消防安全检查工作。

1月17日，学校召开安全稳定工作会议，部署寒假期间安全稳定工作。校长刘伟、党委副书记郑水泉出席，副校长朱信凯主持。

1月17日，学校召开会议传达十九届中央纪委四次全会精神。校长刘伟主持会议并讲话，党委副书记、纪委书记吴付来传达习近平总书记重要讲话精神和全会精神，常务副校长王利明，副校长贺耀敏、吴晓球，党委副书记郑水泉，副校长刘元春、朱信凯出席会议。

1月18日，中国人民大学数字治理及数字经济研究中心启动仪式暨第八次数字经济基础设施研讨会举办。中国人民大学数字治理及数字经济研究中心揭牌成立，并举行顾问委员、学术委员等聘书授予仪式与国家发改委重大研究课题圆桌论坛。副校长吴晓球出席会议。

1月20日，学校举办留校学生贺新春茶话会。北京市委教育工委常务副书记郑吉春、办公室主任刘晓明，校领导郑水泉、齐鹏飞、顾涛出席慰问活动。

1月22日，学校第一时间成立防控新型冠状病毒感染的肺炎疫情工作领导小组，党委书记靳诺、校长刘伟担任组长，举全校之力，协调各方资源，打响疫情防控保卫战。

1月24日，北京市委教育工委常务副书记郑吉春到学校检查安全工作。校领导靳诺、杜鹏、朱信凯，学校办公室、党委教师工作部、党委学生工作部、保卫处、校医院、后勤集团等职能部门负责人陪同检查。

1月24日，学校即日起加强校门管控，对出入校人员按身份类别进行区分管理，及时启动家属区和教学区相对物理区分管控，完成静园南北门、林园东西门人员通行闸机建设，在家属区和校园围墙加装监控摄像头，在各校门建设测温通道，协助附属中学完成校门闸机建设。

1月26日，学校发布关于推迟2019—2020学年春季学期开学时间的通知。

1月29日，法学院组织各位专家在中央重点新闻网站正义网发布《打赢这场战“疫” 专家回应民生法律七问》，并被《人民日报》公众号、《检察日报》等多家媒体转载报道。

1月29日，副校长、丝路学院院长杜鹏主持召开会议，部署丝路学院疫情防控工作。

1月30日，《中国人民大学纪委关于落实新型冠状病毒疫情防控工作监督责任的实施方案》发布实施。

1月31日，校领导靳诺、杜鹏、朱信凯和相关职能部门负责同志一起到清华东路医学观察点看望慰问师生。

1月31日—2月14日，重阳研究院借助来自全国20多个省区市的员工春节回乡之机，迅速组建“新冠疫情经济影响与对策”课题组，利用多种方式进行问卷调查，较早撰写报送多份研究报告，对相关部委平衡疫情防控与经济生产、缓解社会情绪、了解民众所急，发挥智库建言献策的积极作用。重阳研究院研究人员在《人民日报》等媒体发表各类评论文章并接受采访超过100次。全院保持微信、微博、百家号等多个自主网络平台的日常更新，利用中英双语传播，与各大媒体公众号积极互动，受众阅读累计超过1 000万次。

2月1日，学校党委书记靳诺、副校长朱信凯一行巡视校园，看望坚守在工作一线的教职员工和在校内健康观察的师生，并检查学校出入管理和安全运营。

2月2日，校领导靳诺、杜鹏、朱信凯、齐鹏飞一行前往校医院，看望慰问一线医护人员并检查疫情防控工作。

2月3日，校领导刘伟、杜鹏、朱信凯、齐鹏飞一行赴清华东路医学观察点看望慰问师生并查看疫情防控工作。

2月3日，学校党委书记靳诺、副校长朱信凯一行巡视校园，先后到宜园、静园、林园等地查看校内家属区防疫工作。

2月4日，校领导靳诺、杜鹏、朱信凯一行赴西区食堂查看疫情防控期间师生生活需求保障方面相关情况。

2月7日，校领导靳诺、刘伟、郑水泉、杜鹏、朱信凯、齐鹏飞及校内相关部门负责人等参加全国教育系统新型冠状病毒感染肺炎疫情防控工作视频会议。会后，学校就传达落实会议精神进行强调，要求认真落实内防扩散、外防输入各项举措，严防严控，切实做好学生返校开学等各项准备工作，坚持疫情不好转不开学，坚决维护校园安全稳定。

2月10日，北京市委常委、教育工委书记王宁来校调研检查新型冠状病毒肺炎疫情防控工作。

2月12日，副校长刘元春在明德楼查看学校视频会议系统施工现场，代表学校对坚守岗位的工作人员表示感谢。

2月17日，校领导靳诺、刘伟、郑水泉、杜鹏、朱信凯一行走访校园，了解疫情防控工作开展情况并看望慰问一线教职工。

2月18日，校领导靳诺、刘伟、吴付来、朱信凯听取人大附中、附小疫情防控工作汇报。

2月20日，校领导靳诺、刘伟、贺耀敏到通州新校区进行复工检查，并慰问新校区建设指挥部教职工。

2月21日，北京市委教育工委主办的“打赢疫情防控阻击战”北京市学校思政课教师“同备一堂课”活动在学校举办。

2月24日，学校2019—2020学年春季学期新学期工作部署会召开，这是学校历史上第一次以视频会议形式召开新学期工作部署会，全校共设41个视频会议室（分会场）。学校党委书记靳诺主持会议并讲话，校长刘伟部署新学期重点工作，党委副书记、纪委书记吴付来部署新学期纪检工作。

2月26日，学校召开工作部署会，传达北京市委指示精神，贯彻落实京外研究生未经批准不得返京返校等指示精神，对延期开学期间研究生管理等各方面工作进行通报部署。校领导靳诺、刘伟、王利明、吴付来、郑水泉、刘元春、杜鹏、朱信凯出席。

2月26日，北京市副市长、市政府党组成员张家明一行来校调研新型冠状病毒肺炎疫情防控工作。校领导靳诺、刘伟、郑水泉、杜鹏、朱信凯、齐鹏飞以及参与疫情防控工作的主要职能单位通过视频会议系统在线参加调研座谈会。

2月26日，校领导靳诺、刘伟、朱信凯一行来到文化大厦，视察校属企业疫情防控工作并看望慰问校属企业员工。

2月26、27日，受学校党委委托，学校党委副书记、纪委书记吴付来约谈部分学院主要领导等同志，就学院新冠肺炎疫情防控工作中存在的问题进行谈话提醒。

2月27日，副校长朱信凯前往学校西校门值班岗亭、明德物业保安保洁班组、后勤集团职工宿舍等场所，现场检查指导疫情防控工作，慰问一线干部职工。

2月29日，“热血同心”中国人民大学师生无偿献血活动在学生活动中心举行。校领导靳诺、杜鹏，共青团北京市委书记熊卓、北京血液中心党委副书记郭晓江等到现场看望参与无偿献血的师生。

3月3日，教育部下发《关于公布2019年度普通高等学校本科专业备案和审批结果的通知》，批准中国人民大学增设“人工智能”本科专业，专业代码080717T，修业年限四年，学位授予门类为工学。

3月3日，在英国QS全球教育集团发布的年度世界大学学科排名中，中国人民大学哲学专业在全球83个国家和地区1 368所高校5大学科群48个学科的评估中，连续两年全球排名第32位，连续三年保持中国大陆高校哲学专业中名列第一。

3月4日，商学院“化危为机，智慧战疫”系列公益直播课堂第二讲开讲。副校长刘元春教授以“疫情下的中国宏观经济”为主题进行线上分享。

3月4、5日，招生就业处分学部（人文学部、社会学部、经济学部、法政学部、理工学部）组织相关学院召开就业工作网络视频会议。

3月5日，“在经历中学习——疫情防控公开课”首堂课在中共中央宣传部“学习强国”平台上线，校长刘伟教授以《如何看待新冠肺炎疫情影响下2020年中国经济增长》为题做报告。

3月10日，学校召开定点联系兰坪扶贫工作专题会，总结2019年扶贫经验，研究部署2020年各项工作。校领导靳诺、刘伟、齐鹏飞出席。

3月11日，学校召开毕业生就业工作专题会，校领导刘伟、王利明、郑水泉、杜鹏出席。

3月12日，著名法学家、教育家，北京市法学会经济法学研究会原会长，中国人民大学荣誉一级教授、原中国人民大学法学院经济法教研室主任刘文华教授，因病逝世，享年 88 岁。

3 月 12 日，教育部思想政治工作司司长魏士强一行来校调研新型冠状病毒肺炎疫情防控工作。

3 月 16 日，学校召开 2019—2020 学年春季学期线上教学工作会。校领导靳诺、刘伟、王利明、吴付来、杜鹏出席。

3 月 18 日，中国人民大学召开近期研究生教育重点工作安排部署会。校长刘伟出席，常务副校长、研究生院院长王利明主持会议。

3 月 19 日，副校长吴晓球教授为全国金融专业学位、会计专业学位和工商管理专业学位研究生、本科生、博士生做题为“全球金融大动荡与中国资本市场”的网络直播课。

3 月 19 日，学校召开近期本科教学工作安排部署会，校领导刘伟、郑水泉、杜鹏出席。

3 月 23 日，京东集团向母校捐赠京造防疫包 2 000 份。捐赠交接仪式于当日下午在校医院举行，副校长杜鹏、京东集团副总裁龙宝正校友出席活动。

3 月 26 日，学校召开 2019 年度学院级单位党组织书记抓基层党建工作述职评议考核会。本次考核会首次采取全员述职、全员评价的形式，建立述职材料互评机制。会议采取主会场和分会场联动的视频会议方式进行。

3 月 26 日，学校召开 2019 年度院长抓学科建设述职评议考核会。会议采取主会场和分会场联动的视频会议方式进行。

3 月 27 日，学校毕业生就业工作推进会召开。校领导靳诺、刘伟、王利明、郑水泉、杜鹏出席。会议采用主会场与分会场联动的视频会议方式进行。

3 月 27 日，杜鹏副校长出席学校承建的爱尔兰都柏林大学孔子学院第十三次理事会（网络视频会议）。

3 月 30 日，经国务院学位委员会审议批准，学校化学学科获批一级学科博士学位授权点，这是学校自主审核增列的第一个学位授权点。

3 月 31 日，中国人民大学人文社会科学学术成果评价研究中心和书报资料中心联合研制的“2019 年度复印报刊资料转载指数排名”和“复印报刊资料重要转载来源作者（2019 版）”两项成果面向社会正式发布。

3 月 31 日，学校召开“促进学科融合 加快人工智能领域研究生培养”工作专题会，常务副校长王利明主持会议。

3 月 31 日，北京市委教育工委副书记狄涛一行到访中国人民大学公共政策实验室指导考察工作，学校党委书记靳诺、副校长朱信凯陪同考察。

3 月，2019 年全国统战理论研究优秀成果奖评选结果、2019 年度北京市统战理论研究与调查研究优秀成果和优秀组织单位评选结果先后公布，国际关系学院教授周淑真担任首席专家的研究课题“新型政党制度的理论特色、时代内涵和实践要求”获得 2019 年度全国统战理论政策研究创新成果三等奖，学校党委统战部（中国统一战线理论研究会政党理论北京研究基地）获评 2019 年度北京市统战理论研究和调查研究优秀组织单位。

3 月，学校召开“双一流”建设动态监测指标体系填报工作会。校领导刘伟、王利明、贺耀敏、朱信凯出席。

4 月 1 日，农行北京分行副行长相阳来校代表农行北京分行向学校捐赠口罩、酒精等抗疫物资。副校长朱信凯会见相阳副行长。

4 月 2 日，学校党委副书记、纪委书记吴付来带队检查学校疫情防控关键部位工作落实情况，并看望慰问一线值守人员。

4 月 3 日，学校党委副书记、纪委书记吴付来做客百度直播“助力复工复产系列公益演讲”，以“新冠肺炎疫情防控中的几个伦理问题”为主题与广大网友进行线上分享。

4月4日，为表达全国各族人民对抗击新冠肺炎疫情斗争牺牲烈士和逝世同胞的深切哀悼，学校举行下半旗志哀仪式。上午10时，防空警报鸣响，全体校领导分别在工作场所或家中沉痛志哀。

4月8日，学校召开博士硕士学位论文答辩工作布置会，传达学校对本学期博士硕士学位论文答辩工作的最新要求。常务副校长、研究生院院长王利明出席会议。

4月13日，以“疫情防控背景下的经济社会发展与制度建设”为主题的学校党委理论学习中心组（扩大）专题学习会召开。校领导靳诺、刘伟、王利明、吴付来、吴晓球、郑水泉、刘元春、杜鹏、朱信凯、齐鹏飞参加学习。

4月14日，全国哲学社会科学工作办公室公布“研究阐释党的十九届四中全会精神”国家社科基金重大项目立项名单，中国人民大学获得4项重大项目，6项重点项目。

4月16日，北京交通大学党委副书记许安国一行到访中国人民大学公共政策实验室调研交流疫情防控工作，副校长朱信凯会见许安国一行。

4月16日，学校以视频会议方式召开定点联系兰坪县脱贫攻坚对接工作推进会，校领导靳诺、刘伟、齐鹏飞出席。

4月18日，第五届首都治理论坛“疫情防控常态化下的超大城市治理”线上直播论坛举办。刘元春副校长出席。

4月18日，来自中国人民大学、清华大学等高校的六位青年讲师以“经文纬武，共克时艰，从抗‘疫’看中国社会治理的文理之道”为主题，通过线上直播的方式为千余名高校师生讲解抗击疫情的中国故事。

4月21日，学校召开贯彻落实教育部思政司2020年工作要点专题工作会。学校党委副书记郑水泉主持，副校长杜鹏、党委副书记齐鹏飞出席。

4月22日，校长刘伟，常务副校长、人大附中联合总校校长王利明，副校长朱信凯，北京市委教育工委驻中国人民大学联络员邓鸿等一行到中国人民大学附属中学现场走访检查毕业年级开学返校准备工作。

4月22日，为进一步加强疫情防控期间实验室安全管理工作，及时发现和消除安全隐患，副校长朱信凯带队开展实验室安全检查工作。

4月22日，“疫情下欧美形势及其影响”国际视频研讨会召开，副校长刘元春做主旨发言，来自中美欧的9位专家学者参会。

4月23日，中国人民大学召开信息化建设工程领导小组第一次全体会议。校领导刘伟、贺耀敏、郑水泉、杜鹏、朱信凯出席。

4月23日，学校召开“教学科研单位国际及港澳台交流活跃度调查”工作专题会，就国际及港澳台交流活跃度调查结果和评价指标体系等工作进行汇报和讨论。学校党委副书记郑水泉主持会议、副校长杜鹏出席会议。

4月23日，学校召开学习贯彻习近平总书记在决战决胜脱贫攻坚座谈会上讲话精神暨定点联系兰坪县脱贫攻坚工作调度会。校领导靳诺、刘伟、齐鹏飞出席。

4月24日，学校举行2020年校友工作视频会议。校长刘伟、副校长杜鹏出席。

4月26日，北京市副市长隋振江一行到中国人民大学新校区调研检查工地施工和防疫情况。校领导靳诺、刘伟、贺耀敏，党委原常务副书记、新校区建设总顾问张建明陪同。

4月29日，中国人民大学国家发展与战略研究院举办“全球疫情背景下的国际舆论与大国关系”线上论坛。副校长刘元春教授出席，八位专家学者、业界精英从各自不同视角与专业领域深入分析全球疫情背景下美国、俄罗斯、欧洲的对华舆论与国际关系。

4月30日，朱信凯副校长带队开展五一假期前夕校园消防安全检查。

4月30日，学校召开会议部署落实教育部社科司2020年工作要点，安排教育部基地预评估工作。校领导刘伟、王利明、刘元春、朱信凯出席。

4月，教育部向江苏省教育厅发出《关于中国人民大学中法学院变更办学事项的批复》（教外司办学〔2020〕383号），同意中法学院增设人力资源管理（120206H）、传播学（050304H）以及数学与应用数学（070101H）三个专业。至此，中法学院开办专业在已有的法语（050204H）、国民经济管理（020105H）以及金融学（020104H）基础上增加至六个。

5月4日，北京市委教育工委副书记李军锋一行来校调研。副校长杜鹏、朱信凯出席座谈会。

5月4日，学校举办学习习近平总书记寄语师生座谈会。副校长杜鹏出席座谈会并讲话。

5月7日，学校召开党建工作领导小组2020年第一次会议。学校党委书记靳诺主持会议。党委副书记、校长刘伟，党委副书记、纪委书记吴付来，党委副书记郑水泉、齐鹏飞出席会议。

5月10日，“兰坪县宣传工作能力提升培训班”举行线上开班仪式。学校党委副书记齐鹏飞在北京会场做动员讲话，兰坪县委常委、宣传部长李翼鸿，县人民政府副县长宋彪在兰坪一中分会场出席仪式。

5月10日，中国人民大学首都发展与战略研究院通过线上直播方式举办北京经济论坛（总第3期）“北京宏观经济形势分析与预测——处于复工复产关键过渡期的北京新经济”。副校长刘元春教授与七位专家学者从不同的视角及专业领域深度分析当前疫情防控的特殊时期北京宏观经济的发展形势并提出诸多政策建议。

5月11日，英国《金融时报》（*Financial Times*，FT）“全球高管教育2020年度定制课程排名榜单”出炉。中国人民大学商学院获评全球第十一，继续保持亚洲第一。

5月11日，学校党委理论学习中心组（扩大）专题学习会召开，主题为“脱贫攻坚和粮食安全”。校领导靳诺、刘伟、王利明、吴付来、吴晓球、郑水泉、刘元春、杜鹏、朱信凯、齐鹏飞出席。

5月13日，“沧江学术论坛——兰坪县领导干部脱贫攻坚素质能力提升培训班”举行线上开班仪式。校长刘伟出席并做专题报告，党委副书记郑水泉主持开班仪式。

5月13日，教育部发展规划司司长刘昌亚、人事司副司长彭实一行来访，调研定点联系兰坪专项扶贫工作情况。学校党委书记靳诺、副书记齐鹏飞与刘昌亚一行座谈。

5月14日，学校召开加快构建思想政治工作体系专题会。党委副书记郑水泉主持会议，副校长杜鹏出席。

5月14日，学校举行第五届全国高校青年教师教学竞赛备赛座谈会。学校党委副书记、工会主席郑水泉出席。

5月19日，学校与瑞士日内瓦大学视频工作会议召开。副校长杜鹏、日内瓦大学副校长斯特凡·卜赛特（Stéphane Berthet）出席。双方就签署新模式下合作建设孔子学院协议、相关学科合作及疫情结束后互访安排等事宜进行交流。

5月19日，学校党委副书记郑水泉、副校长朱信凯一行走访校园，检查学校安全与防汛减灾工作。

5月19日，学校以视频会议的形式召开全校网络安全工作会。校领导靳诺、郑水泉、刘元春出席。

5月19日，科研处联合国家发展与战略研究院组织召开新冠肺炎疫情专项课题汇报研讨会。副校长刘元春出席。

5月20日，学校党委书记靳诺牵头的“建设数字政府 提升社会治理能力对策研究”课题组同山东省部分党政机关召开线上会议，共同就“推动数字政府建设 提升社会治理能力”进行研讨。副校长刘元春，山东省大数据局副局长顾卫东，山东省市场监督管理局副局长、党组成员郭之祥等出席会议。

5月20日，对口支援新疆大学高校组长单位会议以视频会议形式召开，学校党委副书记齐鹏飞作为副组长单位之一的代表出席会议。

5 月 20 日，党委第一、第二、第三巡察组分别向财政金融学院党委、法学院党委和苏州校区党委反馈巡察情况。党委巡察工作领导小组副组长、校党委副书记、纪委书记吴付来出席党委第三巡察组巡察苏州校区党委情况反馈会。

5 月 21 日，学校召开定点联系兰坪专项扶贫专项任务落实推进专题会，学校党委书记靳诺、党委副书记齐鹏飞出席会议。

5 月 26 日，学校党委理论学习中心组（扩大）专题学习会召开，主题为“疫情防控的国际合作与构建人类命运共同体”。校领导靳诺、王利明、吴付来、贺耀敏、吴晓球、郑水泉、刘元春、杜鹏、朱信凯、齐鹏飞出席。

5 月 28 日，“‘一带一路’发展：机遇与挑战研讨会暨中国人民大学国家发展与战略研究院‘一带一路’国别系列智库丛书发布会”举行。中国人民大学副校长、丛书主编刘元春，泰国前副总理蓬贴·贴干乍那，中联部原副部长、中国人民争取和平与裁军协会副会长于洪君，新亚洲战略研究中心主席、马来西亚前交通部长翁诗杰等出席。

5 月 28 日，第七届教职工代表大会常设主席团第五次全体会议召开。副校长、教代会常设主席团成员贺耀敏，党委副书记、教代会常设主席团主席、校工会主席郑水泉出席会议。教代会常设主席团全体在校成员参加会议。

5 月 28 日，学校召开 2020 年度专业技术职务评审和岗位聘用工作部署会。学校党委书记靳诺、校长刘伟出席。会议由副校长吴晓球主持。

6 月 1—3 日，学校研究生支教工作调研组专程前往云南省怒江州兰坪白族普米族自治县，向兰坪一中“人大班”15 位即将参加高考的应届生转达靳诺书记、刘伟校长的鼓励信，并送上新一届研究生支教团成员精心设计制作的高考加油礼包。向兰坪县委书记马国庆汇报人大研究生支教工作的有关情况。

6 月 2 日，学校召开 2020 年干部警示教育大会。学校党委书记靳诺以《以案为鉴照初心 以案促改担使命》为题做主题报告。校领导刘伟、王利明、吴付来、贺耀敏、吴晓球、郑水泉、刘元春、杜鹏、朱信凯、齐鹏飞出席会议。会议由学校党委副书记、纪委书记吴付来主持。

6 月 3 日，党委第四巡察组向国际关系学院党委反馈巡察情况。党委巡察工作领导小组副组长、校党委副书记、纪委书记吴付来出席巡察情况反馈会并讲话。

6 月 3 日，学校召开民主党派负责人座谈会。学校党委副书记、党委统战部部长郑水泉出席会议。

6 月 4 日，学校党委理论学习中心组（扩大）专题学习会召开，主题为“传达学习全国两会精神”。校领导靳诺、刘伟、王利明、吴付来、贺耀敏、吴晓球、郑水泉、刘元春、杜鹏、朱信凯、齐鹏飞出席。

6 月 5 日，学校召开学生返校工作动员大会。校领导靳诺、刘伟、吴付来、郑水泉、杜鹏、朱信凯、齐鹏飞，北京市教委驻中国人民大学疫情防控联络员邓鸿出席会议。

6 月 5 日，北京市委书记蔡奇检查学校返校复课后疫情防控工作，并在中国人民大学主持召开市委教育工作领导小组会议。

6 月 7 日，学校举行学生返校报到端口专项演练，对学生返校报到入园相关手续进行全流程模拟。副校长朱信凯现场检查指导。

6 月 8 日，学校党委副书记、党委统战部部长郑水泉一行赴北京市民族宗教事务委员会参加“专题研训”工作座谈会。

6 月 8 日，教育部召开部省合建高校扶贫工作推进会暨承担未摘帽县扶贫任务直属高校扶贫工作推进会，教育部副部长孙尧，教育部规划司、人事司负责同志出席会议。校领导靳诺、刘伟、齐鹏飞在学校视频会分会场出席会议。

6 月 9 日，学校召开毕业生就业创业工作推进会。中国人民大学学生就业创业工作领导小组组长、党委书记靳诺，领导小组组长、校长刘伟，领导小组副组长、党委副书记郑水泉，领导小组副组长、副校长杜鹏出席会议。会议由杜鹏主持。会议采用主会场与分会场联动的视频会议方式进行。

6 月 10 日，学校迎来担任返校志愿者的毕业年级同学。学校领导靳诺、刘伟、郑水泉、朱信凯以及北京市教委驻中国人民大学疫情防控联络员邓鸿到东门迎接。

6 月 10 日，中国人民大学国家经济学教材建设重点研究基地主办的中国经济学教材建设研讨会（第 6 期）举行。校长刘伟出席并讲话。此次会议以线上视频会议的方式召开。

6 月 10 日，第七届教职工代表大会和第十六届工会会员代表大会第三次全体会议在学校召开。校领导靳诺、刘伟、王利明、吴付来、贺耀敏、吴晓球、郑水泉、刘元春、朱信凯出席。校党委副书记、教代会常设主席团副主席齐鹏飞主持，学校“双代会”正式代表等 220 余人参会。

6 月 11 日，北京市委统战部研究室负责人李桦一行来校商议 2020 年度中国统一战线理论研究会政党理论北京研究基地重点工作。学校党委副书记、党委统战部部长郑水泉会见李桦一行。

6 月 11 日，学校党委书记靳诺、副校长吴晓球前往人民教育家、荣誉一级教授高铭暄老师家中看望。

6 月 11 日，学校党委理论学习中心组（扩大）专题学习会在明德主楼第一会议室召开，主题为“习近平全面依法治国新理念新思想新战略与民法典的颁布”。校领导靳诺、刘伟、王利明、贺耀敏、吴晓球、郑水泉、刘元春、朱信凯、齐鹏飞出席。

6 月 12 日，学校为迎接毕业生返校开展全要素模拟演练，校领导靳诺、刘伟、郑水泉、杜鹏、朱信凯以及北京市教委驻中国人民大学疫情防控联络员邓鸿全程检查演练活动。

6 月 12 日，“疫情背景下的世界政党政治走向和政党外交”专家研讨会召开。会议宣告中共中央对外联络部世界政党研究所成立。校党委书记靳诺以视频方式出席，中共中央对外联络部部长宋涛，光明日报社总编辑张政等出席开幕式。

6 月 15 日，福建省副省长郭宁宁一行来学校调研，校长刘伟，副校长吴晓球、刘元春与郭宁宁一行座谈，就推进省校合作交流、共同举办中国资管峰会（武夷山峰会）事项等进行探讨。

6 月 15 日，学校召开 2020 年教师思想政治工作部署会。校领导靳诺、刘伟、吴晓球、杜鹏出席。党委副书记、党委教师工作部部长郑水泉主持会议。

6 月 16 日，中国人民大学国际文化交流学院成立大会暨中文国际教育论坛举办。校长刘伟、教育部高等教育司副司长徐青森等出席。成立大会由副校长兼国际文化交流学院院长杜鹏主持。

6 月 17 日，“后疫情时代的‘一带一路’建设”学术研讨会暨《“一带一路”大百科》新书云发布会在多个平台同步直播，校长刘伟教授等近 20 位中外专家学者参会研讨。

6 月 17 日，学校举行“颐和银丰发展基金”捐赠仪式。颐和银丰集团创始人、董事长方永中校友向母校捐赠 2 000 万设立“颐和银丰发展基金”，专项用于支持已获批成立的经济学院跨学科平台“中国人民大学全国中国特色社会主义政治经济学研究中心”的建设和发展。校党委书记靳诺，校长、全国中国特色社会主义政治经济学研究中心主任刘伟，副校长、全国中国特色社会主义政治经济学研究中心执行主任刘元春，副校长、教育基金会副理事长杜鹏出席捐赠仪式。7 月 9 日，校友方永中受聘为学校董事会常务董事。校领导靳诺、刘伟、杜鹏出席聘任仪式。

6 月 18 日，学校协助兰坪县脱贫攻坚工作对接会召开，校领导靳诺、刘伟、刘元春、齐鹏飞出席。

6 月 21 日，由中国人民大学首都发展与战略研究院、国家发展与战略研究院、智能社会治理研究中心联合主办的第六届首都治理论坛“超大城市治理的数字化转型”以线上直播方式举行。学校党委副书记郑水泉出席。

6 月 22 日，《探讨中国发展之路：吴晓求对话九位国际顶级专家》新书发布会暨学术研讨会在线上举行。

6 月 22 日，中法学院在严格落实疫情防控各项要求的前提下，以“现场连线＋网络直播”的方式为 2020 届毕业生送上一场别样的学位授予仪式暨毕业典礼。校领导靳诺、刘伟、王利明、杜鹏、齐鹏飞，法国蒙彼利埃保罗-瓦莱里大学校长帕特里克·基利（Patrick Gilli）、法国索邦大学人文学部部长阿兰·达龙（Alain Tallon）、法国 KEDGE 商学院董事会副主席吉·马赫希亚（Guy Marcillat）、法国驻上海总领事馆总领事纪博伟（Benoît Guidee）以视频的形式为毕业生送上祝福。

6 月 23 日，历史学院 2020 届毕业生学位授予仪式暨毕业典礼在人文楼举行。毕业典礼通过视频和照片直播的方式，邀请未能返校的毕业生共同参加一场特殊的“云毕业”。

6 月 23 日，新闻学院在明德新闻楼广场举办 2020 年毕业典礼，并通过线上视频会议的形式，同步举行 2020 年“云”毕业典礼以及观礼直播。

6 月 23 日，中国人民大学国际关系学院在线上举办“新冠疫情与美国民主的未来”学术座谈会，副校长刘元春做开幕致辞。

6 月 28 日，国际组织学院举行“全球治理与国际组织人才培养计划”2020 春季学期课程云结业仪式。

6 月 28 日，马克思主义学院齐鹏飞教授，国际关系学院周淑真教授，社会与人口学院翟振武教授，法学院韩大元教授、张新宝教授、冯玉军教授，农业与农村发展学院汪三贵教授，公共管理学院毛寿龙教授等八位教授获聘首批全国政协参政议政人才库特聘专家。

6 月 28 日，北京高校庆祝中国共产党成立 99 周年表彰大会召开，马克思主义学院党委、校医院党总支、法学院党委获评北京高校先进党组织，刘建军、杜小勇、宋大我、高江涛、宋彪获评北京高校优秀共产党员，张鹏举获评北京高校优秀党务工作者。

6 月 29 日，财政金融学院、信息学院、统计学院、应用经济学院、信息资源管理学院分别举行 2020 年学位授予仪式暨毕业典礼，活动采用现场活动、视频连线以及在线直播相结合的方式进行。

6 月 29 日，尼山世界儒学中心第一届理事会第二次会议暨专家研讨会在学校召开，教育部党组成员、副部长孙尧出席会议。会议以视频方式分为两个阶段进行，中心理事会第二次会议由中心理事会理事长、校党委书记靳诺主持。

6 月 30 日，中国人民大学 2020 届毕业典礼在明德广场举行。校领导靳诺、刘伟、王利明、吴付来、贺耀敏、吴晓球、郑水泉、刘元春、杜鹏、朱信凯、齐鹏飞出席；2020 届毕业生返校志愿者身着学位服在现场观礼。学校以线上线下相结合的方式举办了一场特殊的毕业典礼。通过多平台、中英双语直播。

6 月 30 日，校领导靳诺、刘伟、杜鹏看望慰问返校参与毕业志愿服务工作的第 22 届研究生支教团成员。

7 月 1 日，学校党委理论学习中心组（扩大）专题学习会暨党员代表座谈会召开，以“庆祝中国共产党成立 99 周年”为主题。校领导靳诺、刘伟、王利明、贺耀敏、郑水泉、刘元春、杜鹏、朱信凯、齐鹏飞出席。校党委书记靳诺讲话，党委副书记、校长刘伟主持会议。

7 月 2 日，副校长朱信凯主持召开宁夏国际学院筹建工作专题视频会，就宁夏国际学院筹建工作中的学科规划、校园建设初步方案以及与地方政府的沟通协作机制等进行讨论，重点研究学科设置、科研平台搭建、实验室建设、产学研一体等问题。

7 月 3 日，北京市海淀区委常委、海淀区委统战部部长任武军一行来学校进行工作调研。学校党委书记靳诺，党委副书记、党委统战部部长郑水泉会见任武军一行。

7 月 4 日，“建设国际一流老年友好宜居环境系列研讨会”在线上举办，副校长、中国老年学和老年医学学会副会长、中国人民大学老年学研究所所长杜鹏，全国老龄办党组成员、中国老龄协会副会长吴玉韶等出席。会议由中国人民大学首都发展与战略研究院和北京市老年学学会主办。

7月4日，《中国大学生创业报告》发布会暨“如何教创业”教育教学研讨会以线上线下同步直播的形式举办。副校长兼创业学院院长杜鹏致辞。

7月6日，学校举行明德书院、明理书院成立揭牌仪式，校领导靳诺、刘伟、王利明、贺耀敏、杜鹏、齐鹏飞出席。仪式由王利明主持。靳诺、贺耀敏、齐鹏飞、王子今为明德书院揭牌，刘伟、王利明、杜鹏、杜小勇为明理书院揭牌。

7月7日，“中小企业数字经济全球论坛”分论坛之一“消除鸿沟：破解数字经济治理新问题”在学校召开。副校长刘元春出席。

7月7日，中国人民大学语言文字工作委员会2019—2020学年第一次会议在学校召开。副校长杜鹏主持会议，北京市语言文字工作委员会办公室调研员邓鸿参加会议并发言。

7月7日，学校召开一、二级岗位教授荣退仪式暨荣退恳谈会。校领导靳诺、刘伟、吴晓球出席。

7月7—10日，根据北京市教育委员会等四部门《关于加强疫情防控期间教育收费管理工作的通知》等要求，学校完成在校生疫情防控期间住宿费退费工作。

7月8日，校长刘伟、副校长朱信凯走访知行区毕业生宿舍，查看毕业生行李收整情况。

7月8日，教育部党组成员、副部长郑富芝以普通党员身份参加教材局党支部主题党日活动，与支部全体党员来到中国人民大学参观研讨交流。校领导靳诺、刘伟、贺耀敏等共同参与。

7月9日，学校召开巡察资产与后勤管理处动员会。党委第一巡察组组长、副校长杜鹏出席。

7月11日，第二届青年统计学者论坛在学校举办。副校长贺耀敏、国家统计局总统计师曾玉平出席。

7月13日，国家社科基金“一带一路”沿线国家信息数据库项目二期执行启动会以线下线上同时进行的方式在学校召开。副校长、项目组长兼首席专家刘元春参加会议。

7月14日，学校党委书记靳诺与校学生会、研究生会新一任主席团成员进行集体谈话。校党委副书记齐鹏飞参加谈话。谈话由副校长杜鹏主持。

7月14日，副校长杜鹏和美国乔治·华盛顿大学副教务长唐娜·斯嘉博洛（Donna Scarboro）、意大利路易斯大学（LUISS）副校长拉斐尔·马尔凯蒂（Raffaele Marchetti）召开视频工作会议，就三校开展本科联合培养项目方案进行研商，深入探讨宣传招生、学位授予、培养方案、学费缴纳等具体事宜。

7月15日，北京市委统战部副部长刘先传一行来学校进行专题调研。校党委副书记、党委统战部部长郑水泉出席会议。

7月15日，北京市委教育工委最美毕业“寄”采访交流活动走进中国人民大学。副校长朱信凯、北京市委教育工委宣教处处长寇红江、北京教育系统疫情防控工作领导小组派驻高校联络员邓鸿出席采访交流活动。

7月16日，北京城市副中心第四场新闻发布会召开，会上就中国人民大学通州新校区规划建设情况举行专题新闻发布。副校长贺耀敏介绍通州新校区规划建设进展情况。

7月16日，学校全国青教赛备赛评委指导组举行第二次点评指导会。校党委副书记、工会主席郑水泉出席会议。

7月16日，中国人民大学教育基金会第三届理事会第十九次会议召开。本次理事会会议采取线上线下相结合的方式进行。学校党委书记、基金会理事长靳诺致辞。会议由副校长、基金会副理事长杜鹏主持。

7月16日，学校召开2019—2020学年第二次党委外事工作领导小组工作会议。校领导靳诺、刘伟、郑水泉、杜鹏出席。

7月16日，2020年本科生招生工作动员大会召开。校领导靳诺、刘伟、杜鹏、朱信凯出席。会议由朱信凯主持。

7月16日，学校党委书记靳诺、校长刘伟会见来学校调研高校共青团工作的北京团市委书记李军会一行。

7月16日，中国人民大学教育基金会第一届投资管理委员会第二次会议采取线上线下相结合的方式召开。学校党委书记、基金会理事长靳诺，校长、校友会会长刘伟出席会议并讲话。会议由副校长、基金会副理事长兼基金会第一届投资管理委员会主任杜鹏主持。

7月17日，学校党委副书记、党委统战部部长郑水泉一行走访九三学社北京市委。

7月17、18日，2020“新汉学计划”国际博士生论坛在线上举办。副校长、国际文化交流学院院长、世界汉学大会理事会主席杜鹏代表学校在开幕式上致辞。

7月20、21日，校长刘伟、副校长刘元春一行赴云南省兰坪县调研教育专项扶贫工作，出席学校帮扶兰坪县教育扶贫工作座谈会及帮扶揭牌仪式，并看望扶贫挂职干部、支教团学生和校友代表。

7月21日，为贯彻落实教育部关于高等学校科研实验室安全自查自纠的工作要求，做好暑期实验室安全保障工作，副校长朱信凯带队对暑假期间运行的科研实验室进行安全专项检查。

7月21日，学校教育专项扶贫校友表彰暨云南校友座谈会在昆明召开，校长刘伟、副校长刘元春出席会议。

7月21日，在全国艺术科学规划领导小组办公室公布的2020年国家社科基金艺术学重大项目的立项名单中，应用经济学院黄隽教授作为首席专家领衔申报的“中国艺术品市场发展研究”名列其中。

7月22日，学校举行2020年上半年“三全育人”工作研讨交流会。副校长杜鹏出席。

7月22日，中国人民大学国家发展与战略研究院与敦煌市政府在敦煌市签订共建敦煌文化学院协议，并举行敦煌文化学院揭牌仪式。校领导靳诺、刘伟，甘肃省副省长张世珍，酒泉市委书记吴仰东，酒泉市委常委、敦煌市委书记陈炎人等出席签约仪式和揭牌仪式。

7月22日，“全球青少年图灵计划”启动仪式在中关村国家自主创新示范区展示中心举行。中国科协青少年科技中心主任辛兵，中关村管委会党组副书记、主任翟立新，中国人民大学常务副校长、人大附中联合总校校长王利明等出席现场活动。

7月22日，北京市人文北京研究基地/中国人民大学人文北京（人文奥运）研究中心召开线上2020年工作会议。副校长贺耀敏出席。

7月23日，“重返历史现场：中国共产党百年新闻事业寻根之旅”十校联合直播活动通过央视新闻客户端完成直播。学校党委书记靳诺出席直播活动启动仪式并致辞。

7月24日，学校党委副书记郑水泉、副校长朱信凯一行走访校园，进行暑假前校园安全和防汛减灾联合大检查。

7月24日，学校召开期刊管理中心成立宣布会及工作交接会，副校长刘元春、党委副书记齐鹏飞出席，原学术期刊社全体人员参加会议。

7月25日，校长刘伟到海口市秀英区石山镇美富村调研，看望慰问正在家乡开展“千人百村”社会实践活动的学生团队，与学生一起走访农户，与当地干部群众深入交流。

7月25日，学校在线上举办“2020国际货币论坛”，主题为“新发展格局下的全球金融中心建设”，校领导吴晓球、刘元春等出席。

7月27日，北京市总工会副主席（兼）、北京市政协委员、阜外医院工会副主席周宪梁，北京市教育工会主席宋丽静一行来校就校工会工作及全国高校青年教师教学竞赛备赛工作进行调研座谈。学校党委书记靳诺会见周宪梁、宋丽静一行。学校党委副书记、工会主席郑水泉，党委副书记、马克思主义学院院长齐鹏飞陪同会见。

7月27日，学校2020年“读懂中国”青年教师社会调研团出征仪式举行，学校党委书记靳诺、党委副书记郑水泉出席活动。

7月28日，校领导靳诺、刘伟、杜鹏、朱信凯通过视频连线、座谈和实地走访等方式，看望江西、新疆、北京本科生招生组工作人员，听取招生情况汇报，慰问招生工作人员。

7月29日，“中国人民大学全国中国特色社会主义政治经济学研究中心受聘大会”召开。中国人民大学校长、全国中国特色社会主义政治经济学研究中心主任刘伟，副校长、全国中国特色社会主义政治经济学研究中心执行主任刘元春出席会议。

7月29日，教育部离退休干部局在职党支部与学校离退休党委联合举办“不忘初心、弘扬优良家风”主题党日活动。教育部离退休干部局党委书记、局长于虹等参加活动，活动开始前，校党委副书记齐鹏飞会见于虹一行并共同参观学校博物馆。

7月29日，学校召开2020年教师以外专业技术职务评审和岗位聘用委员会、管理职员聘用委员会会议。校领导刘伟、王利明、贺耀敏、吴晓球、杜鹏、朱信凯、齐鹏飞出席。

7月29日，学校召开第十二届学术委员会第三次全体会议。校领导刘伟、王利明、吴晓球、刘元春、杜鹏、朱信凯，以及校学术委员会委员等43人参加会议，教代会常设主席团成员王健列席会议。会议由校学术委员会主任、校长刘伟主持。

7月30日，北京经济论坛（总第4期）“北京宏观经济形势分析与预测（2020年上半年）——延迟恢复和基础再造的北京经济”线上论坛举办。副校长刘元春出席。

7月31日，“名师大家讲党史”系列网络公开课在学校开讲。原中央党史研究室主任欧阳淞应邀做首场报告。北京市委教育工委常务副书记郑吉春、副书记狄涛，校领导靳诺、郑水泉、齐鹏飞等出席。

7月31日，新闻学院举办国家治理与舆论生态建设论坛（2020）暨中国人民大学国家治理与舆论生态研究院成立仪式。2020年7月，为推进国家治理体系和治理能力现代化，协助构建新时代良好舆论生态，经中国人民大学研究决定，中国人民大学国家治理与舆论生态研究院正式成立。

7月31日—8月18日，学校2020年“读懂中国”青年教师社会调研团“众志成城抗疫情的中国担当与智慧——中小商贸流通企业抗击新冠疫情、复产复工和全力保障民生的调研”课题组赴内蒙古呼和浩特市、山西大同市以及上海市开展调研。

7月，教育部学位与研究生教育发展中心组织的面向有关高校征集主题案例的评审结果公布，中国人民大学3项“新冠肺炎疫情防控”主题案例、3项“脱贫攻坚”主题案例通过评审，主题案例立项数量位居全国第一。

8月3—8日，副校长朱信凯分别在广东深圳、河南鹤壁以及新县等地调研，看望“千人百村”和“读懂中国”社会调研团队。

8月4日，学校党委副书记齐鹏飞赴内蒙古自治区呼和浩特市土默特左旗塔布赛乡调研，看望慰问正在当地开展“千人百村”社会实践活动的学生团队。

8月4日，2020年福建省引进生视频座谈会召开。学校党委书记靳诺通过视频寄语。

8月4日，学校命名组建七十周年相关工作策划推进会召开。党委副书记、纪委书记吴付来出席会议。

8月5日，学校召开当代政党研究平台启动座谈会。学校党委副书记、纪委书记、当代政党研究平台首席专家吴付来出席。

8月6—29日，学校2020年“读懂中国”青年教师调研团赴北京、天津、河北，开展“北京冬奥背景下冰雪文化校园传播——冬奥宣讲走进京津冀中小学”调研。

8月9—15日，学校2020年“读懂中国”青年教师社会调研团重点项目“脱贫攻坚迎小康——兰坪扶贫的‘人大模式’实地调研”和“艺术教育扶贫，艺术乡村振兴”调研团赴云南省怒江傈僳族自治州和兰坪白族普米族自治县开展调研。

8月12日，学校党委副书记、纪委书记吴付来赴安徽省合肥市肥西县上派镇三岗村，看望慰问正在家乡开展“千人百村”社会调研活动的学生团队。

8月12—13日，学校党委副书记、纪委书记吴付来拜会安徽省委组织部、安徽省教育厅等部门，推进《安徽省人民政府 中国人民大学战略合作框架协议》落实工作。

8月13—18日，学校2020年“读懂中国”青年教师社会调研团“从西安到延安——重走革命青年奔赴陕北公学之路”项目赴陕西西安、铜川、延安进行调研。

8月13—19日，学校“读懂中国”青年教师团队来到“两山”理念的发源地和率先实践地浙江，全面考察“美丽浙江”建设实践，在社会实践中深入学习和领会习近平生态文明思想。

8月14日，学校党委书记、中国科协—中国人民大学智能社会治理研究中心主任靳诺、副校长刘元春赴青岛出席山东省党政领导与院士专家座谈会暨2020年山东省创新驱动发展院士恳谈会。

8月14日，学校党委书记靳诺、副校长刘元春一行在山东省青岛市看望慰问正在当地开展“千人百村”社会实践活动的学生团队，并同当地干部群众深入交流。

8月15日，学校党委副书记郑水泉赴浙江省杭州市余杭区塘栖镇，看望慰问正在家乡开展“千人百村”社会调研活动的学生团队，并与当地干部群众深入交流。

8月15—18日，学校党委副书记郑水泉赴浙江推动落实省校战略合作协议，看望“读懂中国”青年教师社会调研计划浙江项目团队并参与调研活动。

8月19日，学校召开2020—2021学年秋季学期开学工作部署会。副校长杜鹏、朱信凯出席会议。

8月21日，校领导靳诺、刘伟、王利明、郑水泉、杜鹏、齐鹏飞一行走访本科生招生录取现场，听取工作进展汇报，慰问现场工作人员。

8月24日，中共中央总书记、国家主席、中央军委主席习近平在中南海主持召开经济社会领域专家座谈会并发表重要讲话。座谈会上，副校长刘元春等与会专家代表提交书面发言。8月27日下午，学校召开专题会，深入学习贯彻习近平总书记在经济社会领域专家座谈会上重要讲话精神。

8月24—27日，学校2020年“读懂中国”青年教师社会调研团奔赴陕西省延安市开展暑期调研培训活动。

8月25日，“2020年团队对口支援西藏民族大学工作例会”在西藏民族大学召开。副校长朱信凯出席会议并做总结讲话。

8月25—30日，中国人民大学中国扶贫研究院院长汪三贵带领教授调研组，深入怒江州四县（市），围绕边疆直过民族地区摆脱区域性整体贫困的实践和探索等五个主题开展调查研究，详细了解怒江州开展脱贫攻坚的典型做法、成功案例和亮点。

8月26日，学校党委书记靳诺、副校长朱信凯、党委副书记齐鹏飞一行查看东南区建设项目（综合楼、学生宿舍）情况。

8月26日，重庆市副市长、高新区党工委书记熊雪一行来访。校领导靳诺、朱信凯、齐鹏飞会见熊雪一行，双方就加强校地合作进行交流。

8月27日，副校长朱信凯会见到访的宁夏回族自治区教育厅副厅长王建平一行，双方就中国人民大学宁夏国际学院筹建工作进行交流。

8月27日，学校召开2016—2020“双一流”建设周期总结工作推进会。校领导靳诺、刘伟、刘元春、杜鹏、朱信凯出席，相关部门及院系负责人参加会议。朱信凯主持会议。

8月28日，首都女教授协会召开换届大会。大会采取线下与线上相结合的方式进行。学校党委副书记、工会主席郑水泉等参加会议。

8月28日，副校长杜鹏赴甘肃省敦煌市调研，并同酒泉市委常委、敦煌市委书记陈炎人举行会谈，就进一步落实省校共建和共同举办国际论坛等事宜进行商讨。

8 月 31 日，以“超越意识形态差异，共建人类命运共同体”为主题的国际高端智库云端论坛举办。中共中央对外联络部部长宋涛致开幕词，校长刘伟发布全球百家智库《关于加强国际合作、推动构建人类命运共同体的共同倡议》。

9 月 1—2 日，学校召开学校领导班子务虚会，就学校改革发展相关议题进行研讨。校领导靳诺、刘伟、王利明、吴付来、贺耀敏、吴晓球、刘元春、杜鹏、朱信凯、齐鹏飞出席。

9 月 2 日，学校召开 2020 年参军入伍学生欢送暨役前教育座谈会，副校长杜鹏，“全国模范退役军人”、新闻学院 2017 级博士生周晓辉，党委人民武装部及相关学院负责人与会，共同送别即将光荣入伍的 9 位同学。

9 月 2 日，2020 年新上岗中层干部、优秀年轻干部培训班开班仪式举行。校领导靳诺、吴付来、齐鹏飞出席。

9 月 2—6 日，苏州校区学生共 800 余人按照分批错峰原则，分三批返苏返校。

9 月 3 日，学校召开干部教师大会。学校党委书记靳诺宣布中共教育部党组关于学校行政班子副职集体换届的任免决定，党委副书记、校长刘伟主持会议。副校长刘元春、杜鹏、朱信凯连任，顾涛、王轶、胡百精新任中共中国人民大学党委常委、副校长；因年龄原因，免去王利明中国人民大学党委常委、常务副校长职务，免去贺耀敏、吴晓球中国人民大学党委常委、副校长职务。

9 月 3 日，学校召开新学期工作部署会。学校党委书记靳诺主持会议并做总结讲话，校长刘伟部署新学期工作，党委副书记、纪委书记吴付来部署纪检工作。在校校领导刘元春、杜鹏、朱信凯、齐鹏飞、顾涛、王轶、胡百精出席会议。

9 月 3 日，学校 2020 年新教职工岗前培训开班仪式举行。学校党委书记靳诺出席并做首场报告。党委副书记齐鹏飞出席并主持仪式。

9 月 4 日，近 2 100 名本科生按照分批错峰原则从祖国四面八方返回阔别已久的校园。学校党委书记靳诺、副校长顾涛、北京市教委联络员邓鸿来到学校东门学生返校现场，看望返校归来的学生。

9 月 4 日，河南理工大学党委书记邹友峰一行来访。学校党委副书记兼党委组织部部长、马克思主义学院院长齐鹏飞与邹友峰一行座谈。

9 月 4 日，学校党委副书记、纪委书记吴付来为新教职工岗前培训做校史校情专题讲座。

9 月 7 日，学校党委副书记、纪委书记吴付来检查学校秋季开学疫情防控工作落实情况，并看望慰问一线值守人员。

9 月 7 日，团中央基层建设部部长齐虎来学校调研共青团工作。学校党委书记靳诺、副校长胡百精等会见齐虎一行。

9 月 7 日，四川省自贡市市委书记范波一行来访。学校党委书记靳诺，副校长刘元春、顾涛与范波一行座谈，就加强校地合作进行交流。

9 月 8 日，副校长朱信凯赴通州新校区建设指挥部慰问工作人员，进行新学期新校区建设工作动员并主持召开新校区建设专题会议。

9 月 9 日，“健康相伴 爱心同行”——开封港东集团有限公司防疫物资捐赠仪式举行。副校长、教育基金会副理事长杜鹏出席捐赠仪式。

9 月 9 日，河南省委书记、省人大常委会主任王国生，河南省委副书记、省长尹弘率河南省代表团来访。校领导靳诺、刘伟、吴付来、刘元春、杜鹏、朱信凯、齐鹏飞、王轶、胡百精与代表团座谈，双方就省校战略合作事宜进行探讨交流。

9 月 10 日，在第 36 个教师节来临之际，中共中央政治局委员、国务院副总理孙春兰到中国人民大学调研，了解教学科研工作情况，看望慰问“人民教育家”高铭暄教授、“最美教师”王易教授，向全国广大教师和教育工作者转达党中央、国务院的节日祝贺和诚挚慰问。

9月10日，学校召开2020年教师节座谈会。校领导靳诺、刘伟、朱信凯、齐鹏飞、顾涛出席。

9月10日，在由中宣部、教育部、中央广播电视总台联合主办的“闪亮的名字——2020最美教师”发布仪式上，马克思主义学院党委书记兼常务副院长王易教授获评“2020最美教师”荣誉称号。

9月12日，全国人大常委会副委员长吉炳轩一行来校调研餐饮相关工作，开展“珍惜粮食、反对浪费”专题调研。校领导刘伟、朱信凯、顾涛陪同。

9月12—13日，学校党委书记靳诺、党委副书记齐鹏飞陪同教育部党组书记、部长陈宝生一行赴云南省怒江傈僳族自治州兰坪白族普米族自治县调研教育脱贫攻坚工作。

9月14日，教育部职业教育与成人教育司发布《关于公布首批职业院校校长培训基地遴选结果的通知》，中国人民大学入选教育部首批职业院校校长培训基地。

9月15日，学校党委理论学习中心组（扩大）专题学习会召开，以“学习《习近平谈治国理政》第三卷，以及习近平总书记近期重要讲话精神”为主题。校领导靳诺、刘伟、吴付来、刘元春、杜鹏、顾涛、王轶、胡百精出席。

9月15日，西南医科大学党委书记廖斌一行来访。校领导刘伟、刘元春、顾涛与廖斌一行就加强合作进行交流。

9月15日，学校召开2016—2020“双一流”建设周期总结专家评议会。校领导靳诺、刘伟、吴付来、齐鹏飞、顾涛、王轶、胡百精出席。副校长刘元春主持会议。

9月16日，学校党委书记靳诺、副校长杜鹏率队赴延安调研考察。陕西省委常委、延安市委书记徐新荣，延安市委副书记、市长薛占海，副市长张建波，延安大学党委书记张金锁等陪同调研，双方就市校合作、陕北公学旧址修缮布展、对口支援延安大学、共建延安中学项目推进等进行交流。

9月18日，“红色育人路”高等教育论坛在北京理工大学举办。学校党委书记靳诺做题为《传承“红色基因” 扎根中国大地 建设世界一流》的报告。

9月18日，浙江省委副秘书长、省档案局局长刘芸一行来访。学校党委书记靳诺与刘芸一行会谈，就档案专业人才培养、校地合作等事宜进行交流。

9月19日，中国人民大学通州新校区举行在建项目封顶、新建项目开工现场会。北京市副市长、副中心党工委书记、管委会主任隋振江，校领导靳诺、刘伟、郑水泉、刘元春、朱信凯、顾涛、王轶，新校区建设总顾问、原副校长贺耀敏等出席相关活动。活动由朱信凯主持。

9月20日，“2020智汇养老北京高峰研讨会”召开。全国政协副秘书长、民建中央副主席兼秘书长李世杰，中国人民大学校长、国家发展与战略研究院院长刘伟，中国人民大学副校长刘元春，中国人民大学副校长、老年学研究所所长杜鹏等领导出席。研讨会由刘元春主持。

9月21日，北京市委教育工委副书记狄涛一行来校调研，实地走访北区食堂、学生宿舍和学校西门防控检查点。副校长顾涛、北京市教委驻中国人民大学疫情防控联络员邓鸿陪同考察。

9月21日，福建省南平市委书记袁毅，市委常委、常务副市长伍斌，副市长罗恩平一行来访，校长刘伟、副校长刘元春会见袁毅一行，共同见证中国人民大学国家发展与战略研究院和南平市签署合作协议。

9月21—22日，由中国人民大学承办的国家自然科学基金委员会第257期双清论坛在北京举办，主题为“中国经济发展规律与理论研究关键科学问题”。论坛主席由中国人民大学校长刘伟、北京大学教授黄季焜、山东大学教授陈增敬共同担任。

9月22日，教育部在京召开首届全国教材工作会议，部署推进下一阶段教材建设与管理工作。教育部党组书记、部长陈宝生出席会议并讲话。中国人民大学党委书记靳诺、副校长胡百精在主会场参加会议。

9月22—23日，学校党委书记靳诺，校长兼苏州校区管委会主任刘伟，副校长兼苏州校区管委会副主任、丝路学院院长杜鹏，副校长、丝路学院执行院长朱信凯一行到苏州校区考察指导工作，并共同会见苏州市委副书记、市长李亚平，苏州市委常委、苏州工业园区党工委书记吴庆文等苏州市领导。

9月23日，法国索邦大学数学学院与中国人民大学数学学院、中法学院联合培养的首届中法数学实验班在苏州校区正式开班。副校长朱信凯出席开班仪式并致辞。

9月23日，2021年度浙江省党政机关面向中国人民大学选调应届优秀毕业生政策宣讲会举行，副校长顾涛出席活动并致辞。浙江省委组织部副部长赵雄文做主题宣讲。活动开始前，副校长顾涛与赵雄文副部长就推进落实省校战略合作、选调生招录等工作进行交流。

9月25日，2020—2021学年开学典礼在田径场举行。学校党委书记靳诺讲话，校长刘伟主持开学典礼，党委副书记、纪委书记吴付来，副校长刘元春、杜鹏、朱信凯、顾涛、王轶、胡百精，新闻学院荣誉一级教授方汉奇出席开学典礼。

9月26日，“一带一路”绿色发展研究院承办首届“一带一路”绿色发展大会，主题为“绿色文明互鉴：开启共建绿色‘一带一路’高质量国际合作新征程”。这是联合国首次推介由中国人民大学举办的国际会议。副校长胡百精致欢迎辞。

9月27日，2020年国家社科基金年度项目和青年项目的立项名单正式公布，中国人民大学获得立项41项，其中重点项目9项、一般项目25项、青年项目7项，重点项目立项数在全国高校中位列第一。

9月29日，学校举行深化新时代教育评价改革专家座谈会暨中国人民大学评价研究中心揭牌仪式。校领导刘伟、刘元春、齐鹏飞，中国高等教育学会第六届会长瞿振元，以及十余位教育评价领域的专家出席仪式。

9月29日，马克思主义学院荣获北京市抗击新冠肺炎疫情先进集体。

9月30日，学校举行东南区项目竣工交付现场会。校领导靳诺、刘伟、朱信凯、顾涛，原副校长贺耀敏出席。

9月，美国印第安纳大学校长迈克尔·麦克罗比（Micheal McRobbie）致信刘伟校长，感谢学校多年来对印第安纳大学国际交流事业的大力支持与贡献，并致送该校建校200周年纪念章。

10月3日，北京市委书记蔡奇一行到老校区考察文物保护工作，学校党委书记靳诺、副校长朱信凯等陪同。

10月3日，中国人文社会科学论坛2020暨中国人民大学命名组建七十周年学术研讨会在国学馆举办，主题为“培养担当民族复兴大任的时代新人”。北京师范大学原校长、中国教育学会原会长钟秉林，北京理工大学党委书记赵长禄，中央民族大学校长郭广生，首都师范大学校长孟繁华，中央音乐学院党委书记赵旻，延安大学党委书记张金锁，北京外国语大学副校长贾文键，中央美术学院党委副书记王晓琳，中央戏剧学院党委副书记、纪委书记葛秀珍，北京航空航天大学党委副书记程波，延安大学副校长杨伟宏，教育部高等教育教学评估中心原副主任、北京理工大学研究生教育研究中心主任王战军等校外嘉宾与会。我校校领导靳诺、刘伟、吴付来、刘元春、杜鹏、朱信凯、齐鹏飞、顾涛、王轶、胡百精等出席会议。兄弟高校教育学院负责人，相关领域专家学者，部分学术期刊编辑和专业媒体代表，我校相关学院师生代表、专家学者以及相关部门负责人参加会议。

10月5—8日，第二届“烂柯棋院杯”全国名校教授围棋邀请赛在浙江衢州举行。由学校党委副书记郑水泉带队的中国人民大学教职工围棋代表队第一次参加比赛。

10月10日，校长刘伟、副校长刘元春与研究生院领导班子一起，专题学习教育部、国家发展改革委、财政部发布的《关于加快新时代研究生教育改革发展的意见》文件精神，围绕新时期研究生教育改革发展目标、任务和行动方案进行研讨。

10月12日，学校举办第十五期爱国宗教界人士研修班、第五届爱国宗教界人士硕士研究生班开学典礼，校领导靳诺、吴付来、顾涛出席。

10月14日，全国哲学社会科学工作办公室正式公布2020年国家社科基金后期资助暨优秀博士论文出版项目的立项名单。中国人民大学立项10项，其中重点项目2项、一般项目7项、优秀博士论文出版项目1项。

10月14日，“北京高校统战大讲堂”2020年第一讲、中国人民大学“统战理论与政策前沿系列学术讲座”第十八讲暨中国人民大学党校“第36期学生发展对象暨第35期教工发展对象培训班”第三次专题讲座举办。中央统战部一局副局长张衍前做题为“坚持和发展我国新型政党制度”的主题讲座。学校党委书记靳诺，党委副书记、党委统战部部长郑水泉在讲座开始前会见张衍前。

10月16日，学校纪委召开专题会议，学习习近平总书记在中央党校（国家行政学院）中青年干部培训班开班式上重要讲话精神，并结合学校工作实际开展研讨。会议由学校党委副书记、纪委书记吴付来主持。

10月16日，国家档案局局长、中央档案馆馆长陆国强率队赴信息资源管理学院就加强档案学科建设、加快档案人才培养进行考察调研。学校党委书记靳诺会见陆国强一行。

10月17日，文学院在全国高校率先举办强基计划（古文字学方向）学科建设暨学术基地建设研讨会。学校党委副书记郑水泉出席。

10月18日，由教育部人文社会科学重点研究基地中国人民大学伦理学与道德建设研究中心主办的第二届国杰论坛教育伦理学专场暨中小学德育研究所成立仪式在学校举办。十届全国人大常委会副委员长、中国关心下一代工作委员会主任顾秀莲，十二届全国人大常委会副委员长张宝文，学校党委书记靳诺等出席活动并讲话。

10月19日，学校召开第十四届党委第六轮常规巡察工作动员部署会，党委巡察工作领导小组副组长、党委副书记、纪委书记吴付来，党委巡察工作领导小组副组长、党委副书记郑水泉，党委巡察工作领导小组副组长、党委副书记齐鹏飞出席，会议由郑水泉主持。

10月19—20日，副校长杜鹏率团赴河北省保定市阜平县调研华北联合大学旧址保护利用情况。

10月20日，中国人民大学所属企业体制改革工作领导小组召开第一次全体会议。会议由党委书记靳诺主持，校长刘伟、副校长朱信凯、副校长顾涛出席会议。

10月20日，我国杰出的经济学家、马克思主义理论家、教育家，苏联东欧问题研究泰斗，著名马克思主义政治经济学、科学社会主义与国际共产主义运动、中华人民共和国史研究专家，全国教育系统劳动模范、北京市优秀教师，中国人民大学首批一级教授、荣誉一级教授、博士生导师，中国人民大学研究生院原院长（副校级）、原苏联东欧研究所所长周新城同志逝世，享年86岁。

10月20日，上海市嘉定区2021年优秀大学毕业生储备计划和市选调生定向招录现场推介会在学校举办。推介会前，副校长顾涛会见上海市嘉定区区委常委、组织部部长周文杰。

10月22—23日，学校党委书记靳诺、副校长朱信凯一行赴重庆，就市校合作情况进行考察调研，并与重庆市领导唐良智、熊雪等深入交流。

10月23日，学校依托北京市港澳台侨学生教育管理研究分会平台，举办2020年北京市港澳台侨新生“开学第一课”活动。学校党委书记靳诺为活动致辞，2020“最美教师”、马克思主义学院党委书记兼常务副院长王易做主题讲座。受疫情影响，本次活动以线上多平台直播方式开展。

10月23日，中国人民大学9位老师获“中国人民志愿军抗美援朝出国作战70周年”纪念章，他们分别是刘素萍、胡小吉、孔繁根、何[illegible]君、周清、刘季华、丁宁真、邵景华、马绍孟。

10月23日，2021年度外交部公务员招录宣讲会在学校举办。宣讲会前副校长杜鹏会见外交部北美大洋洲司副司长姚文一行。

10月24日，“现代化进程中的哲学问题与道德治理”学术研讨会暨国家治理现代化与应用伦理跨学科重大规划创新平台成立大会在学校召开。副校长顾涛等出席开幕式并致辞。

10月24—29日，全校新上岗中层干部、教师党支部书记在中国延安干部学院开展“弘扬延安精神、传承红色基因”专题研修活动。校领导郑水泉、齐鹏飞、顾涛、王轶带领的延安调研团出席专题研修班开班仪式，并一同参加部分学习活动。

10月26日，学校党委副书记、纪委书记吴付来带队先后赴复旦大学、上海交通大学就高校纪检监察和校内巡察有关工作开展调研。

10月27日，教育部高校团队对口支援西藏大学2020年度例会在拉萨召开。副校长顾涛出席并做发言。

10月27日，共建北方大学红色教育基地座谈会在学校召开。副校长杜鹏出席座谈会。来自北京理工大学、中国农业大学、北京外国语大学、中央音乐学院、中央戏剧学院、中央美术学院、吉林大学和中国社会科学院近代史研究所的相关代表参会并展开讨论。

10月28日，学校党委理论学习中心组（扩大）赴中国人民革命军事博物馆，集体参观“铭记伟大胜利 捍卫和平正义——纪念中国人民志愿军抗美援朝出国作战70周年主题展览”，并围绕继承和弘扬伟大抗美援朝精神进行专题学习。校领导靳诺、刘伟、吴付来、郑水泉、刘元春、杜鹏、顾涛出席活动。

10月28日，学校举行习近平新时代中国特色社会主义思想研究院新时代中国特色社会主义教育研究中心成立仪式暨习近平总书记教育“九个坚持”重要论述学术研讨会。学校党委书记靳诺、副书记郑水泉等出席会议。全国兄弟高校教育学院负责人、相关领域专家学者参加。

10月28日，教育部高等学校思想政治理论课教学指导委员会“研究生思想政治理论课”分教学指导委员会2020年工作会议在学校召开。分教学指导委员会主任委员、学校党委书记靳诺教授等出席。来自20余所高校的专家学者通过线下线上联动展开研讨。

10月28日，尼山世界儒学中心党委书记、副主任，中国孔子基金会秘书长国承彦一行来访。学校党委书记、尼山世界儒学中心理事长靳诺，副校长刘元春会见国承彦一行。

10月28日，新时代研究生教育改革发展研讨会暨博士学位论文质量座谈会在学校召开。副校长刘元春出席会议，相关部处负责人、博士生代表40余人参加。

10月29日，四川省委常委、组织部部长王正谱，四川省副省长罗强一行率四川省代表团来访，双方签署中国人民大学与四川省人民政府全面深化战略合作协议。校领导靳诺、刘伟、刘元春、顾涛出席签约仪式。

10月29日，2020级博士生暨新博导大会召开。中国人民大学校长刘伟、副校长兼研究生院院长刘元春出席大会。2020级博士新生与各学院新增备案的70名博士生导师以及各学院研究生工作负责人参加会议。

10月30日，数学学院与Springer Nature集团战略合作签约仪式举行。中国人民大学副校长王轶，Springer Nature集团销售副总裁（大中华区，韩国和蒙古国）崔晓莹出席签约仪式。Springer Nature集团工作人员代表、图书馆老师代表以及数学学院师生代表参加。

10月30日，学校党委书记靳诺、校长刘伟一行率团赴湖北武汉，参加省校合作工作座谈会，并签署省校战略合作框架协议。湖北省委书记应勇，省委副书记、组织部部长王瑞连，省委常委、常务副省长黄楚平，副省长肖菊华，学校副校长杜鹏，副校长兼学校办公室主任顾涛出席签约仪式。

10月30日，在第五届全国高校青年教师教学竞赛中，北京队参赛教师、中国人民大学马克思主义学院副教授马慎萧获得思想政治课专项组决赛一等奖第一名。

10月30日，湖北校友会第五次会员大会暨双循环新格局与湖北高质量发展研讨会在武汉召开。校长、校友会会长刘伟，副校长、校友会常务副会长杜鹏，副校长顾涛出席会议并看望新老校友。

10月31日，马克思主义学院举办党的建设学科教材编写工作研讨会。学校党委书记靳诺，党委副书记兼党委组织部部长、马克思主义学院院长齐鹏飞，原中央党史研究室主任、中国人民大学中共党史党建研究院名誉院长欧阳淞等出席会议。

10月，国务院扶贫办公布2020年“学习习近平总书记关于扶贫工作的重要论述”主题征文活动获奖名单。学校的《中国反贫困的世界意义研究》《共建一个没有贫困及共同发展的人类命运共同体——论脱贫攻坚与合作共赢的“中国智慧”》名列其中。

11月1日，老校区面向社会预约开放启动仪式在人大老校区灰一楼南广场举行。北京市东城区委书记夏林茂，北京市文物局局长陈名杰，北京市东城区委常委、政法委书记、区委办主任陈本宇，校领导靳诺、朱信凯、顾涛等出席。

11月3日，学校党委副书记、纪委书记吴付来一行赴通州新校区开展专项调研，副校长、新校区建设指挥长朱信凯参与调研座谈。

11月3日，学校举行来华留学质量认证专家进校审查工作部署会。副校长杜鹏出席，相关学院、机关部处负责人参加会议。

11月3日，湘潭大学党委书记黄云清、校长李伯超一行来校访问。学校党委书记靳诺、副校长兼学校办公室主任顾涛会见黄云清、李伯超一行，双方就对口支援湘潭大学马克思主义理论学科建设等事宜进行座谈。

11月4日，学校举行“京东杯”第十一届学生“创业之星”大赛决赛。副校长顾涛、京东集团副总裁龙宝正出席活动并致辞。

11月4日，江西省2021年定向中国人民大学选调应届优秀大学毕业生宣讲会在学校学生就业创业指导中心举办。宣讲会前，副校长顾涛会见江西省委组织部部务委员刘光华一行。

11月4日，2020—2021学年秋季学期学生权益座谈会在学生活动中心召开。副校长顾涛出席座谈会。来自全校的学生代表围绕同学们普遍关心的权益问题同与会各部处负责老师进行座谈交流。

11月4日，学校举办2020—2021学年秋季学期首场“吴玉章学术大讲堂”。清华大学副校长、北京量子信息科学研究院院长薛其坤院士应邀开讲，做题为《胸怀祖国 放眼世界——誓做新时代的奋进者》的专题讲座。

11月4日，北京市副市长隋振江一行到中国人民大学老校区调研，校领导靳诺、郑水泉、朱信凯与隋振江一行座谈。

11月4—8日，中国人民大学“同心笃行”港澳台学生国情教育实践系列活动带领港澳台学生前往延安、西安两地开展调研。本次调研实践活动以“重走人大烽火路”为主题，设计“寻根·追溯人大精神”“求知·触摸历史脉搏”“奋进·展望时代未来”三大板块，在校港澳台学生及部分大陆学生骨干共30余人参与活动。

11月5日，西南财经大学党委常委、常务副校长彭龙一行来学校调研。副校长刘元春出席调研座谈会。

11月5日，学校办公室、机关党委、校史研究室联合党支部承办机关党委“共享党课”活动。副校长刘元春围绕《中共中央关于制定国民经济和社会发展第十四个五年规划和二〇三五年远景目标的建议》进行讲解。

11月5日，北京市委常委、宣传部部长杜飞进一行到中国人民大学老校区调研文物保护与开放利用工作。校领导靳诺、郑水泉、顾涛等参加调研。

11月6日，学校启动“明德师说”系列讲座。副校长朱信凯出席系列讲座启动仪式暨首场讲座并致辞。

11月6日，学校召开学术期刊制度化对接方案落实工作会。校长刘伟出席会议。全校一流学科主责学院、教育部人文社会科学研究重点研究基地、研究生院、发展规划处、科研处、书报资料中心、期刊管理中心等单位负责人参加会议。

11月6日，学校举办主题为“关注消防、生命至上”的“119消防宣传日”消防安全宣传教育活动。学校党委副书记郑水泉、副校长顾涛出席活动。

11 月 6 日，副校长、农业与农村发展学院教授朱信凯牵头组织的国际合作项目“保护性耕作中的食物—能源—水耦合关系研究：基于作物与经济模型的综合评估”获得中美两国国家自然科学基金联合资助，这也是中国人民大学首次在该类项目中获得资助。

11 月 6—7 日，首届“明德艺术论坛”在学校举办。学校党委副书记、纪委书记吴付来出席开幕式并致辞。

11 月 7 日，首届中国高校 PPE 专业论坛在学校举办，来自北京大学、清华大学等十余所国内高校 PPE 专业的专家与师生代表参加本次论坛，英国牛津大学、伦敦国王学院等国外高校学者以视频方式参会。

11 月 7 日，关注全球青少年科技人才培养的公益项目——首届“全球青少年图灵计划”在中关村国家自主创新示范区展示中心举行颁奖典礼。副校长顾涛致辞。

11 月 9 日，学校党委理论学习中心组专题学习会暨中层干部专题培训会召开，主题为“学习贯彻党的十九届五中全会精神”。校领导靳诺、吴付来、郑水泉、刘元春、杜鹏、齐鹏飞、顾涛出席。

11 月 9 日，学校举办高瓴人工智能学院、高礼研究院 2020 年拔尖创新青年人才培养论坛暨首届学生开学典礼。学校党委书记、教育基金会理事长靳诺，党委副书记、纪委书记吴付来，副校长顾涛，高瓴资本创始人、中国人民大学校董会副董事长张磊出席活动。会前，靳诺会见张磊一行。

11 月 10 日，深圳虚拟大学园 2020 年联席会议暨校长论坛在深圳举行。副校长兼深圳研究院院长朱信凯出席会议并作为高校代表发言。来自深圳虚拟大学园 65 所成员院校的领导参加会议。

11 月 10—12 日，副校长朱信凯赴云南省西双版纳傣族自治州看望在当地开展野外考察的环境学院 2020 级明德环境“经济学—科学”拔尖人才实验班师生，并就与当地合作推进教学科研实践基地建设有关工作进行深入调研。

11 月 11 日，“艺术家进人大”公共艺术教育系列讲座第二讲在艺术学院音乐厅举行。中国男高音歌唱家、声乐教育家、国家一级演员李双江应邀做题为“心儿在歌唱”的讲座音乐会。学校党委副书记、纪委书记吴付来出席活动并致辞。

11 月 11 日，世界人文社会科学高校联盟 2020 年会、“人工智能＋”系列线上论坛开幕式暨首场论坛召开，主题为“人工智能与大数据技术应用”。来自联盟高校及高瓴人工智能学院的专家学者参加会议讨论，近 200 名观众通过线上方式观看会议直播。校长刘伟通过视频发表开幕致辞。

11 月 12 日，中国人民大学首都发展与战略研究院举办首都治理热点问题第一期研讨会“‘十四五’时期首都治理的大问题”。学校党委副书记郑水泉致辞。

11 月 12 日，学校第五轮学科评估工作启动会召开。校领导靳诺、刘伟、吴付来、郑水泉、刘元春、朱信凯、齐鹏飞出席。学校党委书记靳诺主持会议。副校长刘元春介绍第五轮学科评估工作要求、评估导向、评估标准。

11 月 12 日，学校党委书记靳诺、副校长刘元春会见来校访问的国家发展和改革委员会产业经济与技术经济研究所副所长费洪平一行，双方就开展智库合作等事宜进行交流。

11 月 13 日，吉林省政协主席江泽林就推进农业现代化工作来学校调研。校领导靳诺、朱信凯、顾涛会见江泽林一行。

11 月 13 日，第三届 21 世纪马克思主义论坛在学校举办，主题为“全面建成小康社会与开启现代化国家新征程”。中央马克思主义理论研究和建设工程咨询委员、原中共中央党史研究室主任欧阳淞，中央马克思主义理论研究和建设工程咨询委员、中国社科院党组成员、当代中国研究所所长、马克思主义研究院院长、习近平新时代中国特色社会主义思想研究中心执行主任姜辉，中央马克思主义理论研究和建设工程咨询委员、教育部习近平新时代中国特色社会主义思想研究中心副主任兼秘书长、教育部高等学校社会科学发展研究中心主任王炳林，中国人民大学党委副书记郑水泉等出席会议。

11月13日，中央组织部党建研究所杭泰斌巡视员一行来访，与当代政党研究平台（CPPS）相关专家学者进行座谈交流。学校党委副书记、纪委书记、当代政党研究平台首席专家吴付来出席并主持座谈会。

11月13日，中央宣讲团成员，教育部党组书记、部长陈宝生来学校调研中国人民大学习近平新时代中国特色社会主义思想研究院、国家发展与战略研究院，并为高校思想政治理论课教师和部分省份中小学思政课教师做导学报告。教育部社会科学司司长刘贵芹，校领导靳诺、刘伟、刘元春、齐鹏飞、顾涛陪同调研。

11月13日，庆祝中国人民大学国学院成立15周年纪念活动举行。学校党委副书记齐鹏飞、副校长王轶出席纪念活动。

11月13日，学校办公室、机关党委、校史研究室联合党支部承办机关党委“共享党课”活动。副校长王轶为机关党员解读《中华人民共和国民法典》的中国特色、实践特色、时代特色。

11月14日，2020年宝钢教育奖评选结果揭晓。中国人民大学多位师生荣获2020年宝钢教育奖。商学院教授王化成获宝钢优秀教师特等奖，理学院物理学系博士研究生徐升获宝钢优秀学生特等奖；马克思主义学院教授宋学勤、经济学院教授韩松、外国语学院副教授王珠英获宝钢优秀教师奖；哲学院林修能等7名本科生、信息资源管理学院杨文等4名研究生获宝钢优秀学生奖。

11月14—15日，“蛋白质复合物和定量蛋白质组学：理论、计算与实验”研讨会在学校举办。副校长王轶通过视频出席并致辞。

11月15日，中国人民大学中共党史党建研究院举办学习贯彻党的十九届五中全会精神座谈会暨中共党史党建研究院研究员聘任仪式。中国人民大学党委书记、中共党史党建研究院院长靳诺，党委副书记兼党委宣传部部长、党委统战部部长郑水泉，党委副书记兼党委组织部部长、马克思主义学院院长齐鹏飞出席会议。

11月16日，广西壮族自治区2021年定向中国人民大学选调应届优秀大学毕业生宣讲会在学校学生就业创业指导中心举办。宣讲会前，学校党委副书记齐鹏飞会见广西壮族自治区党委组织部副部长李伦兵一行。

11月16日，新疆大学马克思主义学院院长祖力亚提·司马义来访。学校党委副书记兼马克思主义学院院长齐鹏飞会见并出席座谈会。双方就中国人民大学支援新疆大学马克思主义理论学科建设等相关工作进行深入交流。

11月16日，学校党委副书记、纪委书记吴付来应邀为中国纪检监察学院“高校纪委纪检监察干部监督执纪执法业务培训班”授课，题目为“突出政治监督，强化日常监督，为高校落实立德树人根本任务提供坚强保障”。

11月16日，中国人民大学2019年和2020年中小学、幼儿园教师职务评审和岗位聘用各项会议在中国人民大学附属中学举行。副校长朱信凯出席会议，来自大学和附属中小学的20余位评审专家参加会议。

11月16日，中国人民大学副校长刘元春带队的师生校友一行走进吴玉章老校长故乡荣县玉章中学，举办“都来读书”暨图书捐赠活动。四川省自贡市委书记范波、市长何树平等会见副校长刘元春一行。

11月17日，农业与农村发展学院党委师生党员代表20余人赴新校区建设指挥部开展“走进新校区 筑梦新使命”主题党日活动。副校长、新校区建设总指挥长朱信凯参加活动。

11月17日，中国人民大学当代政党研究平台和马克思主义学院召开“21世纪马克思主义与世界政党——民间政党外交与人文交流”工作研讨会。学校党委副书记、纪委书记、当代政党研究平台首席专家吴付来主持会议。

11月17日，“首都当代中国马克思主义论坛·2020”在学校举办，主题为“21世纪马克思主义的理论创新与时代价值”。学校党委书记靳诺在论坛开幕式上致辞。

11 月 17 日，学校纪委举办纪检干部专题培训，中国人民大学当代中国政党研究中心主任、廉政建设研究中心主任周淑真受邀做题为《长期一党执政下的廉政建设》的报告。学校党委副书记、纪委书记吴付来主持，学校专职纪检干部、各二级党组织纪检干部，以及机关党委各支部纪检委员参加培训。

11 月 18 日，中国人民大学国家发展与战略研究院举办线上讲座“中国与世界讲堂：美国大选后的分析与思考”，邀请美国布鲁金斯学会约翰·桑顿中国中心主任、教授李成担任主讲嘉宾。副校长刘元春出席并致辞。

11 月 18 日，学校党委副书记、纪委书记吴付来应邀以“我校招标采购领域廉政风险警示”为题讲授机关党委共享党课。纪委办公室（监察处）、财务处、审计处、保卫处、资产与后勤管理处、实验室与教学条件保障处、校园建设管理处、信息技术中心、采购与招标管理中心等 9 个党支部以及新校区建设直属党支部、后勤集团党委的党员和入党积极分子共计 150 余人参加。

11 月 18 日，北京经济论坛（2020 年第三季度）总第 5 期以线上直播方式举办，主题为“北京宏观经济形势分析与预测（2020 年第三季度）——站在‘十四五’开局新起点的北京经济”。副校长刘元春出席。

11 月 19 日，中国人民大学创业集市暨大创表彰会举办。副校长顾涛做总结讲话。

11 月 19 日，北京市副市长卢彦一行来校调研北京高校思想政治理论课高精尖创新中心。学校党委书记靳诺、党委副书记齐鹏飞陪同调研。

11 月 19 日，第六届中国社会科学案例论坛举办，主题为“跨学科案例与数智时代会计专业学位研究生教育”。教育部学位与研究生教育发展中心主任黄宝印，副校长刘元春出席。

11 月 19 日，学校举行第三届校属企业董事、监事及高级管理人员培训会。副校长顾涛出席会议并讲话。教育部财务司国有资产管理处副处长章亿发、中国人民大学重阳金融研究院执行院长王文应邀做专题讲座。

11 月 19 日，学校召开 2020 年“读懂中国”活动总结暨青年教师座谈会。学校党委书记靳诺、党委副书记郑水泉出席。

11 月 19 日，第五届全国高校青年教师教学竞赛中国人民大学总结表彰会暨中国人民大学第十一届青年教师教学基本功比赛启动仪式举行。中国教科文卫体工会主席章国贤，北京市教育工会主席宋丽静，学校党委书记靳诺，党委副书记、工会主席郑水泉，党委副书记兼马克思主义学院院长齐鹏飞出席活动。活动由郑水泉主持。

11 月 20 日，法学院党委召开理论中心组扩大会议，学习传达中央全面依法治国工作会议精神，并就贯彻落实习近平法治思想提出要求。副校长兼法学院党委书记、院长王轶等参加会议。

11 月 20 日，青海民族大学党委副书记、校长马维胜一行来访。学校党委书记靳诺、副校长兼学校办公室主任顾涛会见马维胜一行，双方就学科建设、人才培养等事宜进行座谈。

11 月 20 日，学校办公室、机关党委、校史研究室联合党支部召开专题学习会，党委书记靳诺围绕学习《习近平谈治国理政》（第三卷）主题讲授党课。副校长、学校办公室主任、机关党委常务副书记、联合党支部书记顾涛主持学习会。

11 月 21 日，学校党委书记靳诺带队赴河北正定考察华北大学旧址建设保护情况，并看望河北校友。

11 月 21—22 日，“可持续发展目标”论坛 2020 年年度会议通过 ZOOM 在线会议平台举办，来自中国、美国、新加坡等多个国家的 12 名国际知名专家学者发表演讲。

11 月 23 日，来华留学质量认证专家组来校进行现场审查，中国教育国际交流协会副会长张秀琴带队，哈尔滨工业大学国际教育学院院长顾建政任组长。学校党委书记靳诺、校长刘伟、副校长杜鹏会见张秀琴一行，并出席进校说明会。杜鹏出席现场审查反馈会。

11月23日，北京市顺义区第四期“梧桐工程——干部人才引进计划”暨2021年公务员、事业编公开招考现场推介会在学校举办。推介会前，学校党委副书记郑水泉会见顺义区委常委、区政府副区长徐晓俊一行。

11月23日，新疆塔城市第四中学首届“人大班”举行开班仪式，学校党委书记靳诺致信祝贺，向“人大班”全体师生致以诚挚问候。

11月24日，学校举行第十一届青年教师教学基本功比赛工作协调会，校党委副书记、工会主席郑水泉出席会议。

11月24日，中国人民对外友好协会美大工作部主任沈昕一行来访。副校长杜鹏会见沈昕一行，双方就签署协议、开展合作项目等事宜进行深入探讨，并达成多项共识。

11月24日，学校举行学习《习近平与大学生朋友们》学生座谈会，师生共同交流研读收获和感悟。学校党委书记靳诺出席并讲话，党委副书记郑水泉主持会议。

11月25日，应用经济学院与滴滴发展研究院数字经济战略合作签约仪式在学校举行。副校长王轶、滴滴出行高级副总裁庞基敏出席仪式并致辞。

11月25日，中国人民大学—腾讯协同创新实验室揭牌仪式举行。副校长王轶，腾讯公司副总裁王巨宏、李纲出席。

11月25日，“薪火相传学四史，砥砺奋进奔小康”中国人民大学第十五届国情知识竞赛决赛举办。学校党委副书记郑水泉出席。

11月26日，副校长顾涛会见来校访问的山东省委组织部副部长龚文东一行，双方就推进省校合作、开展选调生招录工作等事宜进行座谈。

11月26日，副校长兼学校办公室主任顾涛会见来校访问的长治学院党委书记郝勇东一行，双方就北方大学在长治办学时期史料收集情况以及学科建设等事宜进行座谈。

11月27日，党委书记靳诺、副校长朱信凯赴深圳看望全国人大常委会原副委员长李铁映同志，同时看望中国人民大学校友、深圳人大教育基金会名誉理事长、深圳信立泰药业股份有限公司董事长叶澄海，以及在深出席第十二届俄罗斯东欧中亚与世界高层论坛的学界代表、中国前驻俄罗斯大使李凤林和社科院学部委员李静杰，并赴招商银行总行和中国人民大学深圳研究院调研。

11月27日，2021年辽宁省选调生招录宣介会在学校学生就业创业指导中心举办。宣讲会前，副校长杜鹏会见辽宁省委组织部副部长孙嘉峰一行。

11月27日，校领导刘伟、吴付来、齐鹏飞、顾涛会见来校访问的福建省委常委、组织部部长杨贤金一行，双方就深化合作等事宜进行座谈。顾涛主持座谈会。

11月27—28日，“中国俄罗斯东欧中亚学会会员代表大会暨第十二届俄罗斯东欧中亚与世界高层论坛”在深圳举办，副校长、深圳研究院院长朱信凯出席开幕式并致辞。

11月30日，北京市东城区2021年公务员招录走进中国人民大学宣讲会在学校学生就业创业指导中心举行。副校长杜鹏出席活动并致辞。

12月1日，学校社会保险管理中心揭牌仪式举行，学校党委书记靳诺、校长刘伟、副校长朱信凯，原副校长吴晓球出席揭牌仪式。

12月3日，中国人民大学召开专业学位水平评估工作部署会。校领导靳诺、刘伟、吴付来、郑水泉、刘元春、齐鹏飞、顾涛出席会议。靳诺主持会议。

12月3日，2020年国家社科基金重大项目立项名单正式公布，中国人民大学17个项目获得资助，立项总数位居全国第一，刷新学校国家社科基金重大项目单次立项纪录。

12月4日，北京市哲学社会科学规划办公室正式公布2020年北京市社会科学基金项目立项名单。中国人民大学获批30项，其中重大项目7项、重点项目11项、青年项目5项、一般项目7项，重大项目立项数和立项经费总额居北京市首位，规划类项目立项总数居北京市第一位。

12月4日，广州市2021年定向中国人民大学选调优秀应届毕业生宣讲会举办。宣讲会前，学校党委副书记齐鹏飞会见广州市委组织部副部长、公务员局局长杜丽霞一行。

12月5日，北京市委书记蔡奇到中国人民大学通州校区、北京学校、环球影城主题公园及度假区检查调研。他强调，要学习贯彻党的十九届五中全会精神，落实市委十二届十五次全会要求，传承历史文化底蕴，挖掘优质文旅资源，提升教育公共服务水平，把北京城市副中心打造成古今同辉的人文城市。市委副书记、市长陈吉宁一同检查调研。

12月5日，苏州市网格学院暨首期网格实务能力提升培训班启动仪式在苏州校区举行。副校长兼法学院院长王轶，苏州市委常委、政法委书记徐美健，江苏省国家安全厅副厅长姜爱国等出席启动仪式。

12月5日，广东省中山市“333”博硕士引育计划和选调生招录宣讲会举办。宣讲会前，副校长朱信凯会见中山市委常委、组织部部长欧阳贵有一行。

12月5日，中国人民大学人文社会科学学术成果评价研究中心顾问会暨复印报刊资料年度评价成果专家研讨会在学校召开。来自中国科学院等多家科研机构、高校的学术评价研究学者、科研管理专家和期刊主编等30余人与会。学校副校长刘元春出席会议并致辞。

12月6日，第三十四届“一二·九”合唱音乐节在明德堂举办，来自30个学院（书院）的19支代表队（联队）参加比赛，参演师生逾2 000人。校领导靳诺、吴付来、朱信凯、齐鹏飞、顾涛、王轶出席活动并颁奖。

12月6日，中国人民大学政治学论坛2020暨首届历史政治学年会举行，主题为“大一统与治理现代化”，副校长王轶出席开幕式。

12月9日，副校长、苏州校区管委会副主任杜鹏以“贯彻落实党的十九届五中全会精神 推动苏州校区国际化办学事业的新发展”为主题在苏州校区宣讲党的十九届五中全会精神。

12月9日，学校举办2019级“红船领航”计划马克思主义经典研习会。学校党委副书记齐鹏飞出席活动并讲话。

12月10日，教育部公布第八届高等学校科学研究优秀成果奖（人文社会科学）评选结果，中国人民大学共有84项成果获奖，获奖成果总数取得较上一届39项翻番的可喜成绩，再创历史新高。中国人民大学84项成果中包括著作论文奖70项、咨询服务报告奖2项、普及读物奖2项、青年成果奖10项。其中，著作论文奖共有一等奖13项，是上一届3项获奖数的四倍多，二等奖41项，在上一届11项的基础上增长近三倍，三等奖16项。

12月10日，“苏州·丝路论坛2020：‘十四五’规划与‘一带一路’高质量发展”在苏州校区举办。国内外专家学者及丝路学院中外学生100多人深入解读“十四五”规划，启动“一带一路”国际教育高校联盟战略合作。

12月10日，南京理工大学党委书记张骏一行来访。校长刘伟会见张骏一行并就学科建设等事宜进行座谈，副校长兼学校办公室主任顾涛出席会见并主持座谈会。

12月10日，副校长朱信凯一行赴复旦大学等高校开展专项调研。此次专项调研是学校为进一步深化人才人事制度改革，充分整合各方力量共同交流和问策高校教师队伍建设，完善教职工分类管理，从队伍建设层面助力学校“双一流”建设而启动的人才人事工作专项调研。

12月11—12日（美东时间），中国人民大学北美校友会品牌活动“北美明德论坛”2020年会以网络研讨会形式举办，年会主题是“后疫情时代的经济展望与创投机遇”。副校长刘元春代表学校致辞，并就后疫情时代的中国经济展望发表主旨演讲。

12月12日，学校党委书记靳诺，党委副书记、纪委书记吴付来一行赴西藏民族大学调研，看望慰问援藏干部，并就进一步推动对口支援西藏民族大学工作进行座谈交流。

12 月 12 日，外国语学院线上举办“词与世界”第九届研究生学术论坛。本届论坛共设置主会场及 13 个分会场，来自各语种语言学、文学、翻译和文化四大方向的 147 名研究生分享他们的学术成果。副校长、外国语学院院长杜鹏做开幕式致辞。

12 月 12 日，尼山世界儒学中心理事长、学校党委书记靳诺赴陕西出席“民胞物与 和合天下 纪念张载诞辰 1 000 周年学术研讨会”开幕式并致辞。学校党委副书记、纪委书记吴付来一同出席纪念活动。

12 月 13 日，中国人民大学校友会第七届理事会第二次会议暨第二届校友论坛在厦门举办。中国人民大学校长、校友会会长刘伟，副校长、校友会常务副会长杜鹏，党委原常务副书记、校友会副会长张建明出席活动。

12 月 14 日，宁夏 2021 年选调生招录暨人才政策宣介会在学校学生就业创业指导中心举行。宣讲会前，副校长杜鹏会见宁夏回族自治区党委组织部副部长刘成孝一行。

12 月 14 日，中俄友好、和平与发展委员会中方教育理事会第五届年会以线上形式举行。理事会中方主席、副校长杜鹏及 11 家理事单位代表出席会议。

12 月 15 日，校长刘伟、副校长兼中国人民大学附属中学联合学校总校校长朱信凯、副校长顾涛会见来访的兰坪一中校长张寅一行，双方就教育扶贫等事宜进行座谈。

12 月 15 日，在 2020 年首都高校武术比赛中，中国人民大学武术队斩获佳绩，共获得 19 项冠军、3 项亚军、1 项第四名、1 项第五名，冠军总数位列首都高校第一名。

12 月 16 日，马克思主义学院中共党史党支部举办学习贯彻党的十九届五中全会精神主题党日活动，教育部党组成员、副部长田学军，教育部政策法规司司长邓传淮，学校党委书记靳诺，党委副书记兼党委组织部部长、马克思主义学院院长齐鹏飞出席活动。

12 月 16 日，中国人民大学学习贯彻党的十九届五中全会精神教育培训大会暨 2020 年党校结业典礼举行。学校党委副书记、校长刘伟以《构建新发展格局，推动经济高质量发展》为主题做报告，党委副书记齐鹏飞主持会议。

12 月 16 日，首都规划建设委员会办公室主任、北京市规划和自然资源委员会主任、党组书记张维一行赴中国人民大学老校区调研文物保护与开放利用工作，东城区副区长陈献森，校领导朱信凯、顾涛等参加调研。

12 月 16 日，学校学位评定委员会第九届第十一次全体会议召开。会议由校长、校学位评定委员会主席刘伟主持。校学位评定委员会副主席王利明、吴晓球、孙郁，校学位评定委员会委员刘大椿、袁卫、冯惠玲、伊志宏、郝立新、陈岳、杨瑞龙、翟振武、郭庆光、刘凤良、杜小勇、张志铭、郭庆旺、姚新中、黄兴涛、龙永红、杨开峰参加。

12 月 16—17 日，2021 教育政务新媒体年会在海口举行。学校党委副书记郑水泉出席会议并发布《2020 教育政务融媒体海口宣言》。

12 月 17 日，中国人民大学副校长顾涛带领学校交通安全工作部门联席会检查组，对学校办公室、后勤集团、出版社、附中、附小等公车单位进行 2020 年度交通安全工作检查。

12 月 17 日，第七届“好记者讲好故事”活动走进中国人民大学。十二位新闻工作者结合自己的采访经历，分享优秀新闻作品背后的故事。

12 月 17 日，中国人民大学体育产业研究院（正定）在河北体育学院正定新校区揭牌。

12 月 17 日，副校长王轶会见来访的保定市副市长杨伟坤一行，双方就进一步深化校地合作有关事宜进行座谈。

12 月 17 日，副校长朱信凯到理学院开展人事工作专题调研，深入了解理学院与各系人事工作情况。

12 月 18 日，学校举行科技文化专题系列讲座。中国老科学技术工作者协会副会长、国际欧亚科学院院士冯长根做题为《今天，我们怎样做科研》的报告。学校党委书记靳诺在活动前会见冯长根院士，副校长顾涛出席会见并主持讲座。

12 月 18 日，学校党委副书记、纪委书记、当代政党研究平台首席专家吴付来一行访问中共中央对外联络部，就深化政党理论研究和推进双方合作展开交流。中联部副部长沈蓓莉会见吴付来副书记一行。

12 月 18—19 日，2021 年第十七届中国人力资源管理新年报告会暨中国人才发展高峰论坛在学校举办，学校党委副书记齐鹏飞教授及北京市人才工作局副局长杨纲出席开幕式并致辞。

12 月 19 日，新文科与一流经济学本科专业建设研讨会在学校举办。中国人民大学校长、教育部高等学校经济学类专业教学指导委员会主任委员刘伟和来自全国百余所经济学院校的 100 多位校长、院长出席研讨会。

12 月 19 日，中国人民大学国际关系学院举办 70 周年庆典暨“中国与世界政治”学术研讨会。原国务委员戴秉国，中央统战部副部长、国务院侨办主任潘岳，全国政协常委、港澳台侨委员会副主任裘援平出席活动。活动开始前，学校党委书记靳诺会见戴秉国、潘岳、裘援平等同志以及参会嘉宾。学校原党委书记马绍孟，党委副书记郑水泉，原副校长李昭公等参加会见。

12 月 19 日，中国人民大学国际学院金融风险管理学科全球顾问委员会（GAB）与风险建模全球专家委员会（GEC）2020（第五届）年度会议暨第十届人大独墅湖金融论坛在苏州校区举办。副校长顾涛出席并致辞，原副校长吴晓球发表主题演讲。

12 月 19—20 日，首届全国高等学校外语课程思政教学比赛在北京举行现场决赛。中国人民大学外国语学院大学英语课程思政教学团队荣获本科大学英语组特等奖。

12 月 21 日，副校长王轶在人大出版社参加学习习近平总书记给人民教育出版社老同志重要回信精神座谈会，并就出版社发展情况及“十四五”规划编制情况进行调研。

12 月 22 日，法国驻华大使罗梁来校访问。学校党委书记靳诺会见罗梁一行，就进一步推进中法教育和文化交流做交流。

12 月 22 日，中国人民大学发布《关于表彰 2020 年中国人民大学教学标兵、教学标兵提名奖的通报》，马克思主义学院陈崎等 12 名教师荣获“中国人民大学教学标兵”称号，苏州校区曹睿昕等 10 名教师荣获“中国人民大学教学标兵提名奖”。

12 月 22 日，全国政协副主席、九三学社中央常务副主席邵鸿一行来访，并出席九三学社中国人民大学委员会成立大会。学校党委书记靳诺、党委副书记兼党委统战部部长郑水泉出席活动。

12 月 22 日，教育、女性与可持续发展论坛 2020——“教育扶贫与女性发展”专题研讨会在学校召开。中国教育国际交流协会会长刘利民，学校党委书记靳诺，法国驻华大使罗梁，中国青少年发展基金会党委书记、理事长郭美荐，中国教育国际交流协会副会长、中国常驻联合国教科文组织原大使衔代表张秀琴，全国政协常委、国务院参事甄贞等出席。

12 月 23 日，学校 2020—2021 学年秋季学期本科教学期末工作例会召开。相关单位负责人及各学院主管本科教学副院长和教务秘书参加会议。

12 月 23 日，学校党委书记靳诺、副校长顾涛以“百年未有之大变局”为主题讲授形势与政策专题研讨示范课。校党委副书记、马克思主义学院院长齐鹏飞，党委学生工作部及马克思主义学院相关负责人到场听课。

12 月 24 日，中国人民大学召开 2021 年度京外调干工作专题会。校领导刘伟、朱信凯、齐鹏飞出席。

12 月 25 日，北京市教育委员会公布 2020 年度北京市高等学校教学名师奖获奖名单，法学院莫于川教授和财政金融学院王芳教授荣获第十六届北京市高等学校教学名师奖，理学院物理学系张威教授和新闻学院黄河教授荣获第四届北京市高等学校青年教学名师奖。

12 月 26—27 日，中国人民大学考点 2021 年全国硕士研究生招生考试初试顺利举行。2021 年共有 24 118 名考生报考中国人民大学硕士生，其中在中国人民大学考点参加考试考生 6 583 人，考点共安排 254 个考场，分布在校内六个教学楼。

12 月 29 日，国家石油天然气管网集团有限公司与中国人民大学战略合作框架协议签约暨国家管网集团党校揭牌仪式举行。学校党委书记靳诺、党委副书记兼马克思主义学院院长齐鹏飞、副校长顾涛出席仪式。

12 月 29 日，学校举行研究生教育会议，国务院学位委员会办公室副主任、教育部学位管理与研究生教育司副司长徐忠波，全体在校校领导刘伟、郑水泉、刘元春、杜鹏、朱信凯、齐鹏飞、顾涛出席会议，副校长刘元春主持会议。

12 月 29 日，北京市港澳台侨学生教育管理研究分会 2020 年会以线上线下相结合方式举办。教育部港澳台事务办公室副主任王志伟，北京市港澳台侨学生教育管理研究分会理事长、副校长杜鹏，北京市教育委员会港澳台侨事务办公室主任潘芳芳在中国人民大学线下会场出席会议，来自北京市各高校的代表线上参加会议。

12 月 30 日，杜鹏副校长出席中俄友好、和平与发展委员会 2020 年中方全体会议。全国政协副主席、党组成员，国务院港澳事务办公室主任、党组书记，中俄友好、和平与发展委员会中方主席夏宝龙，外交部副部长乐玉成，中国政府欧亚事务特别代表李辉以及委员会下属 16 个理事会代表共 57 人出席会议。

12 月 31 日，学校党委理论学习中心组（扩大）专题学习会召开，主题为“习近平总书记关于教育的重要论述和习近平法治思想”。学校党委书记靳诺主持会议，在校校领导吴付来、郑水泉、刘元春、杜鹏、朱信凯、齐鹏飞、顾涛、王轶出席。

附录二 2020年媒体报道中国人民大学的部分文章目录索引

专题部分

1. 新年专题

中国人民大学2020年新年贺词 学习强国，2020/01/02
万众一心加油干，为全面建成小康社会而奋斗——习近平主席2020年新年贺词在首都干部群众中引起热烈反响 北京日报，2020/01/02
2020第一天，13所高校师生校友同唱《我的祖国》! 微言教育，2020/01/02
最真挚的祝福献给你——我的祖国 央视影音，2020/01/02
最真挚的祝福献给你——我的祖国 央视新闻，2020/01/02
2020，你好丨中国人民大学校友共同唱响《我的祖国》 学习强国，2020/01/02
2020，你好丨中国人民大学校友共同唱响《我的祖国》 央视新闻，2020/01/02
2020年第一天，这首歌献给祖国! 央视新闻，2020/01/02
北京市中小学“传统文化迎新年” 现代教育报，2020/01/02
你好2020 丨《我的祖国》 央视影音，2020/01/02
最真挚的祝福献给你——我的祖国 CCTV新闻联播，2020/01/02
新年首发! 听人民大学、北航全球师生校友歌唱祖国丨我的2020① 微言教育，2020/01/03

2. 防疫专题

陈璇：瞒报疫情、哄抬物价、制售假口罩、传播谣言，该当何罪? 人民网，2020/02/01
PHEIC认定无需反应过度，其认定有助国际协调共同抗疫 澎湃新闻，2020/02/01
打赢这场战“疫” 专家回应民生法律七问 正义网，2020/02/02
莫于川、林嘉、王旭、陈璇、姚海放：疫情防控中的重点法律问题 中国法律评论，2020/02/02
林嘉：企业推迟复工，工资怎么算? 法律专家解答 人民日报，2020/02/02
专家线上圆桌：区块链可解决新型肺炎物资分配难题 新京报，2020/02/02
田宏杰：拒不履行防疫义务的刑法治理 检察日报，2020/02/03
刘瑞明：不应过度关注疫情带来的短期经济影响 人民网，2020/02/03
张楠迪扬：对战疫情谣言：信任机制与信息治理 澎湃新闻，2020/02/03
刘瑞明：“谣言处罚权”是一把双刃剑，要实现公开透明可证实 澎湃新闻，2020/02/03
刘晓光：PHEIC认定有利于加强国际合作和各方援助 人民网，2020/02/03

马亮：疫情防控，“心里没数”的干部趁早让路　凤凰网，2020/02/03
聂辉华：为什么不能随意封路？　四川日报，2020/02/03
马亮：除了为疫情防控捐款，企业还可以如何承担社会责任　澎湃新闻，2020/02/03
范志勇：守住稳定底线，避免“双骤停”引发系统性风险　澎湃新闻，2020/02/03
孙文凯：企业应当如何应对疫情？　网易新闻，2020/02/03
马亮：各地疫情防控能力有差距 比拼的是谁的改革更深入　新京报网，2020/02/03
曹刚：疫情防控带来的七大伦理问题　党建网，2020/02/05
王鹏：中国有必要设立防疫常备军　FT 中文网，2020/02/05
王宏伟：社会力量参与防疫应急，是“帮手”也是“主体”　新京报，2020/02/05
专家线上圆桌：区块链可解决新型肺炎物资分配难题　中国数字经济咨询与服务平台，2020/02/05
专家线上圆桌：这几项 AI 技术可助抗击新型肺炎　新京报，2020/02/05
专家线上圆桌：利用心理画像，对这 4 类人实施疫情心理干预　新京报，2020/02/05
疫情防控，教育系统在行动 战“疫”没有假期　光明日报，2020/02/05
刘俊海：面对疫情 股票投资者应放弃机会主义心理　网易财经，2020/02/06
在精准摸排基础上，帮助企业复产复工　新京报，2020/02/06
疫情来袭，如何保障农产品供给　光明日报，2020/02/06
毛寿龙：社会力量如何在抗击疫情中发挥作用　中国青年报，2020/02/06
中国人民大学发起“为湖北加油”网络征集活动　人民日报，2020/02/06
春天会来，花儿会开！　学习强国，2020/02/07
中国人大心理学专家建议：针对四类人群精准实施疫情心理干预　中国教育新闻网，2020/02/07
人民大学湖北籍学生发起网络征集“为湖北加油、向逆行者致敬”　新华网，2020/02/07
专家建议：运用群体心理画像，精准实施疫情心理干预　中国网，2020/02/07
人大心理学教师圆桌讨论精准实施疫情心理干预　北京头条，2020/02/07
刘晓光：当前更需要加大财政支出力度　人大国发院，2020/02/07
防疫情、促经济，两手抓两手硬的八点政策建议　人大重阳，2020/02/07
刘元春：疫情不改中国经济长期向好趋势　人民日报，2020/02/07
疫情中人群可分防疫隔离群体等四类，中国人民大学心理学专家建议——对不同人群精准实施心理干预　中国教育报，2020/02/08
刘鹏：各地疫情防控措施不可一刀切和锦标赛式升级　界面新闻，2020/02/10
陶文昭：“疫情大考”淬炼“中国之制”　北京日报，2020/02/10
疫情就是命令 防控就是责任　人民法院报，2020/02/10
孟涛：中国应组建国家级应急决策指挥和议事协调机构　观点中国，2020/02/10
叶裕民：建立大城市迁移人口新冠肺炎防控机制　观点中国，2020/02/10
王丛虎：政府预警系统要重视收集民意民情　观点中国，2020/02/10
郭瑜：在重大灾难面前，必须注重效率原则　观点中国，2020/02/10
王莉丽：全面加强“新冠疫情”国内外舆论管理　观点中国，2020/02/10
林坚：防控疫情的四个维度：源头、依法、系统、综合　观点中国，2020/02/10
叶裕民：大城市迁移人口新冠肺炎防控四大政策建议　观点中国，2020/02/10
涂永前：应急管理应遵循的六个路径　观点中国，2020/02/11
分析疫情经济影响需要关注的维度和政策建议　澎湃新闻，2020/02/11
疫情下的污水处理厂是怎么做好消毒灭菌的？　中国环境报，2020/02/11
疫情下的网络教学：这么近，那么远　中国科学报，2020/02/11

关于做好新型冠状病毒感染的肺炎疫情防控工作档案资料管理的建议 中国档案报，2020/02/11
停课不停学，首都高校这样做 北京考试报，2020/02/11
春天不会太远，我已经听到它的消息……北京高校学子抗疫歌曲暖心上线 现代教育报，2020/02/11
刘旭：疫情致能源需求短期下降，政企应协作应对 观点中国，2020/02/12
防控疫情如何兼顾科研，清华人大鼓励攻关新型冠状病毒 北京日报，2020/02/12
新冠肺炎疫情防控中的政策选择 澎湃新闻，2020/02/12
世图推出《抗新冠肺炎心理自助手册》 今日头条，2020/02/12
焦虑、恐慌、孤独……我们该如何建立自己的心理屏障？世图公司出版《抗新冠肺炎心理自助手册》 文汇报，2020/02/12
《抗新冠肺炎心理自助手册》来了，为疫期心理健康自助提供专业指导 北京日报，2020/02/12
战“疫”心声：一个独自在家的元宵节 人民网，2020/02/13
习近平总书记重要讲话鼓舞首都干部群众——恪尽职守，“战疫”必胜！ 北京日报，2020/02/13
程大为：将疫情危机转变为制造业升级发展的契机 观点中国，2020/02/13
于春海：疫情对我国经济的影响与应对 观点中国，2020/02/13
范志勇：各地应根据实际情况，尽快落实复工复产 观点中国，2020/02/13
疫情期间师生常见心理问题有哪些？3 位心理学教授详解 | 用“心”战“疫”② 教育部，2020/02/14
识心、育心、安心：青年群体心态秩序之建构 光明日报，2020/02/14
疫情虽险，但中国经济韧性仍在 海外网，2020/02/14
王文：科学统筹让经济运行平稳有序 经济日报，2020/02/14
林坚：强化意识、明确责任，进一步健全公共卫生安全机制 光明网，2020/02/14
邢姝、王东辉：坚决破除疫情防控中的形式主义官僚主义 人民网，2020/02/14
疫情虽险，但中国经济韧性仍在 光明网，2020/02/14
中国人民大学广西校友海外采购防护用品赠广西一线防疫人员 中国新闻网，2020/02/15
积极复工的台湾青年：扎根大陆信心不减 中国新闻网，2020/02/15
邓矜婷：可疑传染病的早期预警亟待加强 观点中国，2020/02/17
疫情将如何影响中国经济？ 中国圆桌，2020/02/17
王宏伟：健全应急管理体系须换向换挡 环球网，2020/02/17
疫情是否将影响房价？来听人大专家解析 北京日报，2020/02/17
为校园筑起阻挡病毒的“长城” 中国教育报，2020/02/17
“战疫”同时，中国已在谋划这 5 件大事 中国新闻网，2020/02/17
疫情是对城市基础设施建设的一次“大考” | 专家线上圆桌 新京报智库，2020/02/17
王宏伟：疫情防控关键时刻，中央释放六大改革信号 海外网，2020/02/17
龚群：公共健康及其优先性 光明日报，2020/02/17
应急法治，为了长久安宁——对话中国人民大学法学院教授莫于川 光明日报，2020/02/17
郑功成：防疫物资保供要“计划、市场”两手硬 光明日报，2020/02/18
大学生志愿者，抗疫队伍中的重要力量 光明日报，2020/02/19

董少鹏：加快复工复产 改革发展不停步 央视网，2020/02/19
刘鹏：用市场监管治理破解野生动物市场难题 中国网，2020/02/19
孟涛：传染病突发事件治理的法律原则 中国社会科学报，2020/02/19
王宏伟：疫情防控关键时刻，中央释放六大改革信号 人民日报海外版，2020/02/19
聂辉华：抢占复工复产先机地方要敢于创新 中国经营网，2020/02/19
马亮：在重大突发事件中提升应急管理能力 国家治理周刊，2020/02/19
于春海：疫情对经济的滞后影响需要高度关注 光明网，2020/02/19
Upward trajectory will continue China Daily，2020/02/19
在线教学，一次教学模式改革的契机？ 中国科学报，2020/02/19
疫情下的网络教学：这么近，那么远 中国科学报，2020/02/19
疫情期间如何调节紧张情绪？心理专家给出 7“心”建议丨用“心”战“疫”⑩ 微言教育，2020/02/20
效率倍增！一名“AI 话务员”担三成社区排查工作量 北京日报客户端，2020/02/21
30 余名法制人一周完成《新冠肺炎相关法治研究摘编》 北京日报，2020/02/21
心理画像可调节情绪缓解压力 光明日报，2020/02/21
Governance system at crossroads China Daily，2020/02/21
王丛虎：越是危机关头越彰显中国法治精神 中国网，2020/02/21
做好科学防疫与复工复产的平衡 中国青年报，2020/02/21
“一罩难求”期口罩该不该限价？ 北京日报，2020/02/21
强化法律责任保护野生动物（法治头条） 人民日报，2020/02/21
他们，共同守护高校！他们，是最可爱的人 现代教育报，2020/02/21
China's governance model in response to the coronavirus outbreak CGTN，2020/02/22
毛寿龙：反思疫情教训，建立科学有效的防疫体系和治理体系 光明网，2020/02/23
战疫情，北京高校思政课教师“同备一堂课” 新华社，2020/02/23
贞观十五年，大唐有疫 中国青年报，2020/02/23
涨租、吃差价、违约赶客……部分长租公寓平台乱象调查 新华社，2020/02/23
刘鹏：口罩销售的哄抬物价认定标准应适度放宽 界面新闻，2020/02/23
北京多所高校暂停线下招聘会活动 央视网，2020/02/23
“疫情防控语音机器人”人民大学社区上岗 24 小时值守 北京日报，2020/02/23
“四大咖”领衔 北京高校思政课教师“同备一堂课” 光明网，2020/02/23
法国人马大克：中国加油！武汉加油！中国一定能取得胜利！ 人民网，2020/02/24
封面圆桌丨蝙蝠不算野生动物？野生动物法定概念是否应“更新” 封面新闻，2020/02/24
徐拥军 龙家庆：谨防“停课不停学”认识误区 积极推进教育教学改革 人民网，2020/02/24
搭建“瞭望哨” 构筑“防护墙”——读者热议公共卫生安全体系建设 人民健康网，2020/02/24
疫情中求职难？20 多万个就业岗位静候求职者 北京日报客户端，2020/02/24
李英武 卞伟：用“心”化解疫情防控中的检查冲突 人民网，2020/02/24
统筹推进疫情防控和经济社会发展 学者“云”对话聚焦四大议题 人民网，2020/02/24
技术攻关 一览群智助力首都打赢新冠“战疫” 人民网，2020/02/24
对近期复工企业，人大文化科技园减免不超过 15 天的房租 北京日报，2020/02/25

坚定信心全力做好北京疫情防控工作 北京日报，2020/02/25
“防疫证明”岂能流于形式？ 新华每日电讯，2020/02/25
沉下心、扑下身，誓夺双胜利——知识界学习贯彻习近平总书记“2·23”重要讲话精神 光明日报，2020/02/25
郭英剑：当学生“隐入”屏幕，教学该怎样进行 中国科学报，2020/02/25
Fan Zhiyong：Integrity as nexus must be maintained China Daily，2020/02/25
郑功成：社会保障是抗击新冠肺炎疫情的重要制度保障 光明日报，2020/02/25
李庆四：《华尔街日报》为何死不道歉 北京日报，2020/02/26
同舟共济 众志成城（我们的心声） 人民日报，2020/02/26
《抗新冠肺炎心理自助手册》免费提供疫期心理指导 中国教育报，2020/02/26
专家：应对疫情的社保新政要精准执行，分类施策 人民网，2020/02/26
赵忠：使短期高校扩招政策更好地服务社会经济发展的长期目标 人民网，2020/02/26
林嘉：新冠肺炎疫情防控期间就业促进的制度应对 人民网，2020/02/26
金灿荣教授开讲：国际角度看中国战“疫” 新浪视频，2020/02/26
金灿荣：国际角度看中国战“疫” 中国网，2020/02/26
金灿荣教授开讲：国际角度看中国战“疫” 新浪教育，2020/02/26
人大战“疫”短视频今天开讲 光明日报，2020/02/26
金灿荣教授开讲：国际角度看中国战“疫”｜人大战“疫”短视频① 人民日报，2020/02/26
中国人民大学副校长刘元春：坚持底线思维加强疫情应对政策储备 经济参考报，2020/02/26
有担当！这些高校学子志愿奉献，不做战“疫”局外人！ 现代教育报，2020/02/26
畜牧业面临考验：饲料进不来、产品出不去，怎么办 中国经济网，2020/02/27
提高疫情防治人员薪酬钱从哪出？何时到位？专家解答 人民网，2020/02/27
如何从国际角度看中国战“疫”？中国人民大学金灿荣教授开讲｜战“疫”公开课⑥ 微言教育，2020/02/27
抗击疫情要更加重视发挥社会保障的作用——中国社会保障学会与光明网召开抗击新冠肺炎疫情与社会保障研讨会观点摘编 光明网，2020/02/27
转变认知，分解压力，复工战“疫” 光明网，2020/02/27
全国20多个省级人大常委会出台防控疫情相关决定 中国新闻网，2020/02/27
出版界在最短时间出版多种疫情防护读物 中华读书报，2020/02/27
凝聚在党旗周围坚定必胜之信心——习近平总书记在统筹推进新冠肺炎疫情防控和经济社会发展工作部署会议上的重要讲话引发热烈反响 光明日报，2020/02/27
人民大学家书博物馆征集抗疫书信、日记 已收到百余封 北京头条，2020/02/27
抗疫情 保民生：如何压实“米袋子”、拎稳“菜篮子” 光明日报，2020/02/27
疫情与财政｜货币政策不能过度反应，目前通胀已较明显 澎湃新闻，2020/02/27
为了公众知情权，该不该交出个人隐私？ 工人日报，2020/02/27
疫情大考亦是改善治理的契机 中国纪检监察杂志，2020/02/27
以“正向符号”矫正消费认知偏差 北京日报，2020/02/27
中国人民大学战“疫”短视频 金灿荣教授首讲《国际角度看中国战“疫”》 今日头条，2020/02/27

标题	来源，日期
脱贫攻坚，瞄准目标再发力	人民日报，2020/02/28
栾轶玫：直播在抗疫报道中的运用——以《人民战“疫”》为例	人民网，2020/02/28
加快健全公共卫生体系与医疗保障制度	光明网，2020/02/28
高贵武：从人民网《人民战“疫”》直播看主流媒体的责任担当	人民网，2020/02/28
让每一份爱心善意都及时得到落实	光明网，2020/02/28
将疫情防控实践带入思政课堂	光明日报，2020/02/28
产业升级孕育更大潜力	经济日报，2020/02/28
政策帮到位 自己加把劲	人民日报，2020/02/28
当志愿者、捐助物资上百万元……大学生创业的战“疫”故事	北京日报，2020/02/28
区块链战“疫” 多场景应用开启	经济参考网，2020/02/29
“宅经济”催生传统金融机构与金融科技平台新竞合	人民网，2020/02/29
要确保平稳复工，但不必草木皆兵	新京报，2020/02/29
区块链人工智能该怎样抗疫，这次疫情之后就清楚了	新京报，2020/02/29
赵忠：破解疫情期间的歧视问题需要对症下药	人民网，2020/02/29
公益作品展播：黄华三以画笔记录无怨无悔的“逆行者”	BOE 画屏，2020/02/29
刘太刚教授九条抗疫建言丨疫情拐点未明慎言复工 财政人员整体减薪……	法学学术前沿，2020/02/29
坚持“五个到位” 落实“十项措施” 国家发展改革委积极协调推进中国人民大学通州新校区项目安全有序复工	国家发展改革委，2020/02/29
郭英剑：如果大规模停课事件发生在美国	中国科学报，2020/02/29
百余封抗疫家书 带来温暖与力量	北京青年报，2020/02/29
总计 2.6 亿余元！中国人民大学全球校友爱心向湖北汇集	湖北日报，2020/02/29
陈胜前：瘟疫的考古学思考	中国文物报，2020/03/01
张雪松：“不惜一切代价”是对谁说的？这是一个伦理问题！	中国伦理在线，2020/03/01
杨子强：“老师，我能为武汉做点什么？”（行与思）	人民日报，2020/03/01
孟虹：新型肺炎疫情带来的国际挑战与机遇	北京周报，2020/03/01
复工复产在行动 大数据里看变化 远程办公助力企业复工	央视网，2020/03/01
有声与无声的守护，让逆行父母“背”感温暖	新华视点，2020/03/01
中国人民大学疫情期间开展“网上就业”服务	北京青年报，2020/03/01
中国人民大学师生开展义务献血支持战“疫”	新华社，2020/03/01
臧峰宇：马克思的生命观及对超越焦虑的启示	光明日报，2020/03/02
祁凡骅：转变认知，分解压力，复工战“疫”	光明网，2020/03/02
稳就业“组合拳”援企稳岗安民心	人民网，2020/03/02
陶文昭：增强忧患意识是党治国理政的重大原则	北京日报，2020/03/02
刘太刚：国家借钱给疫区的困境家庭吧，以反向国债的形式	法学学术前沿，2020/03/02
禁食野生动物之路还有多远？专家：修订野生动物保护法	正义网，2020/03/02
疫情防控要处理好社会保障稳定性与灵活性的关系——中国社会保障学会与光明网召开抗击新冠肺炎疫情与社会保障研讨会观点摘编（六）	光明网，2020/03/03
马亮：疫情大考为国家治理体系和治理能力现代化按下了“快进”键	光明网，2020/03/03
“一罩难求”下的个人防护：不能指望国家大包大揽	人民网，2020/03/03

观点 | 疫情背景下应引导宅文化健康发展　人民网，2020/03/03
统筹推进，习近平的战“疫”方略系列解读之五——蹄疾而步稳，“世界工厂”的机器声已隆隆响起　人民网，2020/03/03
人大教授金灿荣：从国际角度看中国战“疫”　光明网，2020/03/03
六校法学名家首推在线公益讲座 助力疫情防控　人民网，2020/03/03
为疫情防控提供法治保障　光明日报，2020/03/03
“在经历中学习——疫情防控公开课”将亮相“学习强国”学习平台　学习强国，2020/03/04
林坚：加强群防群控，筑牢基层防线　光明网，2020/03/04
“授人以渔”引导学生自主在线学习　法制日报，2020/03/04
各地大学生积极投身防疫一线 战“疫”中的青春担当　中国青年报，2020/03/04
胡天龙：财税先行 全力支持防控疫情促发展　中国财经报，2020/03/04
双“特”战“疫”| 16 位特级校长眼中“停课不停学”应该是这样的　首都教育，2020/03/05
“防疫”“脱贫”如何两手抓、齐发力　光明日报，2020/03/05
绵薄之力背后的温度——部分高校党员师生自愿捐款支持疫情防控工作剪影　光明日报，2020/03/05
大学直播课，效果怎么样　光明日报，2020/03/05
刘春荣：在抗“疫”斗争一线考察识别干部　经济日报，2020/03/05
为助力疫情防控和复工复产 我们的普惠金融变了　人民日报，2020/03/05
如何看待新冠肺炎疫情影响下 2020 年中国经济增长　学习强国，2020/03/05
和你在一起：学工系统战“疫”群像　北京日报，2020/03/05
逆风飞扬，文旅行业寻找春的消息　光明日报，2020/03/05
复工率背后的“复岗率”：35 个重点城市复工情况到底如何?　界面新闻，2020/03/05
中国人民大学校长刘伟：疫情下中国经济发展态势　新浪新闻，2020/03/05
刘伟校长讲授“新冠肺炎疫情影响下中国经济发展态势展望”介绍　中国网，2020/03/05
中国人民大学校长刘伟：疫情下中国经济发展态势　新浪教育，2020/03/05
中国人民大学战“疫”短视频 校长刘伟讲解新冠肺炎疫情影响下中国经济发展态势　今日头条，2020/03/05
国家治理现代化实践逻辑的有益探索　求是网，2020/03/05
北京市教委首都高校线上疫情防控公开课今天上线　CCTV 朝闻天下，2020/03/05
疫情之下中国经济走向如何? 人民大学校长为你“划重点”　北京日报，2020/03/05
孔祥智：化危为机，大力发展农业社会化服务产业　中国网，2020/03/05
《老师请回答》 大中小学生同上一堂课分享成长故事 勇于担当成为青少年的责任与使命　北京日报，2020/03/05
吕捷：应对疫情，稳定农业生产保供基础性作用　农民日报，2020/03/05
刘伟校长开讲：新冠肺炎疫情影响下中国经济发展态势展望　人民日报，2020/03/05
李迎生：发挥社会工作在疫情防控中的专业优势　光明日报，2020/03/06
从国民级应用到社会治理帮手：微信助力提升数字化治理水平　新华社，2020/03/06
陈胜前：我们发掘了两处史前瘟疫遗址，得出了一些启示　观察者网，2020/03/06
朱信凯 田晓晖：新冠肺炎疫情对全年粮食生产不会造成较大　农民日报评论，2020/03/06

冲击

中国人民大学校长刘伟：疫情影响下中国经济如何发展｜战“疫”公开课⑩ 微言教育，2020/03/06

人大校长喊你上课，36 万老铁聆听 2020 经济大势 未来网，2020/03/06

快手精品课，36 万网友聆听 2020 经济大势 北京日报，2020/03/06

控疫情稳经济两手抓两手都要硬 经济日报，2020/03/06

北京：9 位专家开讲为大学生解读疫情防控 新华社，2020/03/06

疫情防控面对面：武汉居民生活保障问题受关注 人民网，2020/03/06

预告！“全国大学生同上一堂疫情防控思政大课”即将在线直播 教育部，2020/03/06

应急志愿者，特别关爱给特别的你 光明日报，2020/03/07

王贵松：日本政府为何无法“硬核”抗疫？ 中国宪治网，2020/03/07

莫于川：如何理解疫情防控中的“吹哨人”“信息披露”等法律制度 中国宪治网，2020/03/07

中国慈善联合会副会长谈红会风波：慈善事业须以公信力为本 人民日报，2020/03/07

严金明：凝心聚力打赢脱贫攻坚战：挑战、路径与未来 光明日报，2020/03/07

中国经济战“疫”录：决胜脱贫攻坚：一个战场，两场战役 中新网，2020/03/07

郑重的承诺必须如期实现——聚焦决战决胜脱贫攻坚座谈会的新信号 新华社，2020/03/07

中国与世界共筑战“疫”防线 人民日报，2020/03/08

柔肩担重任 巾帼立新功 人民日报，2020/03/09

刘金龙：中国野生动物养殖相关产业年产值约 6 000 亿，政策不可“一刀切” 观点中国，2020/03/09

毫不松懈，确保如期打赢这场硬仗——习近平总书记在决战决胜脱贫攻坚座谈会上的重要讲话引发强烈反响 光明日报，2020/03/09

人大校长刘伟：疫情之下的中国经济态势 光明微教育，2020/03/09

周蔚华：尽快补齐社会治理体系建设中的媒介素养缺失短板 光明网，2020/03/09

职工医保改革方向确定 个人账户逐步向门诊统筹过渡 中国新闻网，2020/03/09

刘金龙 马磊娜：和疫情形势一起向好发展的，还有社会的凝聚力 观点中国，2020/03/09

王义桅：公共外交的本质是民心相通 北京日报，2020/03/09

马亮：制度优势转化为治理效能的四个前提 学习时报，2020/03/09

留不住人，民营银行下一个五年怎么走 国际金融报，2020/03/10

鲁全：切实发挥社会保障制度在疫情防控中的积极作用 光明网，2020/03/10

田志达：行百里者半九十：社区疫情防控还须平稳过渡 人民网，2020/03/10

万勇：恶意抢注被驳回：如何解读这波知识产权治理操作 光明网，2020/03/10

中央地方 800 项政策密集出台，中小企业如何扛过艰难时刻？ 新华网，2020/03/10

疫期多地市民放松警惕扎堆聚集 逐步解封并不意味着毋需防控 法制日报，2020/03/10

徐拥军、陈怡：不隔血脉侨情 共筑海内外战“疫”防线 中国网，2020/03/10

李文钊：论应急事件的国家治理体系 北京日报，2020/03/10

一堂特殊的思政大课 人民网，2020/03/10

疫情背景下的经济增长及宏观政策选择 中国经济时报，2020/03/10

全国大学生同时在线多个词条冲上热搜榜话题榜 人民网，2020/03/10

支付宝全面转型数字生活开放平台 助推服务业数字化浪潮 光明网，2020/03/10
王晋斌：正确理解国际金融市场的剧烈波动 中宏网，2020/03/10
王宏伟：如何应对灾难复杂化新趋势？ 财经，2020/03/10
郭英剑：全球超2.9亿学生停课，各国高校如何应对？ 中国科学报，2020/03/10
林晨：逆境催生新产业新模式 人民日报海外版，2020/03/10
脱贫攻坚绷紧弦 CCTV焦点访谈，2020/03/10
从国际角度看中国防疫 学习强国，2020/03/10
秦宣：疫情防控充分彰显中国特色社会主义制度优势 人民网，2020/03/10
“如期完成脱贫目标，我们底气十足”——习近平总书记在决战决胜脱贫攻坚座谈会上重要讲话引发强烈反响 光明日报，2020/03/11
感受“家”的温暖 坚守“家”的安全 海淀街道之声，2020/03/11
数字化助力服务业“提质扩容” 人民日报海外版，2020/03/11
高校辅导员 初心谱“战歌” 现代教育报，2020/03/11
卞永祖：读懂中国经济保卫战中的制度力量 北京日报，2020/03/11
国家电网将国家政策红利落到了实处 访中国人民大学国际能源战略研究中心主任许勤华 电网头条，2020/03/11
人民大学考博初复试推迟 北京日报，2020/03/12
中国人民大学经济学院党委书记、院长刘守英讲解《瘟疫与人类发展》 新浪教育，2020/03/12
刘守英教授开讲：瘟疫与人类发展丨人大战“疫”短视频③ 人民日报，2020/03/12
刘元春：中国经济有能力快速回归向好发展轨道 中国经济网，2020/03/12
张云飞：“生命共同体”：社会主义生态文明的本体论奠基 中国社会科学网，2020/03/12
这堂思政大课真励志、很过瘾、挺解渴 人民网，2020/03/12
《人民战“疫”》云端研讨 专家学者建言献策 人民网，2020/03/12
违规收费、“天价隔离费”频现，这笔钱究竟该谁出？ 新京报，2020/03/12
人勤春来早 春耕备耕忙——各地农业生产扫描 人民日报，2020/03/12
专访王文：全球化休克季，青年的“危”与“机” 中国青年杂志，2020/03/12
中国法学会：贯彻依法防控精神 积极发挥智库作用——铸就捍卫公共卫生安全的强大法治武器 人民网，2020/03/12
切实减轻企业负担推动复工复产 法制网，2020/03/13
家书纸短 家国情长：访中国人民大学家书博物馆副馆长张丁 中国纪检监察报，2020/03/13
如何慎终如始善作善成打好战“疫”？学者在线“云”建言 人民网，2020/03/13
“云录制”节目《经济战疫·复工》：战疫最前沿的硬核中国装备 央视网，2020/03/13
这家县级融媒体中心妙招服务群众“宅”生活 新华每日电讯，2020/03/13
汪三贵：多措并举夺取战“疫”战贫双线胜利 人民网，2020/03/13
经济长期向好趋势不变 疫情之下中国经济韧性强 北京日报，2020/03/13
新冠病毒大流行凸显全球抗疫处于关键时刻 中央纪委国家监委网站，2020/03/14
沈江平：坚持自我革命 决胜疫情大考 光明网，2020/03/14
观点中国：新冠肺炎疫情或成为影响美国大选的决定性因素 中国网，2020/03/15
短期冲击不足惧（经济长期向好的基本面没有改变①）——疫情影响下的中国经济观察 人民日报，2020/03/15
吴晓球：市场现在不要持有过度悲观的预期 网易，2020/03/15

鲁全：谎报病情者治疗费自理，财政不为添乱行为埋单 新京报，2020/03/15
万勇：在法治轨道上进行知识产权治理 光明日报，2020/03/16
侯深：文化与自然协同演化的复杂历史 光明日报，2020/03/16
郑新业：高质量统筹推进疫情防控和脱贫攻坚 光明日报，2020/03/16
再接再厉战疫到底——文艺界、社科界热议习近平总书记在湖北考察疫情防控工作时的重要讲话 光明日报，2020/03/16
专访李义平：不能借经济发展低估隔离措施 中国科学报，2020/03/17
东京奥运会堪称当今日本一号工程 北京日报，2020/03/17
刁大明：当选情遇上疫情：选举逻辑与科学规律孰先孰后 澎湃新闻，2020/03/17
陷入困境的美国战疫 中央纪委国家监委网站，2020/03/17
“云录制”节目《经济战疫·复工》：“奶瓶子”背后的战疫能量 人民网，2020/03/17
王国刚：发挥好金融在支持疫情防控和促进经济发展中的作用 光明日报，2020/03/17
让青春在奋斗与担当中闪光 光明日报，2020/03/17
家底厚实大盘稳——疫情影响下的中国经济观察 人民日报，2020/03/17
提升本科教学质量如何发力 中国教育报，2020/03/17
刘英：多措并举稳住外贸外资基本盘 光明日报，2020/03/18
从三个复工复产故事看中国制造 北京日报，2020/03/18
以行动书写青春篇章 人民日报，2020/03/18
刘元春：大规模扩内需成政策重心 时代周报，2020/03/18
马亮：疫情传播不分国界 防控要责任共担 中国青年报，2020/03/18
志愿者变身小老师，“宅家”困难生线上开课了 北京日报，2020/03/18
《疫情防控“简明汉语”》正式上线发布 教育部，2020/03/18
一米心理｜胡邓：焦虑是人的一种本能 新华社，2020/03/19
健康消费驶入快车道（消费视窗·降低疫情影响稳定居民消费④） 人民日报，2020/03/19
李义平：疫情防控体现我国经济体制优势（大家手笔） 人民日报，2020/03/19
王易：发挥家庭家教家风在基层社会治理中的重要作用 助力打赢疫情防控阻击战 中国妇联新闻，2020/03/19
贾晋京：美股一再熔断会引发全球经济危机么？ 北京日报，2020/03/20
疫情防控面对面：“教科书式回国”引热议 人民网，2020/03/20
王文：美联储“挑雪填井”作用有限 加强抗“疫”国际合作是正道 证券日报，2020/03/20
专家谈后疫情时代的人力共享：未来将呈现多元就业格局 人民网，2020/03/21
各国各方一定要携起手来共同努力（望海楼） 人民日报，2020/03/21
高校思政大课 讲好战“疫”故事 人民网，2020/03/21
刘洋：疫情污名折射美国国家能力缺失 光明网，2020/03/21
稳就业 疫情之下决战决胜脱贫攻坚的关键一环 人民网，2020/03/21
中国人民大学学者就当前疫情防控的建议 环球网，2020/03/21
陈忠阳：加强风险管理与国家管理制度现代化 人民日报海外版，2020/03/21
许勤华：国际油价狂跌的真正诱因：全球能源格局的巨大变化 人民网，2020/03/21
刁大明：污名化中国只能显出美国的孤立与困顿 光明日报，2020/03/21
服务业数字化方兴未艾 光明日报，2020/03/22
中国人民大学战“疫”短视频 秦宣教授讲解疫情防控下中国特 今日头条，2020/03/22

色社会主义的制度优势
守望相助 共抗疫情 CCTV 焦点访谈，2020/03/22
刘元春：世界疫情大爆发或致全球经济深度衰退，中国经济政策需再调整 21 世纪经济报道，2020/03/22
尽一己之力，这些高校师生投身抗疫 现代教育报，2020/03/22
心理危机干预成为战“疫”重要一环 紧急心理援助分级分类“解心结” 法制网，2020/03/23
制度优势综合国力相互映照 北京日报，2020/03/23
维护良好秩序 从身边小事做起（来信综述·面对疫情，我们怎么做⑤） 人民日报，2020/03/23
一起抗疫｜意大利锁国记 DAY12：口罩的故事 博大汉语，2020/03/23
吴付来：中国共产党是爱国主义精神最坚定的弘扬者和实践者 光明日报，2020/03/23
不负苍生——黄华三“画”说抗疫英雄 京艺苑，2020/03/24
杨东：发挥数字经济平台独特优势 助力疫情防控更加有序有效 人民日报，2020/03/24
运动能否缓解心理紧张？听心理学专家解答 教育部新闻办，2020/03/24
“文化产业版权保护与管理”公益直播课第一期圆满结束 中国经济网，2020/03/24
于春海：海外疫情之下“稳外贸”，不能只围着数据“打转” 新京报，2020/03/24
疫情如何影响大国竞争战略规划 澎湃新闻，2020/03/24
刘鹏：直面“三高症”，施治基层形式主义 半月谈，2020/03/24
代志新：加快生物安全领域科技发展 更好应对生物安全危机 人民网，2020/03/24
王丛虎：疫情防控仍需“咬定青山不放松”（观点中国） 中国网，2020/03/24
今天，老师把学校的春天寄给你：疫情散去，我们校园相见可好？ 北京青年报，2020/03/25
涂永前：危机治理中的政府主导与公民参与 光明日报，2020/03/25
王莉丽：呼吁美方搁置争议与中国携手共同抗疫 中国网，2020/03/25
刁大明：应对疫情更需要全球化这味解药 北京日报，2020/03/25
@新型农业经营主体，最新支持措施来了 经济日报，2020/03/26
与中国风雨同舟——来华留学界抗疫纪实 中国教育新闻网，2020/03/26
社区治理微循环如何打通 人民日报，2020/03/26
温铁军、陈高威：在疫情防控实践中提高乡村治理效能 农民日报，2020/03/26
张晓萌：运用制度威力应对风险挑战 光明日报，2020/03/26
人民战“疫”汇聚伟大精神：共克时艰 有战必胜 人民网，2020/03/26
分餐制，落实真那么难吗？ 新华社，2020/03/26
“大课堂”提升获得感——北京市坚持首善标准增强学校思政课实效性 中国教育报，2020/03/26
助力口罩零缺陷，京企研发无纺布 AI 检测“神器” 北京日报，2020/03/26
人大重阳研究院：中国市场有“三稳”和“四强” 央视财经，2020/03/26
新生代志愿者：带来“疫”线暖意——访中国人民大学公共管理学院教授魏娜 解放军报，2020/03/26
刘元春：重启经济停摆不能只靠新基建 中国经济时报，2020/03/26
Beijing and Washington should fight outbreak together China Daily，2020/03/26
我在坚守｜我和爸爸都是战疫志愿者 中国交通网，2020/03/27

温铁军：利用好疫情防控契机 进一步完善城乡基层治理（新知新觉） 人民日报，2020/03/27
刁大明：合力抗疫进入世界议程 光明日报，2020/03/27
中国人民大学教授马亮：政务直播发展需要不断创新求变 中新网，2020/03/27
携手战“疫”，习近平“四点倡议”展示大国责任担当 中国共产党新闻网，2020/03/27
视频面试 居家签约 首都高校助力学生“云就业” 现代教育报，2020/03/27
面对抹黑泼污该回击就要回击 北京日报，2020/03/27
这份“中国答案”科学有效，展现大国担当 光明日报，2020/03/28
世界经济危急关头“中国担当”提振士气 光明日报，2020/03/29
把疫情问题“政治化”是全球合作抗“疫”的毒瘤 人民网，2020/03/29
高圣平：“调判结合”在复工复产民商事案件审判中意义重大 人民法院报，2020/03/29
肖建国：用这四个关键词解读复工复产民商事典型案例 人民法院报，2020/03/29
参考时评｜王义桅：“六面镜子”揭示全球抗疫 参考消息，2020/03/30
疫情危中有机 高校毕业生多措并举稳就业 人民日报，2020/03/30
郭英剑：疫情时期，如何保障线上教学质量 中国科学报，2020/03/30
王义桅：战“疫”的中国精神与深刻启示 南方日报，2020/03/30
祁凡骅：疫情之后，政府治理将发生四大变化 人民网，2020/03/30
刘元春：这次危机是系统性停摆 不是周期性冲击 网易新闻，2020/03/30
县长直播带货：高手在机关？ 澎湃新闻，2020/03/30
税收政策添动力 复工复产加速跑 人民日报，2020/03/30
聚焦重点人群 打好“稳就业”政策组合拳 光明日报，2020/03/30
人大教授秦宣：从战疫谈中国特色社会主义的制度优势｜光明教育公开课④ 光明微教育，2020/03/30
王文：世界对这次疫情缺乏想象力 新浪财经，2020/03/30
刘元春：世界经济已经迈入全面衰退期——高度重视极端情形的出现 北京日报，2020/03/30
涂永前：政府与社会协同提升危机治理能力 社会科学报，2020/03/31
唐鑛、王征：启用疫情时期集体协商简易机制 打造中国特色劳动关系“稳压器” 人民网，2020/03/31
中国声音提振全球战“疫”信心（环球热点） 人民日报海外版，2020/03/31
李立国：重大疫情给教育改革创新带来的启示 光明日报，2020/03/31
搭建“云平台”打好“精准牌” 中国教育报，2020/03/31
温铁军、陈高威：稳“三农”基础，稳经济大局（新征程新篇章） 人民日报海外版，2020/03/31
专家：目前居民消费需求暂时被抑制 市场仍将会平稳增长 中国经济网，2020/03/31
“头腾”之争背后的互联网垄断变迁 人民网，2020/04/02
新冠肺炎患者人均医疗费用 1.7 万元背后：以人民为中心的医保制度 中央纪委国家监委网站，2020/04/02
心理防疫战将成为下阶段重点，外贸中小企业将面临“至暗时刻” 人民网，2020/04/02
全球发力“新基建”（新型基础设施建设系列述评（4）） 人民日报，2020/04/02
疫情冲击世界经济 扩大内需应对影响 人民网，2020/04/02
金灿荣、王赫奕：深刻认识当前国际秩序的“美国困境” 北京日报，2020/04/02
G20 如何加强国际宏观政策协调 光明日报，2020/04/02

分享战疫经验 聚焦国际合作——中国外文局举办抗击疫情国际智库云论坛 中国网，2020/04/02
解决缺资金难题，多举措降本减负 千方百计助力个体工商户复工复产 人民日报，2020/04/03
农贸联：挖掘批发市场核心功能 加强数字化等能力升级 人民网，2020/04/03
“解锁”线上求职 应届生准备好了吗 中国青年报，2020/04/03
深入分析、全面权衡我国经济发展面临的新挑战 有力有序推动复工复产提速扩面 人民日报，2020/04/03
卡夫卡与西班牙大流感 中华读书报，2020/04/03
陈涛：《传染病》——疫情下的众生相 央广文艺之声，2020/04/03
王家新：“词语重如山，我们拖不动” 南方都市报，2020/04/03
《我是传奇》：在虚拟的未来空间重塑现实世界 央广文艺之声，2020/04/03
宋华：供应链金融要想获得更长远的发展 一定要从人际信任走向数字信任 万联网，2020/04/03
百名中国学者致信美国社会：政治化、污名化声音无助于遏制疫情蔓延 中国共产党新闻网，2020/04/03
泪目！各地学校这样缅怀逝者、致敬英雄…… 光明微教育，2020/04/04
战疫情 往前冲——首都高校教师党员抗击疫情侧记 人民网，2020/04/04
张晓萌：有理想 有本领 有担当 争做堪当大任的时代青年（新知新觉） 人民日报，2020/04/05
挂牌督战 52 个贫困县决战脱贫攻坚 央视网，2020/04/06
王旭：牢牢守好外防输入第一关 中国纪检监察报，2020/04/06
范志勇：疫后经济“重启”需要一次总需求的大推动 人民网，2020/04/07
多地发放消费券，发挥乘数效应成关键 新京报，2020/04/07
马亮：发消费券还是发现金？政府刺激消费的政策工具选择 澎湃网，2020/04/07
金灿荣：抗疫大考揭示国际政治现实 环球网，2020/04/07
人大副校长刘元春做客国民财富大讲堂深入解读“疫情冲击与超常规宏观经济政策选择” 新华网，2020/04/07
吕捷、Maria Haro Sly：疫情之下南美国际大豆主产区的政策应对 中国网，2020/04/07
郭英剑：疫情时期，美国大学打破了哪些常规 中国科学报，2020/04/08
路磊、徐曦昊：建立完善全面禁食野生动物执法管理体系 法制日报，2020/04/08
韩星：中国传统文化中的感恩精神 光明网，2020/04/08
王利明、王旭：加快公共卫生重点领域立法 中国社会科学报，2020/04/08
Consumption’s commission China Daily，2020/04/08
刘守英：应高度重视疫情引发的农民问题 网易新闻，2020/04/09
海淀社区有个“洋马甲”：疫情期间要为我的家做点事儿 北京日报，2020/04/10
杨东：数字经济平台在抗疫中发挥重大作用 红旗文稿，2020/04/10
王东、刘芮杉：建立不忘初心、牢记使命的制度意义重大（有的放矢） 人民日报，2020/04/11
杨庆祥：后疫情时代将对人类亲密关系构成重要挑战 北青艺评，2020/04/12
疫情之下，法律如何应对“不测风云”——访中国法学会民法学 光明日报，2020/04/12

研究会副会长王轶
王义桅：全球性问题呼唤构建人类命运共同体　经济日报，2020/04/14
刘元春：政策着力点应从数字目标转向底线管理　中国经济时报，2020/04/14
抗击疫情 惟有合作　中国纪检监察报，2020/04/14
数字经济的理论、实践与未来发展　光明日报，2020/04/15
扶贫产业纠偏提质　瞭望周刊社，2020/04/15
赵锡军：高水平开放提升中国金融业实力（开放谈）　人民日报海外版，2020/04/15
陈彦斌：一揽子宏观政策要对症下药而不是力度越大越好　光明网，2020/04/15
结合实际、精准聚焦 这样的消费券才能用着“真香”　科技日报，2020/04/15
一切为了人民，弘扬敬佑生命的仁爱之心　光明日报，2020/04/15
李义平：疫情冲击下的民营经济困境与对策　澎湃新闻，2020/04/15
抗疫情谋发展 东亚合作路线图出炉　央视新闻，2020/04/15
史际春：着眼复工复产持续优化营商环境（大家手笔）　人民日报，2020/04/16
中国人民大学教授郑功成：支撑武汉发展的有利因素没有改变　长江日报，2020/04/16
国际政要“确诊冲击波”　新华社，2020/04/16
刘玉书：网络直播走红反映疫后数字经济三大变化　中国网，2020/04/16
助力湖北毕业生就业 全国高校出击　中国青年报，2020/04/16
网格重服务 治理更精细（法治头条·对话社会治理④）　人民日报，2020/04/16
刘元春谈停摆后经济恢复：不能简单搞救助政策叠加“锦标赛”　澎湃新闻，2020/04/16
支持经济复苏 用好“看得见的手”　中国青年报，2020/04/17
毫不放松，筑牢疫情防控的铜墙铁壁——习近平总书记在湖北考察疫情防控工作时的重要讲话在知识界引发热烈反响　光明日报，2020/04/17
莫于川：依法防疫采取紧急行政措施的生物安全法治课题——写在“4·15”第五个全民国家安全教育日　法制网，2020/04/17
刁大明：美国疫情防控陷入联邦制迷局　北京日报，2020/04/17
试行“周末 2.5 天”弹性作息，会否仅仅“看上去很美”？　新华网，2020/04/17
供需双萎缩，中国如何“危中寻机”　人民网，2020/04/17
3 月全国多地房价环比止跌回升　北京日报，2020/04/17
王文：团结合作才是抗疫正道（望海楼）　人民日报海外版，2020/04/17
北京高校校长书记上台讲“思政课”　北京日报，2020/04/17
刁大明：新冠肺炎疫情凸显关注人类共同命运的迫切性　光明日报，2020/04/17
一季度经济数据公布 解码数字背后的信心与活力　人民网，2020/04/18
为了上好课，这些教授“主播”们各出奇招　人民网，2020/04/18
深化改革开放 保持中国经济长期向好　CCTV 新闻联播，2020/04/18
2020 年新型城镇化建设路线图出炉　经济日报，2020/04/19
专家从六方面解读稳住经济基本盘 兜住民生底线（经济新方位）　人民日报，2020/04/19
中国经济战“疫”录：一季度农业平稳发展　中国新闻网，2020/04/19
人大重阳：坚决回击六类“甩锅中国”的国际谬论　光明网，2020/04/20
“四字诀”助力解决大学生就业难题　光明日报，2020/04/20
王文、王鹏：构陷中国的论调终将被扫入历史尘埃　北京日报，2020/04/20
陶文昭：以底线思维做好应对准备　北京日报，2020/04/20
黄兴涛、陈鹏：“细菌”“病毒”概念的传播与中国现代卫生防疫　光明日报，2020/04/20

观念的兴起
金灿荣：疫情后全球化会有部分逆转 民粹主义值得警惕 中国网，2020/04/20
首都高校同心战“疫”，铸魂育人“不断档” 现代教育报，2020/04/20
经济战“疫”录：“六稳”后再提“六保” 中国经济强化底线思维 中国新闻网，2020/04/20
吴晓球：疫情之后，中国资本市场的发展机会在哪里？ 央视财经，2020/04/21
战疫中如何破解大学生就业难题 中国教育报，2020/04/21
严金明：防止疫情叠加经济放缓带来“预期恐慌” 光明日报，2020/04/21
郑功成：完善现行政策，汇各方之力共同应对 光明日报，2020/04/21
抗疫无国界 共护一个家 人民日报海外版，2020/04/22
高敏雪：－6.8％，一次不可能复制的压力测试 澎湃新闻，2020/04/22
全球进入大隔离状态 这个世界会好吗？ 看天下，2020/04/22
刁大明：后疫情时代要坚决反对“逆全球化” 北京日报，2020/04/22
张楠迪扬：区块链如何抗疫？ 新京报，2020/04/23
杨伟国：加速发展数字平台经济，扩大新增就业空间 时代周报，2020/04/23
贾晋京：美国政客们，多干点实事吧！ 人民日报海外版，2020/04/24
祁凡骅：不畏疫情遮望眼，咬定青山不放松 光明网，2020/04/24
应对疫情挑战 中国筑牢脱贫攻坚“最后一道防线” 中国新闻网，2020/04/24
罗思义：世界迫切需要思想领导力 光明日报，2020/04/25
今日亚洲：海外战疫日记 央视中文国际，2020/04/25
“你们爱的学校，我们来守护！” 现代教育报，2020/04/25
如何降低孩子焦虑情绪，适时开展生命教育？心理学专家来解答 微言教育，2020/04/25
“我们也是战士”——人文社科工作者“智”援战疫的故事 光明日报，2020/04/26
“一带一路”智库合作联盟发表倡议 呼吁共同开展“战”疫斗争 中国共产党新闻网，2020/04/26
米面油货足价稳 跟风抢购不可取 经济日报，2020/04/27
疫情防控知识融入北京高校思政课 北京青年报，2020/04/27
中国抗疫斗争的生动实践：人民至上 生命至上 CCTV 新闻联播，2020/04/28
陈彦斌：疫情冲击凸显中国构建“世界工厂＋世界市场”新模式的紧迫性 光明网，2020/04/28
赵淑梅：在疫情防控常态化条件下深入践行党的群众路线 光明日报，2020/04/28
扩内需 稳经济 保民生——经济学家谈坚定实施扩大内需战略 光明日报，2020/04/28
顾亚奇：抗疫纪实影像：中国精神的生动表达 光明日报，2020/04/29
鲁全：彰显中国特色社会保障体系优势 人民日报，2020/04/29
共抗疫情 受访青年民族自豪感在提升（满分 10 分，受访青年给自己民族自豪感打出 9.57 分） 中国青年报，2020/04/30
“消费券”与经济复苏学术研讨会举办 光明网，2020/04/30
刘金龙：城乡格局会因新冠肺炎疫情的大流行而重塑 光明网，2020/04/30
发挥公共消费的带动作用（大家谈） 人民日报，2020/04/30
黄华三：画家后撤，让画中的英雄走到人们面前来 央视网，2020/04/30
抗疫故事走进北京市学校思政课堂 人民网，2020/05/01
抗疫经历给青年带来了哪些变化 中国青年报，2020/05/01
【战“疫”说理】全球疫情防控的中国力量与中国速度 人民论坛网，2020/05/02
“新冠肺炎疫情和全球格局演变”视频会议举办 光明网，2020/05/03

专访曾湘泉：疫情波及大量就业人口，保就业需先稳住存量 第一财经，2020/05/06
中高考延期 考生需要哪些支持 中国青年报，2020/05/07
旅游市场，在回暖中蓄势待发 光明日报，2020/05/07
合奏民歌为意大利加油（全球抗疫进行时） 人民网，2020/05/07
数字技术助力全球疫情防控 人民日报，2020/05/08
刁大明：只想“甩锅”的美国政客已经六神无主 北京日报，2020/05/08
全国已查获问题口罩近九千万只 保持打击假劣防护用品高压态势 法制日报，2020/05/08
臧峰宇：疫情防控要善于抓住主要矛盾 光明日报，2020/05/08
李英武、秦昊：战“疫”常态化，中小企业如何开展心理援助？ 人民网，2020/05/09
王义桅：病毒是人类共同的敌人 中国纪检监察报，2020/05/10
王义桅：共抗疫情促进人类政治文明发展 北京日报，2020/05/11
长沙市部分餐饮场所见闻：“公筷公勺”上桌难在哪？ 新华网，2020/05/12
董佳：思政课要讲透中国抗疫的制度优势 光明日报，2020/05/12
环球深观察 全球战“疫”两个月 美国“成绩单”为啥不好看？ 央视新闻，2020/05/12
坚定实施扩大内需战略 让百姓敢消费能消费愿消费 中国经济网，2020/05/13
多举措发力，保民生兜底线 光明日报，2020/05/13
让“南丁格尔之灯”的光芒更加闪亮 中国妇女报，2020/05/13
刘永谋：一场关于权利、自由与治理的大论战 环球，2020/05/13
哪种模式更好？中美德三国专家激辩 中国科学报，2020/05/14
抗击疫情，首都高校青年们交出合格答卷！ 现代教育报，2020/05/15
战“疫”特辑丨郑功成：加快完善社会保障制度 更好发挥其在疫情防控和经济社会发展中的作用 中国劳动和社会保障法律网，2020/05/15
应对市场新挑战 多措并举稳就业——疫情之下的中国就业市场景气指数调研 光明日报，2020/05/15
不到一个半月，3次考察调研，总书记都说了同一件事 CCTV焦点访谈，2020/05/16
IMF拟再向下修正全球经济预测 中国该如何对冲经济影响？ 中新经纬，2020/05/17
每一个平凡的你，都是战“疫”英雄 现代教育报，2020/05/17
疫情改变了哪些习惯 人民网，2020/05/18
一切为了人民 紧紧依靠人民 CCTV东方时空，2020/05/18
“非常”时期将有哪些“非常”之策？ 解放军报，2020/05/18
彻头彻尾的伪命题与充斥谎言的政治操弄——权威专家评别有用心者炒作“台湾参加世卫大会” 人民日报，2020/05/18
宋东霞、刘畅：家校共育 铺好学生进入社会的最后一里路 光明日报，2020/05/19
教育部直属系统老同志在抗疫斗争中发挥独特优势和作用 教育部老干部之家，2020/05/20
李庆四：美国政客的锅是甩不掉的 光明日报，2020/05/20
进一步完善重大疫情防控体制机制 经济日报，2020/05/21
王义桅：炒作中国“被孤立”是什么心理？ 环球时报，2020/05/21
高校平凡英雄书写抗“疫”故事 人民网，2020/05/22
刘洁：艺术创作检验时代教育成果——对新冠肺炎疫情中师生艺术作品教育价值的思考 中国教育报，2020/05/22
世卫大会凝聚抗疫共识 全球治理迎来“中国机遇” 中国青年报，2020/05/22

应急管理“大咖”热议政府工作报告　中国应急管理报，2020/05/25
陈彦斌：应对当前困境既要宏观政策加力提效也要深化市场化改革　光明网，2020/05/25
金灿荣：从国际视角看中国的防疫战　中国教育电视台，2020/05/30
靳诺：完善重大突发事件下的高校应急治理体系　光明日报，2020/06/01
中外专家视频研讨“疫情防控中的中西方人权观比较”　新华网，2020/06/01
对话时代青年 共叙家国情怀——人民日报进校园“云上”讲述中国战疫　人民日报，2020/06/01
李立国：全球疫情与高等教育的使命重塑　中国教育报，2020/06/03
王义桅：新冠疫情是世界历史发展分水岭　参考消息，2020/06/04
讲好抗疫故事筑牢思想阵地 不断提高首都高校思想政治工作水平　BTV 北京时间，2020/06/08
李义平：疫情冲击下的民营经济 困境与对策　经济参考报，2020/06/10
王义桅：疫情防控孕育伟大“抗疫精神”　南方日报，2020/06/10
“文艺进万家 健康你我他”共唱抗疫主题歌曲，中国人民大学来了！　中国文艺志愿者，2020/06/11
深化智库交流合作，促建人类卫生健康共同体——全球智库抗疫合作云论坛举行　新华网，2020/06/11
全球智库抗疫合作云论坛举行　CCTV 新闻联播，2020/06/11
从抗疫大考中感悟中国伦理文化　中国纪检监察报，2020/06/11
严金明：后疫情时代，如何破解城乡土地结构失衡？　新京报，2020/06/12
中国人民大学聚焦上好在线“四课” 扎实开展疫情期间网络思政工作　教育部，2020/06/12
孙柏瑛：基层治理怎样平衡“自上而下推动”与“自下而上创新”　国家治理周刊，2020/06/15
刘伟：疫情阻挡不住全面建成小康社会步伐　经济日报，2020/06/15
抗疫特别国债如何偿还？赵锡军：未来不会额外增加居民和企业负担　搜狐智库，2020/06/16
北京市教委：今日起各在京高校学生停止返校　首都教育，2020/06/17
罗骞：以人民为中心是中国抗疫的价值观　长江日报，2020/06/18
刘鹏：疫情让我们重新反思城市公共卫生治理　中央纪委国家监委网站，2020/06/22
王虎峰：疫情防控常态化 补足短板推动县域医疗发展　人民健康网，2020/06/22
人大副校长刘元春：疫情带来五个史诗级变化 下半年世界经济会大幅分化　凤凰新闻客户端，2020/06/22
疫后中国将领导世界？时殷弘：相反，中国应战略收缩丨与世界对话　凤凰网，2020/06/24
刘伟：疫情下的中国经济安全形势，必须警惕防控四大风险　中国新闻网，2020/06/24
原创歌曲《平凡英雄》MV 回顾抗疫感人瞬间，致敬每个平凡又伟大的你　光明日报，2020/06/25
杜磊：用好抗疫的基层治理经验　人民日报，2020/07/07
金灿荣、戴维来：携手抗击疫情是各国共同责任　人民日报，2020/07/07
王虎峰：疫情早期防控投入越多，后期收益越大　中央纪委国家监委网站，2020/07/08

“中国战疫为什么能”系列谈 中国人民大学中共党史党建研究院副院长何虎生：新型举国体制引领战疫科技创新　长江日报，2020/07/08
杨光斌：从抗疫斗争看中国的国家治理理论及其比较优势　光明日报，2020/07/08
运用大数据提升治理水平 北京精准快速找出新冠肺炎确诊病例的启示　中国纪检监察报，2020/07/10
全球抗疫关键时刻，接连上演“甩锅”“断供”“退群”闹剧——退出世卫，美国要当“孤岛”?　人民日报，2020/07/13
加强团结合作 尊重保障人权——“全球疫情防控与人权保障”系列国际视频研讨会综述　人民日报，2020/07/15
战“疫”中崛起复苏的力量——从“半年报”看中国经济强大韧性　经济参考报，2020/07/20
疫情严峻考验叠加国外环境复杂多变——3.2%增速是如何实现的　经济日报，2020/07/21
靳诺：疫情防控成效彰显党的领导显著优势　中国高等教育，2020/07/24
黄益平：“三驾数字马车”助推疫后经济复苏支付宝等平台需发挥更大作用　光明网，2020/07/27
祁凡骅：抗击疫情，基层治理需要新思维　光明网，2020/07/31
疫情之下如何坚守立德树人的初心使命　光明日报，2020/07/31
更好统筹疫情防控和经济社会发展　人民日报，2020/08/04
李树旺：疫情后，青少年学生冰雪运动向何处去　光明日报，2020/08/08
在磨难中砥砺复兴力量——中国抗击新冠肺炎疫情伟大斗争启示录　新华网，2020/09/09
做好本职工作 守护人民健康——习近平总书记在全国抗击新冠肺炎疫情表彰大会上的重要讲话在首都干部群众中持续引发热烈反响　北京日报，2020/09/10
陶文昭：抗疫大战的重要经验与深刻启示　北京日报，2020/09/15
Beijing tames new infections of COVID-19 in less than one month　Xinhua，2020/09/16
全球疫情高发下“中国经验”为世界提供“抗疫指南”　新华社，2020/09/16
弘扬伟大抗疫精神 激发强大奋进力量　新华日报，2020/09/16
陶文昭：生命至上 伟大抗疫精神的价值航标　中国教育报，2020/09/17
中国经济进入疫后加速复苏阶段　中国经济时报，2020/09/22
曾湘泉：疫情冲击下的中国就业市场：短期波动与长期展望　新华网，2020/09/29
云端党课述心声 战“疫”路上党旗红　教育部，2020/10/13
疫情防控北京经验升级为法规　法治日报，2020/10/22
刁大明：中国抗疫彰显大国担当　人民日报，2020/11/03
宋月萍：在疫情防控中完善公共卫生服务体系建设　中国妇女报，2020/11/04
靳诺：弘扬伟大抗疫精神 擦亮新时代青春底色　北京教育（德育），2020/11/06
“致敬最美逆行者——抗疫家书展”开幕　CCTV 新闻直播间，2020/11/19
“致敬最美逆行者”抗疫家书展在中华世纪坛开展　北京时间，2020/11/20
防疫让世界重新认识“中国之治”　法治日报，2020/12/25

3. 2020 年两会专题

中国经济有很强经受冲击的韧性——专访中国人民大学校长刘伟　经济日报，2020/05/01

杨光斌：扎根于中国大地的历史政治学　光明日报，2020/05/06
从民法总则到民法典草案：中国民法制度将迎新时代　新华网，2020/05/13
王利明：编纂法典，填补立法空白　人民日报，2020/05/14
民盟中央副主席郑功成：全面发挥社保制度不可或缺的功能　政协头条，2020/05/17
这部民法典，每一项都与你有关　CCTV 焦点访谈，2020/05/18
“非常”时期将有哪些“非常”之策？2020 年两会看点前瞻　新华社，2020/05/19
两会重头戏，历经 60 余载波折的“社会生活百科全书”民法典将亮相　中国新闻周刊，2020/05/19
聚万众智慧成伟大法典——访中国人民大学常务副校长王利明　全国人大，2020/05/20
面对新冠肺炎疫情，合作抗疫才是当务之急　CCTV 焦点访谈，2020/05/20
杨立新：民法典继承编草案七大进步，应保障自由支配遗产权　澎湃新闻，2020/05/21
王利明：民法典开启权利保护的新时代　检察日报，2020/05/21
解读“委员通道”里的教育之声　中国教育新闻网，2020/05/22
如何更好挖掘毕业生就业潜力——关注高校毕业生就业系列报道之二　中国教育新闻网，2020/05/22
王利明：民法典将为实现人民群众美好幸福生活提供重要保障　新华网，2020/05/22
民法典草案体现一个民族的共识——访中国人民大学教授王轶　全国人大，2020/05/23
“全面建成小康社会，一个民族都不能少”——习近平这样指挥民族地区脱贫攻坚　人民网，2020/05/23
最靠谱的微课来了，15 分钟带你了解民法典　光明网，2020/05/24
民法典“磨法师”，66 年“磨一法”　新华每日电讯，2020/05/24
中国日记·5 月 24 日丨抢话筒、写满字……他们认真履职的样子，网友称看了很放心　中央纪委国家监委网站，2020/05/24
抗疫常态化如何做到高质量就业——代表委员关注疫情影响下的高校毕业生就业系列报道之三　中国教育报，2020/05/24
马亮：政府工作报告新词“两新一重”：新在哪里、重在哪里？　新京报，2020/05/24
民法典与百姓生活息息相关——访中国人民大学法学院院长王轶　人民日报，2020/05/24
不设经济增速目标，对全面小康有影响吗？——专访全国政协委员、中国人民大学校长刘伟　人民日报中央厨房，2020/05/24
民法典：法治中国的新界碑　长安街，2020/05/24
“老百姓是天，老百姓是地”——习近平总书记人民至上的思想和感情　北京日报，2020/05/25
两会丨吴晓球：尊重经济规律，大规模刺激不合时宜，重在民生　商学院杂志，2020/05/25
从“法”到“典”，民法典何以开辟法治新天地？　人民法院报，2020/05/25
郑功成：未来十年，医保事业将高质量发展　中国医疗保险，2020/05/25
荔枝特报·两会特刊丨决胜全面小康不负人民期待　荔枝新闻，2020/05/25
汪三贵：见证“怒江故事” 打赢脱贫攻坚战　光明日报，2020/05/25
中国气派的雄浑底色　光明日报，2020/05/25
推动我国经济乘风破浪行稳致远——习近平总书记在政协经济界委员联组会上的重要讲话引发热烈反响　人民日报，2020/05/25
为什么不设经济增速指标？刘伟委员解读：四大原因　人民网，2020/05/25
刘元春：只有改革，特别是市场化、开放化改革才能化危为机　中国网，2020/05/25

学习贯彻习近平总书记给北京科技大学全体巴基斯坦留学生回信精神专题座谈会发言摘登 中国教育报，2020/05/25
郑功成：今年不提GDP增长目标，值得点赞 光明日报，2020/05/26
首都青年师生热议全国两会 北京学联，2020/05/26
以保促稳 夯实发展根基 中国纪检监察报，2020/05/26
民法典让生活更加美好（大国之治） 人民日报海外版，2020/05/26
民法典如何为未成年人撑起“保护伞”——聚焦民法典（草案）中的未成年人保护条款 中国教育报，2020/05/26
依法促创新，为科研加上“安全锁”——聚焦全国人大常委会工作报告、“两高”工作报告 科技日报，2020/05/26
全面维护人与家庭权益 聚焦人格权编婚姻家庭编继承编 中国纪检监察报，2020/05/26
关乎老年人残疾人需求，郑功成呼吁无障碍环境建设法出台 新京报，2020/05/26
内地学者谈全国人大涉港决定草案：合宪合法 理据充分 无可置疑 新华网，2020/05/26
光明云说法·民法典专家谈③丨酒店被偷拍、行踪被泄露……公民隐私靠TA保护 光明网，2020/05/26
两会国是厅丨如何筑牢公共卫生安全屏障 人民论坛网，2020/05/26
两会专访：杨光斌谈疫情下的中国与世界 中评网，2020/05/27
1万亿元特别国债要来了！老百姓能买吗？ 中国新闻网，2020/05/27
民法学会会长王利明解读民法典 中央纪委国家监委网站客户端，2020/05/27
全国人大代表郑功成：期待医疗保障法早日纳入立法规划 人民网，2020/05/27
充分保护和救济民事权益 聚焦侵权责任编 中国纪检监察报，2020/05/27
两会云访谈：连线全国政协常委、人大校长刘伟 中国网，2020/05/27
民法典正在向我们走来 与你的生活息息相关 法制日报，2020/05/27
光明云说法·民法典专家谈④丨这部法，保护你“头顶上的安全” 光明网，2020/05/27
齐鹏飞：中央政府推进香港国家安全立法 为“一国两制”实践行稳致远保驾护航 今日中国，2020/05/27
郑功成：建议尽快制定医疗保障法 基本医疗保险应采取强制参保方式 金羊网，2020/05/28
扩招后如何保障研究生培养质量——代表委员热议研究生扩招 中国教育报，2020/05/28
两会访谈丨全国人大常委会委员、中国社会保障学会会长郑功成谈社会保障制度改革 中国社会保障报，2020/05/28
民法典草案回应社会关切 作出40余处实质修改 中国青年报，2020/05/28
话说民法典丨全面依法治国的生动体现 中央纪委国家监委网站，2020/05/28
杨立新：民法典继承编草案最大亮点是尊重被继承人的意志 新华网，2020/05/28
“房住不炒”定调不变 政府报告勾勒宜业宜居新蓝图 人民网，2020/05/28
王利明：开创立法先河 护航民族复兴 人民日报，2020/05/28
为民立法典 澎湃新闻，2020/05/28
全国政协常委刘伟：我国利用制度优势应对危机“效果全球最好” 人民政协报，2020/05/28
民法典来了，生老病死它都管 工人日报，2020/05/28
陈先达：坚定信心放眼未来 光明日报，2020/05/29

刘元春：打好经济启动与民生兼容的组合拳 社会科学报，2020/05/30
守住“保”的底线 筑牢“稳”的基础 凝聚“进”的力量——全国两会绘就发展蓝图 砥砺奋进开创经济新局面 经济参考，2020/05/30
为“时代之问”交上一份合格答卷——中国人民大学法学院院长王轶谈民法典颁布 光明日报，2020/05/30
全国两会精神融入课堂教学，北京高校思政教师同备一堂课 北京日报，2020/05/31
郑功成：激发中国慈善事业发展的无限潜力 社会科学报，2020/05/31
新中国首部民法典诞生 为世界法治文明贡献中国方案和中国智慧 央广网，2020/05/31
以人民为中心 铸新时代法典 CCTV 新闻频道，2020/05/31

4.《中华人民共和国民法典》专题

大事小情，民法典这样保障你我权益 光明日报，2020/06/01
人民美好生活的法治保障——写在《中华人民共和国民法典》诞生之际 人民日报，2020/06/01
王轶：一部中国特色社会主义民法典 中国纪检监察报，2020/06/01
话说民法典丨学好用好这部百科全书 中央纪委国家监委网站，2020/06/01
民法典让美好乘车体验与你环环相扣 央视网，2020/06/01
王轶：民法典：回应“中国之问”和“时代之问” 检察日报，2020/06/02
黄文艺：民法典是经世济民、治国安邦之重器 光明日报，2020/06/03
姚刑：离婚冷静期制度确立家庭价值崇高性 光明日报，2020/06/03
走进民法典丨人民的法典——为了休戚与共的命运共同体 央广网，2020/06/04
竺效：民法典为环境公益损害救济提供实体法依据 光明日报，2020/06/05
民法典对网络侵权说“不”（网上中国） 人民日报海外版，2020/06/05
走进民法典丨在迈向信息文明的路上——回答时代之问 央广网，2020/06/07
婚姻家庭“烦心事”，民法典给你答案 新华网，2020/06/08
关于继承，民法典的这些新规你需要了解 新华网，2020/06/08
石佳友：中国民法典之体系创新 检察日报，2020/06/11
杨东：以民法典为契机构建数字经济竞争规则 经济参考报，2020/06/16
王轶：国家文明高度催生民法典 长江日报，2020/06/18
以法典之名维护人民权益 解放军报，2020/06/18
民法典与文化传媒行业发展研讨会成功举办 中国青年报，2020/06/22
冯玉军：《民法典》的颁布实施与宗教法治 中国民族报，2020/06/23
朱虎：用法典护航美好生活（新论） 人民日报，2020/06/29
王轶：民法典：新时代我国社会主义法治建设的重大成果 学习时报，2020/06/30
王利明：深刻把握民法典的基础性法律地位 人民日报，2020/07/08
竺效：民法典：环境保护风向标 光明日报，2020/07/13
王利明：民法典合同编的中国特色 北京日报，2020/07/14
孙若军：《民法典》夯实了优良家风、家庭美德、家庭文明建设的法治基础——更广泛地促进家庭关系和谐发展 北京日报，2020/07/21
王利明：民法典的中国特色、实践特色和时代特色 新华网，2020/07/27
推动民法典相关司法解释清理修订起草 法制日报，2020/07/29

王利明：民法典令人瞩目的体系创新 北京日报，2020/08/11
王利明：民法典的中国特色实践特色时代特色 光明日报，2020/08/21
石佳友：民法典与社会治理体系的完善 人民法院报，2020/08/27
解码民法典合同编中的民生情怀 法制日报，2020/09/15
中宣部司法部全国普法办3场民法典公开课摘要 法治日报，2020/09/16
回应高科技发展带来的时代问题——民法典解读（上） 科技日报，2020/09/27
民法典原来就在我们身边 光明日报，2020/10/28
“核心价值观百场讲坛”第102场举办 解码民法典的中国特色 光明日报，2020/10/28
王轶：民法典的中国特色、实践特色、时代特色 光明日报，2020/10/29
王轶：宣讲民法典是件很有意义的事 光明网，2020/10/30
王利明：为什么我们必须构建自己的民法学体系？ 北京日报，2020/10/30
“核心价值观百场讲坛”云宣讲 中国人民大学副校长王轶讲述民法典的中国特色 光明日报，2020/11/02
民法典，热词背后的法治力量 光明日报，2020/11/16
《民法典学习问答》出版发行 人民网，2020/12/03
专家回应离婚冷静期热议话题：冷静期内一方“突击花钱”怎么办？ 郑州晚报，2020/12/09
离婚冷静期刷屏，权威专家回应网民四大热议话题 大连日报，2020/12/09
冷静30天给冲动离婚加道槛——权威专家回应网民四大热议话题 成都日报，2020/12/09
民法典标注法治中国新界碑 全面依法治国取得重大进展 中国纪检监察报，2020/12/23
民法典实施在即 助推国家治理能力再提升 经济参考报，2020/12/25
聚焦《民法典》 人民大学专家学者受邀解读 BTV北京时间，2020/12/25
让民法典走进群众心里 中国纪检监察报，2020/12/31

5. 中国人民大学2020届线上毕业典礼、毕业季相关专题

“云毕业”方案来了，北京各大高校这么办 北京日报，2020/06/18
清华、人大等高校：今年毕业生可任一年返校参加学位授予仪式 中国青年报，2020/06/20
抖音推出高校专属毕业特效 学生可与母校“云合影” 光明网，2020/06/20
“云毕业典礼”相继举办，在京高校承诺毕业生——别遗憾，明年补上拨穗正冠 北京日报，2020/06/23
云毕业，不只是一场告别 中国青年报，2020/06/29
毕业典礼上，人大师生默哀一分钟 人民日报客户端，2020/06/30
协和医学院人民大学今天“云送别” 北京晚报，2020/06/30
人大七千学子今天云毕业，“90后”老教授隔空祝福 北京日报客户端，2020/06/30
毕业典礼上，人大师生脱帽为抗疫烈士和罹难者默哀一分钟 澎湃新闻，2020/06/30
中国人民大学2020届毕业典礼 人民日报，2020/06/30
中国人民大学举行2020届毕业典礼 新华网，2020/06/30
中国人民大学2020届线上毕业典礼 北京时间，2020/07/01
中国人民大学举行2020届毕业典礼 “云”直播定格青春起航未来 北京头条，2020/07/01
不一Young的毕业“帮” | 青春不散场 梦想今启航 央视新闻，2020/07/01

中国人民大学 2020 届毕业典礼举行　中国日报，2020/07/01
中国人民大学 7 758 名毕业生今日“云毕业”　中国青年报，2020/07/01
中国人民大学校长致辞，送给毕业生 16 字箴言　梨视频，2020/07/01
宣誓、合唱、云端祝福……中国人民大学毕业典礼今日举办　新京报，2020/07/01
人大毕业典礼上，这“一家三口”的画面太暖心！　京视频，2020/07/01
中国人民大学 2020 届毕业生今天“云毕业”　光明日报，2020/07/01
人大首个“云毕业礼”来了！“抗疫英雄”寄语学子“练就敢于担当的‘宽肩膀’”　新华社，2020/07/01
中国人民大学 2020 届毕业典礼举行 “云”直播定格青春起航未来　中国教育报，2020/07/01
让离别更加温暖而有力量——特殊毕业季里的人生“大课”　中国教育新闻网，2020/07/02
高校花样“云毕业”：如何做到上新又上心？　中国教育网络电视台，2020/07/02
中国人民大学 2020 届毕业典礼举行　中国社会科学网，2020/07/02
成团！云毕业、云合影、云打卡、云典礼… 800＋“强国高校联盟”成员携手送你 C 位出道　学习强国，2020/07/03
2020 难忘毕业季　光明日报，2020/07/03
毕业，隔空执手道珍重　光明日报，2020/07/03
《老师请回答》——探秘高校云毕业　北京卫视，2020/07/06
不一样的毕业季毕业感怀：天涯此时 共赴未来　CCTV 新闻直播间，2020/07/06
云上典礼忆母校 行李打包师生情　北京青年报，2020/07/06
满满祝福！这些高校送出的毕业礼物，每份都是“专属定制”　微言教育，2020/07/06
不一样的毕业季 最后一课：拥抱变化 变中图强　CCTV 新闻直播间，2020/07/06
这些大学校长的毕业赠言，哪些戳中了你？　人民网，2020/07/07
一对一沟通、分类打包、全程直播……为北京高校“毕业寄”点赞！　半月谈，2020/07/08
毕业季，高校校长们送出了哪些“就业锦囊”？　光明网，2020/07/08
首都高校用心用情打造最美毕业“寄”　新华网，2020/07/10
不一 Young 的毕业“帮”丨这些“云”上典礼有彩虹的颜色那是青春的色彩　央视网，2020/07/15
暖心毕业“寄”，北京市给学生上了一堂特色“疫”时思政课　现代教育报，2020/07/15
人大用心用情打造最美毕业“寄” 疫情结束，记得回学校看看　今日头条，2020/07/16
首都高校干部教师齐上阵 为毕业生打包行李　劳动午报，2020/07/16
北京高校毕业“寄”：将爱装入行囊　中国经济网，2020/07/16
北京高校毕业“寄”：教授变身主播、搬运工，有学生收到了床　澎湃新闻，2020/07/16
中国人民大学打造最美毕业“寄”　北京头条，2020/07/16
人大毕业“寄”师生员工化身“主播”　新京报，2020/07/16
将爱装入行囊，首都高校打造最美毕业“寄”　北京考试高考，2020/07/16
北京高校精心细心打造最美毕业“寄”　中国新闻网，2020/07/16
疫情结束，记得回学校看看！人大用心用情打造最美毕业“寄”　北京日报，2020/07/16
首都高校特殊毕业季：“云端”再见 毕业“寄”情　中国新闻网，2020/07/16
高校暖心毕业“寄”　新华社，2020/07/16
首都高校打造特色“疫”时思政课　千龙网，2020/07/16

最珍贵毕业“寄”！人大老师帮学生打包行李 还送上“限量版包包” 北京头条，2020/07/17
中国人民大学打造暖心毕业“寄” 新华网，2020/07/17
亲历北京最热毕业“寄” 中国青年报，2020/07/17
走心毕业“寄”，暖了毕业季 光明日报，2020/07/17
中国人民大学毕业“寄” 上好有温度的“疫”时思政课 新京报，2020/07/17
打造最美毕业“寄”：一堂人大特色的“疫”时思政课 人民日报，2020/07/17
院士、教授接连送祝福！网友：这届毕业生太有面儿了 微言教育，2020/07/20
北京大中小学陆续结束2020年春季学期——成长在这个特殊的毕业季 人民日报，2020/07/20
北京毕业“寄”：教授客串搬运工 7小时打包3 000本书 新京报，2020/07/23

6.《中华人民共和国香港特别行政区维护国家安全法》审议通过

内地学者：诬蔑香港维护国家安全立法凸显其险恶用心 新华社，2020/06/01
专家学者：维护国家安全是香港基本法实施的核心任务 新华社，2020/06/17
形成强大震慑力量 确保“一国两制”行稳致远——内地权威专家解读香港特别行政区维护国家安全法草案 光明日报，2020/06/22
确保香港长治久安和长期繁荣稳定 人民日报，2020/06/25
正本清源再出发，香港开启“一国两制”新征程 光明日报，2020/07/02
香港维护国家安全法施行 确保香港“一国两制”实践行稳致远 央视新闻，2020/07/02
齐鹏飞：为“一国两制”香港实践行稳致远筑牢法治根基 光明日报，2020/07/02
王丛虎：香港国安委将筑牢香港稳定的大堤 光明网，2020/07/07
焦点访谈：香港国安法，深度解读来了 央视网，2020/07/07
韩大元：香港国安法在维护国家安全和保障人权间取得平衡 新华社，2020/07/08
齐鹏飞：香港国安法：为“香港明天更好”赢得更大发展空间 今日中国，2020/07/13
时延安：厘清误解，推动香港国安法稳健实施 光明日报，2020/07/14
韩大元：为“一国两制”实践构筑法律防线 光明日报，2020/07/20
韩大元：香港国安法坚守“一国两制”初心 中国教育报，2020/08/06
胡锦光：香港国安法保障“一国两制”行稳致远 中国教育报，2020/09/07

7.“七一”专题微党课

心有所信方能行远——习近平总书记给复旦大学青年师生党员的回信激励广大青年党员笃定前行 走好新时代长征路 CCTV新闻联播，2020/07/01
北京：优秀党员与青年学子共谈信仰与选择 人民网，2020/07/02
高校师生同上“七一”专题微党课——深入学习习近平总书记近期重要回信和指示精神 中国教育报，2020/07/02
高校党组织战“疫”示范微党课——中国人民大学 光明网，2020/07/02
北京市委教育工委举办“七一”网络特别活动 优秀党员与青年学生“云端”共话信仰与选择 现代教育报，2020/07/02
高校师生同上“七一”专题微党课——深入学习习近平总书记近期重要回信和指示精神 教育部，2020/07/02

8. “中国共产党百年新闻事业寻根之旅” | 十校联合直播、云端接力

中国人民大学新闻学院主办“中国共产党百年新闻事业寻根之旅”活动　海外网，2020/07/24
中国人民大学主办“中国共产党百年新闻事业寻根之旅”活动　中国日报网，2020/07/24
新闻学院主办“中国共产党百年新闻事业寻根之旅”活动 十校联合直播、云端接力　中国网，2020/07/24
十校新闻学院开展百年新闻事业寻根之旅活动　中国青年报，2020/07/24
中国人民大学新闻学院主办“中国共产党百年新闻事业寻根之旅”活动 十校联合直播、云端接力　新华网，2020/07/24
十校云端接力“中国共产党百年新闻事业寻根之旅”　中国新闻网，2020/07/27
十校新闻学院联合开启中国共产党百年新闻事业寻根之旅　中国社会科学网，2020/07/28

9. 中国人民大学命名组建七十周年专题

中国共产党创办的第一所新型正规大学，生日礼物是世界最大寿山石印章　北京日报，2020/09/30
福信集团献礼中国人民大学 并捐赠运动器材助力体育文化建设　中国网，2020/09/30
人大校友向母校捐赠最大款寿山石印章　北京头条，2020/10/01
中国人民大学举办纪念命名组建七十周年学术研讨会　新浪，2020/10/04
以“人民”为名七十载，人民大学办了一场“教育大咖”谈　北京日报，2020/10/04
不忘初心，从延安走向世界 人大举办命名组建70周年研讨会　新京报，2020/10/04
“以人民之名” 中国人民大学举办纪念命名组建七十周年学术研讨会　光明日报，2020/10/04
中国人民大学举办纪念命名组建七十周年学术研讨会　北京头条，2020/10/05
中国人民大学举办纪念命名组建七十周年学术研讨会　中国网，2020/10/05
继承延安红色基因 培育担当大任时代新人　CETV，2020/10/05
中国人民大学获赠校友捐赠寿山石大方章　中国新闻网，2020/10/05
中国人民大学纪念命名组建七十周年　中国日报网，2020/10/05
中国人民大学纪念命名组建70周年　中国新闻网，2020/10/05
中国人民大学举办纪念命名组建七十周年学术研讨会　光明日报，2020/10/05
人民大学迎命名组建七十周年，党委书记靳诺：传承红色基因　澎湃新闻，2020/10/06
中国人民大学举办命名组建七十周年研讨会　未来网，2020/10/09
中国人民大学举办纪念命名组建七十周年学术研讨会　中国教育新闻网，2020/10/09
中国人民大学举办纪念命名组建七十周年学术研讨会　中国社会科学网，2020/10/09
纪念命名组建七十周年 中国人民大学召开研讨会　北京卫视，2020/10/09
中国人民大学举办纪念命名组建七十周年学术研讨会　人民日报中央厨房，2020/10/19

10. “十四五”专题

五中全会释放未来中国发展重要信号　新华社，2020/10/30
为全面建设社会主义现代化国家开好局起好步　光明日报，2020/10/30
以变应变，五中全会瞄准高质量“现代化”　中国新闻网，2020/10/30
英国经济专家：中国一定能够实现十九届五中全会制定的目标　央视网，2020/11/02
五中全会释放未来中国发展重要信号　北京日报，2020/11/02

解析“十四五”时期发展目标和主要任务 专家为你找亮点解难点 光明日报，2020/11/02
乘风破浪 坚毅前行——党的十九届五中全会精神鼓舞广大知识分子和青年学生创造美好明天 光明日报，2020/11/05
“十四五”新征程丨实施积极应对人口老龄化国家战略 新华社，2020/11/06
乘风破浪 坚毅前行——党的十九届五中全会精神鼓舞广大知识分子和青年学生创造美好明天 人民日报，2020/11/06
接续奋斗 为全面建设社会主义现代化国家开好局起好步——广大知识分子和青年学生认真学习党的十九届五中全会精神 CCTV 新闻联播，2020/11/08
主动作为、长期战略——从党的十九届五中全会看构建新发展格局 新华网，2020/11/10
五个关键词 带你读懂“十四五” 央广网，2020/11/10
你好，“十四五”丨高质量、可持续发展必须依靠创新 央广网，2020/11/11
民建北京市委参加市政协关于“十四五”规划编制意见建议座谈会 中国民主建国会北京市委员会，2020/11/11
刘元春等：解析“十四五”时期发展目标和主要任务 光明智库，2020/11/11
高校师生热议党的十九届五中全会精神：聚焦远景目标 书写时代篇章 中国青年报，2020/11/12
“十四五”即将起航，中国经济怎么干？ CCTV 焦点访谈，2020/11/13
科学规划“十四五”擘画发展新蓝图 北京时间，2020/11/15
“十四五”规划了怎样的未来 CCTV 新闻 1+1，2020/11/18
中央宣讲团在教育系统宣讲党的十九届五中全会精神 人民日报，2020/11/18
民建北京市委召开“北京市国民经济和社会发展十四五规划征求意见会” 光明网，2020/11/20
中央宣讲团在各地宣讲党的十九届五中全会精神并深入基层与干部群众座谈 CCTV 新闻联播，2020/11/22
林坚：为“十四五”时期经济社会发展提供重要遵循 光明日报，2020/11/24
中央广播电视总台召开“十四五”发展规划编制专家学者座谈会 CCTV 新闻，2020/11/26
“十四五·中国城市发展论坛 2020”在京举行 光明网，2020/12/03
陶文昭：“十四五”时期经济社会发展必须遵循的原则 人民日报，2020/12/03
国家统计局局长宁吉喆：“十四五”时期我国具备制度优势等发展条件 中国青年报，2020/12/08
秦虹：解读“十四五”规划，展望房地产发展新格局 中指研究院，2020/12/09
确保“十四五”开好局 中国纪检监察报，2020/12/23
经济学家纵论开局“十四五”：重启中国与世界 光明网，2020/12/30

11. 教育扶贫与女性发展研讨会

教育扶贫中，女性既是受益者也是重要力量 中国青年报，2020/12/23
“教育扶贫与女性发展”研讨会在中国人民大学举办 北京头条，2020/12/23
教育、女性与可持续发展论坛 2020——“教育扶贫与女性发展”研讨会在中国人民大学举行 中国网，2020/12/23
“教育扶贫与女性发展”研讨会在中国人民大学举行 人民日报海外网，2020/12/24

教育扶贫与女性发展研讨会举行 中国教育新闻网，2020/12/24
专家研讨教育扶贫与女性发展相辅相成 中国新闻网，2020/12/24
“教育扶贫与女性发展”研讨会在中国人民大学举行 人民日报，2020/12/25
“教育扶贫与女性发展”研讨会：用高质量教育促进女性发展 CETV，2020/12/28
“教育扶贫与女性发展”研讨会在北京举行 光明日报，2020/12/28
专家学者在京共议“教育扶贫与女性发展” 新华社，2020/12/28

其他署名文章及报道

1 月

刘元春：以改革精神定位全年宏观经济政策 光明日报，2020/01/02
周锐：提升媒体的数据能力 中国社会科学报，2020/01/02
蒲俜：国际关系演变中的“百年未有之大变局” 光明日报，2020/01/03
张云飞：完善制度体系推进湿地保护修复 央视网，2020/01/03
让执行难不再是“老大难”（国家治理的基层实践） 人民日报，2020/01/06
“国家治理现代化与新时代中国公共管理学科发展研讨会”在京举行 人民网，2020/01/06
杨东、龙燕青：禁止夸大式金融广告，“倾斜性保护”消费者 新京报，2020/01/06
刘建军：以社会主义核心价值观引领文化建设 求是网，2020/01/06
杨光斌：国家治理论超越西方治理论 北京日报，2020/01/06
郝立新、王一帆：人化世界的“应然”与“实然” 光明日报，2020/01/06
刘伟：2020 年宏观经济政策的总基调需要继续坚持贯彻稳中求进 光明网，2020/01/07
罗来军：完善宏观经济政策 提升经济治理效能 光明日报，2020/01/07
坚定扎根中国大地办大学的信念——教育部直属高校深入开展“不忘初心、牢记使命”主题教育 中国教育报，2020/01/07
《反垄断法》修订背景下需要加强对国际案例的研究 光明日报，2020/01/08
靳诺：坚守初心使命必须坚定制度自信 人民日报，2020/01/09
刘伟：科学把握 2020 年宏观经济走势 经济日报，2020/01/09
郑功成：加快构建高质量中国特色医保制度 人民日报，2020/01/09
展望 2020：中国脱贫攻坚如何啃下“硬骨头”？ 中国新闻网，2020/01/09
重磅！2019 年度中国十大学术热点揭晓 光明网，2020/01/09
熊文景：让历史发声 为时代留痕 光明日报，2020/01/10
2019 年度中国十大学术热点 光明日报，2020/01/10
齐鹏飞：“一国两制”：国家治理体系伟大创举 求是网，2020/01/10
产业扶贫如何扶到百姓心坎上 光明日报，2020/01/13
北大原校长吴树青逝世 新京报，2020/01/13
润物无声薪火相传——“核心价值观百场讲坛”工作座谈会发言摘登 光明日报，2020/01/13
郑功成：民生发展彰显中国制度与治理优势 求是网，2020/01/13
2019 年多部落实司法责任制新规出台 为审判权力运行与监督提供制度保障 法制日报，2020/01/13
核心价值观百场讲坛：从一到百，受教良多 光明网，2020/01/13
刘文鹏：驿站体系与清代远距离国家治理的有效实现 光明日报，2020/01/13

钟真：完善利益联结机制，构建企农双赢共同体　农民日报，2020/01/13
多位经济学家研判今年中国经济形势 找到稳增长的“锚”　中国网，2020/01/13
黄朴民：兵儒互补论　北京日报，2020/01/13
王义桅新书《回应：关于“一带一路”的十种声音》在京发布　光明网，2020/01/13
高质量打赢脱贫攻坚战　中国社会科学网，2020/01/15
杨庆祥：人工智能写作是一面镜子　光明日报，2020/01/15
林岗：构建具有中国特色、中国气派和中国风格的经济学教材体系　教育部，2020/01/16
2020 新科技趋势，听专家怎么说　光明日报，2020/01/16
王子今：品味“辛”“辣”中的文化　人民日报海外版，2020/01/16
陈卫东：健全社会公平正义法治保障制度　光明日报，2020/01/16
中美协议签了啥？这篇文章说明白了　人民网，2020/01/16
王利明：发挥民法典在国家治理现代化进程中的保障作用　光明日报，2020/01/16
刘伟：2020 中国经济将更凸显出政策合力效果　新华网，2020/01/17
坚持党的领导，走中国特色高等教育发展之路——访中国人民大学党委书记靳诺　新华社，2020/01/18
高校成为脱贫攻坚生力军（深聚焦）　人民日报，2020/01/19
爱国主义“硬核”怎样炼成　光明网，2020/01/21
西宁地陷：谨防“黑天鹅”背后的“灰犀牛”叠加　新京报，2020/01/23
2019 年中国十大伦理事件　中国伦理在线，2020/01/24
公共管理专家：“封城”只是第一步，武汉周边需严防　中国科学报，2020/01/24
同时间赛跑同历史并进——习近平总书记在 2020 年春节团拜会上的讲话催人奋进　新华网，2020/01/26
王沪宁看望文化教育界知名人士和科技专家　CCTV 新闻联播，2020/01/26
高铭暄：70 年不改初心　光明日报，2020/01/27
韩星：让人们真正体味到浓浓的中国年味　光明网，2020/01/27
李其芳：信任科学 信任祖国　光明日报，2020/01/30

2 月

陈先达：历史唯物主义与当代中国　光明日报，2020/02/03
张利庠：发展休闲农业 推进乡村振兴　光明日报，2020/02/03
唐铮：推动新闻舆论工作迈上新台阶　人民日报，2020/02/05
周业安：别被“种草经济”带偏了　北京日报，2020/02/06
汪三贵：聚焦两类人群 加大攻坚力度　人民日报，2020/02/06
陈先达：马克思主义的本质特性和当代价值　求是，2020/02/06
倾力稳经济预期增发展信心　经济日报，2020/02/07
专家解读中央一号文件：补上“三农”短板 确保农村同步全面建成小康社会　人民网，2020/02/08
中国人民大学紧扣立德树人 传承红色基因 积极深化研究生教育综合改革　教育部，2020/02/12
中小企业如何“过冬迎春”　光明日报，2020/02/14
人民当家作主制度体系不断健全（人民观察）　人民日报，2020/02/14
立学为民、治学报国的人民教育家卫兴华　求是网，2020/02/16
北京高校思政课教师“同备一堂课”　人民网，2020/02/21

郭禾：完善高校知识产权管理体系　中国教育报，2020/02/26
杨子强：改革开放越深入越要强调法治　人民日报，2020/02/27
高质量春耕，为夏粮丰收播种希望　光明日报，2020/02/27
协同机制确保冬奥筹办扎实　北京日报，2020/02/27
王文：多维解析百年未有之大变局　半月谈，2020/02/27
吴付来：坚持以伟大自我革命引领伟大社会革命　中国纪检监察，2020/02/27
徐拥军、张丹：完善代表作同行评议制度 力破“五唯”痼疾　人民网，2020/02/28

3 月

着力打造中央企业世界一流核心竞争力　人民网，2020/03/02
立足中国大地创新发展中国特色经济学（构建中国特色哲学社会科学）　人民日报，2020/03/02
汪亭友：坚持意识形态领域根本制度的思考　天津日报，2020/03/03
五位专家细解新证券法，有效平衡企业融资和投资者保护　证券日报，2020/03/03
高校思政课改革创新 提高思想性、理论性和亲和力、针对性　中央纪委国家监委网站，2020/03/03
李景治：各级领导干部要切实强化制度意识　光明网，2020/03/03
观点 | SSCI、CSSCI 崇拜也须尽快破除　人民网，2020/03/03
而立之年，资本市场新使命 | 问策 2020　第一财经，2020/03/03
吴付来：新时代加强党的政治建设的几点认识　马克思主义理论学科研究，2020/03/03
建设和管理好首都，北京精治超大城市用上“绣花功”　北京日报，2020/03/05
中国的改革开放令全世界受益——访中国人民大学国家发展与战略研究院研究员程大为　经济日报，2020/03/07
王利明：空鸣的蝉声不悦耳　学习时报，2020/03/07
打赢脱贫攻坚这场硬仗 收官之年习近平总书记再部署再动员　人民网，2020/03/08
越到最后越要紧绷这根弦——习近平总书记在决战决胜脱贫攻坚座谈会上重要讲话引发强烈反响　人民日报，2020/03/08
李立国：从效率与公平视角看高教资源区域布局　中国教育报，2020/03/09
王利明：人格利益立法许可使用极其必要　北京日报，2020/03/10
曹兰胜：一个影响久远的中国传统道德观念——“观物比德”　北京日报，2020/03/11
北京高校开启“云招聘”助力毕业生高质量就业　新华社，2020/03/11
虚假宣传诱导消费 付费网络游戏乱象几何?　工人日报，2020/03/11
支付宝全面转型数字生活开放平台　经济参考报，2020/03/12
标准出炉 金融领域区块链将加快落地　经济参考报，2020/03/13
警惕，这些消费新场景中的法律风险　光明日报，2020/03/14
宋科：以开放银行加快推动中国银行数字化转型　人民网，2020/03/14
专家谈：全球资本市场进入“危机模式”中国基本面与工具箱相对占优　人民网，2020/03/14
徐拥军：应加强重大社会事件档案管理与研究　中国档案报，2020/03/14
严金明：“放权”而非“放松”——如何理性看待国务院关于授权和委托用地审批权的决定　中国网，2020/03/15
土地松绑吗、红线还要吗、风险怎么防——土地审批“放权”三问　新华网，2020/03/16

刘守英、龙婷玉：城乡融合催化剂是体制创新　北京日报，2020/03/17
让消费维权变得轻松是一道多项选择题　光明日报，2020/03/17
涂永红：美联储罕见降息的现实考量　北京日报，2020/03/18
范愉：证券期货类纠纷的诉调对接与在线调解　人民法院报，2020/03/18
陈先达：离开历史规律，学习历史就变成了看历史故事　北京日报，2020/03/20
土地新政助力地方经济发展 给中心城市腾出发展空间　人民网，2020/03/21
包伟民：何处是江南　光明日报，2020/03/21
铲除“围猎”和被“围猎”的土壤｜理论和实务界人士谈如何坚持受贿行贿一起查　中央纪委国家监委网站，2020/03/22
中国大幅下放用地审批权 不意味着“松绑”土地　中国新闻网，2020/03/23
支付机构助发亿元消费券 数字基建按下“快进键”　证券日报，2020/03/26
个人与社会的关系　中国教育报，2020/03/26
A 股投资价值显现聪明钱择机“补货”行业龙头　证券日报，2020/03/26
国务院放大招下放建设用地审批权 专家：管控并未松绑　法制日报，2020/03/26
靳诺：新时代高校思想政治理论课改革创新的逻辑、方向和体系　教学与研究，2020/03/27
美联储为什么要采取无限制量化宽松政策　澎湃新闻，2020/03/27
美哭！高校春景哪家强？网友：好想回学校！　中青校媒，2020/03/29
中国人民大学发布人文社科期刊、机构、作者评价成果　光明网，2020/03/31

4 月

徐建委：中国古代文学话语体系的本土重构与全球视野　中国社会科学报，2020/04/01
吴玉章：学习方法也是思想方法　学习时报，2020/04/02
人大、北师大今年新增人工智能专业 强基计划发布时间将顺延　北京青年报，2020/04/03
中国人民大学今年新增人工智能专业，将面向全国招生　北京日报，2020/04/03
中国人民大学发布人文社科评价成果　人民日报，2020/04/03
宋洪兵：进化史视域中的法家　光明日报，2020/04/04
家书博物馆：家书纸短 家国情长　人民日报，2020/04/04
把酒敬恩师——致秦珪老师　光明日报，2020/04/04
卫兴华：为学当如金字塔　中国教育报，2020/04/04
“绿水青山就是金山银山”昭示人类可持续发展未来　央广网，2020/04/04
王子今：李学勤先生对秦史与秦文化研究的贡献　光明日报，2020/04/07
挂牌督战 52 个贫困县决战脱贫攻坚　CCTV 新闻联播，2020/04/07
@2020 届毕业生，高校线上就业一站式服务了解一下　教育部新闻办，2020/04/11
提高扶贫绩效打赢脱贫攻坚战　法制日报，2020/04/11
担当奉献勇向前，接力奋斗谱新篇　光明网，2020/04/11
基本法是维护香港“一国两制”实践的根本保证　人民网，2020/04/11
陈彦斌：完善要素市场化配置 向改革要增长动力　人民网，2020/04/12
曹峰：从清华简看战国精神的形成　人民日报，2020/04/12
肖中华：合理界分上下游行为准确认定洗钱罪　检察日报，2020/04/12
孙郁：在杜诗的回音里　南方日报，2020/04/12
勇挑重担爱国力行，争做堪当大任的新时代中国青年　人民网，2020/04/12
屡造“神话”的直播，凭何击中人心　解放日报，2020/04/13

张立文：中国哲学之道　光明日报，2020/04/13
姚欢庆：拓印的古画像砖图案能否获版权保护？　中国知识产权资讯网，2020/04/15
收藏！探究商业保理发展脉络及五大业务范围　光明网，2020/04/15
小康路上一个都不能少｜访中国人民大学教授郝立新　中国纪检监察报，2020/04/15
专家：商业保理成为助力中小企业转型升级的融资利器　光明网，2020/04/15
监管如此严格！专家告诉你商业保理五大典型案例　光明网，2020/04/15
云研讨｜宋元明的碰撞：货币史与财政史的新思考　澎湃新闻，2020/04/15
中国人民大学2020年硕士研究生招生考试考生进入复试的初试成绩基本要求　新华网，2020/04/16
售卖“钟南山”周边产品，可能摊上事儿了　工人日报，2020/04/16
依托供应链为中小企业融资 专家带你了解商业保理　光明网，2020/04/16
各高校今年硕士研究生复试分数线陆续公布，持续更新中……　澎湃新闻，2020/04/16
全民国家安全教育日特别节目 汇聚人民力量 维护国家安全　CCTV12，2020/04/16
互联网银行发挥优势 “联合贷”加速推进　经济参考报，2020/04/17
刘伟：为经济高质量发展奠定坚实制度基础　人民日报，2020/04/17
靳诺：党建引领首都基层社会治理新格局　前线，2020/04/17
消费扶贫：对接需求现双赢　人民日报，2020/04/17
院墙被“强拆”、小区不安全、业委会难产——北京部分小区治理难题调查　新华网，2020/04/17
黄华三：绘出真正国家栋梁　北京日报，2020/04/17
促进“网红带货”持续健康发展（新看点）　人民日报，2020/04/17
北京五场网络招聘会下周启动，面向高校毕业生各具特色　北京日报，2020/04/18
让城镇化的“轮子”转得更好　经济日报，2020/04/18
靳诺：百年大党为什么行——中国共产党应对化解危局困境的历史启示　中国党政干部论坛，2020/04/18
音视频平台“套路深”　人民日报海外版，2020/04/22
杨伟国：多渠道稳就业（思想纵横）　人民日报，2020/04/22
央行数字货币要来了吗？专家：我国数字货币研发具有明显先发优势　南方网，2020/04/22
报告：一季度，这些职业就业形势较好 有你的吗？　中新网，2020/04/22
国务院金融委连续喊话资本市场 专家：信息披露严监管成常态　人民网，2020/04/22
报告：一季度，这些职业就业形势较好 有你的吗？　中新经纬，2020/04/23
云阅读时代 高校师生阅读习惯改变了吗　光明日报，2020/04/23
“就业虽困难，但依然充满希望”——解读《2020年大学生就业力报告》　光明日报，2020/04/23
王英健：中外图书馆的演变　光明日报，2020/04/23
毕业生平均期望薪酬6 930元，找工作青睐新经济行业　中国新闻网，2020/04/24
2020年大学生就业力报告出炉，毕业生期望薪酬近7千　新京报，2020/04/24
到祖国最需要的地方建功立业——习近平总书记鼓励广大师生弘扬“西迁精神”反响热烈　光明日报，2020/04/25
陕西之行 习近平为如期实现全面脱贫注入新动力　人民网，2020/04/25
总局最新《规定》剑指收视造假 听听专家、业内怎么说　人民网，2020/04/25

城际轨道：新空间蕴藏新机遇 经济日报，2020/04/26
张广良：明确裁判标准 引领制度创新 人民法院报，2020/04/26
刘瑞明：找到“真问题”是关键 光明日报，2020/04/26
中国人民大学法学院成立市域社会治理研究院 人民网，2020/04/27
加强版保护，惩罚性赔偿——聚焦著作权法修正案草案五大看点 新华网，2020/04/27
马亮：提高制度执行力，把制度优势转化为治理效能 国家治理周刊，2020/04/27
“这颗星，照亮我们前行的道路”——习近平总书记给参与“东方红一号”任务的老科学家回信在知识分子中引发热烈反响 光明日报，2020/04/27
刘守英：以中国经济转型布局下一阶段土地改革 搜狐财经，2020/04/27
杨光斌：“政治认知力”是一种国家治理能力 北京日报，2020/04/27
北京垃圾分类5月1日实施 “柔性”政策循序推进 科技日报，2020/04/28
报告：高校毕业生倾向于进入新经济行业 经济参考报，2020/04/28
商务部要求做好单用途商业预付卡管理工作 异常发卡企业将上“黑名单” 法制日报，2020/04/28
小康全面不全面 生态环境质量是关键 访中国人民大学国家发展与战略研究院研究员张云飞 中国纪检监察报，2020/04/28
资本市场促改革 实体经济添利好 人民网，2020/04/29
考研“云复试”如何防作弊?“双机位”成标配 北京日报，2020/04/29
创业板注册制改革启动 哪些上市规则的修改值得关注? 央广网，2020/04/29
黄隽：政府助力艺术品市场发展 光明日报，2020/04/29
专家解答：深度贫困的“三区三州”在哪里? 新华社，2020/04/29
专家解答：为什么“三区三州”是脱贫攻坚“坚中之坚”? 新华社，2020/04/29
民法典草案规定侵害人格权的禁令制度 及时制止侵害 有效预防损害——访中国法学会民法学研究会会长王利明 人民网，2020/04/30
直播带货，流量取胜还是质量取胜 光明日报，2020/04/30
陈先达：推进马克思主义本土化大众化 人民日报，2020/04/30

5月

中国人民大学考研复试远程进行，考生双机位参与 新京报，2020/05/01
中国就业研究所所长曾湘泉：新职业对人才培养提出新要求 民生周刊，2020/05/01
吴晓求：丨世界一流大学与国家发展：历史与逻辑 中国人民大学教育学刊，2020/05/01
陈先达：我体验过什么是不屈的民族精神! 光明日报，2020/05/01
孙郁：一个时代的形影——回望新文化运动百年 光明日报，2020/05/03
研招复试：中国人民大学研究生院常务副院长刘凤良谈远程复试如何保障公平 北京考试报，2020/05/03
8年8次，这个专属节日，总书记陪你过! 求是网，2020/05/04
组图丨青年人，你意气风发的样子真好看! 央广网，2020/05/04
习近平总书记寄语新时代中国青年引发首都青年强烈反响 北京卫视，2020/05/04
以青春之我 筑青春之国 中国教育网络电视台，2020/05/04
陈先达：何谓“本土”?为什么要推进马克思主义本土化 北京日报，2020/05/05
如何学习“马克思主义”上好共产党人“必修课” 人民网，2020/05/05
全国多地物业管理条例相继出台、修订或征求意见——物业小事 人民日报海外版，2020/05/05

就是民生大事
人大学子热议总书记对新时代青年寄语　北京头条，2020/05/05
双品网购节 升温新消费　人民日报，2020/05/06
服务实体经济，中小银行发力　人民日报海外版，2020/05/06
线上银行上线有作为（网上中国）　人民日报海外版，2020/05/06
陈先达：高校思政课教师的社会责任　思想火炬，2020/05/06
靳诺：做好新时代高校青年工作的根本遵循　中国教育报，2020/05/07
常庆欣：坚持新发展理念 引领乡村振兴　经济日报，2020/05/07
全国多所高校公布“强基计划”招生简章　中国青年报，2020/05/08
“认罪认罚从宽”一年间——适用率从三成到八成的“变奏”　检察日报，2020/05/08
刘伟：用“心”推进“双一流”建设　学习时报，2020/05/08
王贵元：汉字经历了怎样的嬗变　光明日报，2020/05/09
刘元春：GDP 增速－6.8%但银行业 6%正增长！说明一个问题　凤凰网，2020/05/09
靳诺：围绕立德树人 加强“四史”教育　思想政治工作研究，2020/05/09
著作权法：三十而立再出发——著作权法修法热点聚焦　光明日报，2020/05/09
部分高校开展基础学科招生改革试点，“强基计划”培养模式注重选育衔接　CCTV 朝闻天下，2020/05/09
中国社会保障学会召开《突发事件应对法》修法研讨会　人民网，2020/05/09
高校招生改革试点“强基计划”，高考成绩入围“强基计划”门槛条件　新闻直播间，2020/05/09
中国人民大学发布 2020 年“圆梦计划”招生简章　新京报，2020/05/09
改革一年，高校思政课建设的新变化　中国教育新闻网，2020/05/10
重读《新青年》，倾听爱国心　学习强国，2020/05/10
业态多元、创意满满……这里的夜晚又热闹起来了　新华网，2020/05/10
习书记与我们聊如何做好基层工作　中国青年报，2020/05/10
Zeng Xiangquan：Challenges，opportunities in China's changing job market　China Daily，2020/05/11
教授丛志强“唤醒”葛家村　光明日报，2020/05/11
试点高校强基计划陆续启动报名 将招录哪些人才？　中国新闻网，2020/05/11
张晓萌：高质量决战决胜脱贫攻坚　经济日报，2020/05/12
曾湘泉：失业率 20%的说法没有依据，制造业用工减少是必然趋势　搜狐智库，2020/05/12
知世界大势 读《百年变局》　人民网，2020/05/13
臧峰宇：社会主义现代化的哲学探索　中国社会科学报，2020/05/14
习书记 180 余字寄语闽东大学生——习近平与大学生朋友们　中国青年报，2020/05/14
范志勇：央行数字货币正式流通后会发生什么　网易新闻，2020/05/16
徐贵荣：我们为什么要参加“西部计划”　中国青年网，2020/05/18
Foreigners who excel invited to universities　China Daily，2020/05/19
陈先达、张晓萌：站稳自己，把道理讲到青年心里去　光明日报，2020/05/19
新机会！近 4 亿人迎重大利好！　中国青年报，2020/05/20
魏钦恭、冯仕政：正确看待未成年人网络使用的新特点　中国青年报，2020/05/20
朱万曙：一幅多层次文人生活图景　中国社会科学报，2020/05/20
李立国：建立全面多样开放的高等教育体系　光明日报，2020/05/20
Wang Wen：Never underestimate awakening of Chinese people　Global Times，2020/05/20

常庆欣：不断提高思政课教学实效　人民日报，2020/05/20
方汉奇：中国新闻事业守望者　中国教育报，2020/05/21
马亮：20年后再出指导意见 此次西部大开发会有这四处新格局　新京智库，2020/05/21
郑水泉：培养担当民族复兴大任的时代新人　中国教育报，2020/05/26
青年来信传心声——《习近平与大学生朋友们》系列报道引发强烈反响（二）　中国青年报，2020/05/26
国务院扶贫开发领导小组专家咨询委员会委员汪三贵：脱贫攻坚挂牌督战要把握好度　民生周刊，2020/05/26
《习近平与大学生朋友们》系列专题报道在团中央直属机关年轻干部中引发热烈反响　中国青年报，2020/05/26
顾亚奇：记录人类扶贫开发史上的中国奇迹　光明日报，2020/05/27
中国人民大学：探索干部培训“3+2”模式 助力兰坪脱贫　人民日报客户端，2020/05/27
五部门联合部署全国养老院服务质量建设专项行动工作 兜住底线补齐农村养老服务短板　法制网，2020/05/27
在时间穿越中寻找答案：20年来刑事犯罪变化背后的法治考量　最高人民法院，2020/05/28
夜经济快步复苏 吸引人，更要打动人　人民日报海外版，2020/05/28
社会救助制度最需要加大投入——全国人大常委会委员、中国社会保障学会会长郑功成访谈录　中国社会报，2020/05/28
汪三贵：短期效益和长期发展结合，抓好产业扶贫　人民论坛，2020/05/28
王文：别忘了香港全名叫“香港SAR”，特朗普在干傻事　长安街知事，2020/05/28
杨宏山：“朝阳群众”是怎样参与基层治理的　国家治理周刊，2020/05/30
金融人民说：保护投资者是金融服务实体经济应有之义　人民网，2020/05/30
专家学者谈美扬言对香港采取制裁措施　中央纪委国家监委网站，2020/05/31

6月

每日校训｜中国人民大学：实事求是　学习强国，2020/06/01
夜经济跨界还有几道坎　北京商报，2020/06/01
王衡：在新长征路上奋勇搏击　人民日报，2020/06/01
中国人民大学：干部培训“3+2”模式助力兰坪脱贫　中国教育报，2020/06/01
长三角一体化的基建机遇　国际金融报，2020/06/01
2019年 中国智库这样走过　光明日报，2020/06/01
稳外贸、稳投资、保就业……政府企业各出“妙招”寻新机　CCTV新闻频道，2020/06/01
全面建成小康社会是国家整体目标 访国务院扶贫开发领导小组专家咨询委员会委员孙久文　中央纪委国家监委网站，2020/06/02
追踪国际变局新动向 应对国内治理新问题——《百年大变局：世界与中国》线上出版研讨会召开　中国社会科学网，2020/06/02
多地试水“周末两天半”　人民日报海外版，2020/06/03
不文明行为如何止？——北京首次立法治理不文明行为透视　新华网，2020/06/03
巧手妙琢塑文心——纪峰学人雕塑侧记　光明日报，2020/06/03
鼓励休闲消费，促进市场恢复，带动短途旅游——多地试水“周末两天半”　人民日报海外版，2020/06/03
齐鹏飞：高校在脱贫攻坚中应有大作为　光明日报，2020/06/03

刘元春：正确理解“六稳”和“六保”之间关系——兼谈“不设定 GDP 增速具体目标不等于没目标” 北京日报，2020/06/03
吴晓球：“六保”是今年重中之重 摆地摊炒板栗我看挺好 广州日报，2020/06/03
涂永红：人民币币值坚挺的基石依然牢固 经济日报，2020/06/03
高贵武、张怡然：观会丨“硬”新闻“软”着陆，聚力共振时刻 中国记协网，2020/06/03
如何让流量经济回归正轨 检察日报，2020/06/03
王利明：草木本有心 学习时报，2020/06/03
遏制低龄未成年人“触法”，降刑责年龄管用吗 工人日报，2020/06/04
县城补短板 内需扩空间（经济新方位·“两新一重”建设） 人民日报，2020/06/04
为人民健康织密防护网筑牢筑实隔离墙 北京日报，2020/06/04
郑功成：全面建成小康社会的着力点 中国社会科学报，2020/06/04
王轶：构建中国特色民法学体系 中国社会科学网，2020/06/04
许光建：搞好“地摊经济”，治理和监管很重要 国家治理周刊，2020/06/05
金灿荣：以深沉定力应对大变局 中国纪检监察，2020/06/05
不合理索取用户权限行为值得警惕 法制日报，2020/06/05
租客退房退款难，多地青客公寓爆雷？ 中国青年报，2020/06/05
驱逐中国留学生 特朗普引发美国社会质疑 中青在线，2020/06/05
构建全员全程全方位育人大格局 教育部全面推进高校课程思政建设 凤凰新闻，2020/06/05
王晋斌：激发国内市场的消费潜力（新论） 人民日报，2020/06/05
杨光斌：打破掣肘 多元经济满足社会多层需求 光明网，2020/06/05
持续发挥一带一路引领作用 中国社会科学网，2020/06/05
教育部发布指导纲要 全面推进高校课程思政建设 新华网，2020/06/05
中国人民大学：把青春写在中国大地上 中国青年报，2020/06/05
运用法治思维和法治方式开展工作 学好用好这部百科全书 中国纪检监察报，2020/06/05
靳诺：把好“指挥棒” 抢占“主战场” 建强“主力军” 教育部，2020/06/05
刘伟：直面风险挑战 打好发展主动仗 中国纪检监察，2020/06/05
爱奇艺“付费超前点播”为何让网友感觉“被收割”“很受伤”？ 新华网，2020/06/06
田宏杰：案-件比——法律监督能力现代化建设的指引 监察日报，2020/06/07
一些已取消的证明，为啥还要开 人民日报，2020/06/08
教育部全面推进高校课程思政建设 中国教育报，2020/06/08
刘伟：发挥基本经济制度优势 推动经济高质量发展 求是网，2020/06/08
靳诺：大力推动新时代公民道德建设提质量上水平 学习时报，2020/06/08
央行数字货币如何影响你我 中国纪检监察报，2020/06/09
文商旅联动 京城消费逆转 北京商报，2020/06/09
美国“滥诉”法理不通的三个关键！ 央视新闻，2020/06/09
张会平：社工专业人才培养要以能力为本 光明日报，2020/06/09
陶文昭：底线思维——风高浪急的“压舱石” 北京日报，2020/06/09
青年来信传心声——《习近平与大学生朋友们》系列报道引发强烈反响（四） 中国青年报，2020/06/09
刘元春：促就业举措要应出尽出 拓岗位办法要能用尽用 广州日报，2020/06/09
制度落实落地 治理效能显现 中国纪检监察报，2020/06/09

高廷帆 邓忠奇：依托城市集群发展提升全要素生产率 中国社会科学网，2020/06/10
中华文明的担当——从欧洲文艺复兴到人类文艺复兴 经济观察网，2020/06/10
专家：中国城镇化动力强劲 制度改革亟待突破 证券时报网，2020/06/10
促就业稳就业 新职业在线学习平台将培育100万新型技能人才 人民网，2020/06/10
搭平台、帮“吆喝”！这家高校助力兰坪特产飞出大山 人民日报，2020/06/10
王向明：植根于中华优秀传统文化的思想结晶 红旗文稿，2020/06/10
王利明：为满足人民美好生活需要提供法律保障（人民要论） 人民日报，2020/06/10
交通万亿投资 激活强劲动能 经济日报，2020/06/11
实名认证形同虚设 如何阻止“熊孩子”大额充值打赏？ 工人日报，2020/06/11
陈亮、胡文涛：生态文明中国之路的实践探索与时代启示 光明日报，2020/06/11
杨子强：如何应对“世界百年未有之大变局” 光明日报，2020/06/11
单月成交近6 000笔订单 中国人民大学助力兰坪特产“飞出大山” 新华社，2020/06/11
坚持党的领导 聚力四个“突出”：中国人民大学助力兰坪县打赢脱贫攻坚战 人民网，2020/06/11
如何“晒”投诉信息才能让消费者受益 工人日报，2020/06/12
新职业新舞台 拽着年轻人往前跑 中国青年报，2020/06/12
韩海涛 陈月：警惕欧美新民粹主义思潮右转的危害 中国教育报，2020/06/12
疫情后，这些应急物资你家该备上 科技日报，2020/06/12
王英津：“台独”以身试法必遭严惩 人民日报海外版，2020/06/12
凝聚全球合作共识，构建人类卫生健康共同体 光明网，2020/06/12
高校课程思政建设：校校有精品 人人重育人 中央广电总台国际在线，2020/06/12
陈满华：可数与不可数：逻辑与语法的纠葛 光明日报，2020/06/14
推销电话、垃圾短信、诈骗电话频现——别乱动我的个人信息 人民日报，2020/06/15
好风凭借力 扬帆正当时——青年学人谈如何研究世界史 光明日报，2020/06/15
习近平总书记关切事丨顺势而为开新局——新就业形态发展观察 新华网，2020/06/15
少年儿童需要什么样的节目浸润心灵 光明日报，2020/06/15
中国宏观经济政策的经验，刘元春、李稻葵等联合分析 中国网，2020/06/15
王易：关于新时代爱国主义教育的认识论思考 思想教育研究，2020/06/15
周文：新时代西部大开发的新举措、新格局、新特征 光明网，2020/06/16
防灾减灾，打出联动组合拳（第一落点） 人民日报，2020/06/16
张龑：用法治保障制度优势充分发挥 中国纪检监察报，2020/06/16
夏粮生产 十七连丰（新数据新看点） 人民日报，2020/06/16
王义桅：不必为中美回不到过去伤感 环球时报，2020/06/16
16个新职业发布 “新领”新机遇 人民日报海外版，2020/06/16
齐鹏飞：课程思政：各门课守好一段渠、种好责任田 光明日报，2020/06/16
新时代来华留学事业的重要遵循 中国教育新闻网，2020/06/16
青年来信传心声——《习近平与大学生朋友们》系列报道引发强烈反响（五） 中国青年报，2020/06/16
尹继武：主场外交是增强中国战略能力的重要平台 光明网，2020/06/17
经济大家谈丨“两新一重”协同推进，助力中国经济行稳致远 人民论坛网，2020/06/17
一些城市近期出台新落户政策 能否吸引并留住人才？ 中国新闻网，2020/06/17
“新领”新机遇 人民日报，2020/06/18

北京新发地疫情暴露农副产品流通设施体系滞后问题 批发市场亟需推进现代化建设　中国纪检监察报，2020/06/18
筑牢个人信息保护的法治堤坝　人民日报，2020/06/18
中国人民大学成立国际文化交流学院　中国教育新闻网，2020/06/18
《老师请回答》 大中小学生同上一堂课：建设韧性校园完整版来啦！　北京卫视，2020/06/18
中国人民大学国际文化交流学院成立大会举行　中国日报，2020/06/18
张云飞：建立健全中国特色环境治理全民行动体系　中国环境报，2020/06/19
王轶：为民族复兴提供更加完备的民事法治保障（人民要论）　人民日报，2020/06/19
刘伟：打造团结应对挑战的合作之路 开辟“一带一路”更加光明的未来　光明日报，2020/06/20
创业板支持创新成绩斐然 拓展包容性引期待　证券日报，2020/06/20
刘元春：实现经济量的合理增长和质的稳步提升——坚持不懈推动高质量发展　人民日报，2020/06/20
对话毛基业：数字经济时代企业被重构，替代趋势从蓝领转向白领　搜狐智库，2020/06/22
中国人民大学成立国际文化交流学院　光明日报客户端，2020/06/22
4 月以来已有四位监察长被解雇 党派政治挟持下的美国监察长制度　中国纪检监察报，2020/06/22
金融部门向企业让利 1.5 万亿元：钱谁出？怎么让？　经济日报，2020/06/22
个人破产制度“破冰” 专家解读：不会成老赖保护伞　法制日报，2020/06/22
全球连屏丨专访罗思义：中国将是 2020 年增长最强劲的经济体　央视新闻客户端，2020/06/22
618 看就业：新型职业涌现 带动灵活就业新潮流　人民网，2020/06/22
用心用情用力解决好群众的实际问题——访中国人民大学马克思主义学院教授汪亭友　中国纪检监察报，2020/06/22
读懂百年大变局　中国纪检监察报，2020/06/22
刘大椿：科学技术哲学在中国的兴起与发展　光明日报，2020/06/22
高标准推进 高质量交卷（决战决胜脱贫攻坚）　人民日报，2020/06/22
高杭、刘复兴：教育行政执法协同机制亟待改革创新　光明日报，2020/06/23
竺效：以法治建设守护美丽中国　人民日报，2020/06/23
董佳：推进信息网络时代思想政治教育提质增效　解放军报，2020/06/23
扶贫“小车间”如何成为致富大舞台　光明日报，2020/06/23
范志勇：把握扩大内需这一战略基点（新论）　人民日报，2020/06/23
李义平：经济学视野中的分配问题　光明日报，2020/06/23
重塑融架构 闯出新生路　中国新闻出版广电报，2020/06/24
陈彦斌：消费券只是权宜之计，改革的办法才能真正提振居民消费　新浪财经，2020/06/24
抖音直播推动互联网内容向知识化直播升级　光明网，2020/06/24
李庆四：西方蓄意篡改二战史目的何在？　北京日报，2020/06/24
小麦丰收了，质量咋样　中国经济网，2020/06/24
李义平：牢牢把握扩大内需这一战略基点（人民要论）　人民日报，2020/06/24
朱信凯：最终农民应该是社会向往的职业之一　北京日报，2020/06/24
靳诺：建立不忘初心、牢记使命的制度 推进政党治理制度化、　人民论坛，2020/06/24

国家治理现代化
中欧领导人会晤向世界传递信心和力量　新华网，2020/06/25
中欧领导人会晤发出合作强音　人民日报，2020/06/25
顾亚奇："云节庆"开启传情达意新模式　人民日报海外版，2020/06/26
耕地如何用好？饭碗怎么端牢？这一点人人都要知道　CCTV焦点访谈，2020/06/26
杨维东：以"过紧日子"为契机提升高校治理效能　中国教育报，2020/06/27
肖汉平：优化人力资源结构，完善农业经营体系，助力乡村产业振兴　光明网，2020/06/27
精准攻坚 补齐短板　中国社会科学网，2020/06/28
把准五四运动和五四精神研究的正确方向　中国青年报，2020/06/29
曾湘泉：应对当前就业市场挑战，对策在哪？　秘书工作，2020/06/29
王利明：语来江色暮，独自下寒烟——忆佟柔老师　中国民商法网，2020/06/29
陈先达：行走在思想与时代之间　光明日报，2020/06/29
吴健：践行绿色生活方式 环境教育须先行　光明日报，2020/06/30
"餐桌革命"是减灭疫病的"好疫苗"　光明日报，2020/06/30

7月

张丁：家书故事映照如磐初心　光明日报，2020/07/01
全面检验脱贫成果 中国脱贫攻坚开始"摸家底"　中国新闻网，2020/07/01
臧峰宇：再现马克思正义论的思想原像——评《超越与回归：马克思主义正义理论研究》　光明日报，2020/07/01
程方平：办一流高校必须调动全体师生的积极性　中国教育新闻网，2020/07/01
王向明、成山：从党史中汲取攻坚克难智慧力量　中国纪检监察报，2020/07/01
耿化敏、房颖：党领导创造民族复兴的历史伟业　中国社会科学网，2020/07/02
靳娟娟、俞国良：心理健康教育为全面发展教育提供保障　中国社会科学网，2020/07/02
商业银行获券商牌照？专家：有利直接融资但要隔离风险　人民网，2020/07/03
张宪：非认知能力激发成长正能量　中国教育报，2020/07/03
王文：处理中印关系要有全球视野和百年视野　人民网，2020/07/03
多地公务员招录向应届生倾斜　中国青年报，2020/07/03
王向明：坚持人民至上 彰显初心使命　解放军报，2020/07/03
刘元春：下半年国际资本涌入中国是大概率事件　新京报，2020/07/03
中国人民大学发布《2019中国大学生创业报告》　北京青年报，2020/07/06
徐拥军、龙家庆：一部彰显公民档案利用权利的良法　中国档案报，2020/07/06
中国人民大学发布《2019中国大学生创业报告》　中国日报网，2020/07/06
《中国大学生创业报告》称：超75%大学生有创业意愿　中国青年报，2020/07/06
中国人民大学发布《中国大学生创业报告》举办"如何教创业"教育教学研讨会　中国网，2020/07/06
什么样的新职业能得到国家"认证"　光明日报，2020/07/07
陶文昭：民生是最大的政治　北京日报，2020/07/07
专家学者云端共话新时代新闻传播人才培养　光明日报客户端，2020/07/07
促稳提质，助力企业参与国际市场　人民日报，2020/07/07
支援国家经济发展 增加个人理财渠道　人民日报，2020/07/07

中国高等教育学会宣传工作研究分会召开座谈会研讨如何提升高校舆论引导能力 中国教育新闻网，2020/07/07
加强我国民事法律制度理论研究研讨会举办 人民日报，2020/07/07
科技+文旅，让你“说走就走”(网上中国) 人民日报海外版，2020/07/08
“以卡养卡”不可取 经济日报，2020/07/08
马亮：查重软件能否当得起“学术警察”角色 中国青年报，2020/07/08
高考作文题目揭晓，听听“过来人”怎么解 人民网，2020/07/08
把为民造福作为最重要政绩 中国纪检监察报，2020/07/08
黄河：老年题材不应被边缘化 光明日报，2020/07/08
张放：网络音乐也要追求审美趣味与人文精神 光明日报，2020/07/08
中国人民大学发布《2019 中国大学生创业报告》：高校需构建多层次、多形式创业支持生态 中国教育报，2020/07/08
王虎峰：没有全民健康就没有全面小康 中国纪检监察报，2020/07/08
朱信凯：农业与整个人类进化史相并存 中国农业出版社，2020/07/08
中国人民大学课题组：“十四五”时期中国金融改革发展监管研究 管理世界，2020/07/08
陈先达新书《共产党人的必修课：学精悟透用好马克思主义看家本领》出版 光明日报，2020/07/08
《2019 中国大学生创业报告》发布 中国社会科学报，2020/07/10
揭开公款旅游的隐身衣 中国纪检监察报，2020/07/10
吴汉洪：持续发挥反垄断政策的积极作用 光明日报，2020/07/10
李迎生：构建一体化的反贫困制度体系 光明日报，2020/07/10
激发市场主体活力 人民日报，2020/07/10
到祖国最需要的地方绽放青春之花——习近平总书记给中国石油大学（北京）克拉玛依校区学生回信在首都高校引发强烈反响 光明日报，2020/07/10
王毅向中美智库媒体视频论坛发表致辞 新华社，2020/07/10
高考题偶遇传播学“出圈” 新华社，2020/07/13
政府、平台、消费者多方协力——“代经济”，为你“代”来多彩生活 人民日报海外版，2020/07/13
粤港澳大湾区金融再迈步 “跨境理财通”要来了！ 人民日报海外版，2020/07/13
架起法治理论与实务之间的桥梁 光明日报，2020/07/13
构建全领域、全流程医保基金安全防控机制 严厉打击欺诈骗保（政策解读） 人民日报，2020/07/13
刘元春：本轮房地产市场的风险特性 财新网，2020/07/13
“我不要做余热，我还在继续燃烧”——卫兴华 央视新闻，2020/07/13
秦双杰：通过人工智能“认识你自己” 中国社会科学网，2020/07/14
宋彪：“单车县长”蹚出教育扶贫路 中国青年报，2020/07/14
一再破坏正常国际人文交流 美国的“政治算盘”打错了 央视网，2020/07/14
杨光斌：“好政治”的特性究竟是什么 北京日报，2020/07/14
刘守英：中国农业的转型与现代化 光明日报，2020/07/14
中国经济下半场怎么走？高层释放三信号 新华网，2020/07/14
刘伟：精准绘制“一带一路”的“工笔画” 经济日报，2020/07/14

刘俊海：优化“网红”带货的法治生态环境 光明日报，2020/07/15
6月汽车产销量创历史新高 或带动消费全面复苏 中国经济时报，2020/07/15
年均新增80万就业 万亿水利投资激活 北京商报，2020/07/15
李景治：加强和改善党对脱贫攻坚的领导（思想纵横） 人民日报，2020/07/15
国家脱贫攻坚普查“摸清家底” 确保高质量完成目标任务 人民网，2020/07/15
刘元春：加快推动经济进入市场型全面复苏阶段 经济参考报，2020/07/15
吴晓球：中国经济如何走出困境 E洞察，2020/07/15
韩星：从传统文化感悟人与自然的关系 光明网，2020/07/16
王孝松：以高水平开放促进高质量发展 经济日报，2020/07/17
中国经济半年报丨中国经济恢复有力、有序 经济基本面稳定韧性强 央视网，2020/07/17
影视作品如何推动健康餐桌文化 光明日报，2020/07/17
“单车县长”宋彪：深耕在滇西扶贫大地上 法律与生活，2020/07/17
惊艳！这所顶尖大学新校区，将打造“高等教育改革试验田”！最新效果图来了…… 双一流高校，2020/07/17
学习“四史”，不断深化四种认识 中国教育报，2020/07/17
刘元春：全年经济预计增长3%左右，一揽子政策要从救助转向扩内需 21世纪经济报道，2020/07/17
副中心重磅消息！环球影城明年上半年试运行、人大通州校区一期2023年8月竣工…… 北京日报，2020/07/17
中国人民大学通州新校区来了！ 新华北京，2020/07/17
中国人民大学通州校区预计于2025年8月全面竣工 央广网，2020/07/17
中国人民大学通州新校区啥样？开放性、街区化、有色彩！ 新华网，2020/07/17
靳诺：强化理论思维运用 筑牢高校党建之基 北京高等教育，2020/07/17
中国人民大学通州新校区将打造成“高等教育改革试验田” 新华社，2020/07/17
中国人民大学通州校区预计2025年全面竣工 人民日报，2020/07/17
从数字看发展 二三线城市就业需求增幅大，这个行业指数升至榜首 第一财经，2020/07/20
杜焕芳：加快培养涉外法治专业人才 为高水平对外开放提供智力支持（学苑论衡） 人民日报，2020/07/20
张云飞：社会主义生态文明观的三重意蕴 光明日报，2020/07/20
颜梅：读懂期待（行与思） 人民日报，2020/07/20
齐鹏飞：为学好重要论述提供“桥和路” 中国教育报，2020/07/20
刘元春：评上半年经济数据 全年GDP增速应能超过3% 网易，2020/07/20
政策仍需发力 加快结构性改革——2020年第二季度我国宏观经济与财政政策分析报告 经济参考，2020/07/21
安全教育不能停留在纸面上 法制日报，2020/07/21
二季度应届生起薪报告：一线城市平均8 227元 中国新闻网，2020/07/21
[在习近平新时代中国特色社会主义思想指引下——育新机 开新局] 中国经济：迎难而上 破浪前行 央视网，2020/07/21
程大为：保市场主体就是保社会生产力 人民日报海外版，2020/07/22
蚂蚁集团启动A+H上市计划 科创板迎互联网巨头 经济参考报，2020/07/22

102 个中央部门公开去年决算：花钱更节约 账本更透明 中央纪委国家监委网站，2020/07/22
中央部门连续 10 年“晒”账本 今年有哪些新看点 人民日报，2020/07/22
新基建助力中国经济复苏 中国新闻网，2020/07/22
网上零售额上半年增长 7.3%释放哪些信号 经济日报，2020/07/22
创意企业出海亟待知识产权护航 中国知识产权网，2020/07/23
疫情扯下“美式人权”遮羞布（环球热点） 人民日报海外版，2020/07/23
[每日一习话] 使全面建成小康社会得到人民认可、经得起历史检验 央广网，2020/07/23
这些优质民办高校有望成为中国“常春藤” 北京青年报，2020/07/23
秦宣：新时代坚持和发展中国特色社会主义要一以贯之 中国纪检监察报，2020/07/23
酒泉市与中国人民大学携手打造敦煌学研究高地 酒泉广播电视台，2020/07/24
给内需“火车头”再加把劲 经济日报，2020/07/24
大田新农机 丰收添动力（秋粮探行·追踪高质量） 人民日报，2020/07/24
六大亮点凸显中国经济稳定转好 光明日报，2020/07/24
刘伟：任何困难都不能阻挡脱贫攻坚脚步 人民日报，2020/07/24
宋建武：如何建设全媒体传播体系？ 人民网，2020/07/27
王虎峰：收官与开局关键在下半年 人民网，2020/07/27
7 省份同日举行公务员省考 招录政策向基层倾斜 中国新闻网，2020/07/27
今年至 2022 年将推进 150 项重大水利工程建设——1.29 万亿元“大项目”来了 经济日报，2020/07/27
昨天夜里你熟睡时，48 国学者警告美国！ 人民日报，2020/07/27
高校招生专业目录发布，“双培计划”新增“高精尖项目” 北京日报，2020/07/27
#招办主任拍拍你# 使命在肩，奋斗有我！ 新华网，2020/07/27
范志勇：如何看待新基建在我国经济发展中起到的作用 光明网，2020/07/28
“弹幕版”四大名著电视剧缘何受年轻人追捧 光明日报，2020/07/28
聂辉华：在风险社会里做出最优决策 北京日报，2020/07/28
周光礼：劳动教育高水平人才培养体系的重要一环 光明日报，2020/07/28
千里“嫁接”葛家村 光明日报，2020/07/28
中管高校纪委书记这样抓监督 中央纪委国家监委网站，2020/07/28
陈胜前：中国史前文化格局的重要一环 光明日报，2020/07/29
从事“新个体”也是真就业 人民日报海外版，2020/07/29
主动为国担当、为国分忧 央广网，2020/07/29
以国内大循环为主体 绝不是关起门来封闭运行 央广网，2020/07/29
鼓励引导人才向边远贫困地区流动 央广网，2020/07/29
下半年政策发力点：实体经济和金融并重 中国经济时报，2020/07/29
刑法修正案草案剑指侵犯商业秘密犯罪 法制日报，2020/07/29
专家解读中美关系：美国会认识到自己的局限性 央视新闻，2020/07/29
赵淑梅：抓好党建促脱贫攻坚 人民日报，2020/07/29
中国老人需要玩具 生命时报，2020/07/29
常敲书记校长的门：访中国人民大学党委副书记、纪委书记吴付来 中国纪检监察报，2020/07/29
监督的底气更足了 中管高校纪委书记履职故事 中国纪检监察报，2020/07/29

北京市举办“疫情之下大学的使命和担当”书记校长论坛暨北京市“三全育人”综合改革试点区建设推进会 新华网，2020/07/30
习近平对研究生教育工作作出重要指示 新华网，2020/07/30
“哲学的殿堂——中国人民大学哲学名家讲座系列”第一季举办 光明日报，2020/07/30
以四“新”赋能亚投行 习近平勾绘平台新愿景 中国新闻网，2020/07/31
刘元春：加快推动经济进入市场型复苏阶段 经济参考报，2020/07/31
吴晓球：讲述中国资本市场的跨越式发展 凤凰网，2020/07/31

8 月

北京等多地试水集体建设用地建租赁房 经济参考报，2020/08/01
庄忠正、傅海英：在实践中坚持以人民为中心的发展思想 人民网，2020/08/01
领略思想宝藏：“中国人民大学哲学名家讲座系列”第一季成功举办 中国社会科学网，2020/08/01
奚广庆：学习跟进 认识跟进 行动跟进 人民日报海外版，2020/08/01
聚众力、汇众智、集众志：大扶贫格局展现大国担当 人民网，2020/08/01
探索大类培养新模式 这两个书院要给学生更多选择权 科技日报，2020/08/01
加快培养国家急需的高层次人才 光明日报，2020/08/01
民间记忆：一把打开历史密室的钥匙 光明日报，2020/08/02
北京市教育系统建党 100 周年主题教育活动启动 人民网，2020/08/02
以国内大循环为主体、国内国际双循环相互促进 加快形成新发展格局 人民日报，2020/08/02
杨宏山：提升重大风险识别能力的基层经验与理论思考 国家治理周刊，2020/08/03
7 月 8 城收紧调控 专家：下半年楼市或将步入降温通道 人民网，2020/08/03
“土地要素市场化配置与权益实现”学术研讨会举办 中国社会科学网，2020/08/03
孔鲋的文化立场 光明日报，2020/08/03
知识分享，让年轻人在新舞台乘风破浪 光明日报，2020/08/03
纾困惠企政策不少，成效几何？ 经济日报，2020/08/03
第 102 届全国糖酒会开展两天客商踊跃 直播活动云上相约 人民网，2020/08/03
建党 100 周年之际，北京高校名师将用一年时间做好这件事 现代教育报，2020/08/03
中国特色证券集体诉讼 将激发“小额”“多数”投资者维权动力 证券日报，2020/08/04
习近平提出三点希望 同心答好“加试题” 人民网，2020/08/04
部署正确、韧性强劲……习近平主持的这场会议定调经济工作 人民网，2020/08/05
张晨：充分发挥制度优势 着力增强国企创新力 中国社会科学网，2020/08/05
立足国内大循环、促进“双循环”，中国谋划新发展格局有何深意？ 新华网，2020/08/05
重点领域正风反腐观察 深挖彻查医疗腐败 中央纪委国家监委网站，2020/08/05
持续扩大国内需求 人民日报，2020/08/05
激发市场主体活力，为经济发展积蓄基本力量 湖北日报，2020/08/05
刘元春：经济稳步复苏彰显中国经济韧性和制度优势 人民日报，2020/08/05
申素平 郝盼盼：运用法治思维和法治方式深化教育改革 中国高等教育，2020/08/06
“指挥棒”转向，高校教师怎么看 光明日报，2020/08/06
涂永前：促进在线教育创新和发展 光明网，2020/08/06

王丛虎：脱贫攻坚的“中国经验” 光明网，2020/08/06
稳就业，创新创业再添政策“礼包” 人民日报海外版，2020/08/06
为全面建设社会主义现代化国家开好局、起好步 人民日报，2020/08/06
2020年福建省引进生视频座谈会召开 福建日报，2020/08/06
教育部：因时而变 因势而新 全力做好高校毕业生就业工作 人民网，2020/08/06
刘瑞：以“双循环”保障中国经济行稳致远 人民论坛网，2020/08/07
曾贤刚：构建新时代生态经济学 建设新时代生态经济体系 中国环境报，2020/08/07
企业家当勇担社会责任（新论） 人民日报，2020/08/07
头部科技型企业抢滩科创板 人民网，2020/08/07
“最美人才栖所”美在何处？无锡这场论坛解开高校人才就业密码 新华日报，2020/08/07
以“无我”精神久久为功：从严从实推动扶贫政策落细落地 人民网，2020/08/08
文科物理还可以这样上！ 科技创新与品牌杂志，2020/08/09
留学中国 传播友谊 人民日报，2020/08/09
前童大郑村与艺术“牵手”！艺术成为乡村振兴的最美底色 看宁海，2020/08/10
曾贤刚：构建新时代生态经济学 建设新时代生态经济体系 中国环境报，2020/08/10
刁大明：丑态百出的蓬佩奥 光明日报，2020/08/10
徐尚昆：企业家当勇担社会责任（新论） 人民日报，2020/08/10
城杨村里绘乡愁——一群老外“闯入”宁波古村，与村民、人民大学师生一起艺术创作 光明日报，2020/08/10
中国人民大学：研究生支教团把青春写在祖国大地 全面助力西部教育发展 国际在线，2020/08/10
以“无我”精神久久为功：从严从实推动扶贫政策落细落地 光明网，2020/08/10
乘势而上 加快形成新发展格局 人民网，2020/08/10
精准导向 确保宏观政策落地见效 人民网，2020/08/10
专家：加快形成双循环新发展格局 开启中国经济发展新篇章 人民网，2020/08/11
行动起来，杜绝“舌尖上的浪费”（厉行节约反对浪费） 人民日报，2020/08/12
追剧的观众多了 作品的格调高了 光明日报，2020/08/12
易靖韬：政府数据开放是权力结构的深层次变革 人民网，2020/08/12
中国人民大学携手百望云 开启商业智能新格局 中国新闻网，2020/08/12
加快完善治理机制，充分释放数据要素潜在价值——人民数据“启航·数智新经济”论坛第三期举办 人民网，2020/08/13
劳动力市场活跃度回升 人民日报，2020/08/13
创意写作：返本开新再出发 人民日报海外版，2020/08/13
蓝领就业情况咋样？这个指数告诉你 新华网，2020/08/14
“天眼”变香烟，大国重器品牌如何保护 光明日报，2020/08/14
特殊的假期，他们的研学一样有发现和收获 光明日报，2020/08/14
刘建军：让有信仰的人讲信仰 深入学习《习近平谈治国理政》第三卷 光明日报，2020/08/14
数字人民币来了，没网也能转账 北京日报，2020/08/15
中国经济如何迈向更高层次高质量发展 经济日报，2020/08/15
法学专家：涉欺诈4S店应承担1+3倍的惩罚性赔偿责任 CCTV新闻，2020/08/16

中国人民大学2020年“读懂中国”青年教师社会调研组到兰坪县调研电商扶贫工作 兰坪电商，2020/08/16
中国人民大学调研组一行到兰坪县调研 兰坪县融媒体中心，2020/08/16
建立长效机制，坚决制止餐饮浪费行为（厉行节约反对浪费） 人民日报，2020/08/16
掀起节约“新食尚” 习近平总书记知之深行之远 中国共产党新闻网，2020/08/16
加快形成双循环新发展格局 开启中国经济发展新篇章 光明日报客户端，2020/08/16
以钉钉子精神发挥“三全育人”优势 光明日报，2020/08/16
人民币在全球外汇储备中占比创新高 CCTV新闻联播，2020/08/17
中国经济如何迈向更高层次高质量发展 经济日报，2020/08/17
宁波葛家村“乡建艺术家”赴贵州晴隆共建艺术村 光明日报客户端，2020/08/17
注销网贷账户骗局激增 专门为年轻人“量身定做” 法治日报，2020/08/18
第六届浦江法治论坛·北京云峰会召开 新华社，2020/08/18
宋学勤：制度自信教育的战略意义与实践路径 中国社会科学报，2020/08/19
别样暑假——人大学子开展社区垃圾分类志愿服务 新华社，2020/08/19
刘元春：以新发展格局激发新优势 人民日报，2020/08/19
解决就业问题才能守住民生底线——访西华大学客座教授、中国人民大学劳动人事学院教授姚裕群 中央纪委国家监委网站，2020/08/20
让小山村更有文艺范 人大教授“把脉”晴隆定汪艺术振兴乡村路 光明日报，2020/08/20
吴晓球：前瞻“十四五”：不要把内循环与开放对立 让高科技企业引领经济转型 每日经济新闻，2020/08/21
采取有效措施 建立长效机制 人民日报，2020/08/23
张放：开启新时代音乐艺术人才培养新征程 中国社会科学网，2020/08/24
靳诺：学深悟透《习近平谈治国理政》第三卷 深刻把握中华民族伟大复兴战略全局 学习时报，2020/08/24
粮食连年丰收 危机意识不可丢 中国纪检监察报，2020/08/24
赵晶：做创新发展的探索者组织者引领者 人民日报，2020/08/24
民间借贷利率红线为何调整 人民日报，2020/08/24
张培丽：发展共享经济 力保市场主体 光明日报，2020/08/25
以“新基建”助力产业和消费升级 中国社会科学网，2020/08/25
安启念：历史充分证明《帝国主义论》的科学性 光明日报，2020/08/26
陶文昭：以人民为中心的新境界 北京日报，2020/08/26
中国创新资本市场板块开启注册制新变革 新华社，2020/08/26
找到“开源节流”的密码 光明日报，2020/08/28
“网红村”结对帮扶，艺术振兴乡村 CCTV新闻直播间，2020/08/29
把广大农牧民的生活家园全面建设好 央广网，2020/08/30
投身火热实践 绽放绚丽青春 人民日报，2020/08/31
充分用好校园里的宝贵资源 光明日报，2020/08/31
门诊费用负担减轻 个人账户可支付家人就医费用 工人日报，2020/08/31
适老化改造：让老人出行不再“磕磕碰碰” 经济日报，2020/08/31
新机遇与新可能：数字人文视野下的历史学 光明日报，2020/08/31
谋篇布局再塑优势 打造未来发展新格局 光明日报，2020/08/31

宁波宁海前童镇大郑村：艺术赋能乡村美、产业兴 央广网，2020/08/31
古樟树下话发展 宁波宁海前童镇大郑村：艺术赋能乡村美、产业兴 光明日报，2020/08/31

9 月

为全球经济治理贡献中国智慧 光明日报，2020/09/01
人大教授“奔小康”：从海的这边到山的那边 央广网，2020/09/01
中共中国人民大学委员会：培养什么人 怎样培养人 为谁培养人 求是，2020/09/01
交叉学科“自立门户”还有这些难题待解 科技日报，2020/09/01
“一带一路”智库合作联盟举办国际高端智库云端论坛 人民网，2020/09/01
唐钧：加强应急管理学科建设 推进国家治理体系和治理能力现代化 人民论坛网，2020/09/01
“人民教育家”国家荣誉称号获得者高铭暄 求是，2020/09/01
实践育人，深化教育改革 人民日报，2020/09/01
刘元春：刺激经济应出一揽子政策，不能简单扩投资或扩消费 每日经济新闻，2020/09/01
小山村的艺术活力（决胜 2020） 人民日报，2020/09/02
“一带一路”智库合作联盟举办 国际高端智库云端论坛 光明日报客户端，2020/09/02
中国人民大学调研组到我州开展脱贫攻坚经验调研 怒江报，2020/09/02
中国人民大学调研组到怒江州开展脱贫攻坚经验调研 云南网，2020/09/02
西方城市公园与公众生活发展变迁 光明日报，2020/09/03
搭乘中国发展的快车 光明日报，2020/09/03
数字人民币将如何影响你我？ 人民日报海外版，2020/09/03
畅通国民经济循环 构建新发展格局 光明日报，2020/09/03
刘典：加快数据要素市场运行机制建设 经济日报，2020/09/05
“新文科”来了，文科实验室怎么建 中国教育报，2020/09/05
《直播促进共享共创研究报告》在京发布：短视频直播激发社会创新潜力 光明日报客户端，2020/09/05
携手共进 合作共赢——习近平主席在 2020 年中国国际服务贸易交易会全球服务贸易峰会上的致辞引发热烈反响 光明日报，2020/09/06
王虎峰：建立完善综合绩效考核机制 助于提升基层医疗综合体系能力 人民网，2020/09/07
产业加速落地，我国卫星互联网发展前景几何？ 新华社，2020/09/07
关照宇：服贸会向世界传递中国信心、开放与活力 法治日报，2020/09/07
中国已有约 7 800 万人从事依托互联网平台的新就业形态 人民网，2020/09/07
专家：美国打压中国企业是“掠夺主义” 央视新闻，2020/09/07
携手共促全球服务贸易发展繁荣——解读习近平主席在 2020 年中国国际服务贸易交易会全球服务贸易峰会上的致辞 新华社，2020/09/07
杨瑞龙：保市场主体是稳就业保民生的关键 经济日报，2020/09/07
这是我国高校最鲜亮的底色 求是网，2020/09/07
杜小勇：系统探讨“数据治理” 人民日报，2020/09/08
刘元春：“双循环”关键在于全面焕发市场活力 南方日报，2020/09/08
怎样成为当之无愧的中国特色世界一流大学 求是网，2020/09/08

经典的魅力 弹幕版四大名著走红背后 中国纪检监察报，2020/09/09
专家热议新经济统计：丰富学科发展 赋能数字经济 人民网，2020/09/09
杨建顺：推进行政检察要行使好调查核实权 检察日报，2020/09/09
外卖小哥拼命，谁“饿”了？“美”了谁？ 央视网新闻 1+1，2020/09/09
网信企业“出海”，如何确保数据安全 光明网，2020/09/09
刘元春：正确认识和把握双循环新发展格局 学习时报，2020/09/09
微视频丨培养什么人 怎样培养人 为谁培养人 求是网，2020/09/09
外媒：中国“直播带货”刺激了国民消费 央视新闻，2020/09/10
孙柏瑛：从网格化管理到网络化治理 中国纪检监察报，2020/09/10
陈先达 臧峰宇：文化的实践转化与制度文明的时代建构 中央社会主义学院学报，2020/09/10
刘元春：深入理解新发展格局的丰富内涵 光明日报，2020/09/10
Xi urges teachers to enhance expertise China Daily，2020/09/10
“老师，这一年，您辛苦了！” 教育圆桌，2020/09/10
河南与清华大学中国人民大学签署战略合作协议 河南日报，2020/09/10
致敬大国良师：人民教师 无上光荣 学习强国，2020/09/10
“无卡时代”将启 银行卡市场加速数字化转型 经济参考报，2020/09/11
全国无党派人士考察团赴浙江围绕“提升数据要素价值，促进数字经济发展”调研 让数字化为发展添动能 人民日报，2020/09/11
新发展格局：主动作为的“中国选择”——中国人民大学副校长、经济学家刘元春解读“双循环”新发展格局 解放军报，2020/09/11
从年轻干部到退休干部 主动投案人数大幅增加 标本兼治综合效应显现 主动投案才是正道 中国纪检监察报，2020/09/11
以高水平教师支撑高质量教育 光明日报，2020/09/11
无愧人民教育家！92 岁，捐出 100 万 光明日报，2020/09/11
孙春兰在教师节调研座谈时强调：以高水平教师支撑高质量教育 微言教育，2020/09/11
以高水平教师支撑高质量教育 人民日报，2020/09/11
孙春兰在教师节调研座谈时强调 以高水平教师支撑高质量教育 CCTV 晚间新闻，2020/09/11
贾根良：“以国内大循环为主”是中国经济内在规律要求 长江日报，2020/09/12
李义平：在生动实践中丰富和发展中国特色社会主义政治经济学 经济日报，2020/09/14
“葛家军”西行记 光明日报，2020/09/14
托举民族的未来——致敬二〇二〇年“最美教师”（上） 人民日报，2020/09/14
AI 数据标注师、互联网营销师、供应链管理师……来！看看数字经济里蕴含了多少新岗位 新华网，2020/09/15
服贸会观察：数字经济正当时，新数据如何实现新安全？ 人民网，2020/09/15
英雄坦克手 抗美援朝珍贵文物背后的故事 中国纪检监察报，2020/09/15
胡莉芳：世界一流大学建设的三个评估标准 光明日报，2020/09/15
邱海平：推动更深层次改革和更高水平开放 加快形成新发展格局 光明日报，2020/09/15
“云端课堂”让山区孩子与北京孩子同上一堂课 中国妇女报，2020/09/15
决战冲刺 决胜脱贫：中国人民大学靳诺一行到兰坪县调研 三江之门—兰坪，2020/09/15
“你浪费的，不只是一个馒头” 光明日报，2020/09/16
预算绩效管理改革持续扩围加速 年底将建成“三全”体系 经济日报，2020/09/16

李庆四：认清西方政客鼓吹中美“经济脱钩”的别有用心 光明网，2020/09/17
万勇：中国知识产权发展水平跃升背后的思考 光明日报，2020/09/17
马亮：以新发展理念为引领，构建良性持续的国内国际双循环 人民论坛网，2020/09/17
黄华三：我画《不负苍生》（创作谈） 人民日报海外版，2020/09/17
抓住决战决胜教育脱贫攻坚战关键期 书写阻断贫困代际传递历史性文章——陈宝生调研指导云南教育脱贫攻坚工作 教育部，2020/09/17
教育部长陈宝生调研指导云南教育脱贫攻坚工作，提出要写好这篇历史性文章 微言教育，2020/09/17
政务服务“跨省通办”明确路线图、时间表 新华网，2020/09/18
告别“摊大饼” 城市发展开启“存量更新”模式 经济参考报，2020/09/18
新闻传播学术研究应量体裁衣 中国新闻出版广电报，2020/09/18
“网红城市”如何才能“长红”? 人民日报海外版，2020/09/18
面对网络风险，青少年媒介素养如何提升 光明日报，2020/09/18
李庆四：中美经济“脱钩”不现实 光明网，2020/09/18
高颜值蓝天！大学校园美图来袭 中国教育发布，2020/09/18
节粮减损，将粮食最大化利用 光明日报，2020/09/18
徐晓旭：“罗马和平”下不同文化的相遇 光明日报，2020/09/21
把“卡脖子”清单变成攻坚清单 中国纪检监察报，2020/09/21
这位满头白发的老先生，是学生眼中最帅的老师 今日头条，2020/09/21
坚实国力：应对惊涛骇浪的深厚底气 中国纪检监察报，2020/09/21
专家热议：高等教育如何走好“红色育人路”? 中国青年报客户端，2020/09/21
打击黑灰产业需严查第四方支付 经济日报，2020/09/22
产业落地 让智能从“会展”到“会产” 光明网，2020/09/22
内外兼治 东风祛疾 中国纪检监察报，2020/09/22
数字化让服务更普惠更优质 经济日报，2020/09/22
中国减贫为联合国“减负”“增效”（环球热点） 人民日报海外版，2020/09/22
刘元春：构建新发展格局 用“弹性”规划应对外部挑战 人民网，2020/09/22
百年大党的青年领导力——访中国人民大学党委书记靳诺 中国领导科学，2020/09/22
红利释放 北京自贸区“和而不同” 北京商报，2020/09/23
马亮：捆着手脚喊冲锋只会让基层做虚功 中国青年报，2020/09/23
管华：坚持政府主导 筑牢公益底线 中国教育报，2020/09/23
美元将进入新一轮贬值通道? 中国经济时报，2020/09/23
北京等三大自贸区均涉及扩大金融领域开放 证券日报，2020/09/23
周勇：直播已变成一种生活常态 消费日报网，2020/09/23
读懂习主席在联合国纪念峰会上讲话中的“一二三四” 人民网，2020/09/23
北京市学校思政课案例库建设推进会暨教学基地授牌仪式“12345 市民热线”等案例将进入首都高校思政课堂 中国青年报客户端，2020/09/23
怒江孩子的北京“新老师”：相距千里同上一堂课 中国新闻网，2020/09/23
现代流通体系建设吹响提速号角 经济参考报，2020/09/24
让孩子们上学的路不再遥远 光明日报，2020/09/24
勇挑重担 办好人民满意的教育 中国青年报，2020/09/24
寒门子弟打赏主播掏空家底 未成年人网游消费维权难 中国青年报，2020/09/25

确保中低收入者“住有所居” 租金调控剑指“囤房”涨价 人民网，2020/09/25
吕捷：加强农业农村高层次创新人才队伍培育 学习时报，2020/09/25
郑功成：探索中国慈善事业的发展新路 光明网，2020/09/25
世界变局中的中国担当——习近平主席在第七十五届联合国大会一般性辩论上的重要讲话系列解读之一 解放军报，2020/09/25
大学校长论坛上，这位经济学家为高校双创支招 北京日报客户端，2020/09/25
刘伟：以新发展格局重塑我国经济新优势 经济日报，2020/09/25
境外不是资产转移的天堂 中国纪检监察报，2020/09/27
专家学者研讨“雷锋精神的时代价值” 光明日报，2020/09/27
共创绿色社区，你准备好了吗 光明日报，2020/09/27
云南保障适龄儿童少年接受义务教育 交给孩子改变贫困命运的钥匙 中国青年报，2020/09/27
魏晓娜：科技推动考评体系落细、落实 检察日报，2020/09/27
人民大学食堂智慧餐厅系统，助力光盘行动 北京卫视，2020/09/27
人大开学典礼 94 岁方汉奇勉励新生：多读书、多坐冷板凳、多泡图书馆 北京头条客户端，2020/09/27
团结合作才是人间正道 央广网，2020/09/27
王向明：培养造就大批德才兼备的高层次人才 红旗文稿，2020/09/27
中国企业改革 50 人论坛暨创意青岛大会在青举行 人民网，2020/09/27
刘伟：稳定产业链供应链 畅通国民经济循环 新华视点，2020/09/27
中国人民大学新生开学典礼举行 北京卫视，2020/09/27
人民大学开学典礼 新闻史学泰斗方汉奇给新生三个“锦囊” 北京日报，2020/09/27
保产业链供应链稳定 畅通国民经济循环——访中国人民大学校长刘伟 人民日报，2020/09/27
“2020 年金融科技发展与展望论坛”在京举办 新华网，2020/09/28
我国资管行业发展路径探讨：各业态应是竞合关系 证券时报，2020/09/28
中国人民大学迎 8 897 名新生 中国青年报，2020/09/28
2020 中国（曲阜）国际孔子文化节、第六届尼山世界文明论坛举行 光明日报，2020/09/28
生态扶贫：实现脱贫攻坚与生态文明建设“双赢” 光明日报，2020/09/29
唐钧：应急管理学科的使命是国泰民安与政通人和 人民论坛网，2020/09/29
中华日本学会 2020 年年会暨“从平成到令和：日本的发展历程与未来展望”学术研讨会在京召开 环球网，2020/09/29
首届企业管理哲学与组织生态论坛举行 光明网，2020/09/29
中国人民大学评价研究中心揭牌仪式举行 中国日报网，2020/09/29
新中国的第一所新型正规大学——中国人民大学有多强？ 中国国家地理地道风物，2020/09/30
说唱文化“破壁”2020 中国青年报，2020/09/30
内地高校澳门学生共唱原创爱国公益歌曲《莲花艳艳》 人民网，2020/09/30
2020 中国（曲阜）国际孔子文化节院士论坛举办 光明网，2020/09/30
中外出版人“云”上相见，不再是图博会短短几天——“云端”交流降低获“客”成本 中国新闻出版广电报，2020/09/30
绿水青山重现 矿区变身景区 人民日报海外版，2020/09/30

交给孩子改变贫困命运的钥匙 中国青年报，2020/09/30
刘伟：保产业链供应链关键是靠创新提高竞争力 光明日报，2020/09/30
中国人民大学成立评价研究中心 探索新时代教育评价体系 北京头条，2020/09/30

10 月

推动高校治理，人民大学成立评价研究中心 中国青年报，2020/10/01
刘伟：强优势 补短板 提升产业链供应链稳定性 CCTV 新闻联播，2020/10/01
王晨在第三届“21 世纪世界百所著名大学法学院院长论坛”上发表视频致辞 CCTV，2020/10/04
中国人民大学成立评价研究中心 探索新时代教育评价体系 光明日报客户端，2020/10/05
Ending Extreme Poverty：China pools resources to close education gap CGTN，2020/10/05
Rural landscape in China gets “facelift” via art | Vlog Xinhua News，2020/10/05
Xinhua Headlines：Art lighting up rural China Xinhua News，2020/10/05
中国人民大学校长刘伟：保产业链供应链稳定 加快形成新发展格局 经济日报，2020/10/07
餐具配芯片 中国人民大学智慧餐厅助力“光盘行动” 北京卫视，2020/10/09
辛展：辨析基本法律概念 消除对民办教育促进法修法精神的误读 中国教师报，2020/10/09
数字化成为文物保护和文化传承的新路径 博物馆“网上秀”趣味多 人民日报海外版，2020/10/09
张丁：最可爱的人——抗美援朝家书中的家国情怀 中国纪检监察报，2020/10/09
李庆四：践踏规则的双重标准 光明日报，2020/10/09
韩建业：从史前遗存中寻找文化上的早期中国 光明日报，2020/10/09
中国人民大学评价研究中心成立，将探索建立高等教育评价标准 澎湃新闻，2020/10/09
卫兴华：桃李芬芳 60 年 中国教师报，2020/10/09
中国人民大学评价研究中心成立 中国教育新闻网，2020/10/09
让新型城镇化发展没有后顾之忧 光明日报，2020/10/09
习近平主席四点主张推动全球妇女事业发展与合作 人民网，2020/10/09
探索新时代教育评价体系 中国人民大学评价研究中心成立 中国社会科学网，2020/10/09
产业链供应链，“链条”不能断不能堵——专访中国人民大学校长刘伟 人民网，2020/10/09
乡村旅游：除了田园农庄，不妨再多点文化风情 光明日报，2020/10/10
巧娘“触村”传非遗手艺 浙江古村家门口走出致富路 中国新闻网，2020/10/10
流动中国折射复苏新气象——透视“十一”黄金周 新华社，2020/10/10
传统与未来“新”理念刺激下的经济创新与就业 中国网，2020/10/10
“十三五”成就巡礼 中国经济进入高质量发展阶段 CCTV 新闻联播，2020/10/10
陈炯：“艺术乡建”，为美好生活添彩 人民日报，2020/10/11
Strategy to ensure sustainable，quality growth China Daily，2020/10/11
畅通“大循环”“双循环” 推动高质量发展——专家热议构建新发展格局 新华社，2020/10/11
外媒评述：国际人权论战中国反守为攻 参考消息，2020/10/12

美的人身心俱美 美学专家谈普及美学 光明网，2020/10/12
中国自然辩证法研究会纪念恩格斯诞辰 200 周年大会在京召开 人民网，2020/10/12
以新发展格局激发新优势——专家热议构建新发展格局 经济日报，2020/10/12
“一带一路”步入“精雕细刻”阶段 北京日报，2020/10/12
以双循环新发展格局重塑我国经济优势 光明日报，2020/10/12
靳诺：实现中华民族伟大复兴必须跨越“发展陷阱” 中国党政干部论坛，2020/10/12
健全多元化退出机制 A 股市场生态加速完善 中国证券报，2020/10/13
顾亚奇 刘超一：节庆营销视角下新主流电影的新突破 中国艺术报，2020/10/13
黄朴民：解读和评价历史人物，是史学研究的永恒主题 北京日报客户端，2020/10/13
平台大数据里的这个黄金周 新华网，2020/10/13
中国人民大学举行“建设开放的国内国际双循环新发展格局”研讨会 央广网，2020/10/13
中国专家解读“双循环”新发展格局：释放创新潜能 促内外均衡协调发展 中新网，2020/10/13
激活内生动力为乡村赋能（一线视角） 人民日报，2020/10/13
王易：习近平新时代中国特色社会主义思想的人民性意蕴 人民论坛网，2020/10/13
坚持扩大内需 提升开放水平 人民日报，2020/10/13
刘永谋：技术时代语言文字的命运 环球杂志，2020/10/14
12 所大学校长共议中国高校未来 大学发展要打破专业壁垒 中国青年报，2020/10/14
涂永红：为加快形成新发展格局创造有利条件 全面提高对外开放水平（有的放矢） 人民日报，2020/10/14
我国科学家及合作团队发现世界上首个单分子驻极体 中国青年报，2020/10/14
夺取脱贫攻坚战全面胜利的科学指南 光明日报，2020/10/15
三季度 GDP 公布在即 中国官方释稳经济明确信号 中国新闻网，2020/10/15
种类愈加丰富，上升趋势明显 线上拍卖秀出新花样（网上中国） 人民日报，2020/10/16
谷曙光：“朝霞映湖”成绝唱 从老戏单看谭元寿的艺术人生 北京晚报，2020/10/16
跨界“潮玩”助力文化传承与再生 北京日报，2020/10/16
前三季度民营企业进出口增长 10.2% 民营企业内生动力增强 央视网，2020/10/16
平均一年“全员换血” 专家呼吁加强新型用工劳动保障 光明网，2020/10/16
当金融遇到科技，如何改变我们的生产生活? 新华社，2020/10/16
中国致力破解“因残致贫”难题 中国新闻网，2020/10/16
全国扶贫日系列论坛在京举行 人民日报，2020/10/16
制止餐饮浪费 教育系统美好“食”光校园系列活动在京启动 澎湃新闻，2020/10/16
刘元春：深入理解新发展格局的科学内涵 人民日报，2020/10/16
教育部、共青团中央、全国妇联、中国消费者协会联合启动教育系统“美好‘食’光”校园系列活动 中国教育发布，2020/10/16
教科文多领域突破，“数字丝路”持续释放全球红利 光明网，2020/10/19
向夺取脱贫攻坚战的全面胜利冲刺 人民网，2020/10/19
中外学者纵论反贫困中国经验——首届发展中国家国家治理高端智库论坛在京举行 光明日报客户端，2020/10/19
圆明园罹难 160 周年 我们该如何守卫它? 央视新闻客户端，2020/10/19
刘志洪：美好生活须有美好需要 光明日报，2020/10/19

书写深圳经济特区建设新篇章 中国社会科学网，2020/10/19
绿水青山就是金山银山理念引领美丽中国建设 光明日报，2020/10/19
教育部等4部门@你，晒出校园美好“食”光 微言教育，2020/10/19
经济特区要办得更好、办得水平更高 光明日报，2020/10/19
杨宏山：提升城市基层治理能力的路径选择 人民论坛网，2020/10/19
陶文昭：改革开放新作为 北京日报，2020/10/19
加强合作交流共同推进档案事业发展 中国档案报，2020/10/19
制止餐饮浪费 教育系统“美好‘食’光”校园系列活动启动 人民网，2020/10/19
全国“80后教育学人”第二次学术沙龙暨青年队伍发展研讨会举办 光明日报，2020/10/20
泡图书馆依然是大学生必修课 中国教育报，2020/10/20
前三季度国内生产总值同比增长0.7%，实现由负转正——中国经济复苏态势愈加稳固 中国纪检监察报，2020/10/20
宋大我：高校餐饮美味，推动减少浪费 光明日报，2020/10/20
“绝对贫困消除不意味着扶贫工作的终结” 中国青年报，2020/10/20
由“负”转“正”！未来中国经济复苏能否持续？白岩松对话宏观经济学家刘元春 央视新闻，2020/10/20
专业学位研究生教育迈向新征程 中国教育报，2020/10/20
中国人民大学成立中小学德育研究所 中国教育报，2020/10/20
多个指标由负转正！关键数据透视中国经济“三季报” 新华网，2020/10/21
支付行业严监管日趋常态化 法治日报，2020/10/21
只因为在手机上多看了那一眼……“偏好”算法带偏阅读 半月谈，2020/10/21
网络渠道应用多、资产配置意识强、专业服务受推崇——年轻人渐成理财“主力军” 人民日报海外版，2020/10/21
三季度就业恢复到疫情前，这个行业招聘需求增幅超400% 第一财经，2020/10/21
王子今：中国文化基因的秦汉形成期 光明日报，2020/10/21
专家学者建言北京城市副中心绿色发展 光明日报，2020/10/21
用好教育改革的指挥棒 人民日报，2020/10/21
各国分工合作、互利共赢是长期趋势 央广网，2020/10/22
新增超6 000万！就业稳当日子暖 人民日报海外版，2020/10/22
杨光斌、释启鹏：历史政治学的功能分析 政治学研究，2020/10/22
汪三贵谈乡村振兴：如何做好生态环境保护是首要问题 中国新闻网，2020/10/22
郝立新：质朴而崇高的精神 光明日报，2020/10/22
第二届国杰论坛教育伦理学专场暨中小学德育研究所成立仪式举行 中国社会科学报，2020/10/22
高质量发展厚植韧性与活力 经济日报，2020/10/22
东地中海能源博弈又升级 人民日报海外版，2020/10/23
德国计划重返航天角力场 人民日报海外版，2020/10/23
三季度应届生就业市场逐月回暖 你知道景气最高的行业是哪个吗？ 央广网，2020/10/23
第五届安仁论坛聚焦新型城镇化与康旅产业 光明日报，2020/10/23
直播电商，走向“万亿”时代 人民日报海外版，2020/10/23

31省500余案例参评 “县级融媒 齐心抗疫”创新案例报告在京发布 人民网，2020/10/23
专家热议消费扶贫 新电商推动产销对接助力脱贫攻坚 经济参考网，2020/10/23
教育部等四部门 联合启动“美好‘食’光”校园系列活动 光明日报，2020/10/23
中国人民大学成立中小学德育研究所 光明日报，2020/10/23
靳诺：永葆中国特色社会主义大学的鲜亮底色 思想理论教育导刊，2020/10/23
防范化解金融风险银保监会亮出“成绩单” 北京商报，2020/10/26
雄赳赳、气昂昂，继续奋勇前进——习近平总书记在纪念中国人民志愿军抗美援朝出国作战70周年大会上的重要讲话在首都各界引发热烈反响 北京日报，2020/10/26
韩星：学问、学问，究竟怎么学？怎么问？ 北京日报，2020/10/26
王贵元：努力开创汉语言文字研究新局面 人民日报，2020/10/26
王虎峰：医联体建设进一步规范化与精细化 人民健康网，2020/10/26
郑功成：推进医疗保障制度建设 谋划“十四五”时期新发展 人民网，2020/10/26
不文明行为，靠什么制止？ CCTV新闻1+1，2020/10/26
“核心价值观百场讲坛”第一百零二场将举行 光明日报，2020/10/26
王易：中国特色社会主义道路的历史文化渊源 马克思主义研究，2020/10/26
欧美同学基金会第五届理事会第一次捐赠仪式在京举行 光明日报，2020/10/26
新中国统计教育70年：我国已成为统计教育大国 经济日报，2020/10/26
中央广播电视总台召开全国重点院校新闻传播人才供需座谈会 央视网，2020/10/26
中国人民大学五个新系今天揭牌，其中一个紧盯流行病 北京日报，2020/10/26
人民大学统计学院成立五个学系 关注流行病、大数据等领域 新京报，2020/10/26
新中国统计教育70年：已成统计教育大国 迈向强国还需在这些方面努力 中国网，2020/10/26
靳诺：培养担当民族复兴大任的时代新人 红旗文稿，2020/10/26
划定医药代表行为红线 明确五种学术推广形式——医药代表管理迎来更严监管 法制网，2020/10/27
报告：中国保就业效果凸显 就业景气度持续回升 中国新闻网，2020/10/27
一至九月城镇新增就业八百九十八万人 三季度就业形势稳中向好 人民日报，2020/10/27
这是退役军人的高光时刻——北京市“全国模范退役军人”事迹宣讲特别节目引发关注热议 光明网，2020/10/27
搭建终身学习的“立交桥” 光明日报，2020/10/27
许光建：供需双侧协同治理（观点） 人民日报，2020/10/27
消费扶贫，让“土山货”变身“香饽饽” 光明日报，2020/10/27
吴晓球：中国的崛起带来了外部世界的非理性反应，但中美彻底脱钩很难 IMI财经观察，2020/10/27
全面贯彻习近平总书记关于全面依法治国的重要论述 深入学习宣传实施好民法典开创法治安徽建设新局面 安徽日报，2020/10/27
“十三五”成就巡礼丨积极应对老龄化 加速发展养老服务业 CCTV新闻联播，2020/10/27
第十四届北京中青年社科理论人才“百人工程”学者论坛举行 人民网，2020/10/28
“后疫情时代的公共关系转向”学术论坛在兰州大学举行 人民网，2020/10/28

寻找“最美校园秋景”，快来晒晒你的校园到底有多美！ 中国教育报，2020/10/28
国家卫健委医政医管局主持召开分级诊疗制度和医联体建设工作视频会议 人民网，2020/10/28
对巨额行贿多次行贿严肃处置 破除权钱交易关系网 受贿行贿一起查 中国纪检监察报，2020/10/28
“母亲河”开启保护发展新篇章 经济日报，2020/10/28
中国记协新闻茶座聚焦“中国的脱贫攻坚” 光明日报，2020/10/28
他们从抗美援朝烽火中走来——11 位司法行政系统老战士荣获“中国人民志愿军抗美援朝出国作战 70 周年”纪念章 人民网，2020/10/28
杨伟国：助力稳就业、保就业 人工智能拓展就业空间 人民日报，2020/10/28
首届长寿产业经济发展峰会举行 人民网，2020/10/29
李立国：高等教育资源配置转型中寻求治理现代化之路 中国教育报，2020/10/29
汪三贵：脱贫攻坚任务完成后重点将转向缓解相对贫困 中国新闻网，2020/10/29
人工智能如何影响就业市场？ 人民日报，2020/10/29
在习近平新时代中国特色社会主义思想指引下——育新机开新局：畅通城乡循环 构建统一大市场 CCTV 新闻联播，2020/10/29
程方平：正本清源 取精用宏 汲古开新——读《中华优秀传统文化教育读本》 中国教育报，2020/10/30
监管发力 金融消保全方位提档升级 经济参考报，2020/10/30
刘建军 赵宇飞：提高政治能力的四个基本要求 中国教育报，2020/10/30
中国人民大学习研院新时代中国特色社会主义教育研究中心成立 中国教育电视台，2020/10/30
中国人民大学成立新时代中国特色社会主义教育研究中心 中国教育新闻网，2020/10/30
靳诺：建设中国特色世界一流大学的重要抓手 中国教育报，2020/10/30

11 月

在华留学生见证中国“十三五”时期发展变化 新华社，2020/11/02
专家学者齐聚武汉 研讨新时代一流学术期刊建设 光明日报，2020/11/02
王子今：灵渠 秦代水利奇迹 人民日报，2020/11/02
孙文凯：中国户籍制度改革步伐加快 有利于吸纳人才 工人日报，2020/11/02
郑功成：应当大力支持网络慈善发展 光明网，2020/11/02
新经济助力新就业 后疫情时代灵活就业前景广阔 光明网，2020/11/02
吴晓球谈蚂蚁集团上市：好企业上市是“充血”而非“抽血” 中新经纬，2020/11/02
中国人民大学习近平新时代中国特色社会主义思想研究院成立新时代中国特色社会主义教育研究中心 光明日报，2020/11/02
这五年，教育优先更有保障——“十三五”，总书记关心的这些事 人民日报，2020/11/02
大力推进新时代中国高校马克思主义理论教育——第八届全国高校马克思主义学院院长论坛暨中国马克思主义理论教育一百年理论研讨会在北京大学召开 光明网，2020/11/03
“粤港澳大湾区人才创新园·罗湖人才产业园”开园 光明网，2020/11/03
如何平衡公共安全与个人信息保护？全国人大常委会委员建议通过立法实现收集个人信息最小化 法治日报，2020/11/03
扎实展现新蓝图 主流媒体多亮点 中国新闻出版广电网，2020/11/03

标题	来源
暗语背后的“特供”“专供”商品将无处遁形	法治日报，2020/11/03
杨东：对数字平台应坚持包容审慎的监管态度	光明日报，2020/11/03
权威解读丨擘画新蓝图 创造新机遇	央视网，2020/11/03
郑功成：中国何以建成世界最大社会保障体系	人民日报，2020/11/03
为全面建设社会主义现代化国家开好局、起好步	人民日报，2020/11/03
“新时代教材建设工作研讨会”在京召开	中国教育新闻网，2020/11/04
《箭正离弦》：走进鲁迅世界的一把钥匙	中国教育新闻网，2020/11/04
“每月靠房子能拿到数万元养老金”？老年人须提防以房养老理财骗局	新华网，2020/11/04
试点消费场景更多元，将成电子化支付重要补充 数字人民币离我们更近了	人民日报海外版，2020/11/04
信息无障碍建设持续推进，惠及残障人士、偏远地区居民等群体——服务越来越好 用网难度变小	人民日报，2020/11/04
受贿行贿一起查	中国纪检监察报，2020/11/04
第七次全国人口普查 11 月 1 日正式开启 首次采取电子化方式进行登记	中国纪检监察报，2020/11/04
韩建业：从考古发现看八千年以来早期中国的文化基因	光明日报，2020/11/04
贾根良：谈谈热词“国内大循环”	光明日报，2020/11/04
评价教师不唯学历和职称，评价科研不唯论文和奖项，评价论文不“以刊评文”——破“五唯”，第五轮学科评估的突破口	光明日报，2020/11/04
以人为中心实现人的全面发展 中国特色的现代化	中国纪检监察报，2020/11/04
高校学科建设 将迎全面“体检”	人民日报，2020/11/04
加快构建新发展格局	中国纪检监察报，2020/11/04
办好自己的事	中国纪检监察报，2020/11/05
刘玉书：中国科技的自立自强并不是闭门造车	中国网，2020/11/05
投票也成为负担，网络评比乱象何时休？	新华社，2020/11/05
权威部门：蚂蚁集团审核注册工作严格依规开展	中国证券网，2020/11/05
马亮：高质量就业是新就业形态的未来	光明网，2020/11/05
王孝松：进博会彰显中国扩大开放的信心与决心	中国网，2020/11/05
韩建业：文明化进程中黄河中游的中心地位	中国社会科学网，2020/11/05
宋友文：培养担当民族复兴大任的时代新人	中国社会科学报，2020/11/05
李庆四、李倩：发挥制度优势加快形成新发展格局	光明网，2020/11/05
周光礼：超越科学主义评价范式，建构中国特色学科评估新体系	教育部，2020/11/05
投票成负担 网络评比乱象何时休	北京青年报，2020/11/06
马亮：统筹发展和安全，高度重视新业态的社会政治意韵	光明日报，2020/11/06
孙晨光：以共建共治共享拓展社会发展新局面	光明日报，2020/11/06
特殊时期的“进博”，习近平升级中国开放路线图	中国新闻网，2020/11/06
杨德山：“四史”蕴藏的五大精神特质	人民论坛网，2020/11/06
王贵元：汉字构形中的思想和智慧	光明日报，2020/11/07
陈炯：农创产品：助力民族文化“出山”	光明日报，2020/11/08
基层人物丨从宁海葛家村到贵州定汪村，95 后姑娘艺术“援梦”乡村	学习强国，2020/11/08

艺术教育辐射文化温度　人民日报客户端，2020/11/08
马亮：统筹发展与安全应高度关注新业态　光明日报，2020/11/08
助推文化科技深度融合 共享数字贸易发展新机遇——2020 数字艺术与数字内容赋能数字贸易发展合作论坛圆满举办　中国网，2020/11/10
国产医药创新还需迈过哪些坎　经济日报，2020/11/10
新征程 新蓝图 保障民生 共同富裕　CCTV 焦点访谈，2020/11/10
跨越 68 年的情缘：抗美援朝老战士刘素萍盼寻小姐妹　唐山电视台，2020/11/11
第七届全国中小学校长论坛在京召开　教育家杂志社，2020/11/11
马亮：政绩考核该怎么“考”　中国青年报，2020/11/11
网络诈捐骗捐频发 如何破解网络慈善“成长的烦恼”　法制日报，2020/11/11
首届中国高校 PPE 专业论坛在中国人民大学举办　光明网，2020/11/11
冯玉军：坚持和加强党对高校的全面领导　红旗文稿，2020/11/11
重拳连出 平台经济反垄断指南公开征求意见　经济参考报，2020/11/12
臧峰宇、朱梅：关于马克思正义论研究的认知测绘　光明网，2020/11/12
“思政引领与建设性新闻的新时代回应”研讨会举行　中国青年报，2020/11/13
让科技自立自强成为国家发展的战略支撑　河南日报，2020/11/13
专家：自然人网店依法登记势在必行 “零星小额”豁免须清晰　光明网，2020/11/13
昨日“定金人”，今日“尾款人”——聊聊“双 11”定金预售那些事　新华网，2020/11/13
95 后姑娘艺术“援梦”乡村振兴　钱江晚报，2020/11/13
冯玉军：新时代全面依法治国迈出重大步伐　CCTV 朝闻天下，2020/11/13
郑功成：完善民生保障制度 改善人民生活品质　光明日报，2020/11/13
Opening-up key to dual circulation　China Daily，2020/11/13
开启法治中国建设新局面　CCTV 新闻联播，2020/11/14
《数字文化产业就业研究报告（2020）》发布：直播领域从业者中东北人占比最高　央广网，2020/11/15
小语种沟通大世界——“00 后”一代勾勒中国远景　新华社，2020/11/15
隐私与便捷，如何兼得——关注个人信息保护法草案　光明日报，2020/11/16
激发市场主体活力为发展赋能——访中国人民大学商法研究所所长、教授刘俊海　光明日报，2020/11/16
2020 中国公共管理学术年会在电子科大召开　光明日报，2020/11/16
坚持系统观念 运用系统方法　中国纪检监察报，2020/11/16
把牢法治中国正确航向（全面依法治国新成就）——党对全面依法治国的领导更加坚强有力　人民日报，2020/11/16
中国公共关系讲坛首场活动在京举行 中国公共关系协会开启会徽征集　中国青年报，2020/11/16
第三届 21 世纪马克思主义论坛在京召开　中国网，2020/11/16
刘元春：经济结构分化酝酿投融资超级机会　证券日报，2020/11/16
迎接建党百年 中国人民大学将推两套重磅丛书　北京日报，2020/11/16
专家研讨国家治理现代化与东北地区高质量发展　光明网，2020/11/17
从垃圾变美景！“落叶不扫”留住了怎样的城市之美？　CCTV 新闻 1+1，2020/11/17
鲁全：“新蓝领”评职称：有何用？谁来评？　央视新闻，2020/11/17

“都来读书”走进四川荥县 人民大学教授与中学生共读经典 人民网，2020/11/17
叶林：为社会主义市场经济增添新的活力 人民日报，2020/11/17
全国政协召开双周协商座谈会 围绕“讲好中国人权事业发展成就的故事”协商议政 CCTV 新闻联播，2020/11/17
陈彦斌：宏观政策“三策合一”才能有效应对当前经济复杂格局 光明网，2020/11/17
不懈探索人与自然和谐共生的科学路径（学苑论衡） 人民日报，2020/11/17
冯玉军：真学真懂 真信真用 高校思政课，功夫下在哪 光明日报，2020/11/17
推进基层治理法治化 夯实全面依法治国根基 CCTV 新闻联播，2020/11/17
核心价值观百场讲坛第 102 场活动以“云宣讲”方式举行 央视新闻，2020/11/17
汪三贵：深化理论创新 深度参与扶贫实践 农民日报，2020/11/17
程漱兰：“人民立场”助推反贫困事业 农民日报，2020/11/17
严瑞珍：根除贫困 走向小康 农民日报，2020/11/17
温铁军：脱贫攻坚的历史经验 农民日报，2020/11/17
朱信凯：中国反贫困研究的人大学派 农民日报，2020/11/17
关键五年！中国将会如何发展下去？ CCTV 焦点访谈，2020/11/17
首都当代中国马克思主义论坛·2020 在京举行 人民日报，2020/11/17
为马克思主义政治经济学创新发展贡献中国智慧：《资本论》导读 人民网，2020/11/18
数字中国如何影响你我他 新华网，2020/11/18
文创让文物活起来 海南日报，2020/11/18
第六届“全国马克思主义伦理学论坛”在福建师范大学召开 光明网，2020/11/18
“中国共产党百年：历史、理论与实践”学术研讨会暨第四届全国中青年马克思主义学者专题论坛在山东大学举行 人民网，2020/11/18
乐章，在云上流淌（解码·文化市场新观察） 人民日报，2020/11/18
欧洲再次直面恐怖主义威胁 人民日报海外版，2020/11/18
致敬最美逆行者 抗疫家书展今日开幕 北京日报，2020/11/18
《中国新闻传播教育年鉴（2020）》出版 人民网，2020/11/18
“银发社会”悄然至 老有所依如何解 人民日报，2020/11/18
第三届 21 世纪马克思主义论坛在中国人民大学举办 人民日报，2020/11/18
李义平：《资本论》揭示了资本的本质和资本主义运行机制 人民网，2020/11/18
王炜：实现教育对外开放的另一种选择 中国教育报，2020/11/19
抗疫家书展今日开幕，60 余封家书深情回顾抗疫历程 北京日报客户端，2020/11/19
巡礼文博会 “云端”看北京 北京青年报，2020/11/19
多地为何密集出台公积金互认互贷政策？ 工人日报，2020/11/19
经济预期分化 美国国债遭抛售中国市场引力足 国际商报，2020/11/19
首都当代中国马克思主义论坛举行 BTV 北京时间，2020/11/19
化解外贸外资企业资金难题 金融支持不曾缺席 专家认为银行业还可从三方面进一步发力 证券日报，2020/11/19
构建技术、资本、产业三方桥梁 知识产权金融科技大数据“赛道”初现 光明网，2020/11/19
李义平：剩余价值学说为“两个必然”奠定了坚实基础 人民网，2020/11/19
专家认为当前降息空间有限 中国证券报，2020/11/19
全面深化改革，让农村焕发新的活力 光明日报，2020/11/19

标题	来源
全面依法治国的根本遵循和行动指南——习近平总书记在中央全面依法治国工作会议上重要讲话引发热烈反响	人民日报，2020/11/19
中国人民大学举办庆祝国学院成立 15 周年纪念活动	人民网，2020/11/19
中国人民大学举办第三届 21 世纪马克思主义论坛	中国教育新闻网，2020/11/19
未来怎么走？关键时期的关键会议这样部署	CCTV 焦点访谈，2020/11/19
以高水平开放赢得未来	人民日报海外版，2020/11/19
世界屋脊之上，千年小康梦想照进现实	人民网，2020/11/20
专家研讨莫言近作	人民日报海外版，2020/11/20
对自由贸易说“是”向保护主义说“不”	中国纪检监察报，2020/11/20
丝丝甘露润 朵朵向阳开	甘肃日报，2020/11/20
全国县级医院服务能力提升陕西站交流会启动	人民网，2020/11/20
“双 11”看双循环	中国纪检监察报，2020/11/20
涂永红：警惕债市风险溢出效应	经济日报，2020/11/20
李义平：辩证唯物主义和矛盾分析方法贯穿《资本论》始终	人民网，2020/11/20
坚持创新驱动发展	中国纪检监察报，2020/11/20
第三届 21 世纪马克思主义论坛在中国人民大学举办	解放军报，2020/11/20
北京高校全体思政课教师“同备一堂课”	新华网，2020/11/20
债券爆雷频发，吴晓球：警惕一些企业恶意逃债	中国新闻周刊，2020/11/22
“构建基层社会治理新格局”主题论坛在杭州举行	光明网，2020/11/23
广西文化旅游智库研究会成立	光明网，2020/11/23
2020 数字经济领航者峰会举行	光明网，2020/11/23
进一步深化党史党建研究	中国社会科学网，2020/11/23
反垄断新规亮剑互联网巨头	中华工商时报，2020/11/23
首届“韩德培法学奖”颁奖典礼举行	光明网，2020/11/23
季节性“用工荒”提前来了！这些岗位工资暴涨，却招不到人，啥情况？	CCTV 财经，2020/11/23
数字文化产业有望成为稳就业“蓄水池”	法治日报，2020/11/23
首都当代中国马克思主义论坛在京举行	光明日报客户端，2020/11/23
各地政府强化预算绩效目标管理	经济日报，2020/11/23
这一场中国检察的“自觉”之旅	最高人民检察院，2020/11/23
李义平：《资本论》对于当代有六大启示	人民网，2020/11/23
坚定不移走中国特色社会主义法治道路 总书记重要讲话引起强烈反响	CCTV 新闻联播，2020/11/23
北京高校宣传部长读书班学习会举行	新华社，2020/11/23
专家学者在京研讨 21 世纪马克思主义的理论创新与时代价值	新华社，2020/11/23
第三届 21 世纪马克思主义论坛在北京举办	光明日报，2020/11/23
第八届范敬宜新闻教育奖颁发	光明日报，2020/11/24
第二期北京高校宣传部长读书班在贸大举行	北京高等教育，2020/11/24
专家学者在汉研讨中美经贸争端中的国际法律与国际秩序	光明日报，2020/11/24
张龑：习近平法治思想：中国特色社会主义法治建设的里程碑	中国社会科学网，2020/11/24
首都当代中国马克思主义论坛举办	中国教育新闻网，2020/11/24
北京市委党校（行政学院）召开学习贯彻习近平法治思想理论研	中央党校网，2020/11/24

讨暨课程建设会
黄文艺：2035年基本建成法治国家、法治政府、法治社会 新华网，2020/11/24
国家机关如何管好个人信息法律不能回避 专家建议进一步明确国家机关共享个人信息规则 法治日报，2020/11/24
“一带一路”合作逆势前行，释放三重信号 海外网，2020/11/24
北京迎来晴好天气 新华网，2020/11/24
市政协举办政协报告厅 聚焦构建新发展格局推动经济高质量发展专题学习 北京日报，2020/11/24
81位专家学者受聘人大党史党建研究院助力学科建设发展 光明日报，2020/11/24
聚焦大学和高中学段一体化德育体系构建 中国教育新闻网，2020/11/25
侯衍社：在理论创新与实践创新的良性互动中发展21世纪马克思主义 中国特色社会主义研究，2020/11/25
保护知识产权 护航创新发展 国际商报，2020/11/25
如何实现脱贫攻坚成果同乡村振兴有效衔接——专访中国人民大学中国扶贫研究院院长汪三贵 中国发展观察，2020/11/25
中国人民大学聘任81位党史党建研究院研究员 中国教育新闻网，2020/11/25
China Focus：Xi offers solutions for fighting pandemic，reviving economy Xinhua News，2020/11/25
为大中小学责任教育一体化贡献智慧 光明网，2020/11/25
“园林紫禁城”离“国家历史文化传承典范”有多远 新华每日电讯，2020/11/25
冯玉军：培养高素质专业化教师队伍 人民日报，2020/11/26
长租公寓“爆雷” 房东和租户谁有权住在房子里？ CCTV新闻，2020/11/26
当人口老龄化遇上信息化智能化 数字鸿沟考验治理能力 中央纪委国家监委网，2020/11/26
叶林：加快成长型创新创业企业发展 人民日报，2020/11/27
深化监察体制改革 为反腐败提质增效 CCTV新闻直播间，2020/11/27
急！这些岗位工资待遇好却招不到人 CCTV朝闻天下，2020/11/27
Friedrich Engels' 200th birth anniversary—the “second fiddle” who shines on Xinhua News，2020/11/27
王易：恩格斯对待传统文化的科学态度 学习时报，2020/11/27
朱景文：历史唯物论是习近平法治思想的重要理论基础 光明日报，2020/11/27
连线中国人民大学老年研究所所长杜鹏：是“智能”还是“只能”？如何破除老年人的“数字鸿沟”？ CCTV新闻1+1，2020/11/27
王晨在中国人民大学等北京部分高等院校调研 CCTV晚间新闻，2020/11/27
中国经济大讲堂启动仪式暨新时代经济学教育教学工作研讨会在中国人民大学举办 新华网，2020/11/29
注入勇气信心 传递温暖希望丨观点 人民日报，2020/11/30
中国人民大学习近平法治思想研究中心今日揭牌成立 北京日报，2020/11/30
有力支撑起世界最大规模教育体系 人民日报，2020/11/30
我国人口学、老年学的开拓者 心系家园邬沧萍 北京晚报，2020/11/30
人大习研院习近平法治思想研究中心正式成立 北京头条，2020/11/30
齐鹏飞 张晓萌：探索推进超大城市治理现代化的有效路径 人民日报，2020/11/30
新科技却成老人的“老大难”？ CCTV新闻周刊，2020/11/30

12 月

经济学视野下的人工智能与就业 光明日报，2020/12/01
制造业复苏快 用工需求旺盛 经济日报，2020/12/01
彭新武："制造强国"呼唤工匠精神 人民日报，2020/12/01
苏中兴：新发展格局呼唤产学研紧密结合的人才战略 光明日报，2020/12/01
英国"脱欧"会在混乱中收场吗 人民日报海外版，2020/12/01
张淳：美育如何考——过程性评价更重要 光明日报，2020/12/01
乌云毕力格：青海新发现的元代金虎符及其历史意义 光明日报，2020/12/01
中国人民大学成立习近平法治思想研究中心 中国青年报，2020/12/01
刘建军：恩格斯对马克思的科学评价及其现实启示 光明日报，2020/12/01
有力支撑起世界最大规模教育体系 人民日报，2020/12/01
政策切实发力帮扶企业先行多元助老 填鸿沟解难题，"夕阳"亦当沐"暖阳" 国际商报，2020/12/02
"给农业插上科技的翅膀"理论研讨会在济南召开 山东省农业科学院，2020/12/02
国家市场监管总局拟出台平台经济领域反垄断指南 "二选一""大数据杀熟"面临严监管 法治日报，2020/12/02
这些行业出口"爆单"了！ 人民日报海外版，2020/12/02
《脱贫之道：中国共产党的治理密码》出版座谈会在北京举行 重庆日报，2020/12/02
专家：金融业对外开放不断加速 人民币国际化程度将进一步提升 中证网，2020/12/02
滴滴牵手中国人民大学 产学研结合助推数字经济发展 人民网，2020/12/02
刘伟："双循环"新发展格局不仅是权宜之计，更是主动战略选择 中国网，2020/12/02
中国人民大学习近平法治思想研究中心揭牌成立 人民日报，2020/12/02
激发农村消费 看好四大抓手 国际商报，2020/12/03
直播间里"打翻"的"燕窝"，该"退一赔三"还是"退一赔十"？ 工人日报，2020/12/03
理工科留学申请量逐年上升为哪般 人民日报海外版，2020/12/03
何欣：社会服务回应困境儿童及其家庭需要 中国社会科学网，2020/12/03
万勇：保护知识产权就是保护创新 光明日报，2020/12/03
自身劣迹斑斑 频频毁约"退群"抹黑污蔑他国 起底美国破坏全球环境治理 人民日报海外版，2020/12/03
吴晓球：中国金融进步的力量在哪里 经济观察报，2020/12/03
85.3%受访青少年希望在未来15年能成为国家栋梁之材 中国青年报，2020/12/03
葛家村：当艺术与乡村碰撞 CCTV 新闻，2020/12/04
直播带货翻车，退一赔三还是赔十？ 工人日报，2020/12/04
为加快 RCEP 生效实施，中国拿出最新"任务书" 中国新闻网，2020/12/04
起底美国破坏全球环境治理（环球热点） 人民日报海外版，2020/12/04
纪录片《中国》开播：在伟大历史中寻找中国自信的渊源 光明网，2020/12/04
"动物王国"保护记 检察日报，2020/12/04
冯玉军：在党的领导下依法治国、厉行法治 光明网，2020/12/04
960 多万易地搬迁贫困人口脱贫 人民日报海外版，2020/12/04

“学习贯彻习近平法治思想理论研讨会”在京召开	光明网，2020/12/04
智能时代，如何让老年人生活得更从容？	人民日报，2020/12/04
第二届中国经济学教材建设高峰论坛在人民大学召开	光明网，2020/12/04
中国人民大学成立冬奥文化宣讲团	北京头条，2020/12/06
中国人民大学发布全国冰雪运动参与和消费报告	人民网，2020/12/06
La réforme et l'ouverture de la Chine renforcent la confiance de développement du monde dans l'ère post-pandémie	Xinhua News，2020/12/06
刘晨延等：高等教育发展中如何体现公益性	中国教育报，2020/12/07
《疫情影响下的全国冰雪运动参与和消费报告》发布	中国体育报，2020/12/07
靳诺：多维度理解首都发展的内涵及外延	北京日报，2020/12/07
韩星：“学为成人”是儒家为学的出发点	北京日报，2020/12/07
李路路、王元超：社会态度具有“社会晴雨表”的作用	北京日报，2020/12/07
抹不去的战争罪行	中国纪检监察报，2020/12/07
中国人民大学主办的中国应用经济学年会（2020）顺利召开	未来网，2020/12/07
中国应用经济学年会（2020）成功召开	中国网，2020/12/07
学者线上线下共同探讨应对老龄化 专家：应激发“治理红利”	中国新闻网，2020/12/07
中国为全球经济复苏注入新动能	中国证券报，2020/12/07
外交部副部长谈“战狼外交”“四面树敌”	长安街知事，2020/12/07
王义桅：为何“双循环”？跟谁循环？循环什么？“双循环”开创“主场全球化”	北京日报，2020/12/07
报告显示2019—2020年冬季全国约1.5亿人参加过冰雪运动	新华社，2020/12/07
吴晓球：经济研究唯“模型论”误导了中国经济学界	澎湃新闻，2020/12/07
第三届中国智库国际影响力论坛暨第六届新型智库建设学术研讨会在京举行	光明日报，2020/12/07
宁吉喆：有效市场与有为政府结合是制度优势，新业态发展受益	澎湃新闻，2020/12/07
中国人民大学与浙江工商大学签约深化合作	光明日报，2020/12/07
中国应用经济学年会（2020）成功召开	中国日报，2020/12/07
陶文昭、温祖俊：新发展理念是高质量发展的战略指引	中国教育报，2020/12/08
《国家宝藏》第三季开播 9座文化遗产27件文物还原可活化历史场景	中国纪检监察报，2020/12/08
中国应用经济学年会（2020）在京召开	中国教育报，2020/12/08
曾湘泉：电竞人才应兼备专业素质与职业精神	光明日报，2020/12/08
劳动教育如何在大中小学延伸	中国教育报，2020/12/08
杨宏山：新发展格局下2022北京冬奥面临的机遇和挑战	人民论坛网，2020/12/08
人生错换28年，“真相”的意义	CCTV新闻1+1，2020/12/08
张云飞：促进经济社会发展全面绿色转型	中国环境报，2020/12/08
王义桅：为何“双循环”？跟谁循环？循环什么？	北京日报，2020/12/08
韩大元：弘扬宪法精神，增强宪法自信	检察日报，2020/12/08
“哲学的殿堂——中国人民大学哲学名家讲座系列”第二季举办	光明网，2020/12/08
发挥教育在新发展格局中的战略作用	中国教育报，2020/12/08
第二届中国经济学教材建设高峰论坛召开	中国教育新闻网，2020/12/08
中国人民大学发布《中国法律发展报告2020》	光明日报，2020/12/08

“汲古论坛”研讨上古世界体系中的石峁与二里头　光明日报，2020/12/09
《与领导干部谈区块链》《与领导干部谈数字货币》座谈会举办　光明日报，2020/12/09
王晋斌：把握“112”原则，处理好中美经贸关系　今日头条，2020/12/09
张云飞：促进经济社会发展全面绿色转型　中国环境报，2020/12/09
报告文学《明月照深林》：研探乡村振兴之路　中国新闻网，2020/12/09
四个首次！《中国网络诚信发展报告》发布　中国网信网，2020/12/09
全国约 1.5 亿人参加过冰雪运动 人均年消费 96.4 元　中国教育电视台，2020/12/09
纪念“一二·九”运动 85 周年，北京多所高校举办校园歌会　中国青年报，2020/12/09
记者调查北京市中小学生写信现状：现在的孩子都不会写信　光明网，2020/12/09
新规出台 严打各类不正当促销行为　中国商报，2020/12/09
中国应用经济学年会（2020）：聚焦“十四五”时期的中国经济　中国教育电视台，2020/12/09
王轶：在法治轨道上推进国家治理体系和治理能力现代化　光明日报，2020/12/09
齐鹏飞：办好思想政治理论课关键在教师——学习党的十八大以来习近平关于思想政治理论课教师队伍建设的重要论述　教学与研究，2020/12/09
中国人民大学发布全国冰雪运动参与和消费报告　人民网，2020/12/09
为全球经济复苏贡献中国力量　经济日报，2020/12/09
2022 冬奥会在哪举办？回答正确恭喜超越 18.4%的民众　BTV 北京时间，2020/12/10
“长三角媒体融合推进治理现代化”峰会举行　中国青年报，2020/12/10
今年以来我国发生煤矿死亡事故 122 起 专家解读应急管理部《通知》 发挥“吹哨人”作用防范安全事故　法治日报，2020/12/10
10 名法学“生力军”获评“全国杰出青年法学家”称号　新华网，2020/12/10
摄影教育应积极拥抱新媒体　中国艺术报，2020/12/10
面向智能时代的教育创新与变革　中国教育新闻网，2020/12/10
党的十九大以来推进马克思主义理论研究和建设工程纪实　新华网，2020/12/10
冯玉军：习近平法治思想的划时代创立　中国教育报，2020/12/10
2020 年度“全国冰雪运动参与状况调查”发布　BTV 北京时间，2020/12/10
第二届中国经济学教材建设高峰论坛在人民大学召开　光明网，2020/12/10
第九届“全国杰出青年法学家”获表彰　人民法院报，2020/12/11
让更多老年人乐享数字化便利　人民日报，2020/12/11
陶文昭：“四个全面”不只刷新了表述，还升级了内涵　长江日报，2020/12/11
上个冰雪季全国 1.5 亿人参加过冰雪运动　北京日报，2020/12/11
中国应用经济学年会（2020）成功召开　中国网，2020/12/11
国际文化交流学术联盟在京成立　中国社会科学网，2020/12/11
蔡奇到人民大学通州校区、北京学校等检查调研　BTV 北京时间，2020/12/11
吴晓球：未来 15 年中国经济形势或更复杂，经济研究不能有新八股之风　腾讯，2020/12/13
张智等：新征程上现代化的深刻内涵　北京日报，2020/12/14
竺效：文物保护法律应更体系化精细化　光明日报，2020/12/14
王斌：短视频兴农的核心要素　光明日报，2020/12/14
稳政策稳面积稳产量，粮食生产——“十七连丰”背后（经济新方位）　人民日报，2020/12/14
“中国共产党与中华民族伟大复兴”学术研讨会召开　光明网，2020/12/14

刘元春：明年中国经济有“三大主题词” 中国新闻网，2020/12/14
“民胞物与 和合天下” 纪念张载诞辰 1 000 周年学术研讨会在陕西西安举行 光明日报，2020/12/14
中国人民大学党委书记靳诺一行到西藏民族大学考察交流 西藏日报，2020/12/14
刘伟等：2020—2035 年中国经济增长与基本实现社会主义现代化 中国人民大学学报，2020/12/14
朱景文：法治社会建设是全面依法治国的基础性工程 法治日报，2020/12/15
有底气有动力 农村市场火起来（经济新方位·扩内需促消费） 人民日报，2020/12/15
竺效：文物保护法律应更体系化精细化 光明日报，2020/12/15
更多“头回客”成为“回头客” 人民日报，2020/12/15
新华网教育论坛聚焦高质量教育体系建设 光明网，2020/12/15
刘伟：构建新发展格局须以深化供给侧结构性改革为战略方向 光明日报，2020/12/15
11 月国民经济运行延续恢复态势 消费内生动力强劲 金羊网，2020/12/16
试题如此“奇葩”，企业想招啥样人？ 工人日报，2020/12/16
国家社科基金重大项目“中国特色社会主义根本制度、基本制度、重要制度研究”开题报告会召开 光明日报，2020/12/16
为消除全球绝对贫困贡献中国智慧 光明日报，2020/12/16
国民经济恢复态势持续显现 中国纪检监察报，2020/12/16
中国经济站稳 2020｜GDP 增速由负转正，中国经济彰显强大韧性 CCTV 财经，2020/12/16
《春夜》展现工人群体真诚而执着的精神世界 光明日报，2020/12/17
路磊：保障舌尖安全须强化事前预防 法治日报，2020/12/17
张忠炜：考古秦汉律令 光明日报，2020/12/17
冯玉军：中国特色社会主义法治理论体系创立的实践证成 人民论坛，2020/12/17
开启法治社会建设新征程 法治日报，2020/12/17
新时代思政课改革创新的新探索 中国教育电视台，2020/12/17
蔡骏推出首部半自传体作品《春夜》 中国新闻网，2020/12/18
这座南方城市开启集中供暖 中国经济网，2020/12/18
1.79 万亿元！是什么让外资买买买 国际商报，2020/12/18
老年人需要更多的“数字绿色通道” 工人日报，2020/12/18
鲁全：大“冷”天需要暖人心的“热”制度 CCTV 新闻，2020/12/18
石佳友：代孕之后，谁是“妈妈”？ 光明网，2020/12/18
加强对农村资源市场化开发利用 人民日报，2020/12/18
王义桅、吴昕泽：北约的“世界观”问题 解放军报，2020/12/18
与学校共同收获不一样的精彩！来听人民大学、北交大、中传学子讲述这五年 微言教育，2020/12/18
胡百精：中国舆论观的近代转型及其困境 中国社会科学，2020/12/18
郑水泉：教师要依据专业和学科特点，把教书和育人结合起来 新华社，2020/12/18
首届“俄中文学外交翻译奖”颁奖典礼在京举行 人民日报，2020/12/19
五千年时光更迭 这个聚落从未缺席 光明日报，2020/12/21
蓝皮书：2020 年中国企业采用灵活用工比例达 55.68% 中国新闻网，2020/12/21
侯衍社：新时代的发展之思——《整体性发展论》评介 光明日报，2020/12/21

“2020新型智库治理暨思想理论传播论坛”举办 光明日报，2020/12/21
向世陵：克己·复礼·为仁——南宋湖湘学者张栻论仁礼关系 光明日报，2020/12/21
李立国：建设高质量教育体系必须全面提升教育服务贡献能力 新华网，2020/12/21
张希坡：人大社与中国法制史学科建设 中华读书报，2020/12/21
郭国庆：人生路上的明灯 中华读书报，2020/12/21
长三角领跑 都市圈城市房地产发展潜力分化显著 新华社，2020/12/21
中国将制定碳排放达峰行动方案 能源结构将迎哪些变化？ 中国新闻网，2020/12/21
“网”住老年人！ 半月谈，2020/12/21
攻坚克难成绩来之不易 凝心聚力开启发展新篇——社会各界热议中央经济工作会议精神 人民日报，2020/12/21
精准施策！中央经济工作会议聚焦这些民生看点 新华社，2020/12/21
脱贫“硬骨头”遭遇疫情“加试题” 这份成绩单来之不易！ CCTV新闻，2020/12/21
中央经济工作会议描绘发展蓝图 南京日报，2020/12/21
中国经济稳健前行 多项指标升至年内最好 央广网，2020/12/21
2021年中国经济工作重点浮出水面 中国新闻网，2020/12/21
“双循环”战略，如何做好“内外兼修”？ CCTV焦点访谈，2020/12/21
全面推动新阶段学校思政课高质量发展 中国教育报，2020/12/21
丛志强：划火柴的人 新华社，2020/12/22
《麦小麦诗词奇遇》上市小读者随凯叔乐游古诗现场 中华读书报，2020/12/22
说康德的伦理学“很烂”，这样的破圈很low 澎湃新闻，2020/12/22
俞明轩、谷雨佳：担当与坚守——中央部门决算公开十年创新之举 中国财经报，2020/12/22
李文钊：“接诉即办”的北京经验 北京日报，2020/12/22
当前为何要强化反垄断 经济日报，2020/12/22
《学习达人大会》：为青年架起理论连心桥 中国青年报，2020/12/22
孙柏瑛：城市治理的演化与转换 北京日报，2020/12/22
中国记协发布《中国新闻事业发展报告》 光明日报，2020/12/22
中央经济工作会议的七大民生看点：解决好大城市住房突出问题 规范发展长租房市场 羊城晚报，2020/12/22
经济学家解读中央经济工作会议：需求侧管理重民生，强调安全 澎湃新闻，2020/12/22
债券市场会成风险集中爆发点吗？吴晓球：发展债市这几个问题需重点思考 网易，2020/12/22
专家学者研讨“中国共产党领导新中国建设的成就与历史经验” 光明日报，2020/12/22
专家学者热议推进宗教治理体系法治化 中国民族报，2020/12/22
邬沧萍先生提倡健康老龄化并亲身参与 98岁老教授开直播不含糊 北京晚报，2020/12/22
中国经济站稳2020丨超额完成全年新增就业目标，托起民生之基 CCTV财经，2020/12/22
构建新格局 推动双循环 CCTV焦点访谈，2020/12/22
欧盟给美科技巨头套上“紧箍咒” 人民日报海外版，2020/12/23
县域经济哪家强？还看长三角 国际商报，2020/12/23
老旧小区改造加装电梯面临“一票否决”难题 专家建议依法落 法治日报，2020/12/23

实居民小区公共事务决策机制
安心财险等“零首付”被点名 保险营销底线何在　北京商报，2020/12/23
以全面改革作答四道“考题”——中国资本市场创立 30 周年“盛年再出发”（上）　经济日报，2020/12/23
高等教育现代化前提是区域化　中国科学报，2020/12/23
王子今：秦统一大业中的“硬技术”　中国青年报，2020/12/23
人民网发布 2020 年度优秀校园新闻作品 37 所高校作品入选　人民网，2020/12/23
实现供给与需求更高水平动态平衡　经济日报，2020/12/23
强化内控严格问责 守护儿童安全　法治日报，2020/12/24
“零容忍”出重拳 提升资本市场治理能力　新华社，2020/12/24
用反垄断推动创新促进共治　经济日报，2020/12/24
稳外资 各地显神通展身手　国际商报，2020/12/24
精准审查护航更高水平开放　国际商报，2020/12/24
共享充电宝存在信息安全隐患？这些方法帮你“避雷”　光明日报，2020/12/24
脱贫攻坚系列纪录片《激越怒江》（第一集）：一步千年　云南卫视，2020/12/24
跨越山海携手攻坚奔小康——教育系统对口帮扶最后五十二个国家级贫困县纪实　中国教育报，2020/12/24
国家发改委：全面系统排查企业债风险——压实省级部门属地管理责任 强化中介机构风险排查责任　经济参考报，2020/12/25
马亮：网络诚信建设需要齐抓共管　光明网，2020/12/25
成都农村金融连续领跑全国　成都日报，2020/12/25
跨境物流为什么越来越快了？　新华社，2020/12/25
年度热词丨见证极不平凡的 2020　光明日报，2020/12/25
秦宣：正确认识新发展阶段的新特征新要求　光明日报，2020/12/25
脱贫攻坚系列纪录片《激越怒江》（第二集）：搬出大山　云南卫视，2020/12/25
脱贫攻坚系列纪录片《激越怒江》（第三集）：不负青山　云南卫视，2020/12/25
中国经济站稳 2020 丨边陲渔村 40 年蜕变，深圳华丽转身再出发　CCTV 财经，2020/12/25
以自贸区制度创新引领高水平对外开放　光明网，2020/12/28
航运业迎“火爆”行情 “疯狂的箱子”一天一个价　证券日报，2020/12/28
周边命运共同体建设迈出坚实步伐　光明日报，2020/12/28
跨境物流为什么越来越快了？　新华社，2020/12/28
英国“脱欧”、疫情冲击等挑战不断，欧盟面临多重考验——老问题尚未解决，新情况接踵而至　解放军报，2020/12/28
脱贫攻坚系列纪录片《激越怒江》（第五集）：大江奔流　云南卫视，2020/12/28
[中国经济站稳 2020] 京津冀协同发展步入新时代 产业链创新链融合空间巨大　央广网，2020/12/28
“残疾人就业创业展望：以电商平台为例”专题调研及采访活动在滇举行　中国日报网，2020/12/29
延迟退休会对就业产生“挤出效应”吗　中国青年报，2020/12/29
中国人民大学发布“2020 中国能源企业创新能力百强榜单”　光明网，2020/12/29
让青少年成为网络媒介的主人　中国青年报，2020/12/29
周祝平：“打工人”真变老了吗？劳动力市场观念及政策该作何　光明日报，2020/12/29

调整？

中国外贸逆势增长 稳定全球产业链供应链 中国纪检监察报，2020/12/29

《中国企业创新能力百千万排行榜（2020）研究报告》发布 光明网，2020/12/29

做“精”编辑角色 做活内容开发 中国新闻出版广电报，2020/12/30

“考古中国”项目公布 4 项重要考古成果 光明日报，2020/12/30

许勤华：中国能源发展白皮书展现大国实力与担当 中国网，2020/12/30

曾湘泉：把握就业市场动向 强化就业优先政策 群众，2020/12/30

王旭：习近平法治思想的原创性方法贡献 中国社会科学网，2020/12/30

中国高等教育学会马克思主义研究分会 2020 年年会暨换届大会在京召开 光明网，2020/12/30

“网红”出圈，讲好中国故事 光明网，2020/12/30

2020 榜单：年度汉字“人”搜索量超 55 亿 光明网，2020/12/31

周祝平：如何应对劳动力平均年龄上升趋势 光明日报，2020/12/31

何虎生：习近平总书记关于“办好人民满意的教育”论述的基本特征 中国教育报，2020/12/31

中国政法实务大讲堂走进中国人民大学 刘贵祥应邀授课 最高人民法院，2020/12/31

图书在版编目（CIP）数据

中国人民大学年鉴．2021/《中国人民大学年鉴》编辑委员会编．--北京：中国人民大学出版社，2023.10
ISBN 978-7-300-31190-6

Ⅰ.①中… Ⅱ.①中… Ⅲ.①中国人民大学- 2021 -年鉴 Ⅳ.①G649.281-54

中国版本图书馆 CIP 数据核字（2022）第 203919 号

中国人民大学年鉴（2021）
《中国人民大学年鉴》编辑委员会
Zhongguo Renmin Daxue Nianjian (2021)

出版发行	中国人民大学出版社		
社　　址	北京中关村大街 31 号	**邮政编码**	100080
电　　话	010－62511242（总编室）		010－62511770（质管部）
	010－82501766（邮购部）		010－62514148（门市部）
	010－62515195（发行公司）		010－62515275（盗版举报）
网　　址	http://www.crup.com.cn		
经　　销	新华书店		
印　　刷	涿州市星河印刷有限公司		
开　　本	890 mm×1240 mm　1/16	**版　　次**	2023 年 10 月第 1 版
印　　张	31.5 插页 14	**印　　次**	2023 年 10 月第 1 次印刷
字　　数	928 000	**定　　价**	158.00 元

版权声明

编辑部地址： 北京市中关村大街59号
中国人民大学学校办公室
邮 政 编 码： 100872
电　　　话： 86-10-82509930
传　　　真： 86-10-62515263
电 子 信 箱： nianjian@ruc. edu. cn